학습혁명 - H 사고

이상오

연세대학교 졸업
독일 튀빙겐 대학교 졸업(사회과학박사: 교육학 전공)
연세대학교 교육대학원 교수
연세대학교 미래융합연구원 창의인성연구센터장
논문: 「교육인식론의 성립조건에 관한 탐구」 외 60여 편
저서: 『지식의 탄생 – 지식개념에 대한 학문적 · 객관적 리뷰』 외 50여 권

학습혁명 – H 사고

2017년 1월 25일 초판 인쇄
2017년 1월 30일 초판 발행

지은이 | 이상오
펴낸이 | 이찬규
펴낸곳 | 북코리아
등록번호 | 제03-01240호
주소 | 462-807 경기도 성남시 중원구 사기막골로 45길 14
우림2차 A동 1007호
전화 | 02-704-7840
팩스 | 02-704-7848
이메일 | sunhaksa@korea.com
홈페이지 | www.북코리아.kr
ISBN | 978-89-6324-462-4 93370

값 25,000원

학습혁명

H 사고

이상오 지음

북코리아

머리말

우리는 태어나면서부터 줄곧 교육개혁을 외쳐 왔다. 그만큼 교육은 늘 개혁이 필요한 영역이다. 왜냐하면 배움은 시간과 장소에 구애 없이 계속 이루어지고 있는데, 교육은 정해진 교사, 정해진 교과서, 정해진 커리큘럼 그리고 정해진 시험과 평가라는 형식적 절차에 따라서 이루어지기 때문이다. 즉 교육자의 교육행위와 학습자의 배움 행위는 다르다. 그래서 교육은 늘 개혁을 원한다. 왜냐하면 매 순간 일어나는 배움을 교육이 가능하게 해 주어야 하기 때문이다.

그러나 교육개혁은 만만치 않다. 그래서 늘 염원할 수밖에 없다. 그러나 교육과 학습 간의 불일치는 피치 못할 운명이다. 그래서 교육개혁론자들은 늘 좌절한다. 이론은 분명한데 실천은 요원하다. 아니, 불가능하다.

그러나 교육개혁은 너무나 쉽다. 학습혁명이 그 해법이다. 학습혁명은 진정한 엘리트 교육시스템도 가능하게 한다. 엘리트교육 자체가 문제가 아니라 한국의 엘리트교육 체제인 '성적엘리트'가 문제인 것이다. 이제는 한국형 성적엘리트 대신 선진국형 '재능엘리트'가 요청되는 시대이다. 창조적 인간형인 재능엘리트는 학습혁명으로만 가능하다.

본 저서 『학습혁명 - H 사고』는 인문학과 과학의 만남을 통한 융합학문의 결정판이다. 그냥 이렇게 하면 학습혁명이 이루어진다는 주먹구구식의 말씀이 아니다. 학자로서 할 수 있는 일은 모든 것을 학문적 · 과학적 · 객관적으로 규명해 내는 것이다. 지금까지 대학에서의 학문은 이공계통이건 인문사회계통이건 모두 인간의 삶을 연구하고 인간의 삶을 혁신하는 데 기여하도록 지향되어 왔다. 다만 학자의 취향이나 능력에 따라서 그렇게 연구하지 못하는 한계는 개인차에 따라 역력할 뿐이다.

학습혁명의 근거인 'H 사고'는 인문학과 자연과학의 만남을 통해 학문적으로 도출된 과학적 사고이다. 아니, 이전의 과학사고와는 다른 '전혀 새로운 과학사고'라고 해야 정확하다. 21세기를 진정 창의적으로 살아가고 싶다면, 이 책을 넘기는 데 주저할 이유가 없다. 학자든, 학생이든, 교사든, 행정전문가든, 일반인이든, 아이든, 어른이든. 모든 이에게 정말 사심 없이 권한다. 이 한 권의 책 『학습혁명 - H사고』를 통해서 우리나라가 정말 교육입국으로 다시 서기를 기대한다. 그리고 미래에는 교육대통령이 나오길 바란다. "한국이 살려면 오로지 교육뿐이라며?" 나도 이 말을 태어나서부터 수없이 들어서 이제 귀가 다 닳았다.

이 책은 직접 교정지를 배낭에 메고 땀을 뻘뻘 흘리면서 연세대학교의 긴 백양로를 뻔질나게 오고 간 결과물이다. 이 글이 한권의 예쁜 책으로 탄생할 수 있도록 해 주신 북코리아 이찬규 사장님께 진정 고맙다는 말씀을 전한다. 3차 교정 편집을 위해 수고하신 편집자 분들에게도 정말 고맙다. 이 책을 쓰면서 가장 많이 생각나는 나의 귀여운 늦둥이 주빈, 그 무섭다던 중2병의 홍역을 치르고 이제 중3에 올라가면서 성적엘리트 시스템의 마지막 희생양이길 바라며 늘 안타까움이 더한 그 아이, 그리고 아내 혜진, 장남 주현 그리고 매우 고령이시지만 건강하게 늘 내 곁에 있어 주시는 것만으로도 무척 고마운 나의 자랑스런 아버지 이경길 님, 그리고 사랑하는 어머님 신영임 님께 이 글을 바칩니다.

2016년 12월

늘 사랑스런 연세대학교 무학골 교정에서

이제 어느새 노학자가 되어 버린 이상오 씀

프롤로그

Teaching & Learning. 가르침과 배움. 과거에는 교육과 학습(배움)은 함께 붙어 있는 개념이었다. 누군가가 '교육'(敎育)을 하면 '학습'(學習)은 당연하다. 그러나 잘 따지고 보면 정말 그런가? 가르치는 교사들은 말한다. "내가 이만큼 가르쳤으니, 너는 당연히 이만큼 배워야 한다." 좀 더 심하게 말하면, "내가 100점 맞도록 가르쳤는데, 너는 왜 80점밖에 못 맞았어? 나와. 20대 맞아. 1점에 1대다." 선생님은 분명 가르쳤는데, 학생이 안 배웠다면 그것은 죄였던 셈이다. 그러나 도대체 이게 무슨 논리인가? 지금도 우리의 교육현장에서는 이러한 이상한 논리가 깔려 있는 느낌이다.

정말 가르치면 배우는 것인가? 선생님은 가르쳤지만, 학생은 배우지 않는다. 그렇게 되면 어떻게 되는 것인가? 선생님께서 가르치시는 것이 제게는 너무 어려워요. 선생님이 가르치시는 것이 제게는 관심이 없어요. 흥미도 없어요. 그냥 잘래요. 선생님이 가르치는 것은 학원에서 다 배워서 너무 쉬워요. 교사와 학생 간에 발생하는 이러한 갭(gap)은 교사와 학생 간의 알력이 발생하게 하는 주요 원인이다. 이미 우리의 교육현장은 학습자들에게 공이 넘어갔다. 교사가 아무리 열심히 가르친다고해도 학생이 배우지 않으면 그만이다. 이제 교육의 결과는 학습자인 학생이 결정한다. 오늘날 인구에 회자되고 있는 학습자 중심의 교육(learnercentered-education), 자기주도학습(self-directed leaning)의 개념들은 대부분 이러한 사실 인식에서 비롯되었다. 이제 우리의 학습자들에게는 '학습혁명'의 시간만이 기다리고 있다. 학습혁명. 학생 스스로 해야 하는 학습혁명, 과연 어떻게 하면 가능한 것일까? 이에 대한 고민은 학생 자신을 넘어서 학습자들에게 자기주도학습을 도와주어야 할 이 시대의 위대한 선생님, 학부모, 조직 리더들에게도 똑같이 요청된다. 왜냐하면 이들 교사 역시 스스로 학습하면서 누군가를 가르칠 때 비로소 제대로 된 교사로 거듭날 수 있기 때문이다. 이런 연유에서 21세기 학습혁명의 과제로서 H 사고를 제안한다.

H 사고(Holistic/Holos Thinking)는 과학사고이다. 동시에 비(非)과학적 사고이다. 무슨 이런 모순된 말이 있는가? 물론 '기존의 과학'이라는 개념에서 본다면 H 사고는 비과학적이다. 그러나 과학(또는 과학적 지식)의 속성이 변하는 것이라고 한다면, 언젠가 H 사고는 과학사고로 인정될 것이다. 토머스 쿤(Thomas Kuhn, 1922-1996)이 "과학의 패러다임 전환으로 과학혁명의 구조가 변한다"고 선언했을 때, 과학은 항상 새로운 또 다른 과학으로 계속 변화되고 있다는 사실을 의미한다. 오늘을 사는 우리는 과학을 — 특히 자연과학을 — 맹신하면서도 과학에 염증을 내고 있다. 왜냐하면 삶은 과학으로 설명되기도 하지만, 그렇지 않는 것도 부지기수이기 때문이다. 과연 과학은 만능인가, 무능(無能)인가? 사랑, 행복, 정, 의리, 의지, 느낌, 우정, 배려, 소통 같은 것을 과연 우리는 어떻게 과학적으로 설명할 수 있을까?

그럼에도 불구하고 현대를 살아가는 우리는 과학이라는 올가미에서 벗어날 수 없다. 왜냐하면 이미 우리는 과학의 시대에 살고 있기 때문이다. 과학은 이미 우리가 거부할 수 없는 삶의 형식이 되고 말았다. 말하자면 우리는 '과학'(science)이라는 돌아오지 못할 강을 건너고 만 셈이다.

이제 우리 삶에서는 과학 아닌 것이 없다. "침대는 가구가 아닙니다. 과학입니다"라는 광고가 나오더니, 이제는 발효과학, 피부과학, 생명과학, 인체과학, 분해과학(세제) 등 '과학'이라는 말이 붙지 않으면 물건이 팔리지도 않는다. 뿐만 아니라 일상에서도 과학이라는 용어가 빠지면 아무도 믿지 못한다. 격도 떨어진다. 즉 우리는 과학만능에 대해 한편으로는 저항하면서도 다른 한편으로는 과학의 테두리를 벗어나지 못하고 있다. 아니 우리에게는 과학을 벗어날 용기도 없다. 왜냐하면 삼척동자라도 과학을 벗어나서 우리가 살아남을 수 있는 확률이 적다는 사실을 이미 알고 있기 때문이다. 결국 우리 현대인들은 언제부터인가 — 싫거나 좋거나 — 과학이라는 테두리 내에서 살아가야 하는 슬픈 운명의 존재가 되어 버렸다.

따라서 우리에게 요청되는 것은 싫으나 좋으나 바로 '과학사고'이다. 과학의 시대에 과학사고는 필연이다. 그러나 지금까지 우리에게 과학은 문명의 이기를 만들어 주는 대신에 인류 살상의 전쟁과 사고의 기계화 · 획일화를 통한 인간성 파괴 그리고 생태환경 파괴 등 수많은 인류의 재앙을 남겨 놓았다. 따라서 우리는 이제 새로운 과학을 요청하고 있다. 이렇게 본다면 지금 우리에게 새롭게 요청되는 과학사고 역시 '새로운 과학사고'일 것이다. 과학은 항상 '객관성'(보편성)을 추구할 수밖에 없는 속성을 가지고 있다. 따라서 과학의 세계는 늘 '새로운 객관성'을 향하여 움직인다. 여기서 새로운 과학을 창조할 수 있는 인간은 분명 새로운 과학사고를 가지고 삶의 새로운 영역을 도전하고 있는 것이다. 새로운 과학사고로 우리의 삶은 보다 잘 이해될 것이다. 21세기 지식정보사회가 추구하는 과학사고는 '아주 새로운 차원'에서의 과학사고이다. 21세기 시대가 요구하는 새로운 과학사고로 무장된 자들에게는 '새로운 과학'을 창조할 수 있는 특권이 부여될 것이며, 삶을 '보다 더 전체적으로' 파악하고 이해할 수 있는 조건을 갖추게 할 것이다. 늘 갱신되는 과학은 예전보다 훨씬 더 삶에 근접되고 있다. 또한 우리가 삶을 보다 많이 — 보다 전체적으로 — 그리고 보다 객관적으로 이해하기 위해 보다 새롭고 보다 신빙성이 있는 보편타당한 과학지식과 과학사고가 요청되고 있다.

과학은 원래부터 삶의 전체를 설명하기 위한 최소한(minimum)이었다. 우리는 그 최소한으로 최대한(maximum)을 얻으려는 과학적 노력 덕분에 보다 효과적이며 능률적으로 살아올 수 있었다. 그러나 부분으로 삶의 전체를 설명하고 해석하려는 과학의 한계는 자명하다. 왜냐하면 '전체는 부분의 합이 아니며, 전체가 부분보다 먼저'이기 때문이다. 따라서 우리의 삶은 점점 더 전체적 삶을 설명하고 이해할 수 있는 과학 즉 보다 넓은 전체를 해석하고 설명하고 이해할 수 있는 '전체성의 과학'(holistic science)을 요구하게 된다. 특히 21세기 지식정보사회는 '복잡계 사회'라는 사회구조의 특성상 전체로서의 과학 즉 전체성 과학을 요구하고 있으며, 과학사고 역시 삶의 전체성을 지향하고 전체를 포괄할 수 있는 새로운 과학사고를 요구한다. H 사고가 바로 그것이다. 우리가 추구하는 H 사고 즉 홀로스(holos/holistic) 사고는 가능한 한 삶의 전체성을 포괄할 수 있는 새로운 과학사고의 시도이다.

21세기 미래 지식정보사회는 삶을 '부분이 아닌 전체'(holos, holon-holism)로부터 파악할 수 있는 전체성 사고의 능력이 탁월한 자들에게 우선적으로 삶의 기회를 제공하게 될 것이다. 이러한 점에서 우리가 추구하는 전체성 사고로서의 H 사고는 가장 유력한 미래 사고가 된다. 전체성 과학사고로서의 H 사고는 기존의 과학사고를 질적-양적으로 계속 확충한다. 이로써 우리는 지금까지 비(非)과학 및 탈(脫)과학의 영역으로 남아 있던 삶의 다른 영역 구석구석까지를 최대한 추적하여 포괄해 냄으로써, 삶의 전체를 이해하고 파악하고 실현해 나가게 된다. '전혀 다른 과학사고'로서의 H 사고의 위력은 아마 21세기 지식정보사회가 무르익는 정도와 함께 발휘될 것이다. 따라서 H 사고는 21세기 지식정보사회를 살아가기 위한 의식혁명의 조건이기도 하다. 또한 21세기 의식혁명의 구조를 가진 H 사고는 삶을 전체로 포괄하는 과학 사고로서 '시스템 사고'(systems thinking)의 새로운 전략이라고도 할 수 있다.

CONTENTS

CONTENTS

CONTENTS

II

H 사고의 본질과 전략

CONTENTS

I

H 사고의 조건

1장 신(新)사고 운동

2장 신(新)과학 운동

3장 생태학적 패러다임

4장 홀리스틱 메디슨

1장

신(新)사고 운동

1. 반(反)과학주의[1)]

1) 진화론에 대한 회의

(1) 진화론 연구와 과학의 대중화

멘델(Georg Johann Mendel, 1822-1884)이 유전법칙을 발견하던 시절, 사람들은 새로운 생물학의 이론으로 탄생했던 진화론에 또 다른 관심과 흥미를 가지게 되었다. 1859년 찰스 다윈(Charles Darwin, 1802-1882)에 의한 진화론의 성립은 우리 인간이 어디서 왔는가에 대한 궁금증을 풀어 주는 계기를 마련해 준 사건이기도 했다.

---

1) 여기서 반(反)과학사고는 지금까지의 과학으로부터의 반대와 탈피를 의미한다. 그러나 과거의 과학개념을 탈피한다는 것이 무조건 과학을 부정하자는 뜻만은 아니다. 그렇다면 우리

과학자(scientist)라는 용어는 1831년 창설된 영국의 글래스고우에서 발족한 〈영국과학진흥협회〉에서 1840년부터 처음 사용되었다. 실용적 과학지식과 과학지식의 대중화에 앞장선 이 협회는 과학에 대한 대중의 관심을 증폭시키는 역할을 했던 것으로 평가된다. 이러한 영국협회의 눈부신 활동에 자극을 받아 1848년 미국에서도 〈미국과학진흥협회〉가 생겨났다. 이를 계기로 과학교육에 관한 강연과 과학잡지 그리고 과학전문 서적들이 간행되었다. 아울러 영국과 미국 양국 간의 과학지식 교류활동도 활발해지기 시작했다. 드디어 과학 대중화 사업의 일환으로 영국과학진흥협회에서 1859년 11월 찰스 다윈의 『종의 기원』(*origin of species*)을 출판함으로써, 진화론에 대한 대중적 관심을 증폭시키는 계기를 마련하게 된다.

당시 이 책은 출판 당일 초판이 모두 팔려 나갔을 정도로 세간의 센세이션을 일으켰다고 한다. 이렇게 다윈의 진화론이 대중의 인기를 끌 수 있었던 배경에는 많은 선행 과학자들의 연구 결과가 '진화사상'에 대한 과학적 관심 영역을 대중에게 확대시켜 주었기 때문이다. 일례로 18세기부터 뷔퐁(Buffon)이라는 생물학자는 적어도 포유류에는 어떤 형태로든 공통된 조상이 있을 것으로 보았다. 같은 맥락에서 독일의 철학자 칸트(Immanuel Kant)는 모든 동물의 과거를 추적한다면 피조물의 초기 원형까지 알 수 있을 것으로 믿었다. 18세기 말/ 19세기 초에 들면서 물리학자이며 자연주의 시인으로서 변호사직과 의사의 직분을 함께 가지고 생계

가 과학을 못 믿으니 다시 미신의 세계로 들어가자는 것인가? 그것은 아니다. 즉 지금의 과학을 반대하더라도 앞으로 다시 "새로운 과학"의 개념이 정립되는 것은 얼마든지 가능하다. 예를 들어, 고전 과학의 개념에서 본다면 현대이론물리학은 오히려 철학적이며 비과학적이다. 그럼에도 불구하고 우리는 그것을 철학이라고 하지 않고 여전히 과학이라고 부른다. 패러다임의 전환이 일어나면 기존의 과학과 무관한 새로운 과학개념이 탄생할 수 있다. 우리의 연구 역시 비과학적 또는 미신적이거나 마술적인 영역으로 회귀하는 것이 아니고, 새로운 과학의 개념을 가지고 새로운 과학성으로 "과학적"으로 접근하는 새로운 과학사고를 목표한다. 이로써 본 연구는 새로운 과학 패러다임의 전환을 가정하고 있는 셈이다.

활동을 하고 있었던 이래즈머스 다윈(Erasmus Darwin, 1731-1802)과 라마르크(Jean-Baptiste de Monet, chevalier de Lamarck, 1744-1829)는 한 걸음 더 나아가 변화를 일으키는 원인에 대하여 보다 심도 있게 접근하였다. 자식은 왜 부모와 비슷하며, 동물들에게 종에 변화를 일으키는 것은 무엇인가?(콜린 A. 로넌, 1982/ 김동광 역 II, 1999: 290)라는 질문에 대하여 대답하고자 했다.

이래즈머스 다윈은 나중에 진화론의 대명사가 된 찰스 다윈(Charles Darwin, 1802-1882)의 할아버지로서, 1794년과 1796년 두 차례에 걸쳐 동물의 종의 진화에 대한 생각을 시스템화하여 『주노미아』(*Zoonomia or the Law of Organic Life*)를 저술했다. 이 책에서 이래즈머스 다윈은 생명활동에 대한 설명과 생물과 무생물의 근본적인 차이점을 밝혀내고자 했다. 그는 모든 종에게서 볼 수 있는 배의 초기 발생과정은 초기 진화과정과 흡사할 것이라고 믿고 있었다. 이는 당시 세간에 지배적이던 전성설(pre-formation) 즉 모든 종은 어미인 암컷에게서 모든 것이 완전히 형성되며, 출생 후 성체가 되는 것은 오로지 크기와 부피만 자랄 뿐이라는 믿음을 거부하는 것이었다. 즉 모든 종에게서 배의 초기 발생은 같으나 생체의 구조 변화는 환경의 변화, 생물체의 반응 즉 배고픔, 욕망, 안전 등에 대한 갈망과 욕구에 따라 자손에게서 변화가 생겨난다. 따라서 모든 종은 서로 달리 진화된다는 것이었다. 간단히 말해서, 다윈은 획득형질의 유전을 믿었지만 예상치 못한 자극 요소들의 결합과 조합 등으로 전혀 새로운 생물이나 행동양식도 나타날 수 있다는 소위 창발적(emergent) 진화론을 주장했다.

한편, 중세의 기사였던 라마르크는 중병에 걸려 기사직을 그만두고 파리 은행에서 일하면서 관상용 식물들을 재배하다가 식물의 생태에 관심을 가지게 되었다. 서너 번의 결혼생활과 아내들의 잇단 죽음 그리고 귀머거리병과 정신병을 앓고 있었던 아들 등 불우한 일생을 보낸 라마르크는 자기 자신 역시 1829년 죽기 전까지 갑작스런 실명으로 약 11년 정도를 맹인으로 보냈다. 그럼에도 불구하고 1779년 뷔퐁의 추천에 의해 국비로 출간된 저서 『프랑스 식물지』(*Flora François*)는 라마르크의 업적을 역사의 반열에 올려놓았다. 이는 오늘날까지도 의료 식물학에 대한 라마르크의 모든 관심사가 결집된 저서로 평가되고 있으며, 당시의 식물분류법을 완전히 개량한 업적으로 인정되고 있다.

라마르크는 1788년부터 뷔퐁의 추천으로 왕실의 식물을 관리하는 정원사로 취직하였다. 5년 후에 그는 이 왕실의 동물관리사로 일을 하면서 1809년 『동물철학』(*Philosophie zoologique*)을 출간했다. 또한 그는 1815년부터 1822년까지 7년 동안 각고의 노력 끝에 출간한 『무척추동물의 자연사』(*Historie naturalle des animaux sans vertèbres*)를 남김으로써 동물분류학에서도 탁월한 능력을 발휘하기도 했다. 이로써 그는 곤충 분류에서도 스웨덴의 박물학자 린네(Carl von Linnè, 1707-1778)[2)]를 능가하는 실력을 인정받게 된다. 또한 그는 거미와 갑각류를 곤충으로부터 분리시켰으며 척추동물과 무척추동물을 분류하였다. 그러나 그는 자신이 하는 종의 분류 작업이 분명히 유용성은 있겠지만, 이러한 분류 작업이 매우 인위적이라는 사실을 깨닫게 되었다.

한편, 그는 처음에는 생물이 발생하고 성장하는 데에도 일명 '자연의 순서'가 있을 것이라고 생각했다. 그러나 이러한 순서도 불완전하다는 사실을 깨닫게 되면서, 동식물을 포함한 모든 생명체는 모두 연속적인 계열을 형성할 것이라는 결론을 얻어냈다. 결국 그는 '선택교배'의 사례에서 종의 변화는 외부에서 예를 들면 수컷의 자극에 의해 일어나기 때문에 모든 생명체는 외부의 환경 변화에 의해서도 종의 형질변화가 가능할 것

2) 1735년 『자연의 시스템』(*Systema Naturae*)을 집필하여 새로운 분류의 시스템을 세웠던 린네마저도 종들 사이의 구별이 엄격하지 않으며, 종이 변화하는지도 모른다는 생각을 하게 되었다(김영순 · 임경순, 2002: 185).

으로 추측하였다. 당시 잡종(hybrid)의 존재 가능성도 계속 제기되었으며, 실제로 잡종이 인공적으로 얻어지기도 했다(김영식 · 임경순, 2002: 185).

따라서 그는 동물을 길들이기를 통해 인공적으로 성질을 변화시킬 수 있으며, 심지어 동물의 신체부분 중 사용하지 않는 부분은 퇴화(退化)될 수도 있다고 생각했다. 또한 종의 변화에 대한 확고한 믿음을 가지고 있던 라마르크는 여기에 시간의 차원을 더하면서 "종은 시간의 흐름 속에서 변화된다"고 주장하기에 이르렀다. 특히 그는 이 같은 변화가 외부의 물리적 환경에 대한 생명체의 적응(adaption)을 통해 일어남을 강조했다(김영식 · 임경순, 2002: 185). 바로 이러한 논리에 따라 주창된 이론이 그의 유명한 '용불용설'(用不用說)이다. 생명은 환경의 변화에 의해 특정 기관을 더 많이 사용할 필요가 생기며, 그 기관을 더 많이 움직이는 과정에서 좀 더 개발된다(콜린 A. 로넌, 1982/ 김동광 역 II, 1999: 295). 그는 기린의 목이 길어진 이유는 목을 자꾸 쓸 수밖에 없었기 때문이라고 설명하면서, 반대로 모든 동물에게서 사용하지 않는 기관은 퇴보한다고 주장했다. 한마디로 그는 진화의 개념을 "획득 형질의 유전"으로 설명한 셈이다.

그러나 라마르크가 사망한 1829년 당시 그의 이론은 과학자들에게 거의 무시되었다. 그는 진화에 대한 자신의 견해를 직접 일반 대중을 상대로 발표했기 때문에 동료 과학자나 생물학자들에 의해 수용되지는 않았던 것이다. 특히 프랑스 사회에서 '생물학의 독재자'로 불릴 정도로 생물학의 대가로서 종의 불변성을 굳게 믿고 있었던 실증주의 고생물학자 퀴비에(Georg Quivier, 1769-1832)에 의하여 라마르크 진화 이론은 허구와 문제로 가득한 이론으로 매도당했다. 이로써 라마르크는 역사에서 이름조차 올려놓지 못하는 신세가 되고 말았다. 그럼에도 불구하고, 진화론과 진화론적 사고가 대중에 알려지게 되고 민간에 대중화되기 시작한 계기는 바로 라마르크에 의해서였다고 할 수 있다. 특히 동물이 환경의 압력 아래에서 변화하고 이러한 변화가 유전된다는 이른바 그의 획득형질의 유전설은 그의 중심 사상이었다. 이것은 비록 당시 허구로 밝혀졌음에도 이후의 모든 과학적 사고에 심대한 영향을 미쳤으며, 특히 찰스 다윈에게 결정적 영향을 주게 되었다(프리초프 카프라, 1996/ 김용정 · 김동광 역, 1999: 293; Mainzer, 1997: 84).

한편, 진화론의 또 다른 배경은 19세기 초 독자적인 과학으로 성장하였던 지질학의 역할이었다. 당시 독일의 베르너(Abraham Gottlob Werner, 1750-1817)의 전통에 따른 격변설(catastrophic theory)과 스코틀랜드의 지질학자 허튼(James Hutton, 1726-1797)의 전통을 이어받은 라이엘(Charles Lyell, 1797-1875)의 '동일과정설'은 지질학적 논쟁의 첨예한 대립관계에 있었는데, 양자 모두 종의 변화를 수용하지 않는 이론들이었다.[3] 특히 후자는 종의 안정성에 대하여 확고한 입장에 있었다. 그러나 18세기 후반부터 발견되기 시작한 생물체의 화석들은 종의 변화가 가능했을 것으로 믿도록 했다. 특히 화석의 종과 현재의 종 사이의 차이가 아주 크다는 사실은 그러한 종의 변화가 가능할 만큼 아주 긴 시간이 경과했으리라는 생각을 하도록 했다(김영식 · 임경순, 2002: 186). 따라서 이미 종의 변화에 시간의 개념을 도입한 라마르크의 생각이 지질학과 고생물학의 영역에서 다시 수용되면서 생물의 진화 가능성에 대한 생각이 보다 분명해지기 시작했다.

(2) 다윈 진화론의 전개

캠브리지 대학교의 식물학 교수였던 헨슬로(John Henslow)의 추천으로 해군 측량선 "비글호"에 박물학자 자격으로 탑승하게 된 찰스 다윈이

---

3) 전자는 지표면의 역사가 급격한 대변동들로 이루어졌다는 주장이고, 후자는 지표면상의 모든 과정이 과거부터 지금까지 언제나 동일하다는 주장이다.(김영식 · 임경순, 2002: 186 참고).

5년간의 해외탐사여행이라는 행운을 얻게 되었던 것은 1831년의 일이었다. 그런데 더욱 행운이었던 사실은 항해 내내 그가 스코틀랜드 지질학자였던 찰스 라이엘의 영향을 받게 된 사실이다. 라이엘은 영국 동부 해안 야머스 항의 해안가에서 바닷물의 침식작용을 관찰하면서 지구의 지층은 매우 작은 지질학적 변화에 의해 형성된다는 사실을 연구하고 있었다.

균일설(univormitarianism)을 발표함으로써 장래가 촉망되는 젊은 과학자로 인정받기 시작한 라이엘에 의하면, 지구에서 벌어지는 지각 변동은 반드시 노아의 홍수 같은 엄청난 변화나 지진 같은 천재지변으로만 이루어지는 것이 아니라, 오랜 시간에 걸쳐 서서히 이루어지는 자연의 부단한 변화이며 균일한 변화의 결과라는 것이다. 또한 그는 모든 종들이 특정한 중심에서 주변으로 퍼져 나갔으며, 그 종들이 멸종할 때까지 어떻게든 존속하다가 어느 순간에 그 후 다른 종으로 대체되었기 때문에 전 지구의 역사에 걸쳐 새로운 종의 출현은 지속적으로 이루어져 왔다고 주장했다. 바로 라이엘의 이러한 생각 즉 "새로운 종의 연속적 출현 과정에 대한 주장"이 다윈에게 전해지면서, 다윈은 항해라는 자신의 실제 경험에서 라이엘의 가설을 입증하고자 했다. 다윈은 브라질의 열대 우림을 위시하여 남아메리카와 아프리카의 각종 해안선을 탐험하면서 많은 지역에서 각종 표본들을 수집했다.

다윈은 1831년 출항 당시만 해도 "종의 불변설"에 대하여 어떤 의문도 품지 않았다고 한다. 왜냐하면 18세기까지 사람들은 종(species), 안정성(stability), 불변성(immutability) 또는 고정성(fixity)을 믿고 있었기 때문이다(김영식 · 임경순, 2002: 184). 그러나 항해 내내 광범위한 지역에서 한 경험과 관찰에 의해 얻은 지식을 통해 그의 의구심은 점점 커져 갔다. 그는 갈라파고스 군도로부터 겨우 수십 마일 정도 떨어진 섬에서 각각 다른 종류의 동물상과 식물들이 분포되어 있음을 발견하였으며, 반대로 아주 멀리 떨어진 곳에서도 유사한 동물의 화석을 발견하였다. 남미의 타조와 아프리카의 타조가 닮은 이유는 무엇인가? 이러한 의문을 가지고 집으로 돌아온 다윈은 원예사나 동식물전문가가 품종개량을 성공적으로 해내는 일에 대하여 어느 정도 해답을 얻을 수 있었다. 즉 인간은 인위 선택(artificial selection)을 통해 인간의 필요에 적응하는 종을 진화시킬 수 있으며, 자신들이 원하는 성질을 지닌 것들만 선택하여 번식시킴으로써 품종개량을 할 수 있다. 그러나 그는 이러한 선택이 "자연에 대해서" 어떻게 일어나는지 설명할 방법이 없었다(김영식 · 임경순, 2002: 188).

이러한 와중에 그는 자신의 고민 해결에 중요한 힌트를 준 책 한 권을 읽게 된다. 즉 1838년 목사이자 정치경제학자인 맬서스(Thomas Robert Malthus, 1766-1834)의 『인구론』(*An Essay on the Principle of Population*)이 그것이었다. 1789년에 출판된 이 책에서 맬서스는 우리 인류가 인구를 억제하지 않는다면 인구는 25년마다 지금의 배로 늘어나게 되어 곧 인구 증가는 식량 생산량을 능가할 것이라고 경고하였다. 다시 말하면, 치열해져 가는 생존 경쟁에서 결국은 승리하는 자만이 살아남을 수 있을 것이다. 여기서 다윈은 '경쟁'(競爭)의 중요성을 인식하게 된다. 모든 생명체의 삶은 경쟁이다. 경쟁이 바로 어떤 종의 여러 개체 중에서 환경에 잘 적응하는 성질을 가진 것만이 살아남을 수 있도록 '선택의 수단'으로 작용한다(김영식 · 임경순, 2002: 189). 이로부터 다윈은 자신의 문제를 확신하는 결론을 유추해낸다. 즉 환경에 잘 적응할 수 있는 종만이 살아남으며 적응하지 못하고 도태되는 종의 자리에는 더 잘 적응하도록 '변이'가 이루어진 종으로 채워진다. 따라서 모든 종들은 환경에 적합한 자들만 남게 하는 '자연선택'(natural selection)의 결과로 진화된다. 한마디로 19세기 자연철학자들에 의해 믿어졌던 유기적이고 조화로운 변형으로서의 생명현상에 대한 평화로운 형상이 새로운 생물학에 의해 전복되는 순간이었다(Mainzer, 1997: 84). 다윈의 이론은 이 당시까지 생명을 설명하는 목적론적 힘에 대한 전통적 믿음을 더 이상 필요로 하지 않았다(Mainzer, 1997: 84).

바로 이러한 내용들을 가지고 그는 1858년 7월부터 집필에 들어가 그 이듬해에 그의 대표작인 『자연선택에 의한 종의 기원, 또는 생존 투쟁에 유리한 종의 보존』(통칭: 종의 기원, *Origin of Species*)을 완성한다. 물론 그의 진화론은 그로부터 12년 후에 발간된 『인간의 기원』(*The Descent of Man*)에서 완성되었다(프리초프 카프라, 1996/ 김용정 · 김동광 역, 1999: 293). 하여간 『종의 기원』에 수록되어 대중의 센세이션을 일으키면서 진화론은 철학적-사상적 차원에서도 당시의 시대정신으로 군림할 수 있었던 것이다. 한마디로 자연선택이 진화의 메커니즘이라는 다윈 이론의 핵심이 형성되었다(김영식 · 임경순, 2002: 189).

결국 다윈은 자연선택에 의한 종의 변화에 대한 원인을 자연적 원인으로 파악함으로써 라마르크가 내적 원인으로 돌렸던 사실을 실증적으로 입증한 셈이다. 마치 뉴턴이 물리학의 분야에서 자연법칙을 기계론적으로 다양한 증거와 연관지으려 한 것처럼, 다윈은 생물학 분야에서 똑같은 작업을 하였다고 볼 수 있다. 그러나 다윈의 진화론은 자연법칙이 신의 피조물이라는 관념에서 보다 자유로운 사고를 안겨 주었다는 점에서 신학자, 성직자, 성서론자 그리고 기독교 신도들에 의해 엄청난 반대에 부딪혔다. 그럼에도 불구하고, 1859년 이 책이 베스트셀러가 되었다는 사실은 무엇인가 일반 민간에게는 획기적인 일로 받아들여졌다는 사실을 반영했다고 할 수 있다.

물론 학문적으로 진화론과 같은 관점을 가진 유명한 자들도 더러 있었다. 라이엘을 위시하여 월리스(Alfred Wallace, 1823-1913)[4] 그리고 식물학

4) 1837년 다윈은 자신의 진화 이론을 완성했지만 후크(Joseph Dalton Hooker, 1817-1911)를 포함한 주변의 몇몇 사람들에게만 알리고 20여년이 지나도록 발표하지 않았다. 그런데

자 조지프 후커, 해부학자이며 인류학자인 토머스 헉슬리 등이 이에 해당된다. 그러나 물론 당시 비중 있는 과학자 군에 속했던 퀴비에의 제자인 스위스의 고생물학자 아가시(Louis Agassiz)와 물리학자 켈빈 경(윌리엄 톰슨), 의사이며 고생물학자였던 오웬(Richard Owen), 윈체스터의 주교 윌버포스(Samual Wilberforce) 등은 다윈의 진화론을 비과학적이라고 비난했던 소위 반(反)진화론의 대표적 학자들이었다.

그러나 1860년 영국학술협회 연례회의에서 다윈의 대변인 격으로 참석한 헉슬리와 윌버포스 주교 간의 논쟁은 결국 진화론자들의 승리로 끝났다. 이로써 학교교육에서도 진화론을 중심으로 하는 과학교육의 물꼬가 트이게 되었다. 이제 진화론은 국민의 일반적 관심사이자 시대정신으로 급부상하게 된다. 즉 "종들 사이에는 경계가 엄격하다"는 18세기 분류학(taxonom)의 결론에 따라 형성된 "자손번식의 규칙성과 불변성에 대한 믿음"이 깨지고, 지리상의 발견 이후 종도 얼마든지 변화할 수 있다는 "진화"(evolution)에 대한 믿음이 새롭게 자라나게 되었다.

(3) 진화론의 세기

다윈의 진화론은 생물학의 발전에 큰 영향을 미쳤다. 진화론의 기본개념들과 연구결과들은 오늘날 수많은 문헌들에 의해 정리되고 있고, 엄청난 양의 생물학, 생화학 그리고 화석기록 등의 증거에 의해 뒷받침되

1858년 윌리스가 자연선택을 진화의 메커니즘으로 이해한 논문을 발표했을 때, 다윈은 자신의 생각과 윌리스의 생각이 같음을 확인하면서 그 이듬해에 『종의 기원』이라는 책을 발표하게 된다. 이를 우리는 과학역사의 동시발견(simultaneous discovery) 또는 복수발견(multiple discovery)이라고 한다. 이러한 예는 뉴턴과 라이프니츠의 미적분 동시발견, 캘빈(Lord Kalvin,1824-1907)과 클라우지우스(Rudolph Clausius, 1822-1888)의 열역학 제2법칙 동시발견 등 과학사에서 더러 발견된다(김영식 · 임경순, 2002: 190 참고)

고 있다(프리초프 카프라, 1996/ 김용정 · 김동광 역, 1999: 294). 또한 진화론은 사회사상 면에서도 엄청난 파장을 불러일으켰다. 다윈 진화론이 많은 학자들과 일반에까지 수용되게 된 가장 큰 이유는, 첫째, 그의 진화론이 수많은 실증적 자료들을 제시함으로써 과학적 방법의 고전인 과학적 귀납법의 모형을 그대로 보여 주었으며, 둘째, 상세한 생물학적 정보와 증거에 입각한 창조적 이론이라는 평가이다. 이미 '과학적 실증주의'가 시대정신으로 둔갑한 당시 진화론에서 제시한 실증적 자료들은 민간에게도 큰 무리 없이 수용될 수 있는 여지는 얼마든지 가능했다.

그러나 다윈 진화론의 한계는, 첫째, "생물체에서 보이는 작은 변이라도 유전될 수 있으며 생물 개체군에서 지속된다"는 가설은 보다 더 명확한 검증을 필요로 하며, 둘째, 그러한 개체군 내에서 자연선택이 일어나는지를 실제로 실험해 볼 방법이 없다는 사실이었다. 특히 인간도 진화했는가? 진화가 사실이라면 그동안 우리의 믿음이었던 신의 창조론은 어떻게 되는 것인가? 또한 환경에 잘 적응하는 변이가 발생하면 그것이 전승된다고 하더라도 애초에 그러한 변이는 어떻게 발생하는가? 동물들에게 적응에 쓸모없는 생물체나 기관들도 왜 계속해서 존재하는 것이 있는가? 이러한 의문에 대하여 당시 다윈의 진화론은 좀 막막했다.

이러한 의문을 풀어보기 위해 다윈설의 옹호자인 프러시아의 생물학자 헤켈(Ernst Heinrich Haeckel, 1834-1919)은 1879년 『인간의 진화』라는 저서에서 계통수(系統樹)를 그려냄으로써 기계론적으로 다윈의 진화론에 대하여 구체적인 증거를 대려고 했다. 즉 모든 생물의 배는 발생과정에서 진화의 계통수 시스템에 따라 선조의 성숙단계를 거친다. 구체적으로 그는 생명의 진화를 분자유기조직으로부터 인간 종으로까지 일반화시켰다(Mainzer, 1997: 84). 그러나 헤켈의 "생물발생 법칙"(biogenetic law)으로 대변되

는 이러한 계통수의 방법은 세간에 큰 호응을 얻지는 못했다.[5)]

다윈의 진화론에 대한 새로운 비전(vision)을 제시한 사람은 드 브리스(Hugo Marie de Vries, 1848-1935)였다. 헤켈의 계통수 이론에서 힌트를 얻은 드 브리스는 같은 장소에서 나란히 자라나는 완전히 다른 두 계통의 식물들을 교배실험하면서 중요한 사실을 알게 된다. 즉 그는 한 식물을 자가 수정시킬 경우에는 순종으로 자라나지만, 두 종을 교배시키면 완전히 다른 특성을 지닌 새로운 종으로 자란다는 사실을 알아낸 것이다. 따라서 그는 다윈의 주장대로 생물에게 변이는 서서히 일어나는 것이 아니고, 갑자기 도약하는 변화가 일어나기도 한다고 주장했다. 하여간 그는 모든 생물들이 "돌연변이 현상"으로 진화를 거듭할 수도 있다는 사실을 강조했다. 그는 1901년과 1903년 두 권으로 된 『돌연변이』라는 자신의 저서를 발표하면서 모든 진화는 돌연변이를 포함하면서 진행되는 것이라고 진화의 과정을 설명하고 있다. 즉 드 브리스는 돌연변이 때문에 새로운 변이체는 이미 다른 종으로 분리되며, 그 후 새로운 돌연변이에 대해 자연선택이 작용해서 생존 경쟁에 부적합한 변이를 제거시킨다고 주장했던 것이다(콜린 A. 로넌, 1982/ 김동광 역 II, 1999: 394). 그러나 이러한 주장은 다윈의 진화론을 부정하는 데 목적이 있었던 것이 아니고, 오히려 다윈 진화론에 대한 이견과 반대 논리를 최대한 진정시키면서 진화론 연구의 새로운 지평을 확대시킨 셈이 되었다.

결국 드 브리스는 진화의 문제가 완전히 한계를 극복하기 위해서는 유전의 문제와 엇물려 생각해야 한다고 주장하면서 진화론에서 유전

5) 실제로 오늘날까지 진화론은 확고한 자연과학으로서의 물리학 및 화학 이론과 비교된 적이 없으며, 다윈 역시 진화과정에서의 변종(돌연변이 현상)과 선택에 대해서는 기술할 수 있었지만, 헤켈이 구상한 것처럼 수학화되고 검증될 수 있는 하나의 물리 법칙으로 진화과정을 설명할 수는 없었다(Mainzer, 1997: 84 참고).

학의 중요성을 강조했다. 따라서 그는 진화론의 관점 확대를 위해 이미 실험적 유전학의 포문을 열어 놓은 멘델의 유전법칙으로 다시 거슬러 올라갈 것을 권한다. 이렇게 하여 다윈의 문제에 대한 해결책은 다윈의 이론이 발간된 지 수년 후에 오스트리아의 수도승이자 아마추어 식물학자였던 그레고어 멘델에 의해 가능해졌다. 그러나 이는 멘델이 세상을 떠날 때까지 무시되었고 오랜 시간이 흐른 20세기에 들어서야 다시 빛을 보게 되었다(프리초프 카프라, 1996/ 김용정 · 김동광 역, 1999: 294). 결국 1915년 모건(Thomas H. Morgan, 1866-1945)에 의해서 재발견된 멘델의 법칙은 현대 유전학(genetics)으로 이어지는 과정에서 다윈의 진화론이 제기한 생물학적 문제들과 난관들을 하나하나 해결하는 실마리를 안겨 주게 된다. 특히 이미 유전학에서 밝혀진 돌연변이의 문제는 바로 드 브리스가 제기한 돌연변이 진화론과 꼭 일치하였다. 이로써 다윈 이래의 진화론이 가지고 있었던 학문적 난관과 한계가 조금씩 풀리게 되었다.

(4) 진화론과 사회진보사상

뉴턴 역학이 힘과 궤적에 대한 과학이었다면, 진화론이 남긴 진화론적 사고는 변화, 성장 그리고 전개라는 관점으로서 새로운 복잡성 과학을 요구했다고 할 수 있다(프리초프 카프라, 1982: 72). 특히 유전학과 진화론의 발달은 수많은 실증적 자료를 제시함으로써 과학이 보다 객관적인 신뢰감을 주게 된다는 시대정신을 만들어 나가기에 충분했다. 이로써 이들은 소위 "과학적 실증주의"의 표본이 된 셈이다. 심지어 진화론적 사고의 파급효과는 상아탑 연구실에서 과학자들 중심으로 연구되던 역학 또는 물리학 연구에 비하여 훨씬 민감했으며 대중화의 속도도 그 파급효과가 지대했다. 특히 진화론은 당시 신의 권력과 신의 영역에서 충분한 안식을 취하고 있었던 사람들에게 일대 경종을 불러일으킨 역사적 사건이었다. 즉 당시 신의 주제하에 신의 섭리에 입각하여 자연과 우주 만물이 현상하고 움직인다는 사실에 대하여 어떤 과학이나 과학적 지식도 인간의 의식 변화를 야기하지 못했다. 이렇게 과학이 아직도 신의 손아귀에서 전전긍긍하고 있던 차에 과학적 지식을 기반으로 신의 영역을 정면으로 거역한 사건은 진화론으로부터 본격화되었다. 심지어 진화론은 과학자의 세계뿐만 아니라 일반 민간에게도 알려지면서 변화의 사건을 만들어 내고 있었던 것이다.

물론 역사적으로 아리스토텔레스, 코페르니쿠스(1473-1543), 부루노(Giordano Bruno, 1548-1600), 갈릴레이(Galileo Galilei, 1564-1642) 같은 과학자들이 신에 도전장을 쓴 적이 있었다. 그러나 그때마다 이들은 신의 가차없는 반격으로 무릎을 꿇고 말았다. 아리스토텔레스의 과학론은 중세를 거치면서 대학의 교양강좌에서조차 번번이 금지되기 일쑤였으며, 일반에게도 그의 사상을 논하는 것 자체가 금지되기도 했다. 우리에게 잘 알려진 유명한 역사적 사건은 바로 갈릴레이의 경우였다. 그는 이미 교황청에 의해 터무니없고 이단적인 것으로 판결을 받은 바 있는 코페르니쿠스의 지동설을 지지하면서 신의 세계에 도전했다가 결국 종교재판에 회부되었다. 겨우 석방되었지만 그는 평생 감금생활을 해야 하는 고독한 신세가 되고 말았다. 살아 있어도 죽음이었다. 물론 갈릴레이의 스승 부루노는 똑같은 죄목으로 이미 화형(火刑)에 처해져서 목숨을 잃은 바 있다.

인간은 살아남기 위한 본능으로 신이 주재하고 신이 지배하고 있던 자연의 일부를 자신의 의도대로 개작하고 변형하여 문화 내지 문화시스템을 만들면서 인간중심의 역사시대를 시작했다.[6] 인간은 살아남기 위

6) 이런 의미에서 부르디외는 "문화 또는 문화시스템은 인간에 의해 구현된 기구"라고 했다(Vaisey, Lizardo, 2010: 1600). 특히 문화는 개인과 개인, 개인과 그룹 간의 "상징적 상호작

해 어쩔 수 없이 문화를 창조하면서 신의 영역에 도전을 한 셈이다. 태양 중심설과 지동설을 주장하면서 당시의 우주관을 전면적으로 거부했던 코페르니쿠스와 갈릴레이는 당시 하늘에서 자연과 인간을 주재하는 안정된 신 중심 우주관을 가지고 있었던 기독교의 교리에 정면으로 도전한 셈이다. 물론 이들은 처음부터 맹목적으로 신에게 도전하기 위해서 과학을 하지는 않았을 것이며 과학적 지식과 목숨을 바꾸면서까지 신의 영역에 흠집을 내려고 하였는지는 알 수 없다. 그러나 그는 자신의 과학적 신념 때문에 제대로 살아남을 수 없었다. 아마도 이는 신이 내린 벌이었을지도 모른다.

진화론은 절대 권력의 신의 영역에 도전장을 낸 역사의 제2탄이었다. 그러나 이번에는 교회가 자기들의 교리와 어긋난다고 해서 다윈의 목숨까지 담보하지는 않았다. 물론 진화론의 과학적 결론은 갈릴레이의 경우와도 달리 아직 완전히 밝혀진 것도 아니다. 따라서 교회는 그를 죽이는 대신, 소위 창조론자들을 앞세워서 진화론자들과의 논쟁을 시작할 수밖에 없었다. 오늘날도 양자 간의 논쟁은 계속되고 있다. 급기야 다윈은 "자연은 도약하지 않는다"고 외치게 된다. 이는 "그래도 지구는 돈다"고 하면서 자신의 운명을 달게 받은 갈릴레이의 양심선언과 같이 종교와 과학 간에 돌이킬 수 없는 결별 선언이었다. 이로써 자연과학을 대표하는 진화론과 종교 사이에는 넘을 수 없는 벽이 있다는 생각이 확산되었다. 결국 이를 계기로 종교와 과학은 서로에 대한 미련이나 간섭을 포기하고 서로 자기의 길을 가게 되었다. 나중에 아인슈타인 역시 '종교 없는 과학은 무용지물이고 과학 없는 종교 역시 시야가 좁은 것'이라고 하면서 자연과학의 세계와 종교의 세계를 화해시키려고 하지만 이미 이원화된 사고

용"(symbolic interaction)에 의해 실체가 드러난다(Ignatow, 2009: 644).

의 간격을 좁힐 수 있는 가능성은 희박해졌다. 코페르니쿠스와 갈릴레이의 태양우주관과 지동설 그리고 다윈 진화론의 충격 이후 신학과 과학은 이제 더 이상 화해하기 어려운 길을 걸어가게 된 것이다.

결국 이 두 세력 간의 대화의 장은 20세기 양자역학과 생태학이 탄생하면서 시작되었다. 즉 유기체의 생명과 정신도 주변의 상황 변화에 따라 적합하게 변화한다는 이른바 진화론적 인식론에 기초한 '공진화'(共進化)의 과정으로 재해석되면서 새로운 시도가 타진되기 시작하였다. 인간은 신의 창조물인가? 아니면 진화된 종족인가? 그러나 아직 아무도 확신할 수 없다. 왜냐하면 과학의 시대를 살고 있는 우리 현대인들은 현상규명을 위해서는 특정한 믿음 이외에도 실증적(과학적) 자료를 요구하고 있기 때문이다. 과학적 실증주의의 차원에서 본다면, 아직 둘 다 완전한 자료를 제시하지 못하고 있다. 그럼에도 불구하고 교회에서는 지금도 진화론에 대하여 일고의 가치도 없는 것으로 간주하고 있다. 과학보다는 믿음을 앞세우고 있기 때문이다. 신도들은 무조건 믿으면 된다. 마치 무조건 신을 추앙하듯이 말이다. 그러나 교회의 신도가 아닌 사람들은 그러한 믿음이 태부족이다. 아니면 객관성으로의 욕구가 너무 충실하기 때문에 신으로의 무조건적 믿음이 불가능한지도 모른다. 오히려 이들은 객관성을 확보할 수 있는 조건으로는 역시 실증적 자료가 결정적이라고 보고 있다.

어쨌건 진화론은 지금까지 서구 사회를 지탱해 온 최대의 지주였던 신의 세계에 대한 정면 도전이었다. 이는 코페르니쿠스나 갈릴레이의 시대와는 많이 달라진 양상이다. 어찌 보면, 갈릴레이의 시대보다 신의 권력 — 정확히 말하면 신의 대리 권력 — 이 약화된 것이 아닐까 하는 생각도 든다. 아니면 두고 보는 것일까? 그러나 분명한 것은 신의 영역에 도전하기 시작한 과학이 그만큼 많은 자리를 차지하게 되었다는 사실이다. 이렇게 본다면, 진화론의 등장과 진화론적 사고의 대중화는 신중심의 역사시대를 마감하는 시점에서 중요한 역할을 하게 된다. 한마디로 신이 지배하는 자연에 인간이 쳐들어와서 이제 자연의 반주인(半主人) 정도로 자처하면서 살고 있다. 이들은 역사적으로 문화, 지식, 과학, 기계 등의 객관적 시스템들을 만들어 놓고 또한 이를 뺏기도 하고 빼앗기도 하면서 경쟁이라는 명문하에서 권력투쟁을 하고 있는 것이다. 알고 보면, 모두 다 살아남기 위한 투쟁이며 살아남기 위한 전략이다. 그러나 진화론의 등장으로 인하여 인간은 신의 영역을 잠식해 내는 결과를 초래하고 있다.

다윈의 자연선택설이 등장하기 전 거의 2천여 년 동안 서양사상의 기반은 플라톤의 본질주의로부터 출발한다. 영원불변성을 근간으로 하는 그의 본질주의는 나중에 생명의 창조라는 영원불멸의 진리를 가진 하나님 사상과 조우하면서 기독교와 한동안 서양사상을 지배하는 밀월관계로 발전한다(보울러, 1999). 그러나 다윈은 왜 같은 생물인데도 불구하고 인간만이 하나님의 형상대로 창조되었다고 하는지에 대하여 의심을 품었다. 결국 다윈의 자연선택을 통한 진화론은 인간을 다른 생물체와 구분하는 이원론적 사고를 배격한 셈이다. 어쩌면 이는 삶에서 '다름과 차이'의 아름다움과 중요성을 일깨워 주었다고 할 수 있다. 이로써 그동안 세간에 숭상되던 인문주의의 이원론적 오류, 즉 인간이 만물의 중심이고 나머지 다른 생물들은 인간의 대상으로서만 존재한다는 사고에 지각변동이 일어나기 시작한다.

(5) 과학실증주의의 몰락

그러나 여기서 주목해야 할 것은 인간이나 동물이나 똑같이 자연이 선택하는 대로 진화할 뿐이라는 사실이다. 다윈의 진화론으로 인간 이성과 신의 세계(로고스)가 우리의 정신사를 지배해 온 역사를 마감시켰지만, 인간 이성의 위대함이라는 아우라(aura)는 해소되기 어려웠다. 다윈의 진화론은 19세기 후반 스펜서(Herbert Spencer, 1820-1903)에게서 "사회진화론"으로 정리되면서 "인간의 사회적 발전"이 시대정신으로 간주될 수 있게 된다. 동물들의 군집이나 사회적 성격은 인간의 이성이라는 거대한 힘에 의해 사장된다. 사회진화론자들은 인간사에서 사회발전을 생물학적 진화의 선형적 계승으로 설명하려고 했다(Mainzer, 1997: 320). 이때부터 인간의 역사는 인간끼리의 "경쟁과 선택"을 통해 항상 진화하고 발전한다는 신념이 만든다. 아울러 현재 존재하는 사회시스템은 발전의 산물이다. 구체적으로 다윈은 환경적으로 최고로 적합한 곳에서 스스로를 적합하게 하는 적응과 경쟁으로부터 나온 결과를 유기체의 진보적 변화로 보았다(Mainzer, 1997: 107). 따라서 인간은 항상 발전하는 역사를 가진 사회 및 환경시스템에 적응하고 순응하는 원리를 학습함으로써 진보를 하게 되는 것으로 인식하게 된다. 심지어 사회진화론은 사회적, 경제적, 인종적 승리자의 무자비한 선택을 합리화시키는 비인간적 이데올로기를 초안했다(Mainzer, 1997: 320). 결국 진화론은 과학맹신주의 사상과 사회적응의 사상을 일반화시키면서, 사회는 발전하는 것이고 이로써 인간은 사회에 적응할 수 있으면 된다고 하는 시대정신을 만들어 놓고 말았다.

그러나 역사가 발전하는 것으로 인식하던 당시 인간들에게 제1차 세계대전이 발발하고 암울한 세기가 시작되는 현실을 경험하면서 인간들은 역사적 발전에 대한 믿음이 엄청난 착각이었으며 과학적 믿음에 대한 맹신을 회의하기 시작한다. 특히 우리는 산업혁명과 산업사회를 인간이 이룩해 놓은 발전의 소산이라는 쾌거를 보낸 바 있다. 진화론이 남겨 놓은 과학적 실증주의 사고 덕분이다. 그러나 21세기 미래 지식정보사회를 맞이하는 우리에게 과거 장밋빛 환상을 심어 주었던 산업혁명과 산업사회가 큰 부담으로 다가오는 이유는 과연 무엇일까? 이에 대하여 베이트슨

부녀는 다음과 같이 정리하고 있다.

> 1859년 다윈의 종의 기원이 출간됨에 따라 산업 혁명의 철학과 딱 들어맞는 생물진화론이 그들에게 주어졌다. 그것은 정신과 물질을 분리하는 데카르트의 이원론 위에 자리 잡고 종교개혁 이후 발전해 온 세속적 이성의 철학과 빈틈없이 맞아떨어졌다. 그때부터 생물학계에서는 정신과정 또는 작용의 탐구가 철저히 배제되고 터부시되었다(그레고리 베이트슨, 메리 캐서린 베이트슨, 1993: 86-87).

또한 수많은 창조론자 및 창조과학자들의 지적처럼, 지금까지 진화론에서 주로 화석으로 제시하는 실증적-과학적 자료들 사이의 모순과 허점들 그리고 인간 정신과 영혼의 진화에 대한 엉성하고 조야한 언급은 오히려 우리들로 하여금 진화론의 과학성에 대하여 의심하도록 하는 반(反)진화론의 대열에 동참하게 하고 있다. 양승훈은 자신의 저서 『창조와 진화 진화론 비판과 창조 모델로 살펴본 생물의 기원』(2012)에서 설령 어떤 종은 진화했다는 증거가 나왔다고 하더라고, 그보다 훨씬 많은 종들이 아직 전혀 진화된 흔적이 발견되지 않는다는 사실만으로도 진화론의 한계는 자명하다고 주장한다. 결국 진화론에 대한 회의는 역사 이래 우리 인류가 쌓아 온 과학주의의 몰락을 점치게 한다. 왜냐하면 지금까지 진화론은 과학주의의 총결산으로 군림할 정도로 '실증과학'(實證科學)의 대명사였기 때문이다.

2) 과학의 한계

(1) 과학의 허상

한국의 과학사가인 김명진은 자신의 저서 『대중과 과학기술』(2001)에서 지금까지 우리에게 현상한 모든 과학들은 실제로 전혀 과학적이지도 않으며, 자연세계를 그대로 반영하지도 않는다고 주장한다. 그에 의하면, 우리가 말하는 과학이란 단지 자연세계를 바라보는 특정 계층과 권력을 가진 전문가 집단의 특정한 관점을 반영한 것일 뿐이다. 심지어 이들 이익집단의 이해관계로 결정되어 왔다. 데이비드 블루어(David Bluer) 역시 자신의 저서 『지식과 사회의 상』(2000)에서 과학지식도 사회경제적 이해관계에서 자유롭지 않으며, 이를 둘러싼 여러 사람들의 상호작용에 의해 사회적으로 구성된다고 주장한다.

> "이미 확립된 믿음들에 의문을 가지는 것은 반과학적인 일이 아니라 바로 과학 그 자체의 핵심이다. 과학의 창조적 중심에는 열린 마음으로 탐구하는 정신이 있다. 관념적으로 과학은 하나의 과정일 뿐, 어떤 입장이거나 신념 체계가 아니다."(루퍼트 셸드레이크/하창수 역, 2016: 38)

미국의 과학철학자이며 패러다임 이론의 대명사인 쿤(Thomas Kuhn, 1922-1996)은 자신의 저서 『과학혁명의 구조』(1962)에서 그동안 과학은 객관적이고 가치중립적인 순수 학문이라는 통설에 대하여 의심하기 시작했다. 그는 여기서 "과학 패러다임 전환"이라는 테마를 언급하면서, 하나의 학설이 정상과학(正常科學)이 될 때까지는 모종의 힘이 배경으로 작용하게 된다는 사실을 암시한다. 이럴 경우 모종의 힘에 역행하는 이론은 학문성과 무관하게 결국 정상과학으로서 인정될 수 없는 것이다. 또한 쿤이 주장하는 "번역 불가능성"의 문제는 보다 심각하다. 중국의 미학자이자 문화비평가인 장파(張波)는 학문의 세계에서는 동일한 현상이라도 상이한 패러다임으로 설명될 수 있다고 한다. 특히 문화권의 차이에 의해서도 과학은 달라질 수 있다고 하면서 그는 과학이론이 현실 세계의 유일한 진리가 아님을 천명하고 있다.

> 패러다임으로서의 이론은 현실에 대한 유일한 해석이 아니며, 그것의 정의 역시 보편타당한 것은 아니다. 그것은 일정한 범위를 지니며, 그 범위를 넘어서면 타당성을 잃게 된다. 패러다임은 영원할 수 없으며 변화와 전화의 가능성을 내포한다…. '학문'의 고전적 의미에 따르면, 어떤 작품에 대한 해석은 보편타당해야 한다. 그렇지 않으면 그이론은 이론으로서의 의미를 상실한다…. 한 개념이 일련의 사물을 정확히 개괄하려면 보편타당성을 지녀야 한다. 하지만 동일한 사물이라도 상이한 문화 속에서는 상이한 분류방식과 상이한 시각에 의해 규정되기 때문에, 그 개념을 그대로 옮겨다 사용할 수 없다(장파, 1994/유중하 외 역, 2000: 24).

그는 학문의 고전적 의미는 현대에 이르러서는 근본적인 변화를 겪게 되었다고 하면서 과학의 논리적 엄밀성과 체계적 이론의 절대 진리성, 유일 진리성 및 보편타당성에 문제를 제기하였다.

> 이러한 변화는 과학의 세 가지 영역에서 찾아볼 수 있다. 우선 자연과학에서 아인슈타인은 뉴턴을 부정했고, 양자역학은 고전 역학을 수정했으며, 비(非)유클리드 기하학은 유클리드 기하학이 결코 보편적일

수 없음을 증명했다. 그리고 심리학에서는 프로이트에서 시작된 심리분석 학파가 일반적인 의식의 법칙과는 다른 무의식의 세계를 제시했다. 마지막으로 프레이저의 『황금가지』에서 시작하여 레비스트로스의 『야생의 사고』에 이르는 인류학에서는 문명인과는 상이한 원시인의 사유방식을 밝혀냈으며, 베네딕트의 『문화 모델』에서는 문화적 사유의 상대성뿐만 아니라 풍속과 정서 방식의 상대성까지 밝혀냈다(장파, 1994/ 유중하 외 역, 2000: 23).

수학자 이진경은 자신의 저서 『수학의 몽상』(2000)에서 뉴턴은 "만유인력"을 발견하기 위해 사과나무에서 사과가 떨어질 때까지 기다릴 필요가 없었으며, 갈릴레이는 피사의 사탑에서 물체를 떨어뜨리는 실험을 하지 않았다고 쓰고 있다. 또한 케플러 역시 천체운동법칙을 발견하기 위해 허구한 날 밤 지겹도록 창가에 앉아서 망원경을 들여다보지 않았다고 한다. 이들은 실제로 매사를 관찰하고 실험하는 일에 매달린 것이 아니고, 하나의 발상을 놓고 수학적 방법으로 계산해 내고 추론해 냈다는 것이다. 즉 근대과학의 핵심은 바로 이처럼 자연현상을 모두 수(數)로 치환해 버리는 것이었다. 왜냐하면 과학자들은 이 세상에서 수만큼 정확하고 객관적인 것은 없다고 믿고 있었기 때문이다. 어쩌면 이들 과학자들이 수를 사용하게 된 진짜 이유는 이들이 모든 사실을 직접 경험하고 체험함으로써 실증적 지식을 얻어 낼 자신도 없었으며, ― 또한 게으르기도 했으며 ― 그러한 체험을 성공적으로 가능하게 할 기자재나 수단도 없었기 때문일지도 모른다. 오로지 가진 것은 생각하는 머리뿐이었으며, 머리로 생각하는 객관은 결국 수로 귀결될 수 있었던 것이다.

결국 이 세상에 현상하는 무엇이든지 수학적 공간으로 끌어들여서 수로 계산하고 수로 치환하는 것이 가능하며 아울러 이렇게 수로 환원된 지식만이 객관적 지식이라고 믿고자 했던 것이 근대과학의 욕망이었다고 할 수 있다. 물론 이러한 과학의 욕망으로 인하여 고대 이집트와 그리스인들이 대범람의 홍수를 방지하기 위해 고안해 낸 측량기술의 기하학적 지식이 인도와 아라비아 상인들의 대수학으로 탈바꿈할 수 있었으며, 급기야 근대과학의 정상이라고 불리는 미적분학을 탄생시키기까지 했다. 결국 수학은 과학을 가능하게 했으며 과학은 수학의 발전 속도와 함께 발전하면서 수학적 지식과 과학적 지식은 거의 동일선상에서 진정한 지식 즉 완벽한 객관 지식으로서 군림하게 된다.

그러나 이러한 수학적-과학적 사고로 출발하는 완전한 객관지식의 신화는 1930년 24살의 수학도 괴델(Kurt Gödel, 1906-1978)에게서 흔들리기 시작했다. 그가 "불완전성의 정리"를 발표한 것이다. 한마디로 수학적 지식도 완전하지가 않다는 이야기였다. 그는 궁극의 수학이론 M은 존재하지 않는다는 것을 증명하였다. 괴델의 정리는 이후 수학자들에 의해 재증명되었다. 이로써 단 하나의 이상적 수학이론은 존재할 수 없다는 사실에 수학의 세계는 공감대를 가지게 되었다(루디 러커, 2001). 이제 수학적 정리를 통해 보다 객관화될 수 있음을 믿었던 과학의 이상이 무너진 셈이다. 그러나 괴델은 수학의 불완전성에 절망할 필요가 없다고 한다. 왜냐하면 그동안 모든 과학자들이 완벽한 과학적 매개물로 간주해 온 수학이 우리 인간의 모든 삶을 지배하고 있는 것은 아니기 때문이다. 즉 아직 수학적 논리에 지배되지 않는 세상이 존재한다는 사실은 우리 인간들로 하여금 창조의 기쁨을 누릴 수 있는 여지를 허용한다. 따라서 괴델은 수학이란 단순한 계산이 아니라 무한한 상상력과 공상력을 키워 주는 사고의 자유 영역이 되어야 한다고 설명한다.

오스트리아 출신의 미국 물리학자 마이클 폴라니(Michael Polanyi, 1891-1976)는 자신의 저서 『개인적 지식』(2000)에서 과학지식을 객관적인 것으로 간주하는 것은 데카르트의 전통에 입각한 계몽주의의 잘못된 유산이라고 보았다. 심지어 그는 과학에서 주관적이고 개인적인 지식의 중요성을 강조했다. 특히 그는 주체와 객체를 구분한 데카르트의 사고로부터 인류는 큰 죄를 저질렀다고 질책한다. 생태학자 카프라(Fritjof Capra)는 21세기 사고패러다임이 전환되어야 하는 근거를 다음과 같이 데카르트로부터 시작된 서구분석주의의 문제로부터 찾고 있다.

> 전체의 움직임이 그 부분들의 특성들을 통해서 완전히 이해될 수 있다는 믿음은 데카르트적인 패러다임에서 가장 핵심이었던 것이다. 이것이 바로 데카르트의 분석적 사고방식이었으며 근대과학적 사고의 가장 본질적인 특성으로 기능해 왔다. 분석적 환원적 접근 방식에서 부분들은 더 작은 부분으로 환원되지 않고는 더 이상 분석될 수 없다. 실제로 서양과학은 이런 방식으로 전개되어 왔으며, 그 전개의 단계마다 더 이상 분해될 수 없는 근본적인 구성요소의 수준이 존재해 왔다(프리초프 카프라, 1996/ 김용정 · 김동광 역, 1999: 49).

1986년 제3세계 네트워크와 페낭 소비자 연맹의 세미나에 참가한 140명의 지구촌 과학자들은 이구동성으로 "서구의 현대 과학기술은 애초의 약속을 지키지 못한 것이 아니라, 본래부터 유해하고 위험한 어떤 것이었다"고 주장하면서, 여전히 해결되지 않는 빈곤문제, 환경 재앙 등 사회적이고 환경적인 부작용들은 현대 과학의 실현을 방해한 사회에 문제가 있다기보다는 과학기술 그 자체의 한계 때문이라고 고백했다(제3세계 네트워크 외, 2001).

"과학의 세계에서는 늘 과학혁명이 일어난다는 사실만으로도 과학

내지 과학적 진리에는 한계가 있다."(나이절 브라쉬, 2014: 53)

중국의 현대미학자 장파(張波)에 의하면, 서구 과학의 기본 정신은 보편 법칙의 추구였다. 그는 보편 법칙의 고전적 추구는 본질 추구의 양상을 띠고 본질 추구는 공리와 정의, 공식에 대한 추구로 구체화된다고 하면서 과학적 보편법칙의 한계를 다음과 같이 지적하고 있다.

> 일단 사물의 공리, 정의, 공식을 찾아내면 그것은 곧 사물의 본질을 파악하는 것이며, 그 본질은 사람의 의지로 바꿀 수 없는 객관적 본질이다. 그러나 현대 정신은 인간이 찾아낸 공리, 정의, 공식이 사물 자체의 성질에서 기인하기도 하지만, 한편으로는 인간이 '찾아낸' 것이기도 하기 때문에 그것이 어떤 양상을 지니는가는 자연히 인간의 '찾기' 방식 및 설계와 불가분의 관계가 있다고 여긴다. 파동과 미립자에 관한 견해를 그 예로 들 수 있다. 현대 과학자의 말을 빌면, 인간이 어떻게 묻는가(인간이 어떤 방식으로 연구하는가)에 따라 대답이 달라진다(특정 면모를 띠게 된다). 따라서 소위 법칙, 본질, 공리, 정의 등이 보여 주는 것은 순수한 객관 세계의 본질 자체가 아니라, 인간과 세계가 상호작용한 기호의 세계이다. 그것은 자연의 한 측면이 현현한 것이지만, 결코 유일한 현현은 아니다. 따라서 아인슈타인, 후기 비트겐슈타인, 데리다의 사상이 공통적으로 보여 주는 현대 정신에 따르면, 사물에는 최후의 본질이란 결코 존재하지 않으며, 사물이 어떤 모습으로 드러나는가는 당신이 그것을 어떠한 참조 세계에 끌어들이느냐에 달린 것이다(장파, 1994/ 유중하 외 역, 2000: 25).

오늘날 현대 과학은 소위 "(기존) 과학의 무용론"이라는 위기에 처해 있다. 로버트 M. 헤이즌(Robert M. Hazen)과 맥신 싱어(Maxine Singer)는 자신들의 저서 『풀리지 않는 과학의 의문들 14』(1997)에서 과학무용론의 근거를 다음과 같이 들고 있다.

> 첫째, 과학적 방법을 통해서는 더 이상 외부 세계와 사물에 대한 객관적이고 경험적인 지식을 얻을 수 없다는 극단적 상대주의적 주장 때문이고, 둘째, 인간은 사회적 · 정치적 · 성차별적 편견에 사로잡힌 상태로 사물과 세계를 접하기 때문에 어떤 과학적 지식을 빌미로도 결코 객관적 실체를 반영할 수 없다는 포스트모던의 논리 때문이다. 또 다른 논리는 오늘날 현대 과학이 모든 것을 낱낱이 다 밝혀 놓았기 때문에 더 이상 과학이 할 일이 없다고 한다. 다만 앞으로 21세기 과학자들은 이미 완성된 "완결된 이론구조"의 중간중간에 듬성듬성 비어 있는 공간만을 메우는 작업을 하면 된다는 논리이다(로버트 M. 헤이즌, 맥신 싱어, 1997/ 황현숙 역, 2000).

어쨌건 이들의 논리는 모두 (기존) 과학의 종말론을 부축이고 있는 셈이다. 그러나 헤이즌과 싱어는 암흑물질, 우주의 종말, 에너지 소멸, 지구의 부양인구, 진화, 사람의 두뇌, 행동유전자, 외계 생명체 등 아직도 수많은 분야가 미래 과학자들 앞에 남아 있는 과제라고 설명하면서 과학종말론을 일축한다. 그러나 그는 기존의 과학은 아니고 "아주 새로운 과학(또는 전혀 새로운 과학 방법)"이 탄생할 것을 기대하고 있다.[7] 데이비드 호킨스 역시 과학이론의 역사를 토대로 고차원(전체성 차원)의 우주 과학론의 탄생을 고대하고 있다.

---

7) 본 글은 바로 이러한 기대와 희망을 위해 쓰이고 있다.

현대의 과학이론은 16세기 데카르트의 연역법에서 시작되었고 베이컨의 귀납법이 그 뒤를 이었다. 그 후 뉴턴은 『프린키피아』(*Principia*)를 세상에 내놓았다. 로크(John Lock)는 '과학적'이란 용어를 처음으로 사용하였다. 그는 물체의 상호작용의 확실성은 물체를 관찰한 자료에 근거한다고 했다. 이 개념들은 기계적이고 예측할 수 있는 우주의 모형을 만들었지만, 미립자의 세계에서는 결정론보다는 우연의 법칙이 적용된다는 양자이론에 의해 자리를 빼앗기고 말았다. 역사는 우리들에게 과학이 기존 이론들의 직선적 연장으로 발전하지 않고 그 관점의 변화에 의해 도약한 것을 보여 준다. 결국 과학이란 관점의 반영이고 관찰자와 피관찰자의 사이에 분리는 존재하지 않는다. 상대성 원리는 각자의 관점에 따라 물질이 에너지와 같다는 것을 말한다. 봄(David Bohm)의 홀로그래피 모형은 보이는 질서는 숨은 질서에 기초하고 있다는 것을 말해 준다. 형태는 개념의 결과이고 시간과 공간은 구속력이 아니며 거기에는 '여기' 혹은 '거기'가 존재하지 않는다(야자의 전체성). 결국 우리가 묘사하는 우주는 무한의 차원을 포함하고 고차원의 실재를 갖는다(데이비드 호킨스, 2000: 291).

(2) 컴퓨터과학의 본질

오늘날 21세기 정보통신혁명을 실현시키고 지식정보사회를 만들어 내는 주역이었던 컴퓨터의 발견과 초기 컴퓨터공학의 발달은 데카르트와 뉴턴의 분석적-기계적 사고에 그 뿌리를 두고 성장해 왔다. 컴퓨터의 아버지 격인 폰 노이만(Von Neumann)과 초기의 사이버네티스트들이 인간의 정신 역시 정보를 처리한다고 믿었다. 따라서 그들이 컴퓨터를 두뇌 심지어는 마음(정신)에 대한 은유로 사용한 것은 데카르트가 육체에 대한 은유로 시계를 사용했던 것만큼이나 자연스러운 일이었다(프리초프 카프라, 1996/ 김용정 · 김동광 역, 1999: 98). 결국 오늘날 컴퓨터 공학으로 이어지는 인류 기술문명의 쾌거는 데카르트와 뉴턴의 기계론을 영속시키는 결과를 낳고 있다. 심지어 컴퓨터는 데카르트와 뉴턴의 우주기계론에 대한 과학적 실증주의를 보다 강화시키는 결과를 초래한 셈이 되었다.

그러나 이러한 과학적 오류는 오래가지 못한다. 이를테면 현대 이론물리학의 발전과 생태학의 탄생 그리고 사이버네틱스 이론은 데카르트와 뉴턴의 기계주의와 분석주의에서 나타나는 과학적 오류를 수정하는 작업이었다. 이들은 모두 이른바 시스템 사고를 기반으로 하고 있었다는 특징이 있다. 특히 생태학적 발전을 가속화시킨 프리고진의 "흩어지는 구조"의 이론과 "자기제작"의 이론은 창조성이 모든 살아 있는 시스템들의 핵심적 특성임을 보여 주었다(프리초프 카프라, 1996/ 김용정 · 김동광 역, 1999: 291). 이미 생태학자들은 살아 있는 시스템들 속에 내재되어 있는 창조성에 의해 세 가지 주요한 과정 즉 돌연변이, 유전자 교환 그리고 공생을 통해 추동되고 자연선택에 의해 버려지는 이 행성의 생물군들이 끊임없이 그 다양성을 증가시키는 형태로 확장되고 강화되었다고 주장한다(프리초프 카프라, 1996/ 김용정 · 김동광 역, 1999: 305). 이제 뉴턴의 "우주기계론 사고"로는 우주와 자연현상 특히 생명현상을 설명하는 데에 분명한 한계를 가진다.

1940년 후반 사이버네틱스 이론을 처음 시작한 노버트 위너(Norbert Wiener)와 1960년대 사이버네틱스 원리에 기초를 둔 정신의 개념을 연구한 그레고리 베이트슨(Gregory Bateson)의 과학철학은 그동안 정신과 육체의 데카르트적 분리를 극복하기 위해 과학의 영역에서 시도된 최초의 성공이 었다고 할 수 있다(프리초프 카프라, 1988: 228). 이들은 이제 과학이 연구방법을 데카르트의 기계론적 접근 대신 처음으로 시스템 접근(systems approach) 방식을 차용할 것을 선언했다(프리초프 카프라, 1996/ 김용정 · 김동광 역, 1999: 82).

이러한 연유로 "시스템"과 "시스템 사고"(Draper Kauffman, Jr.)라는 개념은 데카르트와 뉴턴의 기계론과 분석적 사고의 대안이자 반대 개념으로 인식되기 시작했다.

사이버네틱스 이론가인 카우프만(Stuart Kauffman)은 이미 우리가 현재 사용하는 정보처리 컴퓨터는 인간의 뇌에 대해 전혀 잘못된 은유로 인하여 만들어졌다고 주장한 바 있다(Kauffman, 1993: 96). 1970년대 자기조직화의 개념이 등장하자 인지에 대한 컴퓨터 모형은 마침내 심각한 문제에 직면하게 되었는데, 당시까지 지배적이었던 가설을 재고하게 만든 동기는 컴퓨터가 계산의 관점을 가지고만 발전되었다는 사실적 결함 때문이었다.

> 첫 번째는 정보처리가 한번에 하나씩 적용되는 순차적인 규칙들에 의존한다는 것이고, 두 번째는 그 처리과정이 집중적이기 때문에, 그 시스템의 한 부분이 입는 손상이 전체에 대한 심각한 기능장애로 이어질 수 있다는 점이다. 이러한 컴퓨터의 두 가지 특징은 생물학적 관찰과 극명한 대비를 이룬다(프리초프 카프라, 1996/ 김용정 · 김동광 역, 1999: 349).

실제로 인간의 뇌는 컴퓨터와 달리 물리적으로 가능한 속도보다 훨씬 빠르며, 모든 기능이 손상을 입은 경우가 아닌 부분적인 손상의 경우에 뇌는 신속한 회복력을 발휘할 수 있다(프리초프 카프라, 1996/ 김용정 · 김동광 역, 1999: 350). 또한 인간의 뇌는 컴퓨터와 달리 고도의 협동적인 시스템으로 구성되어 있으며 협동적으로 사고한다. 복잡계이론(complex systems theory)에 의하면, 인간의 두뇌는 비선형 동역학을 가진 복잡한 세포시스템으로 모형화된다(Mainzer, 1997: 113). 한마디로 인간 두뇌의 신경시스템은 컴퓨터와 판이하게 다르다(프리초프 카프라, 1996/ 김용정 · 김동광 역, 1999: 361). 컴퓨터의 물리적 구조는 고정되어 있으며 그 설계와 구성에 의해 결정되어 있지만, 생물의 신경계는 지속적으로 스스로의 구조를 조절함으로써 그 환경과 상호작용 한다. 다시 말하면 컴퓨터는 외부 세계에서 들어온 정보를 처리함으로써 기능과 역할이 끝나지만, 인간의 두뇌와 신경계는 인지 과정(마음)을 통해 새로운 세계를 만들어 낸다. 또한 생명체의 심장 고동과 호흡은 이상적인 진자운동을 기반으로 하는 기계적 모델과는 달리 결코 고정적이지 않으며, 예상치 못한 급격한 환경변화에 따라 융통성 있게 대처하고 대응할 수 있다(Mainzer, 1997: 106).

오늘날 우리는 감성공학을 기반으로 하는 새로운 컴퓨터 테크놀로지로 인간의 두뇌 능력과 환경인지능력에 도전하고자 한다. 그러나 인간의 감정을 체온으로 느낄 수 있는 컴퓨터 인공지능의 공학기술은 인지 시스템을 기계론적 방법으로 이해하는 차원에서는 불가능하다. 즉 전체성의 차원에서 이해해야 가능할 것이다. 왜냐하면 사람이 내리는 결정은 결코 완전히 합리적이지 않으며, 항상 감정에 의해 채색되어 왔으며, 사람의 사고는 항상 인지의 전체 스펙트럼에 기여하는 육체적인 감각이나 그 밖의 과정들 속에 묻혀 있기 때문이다(프리초프 카프라, 1996/ 김용정 · 김동광 역, 1999: 361). 한마디로 지금의 컴퓨터에서는 형식적(공식적) 작동이라는 본질적 한계 때문에 인간의 상식적 행동이나 임기응변적 대응, 순간적 판단이나 결정, 돌발 행동 등이 불가능하다. 따라서 컴퓨터가 인간의 지능을 갖도록 프로그램화한다는 것은 불가능하다고 할 수 있다(Winograd, Flores, Fernando, 1991: 93). 예를 들어, 말도 못하는 한 어린이가 장난감 상자를 향해 기어온다고 할 때, 그 아이는 장난감 상자에 무엇이 들어있는지의 상관관계를 연상으로 기억하기 때문에 그런 행동을 할 수 있는 것이다. 그러나 현재 방식의 컴퓨터로 앞뒤 전후의 상관관계를 연상하여 기억될 수 있으며, 순간적인 판단도 불가능하다. 한마디로 인간과 컴퓨터의 가장 중요한 차이는 자기조직, 자기제작, 자기생성, 자기창조의 능력이다. 또한 컴퓨터는 자기결정과 자기판단에서도 인간의 능력을 능가할수 없다.

오늘날 사이버네틱스 과학자들은 처음부터 그랬듯이 실제 인간의 뇌에는 우리가 짐작하는 것처럼 어떠한 일정한 규칙도 존재하지 않으며, 심지어 뇌에는 중앙논리 처리장치도 없다고 주장한다. 또한 이들은 인간의 뇌는 대량정보의 연결성, 정보의 분산저장 그리고 자기조직하는 능력을 가지고 있기 때문에 컴퓨터의 개념과는 큰 차이가 있다고 단언하기도 한다. 특히 이들이 주목한 뇌의 "자기조직" 능력은 인간과 컴퓨터의 가장 커다랗고 본질적인 차이점이다. 따라서 컴퓨터를 통한 비인간화를 우려하는 컴퓨터공학자들에게 이는 커다란 자극제이기도 하다. 즉 인간과 생태계의 모든 생명은 자기 스스로를 자기가 조직하면서 살아가기 때문에 주어진 환경과의 관계와 연관 속에서 공진화도 가능하며, 상호의사소통을 통한 상호교류와 상호교환도 가능하다. 이러한 의미에서 위너는 우리에게 지속되는 것은 물질이 아니라 "패턴"이라고 하였다(Wiener, 1950: 96). 다시 말해서, 모든 생명은 주변과 적절하게 대응하면서 적절하게 판단하고 결정하면서 스스로 패턴으로 살아남는 것이지 기계적이고 합리적인 일차원적 세계에만 존재하는 물질이 아니다. 이러한 의미에서 현대의 생태학자들은 패턴과 형태(전체성)가 진화하는 것이지, 유전자와 종이 진화하는 것은 아니라고 주장한다.

이제 인간과 생명체에게 특히 패턴을 자기조직하는 능력이 과학적으로 밝혀지기 시작하면서, 과학의 세계는 새롭게 다시 태어날 준비를 하기 시작했다. 지금까지 우리는 첨단산업과 첨단의 일상을 주도한 기계문명주의의 쾌거를 컴퓨터의 발명과 컴퓨터공학의 발달로 꼽아 왔다. 그러나 컴퓨터 세계에서 발생하는 모순과 오류는 바로 우리 인간이 추구해 온 과학적 이상과도 거리가 멀며 심지어 인간의 삶과는 전혀 무관한 상황을 연출하고 있다. 따라서 이제 (기존의) 과학은 우리의 삶을 죽음으로 몰고 가는 비인간화의 문제만을 산적시킬 수 있다는 자성의 움직임을 보이기 시작하고 있는 것이다.[8)]

2. 동양사상에의 관심

『서구의 몰락』(*The Decline of the West*, 1918)의 작가인 미국의 역사학자 슈펭글러(Oswald Spengler, 1880-1936)는 우리 지구상에 최초의 인류가 태어난 이후 약 50만 년 동안 걸쳐 온 인류진화 역사의 마지막 결과는 결국 제1차 세계대전으로 결산되었다고 허탈해한 바 있다. 즉 인간의 역사란 도구적 이성을 바탕으로 하는 인간간의 경쟁과 투쟁으로 인하여 마침내 서로 죽이고 죽여야 했던 대(大)전쟁의 참화로 결판났다는 이야기이다. 그는 전쟁의 근거를 지금까지의 분지적 과학사고를 바탕으로 하는 서구세계의 역사적 가치관에서 찾아내고 있다. 플라톤의 기능주의, 데카르트의 분할주의와 환원주의, 베이컨의 대상주의 그리고 뉴턴의 기계주의를 통하여 인간의 몸과 마음은 완전히 이분화되었다. 또한 이로써 창조된 세상은 자연의 섭리를 크게 벗어난다.

---

8) 이러한 의미에서 본 연구도 시도되고 있다. 반드시 다시 태어나야 할 과학세계에서 필연으로 요청되는 새로운 사고 영역이 바로 전체성 사고의 영역일 것이다. '전체성 사고'로 시작되는 '전체성 과학'이야말로 인간 본질로의 영원한 회귀 즉 인간성 회복의 방법일 것이며, 동시에 우리 인간의 생명을 영원히 살아남게 하는 과학성(과학적 성격학)을 보장해 줄 것이다.

심지어 인간의 역사적 사회시스템들은 태동부터 불공정한 경쟁 기준에서 현상한다. 왜냐하면 주관적인 도구적 이성의 작용에 따라서 시스템 자체가 왜곡되었기 때문이다. 따라서 우리의 사회시스템은 처음부터 불공정한 경쟁과 지배구조를 가지는 불공정시스템으로 시작한다. 즉 자연과 인간을 협력자나 동반자로 보지 않고, 오로지 대상으로만 바라보는 이분화된 사고를 통해서는 자연과 인간에 지배와 착취는 당연하다. 특히 불공정한 경쟁기준을 가지고 있는 사회시스템과 시스템 사고로는 인류 전체를 말살시키고 인명을 파괴하는 전쟁이 어렵지 않게 합리화된다. 모두 다 도구적 이성이 난동한 결과들이다.

구체적으로 2천5백 년 후 플라톤의 기능주의 이성철학은 뒤르켕(Émile Durkheim, 1858-1917), 파슨스(Talcott Parsons, 1902-1979) 등 구조기능주의 사회학자들에게서 산업사회의 이론적 지주 격인 구조기능주의 시스템이론을 정립하는 기초 토대가 되었으며, 데카르트의 분할주의 과학이론은 "주관과 객관의 분리"라는 명제를 가지고 오늘날까지 우리의 세계관을 발전시키는 본질적인 초석을 놓아 주었다(Volkamer, Streicher & Walton, 1996: 9). 또한 "아는 것이 힘"이라고 외친 프랜시스 베이컨에게서 지식은 자연이해로부터 자연소유 및 자연지배 · 자연정복의 지식이 되었다. 베이컨에게 자연은 객관(대상)으로서 주관과의 관계에서 지배와 정복의 대상이 되는 것이다. 결국 데카르트에게서 주관과 객관이 철저히 분리되었다면, 베이컨에게서는 갈릴레이에게서와 마찬가지로 주관과 대상의 관계에서 주관에 의한 객관의 대상화가 이루어진다(Volkamer, Streicher & Walton, 1996: 105). 이러한맥락에서 뉴턴의 우주기계론은 자연스럽게 근대과학의 세기를 지배하는 시대정신이 되었다. 역사적으로 시대정신으로 면면히 우리의 정신세계에 살아남아 온 서구 분지과학사고의 흔적들은 비인간화, 환경파괴, 기계화 그리고 생명경시의 풍조를 낳았다. 이로써 슈펭글러는 "서구의 몰락"을 선언하게 되었던 것이다. 이제 서구사회는 새로운 대안(代案)으로서 동양으로 눈길을 돌려 동양사상에서 새로운 진리를 찾아보려고 한다. 릴리 애덤스 백은 자신의 저서 『동양의 생각지도 어느 서양 인문학자가 읽은 동양 사유의 고갱이』(*The story of oriental philosophy*, 윤태준 역, 2013)에서 20세기 서양 사회의 탁월한 지식인들은 약속이라도 한 것처럼 모두 동양 문화에 주목했으며, 반면 동양의 지식인들은 서양을 본받고자 했다고 하면서, 동서양의 가치관은 서로 충돌하지 않으며 상호보완적이며 서로 장점을 교환할 수도 있다고 주장했다.

동양사상에 대한 서구인들의 학문적 관심은 특히 현대이론물리학과 생태학의 탄생과 함께 가속화된다. 즉 현대이론물리학과 생태학에서 밝혀지는 진리와 지식체계는 우연이라고 하기에는 너무도 믿기 어려울 정도로 동양사상과 일치하고 있다. 동양사상과 동양세계관으로부터 얻은 지식들을 현대이론물리학자들과 생태학자들이 자신들의 이론 형성에 적용한 것인지 아니면 우연의 일치인지는 불명확하다. 그럼에도 불구하고 동서양의 두 영역에서 발생하는 새로운 발견과 결과들이 놀랄정도로 만나고 있다는 사실이다. 이러한 연유로 많은 현대과학자들은 동양사상과 세계관에 관심을 가질 수 있게 되었다. 특히 1966년 중세기술사가인 린 화이트 주니어(Lynn White, Jr.)는 미국과학진흥협회에서 발표한 「우리의 생태적 위기의 역사적 근원」(The Historical Roots of Our Ecologic Crisis)이라는 글에서 서구의 과학기술에 의한 자연파괴는 신이 인간으로 하여금 자연을 이용하도록 허락했다고 믿었던 성서적 자연관에 원인이 있다고 주장하였다. 이에 따라 서구 기독교적 윤리관보다는 동양 문명권의 자연관이 주목을 받게 되었다. 특히 기계적인 서구 철학에 식상한 지식인들 가운데 몇몇은 동양의 유기체적이고 생태주의적 세계관에서 새로운 돌파구를 찾기 시작했던 것이다.

중국의 도가사상은 "양이 극에 달하면 음을 위해 물러나며 음이 극에 달하면 양을 위해 물러난다" 즉 "양괘다음 음괘다양"(陽卦多陰, 陰卦多陽)으로 시작한다. 지금까지 양을 위해 음을 희생시켜 오면서 극에 달했던 서구사상은 이제 동양사상인 음에 자리를 내줄 때가 되었다고 할 수 있을지 모른다. 사실 서구문화와 서구문화에 물든 제3세계의 종속문화는 음보다는 양을, 여성적 가치보다는 남성적 가치를 선호해 왔다. 또한 서 구사상은 융합보다는 자기주장을, 종합보다는 분석을, 직관보다는 합리적 지식을 그리고 종교보다는 과학을, 협동보다는 경쟁을, 보전이나 보호보다는 개발을 우선시하면서 발전해 왔다. 인간을 기계화시킨 장본인도 분지주의 서구사상이다. 그러나 이러한 서구사상의 전통에 의해 오늘날 많은 사회문제가 노정되면서, 사람들은 새로운 가치관을 찾아 동양으로 눈길을 돌리고 있다. 이미 19세기 중후반에 독일의 철학자 니체(Friedrich Nietzsche, 1844-1900)는 동양사상으로의 회귀를 몰락하는 합리주의 서구사상의 대안으로 지목한 바 있다.

다음에서 서술되는 동양사상과 지식들은 동양사상의 집대성이 아니라, 단지 현대 서양과학의 새로운 발견들과 만나고 있는 단서들을 제공할 수 있는 관련만을 중심으로 기술되고 있다.

1) 체험과 지(知)

서구의 역사 중 최소한 수천 년 동안은 합리성과 이성을 기반으로 하여 절대 지식을 얻기 위해 노력해 왔지만 아직도 언어로 표현할 수 있는 절대 지식은 없다. 동양에서 절대지(絶對知)는 실재성에 대한 비지적(非知的) 체험에 해당한다. 이를테면, 명상적 또는 신비적 상태에서 체험하는 지식이 이에 해당한다. 이는 비일상적 의식 상태에서 가능한 특별한 경험에서 유래한다. 이러한 의미에서 19세기 미국의 실용주의 심리학자인 제임스(William James, 1842-1910)는 우리가 '이성'이라고 부르는 지적 의식은 체험의 특수한 형태에 불과하다고 하면서, '이성'으로는 지식의 일부만을 파악할 뿐이라고 했다. 그럼에도 불구하고 우리 인간은 '이성'을 기반으로 하는 지식을 전부로 생각해 왔다. 제임스는 오히려 동양의 체험으로부터 절대지가 유래할 가능성이 높음을 시사한 바 있다. 실제로 동양에서 신비감의 체험은 지적 경험의 영역 밖에 있으며, 오히려 관찰과 통찰에 의해 가능성이 열린다고 보고 있다. 이를 우리는 '관조'(觀照)라는 개념으로 이해한다. 관조란 스스로의 안에서 바라보는 것을 말한다. 도가에서 도인들은 자신들의 사원을 관조의 장소로 간주했다. 불교에서는 "본다는 것(見)"을 "안다는 것(識)"의 기초로 삼았다. 또한 불교에서 자기 수양을 위한 수행의 요건으로 팔정도(八正道)를 든다. 이는 자아실현을 위해 실천해야 할 행동 강령을 말한다. 여기서 가장 첫 단계가 정견(定見)인데, 이 속에 정식(正識)의 의미가 포함되어 있다.

체험은 명상으로도 이루어진다. 힌두교에서는 만트라(mantra)의 숨결과 만다라(mandara)의 군신상을 통해서 명상한다. 명상은 묵상하면서 한 가지 것에 주의를 집중하는 행위를 말한다. 동양인들은 깊이 명상하는 가운데에서 마음이 열린다고 믿는다. 명상은 마음을 집중시키고 가라앉힘으로써 마음을 재조정하는 것인데, 이는 신비적 체험을 가능하게 한다. 명상은 범어로 사마디(samadi: 三昧)라고 하는데, 무엇인가에 흠뻑 빠진 정신적 평형을 의미하는 것이다. 이는 조화롭고 평온한 마음으로서, 여기서 우주의 신비적 통일성이 체험된다.

동양에서는 기예(技藝)를 통해서도 체험한다. 기예를 하는 동안 인간은 사고하는 냉철한 마음을 억제하고 깨달음의 직관적 의식을 가진다.

기예는 서구식으로 본다면 무술과 예술로 나뉠 수 있다. 그러나 동양에서 이를 구분하기는 힘들다. 무술은 예술일 수 있으며 예술은 무술과 영적으로 통한다. 힌두교의 요가나 도가의 타이추안 즉 태극권(太極拳)은 대표적 무술에 해당한다. 지금도 태극권은 중국 문화권에서 가장 우수한 무예에 해당된다. 동양에서 무술 역시 체험하는 방법이다. 무술에서는 일반적으로 의식보다는 무의식으로 수행하는 신체의 동작에 관심을 집중한다. 명상이 정적이라면 무술은 동적인 형태를 가지면서도 평화와 정돈의 체험을 수행한다. 인도의 종교교본인 『바가바드 기타』(*Bhagavad Gita*)는 무술이 난무하는 전쟁터가 무대이다. 일반적으로 중국과 일본에서 무술은 전통적 문화에 속한다. 특히 일본의 사무라이는 전통적인 선교의 영향이 강한 무술로서, 소위 일본 특유의 무사도(武士道)를 만들어 냈다. 무사도에서는 검객이 등장하는데 이들은 정신적으로 도야된 자들이며, 모두들 정신적 투시력이 완성단계에 이르는 전사들이다. 결국 무사도에서 검도는 예술로 승화된다. 이는 인도의 요가와 마찬가지로 정중동(停中動)의 예술행위에 해당된다.

동양의 예술 양식 역시 체험을 위함이다. 동양의 예술행위는 일반적으로 명상의 형태로 이루어진다. 동양의 예술가들은 서구의 예술가들처럼 이념이나 이데올로기를 표현하는 수단으로 예술활동을 하는 것이 아니고 직관적 의식을 발현시키기 위해 활동한다. 이로써 이들은 자아실현을 이룰 수 있다고 믿는다. 인도 음악에는 악보가 없다. 스승의 연주를 듣고 즉흥적으로 모방하고 재창조한다. 일본의 다도(茶道)는 서구식으로 보면 일종의 전위예술이다. 느리고 의례적인 동작을 발전시킴으로써 이들은 삼매경 즉 몰아의 지경에 빠진다. 중국의 서도(書道) 역시 마찬가지이다. 주체할 수 없는 손놀림으로 쓰인 글자에는 혼이 있고 힘이 있다.

인도의 신비주의 역시 체험이다. 신화의 형식을 빌어 은유와 상징으로 그리고 시적 이미지와 직유(直喩) 그리고 각종 우화(寓話)가 동원됨으로써 삶의 신비를 체험한다. 물론 사실적인 언어의 사용이 가능하지만 전반적으로는 신비의 언어로 매개된다. 신비로움의 체험은 인간의 세계관을 뒤흔드는 중대한 사건이다. 여기서 힌두교의 범아일여(梵我一如) 사상이 탄생한다. 우주생명의 중심인 범(梵)과 개인 생명의 중심인 아(我)는 신비감 속에서 궁극적으로 일치한다.

체험을 핵심사상으로 하는 대표적 종파는 불교의 선종(禪宗)이다. 여기서는 개오(開悟) 즉 개오도 샤토리(satori, 覺)로 알려진 체험적 개오이다. 개오의 체험은 동양사상의 근간이지만 특히 선종에서는 체험이 핵심 중의 핵심이다. 선종에서는 체험을 해석하지 않는다. 오로지 체험 그 자체만이 있을 뿐이다. 선의 체험은 곧 깨달음의 체험이다. 선은 어떠한 언어로도 표현될 수 없으며, 오로지 개오의 수련일 뿐이다. 개오 즉 깨달음을 통해 우리는 본래의 모습으로 돌아갈 수 있다. 선교에서 깨달음은 만물의 불성을 직접 체험하는 것을 말한다. 이렇게 본다면 본래의 모습으로 회귀하는 것이 불성을 깨닫고 체험하는 일이다. 한 예로 불교와 차(茶) 문화는 불가분의 관계에 있었다(송재소 외, 2014). 다도(茶道)는 체험을 통한 득도, 개오의 과정이기도 하다. 물론 이에는 도교의 영향이 지대하다.

2) 도(道)와 지(知)

서구의 세계관이 기계적 관점으로 형성되었다면, 동양의 세계관은 유기적이다. 즉 우리가 인식하는 세계가 동양에서는 개별적으로 분리되거나 별개로 분할되지 않는다. 또한 동양에서는 대상과 분리된 고립된 자아가 존재하지 않는다. 따라서 동양에서는 서구에서처럼 분석하고 사물과 사실을 측정하는 것이 불가능하다. 동양의 과학에 대하여 굳이 언급한다면, 이는 신비주의의 차원에서 멀리 벗어나지 못한다. 물론 동양에서도 혹자는 대상을 자신과 분류하고 관찰하면서 심지어 이를 측정하려고 하기도 한다. 불교에서는 이를 아비다(avidya)라고 하는데, 바로 이는 우리가 극복해야 할 허상이며 환상이라고 가르친다. 개인은 항상 스스로 고립하려고 한다. 그러나 힌두교, 불교, 도교 등 동양의 종교에서는 모든 사물은 전체성(全體性)을 가지고 태어나며 상호연관 속에서 살아간다는 사실을 가르친다. 즉 자아와 궁극적 실재를 합일하는 것을 지혜로 간주한다. 이것이 바로 깨달음이며 개오(開悟)이다. 개오는 득도(得道)로 통하고 궁극적으로 도(道)에 이르는 과정이다.[9] 또한 개오는 지적 행위일 뿐만 아니라, 전인적 체득이며 다분히 종교적인 차원이다.

일상에서 우리는 깜빡 잊어버렸던 일을 갑자기 생각해 내는 경우가 있다. 개오(開悟)란 바로 이러한 상태 즉 돌연히 본래의 면목을 기억해 내는 상태를 말한다. 즉 우리가 잊고 살았던 것을 갑자기 깨닫는 것이 개오(開悟)이다. 이는 직관적 통찰에 의해 가능하다. 부처는 근본을 깨달은 자이다. 중생들도 돌연하게 근본을 깨달음으로써 부처가 될 수 있다. 개오하고 득도하는 자가 바로 부처이다. 보살 역시 득도할 수 있고 개오할 수 있다. 그러나 보살은 자신만을 위해 개오를 추구하는 사람은 아니다. 그는 자신이 열반에 들기 전에 일체 중생이 성불하기를 바라는 자이다. 보살의 이상은 무아(無我)로서 깨달음을 통해 자아를 극복하고 중생 모두 함께 성불해야 하는 불교의 교리와도 일치된다. 이러한 상태는 서구과학으로 또는 지적으로 분석되지 않는다. 왜냐하면 깨달음은 찰나(刹那)이기 때문이다. 즉 깨달음은 순간적으로 왔다가 사라지는 비언어적 섬광 속에

9) 동양에서는 유교, 불교, 도교 모두 도를 가지고 있다. 그러나 삼자가 상호보완하면서 중국의 도사상의 우주관을 구성하고 있다(장파, 1994/ 유중하 외 역, 2000: 38 참고).

서 가능하다. 부처는 만물이 생겼다가는 곧 사라진다고 한다. 만물이 유전(流轉)한다는 사실은 변화가 자연의 근본 모습이라는 것을 의미한다. 이는 불교의 근본사상이기도 하지만, 고대 그리스 헤라클레이토스의 사상이기도 하다. 항상 변화할 준비를 하고 있는 만물에게서 인간은 항상 순간적으로 포착할 수 있는 경지에 올라야 한다. 깨달음은 순간이며 곧 사라진다. 따라서 깨달음의 과정은 영겁(永劫)으로 부단히 반복될 수밖에 없는 것이다. 서구에서는 니체의 "영원한 회귀"(ewige Wiederkehr)가 바로 이에 해당한다. 잠깐 나타났다 찰나적으로 사라지는 깨달음의 순간을 체험하기 위해서 우리는 영원히 도를 닦아야 하는 것이다. 이러한 논리로 본다면, 우리가 갈망하는 행복한 삶도 찰나적인 것으로서 결국 우리는 "행복의 순간"을 느끼기 위해서 사는 것이다. 이렇게 본다면, 일반인들이 말하는 행복 자체를 갈구하는 것은 허상을 쫒는 일이 된다. 한마디로 영원한 행복이란 없는 것인데, 마치 행복이란 것이 실체(實體)로 존재하는 것처럼 우리는 착각한다. 여기서 우리의 비극은 싹튼다.

동양에서는 자아(自我)가 무상(無常)으로 변화한다. 즉 동양에서 자아는 시간의 흐름에 따라 계속 변하는 것으로 결코 본원적인 것도 아니다. 따라서 동양의 세계관에서는 자아가 본질적으로 역동적이다. 또한 우주 역시 살아 있는 것이며 영겁(永劫)으로 움직인다. 이로써 우주는 유기적으로 형성된다. 심지어 우주는 정신적인 동시에 물질적으로 통일된 실제로서 현상한다. 결국 동양에서는 "운동"과 "변화"가 만물의 근본 속성이다. 반면 근대 서구사상의 기초가 된 데카르트에게서는 "물질"과 "운동"이 우주의 근본 속성이다. 즉 동양에서는 고착된 물질이 없다. 오히려 동양에서는 운동을 가능하게 하는 힘이 바로 물질의 본원적 성질이다. 반면, 데카르트와 뉴턴의 서양과학에서는 운동이란 반드시 물질에 대한 외부의 자극에 의해 이루어진다. 물론 외부의 자극이란 신의 계시를 의도한다. 이러한 면에서도 동양과 서양의 관점은 다르다. 신의 이미지도 다르다.

오늘날 서구에서도 생태학에서는 자기조직화의 개념을 통해 운동과 변화를 물질의 본질로 이해하고 있다. 그러나 예나 지금이나 동양에서 신성은 서구에서처럼 우주와 만물의 지배자나 통치자가 아니다. 이는 사물의 내부를 통제하는 하나의 원리일 뿐이다. 내세와 현세의 구별이 없고, 삶과 죽음의 경계가 없으며 신과 인간은 동격이다. 특히 무속 신앙에서 인간은 (귀)신을 불러들여 잘 먹여 주고 함께 어울려 놀면서 화해를 청한다. 그러나 지금까지 서구는 주객이 분리되고 인간과 신이 분리된 상태에서 주어지는 합리적이고 과학적인 지식에 집착해 왔다. 신의 세계는 합리적이고 과학적인 지식에 의해 설명되기도 한다. 반대로 신의 계시에 의해 합리적이고 과학적인 지식이 잉태되기도 한다. 이러한 근거에서 서양에서는 설명할 수 없는 동양의 직관 지식은 역사과정에서 점차 평가 절하되어 왔다.

동양사상은 신비주의 사상가들에 의해 주도된다. 이들이 주장하는 실재는 지식으로 드러낼 수 있는 대상이 아니다. 즉 절대지는 언어로 표현되지 않는다. 고대 중국인들의 언어관으로 보면, 언어는 사물을 다 표현해 내지 못한다(言不盡物)(장파, 1994/ 유중하 외 역, 2000: 79). 『도덕경』(道德經) 첫 줄에서 "도(道)가 무엇이냐"고 묻는 제자들에게 노자(老子)는 "도란 도라고 말하는 순간 도가 아니다"라고 했다. "道可道 非常道"(老子, 1장) 즉 말할 수 있는 도는 영원한 도가 아니다.[10] 즉 도는 구체적 사물이 아니며 무(無)는

10) 이는 공자가 인(仁)을 매우 긍정적 개념으로 사용했지만 인을 정의하지 않은 것과 같다. 맹자도 왕도사상을 통해 하늘(天)과 신(神)에 대해서 자주 언급하지만, 이들의 실체를 알 수 없는 존재로 표현한다. 즉 그는 천의 운행은 불변한 것이 있지만(天行有常), 그 항상적 근본이 무엇인가에 대해서는 알 필요가 없다고 한다. 특히 "천에 대한 이해는 그것이 드러내는 자연현상을 보고 사람이 할 바를 기다리는 것에서 그쳐야 하며(所志于天者, 已其見象之可以期者矣), 성인군자만이 하늘을 알려고 애쓰지 않는다(유성인위불구지천)"고 하였다. 주역에서는 "신은 종적이 없고 변화는 형체가 없다"고 적고 있다. 이렇게 중국 사상은 우주 만물의 생성 이치를 서구

도의 형이상학적 특징을 나타낸다(장파, 1994/ 유중하 외 역, 2000: 38).

도가의 장주(莊周)는, "어떤 사람이 도에 관해서 묻고, 다른 사람이 거기에 대답한다면 그들 중의 누구도 도를 알지 못하는 것"이라고 한다. 노자(老子)는 "도라는 것은 있는 듯 없는 듯 희미하다(道之爲物 惟恍惟惚)"고 한다(老子, 21장). 선승 운문(雲門)은 "도란 무엇입니까?"라는 질문을 받았을 때, 그냥 "계속 걸어가라"고 했다. 불교에서 부처는 여래(如來) 즉 "왔다가 그냥 가는 사람"이다. 오로지 도란 유동하며 끊임없이 변화하는, 실재를 포함하는 우주적 작용일 뿐이다. 불교도와 도교도들은 흐름을 역행하지 않고 행동도 이와 일치시키고자 한다. 절대 지식과 절대 진리는 말로 표현할 수 없다. 표현하는 순간 더 이상 절대 지식과 절대 진리가 아니다. 또한 장주는 "뜻을 전하기 위해 언어가 요구되지만, 뜻이 통한 다음에는 말이 필요 없다"고 하여 이심전심(以心傳心)의 의미를 강조했다.

한마디로 동양에서 언어는 표현을 위한 순수한 도구로 간주된다. 즉 언어는 본질이 아니다. 단지 수단일 뿐이다. 장파는 수단으로서의 언어적 의미를 구체화하기 위해서 『장자 · 외물』에서 다음과 같은 구절을 인용하고 있다.

> 통발은 물고기를 잡기 위한 것이다. 물고기를 잡고 나면 통발은 필요가 없다. 올가미는 토끼를 잡자고 하는 것이다. 토끼를 잡고 나면 올가미는 필요 없다. 말이라는 것도 뜻을 얻기 위한 것이다. 따라서 뜻을 얻으면 말은 필요 없게 된다.
>
> — 『장자 · 외물』에서(장파, 1994/ 유중하 외 역, 2000: 80)

의 명료함과는 반대로 "모호함"으로 보고 있다(장파, 1994/ 유중하 외 역, 2000: 75-76 참고).

언어는 사물이나 사상 자체가 아니다. 단지 매개물일 뿐이다. 고대인들은 사물이나 사상은 하늘에 걸려 있는 달이고 언어는 그것을 가리키는 손가락이라고 했다(장파, 1994/ 유중하 외 역, 87). 우리가 손가락을 통해 달을 보면 손가락을 잊어버리듯이, 말을 통해 의미 전달이 되었으면 말 자체는 잊는 것이 정상이다. 결국 깨달음은 말로 하는 것이 아니고 마음으로 하는 것이다.

한편, 유교와 도교에서 모두 경전으로 받드는 『주역』(周易)의 일부인 「계사전」(繫辭傳)에 보면 "일음일양지위도(一陰一陽之謂道)"라는 말이 나온다. 한번 음하고 한번 양하면 그것이 도(道)라는 뜻이다. 즉 음과 양은 항상 교체될 때 도가 이루어진다. 장자는 도가 무엇인가를 묻는 제자들에게 결코 대답하지 않았다. 그냥 장자는 도란 길이며, 그 길을 어떤 길이라고 말하는 순간 도가 깨진다고 했다. 왜냐하면 길이란 반드시 우리의 삶에서 그 길 하나만이 존재하는 것이 아니기 때문이다. 그러나 분명한 것은 길이 아닌 길을 가면 도를 찾는 것은 불가능하다. 도를 찾지 못하는 인간에게 삶은 없다. 그렇다면 우리가 도를 알기 위해 반드시 가야 할 길은 어디인가? 그 길이 어둡다고 도가 아니라고 할 수 없으며 그 길이 밝다고 도라고 할 수 없다. 그 길은 오로지 양과 음을 다 볼 수 있는 혜안을 가진 자들에게만 열려 있는 것이다. 도는 바로 이러한 양과 음의 이항대립의 무한한 교대와 반복으로 구성될 수 있는 존재의 풀림과 조임의 끈 운동이라고 할 수 있다(김상환, 2002). 결국 모든 것을 "전체적으로" 생각할 수 없는 인간에게 도는 항상 멀어질 수밖에 없다는 의미가 된다. 즉 도통(道通)했다는 말은 '전체'를 다 파악하고 있다는 것을 말하며, 도인(道人)은 한쪽 길만이 아닌 모든 길(道)을 다 잘 알고 있는 도통한 사람을 말한다.

3) 대립의 극복

동양의 종교들인 힌두교, 불교, 도교는 추론적 지식보다 직관의 지혜를 근간으로 한다. 왜냐하면 이들은 추론적 사유의 세계에서 발생하는 한계를 잘 알고 있기 때문이다. 인도의 요가, 힌두교의 베단타(Vedanta) 그리고 부처의 팔정도(八正道)는 직관으로 도달된다. 특히 도교는 "사유로부터의 해방"을 외친다. 한마디로 동양에서는 서양이 그렇게 신줏단지처럼 모셔 온 인간의 이성을 불신한다. 인간이 사용할 수 있는 최대한의 지혜는 이성에서 나오는 것이 아니고 직관과 체험에서 나온다. 도가사상의 맹주인 노자(老子)는 알지 못하는 것을 아는 것이 최상이라고 가르친다. 여기서 그는 인간의 이성으로 결코 알지 못하는 세계가 존재하며, 이 세계를 알아낼 수 있는 방법은 직관뿐이 없음을 가르친다. 장주(莊周)는 어떠한 넓은 지식으로도 도를 알 수 없으며, 이성이 인간을 현명하게 하는 것이 아니라고 한다. 이들은 서양과학의 근간이 되어 온 분석적 방법도 불신하고 배척한다. 왜냐하면 이성으로 할 수 있는 것이 최선이 아니기 때문이다. 따라서 동양에서는 서양의 과학에 버금가는 과학성이나 (서구의 기준으로) 과학이론을 발전시키지 못했다. 그럼에도 불구하고 도가의 현자들은 자연을 관찰하는 것으로부터 자신의 사유를 시작하고 있다. 서양의 자연과학도 자연현상의 관찰에 기반을 두고 실험으로 발전한다. 그러나 동양에서는 관찰을 토대로 하지만 실험은 없다. 오로지 신비주의적 직관을 통해서 통찰(洞察)하며 이를 통해 체험한다.

도가에서는 자연의 본질적 모습이 변용(變容)과 변화(變化)라는 사실을 통찰한다. 장자는 만물이 변화하고 변용하면서 성장하고 성숙하기도 하고 쇠잔하기도 한다고 하면서, '부단한 흐름'만이 존재함을 강조한다. 도가들은 자연에서 생겨나는 모든 변화와 변용은 음과 양의 양극(兩極) 간

'역동적인 상호작용'으로 야기된다. 우주에는 대립하는 쌍들은 반드시 상대방과 역동적인 상호관계로 구성된다. 서양의 사고로는 모든 대립자들이 잠재적으로 통합된다는 이치를 수용하기 힘들다. 그러나 현대이론물리학에서도 전자기의 흐름이 입자와 파동의 순환관계라는 사실을 밝혀내고 있으며, 급기야 양자역학을 정립한 보어(Niels Henrik David Bohr, 1885-1962)는 "상보성(相補性) 이론"을 통하여 동양사상과 거의 만나고 있다. 특히 동양에서 득오(得悟)하는 것은 반드시 세속의 대립을 극복하여야 가능하다. 즉 한 사람이 혼자 득도한다고 해서 깨달음이 이루어지는 것이 아니고, 깨달음은 모든 중생이 대립자의 관계를 초월할 때 가능하다. 모든 대립이 극복되어야 하는 극(極) 관계 위에서 도가 사상의 기초가 세워진다.

장주는 "이것이 저것이고 저것이 이것"이라고 하면서, 세상에 대립이란 의미가 없는 것으로 간주한다. 도는 바로 이러한 '대립을 중지'함으로써 얻어진다. 이는 도의 본령이기도 하다. 도의 운동은 대립자 사이의 부단한 상호작용이다. 따라서 인간사에서 무엇인가를 도달하기 위해서는 그 반대편에서 시작해야 한다. 넓히려면 먼저 좁혀 주고, 채우려면 먼저 비워야 한다. 이기기 위해서는 먼저 져야 하며, 뺏으려면 먼저 주어야 한다.

『회남자』(淮南子)에서는 자연의 질서를 따르는 자가 도의 물결을 타고 흐르는 것이라고 했다. 이를 도교에서는 무위자연(無爲自然)이라고 한다. 이것이 바로 도로 통하는 길이다. 이는 행동하지 않은 것이다. 즉 자연의 섭리에 어긋나게 행동을 하지 않음을 뜻한다. 인간이 자연을 훼손하고, 심지어 서구사상의 모태인 베이컨이나 로크처럼 자연을 정복하는 일은 결코 있을 수 없다. 따라서 자연 정복의 역사가 없는 동양은 서양에 비해 개발과 발전의 측면에서는 뒤질 수밖에 없다. 그러나 무위(無爲)란 아무 것도 하지 않으면서 침묵하는 것이 아니다. 그냥 자연과 동화하면서 자연의 이치에 어긋나지 않게, 다시 말해서 '자연스럽게' 행동하는 것을 말한다.

이로써 인간에게 본성이 유지되는 것이다. 본성대로 행하라. 그것이 '무위자연'이다. 심지어 노자는 "무위이 무불위(無爲而 無不爲)"라고 하면서 무위로 모든 것이 성취된다고 강조한다.

동양사상에서 가장 중요한 특징은 대립자 간의 통일성과 이들 간의 상호관계에 대해서 깨닫는 일이다. 한마디로 관계성을 체험하는 것이 곧 전체성을 체험하는 것이며 이것이 바로 동양사상의 진수인 셈이다. 우주의 만물은 상호의존적이며 불가분의 관계를 가진 부분들이다. 서구 생태학에서도 자연에는 하나도 버릴 것이 없다고 결론짓는다. 결코 무엇에 의해 무엇이 배척되어야 할 이유가 없다. 그러나 서구사상에서는 오랜 시간동안 대상과의 경쟁과 투쟁을 통해 상대방을 배척하거나 제거해야만 승리하고 살아남는다는 사실을 가르쳐 왔다.

크리슈나(Krishna)는 『바가바드 기타』 경전을 통하여 "현재의 대립성을 넘어서, 영원한 진리 속에 안주하라"고 가르친다. 불교에서는 이러한 가르침이 보다 철저하다. 모든 대립자들 이를테면 광명과 암흑, 득과 실, 선과 악 등은 동일한 현상의 다른 측면에 불과하다. 대립적인 것은 실제로 상호의존적이기 때문에 상호 간의 투쟁은 상호의존성을 끊을 뿐이지 결코 한쪽의 승리로 끝나는 것이 아니다. 결국은 모두 죽는다. 동양에서 성인군자는 선을 위해 악을 제거하는 사람이 아니고 선과 악 사이의 역동적인 균형을 추구하는 자이다. 따라서 성인군자는 중용(中庸)의 이치를 알고 실천한다. 또한 역동적 균형을 통해 대립자 간의 통일이 이루어진다. 여기서 역동적 균형을 추구하는 것은 통일을 향한 하나의 방법이 된다. 도는 결코 정적인 통일이 아니라 역동적 상호작용에 의한 통일이다. 기를 통한 음과 양의 합일이 그것이다. 이때 배후의 통일체가 바로 "도"이다. 도는 음과 양의 상호작용을 발생시키는 과정이기도 하다. 이로써 대립적인 것의 역동적 통일이 이루어진다. 대립을 극복하는 것이 득도

(得道)하는 것이다. 이러한 이치는 서구사상의 변증법과 흡사하다.

인간에게 최초의 대립자는 남성과 여성이다. 이는 양과 음이라는 양극성으로 표현된다. 그러나 남성은 인간성의 남성적 측면이고 여성은 인간성의 여성적 측면일 뿐이다. 결코 양성(兩性)은 대립적이지 않으며 인간성이라는 전체성으로 보면 같은 하나(사람)의 다른 측면일 뿐이다. 선과 악, 미와 추 그리고 삶과 죽음은 삶의 본질에서 다른 측면을 일컬을 뿐이다. 그동안 서양사회가 남성 중심의 남성일변도 사회였다는 사실은 삶의 전체성을 왜곡해 왔음을 의미한다. 인간성은 남성적인 것과 여성적인 것의 상호작용이 낳은 결과이다. 남자들에게는 남성적인 측면이 많지만 그렇다고 여성적인 면이 전혀 없는 것이 아니다. 여성도 마찬가지이다. 남성과 여성이 나이를 먹고 호르몬의 생성능력이 떨어지면 간격은 크게 줄어든다. 남성성의 고정관념은 그동안 서구사상에서 남자와 여자를 이분화시키고 남자와 여자를 대상자, 대립으로 인식하도록 강요했다.

심지어 장자는 사물과 나를 회통시키는 순수체험의 경계를 '물화'(物化)라고 칭한다. 사물로 변화하니 나는 곧 사물로서, 사물과 나 사이를 가로막는 경계가 없다. 여기서 물화의 개념은 《장자》 〈제물론〉(齊物論)편 마지막 부분, 꿈속에서 나비로 변한 이야기에서 나왔다.

그러나 동양에서 인간은 남성이나 여성이나 모두 양성적 면을 모두 가지고 있는 인격체이다. 다만 남자가 여성에 비해 상대적으로 양의 특징을 많이 가지고 있으며, 여성은 남성에 비해 음의 특징을 많이 가지고 있을 뿐이다. 동양에서는 이러한 대상성을 고착화시킨 것이 바로 서구사상의 역할이었다고 본다. 동양에서는 양성적 특징의 통일이 중요한 것이지 양극 간의 대결로 분리하지 않는다. 노자에게서 완전히 깨달은 자는 남성적인 것을 알면서도 여성적인 것을 간직하고 있는 사람이다. 왜냐하면 도는 양성 전체를 포괄하며 도가 튼 사람은 양성 전체를 모두 관통하는 사람을 말하기 때문이다. 남성적인 것과 여성적인 것 사이에서의 역동적인 균형만이 중요한 것이다. 엘레판타(Elephanta)의 힌두교 사원에 서 있는 "시바의 신상"은 세 가지 얼굴을 가지고 있는데, 한쪽은 남성의 옆모습으로 정력과 의지력을 나타내고, 왼쪽은 여성의 모습으로 우아하고 매혹적이며 요염하기까지 하다. 그러나 중앙에는 고요하고 평온한 초월적 신의 모습으로 시바 마헤스바라(Shiva Mahesvara)의 통일 상이 자리 잡고 있다. 심지어 장자는 나를 회통시키는 순수체험의 경계를 '물화(物化)'라 칭한다. 사물로 변화하니 나는 곧 사물로서, 사물과 나 사이를 가로막는 경계가 없다. 여기서 물화의 개념은 『장자』「제물론(齊物論)」편 마지막 부분, 꿈속에서 나비로 변한 이야기에서 나왔다. 신은 남성과 여성의 양성통합이며 완전한 조화로움인 것이다.

4) 관계와 윤회(순환)

동양에서는 궁극적으로 하나의 실재(實在)가 완성되기 위해서는 다른 편의 역할이 중요하다. 이를 힌두교에서는 범(梵)이라고 하고 불교에서는 법신(法身) 그리고 도교에서는 도(道)라고 한다. 이들은 모든 개념과 범주를 초월한다. 불교에서는 이러한 초월자를 진여(眞如)라고 부른다. 진여는 영혼으로만 얻어지며 이는 모든 것을 포용하는 전체성으로 나타난다. 서구사상에서는 통일성 대신 이분화된 세계를 인식하며, 세계를 가능한 한 개별적 사물과 사실로 쪼개는 것이 중요하다. 그러나 동양사상에서는 이러한 사고를 용납하지 않는다. 오히려 정 반대이다.

대승 불교의 주요 경전의 하나인 『화엄경』(華嚴經, *Avatamsaka*)은 세상을 '완벽한 상호관계의 망'(網)으로 설명하고 있다. 이는 생태학에서 인식하는 시스템의 연결망(network)과 현대이론물리학에서의 장(場) 이론과 같다. 우주의 만물은 무한히 복잡한 방식으로 서로 작용한다. 화엄경은 이러한 만물의 복잡한 상호관계의 망을 설명하기 위해 수많은 우화와 신화 그리고 직유의 방법을 사용하고 있다. 대승 불교의 일종으로 인도에서 태어났으며 오늘날 티베트 불교의 주종인 탄트라(Tantras) 불교에서도 우주가 완전한 망(網)으로 되어 있다고 설명한다. 실제로 "탄트라"라는 말은 산스크리트어로 "엮는다"는 의미이다. 즉 만물은 서로 복잡하게 얽혀 있으며 상호의존하고 있다는 뜻이다. 불교에서는 우주에 독립적으로 존재하는 것은 없다고 믿고 있다. 즉 모든 사물은 바깥 세계에서의 역동적 힘에 의해 영향을 받지 않는다. 외부 세계와 내부 세계는 동일한 직조물의 양면에 불과하다. 만물은 씨와 날로 만들어진 직물과 같으며, 결코 분리될 수 없는 상관관계의 망이다.

『화엄경』은 공간과 시간이 상호관통하고 있음을 깨닫도록 가르친다. 여기서는 정신과 육체, 주관과 객관 사이의 구별이 없다. 이러한 상태가 바로 완전한 해탈이다. 우주 만물은 공간적으로뿐만 아니라 시간적으로도 상호관련성 속에서 존재한다. 시간과 공간은 상호관통하고 있다. 여기서는 과거, 현재, 미래와 같은 시간의 구분은 의미가 없으며 존재하지도 않는다. 그냥 시간은 단어일 뿐이다. 장주는 시간은 흐르는 것이 아니라 항상 한곳에 머물러 있다고 가르친다. 단지 사람들은 지나간다는 사실 하나만으로 시간이 흐른다고 생각할 뿐이다. 이것이 문제이다. 동양의 사상가들은 우리가 시간을 초월할 때 비로소 인과의 세계도 초월한다고 믿는다.

반면, 원인과 결과는 시간의 흐름 속에서 발생한다고 하는 서구사상으로 인하여 우리 인간은 환원론적 사고를 하게 된다. 그러나 원인과 결과를 시간의 흐름 속에서 따지지 않는다면, 하나의 원인 때문에 하나의 결과가 발생한다고 단언할 수는 없다. 이렇게 서구사상은 제한된 인과율

속에서 제한된 사고만을 하게 되는 셈이다.

그러나 오늘날 현대이론물리학의 상대성 물리학, 4차원 과학, 복잡계이론, 비선형 방정식이 발달하면서 인과율의 허구성이 과학적으로 입증되고 있다. 즉 인과율은 절대 진리가 아니다. 특히 우주를 홀로그램(hologram)으로 파악한 데이비드 봄(David Bohm)에게서 시간은 이미 완전하게 정립된 홀로그램을 인식하는 한 시점에 불과하다(데이비드 호킨스, 2000: 218). 즉 홀로그램 속에서는 시작과 끝이라는 시간의 연속이 존재하지 않는다. 여기서 동양과 서양은 만나고 있다. 특히 절대자의 세계에서는 시간, 공간 그리고 인과율은 존재하지 않는다. 힌두교나 불교에서도 업(業, Karma)의 굴레로부터 벗어나라고 하는 것은 바로 시간 개념에 의한 허구의 인과율에서 자신을 해방시키라는 말이다.

『화엄경』에서는 우주의 본성은 계속해서 움직이는 것이라고 가르친다. 즉 우주를 역동적으로 파악하며 살아 있는 것으로 본다. 브라만은 브리흐(brih)라는 산스크리트어에서 나왔는데, "성장하다"는 뜻이다. 이는 동적이며 생생하게 살아 있는 실재를 뜻한다. 즉 브라만(梵)은 고정적이지 않고 영생하며 부단히 움직이는 것을 의미한다. 한마디로 생명, 운동, 진행이다. 불교에서는 이렇게 끊임없이 움직이는 것을 역본설(力本說) 즉 윤회(輪廻, samsara)로 풀고 있다. 인간에게는 모든 것이 돌고 돌며, 심지어 우리는 죽어도 다시 태어난다. 이러한 불교의 윤회사상은 우리들이 어떤 것에도 집착하지 않아야 한다고 가르친다. 현세에 가난한 자는 다음 세상에 부자로 태어난다. 가난하다고 부자가 되려고 안간힘을 쓸 필요가 없다. 불가에서는 인간에게 닥치는 모든 괴로움은 트리슈나(trishna) 즉 집착과 탐욕에서 나온다고 한다. 사실 윤회로 이루어지는 세상에서 굳이 무엇인가에 집착할 이유도 없다. 이 세상에서 가장 높은 행복지수를 가진 국민은 방글라데시, 부탄 등 불교 윤회사상이 지배하는 민족들로 조사되었다. 거지가 다시 태어나면 부자로 태어나는데 거지도 행복하지 못할 이유가 없다. 지금도 인도, 스리랑카, 파키스탄, 말레이지아, 태국, 인도네시아, 라오스, 베트남 등 동남아 지역에 가 보아도 이러한 윤회사상은 일상에 만연되어 있다. 빈부격차가 아주 심한 나라인데도 사회적으로 큰 불만이 없으며, 심지어 사회폭동도 일어나지 않는다. 미국, 영국 등 서구라파의 자본주의 강국에서 빈부격차의 문제로 인하여 사회폭동의 위기감이 조성되기 때문에 정치가들이 골머리를 앓고 있는 것과는 크게 대조적이다. 이러한 윤회에 대한 믿음이 바로 동양에서 종교가 된다. 삶이 윤회라는 것은 현세와 내세가 통한다는 이야기이다. 죽은 자도 산 자와 같다. 망자(亡子)의 귀신을 위해 제사 지내고 진혼제를 올리는 이유도 여기에 있다. 크리스토퍼 M. 베이치는 자신의 저서 『윤회의 본질 환생의 증거와 의미 카르마와 생명망에 대한 통합적 접근』(*Lifecycles: reincarnation and the web of life*/ 김우종 역, 2014)에서 전생과 후생이 수직적으로 연결되어 있듯, 나의 생과 다른 이의 생도 수평적으로 연결되어 있다고 주장했다. 즉 그에 의하면 우리는 특정한 사람들, 장소들, 삶의 조건들과 연결되어 있다.

동양에서 각자(覺者)란 윤회라는 삶의 흐름을 거역하지 않고 스스로 이와 같이 움직이고 행동하는 자를 말한다. 윤회사상은 힌두교 사상에서도 근간이 된다. 힌두교에서는 모든 생명을 생성과 소멸, 죽음과 재생의 거대한 율동적인 과정의 한 부분으로 간주한다. 힌두사원에 있는 무도의 신 시바(Shiva)의 춤은 끊임없이 윤회를 계속하는 생사율동을 상징화하고 있다. 민간에게 가장 오래된 화신 중의 하나인 시바는 무도자의 왕으로서 우주 전체를 무도의 장으로 하는 우주적 무도를 상징하고 있다. 시바의 춤을 통해서 자연과 만물은 상호 교류하며 생성과 소멸을 반복하는 윤회가 이어지고 있다. 시바의 신은 만물의 형상은 근본적인 것이 아니라 일련의 환상(幻想, maya)일 뿐이라고 가르친다. 만물은 그냥 계속해서 변화하는 중이라는 것이다.

시바는 격렬하면서 우아한 몸놀림으로 춤을 춘다. 마치 금방 비상하려는 듯한 팔과 다리 그리고 몸의 뒤흔들림은 우주의 부단한 생성과 소멸, 탄생과 죽음 그리고 모든 발아와 멸진을 나타낸다. 두 손 사이의 조화는 두 손 사이에 비치는 초연한 얼굴과도 조화를 이루며 여기서 생성과 소멸의 대립성이 극복된다. 창조와 파멸의 동적 움직임이 균형을 찾게 된다. 시바의 여신은 악마의 몸 위에서 춤을 춘다. 여기서 악마는 인간이 반드시 극복해야 할 무지를 상징한다. 한마디로 시바의 무도는 무한한 다양성을 통과하는 에너지의 끊임없는 흐름으로 나타난다. 그러나 시바의 무도는 카오스(무질서와 혼돈)가 아니다. 시바의 무도는 마야 신의 계율과 섭리에 따른다. 힌두교에서 자연의 만물은 상대적으로 존재하며 항상 유동하고 영원히 변화하는 마야로 요약된다. 마야는 위대한 마술사의 신성한 유희로서 나타나며 이를 가능하게 하는 힘은 카르마(Karma)라는 행위로 표현된다. 카르마는 창조의 힘이며 이로부터 만물은 생명을 얻게 된다. 카르마를 소유한 마야가 바로 모든 우주의 실천 원리이다. 이로부터 만물은역동적으로 연관을 맺게 되는 것이다.

5) 도와 기(氣)

도가에서 인간의 행복은 자연의 질서에 따르는 즉 순리의 행동을 할 때 얻어진다. 이런 의미에서 도는 '로고스'(logos)로 이해될 수 있으며 보편성을 지니는 이론이 된다(장파, 1994/ 유중하 외 역, 2000: 22). 그런데 여기서 자연의 질서에 순응하는 것은 직관적 지혜로만 가능하다. 중국인들과 인도인들은 우주의 삼라만상이 움직이는 배후에 이를 통일시켜 주는 궁극적 실재가 존재한다고 믿고 있다. 이러한 실재를 도(道)라고 부른다. 도란 말그대로 길을 의미한다. 즉 우주는 길이요 도정이며, 도란 바로 자연의 질서를 의미한다. 중국인들은 유전과 변화가 자연의 본질이라고 믿었다. 그러나 변전하는 가운데에서도 지속되는 유형이 있는데 이것이 바로 인간에게 감지될 수 있는 것이다. 우주의 물질계는 "오고 감"의 교차로 이루어지며 확장과 축소를 거듭하면서 변전한다. 이러한 변전은 도(道)사상에서 완결된다. 유교에서도 도는 음과 양의 상호작용의 원리에 따라 움직인다. 육경의 하나인 『역경』(易經, *Book of Change*)에서 도의 움직임이 완성된다. 변화의 원리를 설명하는 역경의 64괘는 우주 만물의 휴식 없는 변용을 상징한다.

> 도는 순환양식으로 운동한다. 즉 도는 음과 양의 극력에 의한 역동적인 상호작용을 통해 생겨난다. 음양의 역학적인 특성은 타이지투 즉 태극도(太極圖)가 상징하는 대로 시작과 종결이 없이 계속해서 순환할 뿐이며 회전 대칭으로 존재한다. 중국의 한방 의학에서도 우리 인체는 음양의 균형 위에 기초하고 있으며 이러한 균형이 무너질 때 질병이 발생한다고 여긴다. 크게 보면 인체의 내부는 양이고 표면은 음이며 뒤(등쪽)는 양이고 앞(배쪽)은 음이다. 또한 장기의 내부는 양이고 표면은 음이다. 모든 다른 인체 내부의 장기들도 음과 양으로 구분되며, 인체는 음과 양의 균형과 조화로 살아있다. 이러한 균형과 조화는 기(氣)를 통해 유지된다. 기는 도의 생성, 운행, 변화를 설명한다(장파, 1994/ 유중하 외 역, 2000: 38).

장재에 의하면 "기는 허공(虛空卽氣)"이다. 또한 기는 활력 있는 에너지를 의미하는데, 글자 그대로 "가스" 혹은 "에테르"를 뜻한다. 고대 중국에서는 생명을 유지시켜 주는 호흡이나 우주에 생기를 불어넣어 주는 에너지와 같은 의미로 사용되었다.

장파는 기가 만물을 탄생시키는 원천적 에너지라는 사실을 잘 설명해 준다.

> 중국 문화에서 무(無)로 이해되는 광대무변한 우주 공간은 기로 가득 차 있다. 기는 떠돌아 흐르다가 만물을 파생시킨다. 기가 모이면 실체가 되고, 실체의 기가 흩어지면 그 사물은 없어져 다시 우주의 기가 된다. 하늘의 일월성신과 땅 위의 산천초목과 금수 등 온갖 만물은 모두 기에서 생겨난다. 인간은 만물의 영장으로 천지의 기를 향유하여 태어난다(장파, 1994/ 유중하 외 역, 2000: 47-48).

기가 천태만상(千態萬象)을 낳는 것이다. 이는 현대이론물리학에서 양자장(陽子場)의 개념과 그대로 일치한다.[11] 양자장 이론에서 물체의 근본 즉 원자는 "에너지"(energy)로 구성된다. 이러한 에너지는 원자 내부의 도처에 퍼져 있으며 때로는 응축되어 일시적으로 딱딱한 입체로 보이다가도 다시 형체가 없는 무(無)의 상태로 복원된다. 아인슈타인의 공식으로 잘 알려진 $E=mc^2$은 이를 잘 설명해 준다. 즉 에너지(E)는 물질(m)과 정비례관계에 있다. 구체적으로 물질이 있으면 에너지가 발생하지만, 물질이 없으면(o) 에너지도 없다. 여기서 에너지는 동야의 기에 해당된다.

11) 원래 서양에서는 무(無)를 두려워했지만 동양에서는 그것을 환영했다. '0'이라는 숫자는 유럽에 서는 추방되었지만 인도와 훗날 아랍 땅에서 번창했다(찰스 사이프, 2000: 76). 왜냐하면 무에는 논리의 틀을 파괴하는 힘이 숨어 있었기 때문이다. 논리를 사랑했던 서구인들에게 무와 무한에 대한 인정은 결국 현대이론물리학에 와서야 가능해졌으며, 이로써 블랙홀, 빅뱅, 상대성, 양자역학 등이 쉽게 설명될 수 있었다.

중국 한방에서는 인체를 "기의 통로"로 보고 있다.[12] 침술의 목적은 기의 길을 자극하여 기의 소통을 원활하게 하는 데 있다. 태극권을 할 때의 움직임은 원활한 기의 소통을 자극하는 몸놀림으로 구성된다. 기가 응축되면 일시적으로 어떠한 형체를 띠기도 한다. 그러나 기가 분산될 때에는 형체가 없어진다. 물론 응축은 찰나적이다. 인체 내에서 기는 경혈(經穴) 즉 침점(鍼點)으로 표시되는 경락을 따라 흐른다. 한방에서는 아픈 사람의 경락에 침을 놓는다. 기가 막힌 곳을 자극시켜 기를 다시 흐르도록 하는 것이다. 인체의 경락이 막혀 음과 양 사이로 기가 흐르지 않으면 병이 들게 된다. 한방의 침술과 뜸에서 "혈은 놓칠지언정, 경락을 놓쳐서는 안된다(寧失其穴, 不失其經)"는 말이 있다(장파, 1994/ 유중하 외 역, 2000: 65). 혈은 위치가 정해져 있지만 경락은 기의 운행통로로서 정확하지가 않다. 만약 경락에 정확히 침을 맞으면 효과가 있다. 그러나 그렇지 못할 경우 고생만 할 뿐이다.

우리는 어처구니없는 일을 보고는 "기가 막힌다"고 통탄한다. 사람은 기가 막히면 죽는다. 살면서 도저히 이해 못하는 일이 일어날 때 우리는 기가 막히는 법이다. 때로는 "기가 죽었다"고 한다. 기가 죽으면 모든 것이 죽는 것이다. "기가 살았다"고도 한다. 기가 살아야 만사가 생동적이다. 이로써 동양인들에게 유(有)는 본질적으로 무(無)와 기(氣)로써 연결되어 있다고 보았다. 즉 유무가 상생하는 기의 우주는 우주의 정체성에 대해서 중국인들로 하여금 실체는 허공과 분리되지 않고 서로 연결되어 있다는 사실을 인식하도록 했다(장파, 1994/ 유중하 외 역, 2000: 49). 장파는 이러한 유무상생성(有無常生性) 때문에 동양에서는 실험과학의 성립이 불가능했다고 주장한다(장파, 1994/ 유중하 외 역, 2000: 49). 이는 서구현대이론에서 양

12) 지금까지 서구문화가 실체의 세계였다면, 중국 문화는 기의 세계이다(장파, 1994/ 유중하 외 역, 2000: 48).

자역학의 원리와 통한다. 양자의 생성원리, 상보성원리 그리고 불확정성의 원리는 '유무상생성의 원리'를 말한다. 실제로 보어(Niles Bohr)의 '상보성원리'와 하이젠베르크(Werner Karl Heisenbereg, 1901-1976)의 '불확정성의 원리'는 양자역학에 대한 철학적 해석이었다(김영식 · 임경순, 2002: 256). 또한 장파는 기가 본래 항상 작용성을 가진 힘으로서 그것은 관찰할 수도 있지만 그보다는 경험에 더 의지해야 하며, 분석할 수도 있지만 몸으로 느껴야 한다고 이해했다(장파, 1994/ 유중하 외 역, 2000: 49). 이는 상대성이론에서 원자는 '발생하려는 경향'으로 보는 것과 다르지 않으며, 이는 아인슈타인의 공식인 $E=mc^2$의 논리와 정확히 일치한다.

6) 상생(相生)

불교에서는 대상이 하나의 사건과 행위이지 실체나 사물이 아니다. 중국사상은 근본적인 실체로의 환원을 추구하지 않으며 실체들의 상호관계에 보다 주목한다. 우주에서 현상하는 사물들도 물질적 실체가 아니라 흘러가는 도의 일시적 단계로 이해된다. 동양에서 모든 대상들은 현대이론물리학자들에게서처럼 우주적 흐름에서의 작용일 뿐이다. 작용으로 나타났다가 작용의 부재로 인하여 사라진다. 작용이 있는 한 생명은 있는 것이며 작용이 멈추는 곳에서 생명은 죽는 것이다. 그런데 동양에서 모든 현상을 결정한 실재는 유형이 아닌 무형(無形)이며 유(有)가 아닌 공(空)이며 허(虛)이다. 물론 여기서 공(空)은 단순한 무(無)가 아니다. 즉 무(無)는 도(道), 무(無), 이(理), 기(氣)가 일체화된 정체적(整體的) 우주관으로 제기된다(장파, 1994/ 유중하 외 역, 2000: 39). 한마디로 무(無)의 중요성은 "천하 만물은 모두 유에서 생기는데, 유는 무에서 생긴다(天下萬物皆生于有, 有生于無)"

는 노자의 말에서 나타난다(老子, 40장). 이는 현대물리학에서 밝혀낸 진공의 개념과도 일치한다.[13] 즉 아원자 세계를 구성하는 원자는 진공 상태로 존재하지만 진공이란 완전히 비어 있는 것이 아니고 무수한 입자들을 함유하고 있다. 장(場) 이론에서 말하는 물리적 진공 역시 아무 것도 없는 것이 아니라 소립자 세계가 모든 형상으로 나타날 '가능성'으로 꽉 차 있다. 오히려 이들은 물상의 본질이며 생명의 원천이기도 하다. 불교에서 공은 허로서 유(有)의 창조를 가능하게 하며, 도교에서 무한한 창조의 원동력으로서 보이지 않는 도를 상정한다. 즉 도가에서 도는 무(無)이며 천지만물은 유(有)이다(馮友蘭, 1944/ 郭信煥 편역, 1985: 79). 관자는 우주를 창조하는 천도(天道)는 공이며 무형이라고 가르치며, 노자는 도를 비어 있는 그릇에 비유하면서 모든 것을 담을 수 있는 가능성으로 파악한다. 즉 유에서 유가 나오는 것이 아니고 무에서 유가 창조되는 셈이다. 풍우란은 도에서 만물이 생성되는 과정을 다음과 같이 묘사하고 있다.

> 일체의 만물을 낳은 것이 없으므로 이른바 道는 零이라는 의미의 無와 같다. 도가 무이므로 '道가 만물을 낳는다'라는 명제는 곧 만물이 각기 自生한다는 뜻을 지닌다. 또 '만물이 모두 道로부터 얻은 바가 있다'는 말도 만물이 스스로 생겼다는 뜻이다. 大宗師편의 註에 '道는 無能하다. 道에서 얻었다는 말은 스스로 얻었을 따름임을 밝힌 것'에 지나지 않는다. 무릇 얻었다는 것은 밖으로 도에 힘입은 바도 없고, 안으로 자기로부터 말미암지도 않은 결국 自得 · 獨化이다(馮友蘭, 1944/ 郭信煥 편역, 1985: 161).

13) 그러나 현대이론물리학이 탄생하기 전까지 서구에서는 유가 근본이 되어 유에서 실체에 이른다. 그러나 중국에서는 무가 근본이며, 무에서 유로 나아간다(장파, 1994/ 유중하 외 역, 2000: 46). 서구에서도 이미 철학자 헤겔은 자신의 변증법을 통해서 무에서 유가 생길 수 있으며 유에서도 무가 생길 수 있다고 가르쳤다(장파, 1994/ 유중하 외 역, 2000: 47).

이러한 논리는 기독교에서도 비슷하다. 어둠 속에서 빛이 생겨났으며, 만물이 죽는 겨울 다음에 생명이 나오는 봄이 있다. 아라비아 상인들에 의해 0(零) 즉 수학에서 무(無)가 발견되면서 마이너스(minus)의 세계가 창조되었다. 이렇게 무와 공 그리고 허는 무한한 '창조의 가능성'을 지닌다. 그런데 여기서 중요한 사실은 무에서 유로 창조되면서 물질의 양면성은 부단히 모습을 바꾸게 된다는 사실이다.

한마디로 "색즉시공 공즉시색(色卽是空 空卽是色)"이다. 이는 대승불교의 경전인 『반야심경』(般若心經)의 중심 테마로서 형태가 있는 색(色)도 시간이 지나면 공(無)에 불과하다는 뜻이다. 즉 형체는 있다가도 없어지고 없다가도 생겨난다. 한마디로 색은 공이며 공은 색이다. 장재는 태허(太虛)가 기로 가득 차 있기 때문에 실제로 무는 존재하지 않는다고 가르친다. 서양의 현대물리학에서도 가상적 소립자 세계의 진공은 "살아 있는 허"가 된다. 허로부터 새로운 형태가 창조된다. 따라서 색과 공의 관계는 상호 배타적인 대립의 상태가 아니며 실재의 양면성으로 상호공존하며 협력적이다. 이러한 논리는 보어(Niels Bohr)가 양자역학에서 밝혀낸 "상보성 이론"(complementarity theory)과도 꼭 일치한다. 또한 불교에서는 "일즉다 다즉일(一卽多 多卽一)"이라고 가르친다. "하나가 전체이며 모두가 전체"라는 뜻을 가진다. 이는 서구의 카오스이론의 핵을 구성하는 프랙털(Fractal) 도형의 의미와도 일치한다. 프랙털 도형은 전체 속의 한 부분인데, 한 부분이 전체의 형상을 가진다. 전체의 형상은 패턴(pattern)으로 나타난다. 패턴을 내재하는 부분은 전체 속에서 다른 부분들과 그리고 전체와 상호공존하면서 또 다른 전체를 이룬다.

고대 그리스부터 시작된 근본물질에 대한 물음은 자연과학의 발전에 결정적 동인이었다. 많은 사람들은 오랜 시간 동안 '근본물질'에 대하여 추적해 왔다. 드디어 현대물리학에서는 근본물질이 입자가 아니라 "에너지"라고 대답하기에 이르렀다. 그러나 동양사상에서는 이미 근본물체의 정체를 알고 있었다. 표현은 달랐어도 근본물질은 에너지 즉 기(氣)였으며 이것이 만물의 기반(基盤)이다. 결국 동양의 기 사상은 서양의 양자장 이론과 그대로 일치한다. 그러나 동양에서 우주의 만물은 에너지의 변화와 변용을 통해서 일시적 형상으로 나타날 뿐이다. 심지어 모든 현상은 환상에 불과하기도 하다. 아직 양자장 이론에서는 자신 있게 여기까지 나아가지는 않는다. 다만 양자의 극소미립자 세계에서는 그렇게 보고 있다. 서양에서는 여전히 실험과 조작에 의존하고 예리한 수학적 공리에 보다 의존하면서 문제를 풀어내려고 한다. 그러나 동양에서는 현상의 본질이 인간의 모든 개념과 관념을 초월하기 때문에 실험에 의존할 수는 없다. 오로지 직관을 통한 통찰만이 유일한 진리탐구의 방법이 된다. 이는 순수한 관찰로부터 참여로의 진행을 의미하기도 한다.

한편, 오늘날 서구에서는 양자이론이 나오면서 '참여'의 의미가 강조되고 있다. 즉 20세기 들어 시작된 양자론 연구에서는 연구자를 '관찰자'의 개념에서 '참여자'로 대치시킴으로써 모든 것이 상대적이라는 사실을 밝혀내고 있다. 그러나 이미 동양사상에서는 애초부터 개인이 전체에 참여하는 것이 삶의 핵심임을 가르쳐 왔다. 여기서는 주체와 객체가 분리되지 않으며, 육체와 정신이 분할되지 않는다. 자연과 인간도 한 몸이다. 따라서 전체와 부분이 융합하고 전체성 속으로 용해된다. 아인슈타인이 시작한 이래로 아원자 세계를 파고드는 양자이론에서 장(field) 개념이 출현한 이후로 서구의 현대이론물리학자들은 장을 통일시키려는 통일장(統一場, unified field) 이론과 초끈이론(superstring theory)에 주력하고 있다. 아마 이러한 이론들이 완성되면 불교의 법신이나 브라만의 범(汎) 사상과 완전히 만나게 될지도 모른다.

2장
신(新)과학운동

1. 현대이론물리학

1) 현대이론물리학의 성립 조건

(1) 뉴턴 과학의 한계

현대이론물리학의 첫 번째 성립 조건은 뉴턴 과학의 한계점에 대한 고발과 비판으로부터 출발한다. 뉴턴 과학은 대략 17세기 후반부터 19세기 후반까지 약 200년 동안 거의 모든 과학사상을 지배해 온 당대의 과학사고에 절대적인 영향을 준 사건이었다. 특히 그의 "우주기계론"(宇宙機械論)은 당시의 모든 과학이론을 지배해 나갔다.[1)] 뉴턴에게 우주는 커다

1) 뉴턴의 생각처럼 우주 기계가 완전히 계산될 수 있는 태엽이 아니라는 사실을 최초로 인식한 사람은 푸앵카레(Henri Poincarè, 1854-1912)였다(Mainzer, 1997: 2).

란 기계였다. 한마디로 그에게 우주의 삼라만상은 기계가 돌아가는 이치에 따라 한 치의 오차도 없이 돌아간다. 이를 우리는 뉴턴의 "고전적 기계주의"라고 부르기도 한다. 일반적으로 고전물리학은 뉴턴의 기계론적 우주 모형에 의하여 대답되었다. 또한 뉴턴의 물리학에서 원자는 더 이상 깨어질 수 없는 가장 작은 고체였으며, 이들 원자들의 운동과 상호작용으로 물체의 속성을 결정된다. 이는 고대 그리스의 데모크리토스가 상상했던 원자 모형과 거의 같은 것이다. 즉 원자는 마치 당구공과 같은 거시적 개념을 가지고 인간의 감각적 경험으로부터 추상된 것이다(프리초프 카프라, 1975/ 이성범 · 김용정, 1989: 65).

뉴턴은 공기의 저항이나 마찰 같은 미세한 영향을 무시하면서 자신의 과학을 시작하였다(Mainzer, 1997: 32). 또한 그는 절대공간, 절대시간, 절대운동의 토대 위해서 자신의 역학을 구축했다(Weyl, 2000: 130). 따라서 우주 생성과 발전의 원리에서 전자 및 자장현상(磁場) 같은 미세 현상들은 뉴턴의 물리학에서는 제외되어 있다. 또한 연구 대상도 고체의 양태와 물체운동의 저속도(低速度)에 국한됨으로써 그의 과학은 처음부터 불완전하게 출발하고 있다. 물론 이러한 학문적 맹점들은 현대이론물리학의 발견이 있은 후에 알려진 사실들이다. 뉴턴에게서 우주공간은 정지된 절대공간으로서 절대 불변하기 때문에 얼마든지 수치로 계산이 가능하다. 즉 뉴턴의 절대공간은 외부의 자극과 변화와 무관하며 늘 동일하며 정지 상태로 존속한다. 결국 뉴턴의 우주공간은 고전 유클리드 기하학의 선형적(線型的) 3차원 공간과 똑같은 개념이었다(Weyl, 2000: 38; Mainzer, 1997: 34).

한편, 만물의 변화를 예기할지도 모르는 시간의 경우도 뉴턴에게서는 물질세계와는 별개이며 무관하였다. 시간은 절대적-수학적 시간으로서 시간의 본질상 외부 조건과 무관하게 오로지 과거로부터 현재를 거쳐 미래를 지향할 뿐이다. 이러한 시간의 흐름을 따라 원자와 물질 입자들이 떠가는 것이다. 그런데 이러한 입자는 너무 작고 견고하여 파괴할 수 없는 물체이다. 이러한 사고는 고대 그리스의 원자론에서 비롯된 원자 사상의 모습을 그대로 가지고 있는 것이다. 즉 두 원자론에서의 물질은 본질적으로 질량과 형태가 동일하여 언제나 같은 양태로 보존된다. 또한 외적 조건과 환경 변수에 대하여서도 원자는 항상 수동적이다. 물질과 공허한 공간 — 충만과 진공 — 은 근본적으로 다른 두 개의 별개 개념으로서 데모크리토스와 뉴턴의 원자론은 바로 이러한 기초 위에서 성립되었다(프리초프 카프라, 1975/ 이성범 · 김용정, 1989: 232).

물론 데모크리토스와 뉴턴의 원자론 사이에 중대한 차이점은 있다. 두 원자론 사이에는 원자 자체가 꽉 차 있는가 아닌가의 차이가 있으며, 물체와 공간이 이로서 구분되는가 아닌가의 차이가 있다. 또한 뉴턴에게서는 "입자와 입자들 사이에 작용하는 힘"이 존재한다. 바로 이 힘의 발견은 뉴턴이 역사상 위대한 과학자로 기억되게 한 "중력의 법칙"의 단초가 되었다. 뉴턴은 모든 물리적 사건들은 물질 상호 간에 작용하는 인력(引力) 즉 중력에 의해서 야기되는 공간에서 물리적 점들의 운동이라고 설명한다. 이를 계산하기 위해 뉴턴은 미분(微分)이라는 새로운 개념의 수학적 계산법을 창안해 냈다. 뉴턴 과학을 공격한 대표주자인 아인슈타인(A. Einstein, 1879-1955)도 미분법의 발견을 뉴턴이 이룬 가장 커다란 업적으로 극찬한 바 있다. 물론 아인슈타인은 뉴턴이 발견한 만유인력의 법칙은 결코 어느 세상도 뒤집을 수 없는 '진리'(眞理)라고도 했다.

뉴턴의 가설을 수학적으로 입증한 사람은 수학자 라플라스(Pierre Simon Laplace, 1749-1827)였다. 그는 뉴턴에 의해 제시된 방대한 태양계의 움직임을 수학적으로 계산해 내는데 성공했다. 그는 자신의 저서 『천체 역학』(*Mecanique Celeste*)에서 뉴턴의 운동 법칙은 태양계의 안정성을 확실히 하였으며 우주를 완전한 자율적인 기계로서 취급하였다는 사실을 밝혀 주었다. 이로써 뉴턴의 천문학적 성과는 라플라스에 의해 수학적으로도 성취된 셈이며, 지구에서의 유동체의 연속 운동과 탄성체의 진동까지를 수치로 계산할 수 있게 되었다. 이렇게 뉴턴의 기계론적 모델에 대한 믿음은 라플라스의 공로에서 비롯된다.[2)] 이제 19세기 초 많은 과학자들과 대중들은 우리가 살고 있는 우주는 뉴턴의 운동법칙에 따라 돌아가는 거대한 역학적 시스템이라고 믿게 되었다.

그러나 뉴턴 역시 — 당시까지의 모든 과학자들이 그랬듯이 — 여기서 신에 대한 믿음과 충성을 어기지 않는다.[3)] 즉 그가 발견한 중력의 법칙조차도 알고 보면 신의 법칙의 발견으로서 신이 삼라만상을 어떻게 창조했는가에 대한 견해를 보여 준 거나 다름없다. 심지어 뉴턴은 광학(光學)의 연구에서도 빛은 신이 만들어 인간에게 하사한 가장 견고한 질량의 물체라고 하며, 세속의 힘으로는 결코 쪼갤 수 없는 입자들의 움직임이라고 설명한다. 또한 고전물리학의 기초가 된 뉴턴의 운동방정식에서도 운동의 근본 법칙은 신이 창조한 것으로 설명된다. 결국 그는 이렇게 전 우주가 신이 정해 준 법칙에 따라 운동을 하게 되었으며, 그 후 항상 불변의 법칙에 의하여 지배되는 기계처럼 우주는 계속 운동하여 왔다고 결론지었다(프리초프 카프라, 1975/ 이성범 · 김용정 역, 1989: 71).

여기서 중요한 것은 뉴턴의 기계론적 견해는 '결정론'(決定論)과 밀접하게 관련되어 있다는 사실이다. 즉 신이 결정한 대로 만물은 창조되고

2) 오늘날 컴퓨터의 발전은 뉴턴의 우주를 계산할 수 있다고 생각한 라플라스의 가정이 허구적이었음을 알게 한다. 즉 초기 데이터의 입력에서 약간의 오차가 있을 때 컴퓨터의 산출은 엄청난 에러를 나타내게 되는데, 뉴턴 시대에는 아직 우주 및 인간뿐 아니라 모든 미분자들의 위치와 속도에 대한 초기 데이터가 분명하지 않았다. 따라서 초기 데이터도 확실하지 않은 상황에서 라플라스의 계산 가능성은 허구적 기만일 뿐이다(Mainzer, 1997: 45).

3) 물론 이전의 다른 과학자 또는 자연철학자들보다 뉴턴에게서 나타나는 신에의 의지 반경은 훨씬 축소되고 있다.

신의 결정으로 창조된 거대한 우주 기계 역시 완전히 인과적으로 움직임이 결정되어 있는 것이다. 물론 이러한 결정론적 사고는 이미 데카르트에 의해 시작되었으며,[4] 오늘날 과학기술 발전의 모태로 작용하게 되었다.

18세기와 19세기는 뉴턴 역학이 대단히 성공한 시기로 자연의 영원한 질서를 밝혀 주는 듯했다(Mainzer, 1997: 45). 따라서 뉴턴의 이론은 우주에서 유영하는 유성(遊星)의 운동에도 그대로 적용되어 설명될 수 있었다. 그러나 뉴턴의 유성 모델에서는 유성들 상호 간의 중력의 영향이 무시되어 기술되었던 점이 나중에 밝혀지면서 그의 이론에 한계가 지적되기 시작했다. 이때 그는 유성들 간의 중력으로 인하여 간혹 불규칙한 것이 발견되면, 이를 합리화하기 위해 신의 섭리를 가정함으로써 문제의 핵심을 피해나갔다. 한마디로 뉴턴의 과학이론 역시 과거의 그것들처럼 신의 손아귀에서 크게 벗어나지 못하고 있었다고 할 수 있다. 특히 뉴턴 과학의 핵심인 "중력의 법칙"조차 신의 영역으로 미뤄 버렸다고 했다면, 이는 그의 과학 역시 신의 세계와 대단히 밀착되어 있었다고 할 수 있다. 아마도 이는 뉴턴 과학의 한계이자 과학 일반의 한계인지도 모른다.

물론 신의 세계와 과학의 세계가 반드시 분리되어야 하는 것은 아니다. 과학의 세기에 인간은 살아남기 위해 과학을 창조하고 과학을 쟁취하고 세력을 넓혀 가면서 삶에 보다 유리한 조건을 만들고자 했다. 이미 신이 주재하던 자연의 영역에 인간은 야금야금 자신들이 만들어 낸 문화, 지식, 과학으로 침범해 들어가면서 신의 영역은 조금씩 무너지기 시작했던것이다. 그렇다면 우리는 신의 영역에 의존한 채 과학을 해온 뉴턴의 입장을 어떻게 볼 것인가? 뉴턴은 신이 충실한 과학자로서 신의 영역에서 과학을 수행하면서 최대한 신의 영역을 지켜보려고 노력한 과학자에 해당

---

4) 현대과학이론의 결정론은 하이젠베르크의 "불확정성의 원리"가 나오면서 함몰된다.

할것이다. 물론 잘못된 일은 아닐 것이다. 인간은 신의 영역 즉 자연에 도전하면서 살아남는 사람도 있을 것이며, 신에 의존하면서 신의 영역을 지키면서 살아남는 사람도 있을 것이다. 오늘날 신을 굳게 믿고 교회에 나가는 사람도 있을 것이고, 그렇지 않은 사람도 있을 것이다. 우리는 누가 옳은 것이고 누가 옳지 못한 것인지를 말할 수 없다. 다만 어떤 방법을 선택하여 사는 것이 살아남기에 보다 유리한가를 개개인이 저울질한 결과일뿐이다. 그럼에도 불구하고 뉴턴 과학의 문제는 과학의 정교성을 결정하는 과학적 성격학 즉 "객관성"을 확보하는 방법으로서 아직도 핵심은 과학으로는 도저히 풀 수 없는 신의 영역에 지나칠 정도로 밀착되어 있었다는 사실이다(Weyl, 2000: 131). 아니면 우리 인간이 창조해 낸 과학 역시 결국은 신의 영역을 벗어날 수 없는 한계의 영역인지도 모른다.[5)]

그러나 보다 중요한 뉴턴 과학의 한계는 역시 아인슈타인의 등장으로 분명해진다. 특히 아인슈타인의 특수상대성이론은 전기역학과 역학의 공동시스템을 구축함으로써 고전물리학의 구조를 통일하고 완전하게 하였지만, 동시에 시간과 공간의 전통적인 개념을 철저히 변화시켰으며 뉴턴적 세계관의 한 근본을 전복시켰다(프리초프 카프라, 1975/ 이성범 · 김용정 역, 1989: 76). 아인슈타인이 뉴턴의 권위를 무너뜨리자, 뉴턴의 권위 위에 서있었던 신(뉴턴의 하나님)과 절대이념도 죽어 버렸다(장파, 1994/ 유중하 외 역, 2000: 45). 구체적으로 아인슈타인의 상대성이론과 원자물리학이 각각 발전하게 되자 뉴턴적 세계관의 모든 주요개념들, 즉 절대공간과 절대시간, 기본적인 고체입자, 물리현상의 엄격한 인과성(因果性), 자연의 객관적 기술이라는 이상 등은 산산이 부서졌다(프리초프 카프라, 1975/ 이성범 · 김용정 역, 1989: 76). 이렇게 본다면 아인슈타인의 상대성 역학은 뉴턴의 역학을 정복하고

5) 이러한 의미에서 "창조과학"이라는 학문영역이 생겨난 것이 아닐까?

새로운 물리학을 전개한 장본인이었다(Weyl, 2000: 236). 즉 아인슈타인의 특수상대성이론이 출현함으로써 더 이상 뉴턴 물리학이 우주적으로 통용될 수 있는 도식은 아니며, 특히 뉴턴 과학은 빛의 속도보다 상대적으로 느린 운동의 세계로만 제한된다는 현실적 한계가 밝혀졌다(Mainzer, 1997: 91).

그러나 이로써 뉴턴의 역학체계가 모두 잘못되었다는 것을 의미하지 않는다. 왜냐하면 뉴턴 과학이 없었다면 아인슈타인의 과학 역시 존재할 수 없었기 때문이다. 즉 아인슈타인의 과학은 뉴턴 과학을 거세한 것이 아니라, 뉴턴 과학의 연장이며 동시에 혁신이라고 할 수 있다. 이를테면, 뉴턴의 중력이론이 없었다면 아인슈타인의 중력장이론이 불가능했을지 모른다. 이러한 연유로 혹자는 이것이 과학 패러다임의 근본적 변화라기보다는 오히려 과학적 '측정'(測定)의 범위가 달라졌다고 주장하기도 한다.

(2) 확률 과학의 탄생

현대이론물리학의 두 번째 성립 조건은 바로 "열역학이론"의 탄생이었다. 열역학이론은 열의 정체가 무엇인가? 하는 의문으로부터 출발한다. 17세기에는 베이컨, 보일, 뉴턴 등 기계적 철학의 영향으로 열의 본질 역시 물질입자의 운동으로 보았다. 18세기 들면서 열을 칼로릭(caloric)이라는 무게 없는 물질입자로 간주하는 "칼로릭 이론"이 탄생했다. 그러나 마찰열의 발생으로 칼로릭이 빠져나올 때 무한으로 빠져나올 수가 없는데도 불구하고 마찰열은 지속된다는 이론적 모순이 발견됨으로써 칼로릭 이론에 의문이 제기되었다.

그럼에도 불구하고 칼로릭 이론은 현대 열역학이론의 성립에 지대한 공헌을 하였다. 실제로 푸리에(Joseph Fourier, 1768-1830)는 칼로릭 이론에 기초하여 열전달 이론의 수학적 시스템까지 세웠다(김영식 · 임경순, 2002:

극히 미미해서 경험상으로는 관측이 거의 불가능하다. 따라서 이를 수학적으로 정확히 계산해 내는 것도 불가능한 것이다. 다만 우리는 "열이 높은 온도에서 낮은 온도로 흐르는 것은 그 방향으로 변화가 일어날 '확률'이 지극히 높은 것이며, 엔트로피가 증가하는 방향에서 일어나는 모든 변화는 그러한 변화의 '확률'이 지극히 높은 것"이라고 말할 수 있을 뿐이다. 한마디로 특정한 상태에 대한 엔트로피는 그 상태에 대한 확률의 척도가 된다(김영식 · 임경순, 2002: 202). 이를 위한 수학적 확률 계산은 마침내 볼츠만(Ludwig Boltzmann, 1844-1906)에게서 가능하게 되었다(Mainzer, 1997: 86). 그는 엔트로피를 [*k*×log *D*]라는 표현으로 정의했는데, 여기서 *D*는 무질서의 척도이며 *k*는 32,983×10-24cal/0C로 우주 상수를 의미한다(Weyl, 2000: 258). 클라우지우스의 시대에도 엔트로피가 물리학적으로도 어떤 의미를 가지고 있는가에 대하여 대답하는 것도 쉬운 일이 아니었다. 그러나 볼츠만의 연구결과를 통해서 엔트로피가 '무질서의 척도'로 알려지면서 엔트로피에 대한 연구는 이때부터 가속도를 얻게 된다.

볼츠만은 모든 시스템이 고체 상태에서보다 기체 상태에서 보다 무질서하며, 기체 상태에서 분자배열의 확률은 높아지고 고체 상태에서는 상대적으로 낮아진다는 사실을 알아냈다.[7] 또한 기체 상태에서 분자들은 시간이 흘러감에 따라 질서 있는 배열에서 점점 무질서한 상태로 변한다는 사실도 알아냈다. 이러한 원리는 카드놀이에서 카드 패를 계속 섞으면 섞을수록 카드 배열이 질서에서 무질서로 바뀌어 가는 이치와 같다. 질서 상태에서 무질서 상태로 이전하는 것은 완전히 수리적으로 계량화

---

7) 볼츠만에 의하면, 살아 있는 유기체는 닫힌 시스템의 제2법칙을 어기지 않는 환경과의 교환 속에 있는 열려진 흩어지는 시스템이다(Mainzer, 1997: 5; 79). 그러나 볼츠만의 열역학은 생명의 기원에 대해 결정적으로 설명하지 못했다(Mainzer, 1997: 89). 이러한 의미에서 우리는 볼츠만의 주장을 다윈의 진화론과 같은 맥락으로 이해한다. 구체적으로 볼츠만의 열역학 제2법칙에 대한 통계적 해석은 다윈의 진화론과 대치되지 않는다(Mainzer, 1997: 89).

될 수는 없다. 단지 확률로만 계산될 수 있다. 예를 들어, 연속 패로 잘 정리된 카드를 두 번 섞은 다음에 연속 패가 나올 수 있는 것은 확률일 뿐이다. 따라서 엔트로피의 물리량은 확률로만 계산이 가능하다. 특히 증가할 수밖에 없는 엔트로피는 질서 있는 배열에서 무질서한 배열로 진행되는 물리량에 해당되기 때문에 확률로만 계산될 수 있는 것이다. 이제 기체의 무질서한 분자배열과의 관계가 밝혀지고 특히 일종의 물리량인 엔트로피의 존재가 인식되면서, 열역학이론은 물리학의 새로운 연구 분야로 떠올랐다. 그동안 주로 화학자, 의사, 기술자들 그리고 자연철학주의자들이나 갖가지 실험을 하던 사람들의 경험적 지식의 종합에 지나지 않던 열에 관한 지식이 이론적 기초를 갖추게 되고, 시스템화-수학화된 하나의 과학분야가 된 것이다(김영식 · 임경순, 2002: 204).

이로써 18세기까지 화학분야로 간주되었던 열역학의 분야들은 빛, 전기, 자기, 소리, 기체 등의 관계와 함께 연구됨으로써 물리학 영역으로 편입되기 시작했다. 심지어 볼츠만은 생물학의 진화이론을 19세기 열역학과 화학으로 치환시키고자 시도했던 최초의 과학자로 알려지기도 했다(Mainzer, 1997: 87). 또한 물리적-화학적 시스템들과 생물학적 구조 간의 연결은 살아 있는 시스템(특히 면역시스템)에 포함될 수 있는 '흩어지는 구조'(dissipative structure)에 의해 모형화되기도 하였다(Mainzer, 1997: 98).

(3) 물리학의 패러다임 전환

뉴턴 시대에 어느 누구도 '원자'(atom)가 실제로 존재하는가, 아닌가에 대한 의문을 제기하지 않았다. 왜냐하면 원자의 실재성은 인간의 경험적 차원에서는 조사될 수 있는 성격의 것이 아니었기 때문이다. 우리가 물질의 껍질을 하나하나씩 벗겨내면 원자가 존재하며 원자는 '핵과 전자'

로 구성되어 있으며, 또한 핵은 양자와 중성자 및 쿼크, 이크 등 기타 아원자 입자들로 구성되어 있다는 사실을 알게 된 것은 20세기 들면서부터였다. 이는 관찰과 실험도구들의 획기적인 발전과 맥을 같이한다. 이를테면, 가이거 계수기(Geiger counter: 방사능 측정기)나 사진판 같은 정교하고 복잡한 기계의 발명이 그것들이다. 이들 기계들은 우리 인간의 지각과 감각을 소립자 미시세계로 끌어넣을 수 있었다. 이로써 그동안 입증할 수 없었던 미지의 세계인 원자 세계와 아원자 세계가 하나하나 밝혀질 수 있게 되었다. 다시 말하면, 현대적 기계장치의 발명과 발견으로 우리는 원자와 아원자의 세계 그리고 그 구성물들을 간접적으로 관찰할 수 있게 되었으며 이러한 세계를 경험할 수 있게 되었다. 관찰(관측)과 경험의 세계가 우리 인간의 지각과 감각의 한계 밖으로 확장된 셈이다. 특히 1930년대 초반에 이르는 동안 톰슨(J. J. Tomson), 러더퍼드(Ernest Rutherford), 보어(Niels Bohr), 맥스웰(James Clerk Maxwell) 그리고 채드윅(James Chadwick) 등의 연구결과가 순차적으로 발표되면서 원자의 내부가 태양계와 비슷한 구조로 되어 있다는 사실이 알려지게 되었다(브라이언 그린, 1999/ 박병철 역, 2002: 27).

그러나 이러한 새로운 경험들은 통상적이라고 할 수 없으며, 일상언어로 기술할 수도 없다는 한계가 발생한다. 즉 개념과 용어를 새롭게 사용하는 것부터 시작해서 과학 연구의 패러다임 전환이 선언되지 않고서는, 이러한 새로운 경험들을 설명할 방법이 없었다. 심지어 이러한 비일상적 경험과 언어의 필요성은 지금까지의 과학적 논리와 경험에 대하여도 불신을 초래하는 결과를 낳게 된다. 그럼에도 불구하고 현대이론물리학은 더 이상 인간의 감각과 지각의 한계 내에서 형성되는 근대과학의 절대성과 확실성에 의존할 수 없었다. 이제 물리학자들에게 필요한 것은 인간의 감각적-지각적 한계 저편에 존재할지도 모르는 상상의 세계, 이를테면 신비의 세계에 대한 도전이었다.

결국 20세기를 기점으로 자연과학의 연구세계는 급격하게 변화되기 시작하였다. 특히 양자역학은 기존의 물리학을 거부하며 20세기 과학이론의 새로운 토대로 군림하게 된다(Mainzer, 1997: 2). 즉 18/19세기 뉴턴의 고전역학이나 19세기 볼츠만의 열역학으로 새롭게 인식되는 세상의 복잡한 질서를 가진 생성과 생명시스템의 기원과 성장을 설명하기는 어렵다(Mainzer, 1997: 90). 고전역학이 17~18세기를 대표하고 열역학이 19세기를 대표했다면, 20세기에는 양자역학이 물리학의 새로운 이론으로 급부상하게 된다(Mainzer, 1997: 89). 이러한 물리학적 대전환의 현상을 과학철학자인 쿤(Thomas Kuhn)은 "패러다임의 전환"(paradigm shift)이라고 한다. 구체적으로 이제 물리학은 우리의 눈에는 보이지 않는 극미(極微) 세계와 극대(極大) 세계를 모두 다루면서 뉴튼의 기계론적 자연관으로 시작하는 역학의 사유방법을 몰아내게 된다. 또한 현대물리학은 유기체적 자연관을 취함으로써 연구방법의 차원에서도 획기적인 변화를 맞게 된다. 특히 아인슈타인, 보어, 하이젠베르크 등에 의해 발견된 상대성이론과 양자역학은 물리학의 세계에서 가장 분명한 패러다임의 전환을 이루게 한 장본인들이다. 또한 이렇게 패러다임 전환된 현대이론물리학은 자연과학에서뿐만아니라 우리 사회의 거의 모든 분야에서 특히 사고변화에 엄청난 영향을 주기 시작했다.

나중에 양자역학의 아버지가 된 플랑크(Max Karl Ernst Ludwig Planck, 1858-1947)는 1874년 물리학을 시작하기 위해 스승인 필립 폰 졸리(Phillip von Jolly) 교수를 찾아갔을 때, 스승은 플랑크에게 "물리학은 비전이 없으니 그만두라"고 하면서, "왜냐하면 더 이상 물리학 분야에서는 경력(career)을 쌓을 수 없기 때문"이라고 타일렀다고 한다(Volkamer, Streicher & Walton, 1996: 82). 이는 이미 뉴턴에 의한 근대과학의 시대가 끝났음을 의미하는 것이었다. 즉 완전히 새로운 과학이 나오기 전에는 더 이상 과학은 비전이 없다는 것을 이미 당시의 과학자들은 잘 알고 있었음을 반증하는 일화라고 할 수 있다.

(4) 그 밖의 과학영역들

18세기부터 형성되기 시작한 현대적 의미에서의 물리학은 크게 두 가지 형태로 발전되었다고 할 수 있다. 그 하나는 역학, 천체역학, 유체역학 등과 같이 수학적으로 다룰 수 있는 '시스템화 영역'이었고, 또 하나는 열, 빛, 전기, 자기, 소리, 기체 등에 대한 산만한 지식을 다루는 '비시스템화 영역'이었다.[8] 물론 후자의 경우 아직 "실험과학"(experimental science)의 성격을 가진 경험 지식의 수준이었다고 해도 과언이 아니었다.

그러나 19세기 초 전자기 수학, 천문학, 역학으로 세분화되기 시작하면서 후자 모두가 역학과 천문학의 영역으로 편입되었다. 왜냐하면 이들은 모두 정량분석의 차원에서 수학적으로 계산될 수 있었기 때문이

8) 그동안 자연과학의 영역에서 시스템과 비(非)시스템의 구분이 이루어져 왔으며, 이제는 시스템과 비시스템의 과학이 합치되어야 한다는 사실에 대한 지적은 매우 주목할 만하다. 즉 자연과학의 세계에서도 시스템과 비시스템의 영역이 두 가지 다른 영역이었음을 시인하면서 이렇게 되어서는 온전한 과학이 성립될 수 없음을 고백하고 있다. 자연과학에서 기존의 시스템은 '수학적'으로 정립될 수 있는 과학영역을 의미하고, 비시스템은 '비수학적' 즉 '확률적'으로만 정립될 수 있는 새로운 과학영역이 된다. 오늘날 온전한 과학은 시스템과 비시스템이 공존할 수 있는 전체로서의 과학이어야 하며, 두 영역이 포괄되는 전체성 과학을 추구해야 한다. 우리 인류는 역사적으로 사회적 시스템을 구축하면서 그 속에서 시스템 사고를 하면서 살아왔다. 그러나 이러한 시스템의 이면에는 비시스템의 영역이 그림자처럼 함께 존재해 왔다. 다만 우리는 그러한 사실을 몰랐을 뿐이다. 아니면 애써 외면해 왔는지도 모른다. 자연과학에서와 마찬가지로 비시스템을 인정하지 않는 (기존의) 역사적 사회시스템은 "수학적"으로만 관심이 있다. 성적경쟁, 재화획득경쟁, 업적경쟁, 권력경쟁 등은 모두 숫자로 환원되고 숫자의 증식을 목표한다. 우리의 사회시스템은 — 비록 사회과학의 영역이지만 자연과학에서처럼— 모두 수학적 기준으로 구축되어 왔던 셈이다. 이제 우리 사회도 온전하게 다시 태어나기 위해서는 비수학적 기준 즉 확률적으로 존재하는 비시스템을 포용할 수 있는 전체성(holos)의 포괄시스템으로 거듭나야 할 것이다.

다. 바로 이렇게 모인 후자의 영역들이 '물리학'이라는 개념으로 통합되면서 현대 물리학의 골격이 형성된다. 물론 그 이면에서 개념적으로 물리학으로 묶어 준 영역이 존재하고 있었다. 특히 19세기 중엽부터 득세하기 시작한 '에너지'의 개념은 물리학을 하나로 묶는 데 지대한 공헌을 하였다. 이른바 열에너지, 전기에너지, 자기에너지, 빛에너지, 역학적 에너지 등의 개념들이 그것이었는데, 이는 위에서 언급한 대로 기존 시스템과학에서 벗어나 있던 미지의 세계 즉 비시스템의 영역들이었다. 그러나 에너지들이 서로 변환됨으로써 이루어지는 물리학의 세계에서는 기존 물리학의 시스템이 새롭게 인식될 수 있다는 사실이 밝혀지면서, 물리학은 보다 통일된 온전한 과학으로 전개될 수 있게 된다. 현대의 대표적 생태학자이며 제2의 신과학운동을 주도하는 카프라(Frijof Capra)는 자신의 저서 『현대물리학과 동양사상』(1975)에서 생태계에 존재하는 수많은 입자들이 창조되고 파괴되는 과정을 '에너지의 폭포'로 비유했으며, 모든 사물을 구성하는 원소들의 원자와 내 신체의 원자들이 에너지의 우주적 춤에 참여하고 있다고 쓰고 있다(프리초프 카프라, 1975/ 이성범 · 김용정 역, 1989: 266). 결국 열역학의 발달은 자연과학의 세계가 온전한 과학으로 행진을 할 수 있게 한 전초기지로서 작용하게 된다.

그러나 과학세계에서 물리학의 통합된 위상을 가장 제고시킨 계기는 뭐니뭐니해도 "수리물리학"(mathematical physics)의 탄생이었다. 왜냐하면 자연의 이치와 원리를 객관적으로 설명하는 자연과학은 객관의 대명사인 수학과 분리될 수 없는 속성을 가지고 있기 때문이다. 과거 정성적 연구로 시작된 물리학의 연구가 수학적으로 시스템화되고 이론화되면서 물리학은 통합과학의 모습으로 보다 공고해질 수 있었다. 이미 18세기 라플라스에 의해 뉴턴의 역학시스템이 완전히 수학적으로 시스템화 되었다는 사실은 수리물리학의 탄생을 예고한 것이다. 그 후 이것이 물리학 연구의 모델이 될 수 있었다. 특히 1809년 빛의 입자이론을 바탕으로 해서 복굴절(double refraction) 현상을 수학적으로 설명한 말뤼스(Etienne L. Malus, 1775-1812)는 라플라스의 수리물리학적 영향을 받은 대표적 사례라고 할 수 있다. 또한 역학 분야와 마찬가지로 전기와 자기 분야에서는 쿨롱(Charles Augusin de Coulomb, 1736-1806)의 역할도 중요했다. 소위 "쿨롱의 법칙"에 바탕을 둔 전기학의 정량화 및 수학화 역시 다른 연구 분야들의 모델 역할을 했다고 할 수 있다(김영식 · 임경순, 2002: 211). 그 후 앙페르(André-Marie Ampère, 1776-1867), 톰슨(Thomson), 스토크스(George Stokes, 1819-1903), 맥스웰(James Clerk Maxwell, 1831-1879) 등에 의해 연구모델이 될 수 있는 이론시스템이 완성되었으며, 급기야 로렌츠(Hendrik Antoon Lorentz, 1853-1928)와 아인슈타인(Albert Einstein, 1879-1955)에 의해 역학과 전자기학의 두 영역을 넘나드는 이론적 연구가 결실을 맺기 시작했다. 이른바 상대성이론의 시작이었다.

특히 열역학 분야에서는 라플라스의 영향을 받은 푸리에(Joseph Fourier, 1768-1830)의 칼로릭 이론과 통계역학의 방법을 사용한 맥스웰과 볼츠만의 확률이론은 물리학의 영역들을 통합하는 데 큰 역할을 해냈다. 19세기 중엽 맥스웰은 원자와 분자의 영역 그리고 우리를 감싸고 있는 거대 우주를 지배하는 전기장과 자기장을 통합적으로 설명하는 데 성공했다(Volkamer, Streicher & Walton, 1996: 44). 물론 전자기장의 현상에 대한 연구는 나중에 현대 양자역학 속에서 다시 심도 있게 다루어지게 된다. 한편, 빛 입자가 별도로 존재하는 것이 아니라 '에테르의 진동'에 의하여 빛이 전달된다는 프레넬(Augustin Jean Fresnel, 1788-1827)의 "빛의 파동이론" 역시 물리학의 연구를 통합시키는 데 한몫했다(김영식 · 임경순, 2002: 208). 이는 그동안 빛을 입자로 인식했던 과거의 과학지식과 대항한 영(Thomas Young, 1773-1829)의 입장과도 맥을 같이하면서, "파동(波動)으로서의 빛"이라는 가설을 형성하게 된다. 이로써 17세기 이후 갈릴레이, 뉴턴, 로버트 후크 시대에 빛을

'입자'로 본 과학의 시각에 대립관계가 형성된다. 그러나 이러한 대립을 극복하는 물리학의 통합화 과정들은 플랑크(Max Planck, 1858-1947)와 아인슈타인의 연구로 이어지면서 새로운 양자(quantum)의 개념을 낳게 된다(김영식 · 임경순, 2002: 212). 결국 열역학과 열변환이론 그리고 에너지이론으로 비롯된 '비시스템과학'과 '수리물리학'에서 절정을 이루게 된 기존의 시스템과학은 현대물리학의 문을 연 상대성이론의 탄생을 계기로 보다 온전한 '전체성 과학'(holistic science)으로의 편입 가능성을 시작하게 된 셈이다.

2) 현대이론물리학의 전개

(1) 양자론

① 원자구조에 대한 연구

고전적 양자론[9]은 "원자의 구조"를 파악하기 위한 노력으로 20세기 초에 이루어진다. 데모크리토스에 의해 처음 제기된 고대 그리스의 원자론은 우리에게 원자가 최후의 물체로서 고체 덩어리라고 알려 주었다. 19세기 말 라우에(Max von Laue, 1979-1960)와 러더퍼드(Ernest Rutherford, 1871-1937)는 이를 직접 자신들의 눈으로 확인해 보려고 했다. 이들은 물체에 비가시광선인 X선을 투사시킴으로써 실제 원자의 배열과 구조를 파악할 수 있는 길을 열게 된다. 러더퍼드는 직경이 1억 분의 1센티미터밖에 안 되는 원자에 X선의 알파 입자를 투과시켰다. 그랬더니 원자 속에서는

9) 나중에 양자역학에 대한 '코펜하겐 해석'이 나온 후, 초기 양자론은 혼동을 피하여 "고전적 양자론"으로 지칭되기도 한다.

무엇인가가 핵(核) 주변을 돌고 있는 것으로 나타났다. 이로써 러더퍼드는 "유성(遊星) 이론"을 발표한다. 또한 그는 고대인들이 믿었던 것처럼 원자가 딱딱하고 견고한 입자가 아니라는 사실도 알게 되었다. 그가 발견한 원자 속에는 극도로 미세한 입자들인 '전자'들이 전기력에 의해 핵에 묶여서 그 주위를 돌고 있는 광대한 공간으로 구성되어 있었다. 즉 원자들은 견고하고 파괴될 수 없는 것이 아니라, 그 안에서 극도로 미세한 입자들이 운동하고 있는 광활한 공간으로 구성되어 있었던 것이다. 결국 원자는 물질의 최소 단위가 아니라, 양성자와 중성자로 이루어진 원자핵을 중심으로 하여 주변과 전자들이 어지럽게 돌아다니고 있는 복합체였던 것이다(브라이언 그린, 1999/ 박병철 역, 2002: 27).

한편, 원자들은 저마다 특유한 성질을 가지고 있다는 사실이 밝혀지면서 양자론은 점차 성숙될 수 있었다.[10] 이러한 과정에서 20세기 양자론의 탄생을 본격화한 사람이 바로 플랑크(Max Pranck, 1858-1947)였다. 빛의 복사현상을 연구하던 플랑크는 전등의 필라멘트에서 방출되는 빛에는 가시영역과 비가시영역이 있음을 알게 되었다. 여기서 빛의 비가시영역에 대한 실험이 바로 그의 유명한 "흑체복사실험"이다. 그는 흑체복사를 위해서는 일정한 빛의 에너지가 필요하다는 사실을 알아냈으며, 그 에너지

10) 실제로 이러한 가설은 1968년 스탠포드 선형가속기 센터(Stanford Linear Accelerator Center)에서 양성자와 중성자조차 물질의 최소 단위가 아니라는 실험결과를 발표함으로써 입증되었다. 실험결과에 의하면, 하나의 핵자(양성자 또는 중성자)는 3개의 소립자로 이루어져 있는데, 이 소립자에는 쿼크(quark)라는 괴상한 이름이 붙여졌다. 당시 두 가지 형태의 쿼크만이 발견되어 "업쿼크"(up-quark)와 "다운 쿼크"(down quark)라는 이름으로 구별하였다. 양성자는 두 개의 업 쿼크와 하나의 다운 쿼크로 이루어졌으며, 중성자는 두 개의 다운 쿼크와 하나의 업 쿼크로 이루어져 있다. 이 우주 안에 산재해 있는 모든 물질들은 업 쿼크와 다운 쿼크, 그리고 전자(electron)로 이루어져 있는 것으로 보인다. 그리고 이 소립자들은 더 작은 단위로 쪼갤 수 있다는 실험적 증거는 아직 발견되지 않았다. 그러나 실험실에서 얻어진 결과들을 종합해 볼 때, 우주에는 이들 이외에 다른 소립자들이 반드시 존재해야 한다. 〈브라이언 그린, 1999/ 박병철 역, 2002: 28〉

는 특정한 상수(플랑크 상수)의 정수배가 된다는 결론도 얻게 되었다. 여기서 플랑크 상수로 계산되는 정수배는 구간을 나타내기 때문에 별도로 에너지의 불연속성을 강조하지는 않았지만, 나중에 1905년 아인슈타인이 자신의 광양자가설을 재해석하면서 양자불연속성이라는 새로운 양자물리학을 탄생시키는 데 기여한다(김영식 · 임경순, 2002: 248). 아인슈타인에게 광양자는 분명히 불연속적 에너지의 존재를 전제로 한 것이다(김영식 · 임경순, 2002: 252).

또한 플랑크의 흑체이론에서는 원자들이 서로 상호작용을 하며 이러한 상호작용은 원자 내의 화학작용에 의해 가속화될 수 있다는 사실도 주장된다. 이러한 원자현상은 나중에 원자물리학의 법칙이 발견되면서 입증되기 시작하였다. 1920년대 들어 덴마크의 닐스 보어, 프랑스의 드 브로이(Louis de Broglie), 오스트리아의 슈뢰딩거(E. Schrödinger)와 파울리(W. Pauli), 독일의 하이젠베르크(W. K. Heisenberg), 영국의 디랙(P. Dirac) 등에 의해 정립된 '원자물리학의 법칙'은 물리학 세계에 처음으로 '아원자' 세계를 끌어들이는 계기를 마련하였다. 특히 독일의 플랑크는 원자의 활동에서 발생하는 열복사 에너지는 연속적으로 방출되는 것이 아니라 "에너지 다발들"의 형태로 나타난다는 것을 알아냈다(프리초프 카프라, 1975/ 이성범 · 김용정 역, 1989: 82). 아인슈타인은 이러한 에너지의 다발을 "양자"(量子, Quantum)로 명명하였으며, 전자기적 복사는 전자기파 이외에도 광양자(光量子)라는 입자의 형태로 이루어질 수 있다는 가설을 세웠다. 그런데 중요한 사실은 이들 입자들은 질량을 가지고 있지 않으며 언제나 빛의 속도로 진행하는 특별한 종류의 입자들로 밝혀진 것이다(프리초프 카프라, 1975/ 이성범 · 김용정 역, 1989: 83). 이렇게 하여 플랑크의 흑체복사실험은 빛의 복사이론에 관한 이론인 양자론의 탄생에 다리를 놓게 되는 역사적 사건이 되었다.

② 보어-좀머펠트의 고전양자론

1913년 보어(Niels Bohr, 1885-1962)는 러더퍼드의 새로운 원자 모형, 플랑크와 아인슈타인의 광양자가설, 그리고 태양 스펙트럼에 관한 발머 계열식 등의 원자모형이론을 이용하여 자신의 원자모형을 제안했다(김영식 · 임경순, 2002: 253). 즉 보어는 원자모형의 문제를 연결고리로 하여 자신만의 양자론을 수립해 나가려고 했던 것이다. 보어의 원자모형은 러더퍼드와 마찬가지로 양전하를 띤 핵으로 구성되지만, 그 주위에 궤도를 따라 회전하는 전자가 있다는 점이 달랐다(콜린 A. 로넌, 1982/ 김동광 · 권복규 역, 1999: 425). 그러나 그의 원자모형은 정량적 분석의 차원을 벗어나 정성적 차원으로 넘어감으로써 고전물리학의 범위를 벗어나기 시작했다. 결국 수소원자의 미세 구조를 해명하면서 원자모형을 정량적 수치로 풀어낸 독일의 좀머펠트(Arnold Sommerfeld, 1686-1951)를 끌어들이면서 보어는 보어-좀머펠트의 원자모형을 기반으로 하는 고전양자론을 수립할 수 있었다. 이로써 보어에게 난관이었던 수소원자 스펙트럼의 문제가 해결되었다. 그러나 모형개발의 초기부터 문제시되었던 가장 간단한 원소로서의 중성 헬륨원자에 대한 설명은 부실했다. 그러나 1920년부터 많은 물리학자들에 의해 보어-좀머펠트의 고전양자론에 대한 실험이 이어지면서 고전양자론에 대한 의문이 하나하나 풀리기 시작했다. 특히 이 연구 프로그램은 괴팅겐의 수학적 전통에서 성장한 보른(Max Born, 1882-1970)에 의해 주도되었는데, 1920년대 초 보른은 볼프강 파울리(Wolfgang Pauli, 1900-1958)와 베르너 하이젠베르크와 같은 자신의 공동연구자들과 함께 푸앵카레의 천체역학을 이용해서 이 어려운 문제를 풀어나갔다(김영식 · 임경순, 2002: 254). 그러나 연구의 결과가 보어의 가설과 반대되는 결과가 나오면서 고전양자론은 위기에 봉착하게 된다.

(2) 상대성이론

양자론과 함께 20세기 물리학의 이론적 기초를 마련한 것은 아인슈타인에 의해 제창된 상대성이론이었다(김영식 · 임경순, 2002: 259). 상대성이론은 19세기 과학의 세기에 부상했던 뉴턴의 고전역학과 고전전자기학 사이에서 나타난 문제점을 해결하려고 노력하는 과정에서 태어나지만, 결국은 물리학의 세계를 바꾸어 놓은 과학 패러다임의 전환을 이룬 일대 역사적 사건이 되고 말았다.

① 장(場, field)의 개념

뉴턴의 운동법칙은 기계적 운동법칙이다. 이것이 자연현상의 궁극적 이론으로 인정되면서 당시 시대의 과학정신으로 군림하게 되었다. 그러나 그 후 2백여 년이 지나면서 뉴턴의 모델은 한계를 나타내게 되었고, 그 모델의 어느 특성도 절대적 타당성을 지닌 것이 아니라는 의심이 생기면서 새로운 물리적 실재가 거론되기 시작했다. 그 첫 번째 발견이 바로 19세기 패러데이(Michael Faraday)와 맥스웰(James Clerk Maxwell)의 "전기 및 자기 현상에 대한 발견"이었다. 이들은 전하(電荷)와 전류 사이의 힘을 설명하기 위해 장(場)의 개념을 도입하였다. 패러데이는 구리 코일로 접근한 자석을 움직임으로써 전류를 흐르게 할 수 있다는 사실을 발견하였다. 이로써 뉴턴의 '힘'의 개념은 '역장'(力場)의 개념으로 대치된다. 즉 뉴턴에게서 두 물체와 양 전하는 서로 잡아당기는 인력을 통해 작용하지만(Weyl, 2000: 216), 패러데이와 맥스웰에게서는 각 전하 주변으로 에너지 흐름의 잠재적 조건으로서 형성되는 장(場)에 의해 이루어진다. 즉 이들에게 근본적 실재는 장(場)이지 역학적 모델이 아니다. 장은 공간을 채우는 매우 가벼운 매개물인 에테르(ether) 속에 있는 역학적 압력 상태로서 그리고 전자기파는 이 에테르의 탄성파(彈性波)로서 해석된다(프리초프 카프라, 1975/ 이성범 · 김용정 역, 1989: 76). 여기서 빛과 전기는 입자의 움직임이 아니라 파동(波動)의 형태로서 에너지로 전달되어 멀리까지 갈 수 있는 것이다. 또한 패러데이가 전기의 영역에서 장의 개념을 발전시킨 이래로, 맥스웰은 장이 자극 중심으로부터 순간적으로가 아니라 빛의 속도와 함께 확장된다는 사실을 알아냈다(Weyl, 2000: 216). 이를 기초로 드디어 아인슈타인은 힘이 실체가 아니고 장(張)이 곧 유일한 실체라고 선언한다. 그는 뉴턴의 중력 역시 '중력장'(重力場, gravitation field)으로 파악하고, 이를 공간의 기하학과 연결시킨다. 예를 들어, 태양에 가장 근접한 금성의 경우 태양을 공전할 때 가장 느린 타원 궤도를 돌게 된다(Volkamer, Streicher & Walton, 1996: 72). 행성보다 장(field)이 먼저 형성되기 때문이다. 이로써 뉴턴의 중력법칙은 아인슈타인에 의해 중력장이론으로 확장되었지만, 동시에 뉴턴 과학의 한계점으로 남게 되는 것이다(Volkamer, Streicher & Walton, 1996: 73).

오늘날 우리가 전파, 광파, X선들을 모두 우리 인간의 지각에 의해 파악되는 스펙트럼의 범위를 벗어나는 일종의 '전자기파'로 알고 있는데, 이들 광선들은 각각 진동주파수가 다른 전자기장에 속한다. 따라서 진동하는 전기장과 자기장은 전파, 광파, 혹은 다른 종류의 전자기적 복사의 형태로 공간 속을 통과할 수 있다(프리초프 카프라, 1975/ 이성범 · 김용정 역, 1989: 232). 또한 모든 전하는 전류로도 나타날 수 있다. 따라서 '전기장' 역시 '자기장'으로 나타날 수 있다. 결국 상대성이론에서 두 역장(力場)은 '전자기장'(電磁氣場)으로 통일된다. 또한 장의 개념은 전자기력과 결부되었을 뿐 아니라 중력과도 결부되었다. 중력장은 모든 질량을 가진 물체로부터 나오는 인력(引力)이다. 그러나 전하에 의해서 감지되는 전자기장은 인력(引力)과 척력(斥力)을 일으킨다. 이러한 원리를 밝힘으로써 패러데이와 맥스웰은 뉴턴의 물리학을 최초로 넘어선 과학자가 되었다. 이어서 아인슈타인의 중력장 이론은 뉴턴 물리학을 공식적으로 역사의 한 페이지로 밀어낸 장본인이 된다.

맥스웰의 이론이 발표된 지 약 50년 후에 아인슈타인은 실제 에테르라는 물질이 장에 존재하지 않으며 전자기장은 오로지 빈 공간을 통해 진행할 수 있다는 사실을 주장했다. 그는 이러한 현상 역시 고전역학으로는 도저히 설명될 수 없는 본래의 물리적 실체라고 선언하게 된다. 특히 아인슈타인은 그의 말년 30년 동안 중력과 전자기력을 하나의 법칙으로 통일시키는 통일장이론(unified field theory)의 연구에 몰두했다. 실제로 장 개념의 출현에 이어 물리학자들은 여러 가지 장들을 모든 물리적 현상을 묶을 수 있는 단일한 기본적 장으로 통일시키려고 시도해 왔다(프리초프 카프라, 1975/ 이성범 · 김용정 역, 1989: 235). 그러나 당시의 이론 물리학자들은 그 무렵에 새롭게 탄생한 양자역학의 수학적 기초를 다지는 데 여념이 없었으므로, 아인슈타인은 물리학의 주된 흐름에서 벗어나 소위 '왕따'가 되고 말았다(브라이언 그린, 1999/ 박병철 역, 2002: 39). 통일장이론은 장(場) 안에서 질서와 대칭이 찾아질 때 통일장의 성립이 가능하며, 두 개념의 통일이 역동적 방법으로 이루어질 수 있다는 가설로 이루어진다.

실제로 당시 아인슈타인의 일반상대성이론이 나온 뒤 4차원을 넘어서 5차원 시공간의 좌표를 사용해서 물리학을 통일하려는 시도가 다각도로 이루어지기도 했다. 일례로, 1921년 칼루차(Theodor Franz Eduard Kaluza, 1885-1954)의 이론을 기반으로 1926년 클라인(Oskar Benjamin Klein, 1894-1977)에게서 완성된 5차원 상대성이론이 "칼루차-클라인 이론"이라는 이름으로 발표되기도 했다. 결국 이러한 다차원 통일이론에 대한 염원은 1970년대 초끈이론(Superstring Theory)으로 보다 구체화되면서, 우주의 모든 힘과 입자를 통일시키려는 이론으로 발전한다(김영식 · 임경순, 2002: 265).

② 시공간 개념의 변화

아인슈타인이 1905년 발표한 특수상대성이론은 "상대성의 원리"(principle of relativity)라고도 불린다. 여기서 그는 뉴턴 과학의 핵심 개념이었던 시간과 공간의 개념을 활용하되 이에 의문을 품었다. 그는 시간과 공간은 뉴턴이 주장하듯이 반드시 절대치로 계산되는 것은 아닐 수도 있다는 가설을 세웠다. 아인슈타인은 1905년 6월 30일 제출한 「움직이는 물체의 전기동역학에 관해서」(Zur Elektrodynamik bewegter Körper)라는 논문에서 "광속도 불변의 원리"[11]를 바탕으로 등속도로 움직이는 모든 관측자들에게 고전전자기법칙이 불변으로 유지되는 새로운 시공의 개념을 제시하였다. 이로써 그는 고전전자기학과 뉴턴 물리학 사이에 존재했던 불일치의 문제를 해결했다. 여기서 그가 제시한 특수상대성원리의 핵심은 '서로에 대해서' 움직이고 있는 여러 명의 관찰자들에게 '상대적으로' 눈에 보이는 현상들을 이해하는 것이었다(브라이언 그린, 1999/ 박병철 역, 2002: 51).

이를테면, 기차를 타고 달리는 사람에게 이정표는 뒤로 가는 것이지만, 역에 서 있는 사람에게 이정표는 그 자리에 있는 것이다. 심지어 동일한 시계를 차고 있는 두 사람의 관찰자가 서로 상대방에 대하여 움직이면서 어떤 두 사건 사이의 시간 간격을 관찰했다면 이들은 서로 다른 결과를 얻게 된다(브라이언 그린, 1999/ 박병철 역, 2002: 52). 한마디로 서로 다른 운동 상태에 있는 관찰자들은 시간과 공간에 대하여 동일한 관측 결과를 얻을 수 없다는 것이다. 이를 우리는 시간과 공간의 상대론적 효과라고 한다. 이러한 상대론적 효과는 빛의 속도처럼 초고속에서는 분명히 관찰되지만 일상에서는 느낄 수 없다. 왜냐하면 일상에서 물체의 움직임은 빛의

---

11) 아인슈타인이 주장하는 빛의 속도는 시속 6억 7천만 마일로서 이는 초속 약 30만 킬로미터에 해당한다.

속도에 비하면 굼벵이나 거북이 정도밖에 안 되기 때문이다. 그러나 많은 실험을 통해서 아인슈타인의 특수상대성이론은 범우주적으로 적용되는 진리임이 밝혀졌다(브라이언 그린, 1999/ 박병철 역, 2002: 53). 특수상대성이론의 또 다른 특징은 어떤 물체도 어떤 신호도 빛보다 빨리 이동할 수가 없다는 사실의 발견이었다(브라이언 그린, 1999/ 박병철 역, 2002: 130).

1915년에 아인슈타인은 질량을 가진 '모든 물체들의 상호인력을 포함함으로써' 특수상대성이론을 일반상대성으로 확장시킨다. 특수상대성이론의 적용범위는 상대 속도가 등속도인 경우로 한정되기 때문에, 그는 등속도운동뿐 아니라 가속운동에도 적용되는 일반상대성이론을 완성하려고 했다(김영식 · 임경순, 2002: 261). 특수상대성이론은 무수한 실험과 검증의 과정을 거쳐 확인되었지만, 일반상대성이론은 아직 실험 중으로 검증되는 과정에 있다.[12] 그러나 일반상대성이론은 현대물리학에서 가장 널리 인정되고 있는 이론 중의 하나이며, 아직 결정적인 모순이 발견되지 않고 있는 수준 높은 중력이론으로 평가되고 있다. 미국 컬럼비아 대학교 수학 · 물리학 교수인 브라이언 그린(Brian Greene)은 일반상대성이론에 위배되는 관측결과는 지금까지 단 한 번도 얻어진 적이 없다고 주장한다(브라이언 그린, 1999/ 박병철 역, 2002: 141). 특히 오늘날 천체물리학이나 우주이론에의 적용은 괄목한 단계에 돌입하고 있다. 물론 아인슈타인의 일반상대성이론은 결과적으로 뉴턴의 중력이론에 대한 반론이 되고 말았다. 아인슈타인의 일반상대성이론은 가설로부터 시작되었지만 지금도 컴퓨터 테크

12) 예를 들어, 아인슈타인의 일반상대성이론과 양자역학은 도처에서 충돌을 일으키고 있다(브라이언 그린, 1999/ 박병철 역, 2002: 22). 즉 거시적 우주와 미시적 우주는 서로 다른 법칙의 지배를 받는 것인가? 이 물음에 대해서 브라이언 그린(Brian Greene)은 "초끈이론(superstring theory)"이 둘 사이의 대립관계를 해소시켜 줄 강력한 후보라고 강조하면서 이를 입증해 내기 위해 자신의 저서 『엘리건트 유니버스』(*The elegant universe*, 1999)를 쓰고 있다.

놀로지의 발전과 함께 많은 부분들이 계속 입증되고 있다.[13] 특히 일반상대성이론은 천체물리학 같은 우주과학에서도 그대로 적용되고 있다. 현대 이론물리학자들은 원자보다 작은 아원자의 소립자 세계와 우주라는 거대 세계 사이에 우리 인간이 존재한다는 사실에 착안하여 이루어졌다. 결국 현대이론물리학은 만약 아원자의 소립자 세계와 우주 거대 세계의 비밀을 파악할 수 있다면, 우리 인간의 삶도 모두 해석할 수 있을 것이라는 가설을 가지게 된 셈이다.

이제 중요한 사실은 우리가 어떤 물체의 속도를 논할 때 그 속도를 측정하고 있는 관찰자(또는 관측기계)의 운동 상태까지 정확하게 명시하여야 한다는 것이다(브라이언 그린, 1999/ 박병철 역, 2002: 56). 모든 운동은 상대적이다 — 이것이 바로 상대성원리의 핵심이다(브라이언 그린, 1999/ 박병철 역, 2002: 57). 다시 말해서 '절대운동'의 개념은 이 세상에 존재하지 않으며, 우주 만물의 움직임은 모두 언제 어디서나 '상대적'일 뿐이다.

아인슈타인에 의하면 공간은 유클리드의 3차원으로만 존재하는 것이 아니며, 시간 역시 별개의 실체나 절대적 개념이 아니다. 상대성이론에서는 4차원의 시공(時空)의 연속체만이 존재할 뿐이다.[14] 다시 말하면, 뉴턴에게서 시간과 공간은 절대적 개념이었지만, 아인슈타인에게서는 시간과 공간은 상대적 개념일 뿐이다. 예를 들어, 우리가 기차를 타고 가는데, 같은 속도로 옆에서 다른 기차가 달려간다고 가정해 볼 때 우리가 탄 기차는 달려가고 있는 것이 아니라 정지한 것이다. 시간은 느끼는 사람에 따라 완전히 다르게 나타난다. 어떤 사람에게 1시간은 100시간처럼 지루

13) 심지어 현대물리학에서 비선형 복잡계적 접근 역시 컴퓨터의 빠르고 정확한 계산력에 의해 성공적으로 이루어지고 있다. 따라서 컴퓨터 보조의 테크닉은 자연과학 및 사회과학뿐 아니라 모든 과학의 지류간에 학제간 그리고 간학문적 응용력을 높여 주고 있다(Mainzer, 1997: 57).

14) 아인슈타인의 특수상대적 시간과 공간은 민코프스키(Minkowski)의 4차원 기하학에 의해 모형화되면서 4차원의 물리학이 정형화된다(Mainzer, 1997: 36).

할 수도 있으며, 어떤 사람에게 100시간이 1분처럼 금방 지날갈 수도 있다. 우리가 느끼는 시간은 모두 주관적이고 상대적 개념일 뿐이다. 뉴턴에게서는 시간은 과거에서 현재 그리고 미래로 선형적으로 흐르지만, 아인슈타인에게서는 시간과 공간의 모든 측정이 절대적 의미를 상실한다. 아인슈타인은 "이 세상에서 가장 긴 시간은 연인의 손에 첫 입맞춤을 하는 시간"이라는 비유로 시간의 상대성을 설명하기도 했다. 결국 아인슈타인에 의해 시간이 관찰자의 위치와 운동에 따라 흐름을 달리하는 상대적이라는 것임이 수용되면서, 이제 과학자들 사이에 인간이 파악한 법칙들도 반드시 객관적인 것이 아니라 '주관적'일 수 있다는 생각이 싹트게 되었다. '절대적'이 '객관적'이라고 한다면, '상대적'이란 곧 '주관적'인 것을 말한다. 심지어 우리가 시간 개념에서 비켜서기만 하면 거기에는 어떠한 (객관적) 원인도 존재하지 않는다(데이비드 호킨스, 2000: 217).

상대성이론에서는 공간 역시 '관찰자의 입장'에 따라서 달라진다. 똑같은 물리적 공간도 관찰자에 따라 절대적으로 같은 공간이 아니다. 공간은 보는 사람에 따라 큰 공간이 될 수도 있고 작은 공간이 될 수 있다. 또한 달리는 기차에서 커튼을 치고 잠깐 잠이 들었다가 깨어나면, 현재 기차가 움직이고 있는 것인지 서 있는 것인지 잘 모른다. 왜냐하면 주변이 변화하지 않았기 때문이다. 이럴 경우 무엇이 움직이고 있으며 얼마나 빨리 움직이는가 하는 것은 결코 객관적인 절대치로 측정할 수 없다. 따라서 공간 역시 주관적이고 상대적일 뿐이다. 이러한 공간과 시간의 상대적 개념은 우리가 자연현상을 관찰하는 데 있어서 패러다임의 전환을 요구한다.

아인슈타인이 이렇게 시간과 공간이 주관적이고 상대적인 이유를 공간과 시간이 '모두 휘어져 있기' 때문이라고 설명한다. 물론 모두 중력(重力) 때문이다. 우리가 흡수력이 좋은 스펀지로 된 평면 위에 큰 공을 떨어뜨리면 옆에 있던 작은 공은 순간적으로 큰 공 주변에 움푹 패인 곳으로 굴러가면서 평면에 곡선을 그린다. 이러한 원리로 아인슈타인은 우리 인간이 살고 있는 3차원의 공간은 만곡(彎曲)으로 존재하며, 그 만곡은 질량을 가진 물체의 중력장에 의해 야기된다는 사실을 주장하게 된다. 이로써 아인슈타인의 "일반상대성이론"이 성립되는데, 여기서는 중력장과 그 공간의 구조 즉 기하학이 동일하다(프리초프 카프라, 1975/ 이성범 · 김용정 역, 1989: 232). 이로써 일반상대성이론은 중력장에 적합한 장(場) 이론을 다루면서 특수상대성이론의 범위를 넘어서고 있다. 다시 말하면, 뉴턴의 중력이론에 따르면 우주는 지금쯤 하나의 거대한 덩어리로 뭉쳐있어야 한다. 왜냐하면 모든 물체는 서로 끌어당기는 만유인력(萬有引力)이 중력으로 작용하기 때문이다. 그러나 아인슈타인에 의하면 모든 물체가 가지고 있는 질량들이 만들어 내는 만곡(彎曲) 때문에 뭉쳐질 이유가 없다. 따라서 우주에서는 오로지 시간과 공간의 변화와 변용만이 존재할 뿐이다. 결국 아인슈타인의 상대성이론으로 고전물리학의 계명이었던 절대적 공간과 절대적 시간의 개념은 완전히 폐기된다.

한편, 아인슈타인의 '만곡된 공간'에 대해서 이해하기 위해서는 비유클리드 기하학이 보다 적합하다. 비유클리드 기하학은 독일의 수학자 리만(Bernhard Riemann, 1826-1866)에 의해 19세기 순수 추상수학 개념으로 도입되었다.[15] 리만의 비유클리드 기하학은 우리의 3차원 공간이 실제로 휘어져 있다는 사실을 아인슈타인이 주장하기 전까지는 별 가치가 없었다. 아인슈타인에게 공간의 만곡은 질량의 중력장 때문에 극히 당연한 이치

15) 이미 1830년 Bolyai와 Lobatschewsky는 유클리드 기하학의 원리를 벗어나는 값을 계산한 바 있다. 이러한 기하학적 계산법이 19세기 후반부터 유행하였으며, 이를 리만이 자신의 '대수법'에 수용하면서 '비유클리드 기하학'이라는 용어가 자연스럽게 통칭되었다(Weyl, 2000: 35; 91 참고).

였다. 모든 물체에 중력이 존재하고 중력에 의한 인력이 작용하는 이상 빛 역시 직진하다가 중력이 작용하는 곳에서 휘게 된다. 이러한 공간의 곡률에 대해서는 아인슈타인의 장 방정식(Einstein's field equation)이 계산해 주고 있다. 결국 아인슈타인은 "세계가 리만의 4차원 공간"이라고 선언하게 되며, 이로써 일반상대성원리가 도출될 수 있었다(Weyl, 2000: 140).

그러나 실제로 지구상에서 공간과 시간에 미치는 중력의 효과는 그리 크지 않다. 물론 행성과 항성 그리고 은하계에서 질량이 커다란 큰 천체를 다루는 천체물리학에서 시공의 만곡 현상은 대단히 중요한 현상이다(프리초프 카프라, 1975/ 이성범 · 김용정 역, 1989: 199). 한 예로 우주에서 별들은 서로 끌어당기는 중력의 작용 때문에 진화하기도 하고 붕괴하기도 한다. 지구에서는 우리가 거의 느낄 수 없을 정도인 중력과 인력이라도 거대 우주에서는 엄청난 변화를 초래하는 원인이 될 수 있다. 가장 비근한 예는 우주에서 중력이 빛을 휘게 하여 블랙홀(Black Hall)을 생성하고 있다는 사실이다. 우주에서 빛의 다발이 한순간에 빨려 들어가 사라져 버리는 블랙홀의 실재가 컴퓨터 화면으로 입증되면서 아인슈타인의 주장은 그 빛을 발하고 있다.[16)]

그러나 중력에 의해서 일어나는 만곡은 3차원 공간에만 국한되어서는 안 된다. 이는 4차원의 시공간으로까지 확대될 수 있다. 왜냐하면 상대성이론에서 공간은 시간과 결코 분리될 수 없기 때문이다. 결국 휘어진 만곡은 공간뿐만 아니라 시간적 간격에도 영향을 미친다. 이제 시간은 '평면적 공간'에서처럼 동일한 비율로 흐르지 않는다. 달리 말하면, 관찰자의 입장과 위치에 따라서 시간의 흐름은 일정치 않다. 질량체가 있는

16) 물리학자들은 다년간의 연구를 통해 여기서 예견되는 물리량들이 실제 실험에서 얻은 관측결과와 기가 막힐 정도로 잘 일치한다는 사실을 알아냈다(브라이언 그린, 1999/ 박병철 역, 2002: 21).

곳에는 언제나 중력장이 생긴다. 그러나 장이 물체를 둘러싸고 있는 만곡된 공간을 채우기도 하고 그것을 휘게 하는 것은 아니다. 즉 장과 공간은 구별되지 않으며, 장은 곧 만곡된 공간이다(프리초프 카프라, 1975/ 이성범 · 김용정 역, 1989: 232). 결국 아인슈타인에게서 물질은 중력장과 분리되지 않으며, 중력장은 만곡된 공간과 분리될 수 없는 것이다. 또한 나의 시공간과 남의 시공간은 다른 것이다. 왜냐하면 '나'라는 몸의 질량에 의해 만곡된 시공간과 남의 질량에 의해 만곡된 시공간이 같을 수 없기 때문이다. 이러한 상대적 시공 개념과 시공 일치의 개념을 가진 상대성이론은 시간과 공간이 서로 분리되어 있었던 고전물리학적인 시공 개념을 혁명적으로 변화시켜 새로운 시공 개념을 가지도록 했으며, 심지어 이로써 현대적인 팽창우주론의 이론적 배경이 되기도 했다(김영식 · 임경순, 2002: 251).

③ 질량과 에너지: $E=mc^2$

고도로 정밀한 과학기술의 도움으로 물리학자들은 처음엔 핵과 전자로 구성된 원자의 구조를 탐구할 수 있었다. 그 다음에는 양성자와 중성자로 구성되어 있는 — 일반적으로 핵자(核子, nucleon)라고 불리는 — 원자핵의 구조를 탐구할 수 있었다. 그러나 이들 역시 궁극적인 입자가 아니라 다른 실체들과 복합적으로 나타난다는 사실을 알게 되었다. 이러한 패러다임의 전환을 이루게 한 가장 핵심적 개념은 바로 "질량"으로부터 "에너지"로의 전환이었다. 즉 뉴턴에게서 모든 사물의 실재는 질량으로 환원될 수 있었지만, 현대물리학에서는 질량이 모두 에너지로 환산됨으로써 이제 모든 운동 역시 에너지의 흐름으로 이해될 수 있었던 것이다. 이는 아인슈타인의 $E=mc^2$이라는 유명한 공식 속에 이러한 실체 규명의 원리가 들어 있다. 에너지(E)는 질량(m)에다가 불변상수(c)인 빛의 속도 즉 초속 30만 킬로미터의 제곱을 곱하면 계산된다(데이비드 보더니스, 2000: 28). 특히 이 공식은 광속에 가까운 운동 속도를 가진 물리현상들, 이를테면 전자기적 제 현상에 적용될 때 가장 적합한 공식이 된다. 예를 들어, 관찰자가 사물과 같은 속도로 같은 공간을 움직이면서 사물을 관찰한다면 시간과 공간은 움직이지 않는다. 분명히 관찰자는 시간과 공간을 움직였지만 시공의 변화는 일어나지 않는다. 그러나 시공간의 변화가 없다고해도 사물의 질량은 움직임을 통하여 에너지를 얻게 된다. 질량이 에너지로 전환된 것이다.

한편, 1915년 발표된 아인슈타인의 일반상대성이론에서는 물질과 진공이 분리되지 않는다. 왜냐하면 진공이란 것도 완전히 비어 있는 것이 아니고 끝없이 생겨나고 사라지는 무수한 입자들을 함유하고 있기 때문이다. 또한 장이론에서 말하는 '물리적 진공'도 단순히 아무 것도 없는 것이 상태가 아니라 소립자 세계의 모든 형태를 지닐 가능성을 가지고 있다(프리초프 카프라, 1975/ 이성범 · 김용정 역, 1989: 247). 여기서 고전물리학의 '진공'(眞空) 개념은 와해된다. 고대 원자론을 해부했던 러더퍼드 역시 원자들이 빈 공간에 들어 있는 것으로 판단했다. 그러나 당시에도 이미 "빈 공간"의 개념은 천체물리학이나 우주이론에서 의미를 상실하고 있었다. 결국 물질과 공간은 '하나의 전체'를 구성하며 상호의존으로 존재한다는 사실이 밝혀진 셈이다.

일반적으로 현대이론물리학에서 언급하는 에너지는 운동에너지, 중력에너지, 전기에너지, 화학에너지 등으로 분류되는데 이들은 항상 어떤 작용 혹은 활동과 연관된다. 그러나 전체 에너지는 항상 보존된다는 '에너지 보존법칙'은 물리학에서 불변의 진리가 되고 있다(Weyl, 2000: 229). 즉 모든 에너지는 형태가 복잡하게 변할지라도 아주 사라질 수는 없는 것이다. 고전물리학에서 질량이 결코 소실될 수 없는 실체라면 에너지 보존의 법칙에 따라 에너지 역시 완전 보존된다. 바로 질량이 에너지로 모두 치환된다고 할 수 있다. 이렇게 본다면 '질량은 에너지의 일시적 형태'일 뿐이다. 따라서 질량이 에너지의 일시적 형태라면 이제 원자를 분석하고 분해하는 것은 의미가 없다. 오히려 질량이 어떤 형태의 에너지로 변형될 것인가에 대해서 묻는 것이 더 타당하다. 왜냐하면 서로 충돌함으로써 소립자들은 얼마든지 파괴될 수 있으며, 그 질량과 함유되어 있던 에너지는 운동에너지로 변형되어 그 충돌에 관여하고 있던 다른 소립자들 사이에 분포될 수 있기 때문이다(프리초프 카프라, 1975/ 이성범 · 김용정 역, 1989: 226). 이러한 충돌과정 속에서 소립자들은 탄생과 파괴를 반복하는 것이다. 즉 원자 속의 소립자들은 대부분 충돌 과정에서 생겨나 백만 분의 1초보다 짧은 시간 동안만 존재한다. 따라서 이들 소립자들의 탄생과 파괴는 질량과 에너지가 등가(等價)로 인식될 수 있다. 한마디로 충돌하는 소립자들은 얼마든지 파괴되어 다른 형태를 가질 수 있지만, 중요한 것은 '에너지의 총량은 항상 보존된다'는 사실이다.

물론 원자들은 입자들로 구성된다. 그러나 이러한 원자 입자들은 역동적으로 생성되는 에너지의 뭉치인 셈이며, 이들은 찰나적으로 존재하는 소립자들로서 일시적으로 나타날 뿐이다(Weyl, 2000: 229-230). 달리 말하면, 뭉치면 물질(입자)이고 흩어지면 에너지이다. 즉 관찰자의 관점에 따라서 입자는 에너지로 관찰되다가 다시 소립자로 존재하게 되는 것이다. 이렇게 하여 아인슈타인에게 물리학은 객관적 학문임에 분명하지만 대상을 관찰하는 입장에서는 반드시 주관적 요소를 배제할 수 없게 된다. 그는 주관적 관찰자의 입장을 최대한 고려하는 차원에서 고전물리학의 위대한 발견인 '질량 불변의 법칙'과 '에너지 보존의 법칙'을 구분하지 않고 하나로 종합하였다. 왜냐하면 관찰자의 입장에 따라 '관측치의 차이'가 생겨나기 때문이다. 이는 원자력 발전의 이론적 토대이기도 하다. 한마디로 그의 상대성이론은 순수 객관적 물리학에 관찰자의 입장 즉 주관적 요소를 도입함으로써 차원이 다른 세계로 접어들었다고 할 수 있다.

(3) 양자역학[17)]

양자역학은 극미세계에서 일어나는 현상을 이해하기 위해 탄생한 학문으로 특수상대성이론과 일반상대성이론이 기존의 우주관에 일대 혁명을 불러일으킨 것처럼, 양자역학은 원자적 규모의 미시세계에 대한 우리의 기존 관념을 완전히 바꾸어 놓았다(브라이언 그린, 1999/ 박병철 역, 2002: 145).

① 상호교환이론

고전물리학에서는 존재와 비존재는 확실히 구분된다. 그러나 양자역학에서는 존재와 비존재 사이의 구별이 확실하지 않다. 왜냐하면 '에너지의 흐름'이 존재하기 때문이다. 즉 존재에서 비존재가 되고 비존재에서 존재가 된다. 존재와 비존재 사이의 변화관계는 '에너지 장의 변화과정'이며 작용으로 가능하다.

한편, 소립자들은 단지 장(場)에서 발생하는 응결일 뿐이며, 소립자들은 생겼다가 사라지기도 한다. 그런데 소립자들의 나타남과 사라짐은 단지 장의 운동 형태에 불과하다(프리초프 카프라, 1975/ 이성범 · 김용정 역, 1989: 247). 여기서 장의 개념은 힘의 개념과 관련된다. 그러나 힘의 개념은 양자

---

17) 일반적으로 우리에게 알려진 양자역학(quantum mechanics)은 양자 세계의 동력학(dynamics)으로서 주로 하이젠베르크와 슈뢰딩거의 양자역학에 의해 기초되는데, 20세기 물리학에서 물체에대한 토대 이론이 되었다(Mainzer, 1997: 53). 또한 양자역학에 대한 철학적 해석인 불확정성원리와 상보성원리로 말미암아 결정적인 뉴턴주의 세계관은 비결정론적인 세계관으로 새롭게 변화되었다(김영식 · 임경순, 2002: 251).

역학에서 의미를 잃게 된다. 예를 들어, 전자기장은 진행하는 파동/광자 형태의 자유장(free field)으로서 스스로도 소립자로 나타날 수도 있고, 소립자들 사이의 역장(力場) 역할을 할 수도 있다. 또한 소립자들은 서로 교환하기도 하는데 이때 상호작용이 발생한다. 우리는 전자기의 상호작용을 통해 교환된 소립자들은 광자(光子)라고 부른다. 이렇게 본다면 소립자들 사이에서 발생하는 상호교환은 광자의 교환이라고 할 수 있는데, 이때 역장도 생성된다.

그러나 아원자물리학에서는 힘의 개념이 더 이상 의미가 없다. 전자와 전자 사이에는 뉴턴의 말대로 감지되는 힘이 존재하는 것이 아니라, 장을 통하여 전달되는 소립자들 사이의 상호교환과 이에 의한 상호작용만이 있을 뿐이다. 고전물리학에서는 전자들이 서로서로 척력(斥力)을 가진다고 한다. 그러나 이러한 척력은 단순히 두 전자가 서로 밀치는 힘이 아니라, 전자가 보내는 광자의 상호작용의 결과일 뿐이다(Weyl, 2000: 238). 따라서 전자 사이의 전기적 반발도 광자의 교환을 통하여 조정될 수 있다. 참고로 광자들은 질량이 없으므로 무한하게 적은 양의 에너지로도 생겨날 수 있다(프리초프 카프라, 1975/ 이성범 · 김용정 역, 1989: 244).

그런데 이미 장은 언제 어디서나 존재하여 그것은 결코 제거될 수 없다. 따라서 장에서는 파이 중간자들의 생성도 가능하며, 양성자와 중성자들 사이에서 여러 종류의 중간자들의 교환도 가능하다. 또한 이들은 다른 입자들과의 교환을 통하여 상호작용한다. 심지어 핵자(核子) 역시 중간자(中間子, meson)라는 소립자들의 교환으로 나타난다. 그런데 상호작용으로 인한 소립자들 사이에서 생기는 힘이 강하면 강할수록 소립자의 교환작용의 확률은 높아진다(프리초프 카프라, 1975/ 이성범 · 김용정 역, 1989: 244). 결국 상호작용을 하는 소립자들의 세계는 분리될 수 없다. 왜냐하면 힘에 의해서 이들은 끊임없이 상호교환할 수밖에 없기 때문이다. 핵을 돌고 있는 전자의 교환이 대표적이다. 이로써 아인슈타인의 중력장 이론과 양자장 이론은 소립자들이 자신들이 발생하는 공간으로부터 결코 분리될 수 없다는 사실을 밝혀 주고 있다.

② 입자의 생성과 소멸

에너지의 상호교환에 의해 입자는 생성된다. 원자의 세계에서는 이를 가능하게 할 수 있는 만큼 에너지가 높지 않지만 우주에서는 상황이 다르다. 별들 사이의 공간뿐만 아니라 은하계 사이의 공간도 다양한 주파수를 가진 전자기적 방사선, 즉 여러 에너지의 광자들로 가득 차 있다(프리초프 카프라, 1975/ 이성범 · 김용정 역, 1989: 260). 물론 우주에서 발생하는 에너지의 원천은 이것뿐만이 아니다. 아직도 불가사이한 온갖 종류의 질량을 가진 입자들과 그 입자들의 작용이 밝혀지지 않고 있다. 그러나 분명한 것은 무엇인가 높은 에너지가 발생할 때 입자의 생성이 가능하다는 사실이다. 특히 1968년 스텐포드 선형가속기 센터에서 물질의 최소 입자인 "쿼크 입자"가 발견됨으로써 고(高)에너지에 의하여 입자가 생성될 수 있음이 밝혀졌다. 이에 대하여 브라이언 그린(Brian Greens)은 자신의 저서 『엘레건트 유니버스』에서 다음과 같이 쓰고 있다.

> 지금까지 알려진 입자의 명단은 다음과 같다 — 네 종류의 쿼크가 추가로 발견되었고(cham, strage, bottom, top) 전자와 사촌지간이면서 큰 질량을 가진 타우(tau 입자), 그리고 뉴트리노와 성질이 비슷한 두 개의 입자(원조 뉴트리노와 구별하기 위해 뮤온-뉴트리노와 타우-뉴트리노로 명명되었다. 라인스와 코완이 발견했던 원조 뉴트리노는 '전자-뉴트리노'라고 불렀다)가 발견되었다. 이 입자들은 고에너지 충돌 과정에서 탄생했다가 순식간에

사라져버린다(브라이언 그린, 1999/ 박병철 역, 2002: 29).

우리가 지구의 탄생 신비가 행성 간의 충돌에서 이루어졌다고 추측하는 이유가 바로 여기에 있다. 충돌에 의한 "대폭발"(Big Bang)[18]과 이로부터 발생한 엄청난 에너지가 없었다면 입자 생성은 처음부터 불가능했을 것이다. 오늘날 과학자들은 충돌 실험을 통해 이와 같은 고에너지 방출 효과를 얻어 내고 있다. 또한 이들은 지구의 대기권에서 끊임없는 입자의 충돌로 인한 고에너지의 발생과 이로 인한 새로운 입자의 탄생이 되풀이되고 있음을 밝혀내고 있다. 즉 우주에서는 탄생과 소멸이 매우 자연스럽게 이루어지고 있는 셈이다.

이들은 기포 상자를 찍은 사진들의 예를 가지고 육안으로 관찰할 수 없는 아원자 소립자들의 상호작용에 대하여 가상적인 상을 제시하고 있다. 그러나 실제의 작용들은 소립자 교환의 훨씬 더 복잡한 망들을 포함하고 있다(프리초프 카프라, 1975/ 이성범 · 김용정 역, 1989: 264). 사실상 우리가 상호작용들에 포함되어 있는 각 입자가 끊임없이 가상적 입자들을 방출하고 재흡수하고 있는 것을 상기한다면, 그 상황은 무한히 더 복잡하게 된다(프리초프 카프라, 1975/ 이성범 · 김용정 역, 1989: 264).

미국 물리학자 케네스 포드(Kenneth Ford)는 자신의 저서 『소립자의

---

18) 빅뱅 이론의 창시자인 러시아 태생의 조지 가모브(George Gamow, 1904-1968)는 우주 형성을 우주의 거대 폭발로 설명하고 있다. 스티븐 호킹의 의하면, 우주 탄생은 150억 년 전 무한히 압축된 점에서 빅뱅으로 시작되었으며, 3초 뒤 에너지와 이색입자가 발생하였고 3분 뒤에는 양성자와 중성자가 발생하였다. 다시 30만 년 뒤에는 우주 공간에 수소와 헬륨 원자가 만들어지면서 거대한 구름이 형성되기 시작했고, 10억 년이 지나자 이들이 서로 끌어당기면서 뭉쳐져 별이 형성되었다고 한다(펄킨, 2001). 이러한 우주 팽창설과 지구 나이의 유한성은 르메트르의 "시원의 원자" 이론과 허블의 법칙에서 확정적으로 증언된다. 한국의 천문학자 이영욱은 자신의 저서 『우주 그리고 인간』(2000)에서 밤하늘이 새까만 이유를 바로 빅뱅의 근거로 들고 있다. 즉 빅뱅이 있은 후 지금까지 약 120억 광년이 지났다고 볼 때 120억 광년보다 더 떨어져 나간 별들의 빛이 아직 지구에 도달하지 않았기 때문에 밤하늘은 검다는 이야기이다.

세계』(*World of elementary Particles*, 1990)에서 "입자의 생성과 소멸 현상"을 "에너지의 댄스"(energy dance)라는 용어로 표현한 바 있다. 많은 과학자들은 이러한 표현에 전적으로 동의한다. 한마디로 현대물리학은 지구상에서나 외계에서나 물질의 본질적 성질은 "운동과 율동"이라는 사실을 알려 주고 있는 것이다. 가상적 입자들은 진공에 의해서도 생겨나고 붕괴된다(프리초프 카프라, 1975/ 이성범 · 김용정 역, 1989: 270). 따라서 물질뿐만 아니라 허공(진공) 역시 끝없이 에너지를 생성시키고 소멸시키면서 입자 간의 상호작용에 관여한다는 이야기가 된다. 결국 물질과 진공은 서로 이질적인 개념이나 반대의 개념이 아니라 상호교환적이고 상호작용하는 '연결망' 속에 존재한다. 한마디로 아원자 세계는 생성과 소멸이라는 연속적인 변화의 세계가된다.

③ 확률모형과 확률파

지금까지 가장 일반적으로 수용되는 양자역학에 대한 철학적 이해는 1927년부터 보어(Niels Bohr)와 하이젠베르크(Werner Karl Heisenberg) 그리고 헨리 스텝(Henry Step)에 의해 주도된 소위 "코펜하겐 해석"에서 연유한다(Volkamer, Streicher & Walton, 1996: 79). 이는 고대 원자론 이후 늘 과학자들에게 관심의 대상이었던 '물질의 근본이 무엇인가'에 대한 의문에서 비롯된다. 이른바 가장 극소물질로서 중량을 가진 원자핵(原子核)에 대한 연구가 그것이었다. 코펜하겐 해석에 의하면, 끊임없이 진동하는 원자 속에 들어 있는 전자들은 가능한 한 가까이 끌어당기는 전기력 때문에 원자핵에 속박 당하며 이러한 제약에 대한 반응으로서 전자들은 매우 빠르게 돈다. 또한 원자핵 속에서 양자와 중성자는 강한 핵력에 의해서 좁고 좁은 공간 속에서 압박 때문에 상상할 수 없는 속도로 회전한다. 따라서 현대물리학은 물질을 부동적이고 비활성적인 것으로 보지 않고 그 율동의 패턴이 분자, 원자, 핵의 구조에 따라서 결정되는 연속적인 율동과 진동 운동을 하고 있는 것으로 본다(프리초프 카프라, 1975/ 이성범 · 김용정 역, 1989: 218).

아인슈타인의 상대성 원리에서도 우주가 정지해 있는 것이 아니라 팽창하고 있다고 가르치는 이유가 여기에 있다. 즉 은하계는 우리로부터 멀리 있을수록 더욱 더 멀어져 간다. 물리학자이며 철학자인 마흐(Ernst Mach, 1983-1916)에 의하면, 물체의 관성은 물체의 고유한 속성이 아니라 우주의 다른 물질들과의 상호작용의 척도로 나타난다. 즉 물체가 회전할 때 그것의 관성은 원심력인데, 회전하려는 항성 자체가 물체로 현상하는 것이다. 만일 그러한 고정된 항성들이 갑자기 사라진다면 그 회전하는 물체의 관성과 원심력은 그것들과 함께 사라질 것이다(프리초프 카프라, 1975/ 이성범 · 김용정 역, 1989: 233). 이러한 관성의 원리는 "마흐의 원리"로 알려져 있는 데, 이것이 바로 아인슈타인에게 커다란 영향을 주었으며, 특히 일반상대성이론을 확립하는 계기를 주었다(Kutschman, 1999: 183).

코펜하겐 해석의 핵심은 양자역학을 통해서 자연의 본질적인 상호연결성을 암시하는 데에 있다. 그때까지 물리의 세계는 두 세계의 시스템 즉 관찰 주체의 시스템과 원자, 아원자, 소립자 그리고 원자 작용 등으로 구성되는 관찰 대상으로 구분된다. 여기서 관찰 주체의 시스템은 고전물리학의 용어로도 기술될 수 있지만, 관찰 대상 시스템은 오로지 '확률'에 의해서만 기술될 수 있을 뿐이다. 후자가 바로 양자역학의 특징이다. 즉 양자역학에서는 관찰 대상을 '가능성'과 '경향성'으로만 예측할 수 있을 뿐이다. 왜냐하면 우리에게 알려져 있지 않은 아원자의 소립자들은 항상 불안한 존재들이기 때문이다. 즉 소립자의 세계에서는 객관적이거나 확정적으로 존재하는 것은 아무 것도 없다. 다만 관찰자의 의도나 실험 조건 등이 대상을 결정한다. 소위 소립자 세계에서는 모든 것이 불확정적이기에 불확정성의 원리가 적용될 뿐이다(한스 페터 뒤르, 1996).

더 구체적으로 말하면, 소립자는 독립 존재가 아니라 존재와 비존재의 사이를 왔다 갔다 하는 에너지의 일시적 형태일 뿐이다. 이제 우리는 주어진 초기 조건만 알면 대상 전체를 파악하고 이해할 수 있다는 종전의 환원주의적 자연과학의 신조를 더 이상 믿기 어렵게 되었다.[19] 즉 소립자들은 일정한 시간이 지나면 다른 소립자들로 분해되고 붕괴될 수도 있다. 그러나 그 시간을 예견하는 일은 불가능하다. 단지 붕괴의 확률, 다시 말하면 수많은 동종 입자들의 평균 수명을 예측할 수 있을 뿐이다. 붕괴의 형식 역시 다른 소립자들과의 결합으로 붕괴될 수 있음을 예측할 뿐이다. 따라서 원자 이하 수준의 소립자들은 개별적인 실체로는 아무런 의미도 갖지 않으며 상호연관성 또는 상호관계로만 이해될 수 있다. 결국 소립자는 고립된 실체로 파악될 수 없으며, 그 상호작용을 통해서 규정되어야 한다(프리초프 카프라, 1996/ 김용정 · 김동광 역, 1999: 51). 이는 아원자적 입자들이 일정한 시간 동안 확실히 존재하는 것이 아니라 '존재하려는 경향' 만을 가지고 있다는 사실을 알려 준다. 또한 원자적 사건 역시 일정한 시간에 일정한 방식으로 확실히 발생하는 것이 아니라 '발생하려는 경향'만을 가지고 있다. 그러나 원자의 확률 함수에 대한 공방은 아직 끝나지 않은 형이상학의 문제로 남겨져 있다. 하여간 중요한 것은 코펜하겐 해석은 원자가 우주와 본질적으로 상호 연결되어 있다는 사실을 알려 준다는 점이다. 즉 양자역학에서 우리는 어떤 물질도 찾아낼 수 없으며, 항상 상호관계만을 다루게 된다(프리초프 카프라, 1996/ 김용정 · 김동광 역, 1999: 50). 따라서 이러한 상호관계들은 확률로만 표현될 수 있을 뿐이다.

---

19) 그러나 실제로 이미 아리스토텔레스로부터 괴테 그리고 셸링에 이르기까지 살아 있는 세포로부터 끊임없이 행동하는 인간까지 소위 목적론적 자기조직화와 생명의 자발성에 대한 관점은 물리학적 환원주의가 불가능하다는 사실을 주장했다고 할 수 있다(Mainzer, 1997: 89).

한마디로 수많은 실험 결과에서 아원자 단계에서 물질은 확실히 존재하는 것이 아니고 다만 "존재하려는 경향"일 뿐이다. 아울러 원자는 발생하는 현상 역시 특정 시간과 장소에서 발생하는 것이라기보다는 단지 "발생하려는 경향"으로 존재한다. 수학적으로도 양자역학에서 이러한 경향성은 "확률"로 계산된다. 이로써 입자는 항상 언제든지 파동이 될 수 있으며 파동으로 설명될 수 있는 근거를 가지게 된다. 그러나 이러한 파동 역시 음향이나 물결처럼 자연에 실제로 존재하는 3차원의 파동이 아니며, 추상적이고 수학적 양을 가진 확률파(確率波)일 뿐이다. 확률파 이론이 주장되면서 원자물리학의 모든 법칙들도 확률로 표현되기 시작했다(프리초프카프라, 1975/ 이성범 · 김용정 역, 1989: 83). 이제 우리는 원자의 발생을 확실하게 예언할 수는 없으며 단지 그것이 어떻게 일어날 것 같은가에 대하여 확률적으로만 추측할 수 있을 뿐이다. 특히 양자역학은 우리가 미래를 예측할 때 오로지 확률로만 할 수 있다는 사실을 가르친다(Mainzer, 1997: 305). 이렇게 본다면, 원자는 핵의 주위를 회전하는 입자들이라기보다는 여러 궤도에 마련되어 있는 확률파라고 할 수 있다. 이제 우리는 원자의 입자가 일정한 장소에 존재한다고 말할 수 없으며, 반대로 그것이 존재하지 않는다고 말할 수도 없다. 오로지 입자는 언제 어디서든지 '존재하려는 경향'을 지니고 있기 때문에, '확률모형'으로서만 설명될 수 있을 뿐이다.

한편, 전자들도 핵의 주위를 돌고 있는 것이 아니라 특정한 궤도에서 기타 줄의 파동처럼 끝이 닿아 있는 고정된 파동으로 존재한다. 고전과학의 기계론적 세계관에서 입자는 견고하고 결코 파괴되지 않는 것으로 진공에서 움직이는 개념이다. 그러나 현대물리학에서 입자는 장(場)에 존재하는 것으로 소위 입자와 주변 공간과 구별이 안 되는 개념이다. 이러한 변화는 이미 "장이론"에서 밝혀졌다. 오늘날 통일장이론의 발달에 기여하고 있는 "구두끈 이론"이나 "초끈 이론(superstring theory)"은 바로 파동현상의 재발견이었다. 이렇게 하여 양자론은 견고한 물체로서의 원자관과 결정론적 자연법칙을 토대로 성립된 고전물리학 세계를 와해시키는 데 일익을 담당하게 된다. 현대물리학의 아원자 세계는 고전물리학에서 견고한 물체로 여겼던 원자에 대한 고정관념을 '파동과 같은 확률모형'을 통해 전환시킨 셈이다.

여기서 중요한 사실은 확률이란 사물의 확률이 아니라 '상호연관(성)의 확률'이라는 점이다. 구체적으로, 아원자 입자는 독립된 실체가 아니라 물리학 실험을 위한 준비단계로서 다음 실험단계와의 '상호연관(성)'에 의해서만 이해되는 확률이다. 따라서 양자역학에서 밝혀진 상호연관성은 세상이 결코 독립된 최소의 단위로 구성되지 않는다는 사실이다. 오히려 전체의 부분들이 복잡한 '그물관계'(web)로 얽혀 있다는 사실을 알려준다. 인간이라는 관찰자 역시 이러한 상호연관의 고리에 있는 '연결체'임에 분명하다. 따라서 원자의 실체 역시 관찰자와 관찰 대상 간의 상호작용에 의해서만 이해될 수 있다. 이로써 양자역학은 우주가 근본적으로 상호연관되어 있다는 사실을 알려 주게 된 셈이다. 따라서 자연과 자연현상에 대한 객관적 기술과 설명은 불가능한 것이다. 결국 양자역학의 등장과 함께 객관성 또는 객관적 사실 규명에 대한 고전적 이상은 더 이상 의미를 잃게 된다. 이제 나와 세계, 관찰자와 관찰 대상 사이의 데카르트적 구분은 원자 연구에서 더 이상 성립할 수가 없게 되었다. 원자물리학에서는 관찰자로서의 우리 인간 자신과 관찰 대상을 상호연관관계로 동시에 언급하지 않고서는 자연이나 자연과학에 대해서 결코 이해할 수가 없는 것이다.

물론 오늘날 물리학계에서 코펜하겐의 해석이 완전히 수용되는 것은 아니다. 대표적인 반대자는 데이비드 봄(David Bohm, 1917-1992)이다. 그러나 그 역시 양자의 상호연결성과 원자의 전체성 개념에 대하여는 동의

하고 있다. 심지어 그 역시 상대적으로 독립적으로 행동하는 원소들은 원자 전체의 '우연적 형태'라고 하면서, 고전적 원자 개념을 완전히 불식시키고 있다. 한마디로 양자역학은 우리에게 우주를 물리적 대상들의 집합으로서가 아니라 통일된 전체의 여러 가지 부분들 사이에 있는 복잡한 관계망으로서 보도록 하고 있다(프리초프 카프라, 1975/ 이성범 · 김용정 역, 1989: 155).

④ 상보성(相補性) 개념

양자역학에서는 관찰 대상이 일관성 있는 '존재'(存在, being)로 취급되지 않는다. 또한 그러한 존재를 기술함으로써 양자역학이 성립되는 것도 아니다. 단지 기술은 인식의 수단으로 성립될 뿐이다. 결국 객관적 존재는 주관적 인식과 일치되기 때문에 양자역학에서는 주관과 객관이 분리되지 않는다. 따라서 존 휠러(John Wheeler)는 관찰자가 이러한 방식으로 개입하게 되는 것을 양자론의 가장 중요한 특성으로 여기고 '관찰자'라는 말을 '참여자'로 대치시킬 것을 제안하였다(프리초프 카프라, 1975/ 이성범 · 김용정 역, 1989: 158).

하여간 양자론에서는 관찰 주체와 분리된 대상이라는 개념은 거부된다. 관찰 대신 '참여'라는 개념으로 대치시킴으로써 현대이론물리학은 과학 세계에 처음으로 인간의 의식을 포함시키게 된다. 이제 우리가 살고 있는 우주에서 물리적 관계와 정신적 관계는 관찰주체와 대상의 대립적 세계가 아닌 '전체(성)'이라는 하나의 통합개념 속에서 상호연결된 망으로 존재한다. 주관과 객관이 함께 참여하고 있는 것이다. 이제 우리는 아원자 소립자 세계를 대립개념으로는 설명하지 못한다. 이는 상대성이론에서 처음 암시되었다. 즉 결코 분리될 수 없고 전체적 상호연결 속에서 존재하는 세계를 기술하는 데 상대성이론은 결정적 역할을 했다. 이렇게 현대이론물리학은 물질적 대상이 뚜렷한 실체가 아니라 그 주위 환경과 불가분적으로 연결되어 있으며, 상호작용과 상호의존의 차원에서만 이해될 수 있다는 사실을 밝혀 준다. 구체적으로 상대성이론에서는 우주에서 공간과 시간의 개념 역시 4차원의 세계에서 하나로 통일된다.

이제 원자물리학에서는 힘과 물질, 입자와 파동, 운동과 정지, 존재와 비존재의 상존이 고전물리학에서처럼 대립 개념이나 모순 개념이 아니다. 물론 이에 대한 논쟁은 아직도 이어지고 있다. 특히 상대성이론에서도 물체는 동적인 본성(활동성)을 갖는다. 활동성이야말로 존재의 본질이다. 일례로, 아원자 입자들은 핵 주위를 매우 빠르게 돌고 있다. 따라서 이는 세상의 모든 물질들은 예외 없이 활동적이라는 사실을 의미한다. 더욱 중요한 것은 그것들이 '작용 그 자체'인 것이다. 따라서 물체의 존재와 활동은 분리될 수 없다(프리초프 카프라, 1975/ 이성범 · 김용정 역, 1989: 228). 이러한 근거에서 보어와 하이젠베르크 등 양자역학의 거장들은 존재가 존재를 야기한다는 인과율을 포기했다. 이로써 고대 원자론 이후 근본물질에 대한 추적은 중단된다. 즉 우리는 더 이상 근본물질을 알아내기 위하여 쪼개고 또 쪼개는 행위로 삶의 실체와 원리를 밝혀낼 수 없다. 왜냐하면 어차피 물체의 존재는 활동성으로 인하여 에너지로 변화되기도 하고 다시 존재로 현상하기도 하기 때문이다. 이러한 상황에서 우리는 실체의 본질에 대해서 원인론적이고 인과론적으로 추구할 수도 없으며 이러한 현상을 설명할 수도 없다. 또한 그럴 필요도 없다. 즉 존재의 의미는 객관적이고 합리적인 설명에서 찾아지는 것이 아니고, 오히려 관찰자(참여자)의 느낌이나 주관적 관점에서 찾아진다.

이러한 맥락에서 하이젠베르크는 "자연과학이 결국 체험하는 주관성의 테두리를 벗어날 수 없다"고 주장하고 있다.

> 자연과학은 자연이 물 자체로 존재하는 대로 기술하거나 설명하는 것이 아니다. 오히려 이는 자연과 우리 자아 간의 상호작용의 한 부분일 뿐이다…. 우리가 관찰하는 것은 자연 자체가 아니라 우리가 질문을 던지는 방식에 의해 내맡겨져 있는 자연이다(Heisenberg, 1973: 60).

하이젠베르크에 의하면, 원자의 질량이나 운동량은 결코 정확히 측정될 수 없다. 왜냐하면 과학자는 초연한 관찰자가 아니며 대상에 미치는 주관의 영향에 따라 대상 세계가 관찰될 수 있기 때문이다. 바로 이것이 '원자실재론'의 한계를 의미한다. 이러한 현상을 보어는 "상보성(相補性, complementarity)"의 개념으로 설명하고 있다. 원래 상보성의 개념은 말 그대로 '입자와 파동은 상호보완적'이라는 뜻이다. 보어는 상보성 개념으로 아직 결정되지 않는 물리학주의(physicalism)와 생명주의(vitalism) 사이를 중재하려고 했으며, 이러한 상보성 개념을 입자와 파동의 이원론 같이 양자역학에서 제외된 개념들을 변호하기 위해 사용했다(Mainzer, 1997: 90). 따라서 보어의 상보성이론은 둘 중에 하나만 참이라는 인식론적 전통으로 보면 안 된다.[20]

드디어 복잡계이론(complexity systems theory)에 대한 이해가 시작되면서 보어의 상보성이론에 대해 학자들은 공감하기 시작했다. 처음에는 이를 잘못된 이론으로 여기는 학자들이 많았지만, 오히려 두 대립된 관점 즉 '입자설'과 '파동설'을 보다 포괄적인 전체성 속으로 용해시키는 이론으로 해석하면서, 상보성이론은 보다 커다란 새로운 이론적 집으로 등장하게 된다고 판단한다(Volker, Schreicher & Walton, 1996: 102). 하여간 상보성이론의 등장으로 우리는 우주 만물의 생성과 멸망 그리고 운동을 서로 보충적인 관

20) 보어의 상보성 개념은 물리학적 법칙이 아니고 양자역학에 대한 철학적 해석이었다고 할 수 있는데 특히 에어빈 슈뢰딩거에 의해서 거절되었다(Mainzer, 1997: 90).

계로 이해할 수 있는 계기를 마련하게 되었다. 이를 기초하는 상보성원리는 나중에 "모든 생명 중에 쓸모없는 것은 하나도 없다"는 생태학적 패러다임과도 일치된다.

상보성이론은 고전물리학과 달리 주관과 객관 간의 상보적 관계를 잘 설명해 준다. 즉 주관과 객관은 서로 무관하게 존재하거나 대립적으로 고독하게 존재하는 것이 아니라, 서로 영향을 주고받을 수밖에 없는 관계 속에 들어 있다. 이를 우리는 자연과학의 주관주의라고 부르기도 한다. 현대이론물리학은 자연과학의 주관주의를 주도하고 있다. 특히 양자역학은 상대성이론보다 더 주관주의로 나아간다고 할 수 있다.

독일의 자유기고가인 베르너 쿠츠만(Werner Kutschman)은 아인슈타인의 주관개입과 하이젠베르크 및 바이츠체커(Carl Friedrich Weizsäcker)의 주관개입을 구분하고 있다.

> 아인슈타인의 관점에 따르면 주관은 비밀이나 수수께끼를 풀어주는 탐정(Detective)으로서 자연과학 및 자연과 대치되어 있는 반면, 하이젠베르크 및 바이츠체커에게서 주관은 오히려 그곳에서 자연 인식이 자발적이고 통찰적으로 만들어지는 자연관련 속으로 이입되고 편입되어 있다. 또한 아인슈타인의 관점에서는 인간의 자기계몽은 그가 소속된 세계로부터 현대적 이성의 요청에 의해 계시되는 반면, 하이젠베르크와 바이츠체커의 관점은 인간의 주관으로 하여금 자연과 평화롭게 지낼 수 있도록 완전한 조화를 각성시킨다(Kutschman, 1999: 226).

자연과학에서 주관을 배제하지 못하는 현상을 보면서, 폴카머(Volkamer), 슈트라이허(Streicher) 그리고 발톤(Walton)은 이제 자연과학도 자연을 설명하는 것에서 벗어나 자연을 '이해'하는 것을 풀이하고 있다

(Volkamer, Streicher & Walton, 1996: 196). 이는 정신과학적 해석학자인 딜타이(Wilhelm Dilthey, 1933-1911)가 "자연과학은 설명하고 정신과학은 이해한다"는 이분법적 사유세계도 뛰어넘어 갈 정도로 대단히 파격적이다. 즉 자연과학도 이제는 단순한 사실(fact)를 '설명'하는 데에 그쳐서는 안 되고, 정신과학(인문사회과학)의 방법론적 유산인 '이해'(Verstehen)할 수 있어야 한다는 것이다.[21)]

⑤ 불확정성(不確定性)의 원리

오늘날 물리학자들은 입자의 운동 상태를 "속도"라는 개념으로 표현하지 않고 운동량(momentum)이라는 양의 개념을 사용한다. 또한 분자, 원자, 아원자의 영역에서 발생하는 불확실한 양자역학의 시스템은 하이젠베르크 물리학의 일반원리로 제시된다(Volkamer, Streicher & Walton, 1996: 78). 이는 물질세계에서 성립되는 불확실한 관계를 설명해 주는 원리로서 "불확정성의 원리"로 알려졌다. 특히 이러한 원리하에서는 아원자 세계에서 입자의 위치와 운동량을 동시에 정확히 알 수 없다는 사실을 의미한다(프리초프 카프라, 1975/ 이성범 · 김용정 역, 1989: 175). 이로써 하이젠베르크의 불확정성의 원리는 상보성의 이념을 구체적 형태로 구현하고 있다(Weyl, 2000: 330).

일반적으로 아원자 세계는 서로 얽힌 거미줄과 같은 관계 속에 놓여 있는 것으로 알려져 있다. 물론 전체 구조는 통일성을 가지고 있다고 상상한다. 우리는 이러한 개념을 고전물리학으로는 설명할 수 없다. 왜

21) 이러한 의미에서 크레츠(Krech), 크러치필드(Crutchfield) 그리고 발라치(Ballachey)는 "모든 학문과 과학의 목적은 통제나 예견이 아니라 이해에 있다고 하고, 과학으로 가능한 효율적인 통제는 이해의 보상으로 가능하며 예측의 정확성은 이해의 검증일 뿐"이라고 주장한다(Krech/Crutschfield/ Ballachey, 1962: 2).

냐하면 고전물리학의 세계에서는 상호관계성에 대한 설명이 없기 때문이다. 끝까지 분할하고 분해해서 실체나 본질을 파헤쳐 보는 것이 중요하지, 관계성에 대해서는 기껏해야 인력과 척력 그리고 중력 정도에 그친다. 그러나 따지고 보면 이 세상에서 개별적인 물체나 실체는 없는 것이며 독립적인 현상은 더욱 불가능하다. 모든 현상과 실체는 전체와의 연관성 속에서만 규정될 수 있다.

그러나 중요한 것은 그 연관성이 확실성이 아니라 단지 확률로만 추측될 수 있을 뿐이라는 사실이다. 예를 들어, 고전물리학의 발견인 위치에너지, 운동에너지, 운동량 등의 개념들은 상호연관되어 있는 개념이며 동시적으로는 정확히 정의될 수 없는 개념들이다(프리초프 카프라, 1975/ 이성범 · 김용정 역, 1989: 249). 만약 우리가 물질적 대상에 하나의 분명한 개념을 부여한다면, 상대적으로 다른 개념은 점점 더 불확실해지고 모호해진다. 두 개념 사이의 관계는 불확정성의 원리에 의해 설명될 뿐이다. 모든 물질은 주변 공간의 구조를 결정할 뿐만 아니라 주변 환경에 의해 영향을 받는다(프리초프 카프라, 1975/ 이성범 · 김용정 역, 1989: 249). 특히 아원자의 세계에서 이는 확연하다. 이러한 사실이 원자 세계에서 밝혀지지 못했던 가장 커다란 이유는 바로 이러한 미세한 움직임이 원자 세계에서는 별 영향을 주지 못했기 때문이다. 그러나 아원자 세계에서 이러한 미세한 움직임은 영향력이 대단하다. 거꾸로 거대 세계인 우주에서도 이러한 움직임은 아원자 세계에서처럼 영향력이 지대하다. 단지 우리에게 거대 세계는 쉽게 피부에 와 닿지 않을 뿐이지 실제로는 극미세계와 다름이 없다는 사실이다(Mainzer, 1997: 3).

19세기까지 '빛은 파동'(波動)으로 믿어졌다. 이는 슈레딩거의 "슬릿(slit)의 실험"에서도 확인된 결과였다. 그러나 플랑크 상수의 발견으로 빛을 단순한 파동으로만 설명할 수 없게 되면서 아인슈타인은 '빛은 입자'라는 광양자설과 광전효과이론을 발표한다. 그럼에도 불구하고 빛이 파동이라는 사실을 입증하는 실험 결과들이 속속들이 발표되면서 과학의 세계는 다시 의문의 구덩이로 빠져들게 되었다. 이러한 와중에서 하이젠베르크와 보어가 양자를 돌고 있는 전자가 때로는 파동으로 관찰되지 않으며 입자 형태로 관찰되기도 한다고 주장하게 된다(Weyl, 2000: 239). 소위 이들에 의해 "불확정성의 원리"가 발표됨으로써 물리학계에서는 "빛이 입자냐 아니면 파동이냐" 하는 논란이 일단 수면 아래로 잠수하게 된다. 특히 보어는 물리학에서 하이젠베르크에 의해 잘 정리된 불확정성의 원리를 생물학 영역에서의 생명원리로까지 확장하고자 했다(Weyl, 2000: 363). 물론 불확정성의 원리가 진실인지 아닌지는 아직도 입증된 상태는 아니다. 그러나 아직 이에 대한 반론도 제기되지 않고 있다. 따라서 우리는 지금도 불확정성의 원리를 과학적 객관성으로 받아들이고 있는 셈이다. 이미 언급한 대로 과학적 객관성은 언제든지 번복될 수 있다.

⑥ 숨겨진 질서

아원자 세계에서 입자는 임의적으로 무질서하게 운동하는 것이 아니라 매우 뚜렷하고 명확한 모형에 따라 움직이고 있다(프리초프 카프라, 1975/이성범 · 김용정 역, 1989: 271). '일정한 종류의 입자들은 모두 동일한 모양을 하고 있다'는 사실에서 우리는 그 증거를 발견하고 있다. 같은 입자들은 질량과 전하가 모두 같으며 특성과 속성도 모두 같다. 또한 이들은 임의적으로 값이 변하는 것이 아니라 항상 그 값은 일정하며 제한적이다. 따라서 우리는 입자들을 몇 개의 종류로 뚜렷하게 구별하여 배열할 수 있는 것이다. 순간적으로 변하는 입자에게 이러한 공통성과 질서가 없다면 우리는 입자군의 "모형"(model)을 상상조차 할 수 없을 것이다. 이러한 아원자 입자의 모형군을 통해 우리는 원자의 세계에서 물질을 구분해 낼 수 있게 된다. 물론 모형군 분류의 기초는 원자핵 속에 들어 있는 '양성자'와 '중성자'의 수에 기초하며, 동시에 핵 주위를 돌고 있는 '전자'들의 분포 상황에 의존한다. 이 밖에도 상호거리, 회전 방향, 양자 수, 팽이, 공명 등이 분류의 기초 자료와 정보가 된다. 우주의 모든 움직임에는 '숨겨진 질서'가 내재해 있는 셈이다.[22)]

2. 일반시스템이론

1) 이론의 탄생: 반(反)카르노 법칙

일반시스템이론(general systems theory)은 1940년 오스트리아 출신 미국의 생물학자였던 버틀란피(Ludwig von Bertalanffy, 1901-1970)가 고안하였다. 그는 살아 있는 세계가 끊임없이 복잡성을 증대시키는 방향으로 전개된다는 다윈의 진화론적 견해와, 엔진이 점차 느려져서 점차 지구는 무질서한 방향으로 전개된다는 카르노와 볼츠만의 견해는 완전히 실제 현실과 다르다고 생각했다. 즉 우주와 지구가 계속해서 진화한다는 사실은 이에 대한 반증이다. 버틀란피는 이러한 반증 즉 실제와의 상반적 딜레마를 해결

22) 이미 2,500여 년 전에 "만물은 유전한다"(panta rei)고 가르친 헤라클레이토스 역시 유전하는 현상과 대립의 이면에 숨겨진 조화가 존재한다고 하면서 이를 우주의 법칙이라고 하였으며, 이를 로고스(Logos)로 불렀다(Mainzer, 1997: 17). 따라서 그에게 세계는 유전의 과정을 통해 결국은절대적 균형의 상태에 도달하게 되는 것이다(ebenda).

에너지와 정보를 전달할 수 있다. 물론 사회시스템의 경우 경계선의 속성은 개념적이고 임의적일 수 있다. 그러나 경계는 분명히 시스템 내적 구성성분과 외적 구성성분을 구분하고 있으며 주변 환경과도 금을 긋고 있다. 생명시스템의 '세포막'은 확실하고 실제적인 대표적 경계선이다. 물론 중요한 것은 경계선으로의 침투 기능성이나 정도차일 것이다. 우리 사회의 경계선 역시 점선과 어망(漁網)에 비유될 수 있다. 하여간 세포부터 인간의 삶까지 정도 차는 있어도 시스템이 열려 있다는 사실이다. 물론 이는 상대적 개념일 수도 있다. 그러나 시스템과 환경 사이의 경계가 정확한 윤곽을 가질 수 있는 근거는 시스템의 원소들 간의 관계 강도가 원소가 아닌 대상이나 변수들 사이의 상호관계 강도보다 강하기 때문이다(피오트르 츠톰카, 1979/ 조재순 · 김선미 역, 1995: 83).

열린 시스템은 시스템 내에서의 자유로운 정보교환과 자원교환을 허용한다. 이는 주변 환경으로부터 또는 주변 환경으로 '에너지가 흐른다'는 사실을 인정하는 것이다. 생물의 세포막 사이에서는 항상 에너지의 흐름이 존재한다. 이런 의미에서 우리는 시스템의 기본 '재료'를 에너지로 간주할 수 있다(Anderson & Carter, 1984: 29). 반대로 닫힌 시스템은 주변 환경과 고립되어 있다.[24] 즉 경계선이 폐쇄적일수록 시스템은 경계선 내부에서만 작동한다. 이는 컴퓨터 상에서 온라인(on-line)과 오프라인(off-line)의 차이와 같으며, 인터넷(internet)과 인트라넷(intranet) 간의 차이와 같다. 닫힌 시스템은 융통성이 없으며 분화가 이루어지지 않으며 열린 시스템에 비해 전파속도와 범위가 제한된다.

우리가 열린 시스템(open system)과 닫힌 시스템(closed system)의 개념

24) 소련의 사회학자 아파나시에프(Afanasyev)에 의하면, 이 세상에 고립된 전체는 없다(피오트르츠톰카, 1979/ 조재순 · 김선미 역, 1995: 84쪽 재인용). 따라서 닫힌 시스템은 전체성을 추구할 수 없다.

을 설명하려면 앞에서 설명한 '경계의 개념'에 대한 정확한 이해를 필요로 한다. 일반적으로 시스템은 경계를 넘는 에너지나 정보의 교환을 용납할 수도 있고 용납하지 않을 수도 있다. 열린 시스템은 '반투과성의 경계'를 가지므로 경계가 상대적으로 느슨해지면서 에너지, 정보, 자원을 다른 시스템들과 교환한다. 반면 닫힌 시스템은 다른 시스템들과 상호작용하지 않으므로 다른 시스템으로부터 투입도 없고 산출도 없다. 시스템이 폐쇄적이면 시간이 지나면서 모든 요소들이 비슷해지기 시작하여 결과적으로 조직과 효과적인 기능의 상실이 초래되는 무질서 즉 '엔트로피'의 속성이 나타나게 된다(Compton & Calaway, 1989: 125). 사회가 성장하고 발달하려면 상호작용하는 다른 시스템으로부터의 유입에 열려 있어야 한다. 건전한 시스템은 반투과성의 경계를 가지며 이 경계를 잘 유지하는 나름의 방식을 갖고 있다. 간단히 말하면, 생명체에서 물질대사라는 근본적 생명현상을 가진 열린 시스템은 외부로부터 '부적 엔트로피'(negative entropy)를 도입함으로써 정상적인 생명현상을 유지하면서 엔트로피의 증가를 피할 수 있다(Bertalanffy, 1990: 73). 그러나 닫힌 시스템에서는 엔트로피의 증가로 인하여 질서는 계속 파괴될 뿐이다.[25] 따라서 우주의 물질은 높은 엔트로피 상태에서 낮은 엔트로피 상태로 진화한다(숀 캐럴, 김영태 역, 2012: 268).

결국 생명체는 에너지의 이전현상으로 생명을 유지하게 된다. 열린 시스템은 에너지가 부족할 때마다 필요한 에너지를 주변으로부터 얻기 위하여 주변 시스템과 접촉한다. 반대로 에너지가 남아돌면 주변으로 방출한다. 주변 세계에 접근함으로써 시스템은 자신의 생존과 성장 그리고 안정화에 필요한 에너지를 획득할 수 있게 된다. 한마디로 열린 시스

25) 고전적 물리학은 환경으로부터 격리된 이러한 닫힌 시스템을 다루고 있으며(Bertalanffy, 1990: 71), 사이버네틱스 모형은 정보에 대하여는 개방적이되 엔트로피 이동에 대해서는 폐쇄적이다(Bertalanffy, 1990: 140).

템은 물질과 에너지의 유입과 산출을 지속시킴으로써 계속 열린 시스템으로 존속하게 된다. 결국 모든 열린 시스템은 성장과 변화 그리고 동시에 스스로를 유지할 수 있는 능력을 가지게 되는 것이다. 열린 시스템은 융통성 있는 경계선을 가지고 있으며, 외부 환경과 활발한 에너지의 교환 덕분에 안정된 상태를 유지한다.

이렇게 본다면 '개방'(開放, openness)은 시스템의 생존에서 필수적 요소가 된다. 이런 근거에서 버클리는 '개방의 정도 차'가 있을 뿐이지 살아 있는 모든 생명체는 열린 시스템이라고 주장했다(Buckley, 1967: 46). 그는 적응 시스템일수록 시스템 간의 상호교환을 유지하기 위하여 유연성과 환경에 대한 반응 정도가 높은 복잡한 시스템이라고 한다. 상대적으로 개방의 정도가 높은 시스템은 변화하는 환경에 대처할 수 있는 다양한 반응 양식을 갖출 수밖에 없다. 또한 열린 시스템은 주변 환경을 성공적으로 지각하고 이를 유지할 수 있는 선별 능력을 가지고 있다. 구체적으로 열린 시스템으로서의 생명시스템은 변화하는 환경에 대해서 '자기규제'와 동시에 '자기적응'할 수 있는 가능성을 가지고 있는 '복합시스템'이다(Mainzer, 1997: 77). 이러한 맥락에서 마틴과 오코너는 시스템의 기본구조를 항상성(homeostasis), 조직, 공간, 경계, 상호작용이라는 특성으로 설명한다(Martin & O'Corner, 1989: 37-38).

일반적으로 우리 인간들은 모두 살아 있는 한 그리고 살아가고자 하는 한 반드시 시스템에 속하여 살게 된다. 아니면 시스템을 구성하면서 또한 그 구성원으로서 존재한다. 사회적 존재로서 태어나는 우리 인간들은 사회시스템 속에서 일정 기간 동안 항구적으로 존속하며, 그 안에서 서로 관계를 맺으면서 조직화하고, 삶의 행동반경으로서 어떠한 공간과 장소를 점유하게 된다. 또한 우리는 사회시스템 속에서 자기 구성원과 다른 구성원을 경계로 구분하면서 정보와 자료를 여과시키거나 차단시키는 역할을 하며 상호의존적으로 상호작용하면서 상호영향권 속에서 삶을 영위하게 된다.

3) 시스템의 생명과정

일반적으로 시스템 속에서는 역동성(逆動性, dynamic) 때문에 생명력이 생기고 생명현상의 유지 발전이 가능하다. 달리 말하면, 시스템의 본질적 속성인 역동성 때문에 구조 형성이 가능하다. 또한 이러한 구조 형성으로 인하여 시스템의 역동성이 보장된다. 결국 시스템의 순환성 때문에 생존이 보장되는 셈이다. 물론 여기서 생존이라는 단어는 변화와 발전을 포괄한다.

버틀란피에 의하면, 시스템이란 독특한 방식으로 상호작용하고 상호의존하는 부분들로 구성된 전체, 즉 부분들 간의 관계를 맺고 있는 일련의 총체를 말한다(Bertalanffy, 1990). 또한 시스템은 완전히 변화만 한다고 해도 존재할 수 없고 완전히 현상유지만 한다고 해도 존재할 수 없다. 시스템은 한편으로는 균형 상태를 유지하면서, 다른 한편으로는 지속적으로 변화를 추구한다. 이러한 시스템의 '이중적 성격'은 시스템의 '역동적 특성'에서 유래한다. 시스템 내에는 성장, 개혁 그리고 변화를 창출해 내려는 자기지시적 과정이 있을 뿐만 아니라,[26] 시스템 내부의 규칙과 가치를 보존하고 안정성을 유지하려는 자기수정의 과정도 존재한다(김동배 · 권

---

26) 니클라스 루만(Niklas Luhmann)은 바로 "자기지시적 과정"에 대한 연구가 시스템이론의 패러다임 전환을 선도한다고 하면서, 시스템이 소유하고 있는 "자기지시적 과정"의 능력 때문에 각 시스템들은 "스스로를 창조하는 시스템들(autopoietische Systeme)"이 된다고 주장한다 (Luhmann, 1996: 24).

중돈, 1999: 424). 우리는 전자를 시스템의 '구조변화적 속성'이라고 하고, 후자를 시스템의 '구조유지적 속성'이라고 한다. 따라서 시스템은 '변화와 유지'라는 상반된 두 가지 특성을 모두 한 몸에 지니고 있다. 이로부터 시스템의 역동성이 생겨난다.

시스템의 역동성은 '항상성'(Homeostasis)이라는 개념으로도 설명된다. 항상성의 개념을 처음 사용한 사람은 프랑스의 생리학자인 베르나르(Claude Bernard, 1813-1878)였다. 그는 자신의 저서 『Milieu intérieur』에서 항상성을 '내적인 환경의 안정성'이라고 정의하고, '이것이 자유롭고 독립적인 생명의 제1조건'이라고 했다. 이러한 항상성의 개념은 훗날 미국의 생리학자 캐넌(Walter Bradford Cannon)에 의해서 1926년부터 계속 인용되면서 세상에 알려지기 시작했다. 그러나 캐넌에게 항상성의 개념은 보다 확장되고 구체화되었다.

캐넌에게 생물시스템의 '항상성'은 단순한 균형을 의미하지는 않는다(Cannon, 1939: 32). 시스템은 지속적 변화의 상태에 놓여 있지만 동시에 '역동적 균형'을 유지하려는 특성을 가지고 있다. 따라서 항상성이란 시스템이 균형 상태를 위협받았을 때 이를 회복하려는 역동적 경향을 말한다. 원래 모든 생명시스템은 균형을 되찾기 위한 본능을 가지고 있다. 즉 살아 있고 파괴되지 않은 정상적 시스템은 외부 시스템으로부터 어떤 에너지의 투입 없이도 자체적으로 균형 상태를 유지할 수 있다. 예를 들어, 우리가 옆으로 쓰러지지 않는 것은 달팽이관 속의 전정기관이 스스로 균형을 회복해 주려는 성질을 가지고 있기 때문이며, 몸에 세균이 침입하면 모든 조직과 세포들은 긴장하여 세균을 물리치려고 협력한다. 물론 시스템은 균형을 잃고 일시적으로 불안정한 상태에 빠질 수도 있다. 특히 시스템이 성장하고 발전하는 가운데에서 이러한 불안정 상태는 종종 발생한다.[27] 그러나 시스템은 곧 안정 상태를 향해 자연스럽게 움직인다. 여기서 시스템의 균형인 안정 상태는 전체 시스템이 평형을 이루고 있고 부분들 간의 관계를 유지시키고 쇠퇴하여 붕괴하지 않게 하기 위해 환경과의 융통성 있는 에너지 교환관계에서 이루어진다 예를 들어, 동물의 조직들은 몸의 색깔을 변화시킨다거나 가시를 세우거나 독을 뿜거나 하면서 주변 환경이 급격하고 예상치 못하게 변화할 때 융통성 있는 방법으로 대처할 수 있다(Mainzer, 1997: 106).

균형은 안정 상태를 포괄하지만 그 자체는 아니다. 균형이란 다소 특별한 적응력이 요구되는 정적인 평형을 나타내는 말로 시스템의 구조 변화를 야기하지는 않는다. 그러나 안정 상태는 종전의 구조와 근본적으로 다른 새로운 구조에서도 찾을 수 있다(Anderson & Carter, 1984: 45). 1977년 노벨 화학상 수상자인 벨기에의 물리학자 일리야 프리고진(I. Prigogine)은 에너지의 흐름으로부터 야기되는 열평형으로부터의 이탈은 '카오스'(chaos)가 되는 것이 아니고, '흩어지는 자기조직화의 모형'을 만들고 심지어 '패턴'을 형성한다고 설명한다(Mainzer, 1997; 97). 모든 시스템은 카오스로 나타나는 동시에 바로 균형으로 돌아가고자 한다. 물론 시스템의 속성인 균형, 항상성, 안정 상태는 경계의 개방 정도에 따라 조금씩 뜻을 달리한다. 간단히 말하면, 닫힌 시스템이라도 내부적으로 균형을 가질 수 있다. 예를 들어, 폐쇄적 관료조직은 현상 유지를 가장 바람직한 상태로 여긴 채 다른 조직체나 집단과 교류가 거의 없지만 그 시스템 내에서는 균형을 유지할 수 있다. 또한 고정된 구조를 가지고 주변 환경과 상호작용을 하지 않는 닫힌 시스템은 제한된 상호작용만으로도 이루어진다. 균형은 닫힌 시스템에도 존재한다. 그러나 그러한 균형으로 닫힌 시스템이 항구적으

27) 미국의 심리학자 에릭슨(Erik Erikson)은 이를 이러한 상태를 "위기"로 이해하고 있다.

로 유지될 수 있을 것인지는 질적 차원의 문제임과 동시에 시간적 한계성의 문제에 봉착하게 된다.

항상성(homeostasis)은 열린 시스템을 전제한다. 항상성은 환경과 지속적인 상호교환을 하는 시스템에 존재한다. 물론 그 결과는 안정적이지만 정적인 균형은 아니다. 오히려 '역동적 균형'이라고 할 수 있다. 예를 들어, 우리 몸은 외부 환경에 급격한 변화가 일어나도 체내의 자동조절장치가 작동하므로 안정된 상태가 유지된다. 다시 말해서 외부 기온이 변해도 인체의 조절 메커니즘인 발한, 수분함유, 소름 등이 정상체온을 유지하기 위해 작용하기 때문에 체온은 크게 변하지 않는다. 즉 정상 상태의 생명체들은 '항상성 조절장치'(homeostatic regulatory device)를 통해 내외의 많은 변화들에 따라 야기되는 결과에 대해 완충작용을 한다(리처드 르원틴, 1998/ 김병수 역, 2001: 132). 이와 같은 균형을 유지하려는 자동적 경향이 항상성이다. 그러나 항상성의 상태에서도 시스템의 구조는 크게 달라지지 않는다. 왜냐하면 시스템 속에서는 각 성원들이 분화된 역할을 담당함만으로도 시스템을 유지할 수 있기 때문이다. 이러한 현상은 특별히 역할시스템의 출현으로 이해될 수 있다. 그러나 이러한 역할시스템에서는 항상 긴장관계가 유발된다. 이른바 '역할갈등'이 그것이다. 따라서 시스템 내부에는 항상 구조적 긴장 상태가 존재하는 것이다. 그러나 생명에게 긴장은 자연스러운 속성이다.

특히 모든 시스템은 시간의 흐름에 따라 "복잡한 적응시스템"(CAS Complex Adaptive System)[28]으로 발전하기 때문에 주변 환경 또는 주변 시스템과 상호작용하는 과정에서 시스템 속에서는 긴장이 발생한다. 즉 적응시

28) 복잡적응계(CAS)라는 용어는 미국 생태학연구의 본거지인 산타페 연구소(Santafe Institute)의 전매특허용어이기도 하다. 이에 대한 구체적 연구는 존 홀런드(J. H. Holland)의 『숨겨진 질서』(*Hidden Order*, 1995)가 대표적이다(존 홀런드, 1995/ 김희봉 역, 2001: 23쪽 참고).

스템에서 긴장은 불가피하다. 또한 시스템이 환경과 상호작용하면서 시스템이 진화할 때에도 긴장은 필연적이다. 열린 시스템일수록 긴장관계는 보다 심하다. 이러한 긴장의 결과로 시스템은 보다 활동적으로 변한다. 즉 '긴장'이 변화를 일으키는 원천이 된다는 사실이다. 또한 변화를 통하여 시스템은 긴장을 다시 완화시킨다. 이는 비가 오고 천둥이 친 다음에 날씨가 개고, 도가 넘쳐 흥분하다가 흥분이 가라앉으면 진정 상태가 오는 것과 마찬가지이다. 따라서 긴장과 해소의 과정이 거듭되면서 삶은 변화, 성장 그리고 발전하는 셈이다. 물론 긴장은 파괴적으로 나타나기도 한다. 그러나 과학으로서의 시스템이론에서는 긴장 그 자체에 대하여는 긍정적이거나 부정적 가치를 부여할 수 없다. 중요한 것은 긴장이 시스템의 변화, 성장 그리고 발전에 관계한다는 사실뿐이다. 한마디로 시스템 내의 긴장은 역동적 속성의 원천일 수 있다. 긴장은 주변 환경과의 개방적 상호관계에서 자극된다. 특히 역할시스템의 상태에서 긴장이 가장 활성화된다. 그렇다면 이러한 긴장관계를 보다 구체적으로 해석할 수 있는 경로는 무엇일까? 바로 '긴장관계란 개방적 에너지의 흐름'이라고 답할 수 있을 것이다.

시스템 자체의 생존을 보장하고 성장 변화해 가기 위해서는 시스템 내부 및 외부와의 지속적인 정보교환과 에너지 교환이 이루어져야 한다. 이러한 시스템 내 · 외부와의 정보 및 에너지의 교환을 가장 적절히 설명해 주는 개념이 바로 '소통'과 '투입-전환-산출'이라는 생명과정이다. 즉 시스템이 외부로부터 정보나 에너지를 받아들여 필요로 하는 자원을 만들어 내는 생명력 창출의 과정이 생명과정이다.[29] 구체적으로 투

29) 행동하고 유지하고 변화를 일으킬 수 있는 시스템의 능력을 의미하는 에너지는 시스템이 유지될 수 있게 하는 일종의 정보나 자원이다. 우리는 시스템 내부 또는 시스템 외부와의 상호작용이 증가함으로써 시스템 내에 에너지의 양이 증가하는 현상을 상승작용(synergy)라고 하

입(input)이란 시스템이 환경으로부터 에너지, 자원, 정보 등을 받아들이는 과정이다. 일반적으로 시스템은 생물적, 심리적, 사회적 생존과 성장을 위해 주변 환경으로부터 적절한 투입을 허용한다. 일단 주변 환경으로부터의 투입이 이루어지면 시스템은 에너지를 자신의 과업과 유지의 목적을 위해 형태를 변경시키게 된다.[30] 우리는 이러한 형태 변경의 과정을 '전환'(throughput)이라고 한다. 시스템이 에너지를 재조직화하는 전환과정을 시작하게 되면 외부의 주변 환경과의 반응은 보다 가속화된다. 전환은 과업과 관련되고 아울러 유지와 관련되어 발생하며 재구조화 과정에서 외부 환경과 부단히 상호작용한다(Chess & Norlin, 1988: 99). 이러한 재구조화 과정은 시스템에서 투입이 산출로 이어지는 과정에서 나타나는 일련의 순서가 된다. 예를 들어, 사회시스템은 역할, 준비, 가치화 작업, 시간계획, 예산 편성, 계획안 작성, 공간 배치 및 주변 다른 시스템들과의 협조 관계 등 진행 순서와 과정을 내재하고 있다. 물론 이러한 과정에서는 상호작용이 본질적이다.

마지막으로 시스템은 전환과정을 통해 '산출'을 하게 된다. 산출(output)은 과업목표가 달성되어 산출되는 경우와, 오로지 시스템의 유지라는 목표를 달성한 경우, 그리고 아무 결과도 없이 그냥 소모로 끝나버리는 경우로 나뉠 수 있다(Chess & Norlin, 1988: 83). 우선 과업목표를 달성한 산출은 업무 종결을 의미한다. 또한 유지목표를 달성한 산출은 일단 시스템 간의 관계성을 확보한 상황을 의미한다. 예를 들면, 구성원들의 접촉으로 이루어지는 대인관계와 이에 대한 지식과 기술은 유지목표의 산출이라고

며 이는 시스템이 힘들을 연합할 때 일어난다. 이와는 반대로 시스템이 소멸하거나 무질서해지고 비조직화되는 과정을 엔트로피(entropy)라고 한다.

30) 고대 이래로, 살아 있는 시스템은 어떤 목적과 과업에 봉사하는 것으로 가정되었다(Mainzer, 1997: 103).

할 수 있다. 그러나 과업목표 산출과 유지목표 산출을 추구하지만 어떠한 결과도 내지 못하고 오로지 자원의 비효과적, 비효율적, 혹은 부적절한 사용으로 끝나는 경우를 우리는 소모라고 한다. 이 상황에서는 더 이상 무엇인가를 할 수 없게 된다. 이른바 시스템이 '소모적 탈진'(burnout) 상태에 빠져드는 셈이다. 그러나 소모도 산출이다. 중요한 것은 이러한 산출이 다시 시스템의 투입으로 피드백된다는 사실이다(Meyer, 1983: 43-44). 왜냐하면 열린 시스템에서 산출은 그것으로 완전히 종결되는 것이 아니기 때문이다. 즉 산출(output)이란 시스템 내에서 변형된 에너지를 환경으로 방출하는 것을 의미한다. 그러나 이는 단순한 방출로 끝나는 것이 아니고 피드백을 통하여 다시 시스템 내부로 (재)투입된다(Meyer, 1983: 45). 그런데 이러한 피드백으로 인하여 시스템은 평형으로 유지되기도 하지만 일대 혼란에 빠지기도 한다. 특히 혼란의 경우 시스템 내에 긴장이 발생한다. 그러나 이러한 긴장으로 인하여 오히려 에너지의 흐름은 보다 활성화된다는 사실이다. 물론 긴장은 '영원한 혼란'으로 이어질 수 있다. 그럴 경우는 죽음이고 소멸이다.

그러나 시스템이 완전히 죽거나 소멸하지 않는 이상, 시스템 내부에서 발생한 긴장은 새로운 활력소로 작용한다. 그것이 바로 항상성의 법칙이다. 따라서 시스템에 항상성이 내재하는 한, 결코 붕괴되지 않는다. 다만 언제 항상성의 원리가 적용되어 원래로 다시 돌아오는가 하는 것은 시스템의 속성, 상태 그리고 시스템이 존재하는 상황에 따라서 다르다. 당장 항상성이 발동하는 시스템도 있을 것이며, 항상성이 발동하는 시간이 오래 걸리는 시스템의 경우도 가능하다.

한편, 피드백은 부적 환류(negative feedback)와 정적 환류(positive feedback)로 나뉜다. 시스템의 항상성을 유지시키고 변화를 극소화하면서 시스템 자체를 유지시키는 것을 부적 피드백라고 한다. 부적 피드백은 시스템 내에서 극소 필요량만을 변화시키기 때문에 시스템은 유지만 된다. 즉 부적 피드백은 시스템이 목표에 도달하기 어려운 상황에서 행동 수정을 위해 기다리도록 하는 조종의 역할을 한다. 이에 반하여 정적 피드백은 시스템이 목표와 관련하여 적절하게 행동하고 있다는 사실을 주지시킴으로써 계속 촉진하는 역할을 한다. 한마디로 부적 피드백은 자기규제적이고 정적 피드백은 자기지시적이다(Janchill, 1969: 78). 이렇게 시스템은 피드백을 통해서 때로는 자기규제적으로 때로는 자기지시적으로 "투입-전환-산출의 과정"을 주도하게 되는 것이다.

4) 시스템의 속성

버틀란피는 시스템을 구성하는 요소들의 속성과 이들 간의 상호작용의 속성을 보편성으로 이해하기 위해서 일반시스템이론을 창안하였다(김동배 · 권중돈, 1999: 417). 그러나 그는 일반시스템이론은 완성된 이론이 아니고, 현상을 설명하고 예측하고 통제할 수 있는 이론적 모형을 제시해 주는 기능을 하는 '작업가설'일 뿐이라고 설명했다(Bertallanffy, 1968: 7). 즉 일반시스템이론은 시스템의 복잡한 관계성 또는 시스템 내부에서 이루어지는 상호작용의 특성을 과학적으로 파악해 보기 위해 고안된 '이론적 틀'(framework)일 뿐이다. 그는 여기서 전통적인 "전체와 부분 간의 관계"를 "시스템과 환경 간의 관계"로 전환시켰다(Luhmann, 1996: 22). 이런 맥락에서 폴스키(Howard Polsky)는 일반시스템이론을 어떤 역동적이고 유형화된 활동에 적용할 수 있는 모형인 '메타이론'으로 파악하고 있다(Hearn, 1969: 12).

일반시스템이론에서 거론되는 시스템은 매우 다양하고 복잡하며, 모든 시스템들은 각각 자신만의 고유한 구조를 가지고 있다. 구조는 시스템 구성원들 사이에서 지속적으로 나타나는 안정된 관계 유형을 의미한다. 이는 각 개인이 수행하는 기능에 기반을 두고 있다. 버클리(W. Buckley)에 의하면, 시스템의 속성은 전체성의 정도에 따라 달라지며 이를 기준으로 시스템의 관계 유형은 구분된다(Buckley, 1967: 43). "전체는 부분의 총합 그 이상이다." 즉 전체는 구성 성분의 종합으로 환원될 수 없는 유기체의 최초의 특성이다(Mainzer, 1997: 89). 시스템이론가들이 설정한 "비합산성의 가정"으로서 전체로서의 시스템은 부분 간의 관계시스템과는 사뭇 다른 관계특성을 지닌다는 의미이다(Bertalanffy, 1990: 46). 예를 들어, 사회는 구성원 개개인(부분)의 합 이상인 하나의 전체로 간주된다(Bertalanffy: 1990: 62). 따라서 시스템이란 독특한 방식으로 상호작용하면서 항구적으로 생존하는 구성요소들을 포함하는 조직화된 전체를 말한다(Anderson & Carter, 1984). 즉 시스템은 어떤 형태의 규칙적 상호작용이나 상호의존성에 의해 통합된 조직이다(Bardill & Ryan, 1973). 이렇게 본다면, 시스템의 요소들은 상호 간에 상호작용을 하면서 서로 영향권에 들어 있으며, 이러한 상호작용에 의하여 구성요소들은 자신들만의 고유한 전체를 형성한다. 그리고 시스템은 전체를 형성하기 위하여 서로 조화를 이루는 부분들을 통합한다. 또한 시스템은 자체의 경계를 초월하여 외부 환경과도 지속적인 에너지 교환을 함으로써 자신의 생존을 가능하게 한다. 심지어 시스템은 내적 기능을 통하여 변화와 발달을 이루기도 한다. 따라서 시스템의 변화는 시스템 자체의 변화에 머무르는 것이 아니라 환경의 변화까지 야기할 수 있다(김동배 · 권중돈, 1999: 420).

본질적으로 시스템은 안정된 구조를 지니고 있다. 만약 시스템이 안정되지 않았다면 어떻게든 안정 상태를 향해 움직일 것이다. 왜냐하면 안정 상태를 오래 벗어나면 시스템은 무질서로 인해 영원히 와해될 수 있기 때문이다.[31] 죽음과 사멸이 그것이다. 시스템의 안정 상태는 부분들 간의 관계를 유지시키도록 에너지가 계속 사용되는 상태를 의미한다(Laszlo, 1972: 37). 다시 말하면 외부 환경의 자극에 따른 반응으로 에너지와 물질대사가 이루어지면서 동요하지만 곧 다시 '평형 상태'로 되돌아온다. 그런데 이러한 안정 상태는 환경과의 교환뿐 아니라 변화하는 여건에 적응하기 위해 구조를 변경시킬 수 있는 열린 시스템에만 존재한다(Lewin, 1961). 열린 시스템은 자기변형, 자생적 치유, 내적으로 자극된 진화 등으로 새로운 기능 혹은 내적 구조를 창조하여 안정 상태를 낳는다. 따라서 안정 상태는 모든 살아 있는 열린 시스템의 기본 속성이다. 그러나 건전한 열린 시스템은 현상유지만 지향하거나 욕구 충족 및 완화에만 집착하지 않고, 긴장이나 갈등을 성장의 전제조건인 건전한 자극으로 활용한다.[32]

5) 시스템과 인간

일반시스템이론의 인간본성에 대한 관점은 "환경 속의 인간관"이다(김동배 · 권중돈, 1999: 420). "환경 속의 인간"과 그의 행동을 이해하는 데 일반시스템이론이 가장 크게 기여한 바는 아마도 시스템이 성장 또는 변

---

31) 열역학론자들은 이러한 현상을 엔트로피(entropy)로 설명하고 있다.

32) 파슨스, 뒤르켕 같은 구조기능주의 사회시스템이론가들은 이러한 긴장과 갈등을 사회시스템이 발전하는 데에 긍정적인 도움을 준다고 하여 원인규명과 원인소멸을 의미 없는 것으로 보았으며, 반면 마르크스주의자들은 사회시스템에서 이러한 긴장과 갈등 특히 갈등이 발생하는 "비자발적" 원인을 규명하고 궁극적으로는 원인소멸을 중요한 과제로 간주했다. 즉 후자들의 관심은 사회시스템의 유지 및 발전에서 갈등을 유발하는 외부로부터의 '인위적이고 비자발적이며 강압적' 원인제공은 극히 불합리한 것이기 때문에 당연히 제거되어야 한다는 것이다. 이들에게 자본주의 사회시스템에서 생산수단의 독점과 이로 인한 사회적 갈등 유발은 강제적이고 인위적인 힘을 바탕으로 하는 원인제공이기 때문에 이는 원인무효이다. 따라서 이들에게는 불합리한 원인 소멸을 위한 계급투쟁 즉 프롤레타리아 혁명의 당위성이 주장된다.

화하면서 안정성을 유지해 가는 방법을 설명한 것이라고 할 수 있다(김동배 · 권중돈, 1999: 434). 구체적으로, 개인이나 사회는 '환경에 대한 적응시스템'이다. 그러나 이들이 비록 적응시스템이라고 하더라도 환경의 요구에 대응하기 위해서는 기존의 구조를 해체하고 재구조화할 수 있어야 한다. 존 홀런드(John Holland)는 자신의 저서 『숨겨진 질서』(Hidden Order, 1995/ 김희봉 역, 2001)에서 이러한 현상을 '복잡적응계'(CAS: Complex Adapted System)라는 개념으로 정리한 바 있다. 즉 복잡적응계가 아니라면 인간이나 사회는 사멸하고 만다. 인간과 사회는 늘 외부 시스템과 끊임없이 상호작용하며 상호의 존하는 총체적 존재로서 주변 환경에 어떻게든 적응하려 한다. 또한 인간은 자신의 욕구와 필요에 따라 환경을 바꾸고 수정할 수도 있다. 반면 환경의 요구에 따라 자신의 행동을 수정하고 변경할 수 있는 양면의 능력도 가지고 있다. 따라서 개인의 적응과 부적응의 문제는 개인에게만 원인이 있는 것이 아니고 그의 주변 환경 특히 사회와의 상호작용에 그 원인이 있다고 할 수 있다.

그러나 일반시스템이론은 개인보다는 시스템 구성원들 간의 '역동적 상호작용'에 초점을 두고 있다. 일반시스템이론은 인간이 상호작용하는 많은 시스템을 조망할 수 있는 다원적 접근방법이다. 일반시스템이론은 시스템의 구성요소들 간의 상호의존성과 상호작용성에 뿐만 아니라 사회 적응 아니면 부적응에도 주목한다. 따라서 일반시스템이론은 개인과 사회시스템 사이의 새로운 관계 즉 개인과 환경 간의 관계와 이들 간의 상호작용을 조화롭게 설명할 수 있는 '시스템의 통합이론'을 목표하고 있다.

6) 일반시스템 사고

일반시스템이론은 인간과 상호작용하는 시스템의 다면성을 강조하기 때문에 통합적 관점 또는 개념적 가교를 제공해 주는 이론으로 받아들여지고 있다(김동배 · 권중돈, 1999: 418). 이 이론은 사회구성원 개인의 행동을 단순한 원인으로 설명하기보다는 다양한 변인들 간의 상호작용 상호교환으로 이해하는 개념적 준거 틀을 제시한다. 이로써 일반시스템이론은 우리들로 하여금 "선형적(linear) 원인론"에서 여러 다양한 원인에 의해 행동이 일어날 수 있다는 "순환적(circular) 원인론"으로 사고를 전환하도록 한다. 심층심리학자 융(Karl Gustav Jung, 1875-1961)은 원인과 결과는 순서에 따라 일어나기보다는 동시에 일어난다고 하면서 "동시성"(synchronicity)이라는 용어를 사용했다(데이비드 호킨스, 2000: 215). 즉 원인과 결과는 순차적인 것이 아니라 순환적으로, 마치 뫼비우스의 띠와 같다.

물론 이러한 순환적 원인론은 비선형적 복잡성 원인의 발견으로 보다 분명해진다.[33] 이렇게 하여 시스템 요소들 간의 상호관련성과 상호의존성을 강조하는 시스템적 이런 맥락에서 조이너 메이시(2004)는 일반시스템 이론의 상호교환을 불교의 연기설에서 나타나는 상호인과율을 통하여 설명하고 있다. 시각은 과학적 사고에서 패러다임의 변화를 가져왔다고 할 수 있다(Buckley, 1968). 한마디로 일반시스템이론은 다소 추상적이지만 현실을 관찰하고 구성요소들 간의 관계성을 파악하여 이론적으로 조직할 수 있는 방법을 제시해 준다(Durkin, 1981). 왜냐하면 일반시스템이론은 개인과 환경 특히 개인과 사회적 환경 사이에 다각적으로 이루어지는 상호작용과 상호관계를 설명하는 데 적합한 이론이기 때문이다(김동배 · 권

33) 복잡성은 일차적으로 비선형성으로 정의되며 이는 카오스와 자기조직화를 위한 필요조건이지 만 충분조건은 아니다(Mainzer, 1997: 282).

중돈, 1999: 47). 이러한 일반시스템이론과 이에 기초한 시스템 사고를 통하여 우리들은 기계적-환원론적 사고에서 벗어날 수 있는 기회를 얻게된다.

3. 사회시스템이론

1) 사회시스템과 과학성

사회시스템이론에 대한 연구는 사회제도의 성립에 이론적 틀을 제공하게 된다. 특히 사회제도의 모순과 문제점을 분석하여 그 대안을 내기 위하여, 즉 부분을 '전체적인 맥락'에서 이해하면서 수행하는 연구는 사회시스템이론에서 집대성되고 있다. 사회제도는 사회시스템 과정에서 상호작용하는 "인간시스템"(personal systems)[34]에 속한다. 또한 인간시스템들은 많은 과정의 간섭에 의해 형성된다. 이를테면, 물리적 환경, 문명 그리고 문화는 인간시스템들에게 간섭시스템(interference systems)으로 작용한다. 인간시스템과 사회시스템 간의 관계는 포괄적이고 보편적이다. 따라서 사회시스템이론의 연구는 일반시스템이론의 범주를 기반으로 하는 특별시스템의 관계로 존재한다. 특히 '제도'(制度)는 구체적인 일련의 가치들을 사회시스템의 틀에 도입함으로써 문명과 문화를 매개하는 전환시스템의 하나이다(Jantsch, 1975: 53). 왜냐하면 제도들은 다양한 수단들이 어떤 형태에

34) 『자기조직하는 우주』(*The Self-Organizing Universe*)의 저자인 에리히 얀치(Erich Jantsch)는 인간의 생명이 진화하고 또한 스스로 조직화하는 물리적-정신적 시스템을 인간시스템라고 정의한바 있다(Jantsch, 1975: 50).

서 실현되는 가치를 전반적으로 표현하기 때문이다(이용필, 1999: 56).

오늘날 우리는 사고방법의 전환기에 있다. 라즐로(Ervin Laszlo)에 의하면, 오늘날 우리는 전체적 맥락에서 생각하고 사건을 다루는 시스템이론의 시각에서 세계를 관찰한다(Laszlo, 1972: 19). 이는 서구과학사에서 보듯이 원자론적 사고와 전체론적 사고가 교차되면서 발전해 온 패러다임의 전환과정에서 사라진 "일반성의 회복"을 목표하고 있다. 일반성의 회복이란 바로 전체성 과학으로의 회복을 의미하며 새로운 과학성의 확보에 대한 이론적 시도를 의미한다.

일반적으로 우리의 과학과 과학적 지식들은 지식의 점진적 축적의 형태에서 발전된 것이 아니라 '불규칙적인 일련의 발견들' 속에서 비약적으로 발전된 것이다(이용필, 1999: 145). 쿤에 의하면, 과학 패러다임의 전환은 점진적이고 연속적인 것이 아니고 불연속적이며 단층적으로 이루어진다. 이러한 패러다임 전환이 가져다 준 지식구조는 우리에게 항상 새로운 지식구조를 창출해 내고 있다. 그러나 중요한 것은 패러다임의 전환 속에서 '일반성'의 문제가 어떻게 다루어지고 있는가에 대한 관심이다. 왜냐하면 과학이란 패러다임의 전환 과정에서도 '일반성 또는 보편타당성의 문제'를 늘 공유영역으로서 가지고 있어야 하기 때문이다. 일반성이 소실된 과학이론은 과학성의 결여로 인하여 가치를 상실한다. 따라서 과학성을 보장하는 일반성에 대한 탐구는 시스템이론 연구의 생명이다.

사회제도의 연구에서 시스템이론들이 암시하는 것은 종래의 구조·기능주의 연구에서 나타나는 사회과학의 오류들을 어느 정도 보충, 수정할 수 있다는 과학적 근거를 가지고 있다는 점이다(Habermas, 1973: 292-311). 다시 말하면, 그동안 사회제도에 대한 과학적 연구는 구조기능주의의 관점에서 이루어졌지만, 과학성 확보에 실패했기 때문에 '일반화의 오류' 문제가 점차 심각해진다. 이러한 근거에 대해서 장파는 서구 실험과학의 탄생을 꼽고 있다.

> 서구 체계이론에서 체계(시스템)는 여타의 다른 체계와 분리하여 연구할 수 있다. 그것은 구체적 사물을 우주 전체에서 분리시켜 독립적으로 연구해도, 그 본질을 획득할 수 있다는 인식을 전제로 하기 때문이다. 이로부터 서구의 실험과학이 발생하였다. 이러한 분리는 서구 체계이론에서 말하는 총체성이 결국은 구조기능주의 이론일 수밖에 없도록 만들었다(장파, 1994/ 유중하 외 역, 2000: 65).

그러나 시간의 흐름 속에서 시스템이론가들 사이에는 "부분으로부터 전체를 파악하는" 대신 "전체로부터 부분을 파악하는" 소위 '전체적 방법'(holistic methode)의 차용으로부터 이루어져야 한다는 방법론적 각성이 시작되었다. 즉 "부분보다 전체가 항상 먼저이고, 부분의 화(和)는 전체가 아니며 그 이상"이라는 이해가 사회제도에 대한 과학이론의 방법론적 전환이었다. 예를 들어, 눈, 코, 입, 간, 허파 중 단 하나만 고장이 나더라도 인간은 제 구실을 하기가 힘들다. 실명을 하여 눈을 갈아 끼운다고 해도 전과 같지 않다. 나무 가시가 박혀 아파도 하루 종일 일을 제대로 할 수 없다. 제각기 제 기능과 역할을 하고 있는 지체와 기관이지만, 실제로 하나만이라도 고장이 나면 그 삶(전체)은 정상일 수 없다. 온전히 모든 것이 제 기능을 하면서 살아서 움직이는 인간(전체)에게서 지체들은 분리될 수 있으며 '온전히 살아 있는 인간'이 전체이다. 그 전체가 먼저이다. 사람이 살아 있어야 눈, 코, 입도 제 기능을 하는 것이지, 죽은 사람에게 눈, 코, 입의 기능은 아무 소용이 없다. 만약 우리가 분석을 핑계로 눈, 코, 입을 몸에서 분리하는 순간 이는 살아 있는 전체가 아니고 주검을 대상으로 할 뿐이다. 죽은 인체의 해부를 통해 얻은 지식은 인체의 본질에 관한 지식이 아니다(장파, 1994/ 유중하 외 역, 2000: 63). 왜냐하면 인간의 몸은 더 이상 분해할 수 없는 정체성을 가진 유기적 전체이며 특히 해부를 함으로써 생명을 가능하게 하는 "신기(神氣, 동양적 의미에서)"[35]와 생체에너지(vioenergy)가 파괴되기 때문이다. 그러나 우리는 산업화-분업화 이후 그동안 모든 것을 '분석'한다는 핑계로 삶 전체를 염두에 두지 않고 무조건 지체로 분해하고 쪼개 왔다. 결국 죽은 지체들을 가지고 살아 있는 전체를 파악하려는 무모한 노력을 해왔던 셈이다.

한마디로 우리의 삶에서는 '전체가 먼저'다(Mainzer, 1997: 89). 살기 위해 지체와 기관이 움직여야 하는데 삶과 무관하게 움직인다면 무슨 소용인가? 또한 전체와 무관하게 움직이는 부분은 의미가 없다. 물론 가치도 없다. 전체와 무관하게 구조화된 부분은 오로지 이상(異常)일 뿐이다. 삶과 무관한 손과 발의 움직임은 죽음으로 이어질 것이며, 삶과 무관하게 생성된 종기나 암세포 역시 죽음에 도달할 것이다. 삶의 산물이고 살아남기 위한 문화로서 연유된 사회제도 역시 전체적 삶에 대한 이해와 다름이 없다.[36]

네이글(E. Nagel)은 "전체란 역동적으로 상호 관련된 부분들의 조직화된 시스템"이기 때문에 전체가 부분의 합 이상이라고 설명한다(Nagel, 1963: 136). 이는 "to act together" 또는 "co-operate"를 의미하는 시너지즘(synergism)과도 통한다(Corning, 1981: 5). 그에 의하면, 유기적 또는 기능적 전

---

35) 이에 대해서 장파는 자신의 저서 『中西美學與文化情神』(1994/ 유중하 외 역, 2000) 59-67쪽에서 정체공릉의 사상으로 풀어내고 있다.

36) 우리는 이러한 이해의 방법을 전체 이해의 원리라고 하고 이에 대한 사회과학의 연구방법을 질적 연구라고 한다. 이는 삶에 대한 시스템이론의 토대 원리인 "전체성 원리(Ganzheitsprinzip)에 입각한 "전체적 사고방식"(Ganzheitliches Denken)을 전제로 하는 것으로서, 순환고리형의 관련 관계의 파악이며, '부분과 전체' 간의 관계에 대한 꾸준한 검토 내지 환류의 과정을 요한다(Luhmann, 1992: 23).

체들이 시스템이 되며, 부분–과정들(parts-processes)은 전체의 내재적 성질에 의해 결정된다(Nagel, 1963: 139). 즉 부분 또는 하위시스템은 상위시스템의 전체적 성격에 의해 결정되는 부분–과정들이다.

2) 파슨스의 사회구조론

사회시스템이론은 제반 사회현상을 체계적으로 분석하고 이해할 수 있게 하기 위한 사고의 틀을 제공한다. 스펜서(Herbert Spencer, 1820-1903)의 "사회유기체설"을 기반으로 하는 고전적 사회시스템이론은 파슨스(Talcott Parsons), 머튼(Robert Merton), 뒤르켕(Emile Durkeim) 같은 거시적 기능주의자들에 의해 오래전에 전개되었다. 물론 시스템이론(system theory)의 기원은 16세기로 거슬러 올라갈 수 있다(Ritschl, 1906; Alois von der Stein, 1968; Troje, 1969; Kambartel, 1958). 당시 철학과 언어학의 방법론으로서 시스템과 시스템 방법에 대하여 언급되었는데, 학문연구에서 계층화와 시스템 간의 상관관계, 법률시스템의 방법 그리고 칸트와 그 이전 시대의 질서개념을 통한 시스템 분석 등이 그것들이었다.

사회시스템을 과학적으로 분석하고 이해하기 위해 구조기능주의 관점에서 처음으로 사회시스템이론을 정립한 파슨스에 의하면, 사회시스템을 구성하는 기본단위는 개인 즉 사회구성원의 사회적 행동이다. 이때 이들 행동의 상호작용시스템이 바로 사회시스템이 된다. 그에 의하면, 사회시스템의 구조는 상호작용 과정에 관련된 행위자들 간의 관계들의 구조이다(Parsons, 1950: 25). 즉 사회시스템은 상호작용하는 구성원의 행동관계를 규정하는 사회적 구조에 의해서 가능하다. 이러한 관계는 망조직(網組織, web-organization)의 구조에 의해 가능한데, 이러한 '망조직'이 바로 사회시스템이다.

그는 사회시스템이란 하나의 '열린 시스템'이라는 사실을 강조하였다. 사회시스템은 비교적 그 시스템 내부에서 독립적 고유구조와 기능을 가지고 있지만, 개인의 인성시스템, 문화시스템, 그리고 물리적 환경시스템 같은 주변의 다른 시스템들과 교류하면서 서로 영향을 주고받는다. 그는 사회시스템의 기본단위를 '개인의 사회적 행동'으로 보았다. 사회시스템은 사회구성원으로서 행동하는 개인의 상호연관 관계를 의미하는 상호작용시스템, 서로 기대하는 행동으로서의 역할시스템, 그리고 행동규범을 의미하는 가치시스템으로 구성된다고 생각했다. 물론 이들 요소들은 서로 영향력을 행사하고 상호의존적이다. 즉 사회시스템을 구성하는 요소들은 기능상 상호의존적이며, 시스템의 계속적 작용에 공헌하며, 다른 시스템에 영향을 주며 상위시스템(super system)에 대하여 하위시스템(subsystem)이 된다(Parsons, 1950).

파슨스는 사회시스템이 생명현상을 위한 안정 상태를 유지하기 위해서는 적어도 네 가지 기능상의 문제가 해결되어야 한다고 보았다(Parsons, 1961: 30). 모든 사회시스템은 안정 상태를 통한 생존과 발전의 과정을 거치면서 네 가지 차원 즉 목적 달성, 통합, 적응 그리고 형태 유지의 문제에 직면하게 된다. 이러한 문제는 사회시스템의 생명과정에서도 반드시 해결되어야 하는데, 그는 해결방안을 다음과 같이 정리하고 있다.

> 첫째, 사회시스템은 상위시스템의 기대를 충족시키도록 과업목적을 달성하는 데 만족스러운 진전을 해야 한다(목적 달성 문제). 목적 달성문제는 욕구를 충족하거나 기회를 모색한다는 점에서 완성적이며, 시스템의 목적을 파생시킨 기회나 욕구가 상위시스템에 있다는 점에서 외적 차원이다.

둘째, 사회시스템은 구성원들의 기대를 충족시켜야 하는 시스템의 유지라는 목적을 달성하는 데 있어 만족스러운 진전을 해야 한다(통합문제). 통합문제는 시스템 자체의 욕구충족이라는 목적에 관련된 점에서 완성적 차원의 문제이며, 시스템 자체의 욕구라는 점에서 내적 차원의 문제이다.

셋째, 사회시스템은 과업산출을 달성하기 위한 수단으로 상위시스템을 목적 달성에 용이하게 변화시켜야 한다(적응문제). 목적 달성을 쉽게 하기 위한 수단으로 상위시스템을 조정한다는 점에서 적응문제는 도구적 차원이며, 상위시스템의 변화를 시도한다는 점에서 외적 차원이다.

넷째, 사회시스템 자체에서 발생하는 변화뿐 아니라 계속 변화하는 상위시스템 하에서 시스템 자체의 기본적인 틀을 유지해야 한다(형태 유지의 문제). 시스템이 완성적 차원인 목적 달성과 통합을 성취하도록 핵심적인 기조를 유지시켜야 한다는 점에서 형태 유지는 도구적 차원의 문제이며, 시스템 내 구성원 간 관계의 핵심인 구조적 특성의 유지라는 점에서 내적 차원의 문제이다(Parsons, 1961: 31-79; 이인정/ 최혜경,1997: 340쪽에서 재인용).

결국 파슨스는 '사회'를 중심 시스템으로 보면서 시스템과 그것의 성분들의 행동들을 전체 시스템의 욕구와 목표들이 결정하는 것으로 보았다(Anderson & Carter, 1984: 24). 즉 사회시스템은 사회 구성원들 간의 관계망에 의해서 시작되지만 '관계망'이 형성된 직후에는 바로 개인의 사회행동들은 모두 사회시스템의 지배를 받게 된다. 이러한 순환구조가 되풀이 되면서 개인과 사회의 생명현상은 유지 발전되는 것이다. 결국 파슨스의 사회시스템이론은 '사회적 관계망'이 개인의 행동을 결정한다는 '사회실재론'(社會實在論)에서 출발한다. 특히 파슨스는 사회의 안정성을 보장하기 위해 사회구성원인 동기들이 사회라는 테두리 내에서 규범적으로 구조화되는 과정들을 강조한다(Lockwood, 1956: 284). 이러한 근거에서 우리는 그를 '규범적 기능주의자'라고 부른다.

이러한 규범적 기능주의와 달리 베버(M. Weber), 미드(G. H. Mead), 마틴데일(Don Martindale) 그리고 블루머(Herbert Blumer)와 같은 '사회적 행동주의자'들과 '사회적 상호작용주의자'들은 시스템의 최소단위인 '개인의 행동'을 강조하면서 여기서 사회시스템이론도 가능하다고 보고 있다. 이들 역시 파슨스가 그의 이론 전개 초기에 그랬던 것처럼 사회시스템은 단지 인간 행위들의 집합현상에 불과하다는 결론을 내렸다. 따라서 이들에게 사회는 명목상으로 상정된다. 한마디로 파슨스 등의 거시적 시각에서는 개인들의 행동이 사회시스템에 의해 결정된다고 보는 것이고, 베버 등의 미시적 시각에서는 시스템이란 모두 개인 구성원들의 누적된 행위들의 집합일 뿐이라고 보는 것이다. 거시적 기능주의자들은 전체 시스템(대개는 상위시스템으로서의 사회)에서 일어나는 일들을 중심으로 고찰하는 반면, 미시적 사회행동주의자들은 개인에게 일어나는 일들을 중심으로 관찰한다.

그러나 중요한 것은 우리 인간사와 삶을 고찰하는 데 있어서 이러한 양극의 입장들이 모두 취해져야 한다는 사실이다(Anderson & Carter, 1984: 25). 왜냐하면 우리가 살아가는 이 사회는 삶의 행적이 단순하든 복잡하든 홀론(holon) 즉 전체 속에서의 삶으로 이해해야 하기 때문이다. 홀론의 삶에 대한 이해에서 보면 우리가 소속되어 살아가는 사회시스템은 부분성과 전체성을 동시에 가지고 있다. 사회시스템은 다른 시스템과 마찬가지로 부분들을 가지고 있는 전체이며 동시에 다른 전체들의 부분이다. 즉 모든 시스템은 홀론의 성격을 가지고 있으며 홀론의 개념에 충실하다. 따라서 우리는 사회시스템을 이해하기 위해서는 전체와 부분 모두에 대하여 똑같은 관심을 가져야 한다. 코에스틀러(Koestler)는 이를 "전체-부분 명제"라고 명명한다(Koestler, 1979: 51).

3) 버클리의 망이론

버클리는 파슨스의 원인-결과의 망이론(causal network theory)을 달리 해석한다. 즉 원인-결과의 망은 단순히 사건의 일방적 인과관계를 의미하는 것이 아니다(Anderson & Carter, 1984: 26). 인간사에서 인과관계는 훨씬 복합적이며 다양한 방향성을 가지고 있다(Buckley, 1967: 44). 물론 원인-결과의 망속에서 한 부분의 변화는 다른 부분에 영향을 미칠 수 있다. 그러나 전체망을 좌우하지는 않는다. 즉 행동은 하나의 홀론(전체나 부분)이 결정하는 것이 아니라 여러 다른 규모의 홀론들 즉 모든 시스템들과 모든 하위시스템들의 "상호작용 및 상호 인과관계"가 결정한다(Anderson & Carter, 1984: 28). 이런 관점에서 보면 우리의 삶에서는 일직선적 또는 선형적(linear) 인과관계만 존재하는 것이 아니다.[37] 따라서 "그런 행동을 왜(why) 하는가?" 하는 질문은 타당하지 않다. "어떻게(how)?"라는 질문이 보다 타당하다. 결국 우리는 시스템이론을 거시적이라든지 미시적이라는 용어보다는 전후관계적, 상호작용적, 상호거래적, 다원적 또는 원근법적이라고 기술하는 것이 바람직할 것이다(Bertalanffy, 1967: 93). 인과관계에 대한 비선형적-순환적 인식이 그것이다. 이러한 인식의 전환은 시스템이론의 패러다임 전환에중요한 역할을 했다.

이미 언급한 대로 사회시스템은 시스템의 속성상 '개방성'을 전제

37) 예를 들어, 인간의 성장과 발전은 불규칙적이며 선형적이고 직선적인 것이 아니다(데이비드 호킨스, 2000: 222).

하고 있다. 이러한 사실은 하위시스템들 간의 상호작용으로 많은 변수가 형성된다는 것으로 해석될 수 있다. 따라서 사회시스템은 안정과 평형을 핑계로 정체되어 있는 것이 아니라 항상 내외적으로 움직일 수밖에 없다. 즉 열린 사회시스템은 끊임없는 변화와 투입-전환-산출의 과정을 통하여 역동적 균형을 유지할 때 비로소 생존이 가능해진다. 물론 질서와 안정성에 대한 요구는 시스템의 본질적 욕구로서 중요하다. 또한 목표를 향해 시스템이 움직이는 것도 시스템의 생존과 발전에 중요하다. 그러나 보다 중요한 것은 '역동적 평형'(dynamic equilibrium)이다.

버클리에 의하면 역동적 평형이 사회시스템의 생명현상에 있어서 최대 관건인데, 이는 반드시 형태 유지와 구조변화의 속성으로 나타난다(Buckley, 1968: 499). 여기서 중요한 것은 사회시스템이 양극단에 머물러서는 안 되고 '양극단 사이를 부단히 움직일 때' 가장 역동적 평형이 유지되면서 가장 효율적이고 생산적인 생명현상이 가능하다는 사실이다. 이로써 버클리에게서 "비선형-순환형" 원인-결과의 '망이론'(web theory)이 탄생한다. 간단히 말하면, 사회시스템에서 반드시 하나의 원인이 하나의 결과를 낳는 것이 아니고, 원인과 결과는 다원적이며 동시에 순환적이며 상호교호적이다. 또한 원인이 결과를 낳고 그 결과가 또 원인을 낳게 되면서 원인과 결과는 역사적이지도 않으며 1차원의 선상에서도 이루어지는 것도 아니다. 원인과 결과는 모두 순환과 피드백의 관계를 통해 매우 복잡한 양상을 띠게 되며 서로 엇물리고 때로는 전혀 이질적으로 존재하게 된다(Buckley, 1968: 501). 한마디로, 원인과 결과가 선형적이 아니며 '동시적'이다. 이러한 원인-결과의 '동시성'에 대한 과학적 근거는 상대성이론과 양자역학에서도 명확하게 밝혀진다. 즉 과거 원인과 결과의 선형적-순차적 개념은 시간적 개념으로서, 우리가 시간관념에서 비켜서기만 하면 거기에는 어떠한 원인도 존재하지 않는다(데이비드 호킨스, 2000: 217).

4) 루만의 일반사회시스템이론

독일의 사회학자 니클라스 루만(Niklas Luhmann, 1927-1998)은 구조기능 주의 사회시스템이론을 시작한 파슨스의 제자로서 그의 사회시스템이론을 계승한다. 그는 스승 파슨스의 뒤를 이어 사회시스템을 파헤침으로서 사회현상을 이해하고자 한다. 그러나 그는 사회시스템을 바라보는 관점이나 접근방법에서 파슨스와 판이하다. 우선 파슨스가 사회를 구조(structure)로부터 파악하고 구조로부터 기능을 이해한 반면, 루만은 사회 구성원인 인간 개개인의 기능으로부터 '자율적'으로 형성되는 구조에 주목한다. 즉 스승 파슨스는 사회시스템을 정체적이고 구조를 기반으로 하고 있는 실체로 파악하고 있지만, 루만은 사회시스템은 항상 역동적이며 구조를 추구하는 과정(process)일 뿐으로 이해한다. 또한 루만은 사회시스템의 일반성에 큰 관심을 갖는다. 과연 사회규범, 제도 등으로 고정된 사회구조는 모든 개체에게 보편타당한가? 사회구조에 대한 일반성이 문제가 된다. 사회 구조에 대한 일반성이 보장되지 않는다면, 사회시스템은 삶의 시스템으로 성립될 수 없다. 결국 루만은 일반시스템이론에서 현실화된 "일반성"이라는 주제를 가지고 "사회시스템들에 공통된 일반 이론(allgemeine Theorie sozialer Systeme)"을 추구한다(Luhmann, 1996: 18). 이 때문에 그는 버틀란피의 일반시 스템이론에서 밝혀진 시스템의 일반성에 크게 주목하게 된다.

루만은 만약 일반시스템이론이 현실적으로 가능하다면, 사회시스템들의 일반 특성을 이론화하는 것도 가능하다고 본다. 그는 특히 이러한 가능성을 사회과학자들이 심각하게 고민해야 할 과제로 본다. 왜냐하면 오늘날 일반시스템이론은 다양한 패러다임의 변화를 겪으면서 사회시스템들에게서 나타나는 일반성의 확보나 적용의 문제를 많이 벗어나고 있기 때문이다. 그 이유는 일반시스템이론은 그 자체의 범위가 원래부터 너무 포괄적이었기 때문이다. 특히 오늘날과 같이 급변하는 사회시스템들의 추세에 일반시스템이론의 적용 한계는 자명하다. 루만에 의하면, 일반시스템이론과 사회시스템이론들 간에는 공유영역(공유 경계)과 고유영역이 엇물려 있는데, 물론 일반성은 공유영역에서 찾을 수 있지만 고유영역과의 비교에서 보다 확실하게 밝혀질 수 있다는 것이다(Luhmann, 1996: 11).

루만이 추구하는 "사회시스템의 일반 이론"은 버틀란피의 일반시스템이론의 '일반성 자체'를 부정하지 않는다. 오히려 일반시스템이론에서 주장하는 일반성에 보다 주목한다. 즉 사회시스템의 일반성은 일반 시스템이론의 근저에 자리 잡고 있는 하위이론으로서 집중적으로 부각될 필요가 있다. 또한 일반성을 추구한다는 사실은 과학성에 대한 진일보이기도 하다. 왜냐하면 지금까지 '항구적 객관성의 불완전성'에 시달려 온 과학의 과제가 '일반성의 추구'로 인하여 보다 접근된 '과학적 성격학'에 대한 새로운 해답을 줄 수도 있기 때문이다.

그러나 루만은 버틀란피의 일반시스템이론을 "사회시스템의 일반 이론"의 형성 토대로 작용하는 데에는 무엇인가 석연치 못한 점이 있음을 인식하고 있다. 물론 이는 일반성 자체에 대한 의구심이 아니고, 과연 일반시스템이론은 별 문제 없이 사회시스템의 일반성 이론으로 확대 적용될 수 있는가? 다시 말하면, 사회시스템이론의 일반화를 위해 일반시스템이론에서 부각되어 연구되어야 할 부분은 무엇인가?에 대한 관심이다. 왜냐하면 그는 시스템이론의 역사과정에서도 굵직굵직한 변화가 있었으며, 일반시스템이론의 형성 이후에도 일말의 연구 패러다임의 전환이라고 할 수 있는 사고의 분기점이 있었음을 목격하고 있기 때문이다.

루만에 의하면, 그동안 발전된 시스템이론(Systemtheorie)들은 매우 다양한 의미와 매우 다양한 분석을 시도하는 간(間)학문적이고 통합된 이론 개념으로 사용되어 왔다(Luhmann, 1996: 15). 따라서 이 용어는 하나의 분명한 의미를 주지는 않는다. 결국 오늘날 우리는 일반시스템이론의 개념 이해를 위해서조차도 의미의 다양성과 복잡성 때문에 혼란을 겪고 있다는 사실이 나타난다. 즉 지난 수십 년 동안의 역사과정에서 이루어진 시스템이론에서의 변화 추이는 이미 사회과학의 논쟁에서 벗어날 정도가 되었다. 그에 의하면, 이미 일반시스템이론이 사회과학의 관점에서 시작하지도 않으며 사회과학의 관점에서 더 진전되지도 않다고 지적한다(Luhmann, 1996: 28).

오히려 일반시스템이론의 패러다임 전환은 학제 간의 연구에서 보다 포괄적으로 전개된 것도 사실이다. 즉 물리학과 생물학의 열역학과 유기체 이론에서 시작된 시스템이론의 연구는 신경생리학, 세포이론을 거치더니 이제는 컴퓨터 공학의 시스템이론으로까지 발전했다. 물론 시스템의 관점에서 본다면 환경변화에 따른 패러다임의 변화는 오히려 자연스럽다. 이는 더 나아가 학제 간의 관련 속에서 정보이론이나 사이버네틱스 같은 것들로 발전하지만, 사회과학의 관점에서는 시스템이론의 연구관점을 발전시키는 데 큰 기여를 하지 못하고 있다고 루만은 지적하고 있다(Luhmann, 1996: 18). 그러나 사이버네틱스의 세계에서는 '인간'에게는 관심이 없고 오로지 '시스템' 자체에만 관심이 있다. 여기서 인간은 단순한 기계의 대치물과 소모품이 되고 말았다(Bertalanffy, 1990: 35). 좀 더 과격하게 말하면, 이제 인간은 '거대한 시스템' 속에서 모자르는 자, 저능아, 버튼을 누르는 자, 학습된 백치, 다시 말해 어떤 협소한 전문분야에 대해서만 고도의 훈련을 받고 오직 기계의 일부분이 되었다는 사실이다(Bertalanffy, 1990: 36). 이에 대하여 버틀란피는 다음과 같이 단호하게 강조한 바 있다.

시스템이론은 때때로 사이버네틱스나 제어이론과 동일한 것으로 취급되고 있다. 그러나 이것 또한 옳지 않다. 사이버네틱스는 테크놀로지와 자연에 있어서의 제어적 기제에 관한 이론으로서 정보와 환류의 개념에 근거하고 있는데, 이는 시스템에 관한 일반 이론의 일부에 지나지 않는다. 사이버네틱스시스템은 그 중요성이 인정되기는 하지만, 자율규제를 보여 주는 시스템의 특별한 예에 불과한 것이다 (Bertalanffy, 1990: 44).

그러나 우리의 관심은 과연 시스템이론이나 일반시스템이론으로 사회시스템을 얼마나 일반적으로 설명할 수 있는가에 있다. 루만은 "사회시스템의 일반 이론" 연구를 사회학자와 사회연구자들의 과제로 간주한다. 루만 스스로도 이러한 인식하에서 시스템이론에 대한 자신의 사회과학 연구를 새롭게 시도하고 있다. 모든 시스템은 동질성과 이질성을 동시에 가지고 있다. 그래서 시스템 간에는 '공유영역'이 존재하는 것이다. 공유영역이 아닌 영역은 비(非)공유의 '고유영역'이 된다. 예를 들어, 사회시스템과 심리시스템은 둘 다 시스템인 점에서 같다. 그러나 자유나 자율의 관점에서는 서로 다르다. 또한 심리적-사회적 시스템은 기계시스템이나 유기체 조직체로서는 공통된 특성을 가지고 있다. 따라서 양 시스템 간에는 '기능적 동가치성'이 인정된다. 그러나 '의미' 내지 '의미 코드'의 문제를 인식하게 하는 '의미시스템'의 관점에서는 영역이 완전히 분리된다. 기계와 인간은 분명 다른 시스템이다. 이러한 것들은 시스템과 시스템 간의 비교와 사회시스템과 일반시스템이론과의 비교에 의해서도 밝혀진다. 한마디로 일반시스템이론은 모든 시스템이 유기체로서의 생존을 시작한다는 논리 전개의 일반개념으로 적용된다. 그러나 루만의 견해로는 우리가 사회시스템이라는 연구의 대상 즉 대상시스템으로 접근하기 위해서는 유기체의 스펙트럼 성격을 보다 과학적으로 이해하여야 하며, 이러한 경우 비교의 차원에서 밝혀지는 시스템 간의 '동질성'과 '이질성'을 발견하는 것이 중요하다(Luhmann, 1996: 18). 즉 동질성에 대한 설명은 이질성과 비교에 의해 보다 확실해지는데, 일반시스템이론과 공유영역에서 사회시스템이론의 일반성을 찾는 일도 사회시스템 내에서 고유성과 특수성을 찾아내어 이질성으로 부각시키고 비교함으로써 더욱 용이하다는 것이 루만의 견해이다.

한편, 루만은 쿤의 패러다임 전환에 큰 의미를 두지 않는다(Luhmann, 1996: 14). 오히려 패러다임의 전환 이면에서 살아남고 또는 없어지는 문제에 보다 더 의미를 둔다. 물론 그에게도 일반시스템이론의 성립은 시스템이론에서 중요한 패러다임의 전환으로 간주되고 있다. 그러나 루만은 이 과정에서 현상했던 사실 근거에 대하여 보다 주목한다. 한마디로 루만은 오늘날 일반시스템이론이 사회시스템을 분석하고 이해하는 데 얼마나 그리고 어떻게 적용이 유효한가에 대하여 새롭게 의문을 가질 필요가 있다고 역설하고 있다. 이를 위해 루만의 과제는 일반시스템이론과 대상시스템으로서의 사회시스템 간을 비교하여 역사과정에서의 차이점을 발견하는 것이다. 궁극적으로는 이를 통하여 우리가 일반성의 공유영역을 찾아내는 것으로 요약된다. 여기서 중요한 사실은 루만은 역사를 비교하는 것으로 시작하는 역사 해석 및 시스템 해석의 방법을 동시적으로 사용한다는 점이다(Luhmann, 1996: 16). 즉 그는 역사적 이론 형성의 과정에서 '일반성'에 대한 비교를 시작하면서, 궁극적으로 '사회시스템들 간의 일반성'을 확인하고 있다. 왜냐하면 그는 일반성을 통한 새로운 과학성의 발견을 시도하기 때문이다. 바로 이러한 루만의 관점은 1990년대부터 독일을 비롯한 유럽 지역에서 '새로운 해석연구의 방법론'으로서 통합되기 시작한 "역사적-체계적 연구방법(historisch-systematische Methode)"의 토대를 제공한다.

과학에서 시스템이라는 개념이 존재한다는 사실은 분명한 연구의 대상이 있다는 사실을 의미한다. 즉 우리는 과학연구에서 시스템 개념을 사용할 수 있었다. 개념이란 인식과 이해의 수단이다. 이해와 인식을 위해 우리가 개념을 사용하는 것은 대단히 중요하다. 따라서 시스템에 대한 과학적 인식과 이해를 위해 우리가 시스템 개념을 연구의 대상으로 할 수 있었다는 사실은 과학적 업적이 아닐 수 없다. 이는 과학적 성격학 즉 과학성을 표방하는 '불안전한 (잠정적) 객관'으로부터 '보다 안전한 일반성'으로의 전환이라고도 할 수 있다. 이렇게 본다면, 과학이론으로서의 시스템이론이 객관화로부터 '일반화'를 추구하는 일반시스템이론으로의 전환은 정당하다.

그동안 우리가 시스템이론을 연구와 논쟁의 대상으로 해온 역사가 1세기를 상회하고 있다. 원래 시스템이라는 전문용어의 뿌리는 "부분으로서 구성되는 전체"이다. 우리는 "전체를 부분의 총합"으로 이해한다. 분명히 수리적으로 본다면 전체는 부분의 합이다. 그러나 삶의 영역에는 전체는 "부분의 합 그 이상"이 된다. 왜냐하면 삶에서는 수리적으로 계산하기 어려운 여분이 존재하며 이 역시 전체를 구성하기 때문이다. 왜냐하면 전체란 부분과 부분의 관계 및 전체와 부분의 관계로 형성되기 때문이다. 한마디로 전체란 '관계 개념'이다(Nagel, 1963: 138; Hall & Fagen, 1956: 18). 나'와' 너, 주관'과' 객관, 남자'와' 여자, 정신'과' 물질, 아이'와' 어른 등 이러한 이분법적 개념 내지 양분화된 영역에서 '사이'(間) 즉 부분과 부분을 연결시켜주는 '와', '과'가 바로 관계 개념이다.

특히 인간사에서는 '사회적 관계'가 대표적이다. 루만의 관심은 이에 집중된다. 아무리 수리적 사실관계의 중요성으로 부각되는 게젤샤프트 역시 사회적 관계로 이루어진 이상, '관계'를 단순한 구성원의 합이라는 수치로 설명할 수 없다. 그런데 여기서 관계는 오로지 의미로서만 이해될 수 있다. 따라서 우리가 인간 개개인의 삶으로 구성되는 사회관계를 분석하고 이해하기 위해서는 우선 전체와 의미를 인식할 수 있어야 한다. 즉 '삶의 전체성'의 개념에 대해 고려할 수 있어야 한다. 왜냐하면 삶에서 전체성은 부분에 대한 이해의 조건이기 때문이다. 이러한 조건에 불충실하면 부분에 대한 이해는 자연의 불완전성에 머문다. 그런데 우리가 '전체성' 속에서 전체와 부분을 재현할 수 있기 위해서는 우선 '통찰력'과 '의지'를 가져야 한다(Luhmann, 1996).

'전체와 부분' 즉 '전체성'의 개념은 18세기 칸트 시대부터 "일반적인 것"(das Allgemeine) 내지 보편성의 범주로 사용되었다. 이때부터 세계 전체 또는 인간임의 전체는 인간에게 "일반적인 것"으로 현상해야 했다. 이에 연계된 학문적 논쟁은 세계 또는 인간 속에서 인간임을 나타내야 하는 "형식"(form)과 관련된다. 우리는 이성개념, 윤리규범 또는 비슷한 아프리오리(a priori), 도야의 개념 또는 국가의 개념을 가지고 "형식"에 대한 답을 찾으려고 해 왔다. 이러한 "형식"을 추구해 온 서구의 역사에 대해 중국 문화권의 장파는 동양사상과의 비교 관점에서 다음과 같이 정리하고 있다.

> 고대 그리스는 타 문화와 마찬가지로 처음에는 신화적 세계관을 지녔었다. 그러다 최초의 철학자 겸 자연과학자인 탈레스가 우주의 근원을 신이 아닌 물질 — 물(水) — 에 귀속시켰을 때, 그리스 문화는 세계를 이성화하고 실체화하기 시작했다. 그리고 피타고라스가 우주의 본원을 수(數)로 귀결시켰을 때, 서구 문화는 세계를 '형식화'하기 시작했다. 피타고라스가 보기에 사물의 궁극적 본질은 수량관계였다. 길고 짧음, 거침과 세밀함을 수량화할 수 있었으며 차고 뜨거움, 곧음과 굽음, 밝음과 어두움도 수량화할 수 있었다. 수는 대칭, 균형, 리듬

> 을 형성하고 미를 형성한다…. 이러한 분위기 속에서 아리스토텔레스는 '형식'이 바로 본체라고 생각했다. 형식은 곧 사물의 명료한 가분성(可分性)으로, 그것은 우선 각 부분의 크기, 즉 이른바 수(數)이다…. 『티마이오스』에서 플라톤은 인자한 조물주의 우주 창조 과정을 서술했다. 조물주는 수학적 모델을 가지고 형식이 없는 질료에 질서를 부여하여 우주 만물을 창조했다. 아리스토텔레스와 플라톤을 종합해 보면, 고대 사회에서 실체적 세계를 사유하는 방식을 알 수 있다. 인간이 제어할 수 있는 곳에서 형식과 질료라는 이 한 쌍의 개념이면 충분하지만, 인간의 힘이 미치지 못하는 곳에서는 하느님이나 혹은 이데아를 끌어들인다. 하지만 형식은 두드러진 지위를 가지며 사물의 형식, 본질은 모두 형식이 주도하여 나온 것이다. 형식은 외형이자 본질이다(장파, 1994/ 유중하 외 역, 2000: 52-54).

한마디로 서구문화의 역사가 큰 비중을 두고 매달려 온 "형식"(eidos, idea)이라는 범주는 흠잡을 수 없는 일반적인 삶의 본질이었으며 이상적 개념이었다. 형식이 내포하는 일반성은 모험이나 불충분성을 용납하지 않는다.

그러나 1789년 프랑스 시민혁명은 이러한 "형식"에 대한 인류 최초의 반격이었다. 현실성으로의 요구는 형식 이외에도 비형식(nonformal) 그리고 무형식(informal)의 삶을 모두 포괄한다. 즉 프랑스 시민혁명은 왕권 지배로 규정된 형식이라는 이상을 무력화시키면서 시민의 삶 즉 비형식, 무형식의 현실적 요구를 수용하고자 했다. 이때부터 종교-정치의 지배 패러다임이 시민들의 자본 중심 이데올로기에 도전을 받으면서, 더 이상 정신세계와 물질세계는 분리된 두 개의 세계가 아니었다. 즉 시민혁명과 시민사회를 계기로 정신세계와 물질세계가 동(同)가치로 인식되면서, 정신과 물질은 "형식과 현실" 사이에서 변증법적 관계로 지향(Aufhebung)되기 시작했다. 그것이 바로 헤겔(Georg Wilhelm Friedrich Hegel, 1770-183)의 변증법이다. 이러한 역사적-사상적 사실 변화에 대하여 장파는 다음과 같이적고 있다.

> 고대 그리스에서 형식과 내용이 완전히 합일되어 있었다면, 근대에는 형식과 내용이 분열된다. 그것은 코페르니쿠스의 무한한 우주와 일치하는데… 칸트 철학에서 형식은 현상계만 파악할 뿐, '물자체'는 파악할 수 없다. 그리고 주체의 차원에서 천재는 형식을 무시하고, 형식을 필요로 하지 않으며 스스로 형식을 창조하는 인간이다. 객체의 차원에는 '숭고'가 있는데, 그것은 형식이 없고 무한하며 인간에게 가공할 두려움을 주는 것이다. '이데아-형식-질료'의 고대 삼단구조에서, 이데아와 형식이 안정적이라면 질료는 산만한 것이다. 그런데 근대에는 형식도 불안정해졌다. … (프랑스 대혁명을 직접 목도한 결과) 새로운 세계에 직면하여 헤겔은 우주 모델을 재구성했다. 그는 형식과 질료를 외재 형식으로 포괄하고 모든 안정적 힘을 이념(이데아를 개조한)에 부여한 후에, 양자를 결합하여 근대적 의미의 내용과 형식을 만들었다. … (이제) 내용과 형식은 부단히 변화할 수 있다…. 이처럼 헤겔은 형식을 부차적 의미만 갖는 외적 형식으로 폄하하고 내용의 내적 형식을 만들었는데 그것은 긍정, 부정 그리고 부정의 부정이다. 헤겔은 형식의 내용을 허물고 내용의 형식을 만든 것이다…. 현대에는 뉴턴과 하느님의 몰락, 헤겔의 절대 이념의 붕괴와 더불어 다층 구조 이론과 심층 구조 이론이 등장하여 언어학, 인류학, 심리학, 문예학에 널리 확산되었다. 근대에는 형식이 내용보다 중요하든지 혹은 내용이 형식보다 중요하든지에 상관없이, 어떠한 모순이 있더라도 내용과 형

식이 연관되어 있음은 분명하다. … 후현대에 와서 현대적 형식구조는 드디어 곤경에서 벗어나게 된다. 세계는 미완성이며 따라서 궁극적인 것을 추구하는 것은 불가능하다. 세계는 끊임없이 변화하는 과정이기 때문에 모든 구조는 다 (인위적으로) 만들어진 것이다. 물론 일단 만들어지면 고정된 구조를 가진다. 그러나 세계는 변화하기 때문에 만들어진 구조는 필연적으로 해체된다…. 사물의 "의미"는 결정되는 것이 아니라 상대적이며 생성, 변화하는 것이다…. 따라서 모든 형식은 역사적 한계를 지니며 상대적 진리일 수밖에 없다. 서구 문화의 형식 원칙이 지닌 내적 모순은 역사적 한계, 진리와 완벽함을 추구하는 인간의 정신 그리고 과학적 요구 속에 들어 있는 것이다. 이러한 모순은 서구의 형식이 부단히 스스로를 부정하고 스스롤 수정하도록 하였다(장파, 1994/ 유중하 외 역, 2000: 54-57).

이제 "전체와 부분의 관계"[38]는 "형식과 질료"가 아닌 "보편과 특수의 관계"로 치환된다. 또한 "전체와 부분", "보편과 특수"로 치환된 변증의 논리는 오늘날 시스템이론에서 구체적 사회현실 속에서 "환경과 시스템"이라는 관계 명제로 치환되었다. 여기서 루만이 주목한 것은 바로 역사적 관계 명제 사이에서 '차이'(difference)를 발견해 내는 일이다. 루만은 이러한 차이를 첫째, 개념의 역사과정이라는 시간적 차이에서 발견하고 있으며, 둘째, "환경-시스템"의 공간적 차이에서 발견하고 있다.

우선 그가 역사과정에서 발견한 차이는 "의미시스템"이다. 즉 애초에 시스템이론의 형성이 전체-부분에서 나타난 "의미론"에서 시작했지만, 결국은 의미론이 배제된 "유기체 이론"으로 귀결되었다는 사실이다.

---

38) 근대까지 사물에서는 주로 부분과 전체의 관계가 가장 중시되었다(장파, 1994/ 유중하 외 역, 2000: 58).

물론 물질적 유기조직은 정신-의미세계까지 공유되며, 이를 자극할 수 있는 생명현상의 필수조건이다. 그러나 이는 생명현상을 위한 충분조건은 아니다. 다시 말하면, 상위시스템으로서의 환경시스템은 사회시스템 같은 하위시스템들의 합이 아니고 그 이상이다. 바로 "그 이상"이 "의미"이며, 이러한 의미는 사회시스템이론과 일반시스템이론의 공유영역으로서 "사회시스템의 일반 이론"의 형성에 초석이 된다. 두 번째로 루만은 환경과 시스템 간을 구별하는 전략 즉 "경계"를 규정하는 전략으로 시스템의 특성을 검토한다. 물론 여기서 경계는 생명과정에서 생성되는 경계이다. 즉 개체의 의미 지향적 움직임은 환경과 만나면서 적응하고 부적응하면서 자신만의 "의미구조"를 만들게 되는데, 여기서 자연스럽게 환경과 시스템 간에는 경계가 발생하는 것이다. 왜냐하면 삶의 본질을 찾는 경로가 형식으로부터 "의미"로 전환되기 때문이다. 즉 우주는 단 하나의 쿼크(quark)도 낭비하지 않으며, 이 우주에서 무의미한 사건은 없다(데이비드 호킨스, 2000: 30).

지금까지 시스템이론은 일반시스템이론으로 발전하면서 시스템의 특성을 환경의 영향권으로 너무 밀착을 시켰다. 이미 시스템과 환경 간에는 엄청난 거리가 있음이 밝혀졌음에도 불구하고 우리는 시스템이 환경에 종속된 것처럼 이해했다. 특히 열린 시스템에 대한 성급한 접근을 통하여 우리는 시스템을 빠른 시간에 빠른 공간에서 환경에 적응하는 단순한 인과관계 구조를 가진 개념으로 전락시켰다(Luhmann, 1996: 26). 그러나 "환경-시스템"을 규정하는 시스템이론에서는 열린 시스템을 해석하는 과정에서 자기균형적 요동(self-balancing fluctuation), 시스템의 복합성(complex of system), 엔트로피(entropy), 무질서(chaos), 자기수정행동(self-correcting behavior), 자기규제시스템(a self-regulating system), 경계유지방법(boundary-maintaining way), 자기지시(self-direction), 자기조직화(self-organization), 비선형적 혁명(nonlinear revolution), 자기준거적(self-referential), 자기생산 및 갱신(autopoiesis: the process of self-production and self-renewal in living system) 등의 개념들이 발견되었다(이용필, 1999 참고). 바로 이러한 개념들이 루만에게서는 환경과 시스템 간의 경계이며 "환경-시스템"의 공간적 차이가 된다. 루만에 의하면, 기존의 일반 시스템이론은 바로 이러한 점을 지나치게 단순하게 취급하고 있다. 다시 말하면, 이러한 개념들은 시스템-환경 간의 상호작용에서 발생하는 소위 돌발상황 또는 "돌연변이"(Jantsch, 1975: 55)를 의미한다. 루만은 바로 이러한 관점에 주목하는 것이다. 이는 루만이 환경과 시스템을 구별하고 차이를 밝혀 내기 위하여, 시스템의 움직임을 고정시켜 놓고 검토한 결과이다. 왜냐하면 환경-시스템의 차별화 방법은 부분시스템들의 행동반경을 보다 잘 관찰할 수 있게 하기 때문이다(Luhmann, 1996: 23).

루만이 이렇게 환경-시스템 간의 공간적 차이와 경계에 대하여 주목하게 된 이유는 시스템이론의 형성과정에서 적어도 두 번의 패러다임 전환이 있었다고 판단하였기 때문이다. 즉 열린 시스템이론의 형성과정에서는 최소한 두 번의 불연속선이 존재한다는 주장이다. 1960년대부터 1970년대까지 이어졌던 하인츠 폰 포에르스터(Heinz von Foerster)의 자기조직화 이론의 성립은 제1차 일반시스템이론의 패러다임 전환이었다(Luhmann, 1996: 24). 또한 루만은 일반시스템이론에서 두 번째 패러다임 전환을 시스템의 특성에 대한 관점으로 들고 있는데, 디자인과 통제에 대한 관심에서 자율과 환경민감성으로, 계획에서 진보로 그리고 "구조적 안정"에서 "역동적 안정"으로 이동한 점을 들고 있다(Luhmann, 1996: 27). 이러한 패러다임의 전환은 자기준거적 자기갱신시스템들(self-referential autopoietic systems) 이론으로 귀결되는데, 한마디로 시스템의 "자율성"(Luhmann, 1996: 28)에 대한 발견이 그것이었다.

결국 자율성의 발견으로 루만의 사회시스템이론은 전혀 다른 차원에서 "일반성"을 획득할 수 있게 된다. 생명시스템으로서 사회시스템의 일반성은 기계시스템으로서의 객관성 또는 과학성과 전혀 다르다. 왜냐하면 기계는 구체적인 결과의 생산을 가져오게 하지만, 생명유기체는 그 자체를 스스로 새롭게 하면서 생명현상을 유지해야 하기 때문이다(Janbtsch, 1984: 7). 특히 사회시스템은 최고 유동적인 생명유기체의 인간집단으로 구성되기 때문에 '많은 상호작용이 가능한' 특수한 시스템이 된다. 심지어 항상 살아 움직이는 생명시스템에서 가장 빈번하게 상호작용을 허락하는 구조는 "자기생산 및 자기갱신 구조 즉 오토포이에시스"(Autopoiesis)이며 이러한 구조가 생명 속에서는 항상 새롭게 생성되고 있는 것이다. 이것이 바로 '자율성'(Autonomie)의 내막인 셈이다. 즉 자율성을 가진 생명시스템은 자기 스스로 조직하고 창조할 수 있다. 열린 시스템 속에서의 자율성은 닫힌 시스템 속에서의 자율성과는 판이하다. 인간과 우주를 기계로 보았던 뉴턴의 중대한 오류는 바로 우주와 자연 그리고 생명이 닫힌 시스템인 '기계적 자율성' 즉 '자동성'에 기초하고 있다는 사실에서 비롯된다. 따라서 루만은 컴퓨터 같은 기계가 오토포이에시스 상태에 있다고 주장하는 것이 아니고, 생물학적인 것도 아닌 오토포이에시스 상태로 존재하는 시스템이 먼저 존재한다고 본 것이다(Brier, 2000: 279). 결국 루만에게는 오토포이에시스로 현상하는 시스템이 바로 진정한 열린 시스템이다.

사실 열린 시스템의 속성으로서 오토포이에시스에 대하여 최초로 연구한 사람들은 칠레의 생물학자인 마투라나(Humberto Maturana)와 바렐라(Fancisco Varela)였다. 즉 '오토포이에시스'의 개념이 처음 나온 것은 이들의 연구에서이다. 이들에 의하면, 생명시스템은 모두 공통적으로 자율성(autonomy)을 가지고 있다는 것이다(이용필, 1999: 62). 따라서 이들은 자기생산 및 갱신과정은 모든 생명시스템에 나타나는 공통적 조직의 일반유형이라고 가정했다. 이러한 가정은 이들로 하여금 생명시스템을 '환경에 제한된 열린 시스템'으로 보는 것을 거부하도록 하였다. 또한 이들은 생명시스템들이 그것들 자체의 자율적 과정에 의해서 통합성을 확립하고 또한 유지할 수 있는 특이한 능력을 가지고 있다는 사실도 밝혀냈다(Bednarz, Jr., 1988: 57). 따라서 이들 생명시스템들은 본질적으로 "자기준거적"(self-referential)으로 활동한다. 여기서 '자기준거적'이란 의미는 관찰과 경험을 통한 피드백의 자료이며 동시에 반성과 성찰의 기준이 되기도 한다. 한마디로 생명시스템은 반성과 성찰을 통하여 성장하는 '자기갱신의 시스템'이다. 그러나 자기갱신의 시스템들은 환경과 구조적 상호작용에 관하여 열려 있으며 동시에 닫혀 있다(이용필, 1999: 69). 왜냐하면 자기갱신은 원리적으로 무한한 수의 다른 구조에 의해 표현될 수 있으나, 그중의 하나로는 확인될 수 없기 때문이며(이용필, 1999: 68), 시스템이 구조적으로 스스로 결정된다 하더라고 환경은 시스템에서의 구조적 변화를 자극하게 되기 때문이다(이용필, 1999: 69). 여기서 환경과 시스템 간에 자율적으로 경계가 생성되는 것이다.

루만은 더 자세하게 구조적 연결현상을 분석했다(이용필, 1999: 69). 그는 자기갱신의 시스템들이란 자기조직화하는 시스템일 뿐만 아니라 그것들 자신의 구조들을 만들어 내고 또한 변화시킨다고 보았다(이용필, 1999: 74). 이러한 구조생산과 구조적 재생산은 보다 세분화된 하위시스템을 발전시키는 것을 의미한다. 또한 하위시스템들은 급변하는 환경 변화에 개별적으로 대응한다. 즉 스승 파슨스에게서는 하위시스템들이 상위시스템의 구조에 목표를 두고 움직였지만, 제자 루만의 경우는 하위시스템이 자율적 시스템이기 때문에 스스로 구조를 생성해 나간다. 이렇게 볼 때, 스승 파슨스가 '구조-기능주의자'였다고 한다면, 제자 루만은 '기능-구조주의자'였다고 할 수 있다.

분업사회의 형성 이래로 현대사회는 기능적으로 분화되는 속도가 훨씬 빨라졌다. 이제 생존을 위해 개인과 사회는 다양하고 급격한 환경 변화에 다양하고 급격하게 대응해야 한다. 다양하고 급격한 대응은 결국 하위시스템들로 하여금 자율적으로 자기준거적 기준을 만들게 하며 '유동적'으로 대처할 수 있도록 하는 것이다. 여기서 유동성이 가능한 이유는 하위시스템의 집합인 사회시스템이 '자기제작'과 '자기갱신' 또는 '자기창조'를 할 수 있기 때문이다. 한마디로 사회는 스스로 사회구조를 창조해 간다. 특히 루만은 사회시스템들의 가장 실질적 대응 방법은 인간과 인간 간의 의사소통으로 간주하고 있다. 삶을 지속시키는 '의미문제'(Sinnfrage)가 중요한 것이다. 하위시스템 간의 의사소통을 통해 생성되고 상호 의사소통을 가능하게 하는 '의미'는 자율적 시스템 과정은 살아 있는 생명과정을 가능하게 한다. 생명현상의 유지와 발전을 위해 사회시스템은 의사소통으로 때로는 시스템의 경계를 열기도 하고 닫기도 하면서 자율적으로 대응하면서 의미구조를 스스로 제작하고 창조하는 것이다. 물론 이는 환경과 끊임없는 의사소통을 통해 열린 시스템으로 기능하는 것이기도 하다.

정리하자면, 루만의 사회시스템의 일반 이론은 한마디로 '자기준거적 자기갱신시스템'들로 현상하는 하위시스템으로부터 사회시스템의 구조가 형성되는 과정을 설명하고 있다. 이를 통하여 그는 사회시스템 형성의 일반성을 추구하고자 한다. 이 과정에서 목격되는 시스템의 일반성은 바로 "개방시스템 속에서의 자율성"으로 시작된다. 또한 이미 밝혀진 대로 루만에게 이러한 자율성을 가능하게 하는 것은 삶의 의미성이며 의미구조이다. 결국 루만은 파슨스처럼 상위시스템에서 규정된 사회구조를 찾아가는 것이 사회시스템의 일반성을 보장하는 것이 아니고, 열린 생명시스템으로 현상하는 하위시스템들이 스스로 자율적으로 '의미를 추구하면서' '환경과의 의사소통과정에서 발생하는 경계선에 의미구조를 제작하고 창조하면서' 스스로 즉 자기준거적으로 일반성을 구축해 나가는 것으로 파악한다. 물론 사회시스템은 일반성을 기준으로 스스로를 돌아보고 성찰할 수 있는 열린 피드백시스템으로서의 항구적인 자기준거적 시스템이 된다.

4. 포스트모던의 과학관[39)]

1) 반(反)환원주의 과학

뉴턴의 기계주의 과학관을 거부하면서 20세기 전반기를 통해서 급속히 성장했던 원자물리학과 소립자물리학은 과학의 패러다임을 전환시켜 주는 계기로 충분했다. 그러나 이러한 과학관 역시 환원주의(還元主義)의 틀을 벗어날 수 없었다. 즉 물질세계와 자연현상을 쪼개고 쪼개다 보면 물질의 근본으로 환원될 수 있는 근본을 발견할 수 있으며, 아울러 모든 현상을 수학적으로 계산하는 것이 가능하다는 환원의 근본 원리도 마찬가지였다. 물론 원자세계에 대한 이해와 내용 면에는 고전물리학과 현대이론물리학은 크게 달랐다. 이로써 시대정신의 전환에서도 과학 패러다임의 전환은 효과가 컸다. 그럼에도 불구하고 두 영역의 과학에서 환원주의적 과학관에는 큰 변함이 없었다.

39) 이 부분은 본인의 논문 「지식의 생성과정과 지식교육의 방식에 대한 반성적 고찰: 포스트모던의 지식관을 중심으로」(『교육의 이론과 실천』 제13권 제1호, 2008)의 일부(115-130쪽)를 수정 발췌하였음.

환원주의적 과학관에 대한 비판을 20세기 초반 수학 분야에서 시작한 대표적 학자는 괴델(Kurt Gödel, 1906-1978)이었다. 그는 1902년 비(非)유클리드 기하학에 대한 공리적 기초를 확립하면서, 수학과 물리학을 비롯한 과학의 전 분야에서 확고한 공리적 기초를 마련하는 것이 가능하다고 본 힐베르트(David Hilbert, 1862-1943)를 계승하다가 오히려 그의 이론에 반기를 들었다(Weyl, 2000: 279). 1930년대 초 괴델은 아무리 정교한 수학시스템이라도 그 자체로서 무모순적일 수 없다고 생각했다. 그는 소위 "괴델의 정리" 즉 "불완전성의 정리"를 주창함으로써 확고한 공리시스템을 바탕으로 수학의 전체 영역을 엄밀하고 통일적으로 설명하려는 힐베르트 이후의 작업에 근본적인 차원의 제동을 걸었다(김영식 · 임경순, 2002: 394). 한마디로 확고한 수학적 공리라도 결코 완벽하지 않으며 완전성의 조건을 충족할 수 없기 때문에 어떤 물리 현상도 수학적 공리시스템으로 환원될 수 없다는 것이다. 이미 아인슈타인도 유클리드 기하학을 포기한 바 있다. 왜냐하면 유클리드 기하학은 2차원 평면에서만 가능한 것이지, 입체를 비롯한 3차원 이상에서는 적용될 수 없기 때문이다. 예를 들어, 길이 1미터짜리 막대기 4개로 평면 위에서는 정사각형을 제도할 수 있지만, 구(球)의 표면 위에서는 불가능하다. 그런데 우리는 둥근 지구상에 살고 있다. 둥근 지구상에서 긋는 직선은 엄밀히 보면 직선이 아니고 곡선이다. 또한 항상 중력이 작용하기 때문에 우리는 금을 똑바로 그을 수도 없다.

환원주의적 과학관은 20세기 초반 한동안 시대정신으로 군림해 왔다. 특히 빈(Wien) 학단의 논리실증주의 철학자였던 카르납(Rudolf Carnap, 1891-1970)은 1920년대에 쓴 자신의 저서 『세계의 논리적 구축』(*Der Logische Aufbau der Welt*)에서 우리가 의미 있는 경험적 모든 진술들과 과학활동을 환원적으로 재구성한다면 "과학의 통일성"을 이룰 수 있을 것으로 장담하였다. 그를 계승하는 오토 노라이트(Otto Neurath) 역시 일상언어와 물리언어를 구분하여 보편적인 물리학자의 프로토콜 언어를 일반화한다면 '통일과학'이 가능하다는 논리를 세웠다. 이로써 국제공용어로서 에스페란토어의 창조에 대한 이상이 보다 현실화된다.

또한 역시 빈 학단의 철학적 모더니즘의 대표자였던 발터 그로피우스(Walter Adolph Grophius, 1883-1969)는 바우하우스 운동을 통하여 불필요한 장식을 없애고 모든 조형작업을 기본적인 기하학적 형태로 환원하였다. 그는 건축을 종합예술로 간주하고 모든 예술은 건축을 통하여 공간의 통일을 가능하게 할 수 있다는 '환원주의 과학관'을 가지고 있었다. 당시 논리실증주의와 바우하우스 운동은 시대정신으로 충분했다. 논리와 기초적 지각요소로부터 '보편언어'를 얻어내려는 논리실증주의 철학자들과 기술과 예술을 건축에서 통합하고 기본적인 기하학적 형태와 색채로부터 이미지를 표현하려는 바우하우스 예술가들의 작업은 환원적 통합과학의 이상을 가지고 있었다.[40] 두 운동은 유럽을 벗어나 미국으로까지 큰 영향력을 발휘하고 있었던 과학주의적이고 기계 중심적 이미지를 공유하고 있었으며, 자신들의 영역을 모더니즘적이고 포드주의적인 생산방식과 일치시키려고 했다(김영식 · 임경순, 2002: 396).

이 밖에도 마르크스주의의 국제화 물결 같은 정치적 운동도 환원주의적 과학관의 발상에서 비롯되었다. 이러한 환원주의적 과학관은 관찰과 실험을 통한 과학만능주의 사고로부터 유래한다. 과학만능주의 사고에 따라 소위 '비과학적'이라는 용어 앞에서는, 과학에서 벗어난 것으

40) 카르납은 데사우(Dessau)의 바우하우스(Bauhaus)에서 "과학과 생활"이라는 제목으로 "통일과학"에 관한 강연을 해 달라는 초청을 수락하면서, 여기서 칸딘스키(Wassily Kandinsky, 1866-1944)를 처음 만나게 된다. 이들은 가장 기본적인 것으로부터 세계를 구성해 나간다고 하는 사실과 모든 현상은 이러한 기본적인 것은 환원될 수 있다는 원칙에 공감대를 가지고 있었다. 나치에게 쫓겨 미국으로 망명한 이들은 미국에서 뉴(new) 바우하우스 운동을 주도하고 통일과학에대한 이론을 주도한 장본인들이다.

로 보이는 위대한 문화유산이나 전통들조차도 한순간에 쓸모없고 무의미한 것으로 전락된다. 심지어 종교성마저 과학적 기준에서 벗어나면 미신으로 몰리고 만다. 한마디로 과학이라는 잣대에서 어긋나면 비정상이었다. 그러나 일반시스템이론이 나온 이후 객관-비객관은 과학성의 기준이 아니고 "일반성"(das Allgemeine) 내지 보편성의 개념으로 회귀된다. 이는 루만에 와서는 칸트에게서 확보된 "보편타당성"의 개념과도 통하는 것으로 해석된다.

객관성을 과학성으로 이해하는 문제에 대한 반론은 과학적 방법론의 차원에서도 접근된다. 이미 오랜 역사와 전통을 가지고 자라난 이러한 과학만능주의 사고에 대하여 과학에서 사용하는 개념부터 재고해야 한다는 주장을 하고 나선 사람이 과학철학/과학사가인 칼 포퍼(Karl Raimund Popper, 1902-1994)이다. 그는 합리성의 개념을 정초할 수 있는 과학방법론으로 "반증주의"(falsificationism)를 제시한다(윤평중, 1997: 15). 아울러 그는 과학이 아무리 정교하고 정확한 관찰과 실험을 통해 이루어진다고 해도 이러한 '제한된' 경험 영역을 토대로 과학성을 언급한다는 점에는 애초부터 문제가 있다고 주장한다. 한마디로 '제한된 (조건하에서의) 관찰'에서 아무리 지속적인 관찰을 반복한다고 해도 이는 '보편적 관찰'이라고 할 수 없다.

또한 우리가 엄격한 실험을 통해 제아무리 많은 입증자료를 제시한다고 해도 여전히 확인되지 않는 또 다른 영역이 남아 있다. 이런 점에 착안하여 그는 과학에서 "입증 개념"을 사용하지 말고 "반증(反證) 개념"을 사용할 것을 권한다. 지식이 과학적 지식인지 아니면 비과학적 지식인지 하는 것은 반증 가능성이 있느냐 없느냐에 따라 구분될 수 있다는 것이다(김영식 · 임경순, 2002: 397) 한마디로 입증이 되었다고 해도 과학이라고 속단할 수 없으며, 입증이 되지 않았다고 비과학이라고 말할 수 없다. 이러한 논리는 '지식과 과학의 객관성 문제'를 다룰 때 설명되는 것과 맥을 같이 한다. 즉 객관은 또 다른 객관의 발견으로 과학성을 잃게 된다. 그만큼 '과학적 객관성'은 불안하고 불완전하다. 따라서 객관성은 항상 '잠재적 객관' 또는 '잠정적-일시적 객관'으로 존재할 뿐이다. 언제 새로운 객관지식이 발견되면 지금까지의 지식은 객관성을 잃게 되어 과학지식이라는 대열에서 제외된다. 새로운 객관성은 잠정적 객관을 극복한다. 그러나 그러한 객관성 역시 또다시 잠정적 객관이다. 반대로 그것이 비과학적인 사실이고 잠정적 객관 지식일지라도 아직 반증이 나오지 않으면 과학성은 그대로 유지될 수 있는 것이다.

그런데 놀라운 일은 과학세계에서 이러한 반증의 논리가 설득력을 얻게 되었다는 사실이다. 1950년대 들어 카르납과 그의 추종세력들도 이러한 "반증의 논리"를 수용하면서 자신들의 입장을 바꾸기 시작했다. 물론 이들은 입증주의와 반증주의의 절충안을 내 놓았다. 즉 이들은 엄격한 입증주의의 대신 "확률적 입증주의"의 입장을 취하게 된 것이다. 또한 이들은 오로지 관찰에 집착하는 논리실증주의의 경향에서 "논리경험주의"의 입장으로 선회한다. 이로써 지금까지 자신들이 믿고 있었던 '객관적 입증'이라는 과학성에 대한 타당성과 신뢰성은 금이 가게 되었다. 과학의 세계에서 종전의 불문율이었던 과학만능주의에 대한 믿음이 조금씩 와해되기 시작한 셈이다. 그럼에도 불구하고 카르납과 논리실증주의를 고집하는 그의 후계자들은 "특수성에서 일반성으로의 논리 전개"를 기초 토대로 하는 '통일과학'에 대한 염원을 버리지 않고 있었다.

논리실증주의자들의 환원주의에 대한 거부는 콰인(Willard Van Orman Quine, 1908-2000)에게서 강하게 나타났다. 그는 논리실증주의자들이 주장하는 경험론은 일종의 도그마에 불과하다고 평가 절하했다. 그는 관찰과 이론의 엄격한 구별은 불가능하다는 전제하에서, 과학의 개념들은 그것이 경험적 사실을 나타내는 관찰용어와 연결됨으로써 의미를 가지는 것이 아니라고 주장했다. 이로써 콰인은 과학의 전체적인 이론적 틀 안에서 그 의미가 밝혀진다는 뒤엠(Pierre Duhem, 1861-1961)의 '홀리즘'(Holism)의 입장을 부활시켰다(김영식 · 임경순, 2002: 398). 특히 뒤엠은 비평형 열역학의 창시자로서 프리고진 학파, 하켄 학파 등에 의해 시작된 복잡계(complex system)의 행동에 관한 연구가 시작되면서 알려지게 된 학자이다. 홀리즘의 부활은 마치 맥스웰과 푸앵카레 등에 의해 카오스이론이 재발견되는 상황과도 엇물린다(Mainzer, 1997: 91). 즉 복잡계이론으로 다리를 놓는 카오스이론 역시 엄밀히 말하면 "전체는 부분의 합 이상"이라는 홀리즘 사고로의 접근이었다.

더 나아가 핸슨(Norwood Russell Hanson)은 관찰에 우위를 두는 환원주의적 입장에 대해서 관찰 그 자체도 이론 의존적이라는 비판을 가했다(김영식 · 임경순, 2002: 398). 즉 어떠한 관찰도 관찰자가 이미 가지고 있는 이론적 틀 속에서 서술된다. 따라서 관찰을 객관적으로 서술할 수 있는 소위 '객관적 관찰문장'은 존재하지 않는다. 반드시 관찰자가 가지고 있는 이론 내에서 관찰은 이루어지고 기술될 수 있을 뿐이다. 이러한 관점은 비트겐슈타인(Ludwig Wittgenstein, 1889-1951)의 후기 언어철학과도 맥을 같이 한다. 비트겐슈타인은 우리 인간들이 "언어의 유희"(language game) 속에 살고 있으며, 그들이 사용하는 언어는 모두 자기들의 경험적 한계에서 이루어진 이론적 틀 속에 갇혀 있다고 보았다. 이 때문에 인간은 자기의 이론적 관점을 벗어날 수 없는 것이다.

결국 이러한 반환원주의 관점들은 쿤(Thomas S. Kuhn, 1922-1996)의 패러다임[41] 전환(paradigm shift) 이론에 결정적인 단서를 제공했다. 그는 자신의 저서 『과학혁명의 구조』(*The Structure of Scientific Revolution*, 1962)에서 "번역 불

41) 패러다임이란 어느 과학자사회 전체가 공유하는 이론, 법칙, 지식, 방법, 가치, 믿음, 심지어는 습관 같은 것을 통틀어서 지칭하는 개념을 말한다(김영식 · 임경순, 2002: 398).

가능성”(incommensurability)의 개념으로 과학 패러다임의 전환이 어떻게 이루어졌는가에 대한 의문을 풀어 준다. 즉 과학자가 사용하는 언어는 그의 이론적 틀 즉 ‘관점’(perspective, viewpoint)에 맞추어 서술된 관찰 경험적 사실이기 때문에 과학자마다 의미하는 것이 똑같을 수는 없다는 것이다. 이를테면, 과학자의 개인적 가치관 이외에도 당시의 사회제도, 종교관, 시대사조 등과 같은 과학 외적인 것이 그의 과학이론 형성에 영향을 미칠 수 있다. 또한 과학자들이 사용하는 개념이 언어적으로는 형식과 모양이 같더라도 그것이 같은 개념일 수 없는 것이다. 이를테면, 립스(Gustav Lipps)의 구상언어와 추상언어의 개념을 따지지 않더라도 언어는 ‘상징성’을 가지고 있기 때문에 항상 ‘다의적’(多義的)이다. 또한 언어는 힘의 역학과 사회적 관계에 따라서 쓰임새가 달라진다(강현석 외, 2014). 따라서 서로 다른 과학자가 사용하는 같은 용어라고 할지라도 이를 정확하게 번역한다는 것은 불가능한 일이다. 토머스 쿤은 처음에 아리스토텔레스의 과학이론(자연학)을 매우 유치한 이론으로 여겼다. 그럼에도 불구하고 근 2천 년 이상 과학사에서 아리스토텔레스가 가장 중요한 위치를 차지할 수 있었던 이유가 궁금했다. 바로 “번역 불가능성” 때문이었다. 아리스토텔레스의 “자연학”[42]은 그만의 개념이었으며, 그러한 개념이 당시 많은 사람들과 많은 시간을 통해 오랜 시간동안 공감대를 형성해 왔던 것이다.

마찬가지로 근대물리학과 현대이론물리학 사이에는 번역 불가능성의 문제가 숨어 있다. 따라서 우리는 이제 하나의 사실에 대하여 무엇이 옳고 그르냐를 입증하고 검증하려고 하기 이전에, 과연 우리는 무엇을 어떠한 언어로 번역할 수 있을까 하는 데에 초점을 맞출 수밖에 없게 된

42) 아리스토텔레스의 “사회적 존재론” 역시 자연학적 귀결이었다. 즉 인간은 사회적이고 정치적인 본능(자연)의 충동에 의해 조정된다는 의미에서 아리스토텔레스의 “사회적 인간”은 자연학적이 었다(Mainzer, 1997: 256).

다. 한마디로 과학자들에게는 "연구자의 관점"이 중요한 문제가 된다. 우리는 연구의 관점이 없는 연구에다 결과를 기대할 수 없다. 또한 과학성의 접근이라는 차원에서 연구의 관점은 일반성을 추구하기 위한 전제조건이기도 하다. 물론 연구의 관점에는 연구의 제한점이 내포된다. 연구의 제한점 때문에 항상 우리는 하나의 과학이론에서 모든 것을 동시적으로 다룰 수는 없다. 이제 우리의 질문은 인간의 전체적 삶을 '일반성'으로 이해하기 위한 '조건'이 과연 무엇이어야 하는가에 쏠린다.

이미 현대이론물리학에서는 환원주의적 세계관을 견지하면서도 한편으로는 탈(脫)환원주의적 경향을 포괄하면서 발전해 왔다. 현대이론 물리학의 궁극적 염원인 '통일장이론'은 복합시스템에 대한 과학적 이해를 전제하고 출발한다. 그러나 고체물리학자인 필립 앤더슨(Philip W. Anderson)은 1972년 『사이언스』(Science)지에 "많은 것은 다르다"라는 기고문을 실으면서, 통일장이론도 여전히 환원주의적 입장을 띠고 있음을 지적한다. 여기서 그는 통일장이론이 성공하기 위해서는 오히려 환원주의적 과학관을 완전히 제거해야 한다고 일침을 놓고 있다.

2) 탈(脫)경험주의 과학

쿤의 "번역 불가능성"의 개념에서는 서로 다른 두 개의 이론 시스템이 서로 완전하게 번역은 안 되지만, 그래도 부분적인 번역의 가능성 즉 '해석의 가능성'은 허용되고 있다(김영식 · 임경순, 2002: 399). 그러나 파이어아벤트(Paul K. Feyerabend, 1924-1994)에게서는 부분적인 번역조차도 불가능하다. 그는 "과학적 무정부주의"라는 표현을 쓰면서 과학세계에는 어떤 법이나 제도도 없는 무정부국가와 같다고 하였다. 과학에서의 "탈경험주의(post-empiricism)"를 선언한 것이다(Feyerabend, 1975: 40). 그는 지금까지 우리 인간사에서 과학적 맥락을 주도했던 경험주의와 결별하면서 종전의 과학 개념에 대해서도 완전히 돌아선다. 그는 법과 제도 그리고 규범에 순응하고 적응하는 과학적 기계주의보다 이론적 무정부주의를 대표하는 번역 불가능한 과학의 세계가 훨씬 인간주의적이고 진보적이라고 한다. 그는 과학이 이제 보다 인간적으로 될 필요가 있으며 삶에 보다 충실해질 필요가 있다고 하였다. 또한 이는 "반성적 사고"에 의해 가능하다는 주장도 빼놓지 않고 있다.

그에 의하면, 그동안 인간-기계시스템 주의의 발달에 한몫해 온 과학지상주의는 이제 반성해야 할 것이다(Feyerabend, 1975: 52). 지금까지 과학지상주의를 창출해 온 과학은 실제로 우리가 믿고 있는 것처럼 이상이나 진리를 향한 이론도 아니었으며, 그렇다고 절대적 진리를 내포하고 있는 것도 아니었다. 그것은 수많은 상호 양립이 불가능한 단일한 이론들, 서로 다른 동화 같은 이야기들, 개개의 신화들로 이루어져 있을 뿐이다(김영식 · 임경순, 2002: 400). 파이어아벤트는 바로 이 점에 격분한다. 우리는 그동안 과학만능주의하에서 영원한 진리도 아니고 그렇다고 진정한 객관지식이 아닌 오로지 단면적 차원의 지식을 가지고 이를 신줏단지처럼 숭상하고 우러러보면서 살아왔던 셈이다.

또한 파이어아벤트와 쿤은 현재의 이론이 과거의 이론보다 더 과학적이라는 과학적 합리주의 보편성을 부정한다(Glock, 2000: 274). 즉 과학은 결코 현실 세계의 유일한 진리가 아니며, 동일한 현실이라도 상이한 패러다임으로 설명될 수 있다(장파, 1994/ 유중하 외 역, 2000: 24). 특히 상이한 문화 속에서는 상이한 분류방식과 상이한 시각에 의해 규정되기 때문에 그개념을 그대로 옮겨다 사용할 수 없다(ebenda). 따라서 탈경험주의를 실천함으로써 비로소 우리는 진정 해방적이고 개방적인 지식을 얻을 수 있게 될 것이다. 그의 탈경험주의 과학에서는 다원주의와 무정부주의적 상대주의만이 가능하다. 물론 그는 탈경험주의의 토대 위에서 행해지는 해석이론만을 가장 합리적인 과학이론으로 간주한다. 쿤과 파이어아벤트의 이러한 탈경험주의적 과학관은 후에 리오타르(Jean François Lyotard, 1924-1998)를 비롯한 포스트모더니즘의 이론가들에게 영향을 미치게 된다.

그러나 피터 갤리슨(Peter L. Galison, 1955-)은 콰인, 헨슨, 쿤, 파이어아벤트의 탈경험주의를 포스트모던과 구별하며 탈경험주의 뿌리 역시 '모더니즘의 과학관'에 머물러 있다고 주장한다. 실제로 콰인은 관찰 자체는 경험의 내용, 범위, 방법 등에 따라 달라질 수 있지만 보다 높은 이론시스템은 수리물리학과 논리학에서 가능하다고 한 바 있다. 그는 수학과 논리를 통하여 과학적 통합 가능성을 시사했던 셈이다. 갤리슨은 콰인의 이러한 태도를 논리실증주의로의 회귀로 보고 포스트모던의 과학관과는 거리가 있음을 지적한다. 또한 갤리슨은 쿤의 과학이론 발전과정에도 의문을 갖는다. 즉 쿤의 과학론은 정상과학에서 위기의 과학으로 그리고 혁명적 과학에서 다시 정상과학으로의 복귀라는 보편적인 구조를 포함하고 있다. 바로 이러한 점에서 쿤은 카르납 이후 논리실증주의자들이 추구해 왔던 과학의 통일성을 지향하는 입장을 취하고 있다. 물리학의 세계에서도 아인슈타인 이후 통일과학의 꿈을 이루고자 하는 일련의 움직임은 계속되고 있었던 셈이다.

실제로 쿤의 『과학혁명의 구조』는 『통일과학 국제대백과사전』의 한 시리즈물로 출판되었다. 또한 쿤 자신도 자신은 결코 상대주의자가 아니며 과학의 보편성에 대한 확실한 믿음을 가지고 있다고 역설한 바 있다. 그러나 갤리슨은 쿤의 반실증주의와 카르납의 논리실증주의를 같은 맥락에서 보았다. 그는 과학에서 보편적인 구조를 탐구한다는 원칙하에서 양자가 객관성을 담보하고는 있지만, 비유클리드 기하학과 괴델의 불완전한 수학의 개념이 일반화되는 상황에서 이들의 논리는 객관성이 의심되고 있는 언어와 수학의 한계를 극복하지 못한 것으로 파악했다. 즉 카르납에게서는 관찰적 측면이 강조되었고 쿤에게서는 이론적 측면이 강조되었을 뿐 이들은 모두 기본적으로는 빈 학단의 모더니즘 맥락을 벗어난 것이 아니었다는 주장이다.

그럼에도 불구하고 탈경험주의 과학은 특히 경험을 통한 실증적 사실주의(실증주의)로부터 보다 자유로워짐으로써 포스트모던의 과학으로 넘어가는 핵심적 가교 역할을 하는 것으로 이해될 수 있다. 왜냐하면 포스트모던의 과학은 놀라운 변환과 새로운 실험, 과거 경험과의 급격한 단절로 특징지어지며, 끊임없이 스스로의 기반을 파괴함으로써 어떠한 기존 지식 체계와의 동일화도 거부함으로써 실증주의 근대과학과는 반대의 입장에 서 있기 때문이다(윤평중, 1997: 244 참고).

3) 시스템과학론

(1) 생명시스템과학의 등장

이미 오래전부터 "시스템과학"의 봇물은 과학의 세계뿐만 아니라 일상으로까지 파급되어 왔다. 1940년대에 군사산업기술의 영역에서부터 시작된 전략적 사고방식으로서 시스템 분석(systems analysis)이라는 개념이 사용되기 시작하였으며, 1960~70년대에 걸쳐 시스템 지향의 경영관리(systems-oriented management)의 개념이 기업체와 산업체 그리고 경영일선에서 일반화되기 시작했다. 또한 제이 포레스터(Jay Forrester)에 의해 개발된 시스템 동학(system dynamics)의 모형화 기법과 스텐포드 비어(Stanford Beer)의 경영 사이버네틱스(management cybernetics)는 경영관리에 대한 체계적 접근에 의해 이루어진 업적들이다(Richardson, 1992: 170). 그러나 시스템과학은 기계론적 과학이론의 새로운 결정판으로 DNA의 나선구조를 발견한 유전학과 분자생물학의 융성과 함께 과학자들의 시각에서 멀어지는 운명을 맞게 된다. 대표적으로 로버트 릴리엔펠트(Robert Lilienfeld)는 1978년 자신의 저서 『시스템이론의 융성』(*The Rise of Systems Theory*)에서 시스템이론은 정의부터 애매모호하기 이를 데 없으며, 이로써 과학을 설명할 수 있다는 증거는 어디에도 없다고 하면서 시스템과학의 허구성에 대하여 통렬하게 비판했다(Lilienfeld, 1978: 191-192).

그러나 20세기 후반기부터 분자생물학의 기계론적 접근방식의 여러 가지 문제점들이 두드러지게 나타나기 시작하면서 상황은 반전되었다. 분자생물학자들은 소수 유전자의 정확한 구조에 대해서는 알고 있었지만, 유전자들이 그 생물의 발생과정에서 어떻게 서로 의사소통하고 협동하는지에 대해서는 거의 아무 것도 알지 못했다(프리초프 카프라, 1996/ 김용정 · 김동광 역, 1999: 111). 즉 유전자 간의 의사소통과 협동은 하나의 관계형성으로 이루어지는데, 바로 이러한 관계형성의 근거는 자기조직을 주도하는 '패턴'에 의해 결정된다는 사실이 밝혀지게 된 것이다. 생물은 세포와 세포, 분자와 분자 즉 요소들 간의 관계형성으로 생명유지가 가능하며 생명을 해부할 때 패턴을 파괴하게 됨으로써 죽음을 맞게 된다. 다시 말하면, 세포 하나하나가 완전히 죽을 때 생명은 끊기는 것이 아니라 생명의 죽음은 관계형성 즉 '패턴이 와해됨으로써' 죽는 것이다. 물론 완전한 자연사는 모든 세포의 완전한 죽음 이후에 가능하다. 그러나 실제로 이렇게 된다면 세포의 죽음 즉 모든 세포가 썩은 다음에 생명이 끝난다는 의미가 되는데 이는 현실적으로 불가능한 이야기이다. 즉 생명은 죽은 다음에 세포가 썩는 것이지 세포가 모두 다 썩은 다음에 죽는 경우는 없다. 결국 생명의 죽음이란 세포와 세포 간의 관계형성 즉 '패턴의 단절'로 이루어지며 패턴의 연속성을 통해 생명은 유지된다. 따라서 모든 생물은 원자와 분자로 구성되는 것이 사실이지만, 이는 생명이 없는 물질적 원자와 분자의 합일뿐 아니라 비물질적이고 환원 불가능한 패턴을 가지고 있다고 할 수 있다(프리초프 카프라, 1996/ 김용정 · 김동광 역, 1999: 116).

이제 생명을 이해하는 데 있어서 패턴의 의미와 중요성이 부각되기 시작한다. 또한 생명의 핵심인 패턴은 모두 "연결망 패턴"으로 간주되기 시작하였다. 사이버네티스트들은 뇌를 '신경망'으로 이해하기 시작하였다. 또한 이들은 이러한 연결망 속에서 서로 의사소통을 한다는 사실도 알아냈다. 이러한 연결망 간의 의사소통은 생물에게 자기조직화를 가능하게 하는데, 이로써 생물시스템은 생존이 가능해진다. 만약 자기조직화하지 못하는 생물은 더 이상 생물이 아니다. 단순히 프로그램화된 기계일 뿐이다. 이러한 근거에서 마투라나와 바렐라는 살아 있는 연결망의 핵심적 특성은 그것이 끊임없이 스스로를 생산한다고 주장한다(프리초프 카프라, 1996/ 김용정 · 김동광 역, 1999: 215). 즉 살아 있는 생명체는 계속해서 스스로 망(연결망, 신경망)을 만들어 낸다. 이는 오로지 살아남기 위함이다. 아울러 생물은 이렇게 망을 만들어 낼 수 있는 자기조직화의 능력 때문에 차별화될 수 있으며 특성화될 수 있다. 이러한 차별화와 특성화는 바로 생물들이 '개성'으로서 생명을 유지할 수 있게 하는 셈이다. 결국 이렇게 본다면 개성과 특성은 생물체의 다양성을 의미하지만, 다양한 개성과 특성이야말로 바로 생물체의 생존 비법이기도 하다. 한마디로 생명은 개성으로 살아남는다.

(2) '복잡계이론'의 성립

20세기 즉 후반에 시작된 "복잡성 과학(complexity science)"의 탄생으로 우리의 과학관과 시대정신은 새로운 국면을 맞이하고 있다. 이런 의미에서 최창현(2012)은 자신의 저서 『신과학 복잡계 이야기 카오스를 넘어 신과학 복잡계로』에서 복잡계이론을 새로운 패러다임의 신과학으로 설명하고 있다. 간단히말해서 이 세상의 물질 구성과 자연현상은 어느 것 한 가지도 원인과 결과가 분명하지 않으며 모두가 복잡하게 얽히고설킨 순환구조로 되어 있다는 말이다. 한 가지 단순한 사건이라도 그 배후에는 수많은 원인들이 서로 얽혀 있을 수 있다. 이것이 비선형-순환적 복잡계이론(complex system theory)의 토대이다.

복잡성이론은 "카오스이론"(Chaos Theory)[43]에서 유래된다. 카오스가 "무질서의 질서"인 것처럼 복잡성도 겉으로는 복잡해 보이지만 내적으로는 분명한 질서를 가지고 있다. 예를 들어, 복잡성의 틀 속에서 생명의 출현은 우발적인 것이 아니고, '흩어지는 자기조직'의 의미에서 필연적이고 합법적이다(Mainzer, 1997: 5: 79). 우리는 복잡성을 일차적으로 비선형성(non-lineality)으로 정의할 수 있다. 물론 이는 카오스와 자기조직화를 위한 필요조건이지만 충분조건은 아니다(Mainzer, 1997: 282).

볼츠만(Bolzmann)과 모노드(Jacques Monod)의 주장처럼 생명출현의 조건은 우발적일 수 있다. 현대이론물리학에서도 소립자 역학체계 속에서도 질서와 무질서가 번갈아 나타나는 도식을 수용하고 있다(Volkamer, Streicher & Walton, 1996: 111). 그런데 대부분의 현대과학자들은 '무질서 속에서의 질서'

---

43) "카오스"라는 말은 메릴랜드 대학교의 제임스 요크 교수에 의해 처음 사용되었다(제임스 글리크, 1987/ 박배식 · 성하원 역, 1993: 5). 제임스 글리크에 의하면, 오늘날 카오스이론은 과학의 경계를 붕괴시키고 있다(제임스 글리크, 1987/ 박배식 · 성하원 역, 1993: 15).

는 일반적으로 '패턴'의 형태로 나타난다는 데에 공감하고 있다. 카오스나 복잡성 속에 분명한 패턴이 질서 정연히 존재하고 있다는 것이다.

> "복잡계는 복잡성이 질서와 무질서가 미묘하게 섞여 있음을 나타내는 것이며, 복잡계는 스스로 이 두 극단 사이를 어떤 외부의 도움 없이도 왔다 갔다 할 수 있다. 그런데 복잡계의 핵심 요소는 되먹임이고, 이는 기억의 형태로 과거로부터 올 수도 있고, 정보의 형태로 네트워크 연결을 통해서 올 수도 있다."(닐 존슨, 한국복잡계학회 역, 2015: 171)

따라서 복잡계에서는 어떠한 결과도 하나의 원인으로 환원될 수 없다. 우리는 왜 컨디션이 나쁘고 아랫배가 살살 아픈지를 하나의 원인으로 규명할 수 없으며, 주가가 왜 폭락하고 급등하는지에 대하여는 귀신도 모른다고 한다. 암의 원인은 아무도 모른다. 그래서 암(cancer: 원인불명)이다. 이렇게 복잡계이론은 환원주의 근대과학과는 완전히 다른 구조에 서 있는 것이다. 따라서 복잡계이론은 서구 사고의 중심을 이루는 단순계 선형 사고의 유물인 존재론의 한계를 극복하는 새로운 지식체계가 된다. 한마디로 복잡한 원인을 가진 하나의 사건은 한 가지 원인규명으로 환원될 수 없다. 우리가 이러한 사건의 전말을 알아내기 위해서는 우선 "복잡계(complex systems)"에 대하여 이해해야 한다. 물론 복잡계를 이해해야 하는 이유는 복잡하게 얽히고설켜 있는 원인의 실타래를 풀어 보기 위함이다.

우선 복잡계를 이해하지 못하면 원인을 규명하기 어렵다. 그러나 여기서 원인규명은 선형적이 아니다. 이러한 복합성이론에 기반을 놓아준 학문은 시스템생태학으로 대표되는 시스템과학이었다. 또한 아인슈타인 이후 발전된 현대이론물리학도 이에 지대한 공헌을 했다. 현대이론물리학에서는 우주의 시작과 끝이 없다. 시작이 끝이며 끝이 시작이다. 결국 원인과 결과는 복잡하게 얽혀 있는 순환적 구조로 되어 있는 것이다. 한마디로, "닭이 먼저인가? 아니면 달걀이 먼저인가?"는 특수한 사건에만 해당되는 것이 아니고 우리의 모든 일상사에 해당된다. 인간사에서 우리는 지금까지 원인과 결과가 분명한 것으로 알아 왔다. 이는 우리가 오랜 시간 동안 분석하고 분해하는 과학을 배워 왔기 때문이다. 이제 원인과 결과가 분명히 구별되지 않는다. 원인은 어떤 결과의 영향을 받고 자라며, 그 원인으로 나타난 결과는 단지 그 원인으로부터만 기인하는 것이 아니다. 원인과 결과는 경계를 구별하고 분간해 내기 어려운 순환적 피드백 구조 속에 함께 동시적으로 생성하고 소멸하는 것이다. 예컨데 학교폭력의 가해자는 확실하지 않다. 가정폭력, 사회폭력 등 누군가를 직접 경험하기도 하고, 또는 TV, 인터넷, 스마트폰 등 제3의 매체에서 모방하면서 시작된 가해학생의 폭력성은 '모방하게 하는 사회'의 영향물일 수 있다. 그도 피해자이다. 이럴 경우 가해자와 피해자의 구분이 명확하지 않다.

과거 19-20세기가 선형적 사고로 이루어지는 단일한 지식의 세기였다고 한다면, 오늘날 우리는 비선형적 사고로 가능한 "복합지식의 패러다임(paradigma von kollektivem Wissen)" 속에 살고 있다고 할 수 있다(Volkamer, Streicher & Walton, 1996: 193). 따라서 객관 지식을 추구하는 과학도 이러한 복합지식의 차원에서 가능해진다(Volkamer, Streicher & Walton, 1996: 194). 원칙적으로 복합지식에 대한 객관성은 불가능하다. 이제 복합지식을 추구해야 하는 과학에서는 '과학적 객관성' 대신 오히려 모든 경우를 포괄하는 '일반성'을 찾아내는 데 주력해야 할지도 모른다. 확률이론에서부터 최근 빅데이터(Big data)이론의 출현이 이런 경향성을 암시하고 있다. 이렇게 본다면, 오늘날 우리에게 요청되는 새로운 시스템 사고로서의 복잡계사고 역시 이러한 비선형적 복합성 차원에서 가능한 "일반시스템사고"에 보다 주력하여야 할 것이다.

(3) 새로운 과학: 전체성 과학의 시작

서양사상은 미토스(Mythos, 神話)에서 출발하여 로고스(論理)로 발전되었다가 결국 과학으로 집결된다. 즉 인간은 처음에 감각적으로 세상을 이해하다가 다시 정화된 감각으로 논리를 이루어 내었지만 다시 관찰과 실험이라는 새로운 감각적 방법을 통해 과학을 발전시켜 왔다. 또한 관찰과 관측에서 시작된 과학은 조작 또는 실험조작의 방법까지 알게 되면서 감각과 논리를 병행할 수 있는 종합적 능력을 키울 수 있게 되었다. 실제로 과학과 기술의 결합으로 탄생한 산업혁명과 산업사회는 인간의 삶도 기계처럼 원인과 결과를 예측할 수 있다고 논리를 시대정신으로 만든 대표적 사건이었다. 그러나 현대이론과학으로 통계확률의 역학과 양자역학이 등장하면서 삶과 세계는 무한하게 복잡하다는 사실이 밝혀지기 시작했다. 급기야 혼돈이론과 '복잡계이론'이 등장하면서 이제 기존의 자연과학적 방법으로만 삶과 세상을 이해하고 파악해 낼 수 없음이 선언되고 있다. 삶의 복잡성과 복잡계를 파악하기 위해서는 인문 · 사회과학과 자연과학 간의 학제 간의 연구 또는 소위 통합과학의 필요성이 제기되고 있다(Mainzer, 1997: 1).

이미 19세기 중엽 철학자 마르크스(Karl Marx, 1918-1883)는 인문학과 자연과학은 머지않아 하나의 과학으로 통합될 것이라고 예언했다. 또한 아인슈타인 이후 우리는 통일과학의 염원을 해결하기 위해 '통일장이론'에 주력하고 있다. 그러나 기존의 과학들(인문사회, 정신과학 포함)은 여전히 자연과학의 방법에 치우쳐 있기 때문에 삶의 복잡성과 복잡한 세계를 이해하는 데에는 많은 차원에서 역부족으로 밝혀지고 있다. 아인슈타인을 인용한다면, 그는 "자연의 파악 가능성은 자체적으로는 영원한 파악 불가능성이기도 하다"고 고백한 적이 있다(Kutschman, 1999: 278). 이는 방법론의 선택에 따라 우리가 자연을 파악할 수도 있지만 파악하지 못할 수도 있다는 뜻이다. 결국 기존의 자연과학은 지금까지 발전된 방법론에 국한되어 있는 관계로 자연의 국지적 부분만을 다루고 있다고 할 수 있다. 인간의 복잡한 삶에 대해서는 더욱 빈약하다.

한마디로 오늘날 복잡성 과학이 탄생하면서 얻어진 새로운 믿음은 (기존의) 과학은 항상 불안하고 불완전하다는 사실이다. 역설적으로 과학이 불안정하고 불완전하기 때문에 새로운 과학의 창조가 가능하다는 말이다. 만약 과학이 완벽하다면 더 이상의 창조는 없을 것이다. 또한 인간이 불완전한 존재로 태어나기 때문에 역설적으로 우리는 계속 창조할 수 있는 것이다. 니체가 인간을 "창조하는 동물"(homo creator)로 본 이유가 바로 여기에 있다. 진리는 극히 주관적이고 우리가 스스로 세상을 계속 창조한다. 반면, 인간에 비해 상대적으로 완벽한 존재로 태어나는 동물이나 식물들에게는 새로운 창조가 없다. 결국 오늘날 과학만능의 세계에 살고 있는 우리 현대인들이 과학으로 모든 삶을 풀어나갈 수 없다는 사실을 인식하게 되면서 과학 논쟁은 이제 새로운 국면에 들어서고 있다. 한마디로 우리 현대인들은 기존의 과학으로 삶의 전체를 파악할 수 없게 된 것이다. 특히 복잡성 과학이 등장하면서 이제 우리는 삶의 전체성으로 접근하는 새로운 과학을 요청하게 된다.

우리의 옛날 우화집에 훈훈한 형님과 동생 이야기가 나온다. 형님은 동생 몰래 밤에 자기가 추수한 볏단 1단을 가져다 놓았다. 그랬더니 다음날 이를 눈치챈 동생이 형님 몰래 1단을 형님 논에 가져다 놓았다. 서로 10단씩을 교환했다고 한다면 결국 서로 간에 수학적으로 득실은 없다. 그러나 남은 것이 있다. 바로 두 형제가 '서로 사랑하고 있다'는 사실이다. 사랑의 증표는 삶의 활기를 불어넣어 수학적 경제방정식으로는 도저히 계산할 수 없는 상황을 초래하게 된다. 심지어 돈독한 형제간의 우애는 우리 독자들에게도 '감명'을 받게 한다. 이렇게 우리는 삶에서 수학적 계산 이상의 상황을 맞게 되는 경우가 허다하다. 이를 우리는 어떠한 (기존의) 수학이나 (기존의) 과학으로도 설명하지 못한다. 기존의 과학으로는 왜 우리가 슬픈 음악을 들으면서 울어야 하는지에 대해서 풀어낼 수 없으며, 경쾌한 음악을 들으면서 신이 나는지에 대해서도 알 수가 없다. 이렇게 삶을 이해하는 데 무기력한 과학의 역할에 대하여 미국의 언어학자이자 정치비평가인 촘스키(Noam Chomsky, 1928-)는, "기존의 과학은 길 건너편에서 이미 열쇠를 잃어버리고 나서 반대편 길가 가로등 밑에서 열심히 열쇠를 찾고 있는 술취한 사람과 같다"고 비유한 바 있다.

산림 공무원으로 많은 시간을 보낸 근대 환경윤리의 아버지라 불리는 미국의 농경제학자 알도 레오폴드(Aldo Leopold, 1887-1948)는 오늘날 환경운동의 바이블(bible) 격인 자신의 저서 『모래 군의 열두달』(2000)에서 "인간의 교육이란 다른 것을 보지 못하는 대가로 한 가지만 보는 것을 배우는 것"이라고 비판하고 있다. 한쪽으로만 생각하도록 가르쳐 온 우리의 교육은 그동안 우리 인간이 전체적으로 삶을 바라볼 수 없도록 하였으며 특히 (기존의) 환원적-기계적-분지적 과학의 조건만을 강요하면서 어느덧 인간에게 전체성 사고의 능력을 도태시켰다. 그러나 오늘날 세계는 이러한 부분만을 바라보는 시각을 가지고 살아남기 힘든 세상이 되고 말았다. 힘들더라도 전체적으로 사고하지 못한다면 살아가는 매 순간이 고통이다. 살아 있어도 죽음이다. 따라서 교육현장에서도 혁명적인 변화가 이루어지지 않는다면, 이제 교육이라는 단어는 우리의 삶에서 사라질 것이다. 이러한 교육의 폐쇄성에 대한 고발과 비판은 앞으로도 계속 끊이질 않을 것이다. 전체성 사고의 능력을 배양할 수 있는 새로운 대안으로서의 교육만이 유일한 대안일 수 있다. 학습혁명, 그것만이 길이다. 이미 사회제도로서 자리매김을 해온 기존의 교육방식으로 우리가 전체성 사고를 배양할 수 있는 길을 가기는 어렵게 되었다. 전체성 사고에 대한 과학적 사유는 전체성 과학에 대한 요청이기도 하다. 데이비드 호킨스는 다음과 같이 과학의 전체성과의 관계를 파악하고 있다.

> 과학은 그 자체의 기준의 한계로 말미암아 또 하나의 개념적인 왜곡을 초래하고 있는 것이 사실이다. 과학이란 전체적인 맥락에서 자료들을 제거해야 할 필요성을 항상 갖고 있지만, 결국 그 자료들에 의해 전체적인 의미와 가치를 부여하는 것은 전체적인 맥락에서가 아니면 가능하지 않다(데이비드 호킨스, 2000: 229).

하나의 특정한 조건을 충족시키는 과학이 아닌 삶의 조건, 즉 복잡하고 역동적인 전체적 조건을 충족시킬 수 있는 새로운 과학, 그리고 그러한 과학을 영위할 수 있는 새로운 과학적 방법론이 요청된다. 학습혁명은 새로운 과학을 가능하게 할 것이고, 새로운 과학적 방법은 더 높은 차원의 학습혁명을 가능하게 할 것이다.

3장

생태학적 패러다임

1. 환경오염과 생태계 파괴

1935년 영국의 식물생태학자 탠슬리(Arthur George Tansley, 1871-1955)가 처음 사용한 생태시스템(ecosystems) 즉 "생태계"라는 용어는 처음에는 잘 사용되지 않다가 '시스템이론'이 발달하면서 함께 일반화되었다. 생태시스템이란 구조적이고 기능적으로 조직된 시스템 속에서 함께 작용하는 자연의 물리적, 화학적, 생물학적 성분의 결과들이다. 따라서 '생태학'(ecology)은 생물과 무생물의 성분들이 자연 속에서 함께 어떻게 기능하는가에 대하여 연구하는 학문이다(Mainzer, 1997: 106). 앞으로 우리 지구촌의 자연권역을 하나의 시스템으로 본다면, 시스템의 원리와 내용 그리고 방법에 대하여 구체적으로 연구하고 탐구할 수 있을 것이다. 이렇게 본다면, 생태계 파괴란 생태라는 하나의 온전한 시스템이 망가져 훼손되는 것을 말한다. 시스템이 파괴된다는 사실은 시스템 속에 살고 있는 모든 개체의 운명도 파괴된다는 의미이다.

> "생태주의의 두드러진 특징은 19세기 후반에 나타났고 그 특징은 두 갈래로 뚜렷하게 구분됐다. 첫 번째 갈래는 생물학에 대한 반기계적, 전체론적 접근이었다. 이것은 독일의 생물학자 에른스트 헤켈(Ernst Haeckel)에 의해 유래됐다. 두 번째 갈래는 에너지 경제학이라는 경제학에 대한 새로운 접근이었다. 에너지 경제학은 부족하고 재생 불가능한 자원문제에 초점을 두었다. 1970년대에는 이 두 가지 특징이 서로 융합했다."(안나 브람웰, 김지영 역, 2012: 15)

특히 20세기 후반에 이르러서 합리적이고 분석적인 과학기술을 바탕으로 보다 나은 사회를 건설할 수 있다는 생각은 점차 그 한계를 드러내기 시작했다(김영식 · 임경순, 2002: 381). 우선 합리적 이성의 최종 결과물로 탄생한 각종 핵(核)기술은 핵전쟁의 위기를 고조시키고 있으며, 자연을 인위적으로 조작해서 인간에게 유익한 지식을 얻을 수 있다는 근대적인 실험정신은 20세기에 이르러서는 환경과 생태계 파괴라는 심각한 생존문제를 불러일으켰다.

20세기 초 공장 및 작업장에서 발생하는 위험한 화학물질에 대해서 연구했던 미국의 엘리스 헤밀턴(Alice Hamilton, 1896-1970)은 공장 노동자들에게 노출되어 있었던 각종 직업병에 대한 연구결과를 1925년 『미국의 산업독극물』(Industrial Poison in the Unkited States)이라는 저서로 발표한다. 여기서 그는 산업재해 및 산업공해를 비롯한 환경오염 및 생태계 파괴 현상에 대한 인간의 경각심을 불러일으켰다. 1939년 스위스의 화학자 파울 헤르만 뮐러(Paul Hermann Müller, 1899-1965)는 놀라운 살충효과를 가진 DDT를 발명함으로써 1948년 노벨 생리의학상을 수상했다. 그러나 DDT의 남용으로 DDT에 내성을 가진 곤충이 나타나면서 알드린, 디엘드린, 말라치온, 파라치온 등 DDT보다 독성이 더 강한 살충제가 개발되었다. DDT는 제2차 세계대전이 끝날 무렵 몸에 기어 다니는 이(lise)를 죽이기 위해 사용되고 말라리아모기를 소탕하는 데에도 공을 세웠다. 그러나 얼마 후 DDT에 내성을 가진 모기들이 생겨나면서, 기술결정론자들의 낙관론은 수그러들기 시작했다. 오히려 점점 화학살충제 개발의 악순환으로 자연의 질서가 보다 빨리 그리고 대형으로 파괴되었다. 급기야 식물계는 물론 동물계까지 포함한 생태계의 총체적 위기가 올 것이라는 우려가 제기되기도 했다. 지금 이 지구상에는 아직도 DDT에 내성을 가진 말라리아 모기를 퇴치할 수 있는 약이 개발되지 않고 있다.

한국의 과학칼럼니스트 이인식은 자신의 저서 『21세기를 지배하는 키워드』(2000)에서 제초제의 개발로 농산물은 단기적으로는 잡초나 병충해로부터 자유로울 수 있을지 모르지만, 장기적으로는 슈퍼잡초나 슈퍼병충해를 만들어 낼 가능성이 크기 때문에 앞으로 이들이 생태계 교란의 무법자가 될 것으로 전망하고 있다. 미국의 해양생물학자인 레이첼 카슨(Rachel Carson, 1907-1964)은 1962년 6월 16일 『뉴욕커』(*New Yorker*)지에 대규모 화학공장에서 생산되어 보급되는 살충제로 인하여 동식물의 환경 및 생태계가 파괴되고 급기야 그것을 만든 인간에게도 치명적 피해가 되돌아올 것이라는 글을 통해 살충제의 위험성을 경고했다. 카슨의 이러한 경고와 함께 그 이듬해에 『침묵의 봄』(*Spring of silence*, 1963)을 출간하게 되는데, 이 책이 대중들로부터 유래가 없는 커다란 반응을 받게 되면서 카슨은 미국 환경운동가의 대부라는 명칭을 얻게 된다. 그에 의해 주창된 환경보호론은 급기야 미국 환경운동의 기폭제 역할을 하게 되었다.

1964년 미국 의회에서는 야생보호법(Wideness Act), 1969년에는 환경정책법(National Environment Police Act) 그리고 각종 수질, 자동차 배기가스,

대기, 초음속 여객기 규제법이 제정되었다. 이러한 법적-제도적 장치 이외에도 1970년 4월 22일 환경 및 생태계 보호를 위한 "지구의 날"(Earth Day) 대회, 그리고 1972년 스톡홀름에서 제1회 유엔환경회의가 개최되었다. 또한 1972년 로마클럽 보고서인 『성장의 한계』(The Limits of Growth)가 출간되면서, 경제성장과 환경문제가 동시에 해결되어야 지속 가능한 사회가 가능하다는 인식에 공감대가 형성되기 시작했다. 이런 맥락에서 미국에서는 1972년 DDT 사용이 전면 금지되었고, 1975년까지 디엘드린, 클로르데인 그리고 헵타클르 같은 물에 분해가 되지 않는 유기 염소계 농약의 사용이 금지되었다. 하지만 앞으로 농약규제가 보다 심해질 것을 눈치챈 미국의 살충제 제조회사들은 재빠르게 농약의 사용에 대한 규제가 그리 심하지 않은 제3세계와 같은 개발도상국에서 새로운 판로를 개척하기에 이르렀다. 이로써 슈퍼살충제로 인한 환경 파괴는 개발도상국과 제3세계로 퍼져 나가면서 전 지구촌의 관심사가 되기 시작했다. 드디어 20세기 후반에 접어들면서 환경문제는 유럽 및 아시아를 비롯하여 아프리카 대륙으로까지 미치는 범(汎)지구적인 문제가 되고 말았다.

이러한 상황의 변화는 수많은 과학자들의 관심을 '생태학연구'로 집중되도록 하기에 충분했으며, 많은 과학자들로 하여금 미래학자로서 역할을 하도록 했다. 세계적인 환경학자인 셔우드 롤런드(F. Sherwood Rowland)는 CFC의 남용으로 발생한 지구 오존층의 파괴를 지구 대재앙의 뿌리로 보고 있다(사이언 그리피스, 2000). 그는 앞으로 우리 인류는 30~40년 더 석탄과 석유 등 화석연료에 의존하면서 여전히 이산화탄소를 배출하게 되어 지구온난화의 주범이 될 것이라고 예고하였다. 특히 그는 이산화탄소를 원천적으로 봉쇄하지 않는 한 지구의 운명은 일촉즉발의 위기에 처하게 된다고 경고한다. 국제민간환경연구단체인 월드워치연구소의 연례 보고서인 『지구환경보고서 2001』에 의하면, 지구온난화 현상으로 인하여 이미 북극 빙하는 50년 전보다 약 42% 정도가 얇아졌으며, 세계 산호초 군락은 27% 정도 사라졌다. 이 추세로 간다면 아마 2050년경에는 북극에서 얼음을 더 이상 찾아볼 수 없을 것이며, 지구온난화로 인한 물 부족, 식량생산 감소, 말라리아 등 치명적인 질병이 급격하게 확산될 것이라고 한다.

마이클 마자르는 환경 파괴의 심각성은 선진국들보다는 개발도상국에 보다 직접적인 타격을 주게 될 것으로 전망한다.

> 개발도상국의 도시에 사는 사람들 중 2억 2,000만 명이 깨끗한 식수를 사용하지 못하고 있으며, 4억 2,000만 명은 화장실을 이용할 수 없는 곳에서 살고 있다. 또한 10억 명이 넘는 사람들이 건강에 해로운 영향을 미칠 정도로 대기 오염을 감수하면서 도시에 살고 있다. 오늘날 개발도상국의 도시들이 배출하는 쓰레기 중 20~50%는 제대로 수거되지 않는다(마이클 마자르, 2000: 59).

한편, 대기 중으로 발생된 이산화탄소가 적외선을 흡수함으로써 온실효과(greenhouse effect)를 가져올 수 있다는 것은 이미 1세기 전인 1896년 스웨덴의 과학자 이레니우스에 의해 지적되었다(김영식 · 임경순, 2002: 389). 그러나 온실효과에 대한 연구가 1940년대 기상학자 캘린더(Guy Stewart Callendar)에 의해 계승되었을 당시만 하더라도 학계에서조차 관심을 끌지 못했다. 1950년대 들어서도 연구자들은 더러 있었지만 반응이 그리 민감했던 것은 아니었다. 심지어 지구 온실효과로 인한 환경문제를 들고 나온 이론물리학자 플래스(Gilbert N. Plass), 화학자 한스 수에스(Hans Suess), 해양학자 로저 르벨(Roger Revelle), 찰스 킬링(Charles D. Keeling) 등에 의한 연구물들도 흐지부지 사장되고 말았다. 그러다가 캘리포니아 대학의 화학자 마리오 몰리나(Mario J. Molina)와 셔우드 롤런드(F. Sherwood Rowland)가 1974년 『Nature』 6월호에 듀폰 사가 산업용으로 개발한 CFC 기체가 오존층을 파괴할 수 있다는 주장을 발표하면서, 다시 학계뿐만 아니라 정계와 재계의 관심을 끌게 되었다. 그 후 이러한 주장은 미국 과학아카데미(National Academy of Science)에 의해 받아들여져 1978년 CFC로 만든 에어졸의 사용을 금지시키는 법안이 제정되었다.

그러나 지구온난화의 심각한 문제에 대한 결정적 증거를 제출한 사건은 1980년대에 와서야 비로소 이루어졌다. 1985년 영국의 남극대륙 조사단이 1984년 9월과 10월 사이에 남극 대륙 성층권의 오존이 40% 감소했다는 조사결과를 발표하고, 이어 위성자료가 이와 같은 오존 구멍을 확인함으로써 CFC 기체들에 의한 오존층 파괴문제는 세계적인 관심을 모으게 되었다(김영식 · 임경순, 2002: 390).[1] 이들의 연구결과에 의하면, 앞으로 수십 년 안에 이산화탄소 배출로 인하여 지구의 평균온도는 1~2도 정도 높아질 것으로 예상된다. 이는 지난 수백만 년 동안에도 결코 없었던 지구의 온도 상승률이다. 지구의 평균 온도가 1~2도 상승하면 평균 해수면은 2030년까지 20cm, 2070년까지 45cm 정도 상승하게 된다. 따라서 해수면 상승으로 해안지방에 살고 있는 세계인구의 상당수는 심각한 재난을 당하게 될 것이다.

얼마 전 국제적십자사는 앞으로 10년 이내에 지구상의 기후 변화로 인하여 인류는 초대형 재난에 직면하게 될 것이라고 경고한 바 있다. 최근 지구촌에서 발생하는 엘니뇨, 라니뇨 같은 집중호우 및 극심한 가뭄 그리고 열대야 현상뿐 아니라 오존층 파괴, 지구온난화, 대도시의 광스모그 현상, 산성비, 미세먼지 등의 폐해가 종전에는 극심하게 오염된 곳에

1) 이로써 유엔은 몬트리올 의정서에서 오존층을 파괴하는 기체들을 금지하는 국제협정을 맺기에 이른다.

서만 발생했지만, 지금은 전(全) 지구화 현상으로 확대되고 일반화면서 각종 기상이변의 현상들을 만들어 내는 기후변동은 지구재앙의 그림자를 예고하고 있다.

문명비평가 제레미 리프킨(Jeremy Rifkin, 1945-)은 자신의 저서 『엔트로피-알게니시대』(1984)에서 열에너지를 사용하면서 인류의 멸망은 예고되어 있다고 주장한다. 이보다 훨씬 전인 1886년에 볼츠만은 생명의 일반적 투쟁은 근본 물질을 취득하기 위한 것도 아니고 그렇다고 에너지를 취득하겠다는 것도 아니며, 뜨거운 태양으로부터 차가운 지구로의 이동에 의해 손에 넣어 이용할 수 있는 엔트로피를 위한 투쟁이라고 주장한 바 있다(Bolzmann, 1886: 27). 나무를 태우면 재가 되지만 재는 다시 나무로 재생될 수 없다. 열역학 제2법칙은 최대 엔트로피 또는 무질서의 상태로 닫힌 시스템이 움직이는 것은 비가역적이라는 사실을 알려준다(Mainzer, 1997: 5). 따라서 열에너지의 지속적인 사용은 지구생태계의 사멸을 의미한다. 즉 지구온난화의 주범인 열에너지의 방출은 지구생태계의 사멸을 촉진한다. 우리가 엔트로피의 법칙과 생태계의 법칙을 무시한다면, 반드시 파멸적인 결과가 찾아올 것이다(제레미 리프킨, 1984: 29; 프란츠 알트, 2004: 11). 따라서 리프킨은 에너지 절약만이 인류가 살아남을 수 있는 유일한 방안이라고 강조한다. 에너지 학자들에 의하면, 앞으로 지구촌 사람 모두가 지금 수준보다 에너지 소비량을 1/4로 줄이지 않는다면 에너지 고갈로 인한 각종 환경 및 사회문제로 인하여 인류 공멸의 위기로 치닫게 될 것으로 전망하고 있다(에머리 로빈스 외, 2001).

『우리 문명의 마지막 시간들』(1998)의 저자 톰 하트만(Tom Hartman)은 인류가 열에너지의 원천인 햇빛에너지를 마구잡이로 남용했기 때문에 곧 멸망하고 말 것이라고 예언하고 있다. 지구상의 모든 생명체는 햇빛에 의존해 살고 있다. 식물은 동화작용을 통해 햇빛에너지를 직접 얻고 있으며, 동물과 인간들은 식물로 시작되는 먹이 사슬을 통해 햇빛에너지를 취하고 있다. 물론 피부로 받아들이는 햇빛도 중요한 생명에너지의 자원이다. 지층에 매장되어 있는 석탄과 석유 같은 화학 에너지도 따지고 보면 모두 태고의 햇빛에너지의 축적이다. 결국 인간과 동물 그리고 식물 등 모든 생태계를 살게 하는 것은 햇빛에너지임에 분명하다. 그러나 인간의 무절제한 남용으로 인하여 이러한 모든 에너지들이 고갈되고 있다. 전 세계 석유 매장량은 약 1조 배럴로 추정되는데, 이미 7천 5백억 배럴이 사용되었다. 그는 이러한 에너지 소비 추세에 비춘다면 앞으로 인간이 사용할 수 있는 화학 에너지 비축량은 채 45년을 넘기지 못한다고 계산한다.

오늘날 산림 남벌도 대표적인 생태계 파괴의 주범이다. 인도네시아 칼리만탄에서는 매년 발리 섬만 한 크기의 숲이 남벌과 방화로 사라지고 있으며, 아마존 강 유역의 우림지역에서는 7초마다 축구장 크기만 한 산림이 훼손되고 있다. 또한 미국의 패스트푸드점에 공급하는 소를 방목하기 위해 산림을 초원으로 바꾸는 바람에 과거에 국토의 3/4을 차지하던 산림이 이제 1/3로 줄어들어 버린 코스타리카의 경우, 토양 유실에 따른 기상이변으로 홍역을 치르고 있는 대표적인 나라이다(크리스티안 퀴헬리, 2000). 이미 오래전부터 동남아의 열대 우림지역들은 기계톱과 산불에 그대로 방치된 상태이고, 유럽과 북미 등 선진국에서는 화석연료의 남용에 따른 배기가스로 인하여 전 국토의 산림이 황폐화되는 과정에 있다. 북한 역시 식량난을 해결하기 위해 화전을 가꾸는 바람에 산림이 황폐화되어 매년 심각한 기상이변 현상에 내몰리고 있다.

미국의 천문물리학자이며 자연과학사가인 에릭 뉴트(Erik Newth)는 자신의 저서 『미래 속으로』(2001)에서 매일 1,000여 종의 생물이 이 지구상에서 멸종하고 있다는 보고를 한 바 있다. 티베트 고원의 라다크라는 오지에서 16년 동안 살면서 생태계의 변화를 관찰해 온 헬레나 노르베리 호지(Helena Norberg-Hodge)는 자신의 저서 『오래된 미래: 라다크로부터 배운다』(1992)에서 앞으로 약 40년 후에는 지구상에 동물이라곤 인간이 집안에서 길들여 놓은 개나 고양이 같은 애완동물과 집쥐 그리고 바퀴벌레 같은 기생동물만이 남게 되어, 결국 인간만을 남기고 생태계는 멸종하게 될 것이라고 안타까워하고 있다. 고생물학자인 리키와 르윈 역시 지금까지 지구상에생존했던 모든 생물종의 99% 이상이 멸종했다고 보고하고 있다(프리초프카프라, 1996/ 김용정 · 김동광 역, 1999: 285).

지난 20세기 100년 동안 지구에서 사라진 동물은 모두 2백 수십만 종에 달하며, 이들 대부분을 인간이 멸종시켰다고 한다(NHK 프로젝트팀, 2000). '마리온'이라는 별명을 가지고 있으며 지구에게 가장 큰 세이셀 코끼리거북이 약 200세에 생을 마감함으로써 지구상의 생물 중 가장 오래 산 기록을 남겼다. 이 거북은 이미 동종이 모두 멸종했는데도 불구하고 무려 120년간 혼자 남아서 마지막 생존자로 살다가 결국 인도양의 모리셔스 공화국 앞 바다에서 해변에 쌓인 포대 위에 올라갔다가 떨어져 죽었다고 한다. 또한 주로 아프리카 북부지역에 서식하면서 백수의 왕인 사자무리 중에서도 가장 용맹스러운 것으로 알려진 바바리사자들은 인간들의 무자비한 남획에 의해 20세기를 넘기지 못하고 멸종되었다. 이들은 거의 모두 뱃사람들에 의해 식량으로 살육되었다고 한다. 또한 시골에 가면 어디서든지 흔하게 볼 수 있었던 따오기는 1974년 마지막으로 목격되었으며, 한국이 원산지인 원앙이사촌도 1910년대 완전히 대가 끊겼다. 이밖에도 캐롤라이나 잉코, 네브라스카 늑대, 캘리포니아 회색곰, 배드랜드 큰뿔산양, 애리조나 재규어, 괌 과일 박쥐, 방글라데시의 분홍머리오리, 코카서스 바이슨, 구아다루프 카라카라, 포클랜드늑대, 캄차카 자이언트불곰, 초승달 발톱꼬리 왈라비, 붉은 잠자리, 극락잉꼬, 뉴질랜드의 불혹주머니 찌르레기, 카스피 호랑이, 아라비아 타조, 해변밍크를 우리는 이제 더 이상 볼 수 없다. 결국 생태계를 걱정하는 이들 모두는 조만간 현생 인류의 호모 사피엔스도 머지않아 다른 포유동물과 마찬가지로 멸종의 대열에 낄 수밖에 없다는 엄중한 경고를 하고 있는 셈이다. 즉 인간의 멸종도 시간문제가 된 것이다.

2. 생명공학과 윤리 논쟁

1) 인간게놈프로젝트

2002년 12월 26일 드디어 사상 최초의 복제아기 '이브'가 탄생했다는 보도가 있었다. 세상이 한동안 시끄러웠었다. 미국의 한 비정통 종교단체로 알려진 "라엘리안 무브먼트" 산하 인간 복제 회사인 클로네이드 사는 AFP통신과의 전화 인터뷰에서 "복제 실험을 통해 잉태된 태아가 제왕절개 수술을 통해 태어났으며 출산은 매우 순조롭게 이루어졌다"고 밝혔다(동아일보, 2002/12/28). 물론 거짓말로 끝이 났다.

이보다 전인 1996년 7월에는 영국 로슬린 연구소에서 복제양 돌리가 탄생하면서 인간배아의 복제와 "맞춤아기"의 탄생이 예고된 바 있다. 소위 '실험실 아기'는 이러한 예고이다. 우리 한국에서도 인간 복제 그룹의 일원으로 대리모를 자원했던 여성이 만삭의 몸으로 복제아기의 출산을 위해 비밀리에 미국으로 출국했다는 소식도 있었다. 엄청난 사건이었다. 전문가들에 의하면 인간 복제는 동물의 복제보다도 오히려 쉽다고 한다. 왜냐하면 인간의 난자는 동물의 난자보다 훨씬 윤곽이 선명하기 때문에, 난자의 핵을 제거하는 일이 동물보다 용이하다는 것이다. 태아 복제의 원리는 난자의 핵을 제거하고 그 대신 복제를 원하는 사람의 체세포를 그 자리에 넣어 9~10개월 자궁에서 숙성시키면 된다고 알려져 있다. 즉 자신이 자신과 똑같은 아이를 낳게 되는 것이다.

데이비드 로비크는 1978년에 이미 자신의 저서 『복제인간: 허구인가 사실인가』에서 1976년도에 복제인간의 탄생했다는 주장을 논픽션의 형식으로 쓴 바 있다. 이 책 속에서 묘사되는 복제아기의 탄생 경로는 대리모를 활용한다는 점에서 오늘날 복제양 돌리나 '이브'의 탄생 경로와 꼭 닮았다. 하여간 내용의 진위에 관계없이 이미 20여 년 전에 복제인간의 탄생이 예고되었다는 사실이 놀랍다. 설령 인간 복제가 법적으로 규제를 받는다고 해도 당분간 동물 복제는 전 세계적으로 일반화될 전망이다. 황우석 사건 이후 주춤하는 분위기이지만, 지구촌 어디에선가 동물 복제는 계속 일어나고 있다.

이미 우리나라에서도 1999년 복제젖소 "영롱이"의 탄생 이후, 2003년 2월 현재 약 90마리의 복제젖소가 목장에서 풀을 뜯고 있다. 이는 세계 수준급이 아닐 수 없으며, 앞으로 우리 식탁에 복제 소가 오를지도 모른다. 또한 우리나라에서도 복제돼지가 이미 10마리 이상 탄생하여 관찰 사육되고 있다는 소문도 있으며, 애완 고양이와 열대어의 복제에 대한 연구도 성과를 내고 있다. 심지어 멸종 위기에 처한 한반도의 상징인 백두산 호랑이 암소의 자궁을 활용하여 복제하는 프로젝트가 진행되고 있다고 한다. 그러나 야생 호랑이를 한 쌍이 제대로 살아남기 위한 행동 반경은 약 400km^2 정도가 된다고 볼 때, 설령 백두산 호랑이의 복제된다고 하더라도 지금 남한에 남아 있는 유휴 산림 면적으로는 과연 호랑이가 살아남거나 번식할 수 있을지는 의문이다. 그러나 이러한 생명조작의 과정은 환경 파괴 및 생태계의 문제와도 직결되어 있다. 한국의 과학칼럼니스트인 이인식은 자신의 저서 『21세기를 지배하는 키워드』(2000)에서 20세기 환경오염의 주범이 석유화학 제품에 의한 환경 공해였다면, 21세기 환경오염의 주역은 '유전자오염'일 것으로 전망하고 있다.

인간이 바이러스의 공격으로 인한 질병의 고통으로부터 해방되기 시작한 지 채 1세기가 지나지 않았지만 그동안 인간의 업적은 엄청나다. 파스퇴르가 세균의 생명현상을 밝혀내고 플레밍이 페니실린이라는 항생제를 발견하지 못했다면, 아마 우리 인류는 지금도 병마와의 전쟁에서 그리 자유롭지 못했을 것이다. 물론 지금도 우리 인간은 많은 질병으로부터 완전한 자유를 쟁취하지는 못했다. 그럼에도 불구하고 인간이 난치병, 불치병, 유전병의 한계에서 벗어나고 불로장생의 꿈을 꾸어 온 이래로 이제 생명까지 심지어 인간까지 창조할 수 있는 능력을 가지게 되었으니 생명공학의 발전은 가히 역사적 사건이 아닐 수 없다. 실명(失明)을 해도 레이저 장치를 통해서 다시 볼 수 있게 되었으며, 어린애 기저귀 갈아 채우듯 인체의 장기(臟器)도 새 것으로 갈아 끼울 날도 머지않았다. 앞으로 당뇨병 환자들에게 인슐린 주사를 놔주는 병원은 사라질 것이고, 이상적으로 복제된 췌장을 이식시키는 수술실만 번창해질 것이다. 신장병 환자에게 병원에서 비싼 신장투석기를 설치하고 밤새 간호사가 환자를 지킬 필요도 없다. 새로 태어난 아기들이 병원에서 집으로 돌아갈 때, 태내에 있을 때와 태어난 후에 실시된 유전자 검사 결과를 토대로 한 미래의 병력을 담은 플로피 디스크나 CD-롬을 함께 가지고 갈 날도 그리 멀지 않았다(마이클 마자르, 2000: 112). 시장에서는 맥박과 스트레스를 측정하는 귀걸이, 호흡상태를 감안하고 근육의 긴장 상태를 알려 주는 브래지어, 그리고 그때그때의 기분을 관리해 줄 머리띠의 등장을 예고하고 있다. 에릭 뉴트는 자신의 저서 『미래 속으로』에서 2050년에는 노화방지약이 개발되고 외모를 통째로 바꾸는 성형수술이 가능할 것으로 내다보고 있다.

프랑스 의료진들은 이미 인간에게 두 팔을 이식하는 수술에 성공했으며, 자신들의 이식 수술 기술력으로 곧 인간의 두뇌뿐 아니라 두 사람의 머리를 교환하는 소위 머리 절단 이식 수술도 가능할 것이라고 장담하고 있다. 이에 대해서 이미 1970년 원숭이의 머리 이식 수술에 성공한 미국 케이스 웨스턴 리저브대 로버트 화이트(신경외과) 교수는 맞장구를 치면서, 사람의 머리를 이식하는 것은 오히려 더 쉬울 수도 있다고 언급하기도 한다(사이언티픽 아메리카편, 2000). 심지어 그는 지금 당장이라도 자신의 힘으로도 사람의 머리를 다른 사람에게 이식할 수 있다고 호언장담하고 있다. 또한 유전학자 딘 해머는 태어날 아기의 행동과 성격, 수명 등을 결정하는 유전자를 주문할 수 있는 날이 곧 다가올 것으로 가상하고 있으며, 공학자 레이 쿠르츠바일은 앞으로 기계들도 생각과 감정 그리고 의식을 갖게 되어 인간의 능력을 초월하게 될 것으로 예고하고 있다(사이언티픽 아메리카편, 2000).

바야흐로 21세기 미래사회에서는 생명공학의 시대를 넘어 생체공학(바이오닉스, bionics)이 주도하는 바이오닉 퓨처(bionic future)가 도래하고 있다. 생체공학이란 고분자생물학과 초미소전자공학(micro electronics)의 결합으로 이루어진다. 보다 알기 쉽게 말하면, 이로써 탄생하는 과학은 생명공학에 모든 생명체의 컴퓨터 조작이 가능하도록 하는 전자공학이 융합되면서 생겨날 수 있는 그야 말로 완전한 가상세계를 창조하는 새로운 학문영역이 될 것이다. 아울러 이들은 앞으로 20년 후에는 과학을 창조한 인간이 과학으로부터 완전히 소외될 것이라는 주장도 하고 있다. 즉 과학기술의 발달 앞에서 인간은 단지 기계의 노예로 전락할 날이 멀지 않았다는 말이다. 이제 인간은 기계과학의 발달을 통해 그토록 갈망하던 유토피아의 앞에서 바로 인간의 대재앙을 자초하고 있다. 결국, 우리 인간은 테크노피아(Technopia)와 디스토피아(Distopia, 기술재앙)의 세계를 함께 경험해야 하는 기이한 운명의 소유자가 되고 있는 것이다.

특히 복제인간의 탄생 가설로 우리 인간의 운명은 그야말로 일촉즉발의 위기로 내몰리고 있다. 앞으로 복제인간으로 태어날 인간들은 — 물론 아직은 가상이지만 — 자신들의 자손들을 또다시 복제인간으로 선택할 확률이 높다. 기능이 떨어지거나 노쇠한 눈, 코, 입, 혀, 피부는 모두 보다 나은 기능을 가진 것들로 대체될 것이다. 상황이 이쯤 되면 우리는 이왕 나중에 대체할 바에야 태어날 때부터 최고 성능을 가진 장기를 조립하는 편이 낫다고 여기게 될 것이다. 또한 인공두뇌와 컴퓨터의 결합으로 만들어지는 인조인간 사이보그(Cyborg)의 출현도 시간문제가 되었다. 이렇게 되면 생명에서 생명으로 이어지는 생태계의 순환 원리는 중단될 것이다. 아울러 생명 존중의 사상이나 생명윤리는 과거의 추억 정도로만 남게 될 것이다. 또한 지금 이런저런 소문을 더하면서 윤리 문제, 법적 문제 등으로 왈가불가하고 옥신각신하고 있는 호모나 레즈비언 등 동성애의 문제나 아니면 생명을 담보로 하여 성전환 수술을 받아야 하는 것도 더 이상 화젯거리가 될 수 없을 것이다.

그러나 이는 환호의 축제가 아니고 오히려 인간에게 비극의 신호탄이 될 것이다. 인간이 만들어 내고 인간이 조립하고 선택해 낸 모조품 인간에게 결국은 진짜 인간이 외면당하게 될 것이며, 노령화되기 이전에 인간은 자손들에 의해서 학대(虐待) 대상으로 전락하고 말 것이다. 지금도 노인학대의 문제가 심각한데 만약 우리 인간이 애초부터 우수한 종을 조립하고 선택하여 자손을 키울 수 있다면, 그가 성인이 되는 순간 부모들은 바로 쓸모없는 폐물로 전락할 것이 뻔한 일이다. 인조인간 사이보그에 비해 상대적으로 열세인 진짜 인간이 이들에게 지배 조정되는 것은 어쩌면 당연하다. 그러나 인간의 지적 능력을 능가하고 인간처럼 생각할 수 있는 능력을 가진 기계는 생각만 해도 끔직한 일이 아닐 수 없다. 괴물 프랑켄슈타인의 이야기가 이제 소설 속에만 등장하는 한 장면이 아니다. 우리 앞에 펼쳐지는 미래 세계는 섬뜩하기까지 하다. 파스퇴르가 미생물을 발견하기 전까지 의사들은 질병이 공기 중의 '독기'(毒氣) 때문에 생긴다고 확신했다. 공기 중의 독기를 막아 내기 위해 시작된 의학과학의 발전은 오늘날 유전공학 및 생체공학으로 이어지면서 인간에게 오히려 또 다른 차원의 독기만을 남겨 놓게 되었다.

영국의 로슬린 연구소가 마침내 생명복제기술 특허권을 따냄으로써 원래 자연의 순리로 탄생하던 생명과 생명에의 외경은 유전자 조작기술의 결과로 치환되기 시작했다. 과연 우리는 유전자 조작기술의 결과로 탄생하는 생명에게 여전히 경의를 표하고 이들을 인정해야 할 것인가? 예를 들어, 유전자 조작으로 만들어 낸 콩과 옥수수는 지적재산권으로 보호받아야 할까? 오늘날 지식기반사회를 맞아 지식이 자본으로 환원되는 세상에 살다 보니까 모든 것이 지적소유권의 문제에 봉착하기 일쑤이다. 만약 유전자 조작으로 탄생한 모든 제품들이 지적재산권으로 보호받아야 한다면, 지적소유권 제도를 통해서 우리 사회에서 유전자 조작의 열기는 보다 강해질 것이다. 또한 이로써 인류의 미래가 어떻게 전개될 지에 대해서는 누구도 장담하기 어렵다. 그러나 유전자 조작의 농산물을 제조 판매하는 초국적기업에서는 유전자 조작도 지식의 창조로 이루어지는 과정이기 때문에 지적재산권으로 보장되어야 한다고 주장한다. 이들은 만약 이것이 지적재산권으로 인정되지 않는다면, 인간의 창조성은 땅 속에 묻혀 버릴 것이라고 으름장을 놓기도 한다. 아마 우리의 세상은 이제 힘 있는 초강대국의 초국적기업의 논리에 끌려갈 공산이 크다. 이렇게 된다면 결국 지적소유권 제도는 강대국이 힘없는 제3세계를 지배하는 또 다른 신종 식민주의로 작용하게 될 것이다(반다나 시바, 2000).

반다나 시바(Vandana Shiva)는 자신의 저서 『자연과 지식의 약탈자들』

(2000)에서 생태계의 다른 종과 문화에 대한 고려가 없는 지적재산권은 도덕적 · 생태적 · 문화적 차원에서 침략행위라고 강변하고 있다. 그는 오늘날 우리 사회의 가장 커다란 인류의 적은 신(新)식민주의를 주도하는 '생물제국주의'라고 강변하고 있다. 과거 식민주의는 영토와 자본에 국한되었지만, 오늘날 벌어지고 있는 신식민주의는 유전공학을 무기로 생태계 파괴는 물론이고, 식물, 동물, 미생물의 몸속까지 파고들어 식민지를 대상으로 온 생물을 약탈하는 '생물해적질'(Biopiracy)과 '유전자 식민화'로 대변된다. 또한 생명체에 대한 지적재산권은 인간의 창조성에 대한 보장이 아니라 오히려 생물들의 자기창조성을 억압하고 왜곡시킨다는 논리도 적극적으로 거부되지 않는다. 결국 유일한 대안은 '생물민주주의'를 사수하는 일이다. 따라서 반다나 시바는 "씨앗지키기운동"부터 시작하자고 호소한다. 유전자 조작에 적극적으로 앞장서는 초국적기업들은 모든 씨앗의 유전자를 수거하여 조작함으로써, 이윤의 극대화를 이루는 데에만 관심을 가지고 있다. 결국 이로써 생태계 파괴와 제3세계의 몰락은 불 보듯 뻔한 이치가 된다.

한 예로 우리 한국인들도 국산 콩을 사수해야 한다. 그러나 언젠가는 국산 콩의 생산이 중단될 것이다. 왜냐하면 유전자 조작된 값싼 콩이 국내에 반입되기 시작하면서 비싼 국산 콩을 재배하는 농가는 경쟁력을 잃고 있기 때문이다. 이들이 파산하면 우리는 유전자 조작된 콩을 먹을 수밖에 없게 된다. 결국 이렇게 된다면 모든 씨앗(콩)은 유전자 조작의 제물이 될 것이다. 이로써 생태계의 오염은 극대화되고 결국 생태계의 복원은 불가능해질 것이다. 그런데 중요한 것은 생태계의 죽음이 곧 인류의 죽음이라는 사실이다. 오늘날 인간의 생명창조의 신화는 '생명에의 외경'을 외쳤던 슈바이처(A. Schweitzer)의 시대를 정면으로 거부하고 있다.

2) 유전자 이데올로기

'유전자 조작'과 '인간게놈프로젝트' 그리고 지금부터 약 6년 반전 복제양 돌리와 복제젖소, 복제돼지의 탄생 그리고 복제인간의 탄생은 인류사에 기록될 인간승리임에 틀림이 없다. 그러나 안타깝게도 우리가 맞는 생명공학의 환희는 정치적 · 사회적 이데올로기 차원의 비난도 빗겨가기가 어렵게 되었다. 이를테면, 오늘날 인간게놈프로젝트(Genom-Project)를 통한 유전자 조작의 위험성이 높아지고 있는 시점에서 인간에 대한 무분별한 착취의 유형이 새로운 위기로 떠오르고 있다. 다시 말해서 '유전정보에 관한 인류의 지나친 집착'은 우리 인류의 역사가 만들어 온 각종 사회제도적 실패를 오히려 개인의 유전적 문제로 돌리면서 제2 또는 제3의 인종청소(holocaust)를 자행할 준비를 하고 있다는 우려가 높아지고 있다. 또한 최소한 우수한 유전자와 인체 장기는 오로지 가진 자와 권력자의 소유물로 전락하게 될 것이라는 비판도 상당한 공감대를 얻고 있다. 한편, '유전자 지도'(DNA-Map)를 상업계와 정치계에 적용하려는 의도 속에는, 인간의 본성이 유전자 안에 부호화되어 있기 때문에 생명체는 결코 원천적으로 변화될 수 없으며 고정적일 수밖에 없다는 소위 'DNA 이데올로기'가 숨어 있다. 이를테면, 범죄인의 유전자는 범죄인을 낳을 것이며, 가난뱅이의 유전자는 가난뱅이를 재생산한다. 이러한 생물학적 유전자 결정론의 논리 때문에 유전자 인간게놈프로젝트의 허구성과 비실효성이 논쟁거리로 부각되고 있다. 리처드 르원틴의 『3중 나선』(1998)을 번역한 김병수는 이 책의 후기 옮긴이의 말에서 완성된 1차 유전자 지도를 살펴보고 다음과 같은 자신의 의견을 피력하고 있다.

지난 몇 년 동안 유전자 결정론을 사회에 급속도로 확산시킨 것은 인간게놈프로젝트였다. 인간게놈프로젝트는 질병 극복, 맞춤 의학, 새로운 산업 창출 등의 기대를 받으면서 많은 사람들의 관심영역에 있었으며 생명공학에 대한 분위기를 이끌어 왔다. 인간게놈프로젝트의 적극적 옹호론자들은 인간 게놈을 생명의 책, 인간의 청사진 등으로 비유하면서 그것의 염기서열을 해석하고 기능을 밝혀내기만 하면 인간의 많은 것 예를 들면 질병, 성격, 행동양식, 지능 심지어 인간의 본성까지도 알게 될 것이라고 주장해 왔다. 초안 발표가 끝난 지금 그동안 유전자에 대한 기대가 과장되어 왔음을 보여 주고 있다. 인간의 유전자는 예상했던 8~10만 개가 아닌 약 3만 개 정도로 간단한 원형벌레보다는 1만 개 많을 뿐이며 이 중에서 단백질과 관련되는 부분은 1.1% 정도에 불과하다. 또한 인종을 구별할 수 있는 유전적 차이도 없으며 전 세계 인간은 그들 DNA의 99.9%를 공유하고 있다고 밝혀졌다. 게다가 우리는 아직도 정확한 유전자 수는 물론이고 확실한 염기서열조차 모르는 상태다. 이번 결과를 두고 인간게놈프로젝트에 의한 축을 형성했던 미국 셀레라 제노믹스 사의 벤터 박사는 유전자보다 환경의 중요성을 다시 한번 강조했지만 많은 과학자들은 아직도 유전자 중심적 관점은 제고하기 않은 채 이제는 유전자 간의 조절이나 SNP(single mucleotide polymorphism: 단일염기다형체)에 강조점을 두고 있다. 현재에도 과학계 내부에서는 염기서열의 정확성, 유전자의 개수, 정보의 공유 등에 관한 논란이 계속되고 있다(리처드 르원틴, 1998/ 김병수 역, 2001: 178-179).

쉽게 말하면, 인간게놈프로젝트는 암(cancer)을 예방하기 위해 암을 발생시키는 유전자 하나만 바꾸어 놓으면 암이 발생되지 않는다는 가설을 가지고 있다. 그러나 이러한 기계론적이고 환원론적 사고는 허구이며 공상이라는 것이다. 즉 인간과 생명현상은 유전자 세포 하나로 환원되거나 대치될 수 없다. 보다 심각한 문제는 유전자 인간게놈프로젝트나 유전공학이 이렇게 많은 한계와 허점을 가지고 있음에도 불구하고 거대산업과 거대정치와의 결탁 속에서 이미 커다란 사회적 권력과 제도적 권력을 집중시키고 있다는 사실이다. 이런 의미에서 르원틴(Richard Chares Lewontin, 1929-)은 자신의 저서 『DNA 독트린』(1991)에서 유전자 중심주의는 과학이 아니라 오히려 '이데올로기'(ideology)라고 보는 것이 타당하며 이는 현재의 기성사회구조를 옹호할 뿐이라고 주장한다.

참고로 같은 하버드 대학교의 사회생물학자 에드워드 윌슨(Edward Osborne Wilson)은 자서전 『자연주의자』(1996)에서 유전자에 의한 생물학적 결정으로 사회구조가 형성된다고 주장한 바 있다. 또한 그는 1978년 퓰리처상을 수상한 자신의 저서 『인간본성에 대하여』(1975)에서 유기체는 스스로 생존하지 않는다고 선언한다. 즉 현대판 우생학으로 비난받고 있는 이 책에서 그는 유기체의 일차적 기능이 다른 유기체를 재생산하는 것이 아니라 유전자를 재생산하는 것이며 유기체는 일시적인 매개체의 역할을 할 뿐이라고 주장한다. 또한 그는 우리 인간을 포함한 어떠한 생물들도 유전적 역사에서 창조된 명령 이외에 다른 목적을 소유하고 있지 않다고 설명한다. 한마디로 그가 대표하는 "사회생물학"(社會生物學, socio-biology)에서는 인격적 특성, 의지, 열정, 지성을 지닌 전체로서의 인간은 자기 목적을 따로 가지고 있는 분자들의 집합으로 환원될 뿐이다. 이를 확대 해석하면, 엘리트는 엘리트 유전자를 타고나기 때문에 엘리트로서의 기득권이 보장되는 것은 사회구조상 어쩔 수 없는 일이다. 물론 사회생물학자들은 이러한 극단적인 결론을 유보한다. 그러나 이들의 논리에 의하면 부의 재생산이나 지능의 재생산을 통해서 기득권의 사회구조와 문화가 재생산되는 것은 극히 당연시된다는 것이다. 심지어 자본주의, 사회주의, 자유주의, 파시즘, 인종(성) 차별 등을 가능하게 하는 유전자가 따로 존재한다는 말이 된다. 또한 그는 모든 생물이 신에 의해 창조되는 것이 아니라 유전자라는 우연과 환경이라는 필연에 의해 창조된다는 가설을 가지고 있다.

그러나 오늘날 생태학 연구에서도 이에 대한 반론은 만만치 않다.

> 생태학적 사고는 생존경쟁을 개체적 차원에서가 아니라 생명의 총체적 차원에서 봐야 한다고 생각한다. 다른 종이 기존의 생태계에 침입할 때, 침입자가 싸워야 하는 것은 어떤 특정한 개체나 종이 아니라 일정한 지역의 생태공동체 전체이다. 이때 중요한 것은 종의 수가 많은 경우가 종의 수가 적은 경우보다 더 강한 공동체를 이룬다는 사실이다. 성숙한 공동체의 성공은 그것을 구성하는 종의 우수성이 아닌 종의 다양성에 기인한다(김유창, 2014: 295).

어쨌건 이제 유전자 염기서열 지도(Genom Map)를 완성한 미국 같은 유전공학의 강대국들과 거대 기업들은 앞으로 고부가가치의 장사를 할 수 있는 영역이 넓어진 것에 대해서 축포를 터뜨릴 것이다. 물론 인간게놈프로젝트의 성공으로 인간은 이제 불치병과 난치병을 치유할 수 있게 될 것이며, 자신의 유전정보를 알게 됨으로써 자신의 미래와 질병을 예측하고 이로부터 해방될 수 있을 것이다. 이를 통해 자신의 삶을 개조할 수 있다는 장밋빛 설계도 과학의 진보이다. 그러나 이를 빌미로 "유전자 결정론"을 악용할 소지가 다분한 정치적 이데올로기의 문제와 경제적 상술 내지 상업주의는 아마 어느 때보다도 극치에 달하게 될 전망이다. 이미 많은 생물학자들은 유전자 결정론의 단초를 플라톤의 정치철학인 이데아론에서 찾고 있다(리처드 르원틴, 1998/ 김병수 역, 2001: 18). 한마디로 철저한 신분계급주의는 사회적으로 유전자 결정론을 대변하고 있는 셈이다.

오늘날은 과학과 정치, 과학과 사업의 만남으로 또 다른 삶의 복합 현상이 발생한다. 심지어 급진적 여성생태학자인 캐롤린 머천트(Carolyn Merchant)는 자신의 저서 『래디컬 에콜로지』(2000)에서 정치-경제에 집중된 권력이 환경파괴의 주범이라고 주장한다. 또한 권력은 부자와 가난한 자, 백인과 유색인, 남성과 여성, 인간과 자연을 갈라놓고 있다.

3) 환원주의 유전자과학

2001년 2월 발표된 인간게놈 지도에서 밝혀진 인간의 유전자 수는 약 3만 5천 개 정도로, 이는 '초파리유전자'의 2배가 채 안 된다. 인간게놈프로젝트의 책임연구자 중의 한 사람이며 현재 그레이크 벤터연구소를 운영하고 있는 생물학자 벤터(J. Craig Venter, 1946-) 박사는 "인간의 유전자 수는 생물학적 결정론을 수용하기에는 턱없이 적다"고 하면서, 이로써 인간의 본질을 파악하는 것은 어불성설임을 암시한 바 있다. 얼마 전 외신을 통해 생쥐와 인간의 유전자가 99% 흡사하다는 연구 결과가 발표되기도 했다. 이미 지금부터 한 세기 반 전에 진화론을 발표한 다윈(Charles Robert Darwin, 1809-1882)은 "고도의 능력을 발휘할 수 있도록 진화된 인간도 여전히 하등동물의 근본 모습을 지니고 있다"고 주장하였다. 오늘날 인간게놈프로젝트는 바로 다윈이 언급한 하등동물성의 근본 모습만을 밝혀놓은 셈이다. 이러한 사실 근거에서 본다면, [인간=유전자]의 등식을 가설로 시작한 인간게놈프로젝트가 위기를 맞고 있는 셈이다. 즉 유전자 수로만 본다면 인간은 초파리보다 2배 정도의 능력밖에 없는 것이며 생쥐와는 거의 같다는 결론이다. 그러나 이러한 논리를 누가 시인하겠는가? 곤충이나 파리와 결코 비교될 수 없는 것으로 알려진 인간의 위상이 기껏해야 고작 이들의 2-3배 정도며 생쥐와는 거의 같은 수준이라니, 실로 엄청난 충격이 아닐 수 없다. 결국 유전자 구조를 알아냄으로써 전체를 파악할 수 있다는 인간게놈프로젝트는 대표적인 환원주의 유전자과학으로서 이것마저 우리에게 "과학적 허구의 표상"이라는 충격을 안겨 주고 있다.

르원틴은 자신의 저서 『DNA 독트린』에서 "부분을 알면 전체를 파악할 수 있다"는 환원주의적 전제하에서 막대한 비용을 투입한 DNA 염기서열의 해독에 몰두해 온 인간게놈프로젝트를 통렬하게 비판한다. 이는 '원자론적 사고'로 시작된 환원주의적 근대과학방법의 결정판으로서 '기계론적 자연관'의 현대적 버전이라고 할 수 있다. 문제는 바로 이러한 사고방식이 소중한 생명현상의 연구 분야로까지 그대로 여과 없이 연장되었다는 사실이다. 즉 인간의 행동양식이 유전자에 의해 결정된다는 해석은 생명에서 유전자라는 실체의 존재에 대한 확신 즉 원자론적 사고에서 출발하였다고 볼 수 있으며, 유전자 결정론은 기계론적이고 환원주의적인 생물학적 패러다임에서 연유한다.

최근 들어 시스템이론의 관점에서 인간게놈프로젝트를 연구하고자 의욕을 보이고 있는 생태학자 린 마굴리스(Lynn Margulis, 1938-2011) 역시 지금까지 인간게놈프로젝트의 대부분이 전통적인 생물학의 기계론적-환원론적 관점에 의해 지배되어 왔다는 르원틴의 주장에 동조하고 있다(Margulis, 1995: 268-170). 르원틴은 인간의 생명현상이 결코 유전자로 환원될 수 없다고 선언한다. 다시 말하면, 그는 생명체가 원래 복잡성 구조를 가지고 있기 때문에 단지 유전자의 수와 기능 그리고 역할에 따라 파악될 수 있다는 '생물학적 결정론'은 무의미하다고 설명한다. 따라서 최근 인간게놈프로젝트가 완성되었지만, 인간의 염색체는 오히려 유전자의 다(多)기능론이나 아니면 다(多)유전자 일(一)기능론 그리고 유전자 간 또는 유전자와 환경과의 상호작용론에 의해 훨씬 더 정확히 이해될 수 있다는 반론에 부딪힌다. 즉 유전자 지도가 완성되었다는 의미는 모든 유전자를 구성하는 단백질의 조합구조를 밝혀냈다는 사실일 뿐이지, 유전자의 모든 비밀을 풀었다는 의미가 아니다. 구체적으로 유전자 조합이 무엇을 의미하며 어떤 조합이 어떤 성질을 유전시키는지는 여전히 의문일 뿐이다.

예를 들면, 미래학자 제리 비숍(Jerry E. Bishop)과 마이클 월드홀츠(Michel Waldholz)는 유전자 지도의 완성으로 유전병, 불치병 그리고 난치병을 예견할 수 있을지는 몰라도, 유전적으로 암을 가진 사람이 반드시 암에 걸린다는 보장을 하는 것은 아니라고 주장한다(제리 비숍, 마이클 월드홀츠, 1990/ 김동광 역, 1995: 14). 또한 이들은 아인슈타인, 모차르트, 펠레와 같은 재능 있는 유전자도 전혀 다른 사회환경에서는 똑같은 결과를 낳지 않는다고 주장한다(제리 비숍, 마이클 월드홀츠, 1990/ 김동광 역, 1995: 377).

복제양 돌리의 체세포 복제 과정을 살펴보면 이론상-논리상으로는 한 치의 오차도 없다. 즉 건강한 어미 양의 체세포를 채취하여 핵을 제거한 다른 양의 난자에 이식함으로써 이론적 복제의 과정은 완벽하다. 그럼에도 불구하고 복제양 돌리가 세상에 태어나 제대로 살아갈 수 없었던 주원인에 대하여 대부분의 전문가들은 돌리가 환경에 적응하는 데 실패했기 때문이라고 입을 모은다. 한마디로 환경과의 상호작용으로 설령 똑같은 유전자이고 같은 세포라고 하더라도 서로 다른 기능과 역할을 한다는 말이다. 보다 전문적으로 말하면, 유기체는 예외 없이 모두 "자기조직화 능력"을 가지고 있다는 사실이다(Mainzer, 1997: 142). 특히 환경과의 부단한 학습 과정으로서 이루어지는 자기조직화는 유기체의 정보를 상세하게 기술하고 있는 청사진을 가지고 있는 유전자 자체에 의해서도 유기체는 완전히 결정되지 않는다는 사실을 알려 준다(Mainzer, 1997: 145).

까마득한 옛날 우리 인간은 자연에서 자연과 함께 그리고 자연의 일부로 살아 왔다. 물론 미약한 기술문명의 수준 때문에 그럴 수밖에 없었던 것도 사실이다. 그러나 17세기 이후 데카르트와 뉴턴의 기계론적-분석적 사고 그리고 베이컨의 대상화-이분법 사고에서 비롯된 과학혁명과 산업혁명의 도화선은 인간의 삶을 극적으로 변화시키고 말았다. 또한 17세기 과학혁명의 과정에서 가치는 사실과 분리되었다. 그 이후 우리는 과학적 사실이 우리가 하고 있는 일과는 무관하며, 따라서 우리의 가치와 독립적인 무엇이라는 식의 믿음을 가지게 되었다(프리초프 카프라, 1996/ 김용정 · 김동광 역, 1999: 28). 즉 인간이 자행한 자연정복의 역사는 세상에 풍요로움과 편리함을 창출하였다고 하더라도, 그 이면에는 늘 엄청난 재앙을 몰고 다니고 있었던 것이다.

뉴턴은 생명을 단지 기계적 시계장치의 메커니즘으로 간주했다. 그에게 우주는 단지 거대하고 정교한 시계장치였으며 인간은 오로지 시계 속에 살고 있는 자동기계인형일 뿐이었다. 세상은 기계처럼 움직이는 것이었으며 인간도 기계처럼 움직이면 그만이었다. 여기서 결과는 반드시 하나의 원인으로 환원된다.[2)] 시계가 앞으로 가는 것처럼 모든 생명의 미래는 오로지 과거에 의해 결정된다. 거대한 우주 시계는 별들의 움직임처럼 인간의 의지나 목적과는 상관없이 예정 조화대로 움직인다. 이러한 인과론적-결정론적 시각은 급기야 단순한 구호를 변호하게 되는데, 이른바 "아는 것이 힘"(Francis Bacon)이라는 것이다. 특히 산업혁명과 함께 인류는 무분별한 자연 착취를 통해 환경오염 및 자원고갈이라는 급격한 생태계 위기를 자초하기 시작했다. 결과는 알프레드 노벨(Alfred Nobel)의 다이너마이트처럼 과학에서 비윤리성과 인간의 이기심은 구시대의 과학유물인

2) 비선형적 복잡계이론을 주장하는 현대이론물리학자들과 현대인본심리학자들은 이러한 선형적 사고를 매우 위험한 것으로 간주한다(Mainzer, 1997: 13). 즉 이러한 선형적 사고는 정치, 경제, 사회 등의 모든 영역에서 독단주의, 비타협, 비관용 그리고 열광주의로 이어질 가능성이 높다(ebenda).

기계론적-환원론적 사고의 극치로 끝나 버리고 있는 듯하다.

4) 생명 경시와 포스트휴먼(Post-Human)

정신병학자 레잉(R. D. Laing)은 16세기 근대과학의 아버지인 갈릴레이가 과학의 방식에서 '질적 차원'을 완전히 배제시켰다고 비판하고 있다. 그는 갈릴레이 때부터 과학이 우리에게 '죽은 세계'를 가져다주었다고 질책한다. 17세기 과학혁명의 과정은 인간에게 '가치'(價値, value)와 '사실'(事實, fact)을 분리시켜 왔다. 그 이후 우리는 과학기술의 발달과 삶의 가치는 별개의 독립적인 영역이라고 인식해 왔다. 즉 과학성이라는 명목하에서 데카르트-뉴턴 식의 기계론적 사고와 환원론적 사고는 가치의 문제를 사고영역에서 제외시키기 시작했던 것이다. 이때부터 이미 인간의 엄청난 과학적 발견들은 궁극적으로 '생명'이라는 전체 속에서 가치적-윤리적 문제의 불씨를 잉태시키고 있었다. 오늘날 많은 지식인들은 우리가 목도하는 생명윤리의 위기가 '인식의 위기' 즉 '사고위기'(思考危機)에서 비롯되었다고 한다. 그동안 우리 인간은 생명공학의 매력에 빠져 오랜 시간 동안 오로지 한길을 달려 왔다. 우리 인간은 열심히 동물과 인간을 복제하는 일에 매달리고 있으며, 이미 인간게놈 지도를 완성했다. 이제 누가 뭐라고 해도 일상에서 곧 실용화될 조짐이다. 생명공학의 발전은 이미 돌아오지 못할 강을 건넜는지도 모른다.

인간에게 생명창조의 영광은 소리 없이 생명경시의 불감증으로 급속하게 대체되고 있다. 쉽게 만들 수 있는 생명에 존엄성이나 소중한 가치가 부여되기 어려울 것이고, 쉽게 만들고 쉽게 처분할 수 있는 생명은 장난감이나 기계조각 이상으로 취급되지 못할 것이다. 그러나 기계공학적으로 인공장기를 만들어 끼우는 일과 복제인간의 장기를 이식하는 일은 엄연히 다르다. 데카르트의 기계론적 사고방식으로 본다면 아마 둘 다 같은 성격일 것이다. 그러나 전일론적-생태학적 사고방식으로 본다면 전자는 고장 난 장기에 기계부품을 바꾸어 기능을 회복하는 것이고 후자는 생명 전체를 죽이고 살리는 일이다. 전체로서의 생명은 부분으로서의 장기(臟器) 기능의 합이 아니다. 그 이상이며 다른 차원이다.

지구촌 생명공동체에서는 지체 하나의 파괴로 인한 파급효과가 사뭇 크다. 잘못하면 생명 하나를 잃음으로서 지구의 생명공동체는 완전히 붕괴될 수도 있다. 이스라엘의 히브리 대학 정문에는 다음과 같은 글귀가 써 있다: "한 사람을 살리면 모두를 살리는 것이요, 한 사람을 죽이면 모두를 죽이는 것이다." 1960년대 초 기상학자 에드워드 로렌츠(Edward Norton Lorenz, 1917-2008) 경은 이를 "나비효과"(butterfly effect)로 설명하고 있다. 북경에서 나비 한 마리가 날갯짓을 하면 다음 달에 뉴욕에 허리케인이 분다. 또한 3%의 소금이 지구상의 바다를 썩지 않게 한다. 우리 생태계에서 미소한 것의 영향력은 대단하다. 미연방준비은행 총재였던 폴 볼커는 "미국이 기침을 하면 한국은 감기에 걸린다"고 하면서 한국의 금융구조를 비아냥한 적이 있다. 생태계의 작은 요동은 큰 파장을 불러일으킬 수도 있다.[3] 우리는 생명이라는 전체적 특성을 파괴하고 나야 비로소 복제인간에게 장기 하나를 얻을 수 있다.

미국 앨라배마 대학교의 철학교수이자 인간게놈프로젝트의 옹호자인 그레고리 펜스(Gregogy Pence)는 어차피 인간 복제가 개인 선택의 문제이기 때문에 복제인간에 대한 무조건의 비판은 어불성설이라고 하면서 생명윤리에 대한 비판의 화살을 피해나가려고 한다. 그는 말한다: "인간

3) 복잡계이론에 의하면 작은 요동과 불안정은 비가역적 갈림길로 이어지며 가능한 행동의 복잡성을 증가시킨다(Mainzer, 1997: 91).

복재는 죄가 아니다." 그는 생명윤리의 논쟁으로 야기되는 인간 복제에 대한 비난은 생산성 없는 말장난에 불과하다고 주장한다. 그의 궁여지책에 의하면, 복제아기도 9개월 이상은 여성의 자궁 속에 자라나야 한다는 것이다. 즉 복제인간은 '자궁을 가진 그 누군가가' 결정하는 것이지, 과학이 결정하는 것이 아니라는 것이다. 그러나 미래학자들은 2020년쯤이면 인공 자궁의 개발이 가능하다고 예견하고 있다. 이미 어머니의 몸을 빌리지 않고도 시험관 아기가 나온 지 30년이 넘고 있다. 과연 이러한 상황에서도 그레고리 펜스는 복제인간의 윤리성을 여전히 자궁의 선택으로만 남겨 둘 수 있을까?

하여간 급격한 상업화와 정치화의 격류 속에서 개인의 소유물로 그리고 조작의 대상으로 전락하는 생명공학의 업적과 이에 대한 가치 및 윤리 논쟁은 그리 간단할 것 같지만은 않다. 그러나 분명한 것은 과학적 사실과 인식, 가치, 행동은 결코 분리될 수 없다는 사실이다(프리초프 카프라, 1996/ 김용정 · 김동광 역, 1999: 28). 왜냐하면 보다 큰 패러다임은 항상 '가치로부터' 결코 자유롭지 못하기 때문이다. 하여간 결말이 어떠하더라도 '나' 스스로가 복제인간을 만들어 놓고 필요와 요구에 따라 별 특별한 고민이나 갈등도 없이 일거에 토막을 내 버릴 수 있다는 사실은 생각만 해도 소름이 끼칠 정도로 끔찍하기까지 하다.

이미 1997년 7월 31일 미국 하원이 「인간배아복제금지법(안)」을 통과시킴으로써 「인간 복제금지법」은 다른 나라로도 확산되고 있다. 그러나 아무리 국가가 「인간 복제금지법(안)」을 채택한다고 해도, 기술통제력이 불가능한 미래사회에서 장기 이식은 불치병과 난치병 환자 치료부터 시작해서 곧 전 사회에 일반화될 전망이다. 실제로 생명윤리가 생명공학의 발달을 저지할 수 있다는 생각은 너무도 낭만적이다. 생명윤리가들의 저항은 테크놀로지의 발달 앞에서 무기력하다. 오히려 이러한 윤리적 저항은 비현실적이며 심지어 반사회적이라고 역공을 당할지도 모른다. 이미 2세기 전 괴테의 소설 『파우스트』에서 인간 복제에 대한 인간의 열망은 시작되고 있었다. 『파우스트』 2부에 호문클루스라는 인조인간이 등장하는데 이것은 어찌 보면 인간 복제에 대한 인류 최초의 공상이었을지도 모른다.

복제기술의 쾌거가 이어진 이후 최근에 발생하는 몇몇 현실을 들여다보더라도, 우리가 인체 장기를 얻거나 난치병을 치료하기 위해 이룩한 생명공학의 위업에서는 얻는 것보다 잃는 것이 더 많다는 사실을 알 수 있다. 얻는 것은 생명의 불안정성과 불확실성일 것이고, 잃는 것은 지구상에 만연되는 '생명경시'의 풍조이다. 복제양 돌리가 태어났지만 돌리의 조로(早老) 현상과 일상생활의 나약함 그리고 단명은 어쩔 수 없었다. 돌리는 태어난 지 3년 만에 비만, 관절염, 조로 현상을 나타내더니 결국 조로 현상에 의한 악성 폐질환 때문에 생후 만 6년 반 만인 2003년 2월 14일 자연사로 폐사되고 말았다. 정상적인 양이라면 12~13년 정도를 살아야 하지만, 돌리의 수명은 절반에 그쳤다. 그것도 태생 이후 줄곧 각종 질병에 시달리다 짧은 생을 마감한 것이다. 이미 그 전에도 한국에서 태어난 첫 복제돼지는 생후 2주 만에 죽었고, 2000년 4월 호주에서 태어난 복제양 마틸다 역시 3년의 짧은 생을 살다가 원인불명으로 돌연사했다. 그런데 이러한 생명 복제의 위험성은 그동안 수많은 과학자들에 의해 이구동성으로 예견되어 왔다. 심지어 복제양 돌리를 탄생시킨 이언 윌머트 박사조차 "복제인간은 태어난 뒤 일찍 죽거나 심각한 기형 및 질병을 겪게 될 가능성이 높기 때문에 복제인간만은 안 된다"고 강조한 바 있다.

한편, 많은 전문가들은 아직 유전자 조작 기술로 생명에게 돌연변이의 가능성도 배제하지 못한다고 우려하고 있다. 만약 복제인간이 엉뚱한 돌연변이로 태어나 멀쩡히 길거리를 돌아다니고 있다고 가정해 보자.

그에게서 무슨 일이 발생할 것이며 그의 생각에 다른 생명은 어떻게 인식될 것인가? 생각만 해도 소름이 돋는다. 심지어 우리는 언젠가 어쩌면 우리가 만든 사이보그나 복제인간에 의해 공격을 받아 처참하게 목숨을 바쳐야 할지도 모른다. 이제 삶에서 주객이 전도될 가능성은 얼마든지 상존한다. 왜냐하면 생명은 — 창조된 복제인간도 마찬가지로 — 상호의존적이고 상호관련적으로 연결되어 있으며 자신의 환경을 인지하고 스스로를 창조하면서 서로 접속하고 교환하기 때문이다.

어쩌면 역으로 우리 사회에 이미 만연된 생명경시의 풍조 때문에 복제인간 만들기의 구상도 쉽게 나올 수 있을지 모른다. 멀게는 각종 전쟁, 폭탄 테러, 살상으로부터 장기(臟器) 밀매, 보험 담보 살인, 청부 살인, 조직폭력, 성폭력, 아동학대, 학교폭력의 비인간적 잔악 행위 등 생명경시의 시대에 살고 있는 우리 현대인들에게 이제 생명은 하나의 물품이며 기계의 부품일 뿐이다. 어쨌든 생명마저 소유하게 된 인간은 이제 생명을 다 쓰고 아무 데나 구겨 버릴 수 있는 일회용 종이컵 정도로 생각하고 있다. 제리 비숍과 마이클 월드홀츠의 예측처럼 머지않아 우리 사회에서는 생물학적 하층계급, 유전적 차별화, 게놈 프라이버시라는 용어가 일반화될 전망이다(제리 비숍, 마이클 월드홀츠, 1990/ 김동광 역, 1995: 383).

> 다가올 미래에 이러한 차별이 사라질 것이라고 믿을 만한 근거는 하나도 없다. 유전병이나 유전병에 걸릴 가능성에서 자유로워지는 것은 물론, 원하는 정신적 형질을 위해 프리 엠브리오를 선택할 수 있는 능력이 광범위하게 확산된다면, 대부분 사회경제적으로 중 상류층에 있는 사람들이 광범위하게 이용하게 될 것이고 가난하고 불리한 조건에 놓인 이들은 좀처럼 이용하지 못할 것이다. 이러한 차별적인 유전자 선택이 사회의 상하층 간의 간격을 더욱 넓히게 되는 데에는 그리

많은 세대가 걸리지 않을 것이다.

심지어 조작된 유전자도 당대에 그치지 않고 유전된다는 사실이 밝혀지면서, 앞으로 지금의 우리와는 전혀 다른 인간이 지구를 지배하게 되는 소위 '포스트휴먼'(Post-Human)의 시대도 가상된다. 한편, 유전자 조작의 심각한 폐해는 생태학 연구를 가속화시키는 계기를 마련해 주기도 한다. 그나마 고무적인 것은 아직도 우리 인간들은 어떻게든 살아남아야 한다는 의지 하나만은 그대로 가지고 있다는 사실이다. 살아남기 위한 발버둥으로서 생태학 연구에 큰 기대를 하는 세상이 결코 오지 않을 것이라는 법도 없다.

3. 심층생태학의 탄생

생태학(ecology)이란 말 그대로 지구촌 가족에 대한 연구이다(프리초프 카프라, 1996/ 김용정 · 김동광 역, 1999: 53). 생명현상을 연구하는 생태학은 1858년 헨리 소로(Henri Thoreau)가 쓴 글 "Letter, New Year's Day"에서 처음 사용되었다(홀리, 1950/ 홍동식 외 역, 1995: 13). 또한 1860년 「산림 나무의 계승」(the succession of forest tree)이라는 그의 강좌를 통하여 생태학에 대한 최초의 경험적 사례 연구가 이루어졌다(Mainzer, 1997: 107). 1866년 독일 동물학자 헤겔(Ernst Heckel)의 해석에 의하면, 희랍어 Oikos는 인간이 거처하는 '집'이라는 뜻으로 "인간의 직접적인 환경"을 의미한다. 또한 영어로 자연을 뜻하는 nature는 인간의 본질을 의미하기도 한다. 1909년 발트의 생물학자

윅스퀼(Jakob von Uexküll)은 환경을 의미하는 "Umwelt"라는 용어와 이 개념을 동일시하여 사용하였다(Uexküll, Jakob von, 1909).

생태학자 프리초프 카프라(F. Capra)는 생태학의 핵심 원리를 '재생'(reproduction)으로 보고 있다(프리초프 카프라, 1996/ 김용정 · 김동광 역, 1999: 235).

> 모든 생물은 생태계 속에 들어 있는 열린 시스템으로 폐기물을 생성한다. 그러나 한 종에게 폐기물에 해당하는 것이 다른 종에게는 먹이가 될 수 있기 때문에 폐기물은 끊임없이 재생되고 생태계 전체는 대체적으로 아무런 폐기물도 남기지 않는다.

생태학은 생태계(ecosystem)에 관한 연구이다. 생태계라는 말은 1930년대 중반 영국의 식물생태학자 탠슬리(Arthur Tansley)에 의해 처음으로 창안되었으며, 생태학이라는 학문의 계보는 클레먼츠, 찰스 엘튼(Charles Elton, 1990-1991), 허친슨(George Evelyn Hutchinson, 1903-1991), 린디먼(Raymond Lindeman), 유진 오덤(Eugene P. Odum)과 하워드 오덤(Howard Thomas Odum) 등에 의해서 20세기 중반을 거치면서 성립되었다(김영식 · 임경순, 2002: 391-392). 또한 생태학 연구는 전후 미소 등 강대국을 중심으로 일어난 빈번한 핵실험들과 이에따른 핵과학의 발전과 맥락을 같이 한다. 핵실험을 통한 생태계의 에너지 흐름과 생태학적 변화에 대한 조사는 핵과학의 발전에 기여했다. 물론 이는 생태계 전체의 문제를 파악하기 위한 자료로서도 중요하다.

특히 1950년대에 시스템 생태학(Ecosystem Ecology)을 발전시킨 유진 오덤과 그의 형 하워드 오덤은 생태계를 기능적으로 연결된 부분들로 구성된 자기-조절적인 단위로 간주하였다. 또한 오덤 형제는 자연과학과 사회과학을 연결시킬 수 있는 학문으로 생태학을 꼽았으며, 자연 생태계에서 일어나는 에너지 및 물질의 흐름과 변화과정을 열역학이론의 기반으로 하는 시스템 언어로 분석하고 수식으로 정량화하였다(하워드 오덤, 2000). 그러나 생태학이 새로운 과학으로 자리 잡는 계기를 마련한 사건은 미(美)국립과학재단에서 1968년부터 1976년까지 9년간 지원한 「국제 생물학 프로그램」(International Biological Program)이라는 거대 정부 프로젝트였다. 비록 이 프로젝트는 실패로 끝났지만, 1950년부터 과학적 연구로 출발한 시스템 생태학이 거대과학의 일원으로 자리매김하는 계기를 마련해 주었다.

라이안 아이슬러(Riane Tennenhaus Eisler, 1931-)는 생태학이 탄생하게 된 동기를 인간의 반생태학적 본능 때문이라고 지적한 바 있다(Eisler, 1987: 13). 인간은 생태환경을 보호하려는 본성도 가지고 있지만, 생태를 파괴하려는 반생태학적 본성도 함께 가지고 있다. 그런데 지금까지 우리 인간을 지배해 온 본성은 반생태학적 차원이었다. 바로 이러한 인간의 반생태학적 본성은 역사시대 이래로 인간으로 하여금 항상 "지배자 시스템"(dominator system)(Eisler, 1987)을 구축하면서 살게 하였다.[4] 아이슬러는 제국주의, 자본주의 그리고 인종차별주의가 인간의 반(反)생태학적 본성이 발현된 대표적 사회지배의 전형으로 꼽고 있다. 특히 사회생태학의 일종인 '에코페미니즘'에서는 남성에 의한 여성의 가부장적 지배를 여러 가지 계급적, 군국주의적, 자본제적 그리고 기업적 형태 속에서 이루어지는 모든 지배와 착취의 원형으로 간주한다(프리초프 카프라, 1996/ 김용정 · 김동광 역, 1999: 25). 한국의 에코페미니스트인 김재희는 자신의 저서 『깨어나는 여

---

4) 인류가 역사 이래로 구축해 온 소위 "지배자 시스템"은 소위 문화시스템, 지식시스템, 과학시스템, 계몽시스템, 기계시스템과 같은 역사적 사회시스템을 들 수 있다. 인간은 문화시스템 속에서 문화를 매개로 서로 경쟁하고 투쟁해 왔으며, 지식 및 과학시스템 속에서 이성적 지식과 과학적 지식을 소유하면서 경쟁해 왔다. 그리고 계몽과 기계시스템 속에서는 문명화의 척도를 기준으로 서로 경쟁하며 투쟁하면서 결국 "인간이 인간을 지배하는 역사 시대"를 개척해 온 것이다. 인간은 시스템을 만들고 그 시스템 속에서 시스템 사고를 하면서 살아남았다. 이렇게 살아남는 과정에서 동반된 경쟁과 투쟁의 흔적들은 인간에게 지배자 시스템을 허용했다. 역으로 지배자 시스템의 연속이 바로 인간에게 역사적 사회시스템들을 가능하게 했던 것이다.

신』(2000)에서 가부장제에 의해 발생한 지배자 시스템의 역사에 대해 다음과 같이 지적하고 있다(김재희, 2000).

> 인류문명은 누적된 가부장제의 스트레스로 지독한 중병에 걸려 있다. 지난 오천년 동안 지구어머니의 가장 미더웠던 아이들이 온갖 종류의 집단 광기로 발작을 하며 수도 없이 자지러졌던 데 비해, 그 아픔을 드러내지 못한 지구어머니는 속으로 깊이 병이 들었다.

이제 그녀는 에코페미니즘(생태여성주의)을 대안으로 제시하고 있다. 대지의 여신 가이아(Gaia)의 넓은 품과 자궁의 안온함이 부패해 가는 남성중심의 폭력적 착취문화를 순화시킬 수 있다는 주장이다.

오늘날 전 세계에 급파되고 있는 심층생태학(deep ecology)은 과학적 생태학의 근거를 바탕으로 하는 철학적 사회운동이라고 할 수 있다. 심층생태학이라는 용어를 처음 사용한 사람은 아르네 네스(Arne Naess, 1912-2000)라는 노르웨이의 철학자이다. 그는 생태학을 '표층생태학'(shallow ecology)과 '심층생태학'(deep ecology)으로 구분하였다. 심층생태학은 철학의 한 학파를 구성할 정도로 세력도 커졌다. 네스에 의하면 표층생태학은 아직도 '인간중심적인 관점'을 가지고 있는 데 반하여, 심층생태학은 인간도 자연의 일부분으로서 '생명 그 자체가 중심이 되어야 한다'는 관점을 지닌다.

현대생태학자 프리초프 카프라는 과거 낡은 패러다임이 인간중심적(anthropocentric) 가치들에 기반하고 있는 반면, 심층생태학은 생태중심적(ecocentric) 가치들을 토대로 삼고 있다고 한다(프리초프 카프라, 1996/ 김용정 · 김동광 역, 1999: 27). 표층생태학은 역사 이래로 인간이 역사적 지배자 시스템을 창조하면서 자연을 도구적 가치와 수단으로 활용하였던 방식을 그대로 적용하고 있지만, 심층생태학은 인간과 자연은 주관과 객관 즉 주체와 대상의 관계가 아니라 상호공존하고 상호의존적인 우주의 동일 현상으로 간주한다. 심지어 심층생태학에서는 영적 또는 종교적 차원의 인식까지 포괄하고 모든 개체들이 인간이건 자연이건 전체로서의 우주 속에 서로 연결되어 있다. 즉 자연과 자아가 하나라는 영적 체험을 기반으로 하고 있는 셈이다. 이렇게 본다면, 심층생태학적 인식은 생태학적 생활양식과 환경적 행동주의를 위한 가장 이상적인 철학적, 영적 기반을 제공해주게 된다(프리초프 카프라, 1996/ 김용정 · 김동광 역, 1999: 24). 한마디로 자연과 자아의 일치를 통해 가능해지는 모든 방향으로의 자아확장이 바로 심층생태학의 기반이다(프리초프 카프라, 1996/ 김용정 · 김동광 역, 1999: 29). 또한 심층생태학은 모든 생물을 본질적인 가치로 인정하고, 자연과 다른 생물과 마찬가지로 인간을 생명이라는 전체라는 그물 속에 포함되어 있는 한 가닥의 씨줄이나 날줄에 불과한 무엇으로 본다(프리초프 카프라, 1996/ 김용정 · 김동광 역, 1999: 23). 그러나 카프라는 가치의 문제를 심층생태학의 핵심으로 보고 있다(프리초프 카프라, 1996/ 김용정 · 김동광 역, 1999: 27). 다른 말로 하면, 오늘날 생태학에서는 자연과 인간의 자아를 가치(또는 의미) 차원에서 "같은 하나"로 보고 있다.

4. 생태학적 시스템

1970년대와 1980년대는 생명시스템을 가능하게 하는 "자기조직화 현상"을 연구하는 과학자들이 폭주했던 시대였다. 벨기에의 일리야 프리고진(Ilya Prigogine), 독일의 헤르만 하켄(Hermann Haken)과 만프레트 아이겐

(Manfred Eigen), 영국의 제임스 러브록(James Lovelock), 미국의 린 마굴리스(Lynn Margulis), 칠레의 움베르토 마투라나(Humberto Maturana)와 프란시스코 바렐라(Francisco Varela) 등에 의해 생물의 자기조직화 현상에 대한 연구는 정교해졌다(프리초프 카프라, 1996/ 김용정 · 김동광 역, 1999: 120). 심지어 이들은 나중에 통일된 생태학적 시스템이론의 탄생 가능성에 발판을 구축한 장본인들이기도 하다.

이들의 결론에 의하면, 첫째, 생물체의 자기조직화 과정(autopoiesis) 속에서 새로운 행동양식이 창조되며, 둘째, 자기조직화는 평형 상태가 아닌 비평형 상태에서 이루어지며, 셋째, 자기조직화가 이루어지기 위해서는 시스템을 통한 에너지와 물질의 일정한 흐름이 필요하기 때문에 반드시 열린 시스템으로 가능하며, 넷째, 자기조직화 과정 속에서 시스템의 구성요소들은 비선형적으로 연결됨으로써 "인과적으로 연결된 구성요소들의 순환적 배열"(프리초프 카프라, 1996/ 김용정 · 김동광 역, 1999: 84)인 "피드백 루프"[5]를 가능하게 한다. 생태계의 피드백 루프는 영양분이 지속적으로 재생되는 경로를 말한다(프리초프 카프라, 1996/ 김용정 · 김동광 역, 1999: 391). 이러한 생명의 자기조직화 원리는 이미 아리스토텔레스가 엔텔레키(entelechy)의 개념을 사용했을 때부터 인식되기 시작했다. 그에 의하면, 생명은 외부로부터 움직임이 촉발되는 무생물과 달리 자기 움직임의 특성에 의해 규정된다(Mainzer, 1997: 81).

특히 자기조직화 하는 생명시스템의 비선형적 패턴의 움직임을 비선형 방정식이라는 수학으로 계산해 내는 데 성공함으로써 노벨 물리학상을 수상하게 된 러시아 태생의 벨기에 화학자이며 물리학자인 프

5) 실제로 거의 박테리아가 탄생한 시점부터, 박테리아는 최초의 피드백 루프를 수립했으며, 그 루프는 결국 생물과 환경이 밀접하게 결합된 시스템을 낳았다(프리초프 카프라, 1996/ 김용정 · 김동광 역, 1999: 312).

리고진(Ilya Romanovich Prigogine, 1917-2003)은 소위 "흩어지는 구조"(dissipative structure)[6)]를 발견하였다. 그는 이를 수학적으로도 계산해 낼 수도 있었다.[7)] 흩어지는 구조란 평형 상태와 거리가 먼 "불안정 속의 안정 구조"로서 생명체가 스스로 자신의 생명을 유지하는 기반이다(Prigogine & Stengers, 1984). 또한 흩어지는 구조는 '비가역적'이다(Mainzer, 1997: 68). 생명체는 흩어지는 구조 덕분으로 새로운 방향으로 진화하는 것도 가능해진다. 예를 들어, 욕조에서 물이 빠져나갈 때 물은 쉼 없이 소용돌이(불안정성)를 통해 욕조 밖으로 빠져나가지만, 나선과 좁은 깔때기 모양으로 우리에게 친숙한 그 특징적인 형태는 괄목할 만큼 안정적으로 유지된다(프리초프 카프라, 1996/ 김용정 · 김동광 역, 1999: 223). 처음 수도꼭지를 틀었을 때 물은 규칙적인 흐름을 보이지만 꼭지를 세게 틀면 물줄기는 예측할 수 없는 파동을 일으키며 사방으로 흩어져 내린다. 수도꼭지를 좀 더 열어 놓음으로써 즉 초기의 상황 조건을 변화시킴으로써 결과는 다른 엄청난 파장을 만들어 내는 것이다. 작은 조건 변화로 인하여 결과가 달라지는 것은 흩어지는 구조가 내재하고 있기 때문이다.

그러나 흩어지는 구조 역시 하나의 질서 구조로서 곧 안정된 상태로 회복된다. 즉 물은 소용돌이 안쪽의 물 표면에서 처음에는 고도로 복잡한 비선형 구조들 즉 파문, 파도, 역류 등이 생성되지만, 결국 물을 배수구로 끌어들이는 중력, 안쪽으로 몰려드는 물의 압력 그리고 바깥쪽으로 작용하는 원심력이 서로 균형을 이루면서 안정된 상태에 도달하게 되

---

6) 흩어지는 구조는 복잡계의 근본 개념이다(Manizer, 1997: 68). 또한 열린 시스템은 프리고진에의해 흩어지는 구조로 명명된 에너지의 분산과 소비에 의한 구조를 유지한다(Mainzer, 1997: 91).

7) 흩어지는 구조에 대한 수학 이론은 비선형적 진화방정식과 함께 생성과 소멸을 반복하는 자연의 지상세계에 대한 아리스토텔레스의 모델을 위한 틀을 제공하는 듯하다(Mainzer, 1997: 91-92).

는 것이다(프리초프 카프라, 1996/ 김용정 · 김동광 역, 1999: 225). 한마디로, 프리고진의 흩어지는 구조는 무질서의 바다에 떠 있는 질서의 섬인 것이다(프리초프 카프라, 1996/ 김용정 · 김동광 역, 1999: 250). 다시 말해서, 배수구로 빠져나가는 물의 흐름에서 나타나는 모습은 겉으로는 카오스로 나타나지만 실제로는 고도로 조직화된 질서 구조인 것이다.

생물의 경우도 생존양식의 차원에서 마찬가지이다. 즉 생물이 살아가기 위해서는 에너지와 물질의 흐름이 필수적인데, 이러한 흐름이 증가하면 흩어지는 구조는 새로운 불안정성을 거치면서 스스로를 복잡성이 증가된 새로운 구조로 변환된다(프리초프 카프라, 1996/ 김용정 · 김동광 역, 1999: 125). 오히려 물리적이고 화학적인 시스템들은 에너지와 물질의 유입이 중단되면 바로 구조를 잃게 되지만, 생물시스템은 상대적으로 보다 오랫동안 구조를 유지할 수 있다. 따라서 무생물시스템보다 생물시스템이 유지적 안정구조와 흩어지는 불안한 구조를 보다 조직적이고 지속적으로 결합시킬 수 있게 된다(Mainzer, 1997: 103).

제임스 글리크(James Gleik)는 자신의 저서 『카오스: 현대 과학의 대혁명』(1987)에서 조금만 관찰해 보면 카오스는 우리 주변 모든 곳에 존재한다고 설명한다(제임스 글리크, 1987/ 박배식 · 성하운 역, 1993: 15).

> 한 줄기 담배연기가 공중으로 올라가다가 거칠게 소용돌이치며 흐트러진다. 깃발은 바람 속에서 앞뒤로 펄럭인다. 물이 똑똑 떨어지는 수도꼭지에서 처음에는 물방울이 일정한 패턴으로 떨어지다가 갑자기 제멋대로 떨어지게 된다. 카오스는 날씨, 항공기의 비행, 고속도로에 무리를 지어 몰려 있는 차들의 행렬, 지하 송유관을 흐르는 석유의 흐름 속에서 나타난다.

프리고진의 실험에서 "흩어지는 구조"를 가능하게 하고, 이를 카오스로 현상하도록 하는 것은 "분기점"(分岐點)이다. 이는 진자 운동에서 운동 방향을 바꾸어 주는 '임계점'(臨界點)에 해당된다. 즉 운동에너지가 0이 되고 위치에너지가 100이 되는 곳이 분기점이며 여기서 방향이 꺾인다. 자연의 모든 움직임에는 이러한 임계점을 의미하는 분기점이 반드시 존재한다. 이러한 분기점에 의해서 진자 운동의 '패턴'도 형성된다. 그런데 임계점과 분기점에서 '약간의 오차'가 존재하기 때문에 진자의 이동 방향이 조금씩 벗어나게 되는 것이다. 따라서 이러한 오차로 인하여 마치 카오스처럼 보이는 운동의 흔적이 만들어지게 되는 것이다.

그렇다면 임계점과 분기점의 오차는 왜 일어나는 것일까? 이는 마치 소리의 경우에 잡음이나 간섭이 개입되고, 물결과 전류의 경우에 마찰이나 저항이 발생하는 이치와 같다. 물론 공기의 저항이 가장 유력하다. 따라서 이러한 간섭현상으로 인하여 움직임은 점차 불확실한 방향으로 움직이게 된다. 그러나 과거 뉴턴 물리학에서는 이러한 마찰이나 간섭의 영향은 거의 무시되었고 중요한 것으로 간주되지도 않았다(프리초프 카프라, 1996/ 김용정 · 김동광 역, 1999: 245).

이제 중요한 것은 바로 이러한 오차로 인한 불확정성 속에 '창조력'이 숨어 있다는 사실이다. 프리고진은 불확실성의 카오스 현상이 바로 전체 구조를 새롭게 창조해 내는 장본인이라고 한다. 그의 흩어지는 구조는 이렇게 하여 모든 생명에 항상 불확정성이며 비선형성으로 존재하는 것이다. 결국 흩어지는 구조에 의해 생성되는 카오스(무질서)는 창조를 위한 과정이며, 카오스가 없는 창조는 불가능하다. 물론 창조 없는 생명은 없다. 따라서 프리고진에게서 흩어지는 구조와 불확정성은 창조와 같은 의미를 가지는 개념으로 그의 이론의 핵심이다. 한마디로 창조를 위해 생명체는 일단 흔들려야 한다. 특히 복잡계에 대한 인식론적 전환은 비선 형적인 복잡한 세계 속에서 발생하는 카오스를 보호해 주는데 결국 이러한 카오스를 시너지효과를 내포한 창조적 가능성으로 전용할 수 있는 기회를 만들어 준다(Mainzer, 1997: 13). 이렇게 본다면, 창조란 "요동을 통한 질서"(프리초프 카프라, 1996/ 김용정 · 김동광 역, 1999: 253)를 의미한다. 예를 들어, 식물은 요동치면서 흩어지는 카오스 구조의 분자 집합체로 생성되는 복잡계이지만 질서의 복잡계이다(Mainzer, 1997: 87). 이로써 생명은 자기창조하면서 생명을 유지할 수 있는 것이다. 이미 오래전에 아리스토텔레스는 생명을 동식물들로 하여금 자신의 최종 형태로 전개시키는 동력을 엔텔레키(entelechy)로 해석했는데, 이것은 바로 자기조직화의 힘을 의미한다(Mainzer, 1997: 5; 81).

결국 자연현상의 이치와 원리를 전 생물에게 적용하여 연구하기 시작한 프리고진은 생물계 전체에 걸쳐 카오스가 분명히 형성되지만 그 카오스는 새로운 질서로 변환된다는 결론을 얻게 된다(프리초프 카프라, 1996/ 김용정 · 김동광 역, 1999: 251). 역학적 소립자 시스템 속에서도 질서와 무질서는 번갈아 나타나는 도식이다(Volkamer, Streicher & Walton, 1996: 111). 즉 혼돈(카오스)처럼 보이지만 비선형 방정식으로 기술될 수 있는 복잡한 시스템이 바로 카오스이며, 바로 이 카오스로부터 새로운 생명이 탄생한다. 고전물리학에서는 엔트로피의 증가로 생명에의 진화는 언젠가 멈추고 말 것이라는 결론을 내린 적이 있다. 그러나 진화론에서는 생물이 항상 질서와 복잡성을 증가시키는 방향으로 진화한다는 관점을 유지한 바 있다. 이렇게 본다면, 두 가지 관점은 해결하기 힘든 과학적 모순을 가지게 된다. 프리고진은 자기창조의 능력을 가진 생명현상을 밝혀 줌으로써 고전과학의 모순을 극복시키고 조화롭게 해석해 주는 결과를 낳게 된 셈이다.

프리고진의 과학은 오스트리아의 물리학자 에리히 얀치(Erich Jantsch, 1929-1980)에 계승된다. 얀치는 자신의 저서 『자기조직하는 우주』(*Self-*

Organizing Universe, 1980)에서 프리고진의 흩어지는 구조에 대하여 자세히 소개하면서 이 우주의 생명시스템 속에는 비평형 상태에서 가능하며, 비선형적으로 이해 가능한 자기조직화의 패러다임이 공통으로 수용되어 있다고 주장한다. 즉 비평형시스템은 그들 환경과 에너지 및 물질을 교환하고 열평형과 거리가 먼 상태에서 그리고 지엽적으로 최소화된 엔트로피 상태에서 일정한 기간을 스스로 유지하도록 한다(Mainzer, 1997: 91). 따라서 생물은 생명을 유지하기 위해서 평형이 아닌 비평형으로 유지되어야 한다. 이를 위해서는 시스템이 반드시 열린 시스템으로 존재해야 한다. 또한 여기서 이러한 비평형 구조는 선형 구조가 아닌 복잡성 구조로 이루어진다는 사실이 중요하다. 이러한 비평형, 비선형 복잡성 구조에 대한 연구는 물리학에서도 같은 결과를 초래하게 된다.

실증적으로 독일 물리학자 헤르만 하켄(Hermann Haken, 1927-)의 레이저 물리학은 빛의 간섭성이 극대화되는 레이저 광선의 원리 위에서 기초된다(Mainzer, 1997: 4). 레이저는 외부의 에너지의 유동에 의존하면서 그들 구조와 조직화를 유지하는 액체, 구름 등과 같은 흩어지는 무생물시스템이다(Mainzer, 1999: 91). 여기서 레이저광의 높은 간섭성은 레이저에 들어있는 개별원자들로부터 방출되는 빛의 조정에 의해 이루어진다. 이처럼 간섭성 또는 질서의 자연발생적인 창발의 결과로 나타나는 조절된 방출이 바로 자기조직화 과정이며, 그 과정을 설명하기 위해서는 비선형 이론의 필요하다(프리초프 카프라, 1996/ 김용정 · 김동광 역, 1999: 125). 또한 레이저 광선은 열적 평형과 거리가 멀며 흩어지는 (비가역적인) 자기조직에 의한 가시적 세계의 질서가 출현되는 대표적 사례가 된다(Mainzer, 1997: 66). 특히 비선형 이론으로 설명한 하켄의 레이저이론은 오늘날 고전물리학과 양자물리학, 평형 현상과 비평형 현상, 상(相)의 전이와 자기조직화, 일상적인 동역학과 카오스적 동역학 사이를 연결시키는 교량의 위치에 서 있다는 평가를 받고 있다(Graham, 1987). 즉 그가 정립한 방정식은 비선형 방정식으로서 뉴턴 시대의 선형 방정식과는 판이한 것이었다(Mainzer, 1997: 68).

물론 뉴턴의 운동방정식은 선형이나 비선형 현상에 모두 적용할 수 있었다. 그러나 당시 과학자들은 선형 방정식으로 모든 것을 해결하기를 원했기 때문에 비선형 방정식의 가능성이 얼마든지 열려 있었음에도 불구하고 패러다임의 전환은 이루어지지 않았다. 예를 들어, 물이나 공기 같은 난류에서 나타나는 카오스 현상은 선형 방정식으로 풀기에 어려움이 존재한다. 이럴 경우 과학자들은 비선형 방정식을 적용하여야 함에도 불구하고, 작은 진동, 작은 파동, 작은 온도변화 등으로 치환하여 근사치로 계산하면서 끝까지 선형 방정식에 의존했다. 19세기 뉴턴 시대와 그후 20세기도 대부분을 우리는 선형 세계에 살았다고 할 수 있다(Stuart, 1989: 83). 선형이론에서는 "전체가 오로지 부분의 합"이라는 기계론적 총합만을 의미할 뿐이다(Mainzer, 1997: 283).

그러나 비선형 현상은 우리가 예상하는 것보다 훨씬 큰 정도로 무생물 세계를 지배하고 있을 뿐 아니라 살아 있는 시스템들의 '연결망 패턴'의 필수적인 한 측면을 이루고 있다(프리초프 카프라, 1996/ 김용정 · 김동광 역, 1999: 168). 비평형 및 비선형 이론과 비선형 사고에의 요청은 오늘날 현대 이론물리학에서도 복잡계이론(complex systems theory)을 획기적으로 발전시키는 계기를 만들어 주기도 했다. 보다 중요한 것은 복잡계에서는 어떠한 것도 원인 하나로만 환원되지 않는다는 사실이다. 마이클 비히(Michael J. Behe)는 자신의 저서 『다윈의 블랙박스』(2001)에서 이러한 현상을 "환원 불가능한 복잡성"이라고 명명했다. 이렇게 본다면, 과학은 이제 생태계의 일원인 인간 역시 이러한 비평형, 비선형, 복잡계 속에 살면서 사고방식 역시 복잡계 속에서 비선형으로 사고할 수밖에 없다는 결론을 내리고 있다. 반대로 복잡계이론은 우리에게 생태학적 시스템의 비선형적 인과성을 분석할 수 있도록 해준다(Mainzer, 1997: 6). 이로써 데카르트 및 뉴턴의 이분법적 선형 구조와 선형 시스템 속에서 가능한 환원론적이고 기계론적인 사고에 대하여 의문이 폭증하게 된다.

한편, 노벨상 수상자인 독일 막스플랑크 연구소(Max-Planck-Institut)의 생화학자 만프레트 아이겐(Manfred Eigen, 1927-)은 진화론을 규명하기 위해 비선형 이론을 끌어 들였다. 그동안 다윈주의자들은 생물이 임의적인 돌연변이와 자연선택이라는 "우연"에 의해 "분자적 카오스"에서 탄생했다는 주장을 해왔다. 이러한 의미에서 프랑스의 현대생물학자 자크 모노(Jacques Monod)는 "우연성"이 모든 혁신의 근원이며, 생물권에서 일어나는 모든 창조의 근원이라고 주장했다(프리쵸프 카프라, 1982: 114). 아주 오래전에 밀턴(Milton)은 자신의 저서 『실락원』(1667)에서, "카오스의 심판관이 군림하며 문제를 더욱 더 복잡하게 만들고 있지만, 그의 곁에 앉아 있는 더 높은 심판관인 '우연'이 모든 걸 지배한다"고 하면서 우연과 카오스 간의 관계를 은유한 바 있다. 그러나 마굴리스는 우연에 의한 카오스로 지구가 생성되었다는 주장은 지구의 나이에 견주어 볼 때 논리적으로 맞지 않는다고 주장한다(Margulis, 1995: 20). 즉 분자적 카오스의 활동 속도로는 지금까지 추정되는 지구 나이와 비교하여 보면 단순한 세포도 진화될 수 있는 시간이 아니라는 결론이 나온 것이다. 따라서 마굴리스는 신(新)다윈주의가 시대에 뒤떨어진 환원주의적 개념을 가지고 있으며 적절치 못한 수학을 도입함으로써 진화이론을 구성하는 미생물학, 세포생물학, 생화학 그리고 미생물 생태학에 대한 지식을 결여하고 있다고 공격했다(Margulis, 1995: 23).

그러나 다윈의 학설을 믿는 아이겐은 분명 이러한 진화과정에서 분자적 카오스가 획기적으로 가속화된 시점과 이를 가능하게 한 촉매가 있을 것이라는 가설을 세우고 실험에 돌입했다. 다시 말해서 그는 생물의 진화과정에는 소위 "초사이클의 과정"이 가능했을 것으로 추측했던 것이다(Mainzer, 1997: 95). 구체적으로 그는 "효소"가 바로 촉매의 역할을 할 수 있었을 것이라고 생각했다. 이러한 맥락에서 그는 소위 촉매반응실험을 시작했던 것이다. 특히 아이겐은 유생분자(biomolecules)의 전생물학적 진화를 분석했으며 이를 모의 실험했다(Mainzer, 1997: 6). 그랬더니 결과는 대성공으로서 촉매반응 속에서는 평형과는 거리가 먼 생화학적 시스템들 즉 에너지 흐름에 노출되는 시스템들 속에서 서로 다른 촉매반응이 한데 결합해 닫힌 루프를 포함할 수 있는 복잡한 연결망을 형성한다는 사실을 발견했다(프리초프 카프라, 1996/ 김용정 · 김동광 역, 1999: 130).

이렇게 탄생하는 초사이클은 대단히 안정적일 뿐 아니라 자기복제도 가능하고 심지어 복제 오류도 수정할 수 있는 구조가 된다. 바로 이러한 화학적 초사이클이 생물시스템의 뿌리가 되며, "아직 살아 있다고 말할 수는 없지만"[8] 자기조직화 시스템이라고 할 수 있다(프리초프 카프라, 1996/김용정 · 김동광 역, 1999: 132). 즉 아이겐의 초사이클은 자기조직하고 자기복제하며 진화한다(프리초프 카프라, 1996/ 김용정 · 김동광 역, 1999: 133). 즉 자기조직과 자기복제의 현상이 비선형 시스템에서도 발견된 것이다. 심지어 비선형 시스템은 자기 강화적 피드백 과정들에 영향을 받는다. 왜냐하면 선형시스템에서는 작은 변화들이 작은 영향을 낳고 큰 변화가 큰 영향이나 수 많은 작은 변화들의 총합을 낳지만, 비선형 시스템에서는 작은 변화가 극적인 영향을 일으킬 수 있기 때문이다(프리초프 카프라, 1996/ 김용정 · 김동광 역, 1999: 170). 이러한 이치는 카오스이론에서 카오스는 생명과는 무관할 정도로 실체가 없는 곳으로부터도 생명이 창발적으로 만들어질 수 있다는

8) 이러한 의미에서 생태학자들은 생명은 생물뿐만 아니라 무생물의 영역으로까지 연장될 수 있다고 파악하고 있으며 생물시스템과 무생물시스템을 구분할 수 없다고 주장한다(프리초프 카프라, 1996/ 김용정 · 김동광 역, 1999: 133).

논리와 통한다. 물론 카오스 속에는 생명을 창조할 수 있는 질서 있는 안정구조와 패턴이 존재한다. 이제 아이겐에게서는 카오스를 통해서 자기조직하지 못하고 자기창조하지 못하는 생명은 더 이상 생명이 아니다. 이렇게 하여 생명은 모두 자기조직과 자기창조를 통해서 생존하게 되는 것이다(Mainzer, 1997: 80).

좀 더 쉽게 말하면 물리적 기계시스템, 생명-자연시스템 그리고 사회시스템까지 모든 시스템들은 각자 수명이 있다. 다시 말하면, 시스템은 처음부터 '소멸하려는 경향'을 가지고 있다는 말이다. 이를 우리는 엔트로피 때문이라고 이해한다. 엔트로피란 실체의 위치에너지가 100이 되고 운동에너지가 0이 될 때 발생하는 열에너지로서 이를테면 마찰열이다. 모든 실체는 운동과 위치에너지 이외에 열에너지를 발산함으로써 운동과 정지를 반복한다. 이 과정에서 발생하는 열에너지는 엔트로피로 치환되며 엔트로피의 발생은 시스템을 소멸시키는 원인이 된다. 예를 들면, 기계도 오래 쓰면 망가지고, 나무도 가을이 되면 잎이 떨어지고 생물도 때가 되면 죽는다. 따라서 시스템은 환경에 적응하는 것으로써만 자신의 생명을 유지할 수는 없다. 즉 반드시 적응 이상을 하여야 최소한 생명을 지속할 수 있는 것이다. 따라서 시스템은 환경과의 상호교환 속에서 환경에 적응함과 동시에 일말의 발전과 도약을 위한 "그 무엇을" 할 수밖에 없다. 왜냐하면 자연적으로 시스템을 소멸시키려는 엔트로피를 보충해야 하기 때문이다. 바로 이러한 엔트로피를 보충하는 일 즉 부적 엔트로피(negative entropy)를 위해서 생명시스템은 스스로 자기조직하고 자기창조를 해야 하는 것이다. 이는 생명이 오로지 생명을 보존하고 지속하기 위한 생존에의 본능이며 생존전략인 셈이다.

한편, 칠레의 신경학자 움베르토 마투라나(Humberto Maturana, 1928-)는 순환조직을 모든 살아 있는 시스템의 기본조직이라는 가설을 세우면서 순환조직으로 이루어진 '연결망 패턴'이 바로 생명의 조직이라고 결론을 내렸다(Maturana, Humberto & Varela, Francisco, 1980: 163). 이는 우리의 역사시대를 관통해 온 시대정신으로서 플라톤 이후, 데카르트, 베이컨 그리고 뉴턴으로까지 이어지는 육체와 정신의 이분법을 단호하게 부정한 셈이 된다.[9] 물론 이미 근대과학의 이분법 사고는 그레고리 베이트슨(Gregory Bateson, 1904-1980)의 "물질 없는 정신은 존재하지 않는다"는 명제에 의해 간단하게 거부되었다(그레고리 베이트슨, 메리 캐서린 베이트슨, 1993). 즉 육체와 정신은 분리될 수 없고 서로 연결된 망 속에 존재하는 하나의 통일체이다. 또한 이러한 연결망의 순환 속에서 생명은 자기조직하고 또한 자기지시도 하고 심지어 자기복제도 하면서 계속 진화하는 것이다. 살아 있는 시스템들은 에너지와 물질의 지속적인 흐름에 대해 열려 있다(프리초프 카프라, 1996/김용정 · 김동광 역, 1999: 286). 즉 살아 있는 세포는 그를 통해 에너지의 흐름이 이루어지는 열린 시스템이다(Mainzer, 1997: 97).

마투라나에 의하면, 생명시스템은 인지시스템(cognition system)이다. 1970년부터 마투라나는 그의 제자이며 동료인 바렐라와 함께 자기조직하는 살아 있는 시스템은 오토포이에시스(autopoiesis)라는 자발성 즉 "자기제작의 능력"[10]을 가지고 있다는 사실을 주장하면서 인지에 대한 시스템이론을 정립하였다(Maturana, Humberto & Varela, Francisco, 1980). 이를 우리는 "산티아고이론"(Santiago theory)이라고 부른다. 산티아고이론에서는 앎의 과정으

---

9) 이미 중세시대에 아리스토텔레스의 엔텔레키 개념을 기반으로 초기 생태학을 시작한 것으로 평가되는 마그누스(Albertus Magnus, 1200-1280)는 모든 유기체의 육체와 영혼은 하나이며 모든 유기체를 환경과 뗄 수 없는 연관성 속에 들어 있는 유기적 전체로 간주했다. 또한 그는 인간 역시 그들의 자연환경과 조화롭게 살아갈 수밖에 없으며 건강한 인간의 영혼은 건강한 환경(건강한 공기, 기후, 식물, 동물)에 의존한다고 생각했다(Mainzer, 1997: 82).

10) 박테리아 세포는 자연에서 발견되는 가장 단순한 자기제작하는 시스템이다(프리초프 카프라, 1996/ 김용정 · 김동광 역, 1999: 274).

로서 인지(cognition)와 생명과정이 동일시된다. 이는 사고과정으로서의 인지라는 개념을 넘어서 지각, 감정, 행동을 포함한 생명의 전 과정을 포괄한다. 따라서 산티아고 이론에서는 정신과 물질은 더 이상 두 개의 다른 범주에 속하지 않으며, 생명이라는 동일한 현상의 다른 차원 또는 상이한 측면으로 간주된다(프리초프 카프라, 1996/ 김용정 · 김동광 역, 1999: 231). 이미 19세기 말 볼츠만(Ludwig Bolzman)은 외부의 인상에 대한 인지과정으로 나타나는 원시 유기조직의 감각은 특별한 신경조직과 시각, 청각, 느낌, 운동 기관의 발전으로 이어진다고 보았다(Mainzer, 1997: 88). 따라서 정신과 물질은 서로 상반되고 분리된 영역이 아니라, 과정과 구조 또는 패턴과 구조로서 상호의존성을 가지고 있다고 할 수 있다.

또한 마투라나와 바렐라는 시스템을 구성요소 간의 관련으로 보면서 자신들의 관심이 구조라기보다는 "조직"(organization)이라고 강조했다. 이들에게서 조직은 생산과정의 연결망이다. 그리고 생물의 전체 연결망은 스스로를 조직한다. 즉 자기조직하는 생명체는 연결망으로 존재하는 것이다. 이들에 의해 주창된 소위 "연결망 조직이론"은 대기화학자인 제임스 러브록(James Ephraim Lovelock, 1919-)에 의해서 행성지구 자체가 자기조직하는 시스템이라는 주장을 하도록 한다. 러브록은 "지구는 살아 있다"는 "가이아(Gaia)의 가설"을 과학적으로 입증하려고 했다. 그는 지구상의 대기 성분은 오로지 생명시스템으로부터 발전하는 것이 아니고 무생물시스템을 포함하는 전 지구의 생태시스템에 의해 제어된다고 믿었다(Mainzer, 1997: 107). 또한 마투라나는 모든 생명체가 에너지와 물질을 취하고 노폐물을 배출한다는 사실을 알아냈으며, 프리고진과 마찬가지로 이를 수학적으로 계산해 내고자 했다.

이미 프리고진은 '흩어지는 구조'가 스스로를 열과 에너지의 평형상태와 먼 상태로 유지된다고 했다. 또한 그는 흩어지는 구조가 일련의 분기과정을 통해서 평형 상태에서 점점 멀어질 수 있다고도 하였다. 심지어 그는 이러한 관계를 모두 통계적 확률로 계산해 냈다. 이를 우리는 프리고진의 "비선형 방정식"이라고 한다. 그런데 여기서 주목할 것은 그가 엔트로피이론을 바탕으로 자신의 이론을 구축했다는 사실이다. 사실 프리고진은 엔트로피로 인하여 지구상에서 생명현상이 끝날 것이라는 소위 "카르노(Carnot)의 열역학 법칙"(1824)에 의문을 가지고 연구를 시작했다. 그러나 그는 우선 카르노처럼 엔트로피의 양을 계산함으로써 흩어지는 구조의 정도를 계산하려고 했다. 어찌 보면 이는 모순이기도 하다. 그러나 모순은 없다. 왜냐하면 프리고진은 엔트로피의 무질서 양과 질서와의 관계를 새로운 수학으로 풀어내었기 때문이다. 구체적으로 그는 열역학 제2법칙과 마찬가지로 시스템의 총 엔트로피는 계속 증가하지만, 이는 무질서의 균일한 증가가 아니며 모든 생물계에서 질서와 무질서는 항상 동시에 함께 창조된다는 사실을 인식했던 것이다(프리초프 카프라, 1996/ 김용정 · 김동광 역, 1999: 250).

그에 의하면, 고체와 기체는 함께 창조된다. 심지어 이들은 상호 교환된다. 이로써 과학은 생물시스템과 무생물시스템을 하나로 결합시킬 수 있었으며, 이제 더 이상 지구상의 암석, 동물 그리고 식물을 별개의 고립된 실체로 생각할 수 없게 되었다(프리초프 카프라, 1996/ 김용정 · 김동광 역, 1999: 145). 생물에게서의 무질서는 무생물에서 질서로 창조된다. 그 역도 마찬가지이다. 무질서한 기체가 액체가 되고 또 고도의 질서인 고체가 된다. 아울러 고체는 다시 기체가 된다. 물과 얼음과 수증기의 관계는 모든 일상에 적용된다. 심지어 영국의 생태학자 슈테판 하딩(Stephan Harding)은 모든 생물들이 바위에서 나와 바위로 돌아간다고도 했다(Harding, 1994: 12). 이러한 의미에서 소련의 사회학자 아파나시에프(Afanasyev)는 "이 세상에 고립된 전체는 없다"(피오트르 츠톰카, 1979/ 조재순 · 김선미 역, 1995: 84쪽 재인용)고 선언한다. 이러한 관계를 설명하는 프리고진의 비선형 방정식은 정량적(定量的)이기보다는 정성적(定性的)이라고 할 수 있다.

이제 정량적 차원에서만 이루어지던 수학 세계가 정성적 차원을 포괄하면서 이른바 복잡성 수학(mathematics of complexity)이 시작되었다. 복잡성의 수학이란 동역학 시스템이론(dynamical systems theory), 시스템 동역학, 복잡 동역학(com0lex dynamics) 또는 비선형 동역학(nonlinear dynamics) 등으로 불린다(프리초프 카프라, 1996/ 김용정 · 김동광 역, 1999: 156). 특히 정성적 복잡성수학의 본질이라고 할 수 있는 동역학적 시스템이론의 기본 개념은 프랑스의 물리학자이며 수학자인 앙리 푸앵카레(Jules Henri Poincarè, 1854-1912)에 의해 도입되었다(Mainzer, 1997: 32). 그에 의해 시작된 동역학적 시스템이론은 비선형 현상들의 완전한 복잡성을 다룰 수 있게 해준 최초의 수학으로 간주된다(프리초프 카프라, 1996/ 김용정 · 김동광 역, 1999: 168). 그에 의하면, 뉴턴이 주장하는 우주 기계도 완전히 계산될 수 있을 만큼 유지되고 결정되어 있는 태엽이 아니다. 오히려 모든 우주의 실체들은 상호작용함으로써 카오스의 궤도를 만들어 내기 때문에 비선형적으로 존재한다(Mainzer, 1997: 2). 이러한 푸앵카레의 발견이 있은 지 60년 후 콜모고로프(A. N. Kolmogorov, 1954)와 아놀드(V. I. Arnold, 1963) 그리고 모저(J. K. Moser)는 소위 KAM 공리를 입증했다(Mainzer, 1997: 2).

> 고전역학에서 단계적 공간으로 존재하는 우주 궤도는 이제 완전히 규정적이지도 않고 비규정적이지도 않으며 오로지 선택된 초기 상태에 매우 민감하게 의존할 뿐이다. 따라서 우주 공간에서는 어떠한 작은 요동이라도 카오스의 전개를 야기할 수 있다.

따라서 모저는 KAM 공리를 통하여 카오스의 세계가 수학적으로 그려질 수 있음을 확인했다. 이미 푸앵카레는 고전물리수학의 대가인 라플라스와는 달리 수학에 최초로 그림(像)을 도입시킨 사람이다. 이를 우리는 소위 푸앵카레의 "시각적 수학"이라고 부른다. 그런데 이는 유클리드의 기하학과 다른 비(非)유클리드 기하학의 일종으로서 새로운 종류의 기하학, 즉 위상기하학(topology)이라 불리는 패턴과 관계의 기하학이었다(프리초프 카프라, 1996/ 김용정 · 김동광 역, 1999: 174). 유클리드 기하학에 의하면, 평행선 밖에 있는 한 점을 통과하며 그 평행선과 평행이 되도록 그릴 수 있는 직선은 단 하나이지만 비유클리드 기하학에 따르면 그런 직선은 하나 이상이다(장파, 1994/ 유중하 외 역, 2000: 23). 비유클리드 기하학에서는 삼각형이 변형되어 직사각형이 될 수 있고, 직사각형은 정사각형으로 정사각형은 다시 원으로 그리고 원은 원뿔로 그리고 구로 자유자재로 변형될 수 있다. 이러한 의미에서 우리는 이를 "고무판 기하학"(rubber sheet geometry)이라고 부르기도 한다.

비유클리드 기하학의 원리는 위상기하학의 탄생에 기여한다. 위상기하학은 도형의 변형 속에서 변화하지 않는 부분을 찾아내어 이의 특성을 다루는 기하학을 말한다. 예를 들어, 선과 선의 교점, 도넛의 구멍 등은 변화하지 않는 부분이다. 물론 불변하는 패턴도 위상기하학의 중요한 연구대상이다. 푸앵카레의 "기묘한 끌개"(strange attractor) 이론은 바로 이러한 '위상기하학의 결정판'이라고 할 수 있다. 기묘한 끌개 속에서는 모든 것이 카오스로 진행되는 것 같지만, 실제로는 항상 "반복되는 패턴과 관계"가 분명하게 존재한다. 다시 말해서 기묘한 끌개는 임의적인 데이터를 분명한 시각적 형태로 변환시켜 준다(프리초프 카프라, 1996/ 김용정 · 김동광 역, 1999: 183). 이렇게 하여 끌개는 전체적 상황을 창조하는 것이다(데이비드 호킨스, 2000: 195).

1925년 로트카(Lotka)와 볼테라(Volterra)는 아드리아 해의 어부들의 상식적 어장분석에서 힌트를 얻어 자신의 비선형적 동역학 모델을 고안해 냈다(Mainzer, 1997: 107).

> 20세기 초 어부들은 포획자 어류와 먹이 어류 간의 상관관계에 대한 확실한 패턴을 이해하고 있었다. 포획자 어류가 많아지면 먹이 어류는 급격하게 줄어들지만 이어서 포획자 어류도 감소하게 된다. 왜냐하면 먹이가 줄어들었기 때문이다. 이제 다시 포획자 수가 줄어든 어장에 먹이 어류가 점점 늘어나게 되면서 다시 포획자 어류도 늘어나게 된다. 포획자 어류가 늘어나면서 다시 먹이 어류는 줄어들면서 먹이사슬의 역동적 순환관계가 숫자로 그리고 동적 순환도로 표현될 수 있게 된다(Mainzer, 1997: 108-109).

한마디로 위상기하학의 연구 대상은 불규칙적 카오스이다. 이 때문에 기하학의 해법은 종전의 분석적 해법 즉 공식 수학에 비해 복잡하고 시간도 엄청 소요된다. 또한 결과 역시 "불분명한 근사치"로만 가능하기 때문에 한동안 과학자들 사이에서는 관심 밖으로 밀려났었다. 오히려 막스 플랑크의 양자 발견과 아인슈타인의 상대성이론이 당시 물리학자들뿐만 아니라 수학자들의 관심을 끌기에 충분했다. 그러나 물체의 카오스 현상 속에서 "질서 있는 패턴"이 발견되고 있으며, 컴퓨터의 발전으로 인하여 위상기하학의 진가가 인정되는 상황이 연출되고 있다. 이에 대하여 『의식혁명』(2000)의 저자인 호킨스(David R. Hawkins)는 다음과 같이 설명하고 있다(데이비드 호킨스, 2000: 132).

> 혼돈(카오스)이란 의미 없어 보이는 자료들(예를 들어 점들)의 집적으로, 그 안에서 어떠한 조직적인 패턴도 발견할 수 없는 상태를 뜻한

다. 그러나 컴퓨터공학의 발달로 말미암아 전혀 무의미하게 흩어져 있는 것처럼 보이는 무질서한 것들도 컴퓨터 분석을 통해 내적인 질서의 패턴을 발견하기에 이르렀다. 부조리하게 보이는 것들도 내적인 질서를 갖고 있다는 것이다. 이러한 분석으로 8자가 여러 겹으로 겹친 형태의 일정한 패턴이 나타났고, 기하학적 형상의 그래픽이 만들어졌다. 결국 현대 과학자들은 이제껏 신비주의자들이 수세기에 걸쳐 주장해 왔던 대로, 우주는 조화롭고 잘 조직되어 있으며 여기에는 하나의 패턴이 있을 뿐이라는 사실을 인정하게 된 셈이다. 비선형 동역학은 이 우주에는 어떠한 혼돈도 존재하지 않는다는 것을 증명했다.

이제 과학자들은 컴퓨터의 도움으로 카오스 현상과 연관된 복잡한 비선형 방정식들을 풀 수 있게 되었으며, 외면상의 카오스 이면에 숨어 있는 질서를 발견할 수도 있게 되었다(프리초프 카프라, 1996/ 김용정 · 김동광 역, 1999: 177).

현대 열역학이론의 뿌리 역시 카오스이론에 있다. 이미 언급한대로 1960년대 초 미국의 기상학자 로렌츠(Edward Lorenz)는 카오스 현상을 나비효과(butterfly effect)로 설명해 냈다(Volkamer, Streicher & Walton, 1996: 109). 자연현상은 서로 연결되어 영향을 미치기 때문에 그 결과는 장기 예측이 어렵다는 것이다. 이러한 로렌츠의 발견은 당시 과학자 사회에 엄청난 충격파를 몰고 왔다(프리초프 카프라, 1996/ 김용정 · 김동광 역, 1999: 183). 드디어 로렌츠는 내재적이고 외부적인 동요에 의한 무질서 행위를 유발할 수 있는 비선형 동역학 모델을 제안했다(Mainzer, 1997: 271). 이를 기반으로 그는 1963년 소위 "로렌츠 끌개"라는 "기묘한 끌개"(strange attractor)의 모형을 발견해 냈다(Mainzer, 1997: 59). 이 모형은 특정한 기후현상의 실제 표현일 뿐 아니라, 단순한 일련의 작은 사건이 엄청나게 복잡한 움직임을 일으킬 수 있음을 보여 주는 비선형 방정식의 사례에 불과하다(Mainzer, 1997: 4).

한편, 프랙털(Fractal) 기하학의 경우도 마찬가지로 카오스 현상을 설명하는 기재로 등장한다. 1950년대 말 만델브로(Benoit Mandelbrot, 1924-2010)는 하늘에 떠 있는 구름을 보고 이를 기하학적으로 표현할 방법이 없을까 고민했다(Madelbrot, 1977). 이것이 바로 프랙털 기하학의 시작이었다. 프랙털(fratal)이란 "부서지다"라는 뜻을 지닌 'frangere'라는 라틴어 동사에서 유래한 'fractus'의 변형으로 만델브로가 만든 조어이다(제임스 글리크, 1987/ 박배식 · 성하운 역, 1993: 122). 구름은 원이나 삼각형 아니면 사각형 같은 소위 기하학적 언어로 표현할 수 없다. 다시 말해서, 우리 주변에는 구름이나 해변 같은 불규칙하고 복잡한 형태들이 많은데, 종래의 유클리드 기하학으로는 도저히 이를 분석하고 표현해 낼 수가 없었다. 그러나 놀라운 일은 이러한 복잡한 형태들을 가진 형상들에게서도 반드시 "반복적인 패턴"이 발견된다는 사실이다. 만델브로는 이를 "자기유사성"의 현상으로 설명한다. 길거리에 널린 돌 조각은 산을 꼭 닮았으며, 강의 삼각주, 나뭇가지의 분기, 혈관의 반복적인 가지치기 등은 놀라운 유사성의 패턴을 보여 준다(프리초프 카프라, 1996/ 김용정 · 김동광 역, 1999: 189).

1970년대 중반까지도 만델브로는 자신의 프랙털 기하학과 카오스 이론 사이의 유사성을 알지 못했다. 그러나 잘 따져보니까 카오스이론과 프랙털 기하학은 서로 다른 시간과 공간에서 시작되었지만, 결국은 같은 현상에 대한 과학연구의 일치로 나타났다. 드디어 고전과학으로는 도저히 설명하지 못하는 영역들이 하나하나 발견되면서, 과학은 이제 새로운 패러다임 형성을 향해 달려가게 되었다. 제임스 글리크는 이러한 의미에서 카오스이론이 과학의 경계선을 붕괴시키고 있다고 쓰고 있다(제임스 글리크, 1987/ 박배식 · 성하운 역, 1993: 15).

카오스이론과 프랙털 기하학은 과학과 수학의 세계에서 "양으로부터 질로의 전환"에 가속도를 붙여 주었다. 이제 특정 시간에 카오스 시스템 변수들의 값을 예측하기는 불가능하지만, 시스템 움직임의 질적 특성은 예측할 수 있게 되었다(Peitgen, 1986: 16). 예를 들면, 해안선은 들쭉날쭉하기 때문에 해안선의 정확한 길이는 알 수 없지만, 프랙털 기하학을 응용한다면 같은 패턴으로 형성되는 해안선의 평균 요철을 계산해 낼 수 있다. 또한 구겨진 종이는 면보다 많은 공간을 차지하지만 구보다는 작은 공간을 가지게 된다. 이러한 현상은 우리 주변에서 얼마든지 발견할 수 있는 복잡한 현상들이다. 이를 우리는 "프랙털 차원"이라고 부른다. 예를 들어, 위에서 언급한 로렌츠의 "기묘한 끌개"는 카오스로 형성되지만, 프랙털 차원(D≈2.06±0.01)을 가지고 있는 것으로 밝혀짐으로써 계산 가능한 영역으로 된다(Mainzer, 1997: 59). 이에 대하여 호킨스는 로렌츠 끌개가 가지는 프랙털 차원의 패턴은 나비의 날개와 같이 나타난다고 설명하고 있다(데이비드 호킨스, 2000: 42).

'끌개'란 겉보기에는 무의미해 보이는 방대한 자료들 속에서 나타나는 하나의 동일한 패턴에 주어진 이름이다. 부조리하게 보이는 만물의 현상 속에는 조화가 숨어 있다는 것이다. 이러한 재적 조화는 로렌츠(Lorenz)가 장기간에 걸친 날씨의 변화를 컴퓨터 그래픽으로 나타내는 연구를 하던 중 처음으로 발견한 것이다. 그가 발견한 끌개 패턴은 '로렌츠 나비'〔그림 1〕라는 이름으로 알려져 있다. 다른 형태의 끌개는 다른 이름으로 불릴 수 있다. '이상한 끌개(stranger attractor)'라 불리는 끌개도 그중의 하나이다.

이제 우리는 프랙털 기하학을 가지고 현상의 복잡성을 표현해 낼 수 있게 되었다. 이는 반복의 과정과 패턴에 대한 분석으로 가능한데, 여

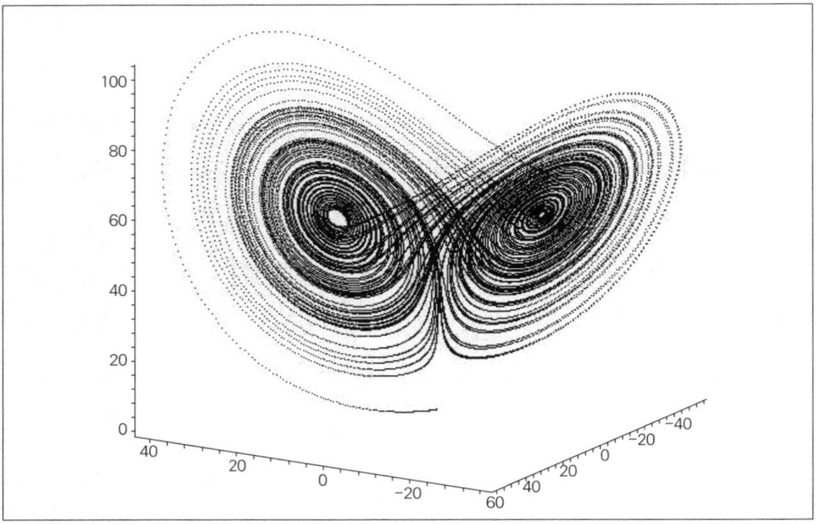

[그림 1] 로렌츠 나비: 끌개 패턴

기서 결정적인 역할을 하는 것이 바로 복소수(complex number)의 개념이다. 이로써 카오스이론과 프랙털 기하학을 연결시키는 수학적 공통점이 생성된 셈이다. 이제 남은 일은 합리적인 시간에 정확한 형상을 얻기 위해서는 아주 빠른 속도의 컴퓨터가 개발되어 프랙털 윤곽선과 패턴을 세밀하게 보여 주고 이를 계산해 내는 일이다.

그러나 만델브로는 우리가 카오스에 대하여 연구하는 의미는 우리를 둘러싸고 있는 우주 속에서 단순한 규칙을 발견하기 위함이고, 이러한 노력은 항상 복잡한 실재를 단순하게 설명하는 데 있다고 주장한다(Peitgen, Heinz-Otto, and Hartmut Jurgens, Dietmar Saupe, and C. Zahlten, 1990). 이제 수학은 요소와 대상에 대한 양적 측정을 넘어서 사물과 사물 그리고 현상과 현상 간의 관계 및 패턴에 대해서도 계산해 낼 수 있는 복잡성수학의 세계에서 생명력이 보다 강화될 것이다. 물리학과 수학 그리고 생태학에서 밝혀지는 복잡계에 대한 이해의 노력은 오늘날 복잡계 속에 살고 있는 인간의 사고 영역에 새로운 사고 패러다임이 열리고 있다는 사실을 암시한다. 또한 Jamshid Gharajedaghi는 자신의 저서 『Systems Thinking: Managing Chaos and Complexity』에서 자연과학은 '카오스'를 발견했고 사회과학은 '복잡성'을 만났지만, 사실 양자는 모두 우리의 지각과 이해의 특징들일 뿐이라고 주장한다. 이로써 우리는 생태학적 패러다임을 인식하게 된다.

5. 생명현상: 생태학적 이해[11)]

1) 자기창조의 능력

18세기 독일의 계몽주의 철학자 칸트는 생명이란 자기 스스로를 창조하는 본능을 가지고 있다고 주장했다(Mainzer, 1997: 83). 그는 뉴턴 물리학의 기계시스템으로는 살아 있는 유기체의 자기조직이 설명될 수 없다고 보았으며(Mainzer, 1997: 5), 뉴턴 역학을 생물학에 적용시키는 것 자체가 잘못이라고 하면서 뉴턴에게서는 잔디의 잎사귀가 발견되지 않는다는 은유로 대답했다(Mainzer, 1997: 83). 그 이유로 칸트는 자신의 저서 『판단력 비판, 1790』에서 기계는 오로지 움직이는 힘만을 가지고 있지만 유기체는 조직하는 힘을 가지고 있는데 이는 기계적인 운동만으로는 설명될 수 없다는 점을 강조했다(Kant, 1971: 340). 오스트리아의 물리학자 얀치(Erich

11) 이 부분은 본인의 저서 『평생교육론』(2005)의 375-400쪽에서 "생태학적 인간이해"라는 주제로 다루어지고 있다.

Jantsch)도 "우주는 자기 스스로를 창조한다"고 하면서, 이러한 현상을 자기조직적 패러다임(self-organizing paradigm)으로 설명하고 있다(에리히 얀치, 1980/홍동선 역, 1989: 17). 일반적으로 생태학자들에게 생명은 자신의 지속 가능성을 극대화시키기 위해 스스로를 창조한다. 이들은 대표적 근거로 '생식'(生殖)을 들고 있다. 생식은 생명이 스스로를 창조하는 본능 행위이다. 이들에게 창조는 생명이 끊임없이 새로움에 도달하려는 움직임이다.[12] 생명은 탁월하고 비범한 능력을 가진 자만이 창조 능력을 가진 것이 아니라 살아남기 위해 모든 생명은 '어쩔 수 없이' 스스로를 창조할 수밖에 없다. 한마디로 생명은 스스로 조직하지 않고 창조하지 않으면 바로 죽어 없어지는 것이다.

인간의 췌장은 24시간 만에 세포 전체를 바꾼다. 그렇지 않으면 췌장은 본래의 기능을 잃고 만다. 인슐린을 분비하는 췌장이 기능을 잃으면 생명은 곧 끝난다. 위벽의 세포들은 재생되는 데에 꼭 3일이 걸리며 뇌속 단백질의 98%는 한 달만 지나면 모두 새것으로 바뀐다. 또한 우리의 피부는 분당 10만 개의 속도로 세포를 교체시킨다. 세포들은 파괴되어 구조를 만들고 조직과 기관들은 연속적인 주기로 자신들의 세포를 교환한다. 이렇게 모든 세포들은 생명의 보존과 존속을 위해 스스로를 창조하는 것이다.[13] 결국 지구상의 모든 생명들은 어떤 방법으로든 끊임없이 자기 스스로를 창조하고 갱신시킨다. 그러나 이렇게 계속되는 창조에도 불구

12) 딜타이(Wilhelm Dilthey)와 슈프랑거(Eduard Spranger)와 같은 독일의 정신과학자들은 생명이 본능적으로 살아남아야 하겠다는 목적을 가지고 있으며 그 목적을 지향하며 살아간다고 한다. 즉 생명은 어떤 특정한 원인이 있는 것이 아니고, 오로지 생명력(vital force)에만 가치를 두고 스스로를 목적으로 창조하는 목적론적(teleological) 존재이다(Mainzer, 1997: 79).

13) 독일의 사회학자 루만(Nicolas Luhman)은 인간에게 의사소통은 사회적 자기창조의 방법이라고 한다(프리초프 카프라, 1996/ 김용정 · 김동광 역, 1999: 280).

하고 생명은 그 전체적인 '자기동일성'을 유지한다.[14)]

노벨물리학상 수상자인 독일의 아이겐(Manfred Eigen)은 생명의 기원이 안정과는 거리가 먼 점진적 창조과정의 결과였을지 모른다는 가설을 가지고 연구를 시작했다. 구체적으로 그는 생명의 진화과정을 분자의 자기창조라는 개념으로 설명한다. 인간게놈프로젝트를 거부하는 미국 하버드 대학교의 생물학자인 리처드 르원틴(Richard Lewontin)은 생물 진화의 변이란 유전적 또는 환경적 변이의 결과가 아니며, 세포 분자들의 상호작용 수준에서 일어나는 무질서한 사건의 결과인 발생잡음(developmental noise)이라고 보았다(리처드 르원틴, 1998/ 김병수 역, 2001: 51). 이들은 진화를 임의적인 돌연변이와 자연선택의 결과로 보지 않고, 생명의 창조적인 전개과정을 살아 있는 모든 시스템들의 고유한 특징인 (분자적) 다양성과 복잡성(또는 무질서)이 끊임없이 증가하는 형식으로 이해하기 시작했다(프리초프 카프라, 1996/김용정 · 김동광 역, 1999: 292).

마투라나와 바렐라는 자기창조의 현상에 내재하는 보편적 패턴을 오토포이에시스(autopoiesis) 즉 '자기갱신'이라는 개념으로 설명했다. 인간생태학자 홀리(Amos H. Hawley)는 이러한 자기창조로 생태학적 확산이 이루어진다고 설명한다(홀리, 1950/ 홍동식 외 역, 1995: 27). 물론 생물학적 진화 이론에서 자연선택이나 돌연변이는 아직도 유효하다. 그러나 생태학에서 진화이론의 전개는 생물의 창조성 즉 생물이 끊임없이 새로움에 도달하려는 자유로운 행동을 중점에 두고 있다.

스스로를 창조하는 생명의 최소 단위는 세포이다(Mainzer, 1997: 87). 세포핵 속의 DNA는 RNA 분자를 생산하며 RNA 분자들은 효소를 포함하는 단백질의 생산을 세포의 생산센터에 명령한다. 생산된 효소는 다시

14) 특히 시스템론자들인 위너와 폰 노이만, 세넌, 맥컬록, 베이트슨, 마투라나 등이 이러한 주장을 대표하고 있다.

세포핵 속으로 들어가 손상된 DNA를 수선한다. 세포는 자체적으로 세포의 수선과정에도 참여하게 된다. 이는 세포가 살아남기 위해 스스로 창조함을 보여 주는 것이다. 원시 바다에서 우연히 생성된 DNA의 자기복제술에 의해 시작된 생명 진화의 역사는 DNA 복제의 역사였다고 해도 과언이 아니다(Willson, 1992). 영국의 생물학자 리처드 도킨스(Clinton Richard Dawkins, 1941-) 역시 자신의 저서 『이기적 유전자』(2002)에서 DNA를 "불멸의 나선"이라고 명명했다. 모든 생명체는 생존과 사멸을 반복하지만 DNA는 생명체의 몸을 빌어서 영원히 생존한다. 이렇게 본다면, 지구의 역사는 애초부터 DNA의 역사였다고 해도 과언이 아닐 것이다. 하여간 세포로 구성되는 거대 시스템인 생물, 사회 그리고 생태계 역시 스스로를 창조할 때 생명현상을 유지한다.

카오스이론가들에 의하면, 생명은 무질서이며 불확실하다. 또한 생명은 결코 동일하게 반복되지는 않는다. 그러나 카오스의 움직임은 임의적이고 산만한 운동이 아니다. 잘 살펴보면 카오스의 움직임에도 이미 어떤 것은 결정되어 있으며 그 안에 '패턴'도 있다. 물론 '구조'(structure)도 있다. 생명은 창조적 무질서를 통해 구조화된 패턴을 창출한다. '구조화된 패턴'은 '새로운 질서'이다. 생명의 창조적 무질서 현상을 만델브로는 '프랙털 기하학'으로 풀었던 셈이다. 왜냐하면 프랙털(Fractal)이란 세부구조들이 끊임없이 전체 구조를 되풀이하는 형상을 말하기 때문이다. 예를 들어, 나무, 양치류, 산호 같이 성장하는 시스템들은 프랙털에 의해 잘 묘사되며, 맥관(脈管) 망의 복잡한 갈래들이나 신경구조망은 프랙털 구조의 대표적 사례들이다(Mainzer, 1997: 104). 한마디로 모든 사물의 세부구조는 전체의 모양을 담고 있다. 이를 근거로 만델브로는 생명현상을 프랙털 구조로 파악하고, 위에서 언급된 "자기유사성" 개념을 기하학적으로 풀어내는 수학적 방법을 창시한 것이다. 왜냐하면 부분과 전체는 같은 모양을 하고 있기 때문이다. 또한 위에서 본 바와 같이 프리고진(I. Prigogine)은 "흩어지는 구조"로, 위상기하학자 푸앵카레와 로렌츠는 "기묘한 끌개" 현상으로 생명현상을 풀어냈다. 그러나 이들의 공통된 결론으로 본다면, 생명은 늘 환경으로부터의 유입과 자극으로 불안정, 불균형, 불규칙적으로 되지만 바로 여기에 자기창조의 힘을 내재하고 있다는 사실이다.[15]

2) 개방적 흐름

생명은 끊임없이 흐른다. 즉 생명에는 물질(영양소, 자원)이 흐르고 에너지가 흐른다.[16] 사회생태학자 던칸(Dunkun)에 의하면 정보도 흐른다. 생태학자들은 생명에 흐름이 있기에 생식도 있고 발생도 있다고 하고 신진대사도 있고 진화도 있다고 한다. 흐름이 멈추는 곳에 생명은 없다. 지속 가능성을 위해 생명은 부단히 흐른다.[17]

그러나 생명은 순환적 흐름이다. 동물이 식물을 먹고 작은 동물이 큰 동물에 먹힐 때 몸에 들어온 물질들은 박테리아 등에 의해 분해되어 폐기물로 배설된다. 이는 다시 녹색식물에 의해 흡수된다. 죽은 생명은 박테리아와 곤충 등에 의해 다른 생명의 자양분이 된다. 결국 생태계의 순환에서는 삶과 죽음이 공존함으로써 모든 물질은 새롭게 재생된다.

---

15) 동양의 도가(道家)에서는 변용과 변화를 자연의 본질적인 모습으로 가르치고 있으며, 힌두교에서는 전 우주의 실천원리를 카르마(Karma)로 설명하고 있는데 이는 창조적 힘으로 이 속에서 만물과 만물은 역동적 연관을 맺고 있다고 한다. 인간은 종종 다른 사람들과 다른 종들의 창조적 무질서는 일탈로 몰아세우고, 질서와 규율을 핑계로 만물의 창조적 무질서를 무단으로 거세한다. 독일 철학자 프리드리히 니체에게서는 아폴론 문화가 그랬다. 그러나 이는 생명의 뿌리 자체를 거세하는 일이었다.

16) 아인슈타인에 의하면 물질은 에너지이다(보더니스, 2001).

17) 동양의학에서도 음과 양 사이의 흐름이 막히면 신체가 병들게 된다고 한다.

산불로 온 산이 다 타버릴 때 솔방울은 오히려 그 열기로 인하여 일시에 수많은 씨앗을 퍼뜨린다. 민둥산에 소나무의 새싹이 다시 돋아 나온다. 한마디로 전체로서의 생태계는 원칙적으로 아무런 폐기물도 남기지 않고 유지된다(프리초프 카프라, 1996/ 김용정 · 김동광 역, 1999: 391).

생태학자 오덤은 물질이 순환하는 과정에서 오로지 에너지만 흩어진다고 보았다. 즉 생태계에 형성되는 유일한 폐기물은 호흡을 통해 발생하는 열에너지뿐이다. 그러나 열에너지 역시 대기 속으로 복사되지만 태양에 의해 지속적으로 채워진다. 물론 이는 빛에너지를 화학에너지로 바꾸는 식물 엽록체의 광합성 덕택이다. 생태계는 물질의 흐름에 대하여 대체로(완전히는 아니지만) 닫혀 있으며, 에너지의 흐름이라는 측면에서는 열려 있다는 점에서 개별 생물들과 차이점을 갖는다(프리초프 카프라, 1996/ 김용정 · 김동광 역, 1999: 391). 생명의 파수꾼으로 알려진 미국의 톰 하트만은 모든 생명체의 근원을 햇빛에너지로 보았다. 식물이 햇빛에너지를 통하여 광합성으로 살아가고 동물을 식물을 섭취하면서 햇빛에너지를 얻게 된다. 그는 석탄과 석유 같은 화석에너지 역시 태고로부터 저축된 햇빛에너지로 간주했다. 결국 햇빛에너지를 통해 모든 생명은 생성되고 생존하며 사후에도 햇빛에너지로 남게 된다. 햇빛에너지는 순환은 생태계의 순환과 똑같다.

생명은 자신의 주변 환경으로도 흐른다. 가이아(Gaia)의 가설은 이러한 사실을 잘 알려 준다. 가이아란 그리스 신화에 나오는 “대지(大地)의 여신”으로 지구의 표면을 의미한다. 가이아의 가설로 생태학을 시작하는 러브록(James Lovelock)은 가이아를 “살아 있는 지구”로 표현한다. 여기서는 생태계의 흐름이 생물과 생물 간의 순환적 흐름만을 의미하지 않는다. 지구상에 살고 있는 전체의 형태들 즉 식물과 동물 같은 생물들, 암석, 흙, 동굴, 해양, 강, 구름, 바람 같은 무생물 그리고 박테리아 같은 미생물이 모두 하나의 흐름으로 연결되어 있다는 것이다. 가이아 이론에 의하면, 생물시스템과 무생물시스템이 하나의 단일한 그물을 이루며 복잡하게 짜여 있으며 가이아시스템은 자기생성적(self-generating)이다(프리초프 카프라, 1996/김용정 · 김동광 역, 1999: 283). 한마디로 가이아는 자체적으로 살아 있는 생명체이며 생명의 흐름으로 연결된 생명의 그물인 셈이다.[18)]

러브록은 산소가 생명체에서 나왔듯이 대기의 다른 기체들도 생명에서 나와 생명으로 순환된다고 한다. 그는 열린 시스템에서 물질과 에너지가 지속적으로 흐르기 때문에 대기권의 생명현상이 유지된다고 보았다. 또한 스코틀랜드의 지질학자 허튼(James Hutton)은 물과 동물의 순환계는 일치한다고 하면서, 지구생태계에서는 지질학 과정과 생물학 과정이 순환적 흐름으로 연결되어 있다는 주장을 폈다. 즉 그는 지구에 대한 가장 적절한 연구방법은 생리학적 수단을 동원하는 것이라고 생각했으며, 그 당시 하비(William Harvey, 1578-1657)가 제안한 혈액 순환의 원리가 지구의 원소 순환에도 그대로 적용될 수 있을 것이라고 설파했다(J. E. 러브록, 1990: 9). 심지어 영국의 생태학자 하딩(Stephan Harding)은 모든 생물들이 바위에서 태어나 바위로 돌아간다고도 했다(Harding, 1994: 12). 이때 박테리아가 지구생태계에서 생명의 순환과 흐름에 절대적으로 작용한다는 것이다. 한마디로 생명은 생명 내부에서 흐르고, 생명과 생명 사이에서 흐르고 마지막으로 지구 전체에서 생물과 무생물의 경계를 넘나들며 흐른다. 다만 생명의 모든 흐름에는 화학작용을 통한 에너지의 변화가 있을 뿐이다. 예를들어, 세포는 동질의 화학적 성분을 가진 용액의 가방으로 간주되며, 모르포젠이라고 불리는 성장호르몬은 화학 성분 중의 하나이다(Mainzer, 1997: 99).

---

18) 불교의 가르침에서도 무아(無我)란 개별적 자아를 의미하지 않고 일체 중생이 성불하는 것을 바라는 의미에서 사용하고 있다. 즉 동양사상에서도 자아는 모든 자아가 독자적이지 않고 하나의 흐름으로 연결되어 있다.

생태학자들의 공통된 주장에 의하면, 우리 인간들의 무지와 오만은 생명에서 흐름을 인정하지 않는다는 사실이다. 우리 인간은 자신과 주변 환경 그리고 다른 생명들과 단절된 독립된 관계로 단정하고, 다른 생명은 하찮고 주변 환경은 그냥 자신과 무관한 것으로 간주하고 있다. 그러나 다른 사람 또는 동물과 식물 등 다른 생명 그리고 환경을 범하는 일은 자신을 범하는 일이라는 사실은 생명 현상의 기본 원리이다. 생태계의 순환적 흐름을 단절하면 생명은 모두 죽는다.[19] 왜냐하면 환경과 다른 생명은 반드시 나에게 똑같은 것을 되돌려 주기 때문이다.

3) 불균형 흐름

오스트리아의 생물학자 루드비히 폰 버틀란피(Ludwig von Bertalanffy, 1901-1972)는 생명의 흐름이 항상 균형을 이룬다는 의미에서 "흐르는 균형"이라는 표현을 했다.[20] 그에 의하면, 생명의 흐름 속에 있는 조절기능 덕분으로 '항상성'(homeostasis)으로의 회귀 능력이 내재한다. 항상성이란 생명이 허용한계 내에서 요동하는 여러 변수들과 동역학적인 균형 상태 즉 역동적 균형 상태를 유지할 수 있게 해주는 자기조절의 메커니즘을 말한

19) 도교에서도 도(道)는 순환양식으로 설명된다. 즉 돌아옴이 도의 움직임이다. 결국 생명의 순환적 흐름을 원리적으로 이해하는 일은 인간이 남의 생명을 보호하는 길이기도 하지만 자신의 생명을 지키는 유일한 방법이기도 하다.

20) 일찍이 헤라클레이토스는 "만물은 유전한다"고 가르쳤다. 1920년 영국의 수학자이며 철학자 화이트헤드와 앙리 베르그송 같은 생철학자들은 "생명을 과정"으로 보았다. 이 세상에 과정이 생략된 생명은 없다. 도가에서도 도(道)는 우주의 길이고 자연의 길을 의미하는데, 도의 세계는 부단히 유전하고 변화하는 것으로 해석된다. 또한 불교에서도 무상무아(無常無我)라고 하면서 유전과 변화가 자연의 근본 모습이라고 가르치며, 힌두교의 자연관에서도 최고 경지인 마야의 세계는 부단히 흐르고 변화한다.

다. 케넌(Walter Cannon, 1871-1945)과 베르나르(Claude Bernard, 1813-1878)도 이러한 항상성의 개념을 유기체의 내부환경의 불변성 원리로 파악하고 있다. 이러한 항상성의 개념이 생명을 열린 시스템으로 이해할 수 있는 기반을 주었던 것은 사실이다.

그러나 프리고진과 스텐저스는 "생명은 흐르는 균형"이라는 사실에 전적으로 동의하면서도 여기에 만족하지 않는다. 이들은 생명에는 균형적인 흐름만 존재하지 않는다고 주장한다. 즉 균형적 흐름을 통하여 생명은 환경에 적응하고 안정을 찾는다. 그러나 흐름은 때때로 방해를 받아 일시적으로 끊기기도 하고 반대로 강화되기도 한다. 이는 "화학반응" 때문이다. 화학반응은 일시적으로 불안정을 야기한다. 이로써 생명은 흩어지는 구조를 얻게 되고 창발적으로 진화한다. 생명은 생물과 무생물 간의 화학적 순환과정에서 진정한 생명으로 탈바꿈된다. 즉 생물의 내부에서 일어나는 화학작용은 생명과 원자 · 분자라는 무생물과의 교환관계 속에서 생명현상을 가능하게 한다. 예를 들어, 개미들은 그들의 행동을 제어하는 화학적 물질을 분비한다. 즉 이들은 화학적 분자의 밀도가 최대치를 기록하는 방향으로 일률적으로 이동한다(Mainzer, 1997: 109). 수많은 동물들의 경우 영역을 표시한다거나 아니면 냄새로 방향을 찾아내는 것들은 모두 화학적 분자밀도에 의해 행동이 스스로 규제된다는 사실을 보여 준다. 이러한 돌발적인 비평형적 불균형 작용들은 모두 화학작용에서 이루어지며, 이로써 생물은 생명을 유지한다.

프리고진과 스텐저스는 약 35억 년 전으로 추정되는 생명의 탄생을 "화학적 수프"(프리초프 카프라, 1996/ 김용정 · 김동광 역, 1999: 309)로부터 설명하는 진화론을 믿고 있다. 이들은 약 35억 년 전에 자기제작하는 박테리아 세포들이 탄생함으로써 생물의 진화가 시작되었다고 믿는다(프리초프 카프라, 1996/ 김용정 · 김동광 역, 1999: 310). 물론 이들은 다윈주의나 신(新)다윈주의를 추종하는 진화론자들은 아니다. 심지어 이들은 "화학적 수프"로부터 생명이 탄생했다는 사실 이외에도 생명의 창조적 진화가 생명 내에서의 화학작용과 화학반응 때문에 가능했다고 보고 있다. 여기서 이들이 주장하는 화학물질은 무작위나 무질서의 결합이 아니라 질서 있는 구조 즉 패턴을 가진 결합 촉매제를 의미한다(Margulis and Sagan, 1986: 51).

뉴턴에게 우주가 큰 기계시계라면 프리고진에게 생명은 "화학시계"(프리초프 카프라, 1996/ 김용정 · 김동광 역, 1999: 124)이다. 뉴턴의 생명에는 생물과 화학이 빠져 있다. 단지 뉴턴의 생명은 기계작용과 같다. 물론 프리고진의 화학시계는 자체적으로는 생명이 아니다. 그러나 그것은 생명을 좌우하는 촉매가 된다. 예를 들어, 생물에게 가장 단순한 세포의 신진대사 과정에서도 화학반응은 결정적 역할을 한다(Mainzer, 1997: 99). 생명의 각 세포들은 화학반응의 덕택으로 물질을 흡수하기도 하고 분해하기도 하고 노폐물을 몸밖으로 배출시키기도 한다. 세포 속에는 다른 종류의 불안정성이 존재하는데, 그 성질은 기계적이라기보다는 오히려 화학적이다(프리초프 카프라, 1996/ 김용정 · 김동광 역, 1999: 226). 물론 여기에서도 끊임없는 물질의 흐름이 존재한다. 그러나 생명의 신진대사 과정에서 발생하는 수천 · 수만 가지 화학반응들은 생명을 차별화하고 특성화한다. 화학반응은 생명마다 조금씩 다르다. 우리는 전혀 화학반응이 없는 곳에는 화학적 평형이 생겼다고들 한다. 화학적 평형은 죽음을 의미한다. 흐름이 화학적으로 비평형일 때 비로소 생명은 유지된다. 이미 미국의 목성 탐사 우주선 갈릴레오 호는 태양계를 돌면서 모든 행성 중에서 오로지 지구에서만 대기의 화학적 비평형 상태가 존재함을 확인했다. 결론적으로 지구를 제외한 다른 행성에서는 아직 생명체가 불가능하다는 말이 된다.

살아 있는 유기체는 화학적으로 평형 상태에 있지 않다. 프리고진은 화성에 생명이 없는 이유는 화성에서 '화학적 평형'이 생겨났기 때문이라고 설명한다. 또한 생명의 흐름에서 화학작용과 화학반응의 차이 때문에 과정과 생명체가 이질화되고 특성화된다는 사실은 생명현상과 생명 방법이 서로 다양하다는 사실을 의미한다. 서로 다른 화학작용과 화학반응으로 인하여 생명이 서로 다르게 흐르고 생명이 매우 다양하게 현상한다는 사실은 인간에게는 '다양성 사회의 원리'를 설명해 준다. 영국의 물리학자 다이슨은 생명이 지구상에 가져다 준 위대한 선물은 바로 다양성이라고 강변한다.[21] 결국 〔생명=다양성〕이라는 생명의 도식을 이해하지 못하는 인간의 무지에서 생명의 위기는 가속화된다.

4) 인지능력

생명은 환경과 고립되어 있지 않고 물질과 에너지의 지속적인 교환을 통해 환경과 상호작용한다. 다시 말해서 환경과의 상호작용을 통해 생물은 끊임없이 스스로를 유지하고 새로워지며, 그러한 목적을 위해 환경으로부터 에너지와 자원을 활용한다(프리초프 카프라, 1996/ 김용정 · 김동광 역, 1999: 222). 이러한 사실을 생태학자들과 인지과학자들은 생명이 "환경을 인지하는 본능"을 가지고 있기 때문에 가능하다고 보고 있다.

움베르토 마투라나(Humberto Maturana)와 프란시스코 바렐라(Francisco Varela)에 의해 정립된 산티아고 이론에 의하면, 생명은 자신의 주변 환경

21) 오늘날 포스트모던의 대변인들은 시대적 흐름을 "다양성과 이질성"으로 요약한다. 다양성과 이질성은 생명의 본래적 특성이고 원리이기도 하다. 오늘날 세상은 이러한 생명의 원리에 보다 접근된 세계로 향하고 있는 셈이다. 새뮤얼 헌팅턴(Samuel Huntington, 1927-2008)이 예견한 "문명 간의 충돌"은 문화적 다양성과 이질성을 이해하지 못함으로 이루어지는 현상이다. 왜냐하면 인간사에서 문화와 문명은 시간과 공간에서 늘 서로 교류하고 접변하기 때문이다. 따라서 이제 다시금 인간에게 본능으로 주어지는 "문화 간 커뮤니케이션"(래리 A. 사모바, 리처드 E. 포터, 2007) 이 요청된다.

을 인지한다. 그들은 이 세상에는 인지과정과 무관한 것은 아무 것도 존재하지 않는다고 말한다. 인지과정은 앎의 과정이며 생명의 과정이다(프리초프 카프라, 1996/ 김용정 · 김동광 역, 1999: 228). 인류학자 베이트슨(Gregory Bateson, 1904-1980)은 인지과정을 "마음"으로 간주했다. 살아 있는 시스템의 창발 이론에서 마음은 사물이 아니라 과정이다(프리초프 카프라, 1996/ 김용정 · 김동광 역, 1999: 347). 또한 마음은 자신이 하는 일에 대하여 잘했다거나 잘못했다거나 항상 판단한다(데이비드 호킨스, 2000: 231). 한마디로 인지는 생명과정 그 자체이다(프리초프 카프라, 1996/ 김용정 · 김동광 역, 1999: 350). 또한 인지는 독립적으로 존재하는 세계의 표상이 아니라, 생명과정을 통해 끊임없이 세계를 탄생시키는 과정이다(프리초프 카프라, 1996/ 김용정 · 김동광 역, 1999: 351).

생태학자들은 박테리아나 식물도 동물처럼 뇌를 가지고 있다는 분명한 단서는 없지만 인지능력을 가지고 있다고 본다. 가장 단순한 생물이라도 주변을 지각하고 인지할 수 있다는 이야기이다. 예를 들면, 미생물도 환경에서 오는 변화들 즉 빛의 농도, 뜨거움, 차가움, 어두움, 각종 자극 등을 인지할 수 있다. 태양을 향하는 해바라기와 모든 나무의 나이테 그리고 화가 나면 얼굴이 붉어지는 인간의 감정 표현 등은 모두 다 생명의 인지작용의 증거이다. 또한 박테리아는 화학적 차이를 감지하기 때문에 당(糖)을 향해 헤엄쳐 나가고 산(酸)을 피해 달아난다(프리초프 카프라, 1996/ 김용정 · 김동광 역, 1999: 352). 심지어 이들은 열을 감지하고 빛을 향해 접근한다.

한편, 동물이 몸의 상처와 외부에서의 병균 침입에 대응하는 면역 시스템 역시 인지의 과정이다. 인간과 동물이 스트레스를 받으면 소화가 안 되고, 식물이 괴사하는 것도 모두 인지작용 때문이다. 산림생태연구가 차윤정은 자신의 저서 『식물은 왜 바흐를 좋아할까』(2000)에서 식물도 생각을 하며, 열정과 절망 그리고 좌절과 희열을 느낀다고 주장한다. 그는 이 책에서 식물은 저음의 묵직한 소리가 만들어 내는 바흐의 오르간 음악을 좋아한다는 실험 결과를 소개한다. 또한 옥수수, 호박, 백일홍, 금잔화 등에게 클래식 방송을 틀어 주었더니 그 쪽으로 줄기가 이동해 자라났다는 연구 결과도 보도된 적이 있다. 실제로 오늘날 많은 식물원에서 클래식 음악으로 식물 성장을 돕고 있기도 하다. 심지어 식물 위를 기어 다니는 해충이나 진딧물은 클래식 음악을 싫어하고 심지어 클래식 음악을 들으면서 몸이 나른해지고 전신 마비 증상을 나타낸다는 실험 결과도 발표된 적이 있다. 음악에 대한 식물 자체의 직접적 반응이든 아니면 그 위에서 먹이를 채집하는 해충이 사라지든 하여간 클래식 음악은 식물 성장에 주효한 셈이다. 이는 식물도 "감정"이 있다는 말과도 통한다. 식물도 스트레스를 받으면 자살하고 만다고 한다. 식물이 자살하는 증거는 빨리 꽃을 피우고 시들어 버리는 것이다. 이 밖에도 일상에서도 사례는 많다. 개장수가 지나가면 동네 강아지들이 짖지 않으며, 뱀을 잡는 땅꾼 앞에서 독사의 독이 약해진다고 한다. 또한 실험용 식물채집에 몰두하는 식물생리학자가 식물을 들여다볼 때에는 식물들은 죽은 척 하면서 아무 반응을 하지 않지만 식물학자가 없어지면 꿈틀거린다고 한다. 이러한 사례들은 동식물의 감정도 인간의 그것과 별 다를 바가 없다는 사실을 반증하는 셈이다. 물론 아직 보다 더 정확하게 연구해 보아야 할 영역들일 것이다.

하여간 분명한 사실은 생체 내부에서는 외부의 자극에 따라 화학작용과 화학반응이 수반된다는 점이다. 반대로 생명의 화학과정과 화학적 흐름 역시 인지과정으로 가능하다고 할 수 있다. 심지어 사랑이 화학물질의 작용이라는 학설도 있다. 김수병은 자신의 저서 『사이언티픽 퓨처』(2000)에서 인간에게 사랑의 감정은 30개월 이상 지속되지 않는다고 주장했다. 그는 이러한 가설을 과학적으로 입증하고 있다. 이른바 사랑하는 감정을 유발시키는 물질인 도파민과 옥시토신 등은 약효가 2년 정도인데, 사랑이 식는 이유는 사랑의 물질에 항체가 생기기 때문이라고 한다. 즉 항체에 적응하기 위해서는 보다 강력한 화학적 자극이 투입되어야 한다는 이야기이다. 한마디로 생명과 환경 사이에서 벌어지는 상호작용이 인지작용이며 상호작용의 과정은 인지과정으로 볼 수 있다. 또한 인지작용은 앎의 과정이라고 할 수 있다.

인지과정이 앎의 과정이라는 등식은 과거에 인지(認知)를 사고의 과정으로만 인식하던 개념보다 확장된 개념이다. 현대 생태학자들이 주장하는 인지의 개념은 지각, 감정 그리고 행동이라는 생명의 전 과정을 포괄한다. 고등신경시스템을 가진 인간에게는 인지과정에서 뇌가 중요하다. 왜냐하면 인간에게는 특별히 다른 동물과 달리 추상능력이 있기 때문이다. 다윈의 진화론에 따르면, 인간의 두뇌는 기린의 목이나 황새의 부리와 똑같은 완벽성을 가지고 발전되어 왔다(Mainzer, 1997: 88). 그러나 열등생물로 갈수록 뇌는 인지과정에서 의미가 약해진다. 열등생물일수록 자아 인식을 하지 못한다. 인간은 자아 인식을 할 수 있는 유일한 생물이다. 그러나 인지과정은 반드시 뇌에서만 이루어지는 것이 아니다. 뇌는 결코 인지과정에 관여하는 유일한 구조가 아니다(프리초프 카프라, 1996/ 김용정 · 김동광 역, 1999: 366).

한편, 모든 생물은 서로 다른 방식으로 인지한다. 새와 고양이는 인간과 전혀 다른 방식으로 인식한다. 왜냐하면 이들은 인간과 다른 주파수 대역으로 빛을 지각하기 때문이다. 인간은 빨간 신호등 앞에서 멈춘다. 이는 문화적 교육적으로 이루어진 습관이기도 하다. 그러나 동물이나 곤충에게 신호등은 어떤 인지의 대상도 아니다. 한마디로 생명에게 인지를 위한 객관과 보편은 없다. 즉 인지는 자신의 세계를 탄생시키는 행동이다. 마투라나와 바렐라에 의하면, 인지시스템은 각 생명에게 자신만의 세계를 탄생시킨다. 벌새들은 길고 가는 꽃들은 자신의 환경으로 인지하지만 그밖에 큰 꽃들은 환경으로 인지되지 않는다(리처드 르원틴, 1998/ 김병수 역, 2001: 75). 이는 인지시스템이 되풀이되는 상호작용을 통해서 주변 환경과 구조적으로 연결되는데, 여기서 일어나는 구조적 변화가 인지행동으로 구성되기 때문이다. 이를 바렐라는 구체화된 행동이라고 한다. 즉 인지는 자기창조이며 자기세계의 구체적 출현을 의미한다. 결국 인지는 객관적으로 존재하는 세계의 표상이 아니라, 생명과정을 통해 끊임없이 자신의 세계를 탄생시키는 삶의 과정이다.

물론 종족 간, 인간 간에도 같은 물체가 다르게 인지될 수 있다. 그러나 이는 인간 간에 인지구조가 다르기 때문이 아니고 사물이 그들에게 의미하는 것이 다르기 때문이다. 예를 들어, 아즈텍과 잉카인들에게 바다는 문명의 은혜를 베푼 신인 케찰코아틀과 비라코차가 처음 정착한 장소이며, 한동안 유럽을 지배한 켈트족에게 바다는 초자연적인 존재가 사는 집으로 다른 세계로 나가는 문이었다(클로드 리포, 2000). 또한 중국인들에게 바다는 달이 사는 음(陰)으로서 태양과 양(陽)의 대립물이었으며, 이성론자 플라톤에게 바다는 진실을 담고 있는 액체였다.

하여간 인간은 늘 자신의 환경을 인지하면서 삶을 창조한다. 산티아고이론에서 인지는 생물이 그 환경과 상호작용하는 방식의 필수적 부분이다(프리초프 카프라, 1996/ 김용정 · 김동광 역, 1999: 354). 가치 없게 타락한 주변환경을 인지하고 가치 없는 생명과 함께 존재하는 한 인간의 존엄성은 그만큼 낮아진다. 다른 생명을 존중하고 주변 환경을 가치 있게 만드는 일은 나로 하여금 가치 있는 환경을 인지하게 하는 일이며 내가 가치 있게 사는 길이다.

인간에게 인지능력은 생명본능으로서 학습능력으로 이어진다. 학습현상은 인지적 평형이 깨질 때 발생하는 삶의 현상이다. 인지적 평형은 인지적 자극에 의해 깨질 수 있다. 따라서 학교에서 교사는 학생들에게 환경을 바꾸어 주거나 자극을 줌으로써 인지적 자극을 제공할 수 있고,

이들로 하여금 인지적 모험을 하도록 함으로써 창조적 학습을 할 수 있도록 도울 수 있다.

5) 공생과 공진화

공생으로 생명을 유지하는 기본단위는 세포이다. 세포는 외부에서 에너지를 받고 에너지를 방출하기 위해 신진대사의 과정을 거친다. 태초에 박테리아는 질소 박테리아, 효모 박테리아, 광합성 박테리아 등으로 나타났다. 이들은 서로 이중나선구조를 교환하는 공생의 방식으로 뜨거운 햇빛, 운석의 충돌, 화산 분출, 가뭄, 홍수 등 환경의 위협으로부터 살아남을 수 있었다. 초기 생명에서부터 공생은 생명현상을 강화하는 삶의 방식이었던 것이다. 예를 들어, 초기 진화의 흔적은 생명의 단일한 축소판인 박테리아의 분화과정에서부터 목격된다. 박테리아는 약 20분에 한 번 정도 분화하기 때문에, 하나의 세포에서 하루가 채 안 되는 시간 동안 수십 억개의 박테리아가 발생할 수 있다(Margulis & Sagan, 1986: 75). 이러한 빠른 속도의 분화와 더불어 보다 획기적인 일은 박테리아가 놀라울 정도로 강력하고 효율적인 전 지구적 교환 연결망 속에서 자유롭게 다른 개체에게 유전적 특징을 전달한다는 사실이다(프리초프 카프라, 1996/ 김용정 · 김동광 역, 1999: 301). 다만 박테리아는 불과 몇 년 만에 환경 변화에 적응할 수 있는데 비해, 그보다 큰 생물은 진화적 적응에 수천 년도 걸릴 수 있다(프리초프 카프라, 1996/ 김용정 · 김동광 역, 1999: 302).

칠레의 생물학자 마굴리스는 다세포 속에 살아가는 박테리아와 미생물들이 장기간의 공생을 통하여 새롭고 커다란 생물로 진화되었다고 주장한다. 예를 들어, 동물과 식물의 생명 유지에서 가장 중요한 역할을 하는 박테리아 중에 미토콘드리아가 있다. 이는 원래 산소호흡을 할 줄 알고 독자적인 유전물질을 가진 떠돌이 박테리아였다고 한다. 그런데 어느 순간에 다른 미생물 속으로 침입하여 진핵세포 내에서 생명 발전소로서의 역할을 하게 된 것이다. 지금 동물과 식물이 원시생물과 달리 호흡을 할 수 있는 것은 미토콘드리아의 생성 덕분이다. 그에 의하면, 산호호흡을 할 줄 아는 미토콘드리아의 침입과 이로써 성립된 세포 간의 협동관계는 "서로 합쳐진 생물들이 산소를 호흡하는 좀 더 복잡한 생물로 진화하게 된 것"이다. 그러나 이는 다위니즘이나 신다위니즘의 진화론과 판이하다.

최초의 진화론을 언급했으며 최초로 생물학이라는 용어를 만든 독일의 박물학자 라마르크(Jean Baptiste Lamarck, 1744-1829)는 동물이 환경의 압력 아래 변화한다는 것을 관찰했다. 또한 그는 동물이 새끼에게 그 변화를 유전시킨다고 믿었다. 그는 이러한 획득형질의 유전을 가장 중요한 진화의 메커니즘으로 보았다. 그러나 생태학자들은 이러한 점에서 라마르크가 틀렸다고 지적한다. 생태학자들은 우선 생명이 상호작용하면서 공진화(共進化)한다는 사실을 주장했다. 즉 이들은 다위니즘의 진화론에서 주장하는 경쟁(자연도태)과 돌연변이보다 공생적 진화 이를테면 공진화(共進化)를 더 분명한 진화 메커니즘이라고 주장한다. 한마디로 생명은 서로 영향을 받으며 진화한다는 것이다(제니퍼 애커먼, 2003). 물론 공진화는 공생을 통한 진화 즉 공생기원설에 근거를 두고 있다. 공생은 22억 년 전에 처음 발생했으며 진핵세포(핵을 가진 세포)의 진화로 이어졌다(프리초프 카프라, 1996/ 김용정 · 김동광 역, 1999: 318). 이것이 최초의 공생을 통한 진화였으며, 이러한 진화는 협동과 공진화의 훨씬 더 복잡한 배열을 통해 진행되었다(프리초프 카프라, 1996/ 김용정 · 김동광 역, 1999: 320).

러브록과 마굴리스는 가이아이론에서 생명의 전개과정이 처음부터 공진화로 진화했음을 다음과 같이 강변하면서 적응에 대한 좁은 다윈적 개념의 오류를 폭로하고 있다(프리초프 카프라, 1996/ 김용정 · 김동광 역, 1999: 299).

> 생물계 전체에 걸쳐 진화는 생물이 환경에 대한 적응으로만 국한될 수 없다. 그 이유는 환경 자체가 적응과 창조성이 가능한 살아 있는 시스템들의 연결망에 의해 형성된 것이기 때문이다. 그렇다면 무엇이 무엇에 적응한 것인가? 서로가 서로에 대해 적응한 것이다.

한마디로 생명은 서로 무관한 개체들의 단순한 모임이나 집합이 아니고 상호작용하고 있고 상호의존적인 현상들의 연결로 이루어진 공진화의 열린 시스템이다. 공진화 과정에서는 세포와 세포 간의 "협동"이 결정적인 역할을 한다. 생명의 공진화 흔적은 아직도 생명에서 역력하다. 한 예로, 육상에서 살고 있는 포유류의 자궁은 생명의 원천인 해수의 염분을 그대로 담고 있다. 새끼들의 초기 적응을 위함이다. 또한 동물의 혈액과 체액 역시 해수의 염분과 거의 같으며 육체의 2/3 이상이 물로 되어 있다. 지구의 2/3 정도가 바다로 되어 있는 것과 우리 몸에 물의 비율이 엇비슷한 것을 우연의 일치로만 볼 수는 없을 것이다. 결국 우리의 몸과 지구는 공진화로 같은 모습을 갖추게 된 셈이다.

또한 현화식물이 동물과 공진화를 시작한 초기부터 동물들은 식물의 영양가 높은 열매를 먹고 그 대가로 소화되지 않는 식물의 씨앗을 퍼뜨려 주었다(프리초프 카프라, 1996/ 김용정 · 김동광 역, 1999: 328). 생물학자들은 처음 생물이 육상으로 올라오면서 모든 기관시스템의 극적인 변화가 발생하였다고 추측한다. 이를테면 강한 피부의 생성이 그것이었다. 강한 피부의 생성으로 생물은 강렬한 햇볕을 막아낼 수 있었으며, 아울러 수중에서보다 대기 중에서 훨씬 많은 산소를 코 이외의 기관에서 취득할 수 있게 되었다. 또한 수중에서는 부력의 힘으로 살기 때문에 뼈와 근육이 그다지 중요한 기능을 하지 않았지만, 이제 육상에서는 대기압을 지탱하고 중력에 견뎌낼 수 있는 강한 뼈와 근육을 필요로 하게 되었다. 이러한 생리적 변화 역시 주변 환경과 기관 조직과의 공생을 통한 진화 즉 공진화 흔적이라고 할 수 있다. 심지어 미국의 역사학자 메즐리시(Bruce Mazlish, 1923-)는 자신의 저서 『불확실한 과학』(The Uncertain Sciences, 1999)에서 인간성도 끊임없이 진화한다고 주장한다. 실제로 거친 환경에서 자란 사람들은 성격도 거칠며, 온화한 환경에서 자란 사람들은 성격이 온화하다. 물론 예외는 있다. 거친 환경의 사람이라도 성격이 거칠지 않은 경우는 아마도 스스로가 자신을 싸고 있는 환경을 순화시키면서 결국은 순화된 환경에 다시 자신이 영향을 받은 경우가 될 수 있을 것이다.

이미 물리학에서 하이젠베르크는 생명을 구성하는 소립자들이 결코 고립된 실체가 아니라는 사실을 입증했다. 그에게 소립자들도 주변 환경과의 상호작용을 통해서 규정될 뿐이다. 또한 심층생태학의 대부 격인 메이시(Joanna Macy), 폭스(Warwick Fox), 로스작(Theodore Roszak) 그리고 네스(Ame Naess) 등은 생명의 모든 현상이 상호의존하며 상호작용한다는 사실에 동의한다. 결국 공진화는 공생에 뿌리를 두는 생명 현상의 기본 원리인 동시에 환경과 모든 생명이 연결되어 있다는 것을 의미하는 셈이다. 즉 생명체와 환경은 공진화 과정(coevolutionary process)을 겪으며 서로가 서로의 원인과 결과가 된다(리처드 르원틴, 1998/ 김병수 역, 2001: 169). 이로써 환경과 생명과의 연결망은 상호 불가분의 관계를 의미하는 삶의 본능적 근거로 간주될 수 있다.

오늘날 자본주의 사회의 성숙은 치열한 경쟁과 투쟁으로 이루어졌다. 그러나 나와 환경 간의 상호협력과 상호의존의 원리를 생명의 원리 즉 공생의 원리로 인지하지 못하는 한, 어느 순간 인간의 공진화도 끝날 것이다. 결국 이로써 우리 인간들도 주변 환경과의 상호교환에 실패했던 공룡처럼 언젠가는 이 지구상을 떠나고 말 것이다.

6) 자연성

독일의 대문호이자 낭만주의자였던 괴테(Wolfgang von Goethe, 1764-1832)는 자연을 하나의 조화롭고 거대한 생명으로 보았다. 생명이 있는 한 자연이 있고 자연이 있는 한 생명은 영원하다. 또한 인간은 자연의 일부이다. 그는 프랑스의 백과사전학파인 홀바흐(Paul-Henri Thiry, Baron d' Holbach, 1723-1789)가 『자연의 시스템』(Système de la Nature, 1770)에서 옹호한 물질적-기계론적 설명을 거부하였다(Manizer, 1997: 83). 괴테는 생명이 마치 식물의 변형 또는 인간의 영적 성숙같이 유기적으로 자연스럽게 그리고 조화롭게 발전한다고 믿었다(Mainzer, 1997: 84). 칸트 역시 괴테처럼 자연을 '합목적적인 존재'로 간주하면서 당시 기계론적 과학지식의 불충분성에 대하여 논박했다. 이렇게 괴테와 칸트의 기계론적 이성주의에 대한 비판과 함께 19세기 초 독일에서 낭만주의 자연철학이 시작된다(Mainzer, 1997: 84).[22] 또한 지구를 거대한 전체로 보는 훔볼트 형제(Wilhelm von Humboldt & Alexander von Humboldt)는 지구 전체를 하나로 통합시키는 힘으로 "대기"(大氣)를 꼽았다. 이러한 역사적 맥락에서 현대생태학자 러브록은 지구상의 생명들이 대기를 만들 뿐 아니라 그것을 조절하기도 한다는 사실을 인식했다. 대기는 생명과 생명을 연결시켜 주고 생명의 관계를 지속시켜 준다. 베이트슨은 생명의 본질을 "관계"로 이해하였다. 즉 생물학적 형태는 부분들로 이루어지는 것이 아니라 관계에 의해 구성된다. 자연도 관계이다. 결국 살아

22) 이것이 바로 기계주의에 반하여 생성된 유기론적 패러다임의 르네상스였다.

있는 자연에서 생명은 기계처럼 서로를 "위해서" 기능하는 것이 아니고, 서로에 "의해서" 존재하는 관계로 보아야 한다는 것이다.

여기서 주목할 것은 관계로 형성되는 "자연에는 위-아래가 없다"는 사실이다. 자연에서는 오로지 수평관계만이 존재할 뿐이다. 물, 나무, 돌, 바람, 구름에는 서열이 없다. 가치 면에서도 동등하다. 자연에 서열이 없다는 사실은 생명과 생명 간에도 서열이 없다는 것을 뜻한다. 한마디로 본래 생명에게 관계는 수평적 관계만을 의미한다. 수직적 관계는 후천적이며 인위적이다. 또한 자연은 그 자체로서는 좋고 나쁨이 없으며, 그렇다고 평화롭다거나 반대로 투쟁적이지도 않다(Mainzer, 1997: 320). 따라서 자연에서는 어떤 생명이 다른 생명을 지배하지 않는다. 생태계의 먹이사슬을 서열관계나 지배관계로 설명하거나 투쟁적으로 이해하고 있다면 이는 잘못된 해석이다. 먹이사슬은 생태계를 유지하기 위해 존재한다. 예를 들어, 호랑이가 없는 정글에는 평화가 올 것 같지만 정 반대 현상이 나타난다. 약자가 강자를 대신하는 것이다. 빠진 곳은 반드시 다른 세력으로 채워지는 것이 자연이다. 자연생태계의 먹이사슬은 이렇게 유지된다.

한편, 종래의 과학이론으로부터 표층생태학에 이르기까지 인간은 늘 자연을 개척하는 우월한 존재로 나타났다. 베이컨이 '아는 것이 힘'이라고 했을 때 자연에 대한 지식을 알면 알수록 자연을 개척하고 지배하는 힘이 생긴다는 뜻이었다. 당시까지 인간은 자연의 주인이며 지배자였으며 중심이었다. 이렇게 인간과 자연을 대립관계 또는 대치관계로 보았던 표층생태학의 시각도 "인간 중심적 사고"임에 틀림없다. 그러나 심층생태학이 시작되면서 자연의 중심은 인간이 아니고, "생명" 그 자체라는 사실이 밝혀지기 시작했다. 심층생태학의 시조 격인 노르웨이의 철학자 네스(Arne Naess)에 의하면, 인간은 자연의 중심도 주변도 아니며 모든 생명 중의 하나이며 다른 생명과 마찬가지로 자연의 일부일 뿐이다. 여기서 생명

의 원리는 대립이 아닌 협동이고 상호작용이다.[23)]

오늘날 우리 인간은 자연의 평등관계라는 생명의 법칙을 크게 위반하고 있다. 여성에 대한 남성의 지배, 못 가진 자에 대한 가진 자의 지배, 사용주의 노동자에 대한 지배 같은 서열 및 지배관계는 생명의 원리를 거역한다. 생명의 원리에 어긋남은 곧 죽음이다. 특히 남성 중심의 가부장적 사회는 현대사회에서 가장 심각한 위험 요소로 남아 있다. 여성학자 캐럴 페이트만(Carole Pateman)은 자신의 저서인 『남과 여, 은폐된 성적 계약』(2001)에서 근대 자유주의의 시민사상의 토대인 사회계약론은 남성 중심의 가부장적 질서를 극히 당연시함으로써 사회문제의 해결을 외면하고 있다고 강변한다. 그는 "남성 지배와 여성 복종"의 전통적 가부장제 하에서 자유롭게 계약하는 개인들이란 실제로 남성들만을 의미하고 있으며 특히 여성에 관한 성적 계약은 남성에 대한 여성의 예속 관계의 계약일 뿐이라고 주장한다. 겉으로 볼 때 사회계약은 자유를 전제하고 있지만 결혼계약, 고용계약, 매춘계약, 대리모계약 등에 은폐된 여성의 남성 예속성은 결코 남녀 간의 불평등을 재생산하는 허울 좋은 자유계약일 뿐이다. 이러한 은폐된 성적 계약하에서 남녀 간의 평등이나 진정한 인간의 자유는 없다. 미국의 여성심리학자인 필리스 체슬러(Phyllis Chesler)는 자신의 저서 『여성과 광기』(Woman and Madness, 1997)에서 남성중심의 집단 코드로 짜여진 우리의 남성중심사회 남성사회를 모방하는 여성도 희생양이 되고 만다는 사실을 지적하고 있다. 예들 들어, 전통적으로 성모 마리아의 이미지를 강요당해 온 여자들은 성적-지적 독립성을 고수하려다 불감증 · 편집증 · 히스테리 · 거식증 · 폭식증 · 님포마니아(색광) 마녀, 님포마니아 등으로 잔인하게 매도당해 왔으며, 이들은 급기야 정신병자라는 이름으

23) 동양사상에서는 "세속의 대립을 넘어서는 것"과 "대립자 간의 부단한 상호작용"을 득오(得悟)의 필수조건으로 가르쳤다.

로 정신병원에 수용되는 신세가 되기도 한다. 또한 미국의 사회심리학자 캐릴 타브리스는 프로타고라스가 말한 "만물의 척도는 인간이 아니라 남자"였다고 비난한다.

생태학은 남성과 여성을 동등한 수평관계로 파악하고 있다. 그럼에도 불구하고 우리 인류의 역사는 남성중심사회를 추구해 옴으로써 여성을 지배의 대상으로 전락시켰다. 인위적으로 수직적 관계구조가 성립되는 것이다. 이제 미래사회에서는 위상이 역전될 조짐도 없지 않다. 원칙적으로 남성이나 여성이나 모두 자연의 한 부분이다. 우리에게 주어진 자연은 결코 위계관계나 대립관계로 현상하는 것이 아니고, 상호의존적이고 상호관련적이며 상호동등한 수평적 네트워크 관계인 것이다. 이러한 해석을 생태학자 카프라는 "위계(hierarchy)에서 연결망(network)으로" 생명현상 연구가 패러다임 전환을 하고 있다고 설명한다.

7) 전체성

생명을 전체로 보는 시각은 폴 바이스(Paul Alfred Weiss, 1898-1989) 같은 생물학자들로부터 시작된다. 생명을 시스템으로 본 생화학자 로렌스 헨더슨(Lawrence Joseph Henderson, 1878-1942)은 생명의 시스템을 부분과 부분 간의 관계에서 본질적 특성을 알 수 있는 '통합된 전체'로 파악했다. 또한 생명의 시스템은 구성성분(부분)의 관점에서 보면 전체이지만, 그보다 큰 전체에 대해서는 부분이 된다. 그러나 생명시스템 속에서 부분과 부분, 전체와 부분은 '관계'로 이루어져 있는데, 이러한 관계를 해석함으로써 전체로서의 생명시스템은 알려지게 된다. 물론 여기서 관계는 수평적 관계이다.

우리 사회에서 전체와 부분의 관계는 종종 왜곡된다. 이를테면 과거 전체주의 정치체제에서는 국가가 그 구성원인 국민들의 자율성을 제약했다. 즉 국가는 전체이고 국민은 부분이다. 이 과정에서 개인들은 비인격화되고 인간성은 박탈된다. 파시스트 사회에서도 국민은 마치 유기체와 같이 기능한다. 부분과 부분은 관계가 아니고 전체를 위한 기능이다. 예나 지금이나 독재자들은 사회를 유기체에 비유하기 좋아한다. 오로지 유기체의 구조는 기능적 부분으로 분류될 뿐이다. 그러나 유기체에서도 사실은 전체가 부분의 단순한 모임이나 집합이 아니다. 왜냐하면 전체는 부분이 결코 가질 수 없는 전체만의 특성을 가지고 있기 때문이다. 따라서 부분의 합으로 전체를 설명할 수 없다. 예를 들어, 설탕의 단맛은 구성 요소인 탄소, 산소, 수소의 성분으로 설명되지 않는다. 생물체의 경우는 더 더욱 그렇다. 대표적으로 인간을 세포의 단순 합으로 이해하는 것은 곤란하다. 한마디로 물리적으로나 이론적으로나 분리 고립된 요소로 나누어질 때 전체의 특성은 모두 사라진다. 따라서 전체는 부분의 단순한 합이 아니다. 또한 부분과 전체의 성격도 판이하다.

생기론을 대표하는 독일의 발생학자 드리슈(Hans Adolf Eduard Driesch, 1867-1941)는 기계론적 생물학에 반대하고 전체론사고(Holism)를 하는 다른 생물학파들과 함께 전체성 개념에 접근한다(Weyl, 2000: 270). 그는 자신의 유명한 '성게 실험'을 통하여 전체성 이론을 정립한다. 성게의 배아세포 두 개 중에서 하나만 살리면 반쪽짜리 성게로 태어나지 않는다. 반쪽 배아세포에서 태어난 성게도 온전하다. 다만 크기가 작을 뿐이다. 성게의 알은 자신의 일부만으로도 전체를 재생시킨다. 전체가 먼저이다. 이는 인간에게도 적용된다. 눈, 코, 입 생김새로 그의 인간 됨됨이를 설명할 수 없다. 인간임을 알기 위해서는 가치관, 세계관, 인간성이라는 전체가 먼저이다. 전체로 파악되는 생명이 진정한 생명이다. 이러한 논리 역시 종종 인간사회에서는 오해를 초래한다. 전체주의자들이나 국수주의자들은 대개 국가나 왕이 국민보다 먼저라는 해석을 한다. 그러나 국민의 관점에서는 항상 국민이 먼저이다. 생태학자들은 국가와 국민은 공생적 관계라고 하면서 보다 과학적인 태도로 접근한다. 즉 생태학에서 전체(entity)란 국가와 국민의 공생적 관계에서 발생하는 인간의 삶이다. 따라서 삶이 먼저이며 전체인 것이다. 이렇게 본다면 생태계에서의 전체는 생명이며 관계로 형성되는 생명이 항상 먼저인 것이다. 생물학에서의 이러한 전체성 개념은 이미 약간의 어조를 달리하면서 버틀란피(Bertalanffy), 헬데인(J. S. Haldane), 마이어(A. Meyer), 알버데스(Alberdes), 웩스퀼(Uexkull), 볼터렉(Wiltereck) 등에 의해서도 대변되어 왔다(Weyl, 2000: 271).

데카르트의 분석적-분리적-분할적 사고에 의하면 전체의 움직임은 부분들의 특성을 통해 이해된다. 고전역학에서는 아직도 부분의 특성과 움직임이 전체를 결정한다. 그러나 하이젠베르크(Werner Heisenberg)의 양자역학에서는 전체가 부분의 움직임을 결정한다. 게슈탈트 심리학자 베르트하이머(Max Wertheimer)와 쾰러(Wolfgang Koehler)는 전체를 환원 불가능한 것으로 본다. 전체는 어떠한 소립자로도 분석될 수 없으며 소립자의 합으로 전체는 환원되지 않는다. 또한 생명현상으로서의 전체는 '의미'를 가지는 전체이다. 생명을 전체로서 이해할 때 우리는 함부로 다른 생명을 토막내지 않을 것이다. 왜냐하면 다른 생명이 죽는 것은 곧 나의 생명고리가 끊기는 것을 의미하기 때문이다.

1969년 아폴로 9호에 타고 지구 궤도에서 달착륙선을 시험하고 있었던 러스티 슈바이카르트라는 우주 비행사는 한 리더십 프로그램에 참석하여 다음과 같이 강연한 적이 있다(피터 센게, 1996: 492-493).

> 지구는 우리 각자가 나눌 수 없는 존재이듯이 나눌 수 없는 전체이다. 자연(우리들을 포함해서)은 전체 속의 부분들로 이루어져 있지 않다.

그것은 전체 속의 전체로 이루어져 있다. 국경을 포함한 모든 경계는 근본적으로 임의적인 것이다. 우리가 경계를 만들었지만 아이러니컬하게도 우리 자신이 그 속에 갇혀 버렸다. … 우주에서 바라 본 지구의 모습은 마치 태어나고 있는 아기를 보는 것과 같았다.

6. 사회현상의 생태학

일본 경제학자 아사쿠라 레이지는 미래를 가장 잘 예측하는 것은 미래를 창조하는 것이라고 했다. 그에게서 미래 예측과 미래 창조는 경제 상황에 대한 생태학적 이해이다. 실제로 오늘날 기업 현장에서도 생명현상의 원리를 기업 생존전략에 발 빠르게 적용하고 있음이 목격되고 있다. 이미 선진국의 유수 기업에서 새로운 형태의 회계감사제도가 생겨나고 있는데, 이른바 "생태회계감사"(eco-auditing)(프리초프 카프라, 1996/ 김용정 · 김동광 역, 1999: 394)가 그것이다. 생태회계감사란 한 기업의 물질, 에너지, 사람의 흐름이 갖는 환경의 영향에 대한 특별감사를 뜻한다. 앞으로 미래 환경기반사회에서는 이를 진정한 생산비용으로 계산할 때 생명원리에 입각한 생산성이 제대로 계산된다는 것이다. 물론 이는 기업에 "생태세"(eco-tax)(프리초프 카프라, 1996/ 김용정 · 김동광 역, 1999: 393)를 부과하려는 유럽 등 선진 국가들의 생태학적 세금개혁정책에 대처하기 위한 자구책이다.

환경경제 전문가인 폴 호켄(Paul Hawken)은 산업생태학(industrial Ecology)을 주창하면서, 기업 스스로가 자신을 생태계의 일부로 본다면 이윤을 증대시킬 수 있다고 주장한다(Hawken, 1993: 75-76).

> 단기적인 경제 번영과 장기적인 환경의 건강을 조화시키는 것이 산업생태학이다. … 환경의 건강과 경제 성장은 서로 배타적인 개념이 아니다. 사실 이 두 가지는 서로 협력관계가 될 수 있다. … 시장은 가격을 결정하는 데에는 탁월하지만 비용을 인식하는 능력은 없다. 진정한 사회비용에는 환경정화 비용, 화학물질의 누출로 인한 질병과 관련된 각종 건강 비용 등이 포함될 것이다. 그러나 유독물질을 생산하는 기업들은 가격을 결정할 때 이 모든 요소들을 무시할 가능성이 높다.

산업생태학의 원리에 따라 우리 사회에서는 비록 아직 지극히 초기 단계이지만, 한 기업의 폐기물이 다른 기업의 원료가 되는 순환형 제조업들이 나타나고 있다. 이를테면, 폐기물 재생 및 재활용 산업체들이 그것들이다.

이렇게 생태학적으로 정책을 전환함으로써 국가와 기업은 "생태학적 연결망"이라는 생명의 원리를 생존전략으로 이해하기 시작했다. 구체적으로 오늘날 기업들은 기업들 자체가 "살아 있는 생물조직"으로 살아남는 방법을 강구하고 있다. 1980년 초 미국 증권가를 전산화하는 데 성공하면서 디지털 혁명의 주역으로 군림하게 된 소프트웨어 기술의 선구자인 비벡 라나디베는 미래의 산업은 "이벤트 드리븐 엔터프라이즈"(event driven enterprise) 즉 '사건중심의 기업'이 주도하는 소위 기업생태계사회가 될 것이라고 선언한 바 있다. 즉 이벤트 드리븐 기업이 주도하는 미래 기업생태계사회에서는 급속한 변화를 기반으로 형성되는 무질서한 산업환경 속에서 기업들은 마치 살아 있는 생물처럼 유연하게 적응하고 실시간 반응하면서 새로운 시장에서 즉각 이윤을 만들어 내야 생존이 가능하다는 생존전략이다. 이 밖에도 오늘날 많은 경제적 과정들이 모두 자연의 생태학적 사이클에 매몰되고 있다(Mainzer, 1997: 11). 일본의 도요타 자동차사는 온실효과를 일으키는 기체들을 흡수할 수 있도록 유전자 변형된 나무를 개발하기 위해 식물학자를 고용했으며, 유럽 최대의 호텔 체인 중의 하나인 스캔딕 호텔(Scandic Hotels)은 최근 97% 재활용 가능한 "에코룸"(Eco-Room) 객실 전략을 사용하여 최대의 이득을 얻고 있다(마이클 마자르, 2000: 72). 이 밖에도 오늘날 환경보호를 상징하는 "녹색"을 사용하여 간판도 새롭게 하면서, 친환경기업 이미지 홍보에 주력하는 기업들이 부쩍 늘어나고 있다.

독일의 생물학자인 바이츠제커(Ernst Ulrich Von Weizsäcker)는 자신의 저서 『환경의 세기: 인간다운 삶과 노동을 위한 생태효율적 비전』(1999)에서 슈테판 슈미트하이니의 개념인 "생태효율성"에 대하여 12 테마로 나누어 설명하고 있다. 그는 21세기를 환경의 세기로 단정하면서 환경과 경제와의 윈-윈(Win-Win) 전략을 모색하고 있다. 여기서 그는 21세기 자본주의 경제에서 이루어지는 기업경쟁은 "효율성 경쟁"으로 결판이 날 것이라고 단언한다. 즉 이제 기업에서는 경제효율성의 경쟁보다 생태효율성의 경쟁이 중요하다는 것이다. 그러나 그는 환경 및 생태계 파괴 앞에서 무조건 자연으로 돌아가야 한다거나 아니면 이제 그만 자연을 약탈하고 정복하고 파괴하지 말고 가난하더라도 그대로 살자는 주장을 하는 것은 아니다. 오히려 이는 우리가 21세기 시장경제에서 효율성만 잘 따지고 효율혁명만 이룰 수 있다면 환경도 보호하고 경제도 발전시킬 수 있다는 소위 "두 마리 토끼의 논리"이다. 구체적으로 천연자원의 남획을 줄이면서 경제와 환경이 상호 공존할 수 있는 효율성 상품을 만들어 낼 수 있다면 유토피아는 가능하다.

예를 들어, 아주 작은 미소량의 휘발유로 달리는 하이퍼 자동차의 출현은 환경공해 방지에도 효율적이며 타고 다니는 사람들에게도 안전하다. 물론 자동차의 값이 싸야 실용화될 수 있을 것이다. 이미 콩기름을 연료로 가는 디젤 자동차가 개발 중에 있으며 얼마 안 있으면 시판된다고 한다. 무공해 자동차이다. 더 극단적으로 나간다면 과거에 만화에서나 보았던 물로 가는 자동차가 개발된다면 경제와 환경의 공존이 가능한 유토피아가 가능하지 않을까? 그런데 이미 물로 가는 자동차의 현실화도 우리의 눈앞에 펼쳐지고 있다고 한다. 1979년 뉴질랜드의 아치 블루라는 발명가는 리터당 40km를 달릴 수 있는 자동차 엔진을 발명했다. 소위 물로 가는 자동차가 완성될 수 있는 기반이 만들어진 것이다.

이미 1996년에 호주에서도 물로 가는 또 다른 자동차가 발명되었다. 이제 상용화를 위해 제작비용의 절감 문제가 해결되어야 한다. 미국의 포드 사는 앞으로 5년 내에 물로 가는 자동차나 태양열 전지 자동차가 상용화될 것으로 전망하고 있다. 이론적으로 미국에서 사용되는 자동차들 중 99%가 전기 자동차로 대체되는 기간은 약20년으로 추정된다(마이클 마자르, 2000: 96). 즉 20년 후에 미국에서 달리는 휘발유차는 골동품에 해당될 것이란다. 또한 하수를 재처리해서 수영장을 운영한다거나, 태양열 주택이 가격부담에서 해방될 수 있다면 유토피아는 가능해질 것이다. 이제 친환경제품만이 살아남는다. 즉 머지않아 환경을 생각하지 않는 발명품은 경제적 효율성에서도 뒤떨어지는 상품으로 전락하게 될 것이다. 우리는 경제개발을 억제하고 환경보호를 해야 한다고 외친다. 그러나 이는 현실적으로 가능한 이야기가 아니며 사치스럽고 편리한 사고이기까지 하다. 반대로 환경파괴를 감수하고라도 경제성장을 이루어야 한다는 논리도 이제는 공감을 얻기 어렵다. 과거 상극관계로 이해되었던 "경제발전과 환경보호 논리"의 상관성은 비록 쉽지는 않더라도 하나의 통합적 전체로 고려되어야 할 것이다. 예를 들면, 동독과 러시아가 지금 경제 회복이 예상보다 어려운 이유는 공산주의 시절의 잔재인 환경 붕괴가 발전을 가로

막는 커다란 걸림돌이 되고 있어서이다(마이클 마자르, 2000: 76). 한마디로, 지속가능한 경제적 발전이 요구된다.

전체성을 회복해야만 보다 잘 살아남을 수 있다는 소위 윈-윈(Win-Win) 기업전략도 이미 시장에서는 활발하게 진행되고 있다. 예를 들어, 컴퓨터 회사와 프린터 회사 그리고 스캐너 회사가 컨소시엄을 맺든지 아니면 전략적 제휴를 하여 토털시스템으로 출시할 때 훨씬 잘 팔려나가고 있으며, 김치냉장고 회사와 김치 회사가 제휴함으로써 판매의 시너지 효과가 배가되고 있다.[24] 과거에는 기업이 상품을 독점하고 배타적이어야 살아남을 수 있는 확률이 높았지만, 지금은 상호 공존하고 공생해야만 살아남을 수 있는 확률이 높아지고 있다.

오늘날 기업들은 공생의 이치를 조금씩 알아가고 있다. 주변 환경 즉 기업환경과의 공생은 미래 기업이 선택하는 최적의 생존전략이 되고 있는 셈이다. 그동안 우리의 기업들은 생명과 생태계의 원리를 배제하고 살아왔다. 즉 잘못된 방식으로 억지로 살아남아 왔던 셈이다. 이제 사고의 혁신은 절실할 수밖에 없다. 기업의 혁신이나 사고의 혁신은 없던 것을 새롭게 창조하는 것이 아니다. 과거부터 있었던 사실 그리고 실존하지만 아직은 미지의 영역 즉 삶의 전체성이라는 테두리 속에서 생명현상의 기본 원리를 새롭게 찾아나가는 일이 바로 기업을 혁신하고 사고를 개혁하는 것이 된다. 이는 미래의 생존전략이기도 하다.

24) 가장 최근의 경영이론들은 산업 사이의 경계선이 사라져 가고 있다고 말한다(마이클 마자르, 2000: 27).

7. 생태학적 윤리

생태학적 패러다임을 통해 형성되는 윤리는 기존의 윤리 개념과 접근방법에서 좀 차이가 난다. 이러한 윤리 개념은 인간학의 관점과도 상통한다. 인간학에서 "윤리"[25]는 문화의 일종이다. 즉 윤리나 도덕은 무형의 비물질문화이다. 문화란 인류가 살아남은 흔적이며 살아가는 기준이다. 도덕과 윤리는 풍습, 관습, 법, 제도, 규범, 종교 등과 마찬가지로 인간을 살아남게 한 문화적 흔적이면서 동시에 살아가는 기준이다.[26] 다시 말하면, 윤리적 행동의 기준들은 하늘로부터 땅으로 떨어진 것이 아니며, 어떤 신비스러운 높은 권위에 의해 계시된 것도 아니다(Mainzer, 1997: 320). 윤리의 기준들은 사회문화적 진화에 개입되어 있기 때문에 항상 변화되어 왔으며, 또한 지금도 계속 변화하고 있다(ebenda).

역사적으로 우리 인간들은 도덕과 윤리를 통하여 공동체를 발생시키고 유지 발전시킬 수 있었다. 즉 공동체 속에서 우리는 모두 살아남을 수 있었는데, 이러한 공동체의 결속은 도덕과 윤리를 통해서 이루어진다. 이렇게 본다면, 도덕과 윤리는 공동체를 사수하기 위한 자연스러운 전략이었으며 약속이었다. 윤리와 도덕은 결코 인위적이거나 편파적일 수 없는 것이다. 윤리와 도덕의 생성, 전개, 발전 과정은 문화의 그것과 동일하다. 왜냐하면 윤리와 도덕은 일종의 문화이기 때문이다. 인간학자 아놀드 겔렌(Arnold Gehlen, 1904-1976)에게 문화는 "인간이 살아남기 위해 바꾸어 놓

25) 여기서 윤리는 도덕을 포함한다. 물론 양자 간의 차이를 구분해서 사용하는 것이 바람직하지만,이에 대한 학적 구분은 다른 연구의 차원으로 돌리고 본고에서는 포괄 개념으로 사용한다.

26) 1894년 물리학자 엑스너(S. Exner)는 볼츠만의 의미에서 "도덕을 생존경쟁을 위한 무기"(Morality as weapon for the struggle of life)라는 주제를 가지고 논문을 발표한 적이 있다(Mainzer, 1997: 88).

은 제2의 자연"이다. 알프레드 크로버(Alfred Kroeber, 1876-1960)에 의하면 문화의 속성은 역사성, 질서 그리고 가치의 현실화가 된다. 따라서 문화의 속성으로서의 역사성, 질서 그리고 가치의 현실화는 일종의 문화인 윤리와 도덕에도 해당된다.

결국 윤리와 도덕은 결코 고정적인 것이 아니며, 역사적으로 누적된 질서를 가지고 있으며 가치의 현실화에 따라서 살아남기도 하고 폐기처분되기도 한다. 이는 살아남기에 유리한 조건을 창출할 수 있는 가치의 현실화가 이루어지는 문화는 살아남고 계승 발전될 것이고 그렇지 못한 문화는 그 자리에서 폐지되는 이치와 같다. 다만 문제는 "도구적 이성"의 개입으로 인하여 인위적이고 강제적인 윤리 왜곡과 조작도 가능하다는 사실이다. 만약 도구적 이성의 개입을 배제한다면, 도덕과 윤리는 "가치의 현실화"라는 자연스럽고 자율적인 기준에 따라서 생겨나고 사라질 수 있는 것이다. 왜냐하면 도덕과 윤리도 일종의 문화로서 인간이 살아남기 유리한 생존조건에 합당해야 하기 때문이다. 한마디로 계속해서 인간공동체를 살아남게 하는 윤리와 도덕은 살아남고 계승 발전하게 될 것이지만, 반대로 살아남기에 불리한 조건을 만드는 윤리와 도덕은 폐기되고 만다.

우리는 살아남기 위해서 반드시 윤리적이고 도덕적이어야 한다. 왜냐하면 윤리와 도덕은 문화로서 삶의 기준이기 때문이다. 그러나 삶에 거추장스럽고 삶을 방해하는 데에도 불구하고 우리가 옛것을 역사와 전통 때문에 무조건 윤리와 도덕으로 간주해야 하는 것은 잘못이다. 물론 오랜 역사와 전통을 가진 도덕과 윤리가 가치의 현실화가 된다면, 그 도덕과 윤리는 진정 가치 있는 문화로 인정될 것이다. 오래된 도덕과 윤리의 "가치"는 이렇게 자연스럽게 삶의 순리에 따라 생성되는 것이지, 무조건 예로부터 그랬다는 식의 단순한 전통이나 역사와 치환되는 것은 아니다. 한마디로 우리 인간의 윤리나 도덕은 "역사적"이며 "현실적 가치"를 내포할 때 생존한다.

독일 아우크스부르크 대학교의 철학자이며 물리학자인 클라우스 마인저(Klaus Mainzer) 교수는 도덕과 윤리가 가치의 현실화에 의존하는 역사적 형성개념이라는 사실에 대해서 다음과 같이 설명하고 있다(Mainzer, 321-326).

> 생명, 마음, 그리고 사회의 역사적 모델은 종종 자연의 역사적 개념과 테크놀로지의 역사적 기준에 의존한다. 특히 인과성에 대한 선형적이고 역학적 관점이 자연과학, 사회과학 그리고 기술과학의 역사속에 지배적인 패러다임이었다. 이것은 역사시대의 인식론적 개념 없이는 이해될 수 없는 윤리적 규범과 가치들에게 영향을 미쳤다. 인식론과 윤리의 역사적 상호의존성은 어떤 상대주의나 자연주의도 의미하지는 않는다. (…) 심지어는 인권조차 변화하는 의미를 가지고 역사적 발전을 거듭해 왔다. 언젠가 헤겔은 인류의 역사는 "자유의 발전"으로 이해될 수 있다고 한 적이 있다. 우리는 복잡성과 비선형적 세계에서 가능한 윤리적 귀결에 대해 논의하기 전에 윤리적 기준들의 역사적 발전에 잠시 눈을 돌려야 한다.
>
> 윤리학은 논리학, 인식론, 과학철학, 언어, 법, 종교 등과 같은 철학의 원리이다. 역사적으로 "윤리"라는 단어는 습관과 실천을 의미하는 그리스 말에서 유래한다. 원래 윤리학은 인간들에게 도덕적 습관들 및 "어떻게 살아가는지"에 대하여 가르치는 교육기관의 강령으로 이해되어 왔다. 윤리학의 중심 문제는 "어떻게 하면 잘 살아가는지", "어떻게 하면 정의롭게 행동하는지", "어떻게 하면 이성적으로 결정하는지" 등 훌륭한 도덕적 코드를 발견하는 것이 되었다. 윤리학의 몇몇 핵심 개념들은 이미 소크라테스를 추종하는 수많은 그리스의 철학

자들에 의해 논의되었다. 그의 제자인 플라톤은 선한 삶을 위한 소크라테스의 질문을 가장 위대한 우주적 선의 이데아로 일반화시켜 놓았다. 그런데 이는 역사적 삶으로부터는 독립된 즉 일과성으로 변화하는 세계의 이면에 있는 "영원불변성"으로 나타났다.

아리스토텔레스는 이러한 영원한 가치를 주장하는 자신의 스승 플라톤의 독단을 인간 삶에 대해 무지한 행동이라고 강하게 비판했다. 아리스토텔레스에게 선, 정의 그리고 합리성의 유효성은 정치적 사회(폴리스), 가족, 그리고 개인의 상호작용을 가리킨다. 폴리스 속의 정의는 자유인의 자연적 이해관계의 비율과 평등성에 의해 현실화된다. 인간의 가장 위대한 선은 행복이다. 이는 폴리스와 가정 속에서의 천부적 습관과 실천에 따라 성공적인 삶에 의해 현실화된다. 분명히 아리스토텔레스의 윤리 개념은 식물, 동물 그리고 인간 같이 성장하고 성숙하는 유기체로 채워진 자연에 대립하는 유기적 관점에 해당된다. 그리스 폴리스의 와해 후에 윤리학은 새로운 틀의 기준들을 요구했다. 스토아 윤리가 자연에 의해 성취되는 모든 사람들의 외부적 자격을 강조한 반면, 유럽의 윤리학에서는 개별 생활, 활동 그리고 느낌의 내적 동등성을 강조했다. 기독교 중세 시대에 영원한 가치의 하이어라키는 신의 신성한 명령에 의해 보장되었다. 그러나 당시 우주적으로 수용된 신학적 틀 속에 있는 윤리학의 기초들은 현대에 들면서 와해될 만큼 곪고 있었다.

데카르트는 자연의 기계적 모델을 제시했을 뿐 아니라 과학적 이성에 기초한 도덕시스템을 요구했다. 스피노자(Baruch Spinoza)는 자연에 대립하는 결정론적 기계론적 모델인 합리주의 도덕성으로부터 공리로 수용되는 시스템을 차용하였다. 자연법이 이성법과 동일시된다고 믿어질 때, 인간의 자유는 합리적으로 인식되었던 결정법에 따른 행동에 의지할 수 있다. (…) 홉스는 자연과 사회에 관한 기계적 관점을 옹호했다. 그러나 그는 인간의 이성을 의심했다. 정치적 법률과 습관은 오로지 리바이어던의 중앙집중화된 힘에 의해 보장될 수 있다. 가장 위대한 선은 절대주의 시대에 이루어진 마지막 평형상태로서의 평화이다.

로크, 흄, 그리고 스미스의 자유 사회는 분리의 힘과 상호작용하는 천체에 대한 뉴턴의 모델과 유사한 것으로 이해되었다. 미국과 프랑스 혁명에서 개인의 자유는 자연권으로 선포되었다. 그러나 개인의 자유가 결정론적 인과성을 가진 기계적 세계에서 어떻게 정의로울 수 있을까? 모든 자연적 사건은 원칙적으로 운동의 기계론적 방정식에 의해 차용될 수 있다. 오로지 인간만이 외부 환경에 의해 영향을 받지 않고 행동의 인과적 행동을 시작하는 자발적이고 자유로운 결정능력을 가지고 있다고 가정되었다. 칸트는 이러한 인간의 특성을 "자유의 인과성"이라고 불렀다.

(…) 칸트에 의하면 개인의 자유는 그의 이웃의 자유에 의해 제한된다. 또한 자유 존재로서의 인간이 다른 인간의 이득을 위한 도구로서 오용되어서는 안 된다. 따라서 결정론적 법칙에 의해 지배되는 것이 자연에 대한 기계적 세계라면, 자유와 도덕성의 법칙을 가진 이성의 내적 세계가 존재한다. 이렇게 자유에 대한 칸트의 윤리학은 모든 현대적 헌법국가의 형식적 원칙 속에 실체화되어 왔다.

그러나 정치와 경제의 현실세계에서 어떻게 자유의 법칙이 실현될 수 있을까? 산업화의 초기 과정 동안 앵글로-아메리칸 공리주의(벤담과 밀)의 윤리학은 개인행동에 대한 평가를 요청했다. 대부분 사람들의 행동은 윤리적으로 최고선이 되어야 하는 것으로 선언되었다. 칸트가 개별 자유의 형식적 원칙을 제시했을 때, 행복에 대한 공리주의의 원칙은 그것의 물질적 완성으로 해석될 수 있다. (…) 공리주의 철학자들과 경제인들은 행복의 욕구를 대다수 사람들을 위한 위대한 복지를 실현하기 위해 가능한 한 적은 비용을 가지고 최적화되어야 하는 유용성 기능으로 정의한다. 공리주의의 원칙들은 복지 경제의 윤리적 틀이 되어 왔다. (…)

분명히 칸트의 윤리학과 앵글로-아메리칸 공리주의는 우리의 행동을 판단하는 규범적 요구들이다. 헤겔은 개인들의 주관적 윤리적 기준들은 사회제도에 의해 현실화되는 역사 속에서 나타나는 객관적 역사과정의 산물들이라고 주장했다. 따라서 그는 주관적 도덕성과 사회제도의 객관적 이성 사이를 구분했다. 역사적으로 실제적 습관과 시민 사회의 도덕성 속에 있는 헤겔 윤리학의 토대는 독자들에게 그리스 폴리스에 대한 아리스토텔레스의 현실적 윤리학을 상기시킨다. 그러나 헤겔은 국가와 그들 제도의 역사적 진화를 가정한 반면, 아리스토텔레스의 사회 질서는 정적으로 남아 있었다.

헤겔은 이미 미시적 수준의 개인들과 거시적 수준의 사회, 그리고 사회적 시민들의 총합뿐만이 아닌 사회적 제도 사이를 구분했다. 더군다나 그는 단일한 개인의 의지와 주관적 이성에 의해 결정되지 않고 집단 이성의 자기조직화 과정에 의해 결정되는 사회의 진화를 기술했다. (…) 그러나 헤겔 이후의 실제 역사는 인간의 사회를 자기조직화에 의해 최후의 정의 국가로 몰고 가는 역사의 합리적 힘에 대한 헤겔의 믿음이 위험한 환상이었음을 보여 주었다. 그의 모델이 정치적 극좌와 극우라는 전체주의 정치가들에 의해 수정되고 오용되었다는 것은 잘 알려져 있다. 프리드리히 니체는 생의 실제 힘과 반대되는 이상적 이데올로기로서의 영원한 윤리적 가치와 객관적 이성에 대한 믿음을 공격했다. 생명에 대한 니체의 철학은 다윈의 진화생물학에 의해 영향을 받았다. (…)

일반적으로 비선형적으로 전개되는 복잡성의 현실 속에서 선형적으로 사고하는 것은 위험하기 짝이 없다는 말이다. (…) 또 다른 말로 한다면, 인류의 환경적, 경제적, 정치적 문제들이 점점 세계적, 복잡화, 비선형화되는 때에, 개인적 책임에 대한 전통적 개념은 의문시된다. 지구촌의 전자공학적 전망은 예를 들어 개인적 자유에 대한 심각한 위협을 내포할 것이다. 만약 일반 시민에 대한 정보가 쉽게 취득될 수 있고 커다란 커뮤니케이션 네트워크 속에서 평가될 수 있다면, 이해 당사 기관에 의해 오용될 위험에 대해서는 진지하게 고려되어야한다. (…) 예를 들어, 정보서비스의 발달이 더딘 제3세계나 남쪽은 커뮤니케이션 지구촌에 있는 북쪽에 반해 공정한 기회를 덜 가질 수 있다. (…) 복잡성 시스템 접근은 삶이 무엇인가를 설명할 수 없다. 그러나 이는 우리들에게 어떻게 삶이 복잡하고 민감한지를 알려줄 수 있다. (…) 분명히 복잡성 시스템의 이론은 정치학, 경제학, 생태학, 의학, 생물학, 컴퓨터 정보과학의 윤리학을 위한 결과를 가지고 있다. 이러한 윤리적 결과는 자연과 사회의 복잡성 비선형 동역학에 관한 우리의 지식에 강하게 의존한다. 그러나 이들은 복잡성 시스템의 원칙으로부터 이탈되지 않는다. 따라서 우리가 특정 종류의 윤리적 자연주의 또는 환원주의를 옹호할 수는 없다. 다만, 도심지 발전, 지구촌 생태학, 인간 조직, 또는 정보 네트워크의 역동적 모델들은 오로지 다른 끌개를 가진 가능한 시나리오를 전달할 뿐이다. 우리에게 어떤 끌개를 우리가 윤리적으로 선호해야 하는데 (…) 평가하는 것이 문제이다. (…) 그러나 우리가 긴 인류의 사회문화적 진화를 고려할 때 인간이 투쟁해 온 가장 위대한 선(善)은 개인적 삶의 위엄이었다. 그러나 이는 탄생의 우연성에 의해 취득되는 개인적 능력, 지적 정도 또는 사회적 이

득에 의존하지 않는다. 이는 역사의 투쟁 속에서 인간에게 가능한 자기 결정의 자유로운 행동이었다. 우리는 점증하는 복잡성을 가진 현재의 진화 속에서 이루어지는 가장 커다란 선을 보호해야 한다.

생태학적 관점에서의 윤리 개념은 주로 사회생물학과 진화생물학으로부터 시작된다. 즉 이들에게서 도덕이나 윤리 개념은 이타성에 입각한 자기 희생을 강요하는 가운데에서 발생하는 것이 아니라, 오히려 서로 공존하고 공진화하는 가운데에서 자연스럽게 발생하는 "효혜성(互惠性)의 체계"일 뿐이다. 물론 도덕과 윤리는 이타성을 전제한다. 왜냐하면 도덕과 윤리는 "나"로부터 시작하지만 궁극적으로는 남들과 공존하는 공동체를 지향하기 때문이다. 공동체의 삶을 보장하고 공동체를 지속적으로 유지 발전하기 위해서 우리는 이타적일 수밖에 없다. 공동체가 죽으면 그 속에 살아 있는 나도 죽는다. 물론 이기적 유전자로 태어나 이기적으로 살아갈 수밖에 없는 개인이지만 공동체의 삶도 숙명이기 때문에 인간은 이기적이지만 반드시 이타적이어야 한다. 이러한 현상을 목도한 사회 생물학자들은 극단적으로 이타성도 이기심의 연장일 뿐이라고 설명한다.

예를 들어, 침팬지 한 마리가 상대방의 털을 골라주면 반드시 되돌아온다. 이번에는 상대방이 털을 골라주는 것이다. 사회생물학자들은 이러한 현상을 상호 보상의 행위라고 설명하면서 호혜적 이타성이라고 한다. 사회현상도 마찬가지이다. 사회학자 굴드너(Alvin W. Gouldner)는 어느 정도의 호혜성이 없이는 사회는 분해된다고 하면서, 사회구조 간의 기능적 상호교환이 덜 호혜적이라면 보상기제가 없이는 구조나 그들 간의 관계 유형이 지속되기 어렵다고 보았다(Gouldner, 1959: 249). 그런데 이러한 호혜적 이타성도 결국 이기심의 연장일 뿐이라는 사실이다. 이러한 점은 인간학적-역사학적 맥락과 유사하다. 다시 말하면, 이타성은 인위적이고 강제적인 차원이 아니라 자발적이고 자연스러운 이기심의 발로에서 비롯된다는 사실이다. 즉 인간이 오로지 순수하게 살아남기 위한 본능으로 — 즉 이기심으로 — 출발해서 결국은 자신이 공동체 속에서 살아남을 수밖에 없다는 사실을 인식하게 되는 과정은 모두 이기심의 발로일 뿐이지 이타성의 영역이 별도로 존재하는 것은 아니라는 사실이다. 만약 이타성이 인위적이고 강제적이라면 도덕이나 윤리 개념도 하늘에서 떨어질 수 있거나 아니면 권력 있는 집단에서 인위적으로 또는 강제적으로 규정한 도덕이나 윤리도 얼마든지 가능해진다. 고대 신권주의(神權主義) 사회에서나 중세 신(新) 중심 사회 또는 전제주의 및 절대주의 사회에서는 그럴 수 있었다. 신의 명령과 계율을 초월하는 윤리나 도덕은 없다. 그러나 신권에 이상이 생기고 신의 권위에 도전하는 세력이 등장하면서 과거의 윤리와 도덕 공동체도 와해되기 시작한다. 새로운 계율이 과거의 강력한 신권을 대신하지 못하는 이상 앞으로 우리 사회의 윤리 개념과 도덕 개념은 사라지고 말 것이다. 아니면 최소한 혼란뿐이다. 윤리와 도덕의 기준이 실종된 것이다. 오늘날 방황을 끝내고 싶은 인간들로부터 새롭게 요청되는 윤리와 도덕의 개념을 생태학적 패러다임에 기대하고 있다.

사회생물학이나 진화생물학은 이러한 인간의 욕구와 갈증에 부응하기 위해 새로운 윤리관과 도덕관을 제시한다. 이들은 모두 생태학적 진화론으로 분류될 수 있다. 생태학적 진화론은 단순한 생물학적 진화를 넘어서 변화와 안정의 복잡한 하이어라키를 구성하는데, 전 생물학적 진화로부터 시작해서 생태학적 진화로 그리고 마지막으로는 인류의 학습전략을 가진 문화적(도덕적) 진화로까지 형성된다(Mainzer, 1997: 111). 실제로 우리 사회공동체가 가지고 있는 도덕이나 윤리 개념을 보면 이러한 경우가 적지 않다. 예를 들면, 얼마 전 『공자가 죽어야 나라가 산다』(김경일, 2001)는 책이 서점가에서 베스트셀러가 되면서 공자에 대한 찬반 논의가 열띠게 진행된 적이 있다. 우리 사회에 유교적 전통으로부터 전수된 도덕과 윤리 개념이 설전의 도마 위에 오르게 된 사실의 이면에는 우리의 삶에 유리하기는커녕 오히려 삶을 방해하는 윤리 개념이 문제가 될 수 있다는 이야기이다. 예들 들어, 유교적 남존여비사상에 입각하여 우리 사회에서는 아직도 수많은 곳에서 여성차별과 여성억압의 상황이 벌어지고 있다고 생각될 수 있다. 이는 21세기가 여성의 시대가 된다고 예견하거나 아니면 여성인권론자들에게는 도저히 용납될 수 없는 윤리 개념이다. 앞으로 이러한 윤리 논쟁은 합의에 도달할 때가지 공방은 계속되겠지만, 하여간 문제는 "가치의 현실화" 기준에 의해 발생된다. 시대 상황적으로 더 이상 가치의 현실화가 될 수 없는 도덕과 윤리는 더 이상의 도덕과 윤리가 아니며 문화도 아니다. 물론 유교적 윤리 개념 중에서도 아직도 가치의 현실화가 되는 것들은 가치 있게 받들어져야 하며 숭상되어야 할 것이다. 예를 들어, 예(禮)를 숭상하는 일은 2천 수백 년 전이나 지금이나 우리 인간들이 살아남기에 유리한 조건으로서 가치의 현실화가 이루어지는 대목이다. 이러한 것들을 우리는 고전(古典)으로 간주하기도 한다.

한마디로 생태학적 패러다임으로 보면 도덕이나 윤리는 공동체의 구성원 모두에게 상호이익이 되는 호혜성(互惠性)의 체계일 뿐이다. 영어에 "give and take"라는 말은 호혜성 체계를 기반으로 하는 윤리 개념의 대명사이다. 그러나 이러한 호혜성 윤리 역시 나의 이득을 위함으로 이기적 본능으로부터 출발한다. 즉 내가 받기 위해서는 먼저 주어야 한다. 이로써 공동체 구성원들 간의 상호관계와 상호관련성이 윤리 개념으로 포위되는 것이다. 이렇게 될 때 문화의 일환으로 성립되는 도덕과 윤리는 자연스럽고 자발적으로 그리고 비인위적이며 비강제적으로 구성될 수 있다. 이는 도덕과 윤리란 가치의 현실화가 이루어지면 살아남는 것이고 가치의 현실화가 이루어지지 못한다면 스스로 사라지고 말 것이라는 문화

생존의 기본 원리에 충실하다. 인위적으로 그리고 강제적으로 어떠한 윤리와 도덕은 반드시 지켜져야 한다고 기존의 사회집단이 강변하고 강제하는 것은 모순이다. 이는 미래 발전된 민주사회의 생존방식에도 위배된다. 결국 인간은 애초부터 자기 스스로가 살아남기 위해서 도덕과 윤리시스템을 구축해 왔던 것이다. 따라서 인간들은 자신들이 살아남기에 부적합한 도덕과 윤리시스템을 제거하는 것을 지극히 당연한 귀결로 생각하지 않을 수 없다. 왜냐하면 인간은 살아남고자 하는 이기적 본능을 가지고 있기 때문이다. 그러나 점차 개인의 이기적 본능은 인간에게 닥치는 공동체 운명을 인식하면서부터 자연스럽게 이타적 본능으로 전환된다. 이로써 인간의 삶에는 윤리공동체가 자연스럽게 성숙되는 것이며, 아울러 도덕은 이러한 자연적 윤리공동체 속에서 발생하는 자연스러운 행동양식으로 현상하게 될 것이다.

4장

홀리스틱 메디슨[1)]

1. 개념과 의미확장

오늘날 대체의학을 가리키는 홀리스틱 메디슨(holistic medicine)은 의학세계에서 새롭고 작은 혁명으로 간주된다. 기존의 의학세계에서 벌어지는 문제와 모순들을 고발하면서 1970년대에 등장하기 시작한 홀리스틱 메디슨은 기성 서구의학의 역사와 전통에 비하면 일천한 역사를 가지고 있다. 그러나 이러한 대체의학 운동은 세상에 아예 처음부터 없었던 세계를 개척하거나 아주 새로운 영역으로 기존의 세계를 대체시키고자 하는

1) 이 단원은 미국의 대표적 홀리스틱 의사인 제임스 S. 고던(James S. Gordon, M.D.)의 대표작인 『Holistic Medicine』(2001)의 일부를 번역 · 편역하여 본 연구의 취지에 맞추어 새롭게 편집하고 재조직한 글이다. 물론 중간 중간에 다른 참고문헌도 필요에 따라서는 더러 인용하였다. 또한 필자의 재해석과 재조직도 한몫을 했다. 제임스 고던은 1967년 하버드 의대를 졸업하고 하버드 의대에서 정규수련의 과정을 마친 전통적 서구의학계의 저명한 의사로서, 기존 서구의학체계를 거부하면서 현대대체의학계를 이끌어 가고 있는 대표적 대체의학자이다.

것이 아니다. 이미 홀리스틱 메디슨은 동양전통의학 즉 한의학이나 오리엔탈 지역의 민간요법 그리고 신비주의적이고 마술적인 서구의 고대 의술 등과 상통한다. 우리말로 무엇인가를 "대체"(代替)한다고 번역되는 홀리스틱(holistic)이라는 형용사는 "전체"(whole)를 의미하는 고대 그리스어인 '홀로스'(holos)에서 유래한다.

원래 전체를 뜻하는 "whole" 또는 "holos"라는 단어는 건강을 의미하는 "health"는 "hal"이라는 같은 어원에서 파생된 말이다(피터 센게, 1996: 96). 따라서 홀리스틱 메디슨은 전체라는 삶의 영역으로 접근하면서 건강의 실체를 밝혀나가는 과정이라고 볼 수 있다. 그러나 홀리스틱 메디슨이 우리에게 지금도 가장 유력한 서구의학의 중심 무대인 미국 땅에서 기존 의학체제를 거부하고 이에 직접 저항하는 소위 대안(대체)의학으로서 새롭게 부상하고 있다는 사실은 의미심장하다.

홀리스틱 메디슨은 이미 전문화되고 규격화된 의학의 세계를 탈피하는 것을 목표한다. 그동안 전문직으로서 의사라는 직업이 우리에게 주는 역할과 기능은 건강 및 생명과 직결되어 왔지만 딱딱함과 권위 그 자체의 표상이었다. 이러한 기성 서구의학 세계에 홀리스틱 메디슨의 등장은 전문화되고 규격화된 사회에 대한 냉철한 반응이라고 할 수 있을지도 모른다. 홀리스틱 메디슨의 등장이 상징하는 것은 앞으로 많은 일상에서도 홀리즘(holism) 즉 "전체성"을 통한 문제해결이 대안으로 등장할 수 있다는 징조가 된다.

홀리즘이라는 단어는 남아프리카 공화국의 정치가이며 생물학자인 장 크리스천 스뮤츠(Jan Christian Smuts)가 1926년 집필한 저서 『Holism and Evolution』에서 유래한다. 생물학자인 스뮤츠에게 홀리즘은 인간을 포함한 모든 생명체를 전체적으로 관찰하고 기술하는 연구의 방법이었다. 그는 전체가 부분의 합보다 크며 전체는 부분의 합과도 전혀 성격이

다르다는 '해석학적 이해'를 가지고 있었다. 이는 당시까지 과학자들이 인간을 포함한 모든 생물과정을 세세하게 분할시키고 또 원인으로 환원시키던 과학적 접근방법에 대한 반항이었으며, 기계주의적-분석과학적 방법의 오류에 대한 시정을 요청한 것이었다. 이로부터 홀리스틱 어프로치(holistic approach) 즉 전체적 접근방법도 과학의 세계(정신 및 사회과학 포함)에 등장하게 된다.

한편, "holistic"이라는 단어는 "wholistic"으로 표기되기도 한다. 왜냐하면 홀리스틱은 사실과 현상에 "전체적"(whole)으로 접근하기 때문이다. 그러나 혹자는 양자를 구별하기도 한다. 즉 "wholistic medicine"은 "holistic medicine"보다 "본질적"이며 특히 "정신적 차원의 건강"에 우선점을 둔다는 것이다. 반면, 전자 즉 holistic medicine은 기존 의학에 대한 대체의학의 의미가 크기 때문에, 본질적인 전체성을 추구하기보다는 전체성이라는 대안으로 현존의 의학세계에 대한 도전의 의미가 강하다. 그러나 오늘날 이러한 구분은 사라지고 있다. 둘 다 "대체의학"으로 번역하는 홀리스틱 메디슨은 이제 "전체성"을 기반으로 하는 "대안"(代案)으로서 자리매김을 하고 있다. 일반적으로는 "holistic"이라는 단어가 선호된다.

그러나 오늘날 홀리스틱 메디슨이 의학의 한 "분과과학"으로 자리잡고 있다는 사실은 문제가 아닐 수 없다. 이를테면, 홀리스틱 메디슨은 전체성을 기반으로 하는 본래의 의학적 회귀이어야 하는데도 불구하고, M.D.s(medical doctors)나 D.O.s(doctors of osteopathy)를 취득한 전문의사들의 분업적 영역이 되고 있다. 물론 내용적으로 홀리스틱 메디슨은 분지성이 아닌 전체성을 기반으로 하고 있다. 이를테면, 환자의 건강은 의사라는 전문가만의 몫이 아니며, 그의 건강과 직간접으로 관계를 맺고 있는 간호사, 심리학자, 카운슬러, 물리치료사, 마사지사, 영양사, 지압치료사가 함께 하는 전체적 몫이라는 점이다.

특히 홀리스틱 메디슨에서는 의사의 파트너인 환자 자신이 가장 중요하다. 따라서 의사가 진료하기 전에 환자 스스로 자신을 보호해야 한다. 실제로 홀리스틱 메디슨과 함께 성장한 의료 개념 중에 "자기보호"(self care)의 개념이 있다. 이는 의술과 건강에 대한 환자 자신의 몫을 강조하는 운동으로 이해된다. 즉 의술이란 의사만이 환자의 건강을 책임지는 것이 아니라, 환자 스스로가 먼저 자신의 건강을 책임져야 한다는 말이다. 예를 들어, 집에서도 자신의 혈압을 스스로 체크한다거나 비만을 관리하는 것은 전체적으로 치료를 하기 위한 환자의 몫에 해당한다. 또한 음식물 조정과 정기적 운동요법 등도 이에 해당된다. 이미 홀리스틱 메디슨에서 자기보호는 표준진단과 치료과정에 포함되어 있다. 홀리스틱 의사는 환자에게 질병과 직접적으로는 관계가 없는 요가나 스트레칭 아니면 조깅이나 에어로빅을 주문하기도 한다.

또한 홀리스틱 메디슨과 함께 성장한 개념으로 '웰니스'(wellness)라는 개념도 있다. 이는 아마 건강교육의 의미가 들어 있는 양호(養護)로 번역되어야 할 것인데, 1970년대 중반 홀리스틱 의사인 존 트레비스(John Travis) 박사에 의해 일반화된 개념이다. 그는 캘리포니아에 미국에서는 최초로 웰니스 센터(wellness center)를 개설하면서 환자에게 자신의 병을 알게 하는 교육을 실시하였다. 환자가 자신의 건강에 대해서 알지 못하면 치료는 효율성이 떨어진다. 트레비스 박사는 환자가 스스로 자신의 질병에 익숙하고 박사가 될 수 있어야만 훌륭한 치료가 이루어진다고 믿었다. 특히 그는 질병에 대처하는 환자의 자세와 행동을 변화시키는 방법을 가르쳤다.

70년대에 같이 성장한 의술의 새로운 확장 영역 즉 자기보호, 웰리스 그리고 홀리스틱 메디슨이라는 개념 간에는 약간의 차이가 존재하지만 나중에 이들은 모두 홀리스틱 메디슨의 범주에 통합되었다. 이때부터 홀리스틱 의사는 질병을 치료함과 동시에 교육적 수단을 통해서 자기보호와 자기건강을 도모하도록 촉진시키는 역할을 담당하게 된다. 오늘날 홀리스틱 메디슨은 좋은 반응을 받고 성장하고 있다. 아직은 전 지구적 차원은 아니지만 부작용과 문제가 많은 현대의학의 취약한 영역으로부터 대체의학으로서 자리매김을 하고 있는 것이다.

2. 홀리스틱 메디슨의 성립 배경

1) 소비자 권리 운동

미국에서 홀리스틱 메디슨은 소비자 권리 운동과 함께 시작된다(Gordon, 2001: 24). 1950년대와 1960년대에 시작된 미국의 소비자 권리 운동은 흑인에 대한 백인의 「인종차별금지법」이 제정되면서 가속화되었다. 이법은 사회의 다른 영역에도 영향을 주었다. 즉 미국의 여성, 노인, 히스패닉, 동성연애자, 장애자 등 수많은 마이너리티(minority) 그룹들은 이러한 「인종차별금지법」에 준하는 수준에서 자신들을 위한 법적-제도적 장치로 마련해 줄 것을 정부에 건의하였다. 소비자 권리 운동은 바로 이러한 마이너리티의 운동들과 밀접하게 연관되었다. 일반적으로 이러한 운동들은 다른 운동들과 상호 관련 속에서 이루어지게 된다. 우선 1960년대 미국의 소비자들은 정부에 자신들이 "알 권리"가 있음을 주장하면서 자신들의 일상과 접해 있는 경찰행정과 지역자치행정을 시민들에게 낱낱이 공개할 것을 시의회에 요구했다. 이러한 '알 권리 운동'은 경제적 차원으로 확장되어 생산품을 만든 공장에 서비스(A/S) 시스템을 법제화하도록 압력을 가하기 시작했다. 오늘날 어떤 제품도 A/S가 확실치 않으면 팔리지 않게 된 근거는 바로 이러한 초기 미국 소비자 운동에서 기인한다.

이러한 추세 속에서 미국소비자보호원의 역량은 시간이 흐를수록 막강해지게 되었다. 아울러 소비자의 의식 수준도 급상승하게 된다. 급기야 이러한 소비자 권리와 소비지 의식 수준의 향상은 소비자들이 정치와 경제까지 감시할 수 있는 역량을 주게 되었다. 또한 이러한 상황의 변화는 소비자들이 자신의 건강을 지키고 회복하는 영역에서도 두드러지게 성장한다. 특히 병원을 찾는 여성 환자들은 남자 의사들에 의해 모욕적으로 다루어지는 사태를 소비자보호원에 고발하기 시작했다. 예를 들어, 의사들의 성희롱이나 성적 모독이 주로 대상이다. 그때까지 의사들의 권위에 눌려서 많은 사람들이 진찰실에서 당한 수모를 참고 있었던 것이다. 그러나 이보다 더욱 심각한 사실은 의사들의 오진(誤診)과 주사약에 의한 부작용들이었다. 드디어 소비자들은 수술대 위에서 자신이 맞는 마취제의 성분을 의심하기 시작했으며, 의사들의 처방이 자신의 신체에 어떤 작용을 하고 어떤 부작용이 생기는지에 대하여 꼼꼼히 따지기 시작했다. 또한 환자들은 의사들에게 자신들을 당당한 인격체로 대우해 주기를 원하게 된다. 이러한 소비자 권리의 확장과 환자들의 의식 수준의 향상은 홀리스틱 메디슨의 탄생과 활성화에 결정적 촉매가 되었다.

2) 생태계 보호 운동

1970년대 들어 많은 사람들은 인간과 환경 간의 관계를 직시하는 습관을 가지게 되었다. 왜냐하면 각종 기술문명의 발전으로 인하여 파생되는 환경 파괴와 환경재앙이 점차 심각해지고 있었기 때문이다. 그동안 기술개발과 경제성장을 중심으로 살아가던 삶의 방식에 심각한 문제가 있음이 고발되기 시작했다. 환경 파괴로 인하여 성인병이 점차 확대되면서, 사람들은 환경 및 생태계 보호와 복원을 자신의 건강을 지키는 직접적 방법으로 인식하게 된다. 그때까지 인간에게 지배적이던 신념은 자연정복을 통한 기술개발과 발전이었다. 그러나 이러한 문명발달의 이기(利器) 이면에 도사리고 있는 생명에의 위협이 피부로 느껴지면서 사람들은 무엇인가 새로운 자각을 서두르지 않을 수 없었다. 급격하게 오염되는 공기와 수자원들 그리고 점차 황폐해지는 산림 등으로 생태계의 질서가 파괴되면서, 우리 인간의 생명도 위협받게 된다는 사실도 인지된다. 테크놀로지의 일방적 발달이 안겨다 주는 허상과 부작용에 대하여 심각하게 생각하게 되었다. 왜냐하면 이러한 현실이 자신들의 건강을 직접적으로 해치고 있다는 사실에 대한 인식이 높아졌기 때문이었다.

이제 사람들은 개인의 건강에 대한 자기위기의식으로 자연을 개발하고 착취하고 정복하는 대신 자연을 보존하고 원상으로 회복시켜야 한다는 방향으로 관심을 돌리기 시작한다. 물론 이러한 일들은 환경생태보호 운동가들에게서부터 시작되었다. 많은 생태학자들도 우리가 자연에 대해서 새로운 자세를 가지도록 요청했다. 이기적인 자연착취는 결국 자신의 목숨을 노린다는 순환논리를 가지고 적극적이고 열광적인 환경운동가들 역시 일반 국민들을 설득하기 시작했다. 이러한 상황 변화 속에서 결국 생태계 보호가 곧 자신을 보호하는 길임을 알게 되면서 사람들은 자연과 타협하는 방법을 배우는 일에 몰두했다. 병원을 찾는 환자들도 가능하면 자연의 이치에 반하는 의술들 이를테면 제왕절개수술, 낙태, 약물복용 대신 자연의 섭리에 입각한 '자연적 치유법'에 대하여 주목하게 된다. 예를 들어, 자연분만과 모유수유 운동 등으로의 복귀 운동은 자연법으로의 회귀를 의미한다. 결국 자연치유법을 선호하는 환자들에 의해 홀리스틱 메디슨은 새로운 대안으로 떠오르기 시작했다.

3) 신경정신의학의 발달

1950년대까지 정신치료는 서구의학에서 외각에 있었다. 그러나 1960년대 들면서 심리학적이고 정신적 차원에서의 질병도 의학의 중요한 이슈로 떠오르기 시작했다. 특히 '인본주의 심리학'의 탄생은 서구 심리정신의학의 발전에 크게 기여했다.

인본주의 심리학은 개인심리학을 바탕으로 하는 가족치료의 영역에서부터 출발한다. 가족치료는 인간을 이해하는 방법일 뿐만 아니라 가족을 돕는 방법으로서 미국의 의사 나탄 액커만(Nathan Ackerman), 존 스피겔(John Spiegel), 돈 잭슨(Don Jackson), 버지니아 사티르(Virginia Satir) 등에 의해 시작되었다. 인본주의 심리학은 개인심리학의 일종이다. 19세기 생물학에 뿌리를 두고 있는 개인심리학은 한 개인의 성장과 발달을 이해하고자 하는 목표를 가지고 있다. 여기서는 한 개인에게 과거의 경험들이 현재 그의 행동에 어떻게 영향을 미치고 있는가에 대한 관심이 강조된다. 아울러 여기서는 개인이 가족이라는 동적 시스템 속에서 어떻게 파악되고 있는가 하는 상호주의적 차원의 관심도 중요하다. 즉 가족구성원들과 환자와의 상호작용은 심리정신적 치료에서 결정적이다. 일반적으로 심리정신적 문제는 환자 개인 한 사람의 문제로만 발생하지 않는다는 것이다. 이로부터 치료는 환자 개인에게 국한되지 않고 가족과의 관계에서 환자를 치료해야 한다는 이른바 "가족치료"의 개념이 등장하기 시작한다.

가족치료는 시스템이론에 기원을 두고 있다. 가족치료에서는 가족이 "동적 시스템"(dynamic system)으로 파악된다. 따라서 가족치료는 가족이라는 동적 시스템 내에서 발생하는 일종의 상호주의에 관여된다. 즉 가족치료는 환자와 가족구성원 간에 발생하는 상호작용에 초점을 두면서, 어떻게 환자가 가족생활의 패턴에 적응하는가에 대하여 초점을 맞춘다. 그들은 정신질환을 가족구성원에게 존재하는 질병으로 간주하지 않고, 온 가족들과의 관계 중 가장 취약한 기능으로부터 발생하는 것으로 파악한다. 실제로 개인의 행동 패턴을 잘 살펴보면 가족구성원들과의 관계와 무관하지 않다. 따라서 가족치료는 가족과 환자 간의 행동 패턴을 연구하는 일에 초점을 맞추게 된다. 여기서는 가족 전체 속에서 구성원들 간의 행동 패턴이 어떻게 변화되고 있는지에 대하여 인지하는 것이 중요하다. 예를들어, 환자와 부모와의 갈등관계 파악은 환자의 정신적 문제 해결에 도움을 준다. 가족치료사는 가족을 하나의 시스템으로 보고 그 구성원의 건강과 행복이 가족 전체의 안녕과 복지에도 기여한다는 사실을 믿고 있다.

많이 알려진 대로, 인본주의 심리학의 창시자는 1950년대 브랜다이스(Brandeis) 대학의 매슬로(Abraham Harold Maslow, 1908-1970)였다. 그는 당시 정신치료를 지배하고 있던 프로이트(Sigmund Freud)의 심층심리분석을 제1세력의 심리학이라고 불렀다. 프로이트는 꿈을 통해 무의식 세계를 분석하는 방법을 사용함으로써 특정한 영역에서 특정한 방법으로 이루어지는 심리치료 분석 및 치료법을 시도했다. 그러나 매슬로는 이러한 꿈의 해석 방법은 예방적 차원이 없고 치료적 차원뿐이며, 오로지 발병의 원인에만 집착하고 있다는 것을 알게 되었다. 또한 이는 환자의 특별한 신경 변화에만 중점을 두고 있다. 이런 근거에서 매슬로는 프로이트의 심층심리분석 치료법은 정신병 환자의 질환을 대상으로 하기 때문에 너무 지엽적이고 비관적이라고 비판했다. 아울러 매슬로는 역사적으로 그 다음에 발달한 행동주의 심리학을 심리학의 제2세력으로 분류했다. 그는 이러한 심리치료가 개인이 자신의 행동을 교정하는 데에는 전략적으로 유용할 수 있다고 보았다. 예를 들어, 뱀에 대한 공포와 걱정을 치료하기 위해 뱀을 보여 주거나 뱀을 만지는 일을 반복 훈련시킴으로써 거부감이나 공포심을 덜어 줄 수 있다. 행동주의 심리학에서는 외부적인 조건을 조작함으로써 환자는 행동 수정을 할 수 있는 것으로 간주된다. 그러나 매슬로는 인간의 행동을 설명하는 행동주의는 극히 표면적이고 환원적이기 때문에 기계적이고 비인간적이라고 평가 절하했다. 이러한 근거에서 그는 인간의 심리에 보다 "전체적으로" 접근할 수 있는 새로운 방법을 모색한다. 이러한 고민 끝에 탄생한 것이 바로 그가 스스로 제3의 세력이라고 부르는 인본주의 심리학이었다.

매슬로의 인본주의 심리학에 의하면, 모든 인간들은 스스로 발전하려는 욕구를 가지고 태어난다. 또한 인간은 하나의 욕구가 충족되면 상위 욕구를 찾아내고 이를 향해 전진하고자 한다. 이는 인간에게 주어진 자연적 본능이다. 이러한 발달 본능을 통해 개인의 성장과 발달이 이루어지는 것이다. 물론 욕구충족의 과정에서는 반드시 갈등이 생긴다. 바로 이러한 갈등을 해소시키는 데에서도 심리적 차원의 접근이 요청된다. 인간은 처음에 생리적-물리적 욕구를 충족하기 시작해서 끝내는 자아실현의 욕구를 충족시키고자 한다. 자아실현을 통해 인간은 비로소 완전한 인간이 되고자 하는 욕구를 완성하는 것이다. 개인이 추구하는 욕구충족은 새로운 세계의 창조이기도 하다. 의사는 바로 이러한 욕구충족과 욕구실현 단계에서의 갈등을 해결해 줄 수 있어야 한다. 이는 개인에게 자기창조를 돕는 길이기도 하다. 결국 의사는 인간에게 질병을 치료하는 것으로만 역할을 종료해서는 안 되고, 자아실현 및 자기창조를 해낼 수 있도록 도와주는 도우미의 역할을 해야 하는 것이다. 이러한 의사의 도움은 개인에게 잠재능력의 신장이며 본성 즉 자연성의 확장이기도 하다. 여기서 개인은 자연의 일부로 간주된다. 왜냐하면 자연성의 신장은 인간에게 자아실현으로의 여정과 동일시되기 때문이다. 또한 소비자운동과 환경보호운동이 활성화되면서 환자들은 소비자로서 그리고 환경의 파수꾼으로서 의사들에게 자신의 욕구세계를 반영해 주길 기대한다. 이러한 심리정신의학의 발달은 홀리스틱 메디슨으로 하여금 개인과 사회 그리고 개인과 자연간의 관계를 이해하도록 하는 전체적 방법을 발달시키는 데 기여했다고 할 수 있다.

4) 현대 서구의학의 위기

(1) 서구의학에 대한 역사적 평가

서구과학의 역사가 미신과의 싸움이었듯이, 1950년대 후반까지 의학의 역사는 질병에 대한 전쟁사였다고 할 수 있다. 물론 이는 아름다운 전쟁에 해당한다. 우리는 1920년대부터 인슐린을 알약으로 조제해서 먹을 수 있었으며, 1940년대부터는 치명적인 박테리아를 박멸할 수 있는 항생제 덕분에 많은 인명을 구해 낼 수 있었다. 또한 매년 눈에 띄게 발달하는 외과 수술은 수많은 목숨을 죽음으로부터 구해 낼 수 있었으며, 노인들과 환자들의 생명을 연장시켜 놓을 수 있었다. 이로써 의학은 위기에 처한 생명에 새로운 희망을 안겨 주고 평균생명을 확장시켜 주는 구세주로서 작용하게 된다.

그러나 항생제 개발에 몰두하던 르네 두보스(Renè Dubos)는 1959년 『건강의 신기루』(*Marage of Health*)라는 자신의 저서를 통해서 인류 건강에서 이바지하는 효과는 약물치료에 의존하는 의술의 발전에서보다는 오히려 경제적, 사회적, 영양학적 차원에서 이루어지는 사회적 행동요인의 개선을 통해서 보다 커질 것이라고 고백하였다. 1976년 토머스 맥케원(Thomas McKewon)은 10년간의 통계 수치를 통하여 두보스의 고백을 입증하는 조사 보고서를 발표했다. 이 보고서에 의하면, 폐결핵과 폐렴 같은 전염성 질병의 경우 약물치료로 완치되는 비율은 전체 환자의 10% 정도 수준이었으며, 나머지 90%는 좋은 농법(農法)으로 개발된 음식물의 섭취, 특별한 음식과 물을 통제하는 섭생 환경의 조절, 그리고 행동 컨트롤 등을 통해서 이루어진다는 사실로 나타났다. 한마디로, 약물치료에 의한 결과는 우리가 예상하는 것처럼 구세주의 역할을 하기에는 역부족이었던 셈이다.

(2) 만성질환의 증가

인류가 이룩한 역사적 사건 중에는 페니실린이라는 항생제의 발견이 꼽힌다. 그전까지만 해도 세균의 침입에 속수무책이던 인간에게 페니실린은 만병통치약으로 군림하게 된다. 그러나 오늘날 우리 인간은 항생제의 남용으로 인하여 슈퍼박테리아를 퇴치할 수 있는 슈퍼항생제의 개발에 운명을 걸어야 하는 신세가 되었다. 또한 의학기술의 꾸준한 진보에도 불구하고 현대인에게 만연되어 있는 스트레스성 각종 질환들은 점차 그 영역이 확대되고 있다. 즉 만병이 스트레스와 관련된 질환으로 판명되고 있는 것이다. 예를 들어, 고혈압, 우울증, 알코홀리즘, 불면증 등은 대표적인 스트레스 증후군으로 분류되고 있다.

20세기 이전에 질병의 대부분은 급성전염병이었다. 그러나 20세기 들면서 서구 산업선진국을 중심으로 만성적 스트레스 관련의 질병들이 지배적으로 되었다. 또한 식생활과 의술의 발달로 인하여 수명이 길어지면서 발병률도 높아졌는데, 병은 대부분 장기적인 만성질환으로 발전하게 되었다. 심지어 개인의 질병은 개인적 차원으로부터 사회적 차원으로 전이된다. 한편, 급격한 사회생활의 형태 변화는 식생활문화까지 변화시킨다. 각종 화학조미료의 발명으로 사람들은 보다 간편하게 음식을 조리할 수 있게 되었으며, 알게 모르게 대량 공급을 목표로 호르몬제와 항생제에 노출된 육류를 섭취하게 되었다.

또한 값이 저렴하고 양이 풍부한 식탁을 마련하기 위해 해충제와 제초제 등 농약이 뿌려진 곡물과 식물들도 마다하지 않게 되었으며, 방부제로 치장된 각종 식품들이 슈퍼마켓에서 소비자를 기다린다. 여기다가 기계문명의 발달로 인하여 사무실에 앉아서 하는 일이 늘어나고 자동차에 앉아 있는 시간이 늘면서 사람들에게 절대 운동량이 부족하게 된다. 또한 신문, 라디오, 텔레비전에서 쏟아져 나오는 정보의 홍수 속에서 사람들은 알 필요가 없는 정보공해에 시달리기도 하고, 각종 공장과 자동차에서 나오는 소음과 잡음에 시달리면서 하루 일과를 보내게 된다. 이제 병은 육체적-물리적 차원을 넘어서 생리적-심리적-정신적-감정적 차원을 자극시킴으로써 인간이 스스로 건강을 유지할 수 있는 수준을 넘어선다. 한마디로 사회생활의 변화는 다양하고 복잡한 스트레스를 양산해 내게 되는 것이다. 이렇게 스트레스가 관련된 질병은 즉각적인 자극으로 완치되지 않고 장기간에 걸쳐 원인규명조차 어려운 만성질환으로 발전한다.

스트레스의 양상은 사람에게 매우 다양하게 나타난다. 왜냐하면 개인차 때문이다. 엄청난 양의 스트레스에 시달리는 사람은 만성적 피로감에 묻혀 살며 과식(過食)이나 거식(擧式) 현상을 나타내기도 한다. 특히 스트레스는 고혈압을 촉진시키는 촉매가 된다. 오늘날 많은 연구들은 스트레스가 많은 사람들은 괴롭히고 심지어 이들의 목숨을 빼앗아 가는 주범의 역할을 하고 있다고 보고하고 있다. 미국 국립건강통계센터에 의하면, 1998년 73만 3,000명 이상의 미국인들이 심장병으로 사망하였으며, 53만 9,000명 이상이 암으로 그리고 16만 명이 쇼크 발작으로 숨졌다. 그런데 상기 병들은 스트레스와 관련되어 있는 것으로 알려져 있다. 아울러 미국 성인 중 56%는 일주일 이상 며칠 밤 동안 불면증에 시달리고 있었으며, 5,000만 명 이상의 사람들은 규칙적으로 두통을 호소하는 것으로 나타났다. 또한 1,000만 명 정도는 평균 체중에서 최소한 20파운드를 초과하고 있었으며, 18세 이상의 미국인 1,800만 명 이상은 알코올 남용, 12세 이상 1,400만 명은 마약에 빠져 있는 것으로 조사되었다. 이러한 요인들이 현대인들에게 만성질환을 부추기고 있는 것이다.

(3) 약물 및 수술 부작용의 문제

현대의학의 발전 못지않게 부작용의 문제는 심각한 수준에 달하고 있다. 1976년 미국 의회에 제출된 한 연구 보고서는 1974년 한해 동안 240만 건의 불필요한 수술이 자행되어 왔으며, 이로써 1만 1,900명의 생명이 목숨을 잃었다는 연구 결과를 발표한 적이 있다. 약물 오용과 남용으로 인한 부작용 역시 심각한 수준이었다. 지금도 약물처방과 시술 건수는 기하급수적으로 늘어나고 있으며 부작용의 폐해는 점점 더 커지고 있는 실정이다. 심지어 스트레스성 질환에도 약물 과잉처방이 빈번히 이루어지고 있다. 특히 항생제의 부작용은 보다 심각한데, 어떤 항생제에 대하여서 면역력을 가진 슈퍼박테리아가 출현함으로써 인류는 치료불가능이라는 "의료적 무능"의 상황 앞에서 떨 수밖에 없게 되었다.

또한 1970년대에 미국 전역에서 일반화되기 시작한 항생제 클로로마이세틴은 전염병을 치료하기는커녕 어린이들의 대량 돌연사를 촉진하는 부작용을 일으켰으며, 정신분열증 등 정신질환자에게 처방제로 등장한 각종 진정제들은 환자에게 치명적인 종양을 일으키는 것으로 판명되기도 했다. 여성에게 흔한 방광염을 치료하는 일반 항생제는 질(膣)의

이스트 감염을 초래하는 것으로 밝혀졌으며, 두통, 치통, 생리통에 복용하는 일반 진통제도 과다복용하면 집중력과 학습능력의 저하 현상을 동반하는 것으로 나타났다. 심지어 안전성이 보장되는 것으로 알려진 아스피린도 소장 출혈의 원인이 될 수 있다는 연구 결과가 나오면서, 약물부작용의 수위는 초비상 사태가 되고 있다. 시중에 일반화되어 있는 각종 혈압강하제는 탈진, 우울 그리고 성적 임포텐스를 동반하기 일쑤이다. 또한 수술 후유증으로 생명을 잃거나 평생장애로 살아가는 사람들이 늘고 있다. 이 밖에도 많은 약물에서 나타나는 갖은 부작용들은 두통, 알레르기(allergy), 우울감, 척추통증, 위장 장애 등으로 나타나며 심지어 심장병과 암을 유발하기도 한다.

홀리스틱 의사들은 이러한 수술 및 약물부작용을 최대한 줄이는 방법으로 자연치유법에 관심을 가지게 되었다. 이들은 우선 고대의술에서 새로운 희망을 발견하게 된다. 특히 오늘날 많은 의사들은 현대인의 병은 스트레스 관련의 질환이 많은 관계로 외과 수술이 부적합하다는 사실을 시인하고 있다. 물론 암이나 종양을 제거하기 위한 외과 수술은 점점 번창하고 있다. 그러나 각종 의료사고 역시 많은 경우가 수술 및 약물부작용에서 야기된다는 사실은 어느 누구도 부인하지 못한다. 바로 이러한 관점에서 홀리스틱 의사들은 수술과 화학요법을 최대한 피하면서 자연치유력에 의존할 수 있는 방안을 구상하게 된다. 의학에서 홀리스틱 어프로치는 바로 부작용의 문제를 해결해 보겠다는 의도에서 출발한다.

(4) 의사-환자 관계의 황폐화

현대 서구의학의 가장 심각한 문제 중의 하나는 의사와 환자 간의 인간적 관계형성이 사라졌다는 사실이다. 원래 청진기를 매개로 이루어지던 밀접한 인간관계는 이제 기계적인 차원으로만 영위되고 있다. 의사는 고장 난 기계의 수리공이고 환자는 고장 난 기계로 전락했다. 오늘날 의사들은 환자에게 병에 대해서 자세히 설명하지 않는다. 많은 의사들은 이러한 것이 전문가로서 의사의 권위를 지키는 것으로 착각하고 있다. 의사들은 자신들만이 알고 있는 전문용어로 처방전을 남들이 잘 알아보지도 못할 정도로 글씨를 갈겨쓰면서, 환자 본인들에게는 아무 설명이 없다. 약국에서 약을 타 가라는 이야기뿐이다. 처방전에 쓰인 약의 부작용에 대해서 물으면 의사는 귀찮은 환자로 간주하고 아무 대꾸도 없다.

20세기 초까지만 해도 의사들은 대형 기업화된 종합병원에 근무하지 않고 자기의 사비용을 털어서 세운 개인병원의 개업의(開業醫)들이었다. 이들은 동네 사람들의 가정 주치의로서 활동하였으며, 심지어 가정의 대소사에 대해서도 잘 알고 이웃처럼 친하게 지냈다. 주로 왕진(往診) 가방을 매고 가가호호를 방문하는 것이 당시의 진찰풍습이었다. 이들은 때로는 믿음직한 친구이기도 했다. 물론 진료를 할 때에는 남들이 할 수 없는 의술을 가진 전문가였다. 그야말로 명의(名醫)도 많았다.

오늘날 일반 개업의는 극소수로 전락했다. 대형 종합병원이 생겨나고 대학병원이 즐비해지면서 의사들은 이제 종합상사의 직원이나 다름없다. 아니면 공장의 공장장 정도라고 할 수 있다. 이들은 환자들을 특별한 시간에만 만난다. 종합병원에서는 회진시간도 정해져 있다. 또한 대부분의 의사들은 분야별 전문가들로 행세한다. 소아과 의사들은 어린아이들만 만나고, 이들이 성인이 되면 더 이상 소아과에 갈 일이 없다. 산모는 아기를 낳을 때만 산부인과 의사와 만난다. 기관지염을 앓는 사람은 일반 개업의에게 간다. 그러나 기관지염이 폐렴으로 전이되면 내과 의사에게 간다. 또한 폐에 농양이 생기면 외과 의사에게 수술을 받게 된다. 폐렴이 심해지면 전염병으로 격리 수용되며, 극심하게 증세가 악화되면 정신과에서 심리치료를 받게 된다. 이렇게 병의 진행상황에 따라서도 환자는 번갈아 낯선 의사를 만나야 한다. 예전 같으면 가정의 한 사람이 도맡아 하던 일들이 여러 사람들의 분업으로 이루어진다.

오늘날 의사들은 오로지 환자의 질병에만 관심이 있지 환자의 기분이나 감정변화 같은 것에는 관심조차 없다. 의사는 이제 환자를 자신이 고쳐 놓아야 하는 고장 난 기계 같은 대상으로만 간주하고 있는 것이다. 의사와 환자 사이의 '관계'는 주체와 객체라는 냉정한 관계로만 존재한다. 홀리스틱 메디슨은 의사와 환자 간의 관계가 황폐해진 상황을 대상화되고 분지화된 비인간적 분위기로 간주한다. 홀리스틱 의사들은 의사와 환자 간의 관계를 인간적으로 돌려놓는 일을 매우 시급한 과제로 여기고 있다. 의사와 환자라는 인간적-상호교호적 관계 속에서 이루어지는 전체성 진료만이 질병을 완전하게 치료할 수 있다.

3. 홀리스틱 메디슨의 범주

1) 메디슨 테크놀로지

오늘날 우리 인간의 생명 과정과 밀접한 연관을 가지고 발전해 온 실천 의학은 과학기술 테크놀로지의 발전과 맥을 같이 해왔다. 즉 과거에 명의(名醫)의 손끝에서 진단되던 위궤양 같은 위장병들이 이제는 고도로 발달된 테크놀로지로 만들어진 내시경의 역사와 함께 과학적으로 규명된다. 한마디로 현대의학의 발달은 메디슨 테크놀로지 즉 의공학(醫工學)

의 발달을 의미한다. 그러나 기계기술의 발달을 기반으로 하는 서구의학은 비인간적이고 너무 편협하다는 비난을 받기 시작했다. 환자들은 자신들이 병원에서 생물학적 기계로 취급받는다는 사실에서도 스트레스를 받게 된다. 홀리스틱 메디슨은 바로 이러한 의술 내외적인 차원에서의 대안으로 등장하고 있는 셈이다.

그러나 홀리스틱 메디슨이 우리 인류의 문화와 역사 그리고 테크놀로지의 발전에 무조건 저항하는 것이 아니다. 홀리스틱 의사들도 악성종양이나 암을 치료하기 위해 하이테크놀로지로 고안된 X선 촬영기를 사용한다. 그러나 이들은 외과수술을 하는 대신 가능한 한 5천 년 이상의 역사를 가진 전통적 방법을 사용하고자 한다. 왜냐하면 우선 마취를 해야 하는 수술은 일시적이나마 인간에게 삶의 에너지를 차단하기 때문이다. 또한 홀리스틱 의사들은 의사와 환자와의 관계를 개선시키는 데 주력한다. 즉 이들이 추구하는 의학은 일종의 인본주의 의학으로서 의사와 환자는 상호의존적이고 상호관련적이라는 전제를 가지고 시작한다. 홀리스틱 의사들의 신념은 환자가 스스로 병을 만드는 것이 아니라 환경과의 관계 속에서 보다 악화되기도 하고 쾌유되기도 한다는 것이다. 이들의 이러한 신념이 바로 의사와 환자와의 관계 개선이 요청되는 이유가 된다.

역사상 대부분의 천재적 의사들은 홀리스틱 의술의 개념을 가지고 있었다. BC 5세기경 고대 그리스 의사인 히포크라테스(Hippocrates)는 질병의 환경적 요인과 처치를 강조했다. 즉 그는 건강과 병에는 반드시 감정적 요인들이 함유되어 있으며 환자가 취득하는 음식물과도 직접적으로 관계가 있음을 강조해 왔다. 그는 자연의 치류력에 대해서도 신뢰하고 있었다. 당시 중국과 인도 등 동양에서도 의술은 자연과의 조화, 섭생, 운동, 명상, 절제 등의 방법과 함께하고 있었다.

오늘날 미국에서 활발하게 전개되는 홀리스틱 메디슨은 주로 동양의 의술을 많이 차용하고 있다. 그동안 서구중심의 의학에 문제점이 노정되면서, 그 대안으로서 동양의술이 그 자리를 메우고 있다고 할 수 있다. 그럼에도 불구하고 홀리스틱 메디슨은 그 이상이라고 할 수 있다. 예를들어, 의사-환자 간의 상호관계 개선이나 특히 환자 교육은 홀리스틱 메디슨에서 강구되는 홀리즘의 요소를 포괄하고 있다. 물론 동양의학에서도 이러한 차원을 간과하지는 않는다. 그러나 이에 대해서는 홀리스틱 메디슨이 보다 강조하고 있다.

2) 홀리스틱 메디슨의 관점

홀리스틱 메디슨은 우리 인간이 생화학적, 생리학적, 감성적, 정신적 그리고 영적 차원의 전체적(또는 총체적) 존재라는 사실을 포괄적으로 이해한다. 인간은 누구든지 가정과 사회 그리고 자연의 일부이다. 즉 인간은 가정과 일터에서 하는 역할이 있으며, 국가적으로는 시민이고 지구촌 주민이다. 그리고 인간은 자연 및 환경과의 교류 속에서 항상 변화하는 역동적 존재이다. 홀리스틱 메디슨에서 나타나는 인간에 대한 포괄적이고 총체적인 관심은 환자의 건강과 질병의 문제 앞에서도 깊은 연관성을 유지한다.

홀리스틱 메디슨은 인간을 복합시스템으로 인식하기 때문에 질병의 원인도 단순하게 환원시키지 않는다(Mainzer, 1997: 13). 예를 들어, 현대 서구의학에서 볼 때 천식은 기관지의 가지를 둘러싸고 있는 연근육의 경련으로 숨쉬기가 곤란하기 때문에 발생한다. 그러나 홀리스틱 메디슨에서는 천식의 이유를 그렇게 단순하게 규명하지 않는다. 물론 천식은 유전성도 배제하지 않는다. 그러나 우리가 사는 세상에는 숨을 쉬기 곤란하게 압박하는 것은 매우 다양하다. 이를테면, 대기오염도 심각하다는 현실이 주범일 수도 있으며 심지어 긴장감과 스트레스에 의한 정신적 · 심리적 문제일 수도 있다. 아토피성 피부염을 앓는 아이에게 현대 서구의사들은 연고를 발라 준다. 그러나 지금까지 나와 있는 연고는 부작용을 가지고 있을 뿐 아니라 치료 효과도 그때뿐이다. 오히려 점차 많은 양의 연고를 발라야 하기 때문에 위험하다. 또한 아토피성 피부염을 앓고 있는 아이들이 정상적인 아이들보다 변비가 심하다. 이때 현대의학은 변비약을 복용시킬 뿐이다. 그러나 홀리스틱 의사들은 아토피성 피부는 열이 많은 아이에게 발생할 확률이 높고 따라서 피부에서 수분증발이 빨라지기 때문에 변비도 온다는 사실을 잘 설명해 준다. 그는 아이를 항상 잘 씻어 주고 보습효과를 줄 수 있도록 보습 크림으로 마사지도 잘 해 주라고 권한다. 그러면 변비문제도 해결될 것이라고 귀띔한다.

또한 홀리스틱 메디슨은 본질의 규명이나 분석보다는 '상황과 관계'의 논리에 보다 주목한다. 환자를 치료하기 위해서 의사는 가정 구성원들과의 관계를 파악해야 하며 직장의 상사, 동료, 부하직원과의 관계를 고려해야 한다. 이러한 주변인들과의 관계에서 발생하는 스트레스가 심한 천식의 원인이 될 수 있는 것이다. 이럴 경우 알약이나 아드레날린 주사 같은 약물치료 보다는 긴장완화의 기술을 가르치는 것이 바람직할지도 모른다. 또는 운동요법으로 폐 기능을 강화시키는 것이 하나의 방법이 될 수도 있다. 아니면 스트레스의 원인 물질로 알려진 설탕이나 카페인 같은 음식물의 섭취를 제한하는 다이어트 치료를 병행할 수도 있다. 또 아니면 환자가 선호하는 의사와 면담하게 함으로써 신뢰감 조성을 통해 심리적 안정을 도모하여 치료효과를 노릴 수도 있다. 왜냐하면 많은 환자들이 아직도 의사 앞에서는 긴장하고 수줍음 때문에 심리적 안정을 추구하기는 쉽지 않기 때문이다. 결국 홀리스틱 메디슨의 관점에서 질병의 원인과 결과는 서구의학에서 밝혀 내는 연구 결과처럼 그렇게 단순하지 않다. 따라서 홀리스틱 의사는 질병에 무수히 많은 원인들이 복합적으로 작용할 수 있다는 점에 주목하고 있다. 특히 그는 질병이란 반드시 카오스 상태를 의미하는 것이 아니며, 반대로 정상 상태라고 해도 그것이 곧 건강 상태를 의미하는 것은 아니라는 사실을 잘 알고 있다(Mainzer, 1997: 106).

3) 홀리스틱 의사의 환자관

(1) 유일성으로서의 환자

오늘날 의사가 환자를 특별한 케이스로 다루는 일이 현대 의학에서는 많이 사라졌다. 대부분 서구사회의 의사들은 환자를 자신들이 고쳐 주어야 하는 대상으로 생각할 뿐이다. 심지어 환자는 고유한 인격을 가진 상대가 아니라 망가진 물건쯤으로 취급당하기도 한다. 그러나 가장 일반화된 일은 의사가 환자 개개인을 같은 유형과 비슷한 범주로 분류해 놓고 치료에 임한다는 사실이다. 다시 말해서, 기침을 한다고 모두 다 감기 환자가 아님에도 불구하고 일단 같은 범주로 분류해 놓고 다룬다. 의사는 환자의 병이 '유일'(unique)하다는 사실을 인정하지 않는 것이다. 물론 환자의 질환은 일반화되고 범주화될 수 있다. 그러나 각 환자의 질환은 증세가 같더라도 반드시 원인이 같은 것은 아니다. 인간 개개인에게 눈이 두 개, 코와 입이 각각 하나라고 해도 인간의 얼굴은 모두 다르며, 인류 역사상 단 한 사람도 지문과 정맥이 같은 사람은 없었다. 마찬가지로 똑같은 병명을 가진 질환일지라도 인간의 생체 구조에 따라서 질병의 특성은 모두 각각이라고 할 수 있다. 즉 환자의 질병은 모두 나름대로의 유일성과 독특성(uniqueness)을 가지고 있는 것이다. 좀 더 쉽게 말하면, 같은 질병도 개인차에 따라 원인이 다르다. 따라서 치료 효과도 다르다. 즉 똑같은 질병이기 때문에 똑같은 약을 투입한다고 해도 회복의 속도는 개인마다 다른 것이다. 또한 똑같은 병을 가진 사람이라도 몸무게나 당뇨의 정도에 따라 치료는 달라져야 한다. 환자의 질병과 치료에서 분명히 개인차가 존재함에도 불구하고, 이러한 측면은 완전히 무시되고 있는 것이다.

그러나 홀리스틱 관점은 의사들로 하여금 환자의 유일무이성을 인식하도록 한다. 특정한 질병은 특정한 체질의 사람에게서는 발명될 수도 있으며 발병되지 않을 수도 있다. 예를 들어, 이제마의 "사상의학"(四象醫學)은 홀리스틱 관점의 사례가 될 수 있다. 환자의 체질에 따라서 복용해야 하는 약의 종류와 양이 달라진다. 음식 섭생과 영향관계도 마찬가지이다. 마쿠우치 히데오는 자신의 저서 『초라한 밥상』(1995)에서 "먹는 것은 개인의 기호나 환경, 체질을 크게 반영하는 문제이기 때문에 이것만이 절대적이라는 말은 할 수 없으며, 모든 사람이 똑같이 효과를 볼 수 있는 식사법과 건강법은 없다"고 결론짓고 있다. 오늘날 현대이론물리학의 복잡계이론에서도 한 사건의 원인은 매우 복잡성으로 존재한다고 밝혀 내고 있다. 이렇게 본다면, 개인에게 발생한 질병의 원인이나 양태 역시 개인별로 모두 다르다고 할 수 있다. 오로지 질병은 특정 환자에게서만 나타나는 유일한 질병인 셈이다. 따라서 처방도 완전히 특별하게 이루어져야 한다. 특히 스트레스성 질병은 보다 특별한 유일무이성을 확보한다. 스트레스의 정도가 다르고 스트레스의 원인이 다양한데도 불구하고, 같은 종류의 처방으로 치료할 수 있다고 주장하는 것은 모순이다. 생물학적으로 볼 때, 유전자로 보나 형질로 보나 우리 인간은 모두 다르다.

생화학자이자 영양학자이며 비타민 B 복합체인 판토테닉 산을 발견한 로저 윌리엄스(Roger Williams)는 그의 전 생애에서 바로 이러한 차원으로 의술을 펴고자 했다. 윌리엄스 박사는 모든 사람들이 그 자신만의 고유한 생화학적 개성을 가지고 있다고 보았다. 그는 인간 개개인에게 지문이 유일무이한 것과 같은 이치라고 설명한다. 그는 우리 몸이 요구하는 비타민, 미네랄 그리고 그 밖의 영양소는 개인에 따라 1,000배 이상 차이가 나기도 한다는 주장도 한다. 예를 들어, 미국 농무성에서 매년 발표하는 1일 비타민 섭취량은 어떤 사람에게는 너무 많은 수치이고 어떤 사람에게는 부족한 수치가 된다.

오늘날 생화학적 개인차(개성)의 의미에 대한 연구는 꾸준히 지속되고 있다. 특정한 양의 의약품이 어떤 사람에게는 충분한 양으로 작용하지만 어떤 사람에게는 결코 효과가 없는 양이 된다. 심지어 어떤 사람에게는 치사량이 되기도 한다. 같은 암(癌)이라도 같은 약물 치료를 통해서 어떤 사람은 죽지만 어떤 사람은 소생한다. 우리는 후자의 경우를 기적이라고 부르기도 한다. 아니면 그가 자연치유력이 보다 강하다는 짤막한 설명으로 만족하기도 한다. 하여간 중요한 것은 기적이든 자연치유력이든 같은 질병이라도 모든 사람에게 똑같은 결과로 끝나는 것이 아니라는 점이다. 심지어는 몸무게, 나이, 체중, 건강 상태 등 통계적으로 같은 조건이라고 하더라도 환자에 따라 병균이 침투하고 작용하는 과정은 판이하다. 결국 이 세상의 모든 환자는 같은 질병을 앓는 경우가 없는 것이며, 치료결과도 모두 다르게 나타난다. 한마디로 모든 환자는 이 세상에서 단 한 번의 사건으로서 유일한 병을 가지는 셈이다.

홀리스틱 환자들은 이러한 환자와 질병의 유일무이성에 주목한다. 이는 홀리스틱 메디슨이 탄생하기 이전인 1970년대까지는 생각하지도 못했던 일이다. 만약 눈에 띌 정도의 특징을 가진 환자들은 별도로 격리되어 특별히 취급되었다. 또한 1970년대 중반부터 홀리스틱 의사들과 심리학자들은 "자연발생적 일시적 경감"의 개념에 매혹되기 시작했다. 일시적 경감이 자연적으로 발생하는 것은 환자마다 차이가 나고 환자의 모든 신체 조건이 다양하기 때문에 가능하다. 심지어 환자가 병마와 싸워 이겨 내겠다는 의지 여하와 자신의 병에 대하여 얼마나 긍정적이고 적극적인 사고를 가지고 있는가에 따라 질병의 치료 정도와 결과는 다르게 나타난다. 따라서 유일무이한 질병을 가진 환자들은 유일무이한 방법으로 치료되어야 한다. 홀리스틱 의사들은 이러한 사실을 잘 인지하고 있다.

(2) 파트너로서의 환자

지금까지 의사들은 전문가로서 권위를 내세우며 환자와 가능하면 거리를 두고자 해왔다. 만약 환자와 너무 친하게 지내는 환자들이 있으면 권위에 손상이 가는 것으로 인식했다. 지금까지 의사들에게는 권위가 가장 중요한 문제이다. 권위와 전문가의 상징인 하얀 가운을 입은 의사는 자기만이 알아볼 수 있는 필체로 자신만이 읽어 낼 수 있는 차트를 작성하면서 환자의 질병 상태와 과정을 체크한다. 그는 이를 토대로 진단하고 처방한다. 그럼으로써 의사는 권위 있는 전문가로서 군림하게 된다. 또한 이들은 무뚝뚝함이 오히려 권위를 강화하는 것으로 여긴다. 의사에게 환자는 단지 수동적 존재에 불과하다. 환자는 의사가 시키는 대로만 하면 병이 나을 것이라는 신념이 지배적이었다. 의사 앞에서 환자들은 침묵하는 것이 도리이며, 의사를 무조건 믿고 따라야 한다는 생각을 가지고 있다. 만약 환자가 의사에게 꼬치꼬치 묻고 따지기라도 한다면, 의사는 자신의 권위에 대한 심각한 도전으로 받아들인다. 그러나 오늘날 환자 자신도 스스로 자신의 질병을 치료하는 역할을 담당해야 한다는 의견이 나오고 있다. 왜냐하면 환자만큼 자신의 병을 잘 알고 있는 사람도 없다는 가정 때문이다. 또한 지혜로운 의사들은 환자에게 자신의 질병에 대해서 보다 잘 알도록 교육을 하기도 한다. 물론 오늘날 환자들은 자신이 선호하는 의사를 선택하여 진료를 요청하고 예약할 정도로 의식 수준이 높아진 측면도 있다.

하여간 의사와 환자 간의 관계형성은 홀리스틱 메디슨의 핵심 과제이다. 즉 의사는 병을 진단하고 치료 처방할 때까지 환자 자신의 도움을 필요로 한다. 물론 이는 궁극적으로 보다 완전한 진료를 위함이다. 이를 위해 홀리스틱 의사는 환자를 능동적이고 적극적으로 만든다. 심지어 의사는 환자가 자신의 건강관리에 책임을 지도록 과제와 역할을 부여한다. 의사가 환자들로 하여금 자신이 진찰을 받고 치료되는 과정에 적극적이고 능동적으로 참여하도록 유도하는 것이다. 홀리스틱 의사들은 환자에게 "당신이 생각하기에 왜 당신은 이 시간에 병을 얻었을까?", "당신 병이 당신에게 의미하는 것은 무엇인가?" 등의 질문을 해댄다. 한마디로 의사는 환자에게 치료를 위한 능동적이고 적극적인 파트너가 될 것을 강요한다. 오늘날은 특히 만성질환을 앓는 환자들은 의사와 파트너십을 갖추고 있을 때 치료의 효과는 배가된다는 연구 보고서가 속출하고 있다. 파트너로서의 환자는 때때로 "나의 식생활에 잘못이 있다", "나는 너무 많은 약을 복용하고 있다", "나는 나 자신만을 위한 시간을 가져야 한다"는 식의 자기반성과 자기고백 그리고 스스로 변신을 하게 된다. 이는 환자가 의사와 파트너 관계로 인정될 때에만 가능하다. 홀리스틱 메디슨에서 치료는 의사와 환자 간의 파트너십에 의한 상호협력적 사업이라고 할 수 있다.

(3) 전체로서의 환자

미국의 사회철학자이자 급진적 교육학자인 이반 일리치(Ivan Illich)

가 쓴 『의학적 네메시스』(Medical Nemesis)와 릭 칼슨(Rick Carlson)의 『의학의 종말』(*The End of Medicine*)이라는 책들은 환자를 전체성으로 인식하도록 하는 데에 자극을 주면서 홀리스틱 메디슨의 진로를 예시한 대표적 저작들이다. 여기서 의사들은 환자를 전체로 관계한다. 왜냐하면 이들은 환자의 질병이 몸의 전체적 관계에서 발생한다고 여기기 때문이다. 전체의 몸은 그의 부분의 합 이상이다(Mainzer, 1997: 106). 따라서 의사들은 육체적 복지의 차원에서만 보는 것이 아니라, 정신적-심리적 차원에서의 복지 안녕도 함께 고려한다. 특히 환자와 가족구성원과의 관계를 고려하는 가족치료는 환자를 전체로 간주하는 대표적 사례에 해당한다.

고대 의학에서는 질병을 육체적-물리적-생리적 위기일 뿐만 아니라, 영적인 위기로 보았다. 즉 질병은 신 또는 자연의 위대한 영성을 벗어남으로써 방황하는 상황에서 나타난다고 생각되었다. 의술가, 마술가, 무당 같은 치료자들은 환자의 방황에서 길을 인도하는 사람들이다. 또한 의술로 보호하는 것은 영적으로 진로를 지도하는 것이기 때문에, 성직자의 몫이기도 했다. 결국 고대시대의 의사는 성직자로서의 의사 역할을 해냈던 셈이다. 이러한 의술의 행태는 중세시대까지 지속된다. 따라서 의사는 육체와 마음을 동시에 보호해야 하는 것이다. 물론 성직자는 영혼보호에 보다 집중한다. 우리는 오늘날도 깊은 병환을 낫게 하기 위해서 혹자는 교회와 법당에서 기도한다. 그러나 일반적으로 현대인들에게는 육체와 마음 그리고 영혼의 영역이 분리되었다. 육체의 병을 고치는 사람과 영혼의 병을 고치는 사람이 다르다. 1970년대 들어서 이러한 영역의 분리에 문제가 제기된다. 특히 주변 환경과의 관계성 이해를 위해 광범위한 지식이 요청되고 지식 간의 엇물림 현상이 요청되는 상황에서 분업화된 진료행위는 효과가 미진하다. 환자 자신에게 병의 전체가 주어져 있다. 환자가 자신의 병세에 민감해지도록 하는 일은 의사의 과제이기도 하다.

홀리스틱 메디슨은 환자 자신이 병의 이유와 전망에 대해서 보다 잘 알아낼 수 있을 것이라 확신한다. 환자 자신이 일차적으로 병에 대해서 연구할 수 있도록 하는 일은 환자를 전체로 보기 때문에 가능하다. 인간의 삶이 역동적이듯 질병도 역동적이다. 병세의 전개는 환자의 몸의 상태와 주변 환경의 변화 전체와 관련된다. 역동성 속에 내포되는 전체적 움직임에 환자는 일차적 반응자가 된다. 따라서 홀리스틱 의사는 환자를 전체성으로 간주할 수밖에 없다.

4) 홀리스틱 메디슨의 방법

(1) 자기 컨트롤 테크닉

홀리스틱 의사들은 환자에게 자기조절과 자기관리를 기반으로 자기 컨트롤을 시작하도록 권장한다. 긴장완화, 바이오피드백, 최면술, 심상치료, 명상치료 등은 바로 홀리스틱 의사들이 환자에게 요구하는 자기 컨트롤의 테크닉들이다. 의사는 이러한 테크닉을 직접 환자에게 가르치기도 한다. 우선 긴장이완 테크닉은 인체의 생리학적 자극을 최대한 낮추는 행동을 말한다. 인체에 심장박동과 호흡률을 낮추게 되면 혈압은 낮아지고 두뇌 활동은 알파(α)파에 의해 지배된다. 이러한 알파파 유형은 초당 주파수 8~11에서 움직이는데, 이때 우리는 정적감을 느끼게 된다고 한다. 이러한 정적감 속에서 인체의 모든 근육은 서서히 이완되고 손과 발은 따뜻해진다. 이는 그동안 누적된 스트레스로부터 해방되어 가는 과정이기도 하다. 오늘날 홀리스틱 메디슨에서 사용하는 긴장완화의 테크닉은 근육이완치료를 개발한 1930년대 에드먼드 제이콥슨(Edmund Jacobson,

1883-1983) 박사에 기원을 두고 있다. 그는 다리로부터 시작하여 상체를 향해 모든 근육을 손으로 문질러 풀어 주는 방법으로 시작했다.

오늘날 바이오피드백(biofeedback) 기계가 개발되면서 환자들은 긴장완화되는 과정을 스스로 체크할 수 있게 되었다. 환자가 자신의 심장박동 등을 포함한 인체 내의 생물학적-생리학적 반응을 직접 눈으로 상황을 직접 체크할 수 있게 된 것이다. 또한 환자는 스스로 근육의 수축과 이완을 반복함으로써 생체운동을 강화할 수 있기도 하다. 한마디로 바이오피드백은 환자가 직접 인체의 생물학적-내적 과정에 대한 정보를 피드백하는 것을 말한다. 예를 들어, 환자는 현재 자신의 체온을 수치로 체크하면서 체온을 높이거나 내려야 한다는 사실을 알게 된다. 바이오피드백 기계 앞에서 환자는 심장 박동수와 맥동 그리고 뇌파수를 스스로 체크함으로써 자신만의 문제를 인식하게 된다. 바이오피드백의 최종 목표는 개인적으로는 각종 스트레스의 수준을 낮추는 데 있지만 임상 테스트를 위해서도 활용된다. 바이오피드백을 통해서 편두통이 심한 환자는 자신의 뇌동맥이 심한 압박을 받고 있다는 사실을 알 수 있다. 그는 손가락 끝을 데우는 것으로 동맥벽의 근육을 이완시킬 수 있다는 사실도 알 수 있게 된다.

최면술도 홀리스틱 메디슨에서 활용하는 중요한 치료 테크닉이다. 최면술의 어원인 그리스어 히프노스(hypnos)는 "수면"을 뜻하는 용어이다. 우리는 수면을 취함으로써 긴장이 이완되는 효과를 얻는다. 따라서 평시에 최면 상태로 들어가는 상황은 긴장이완을 강제적으로 수행하는 것이 된다. 외과 수술에서 마취 행위가 아직 광범위하게 사용되기 이전인 19세기에 스코틀란드 의사 제임스 에스데일(James Esdaille)은 3,000여 번 이상의 수술에서 환자에게 무통각증(고통해방) 상태를 만들기 위해 최면술을 사용했다는 기록이 있다. 오늘날 최면술은 출산 시의 고통 완화를 비롯하여 편두통과 관절염 같은 만성질환을 치료하기 위해서도 사용된다. 또한 비만인들은 평소 항상 배고픔을 느낀다. 오늘날 홀리스틱 의사들은 비만 환자들에게 최면을 걸어서 다이어트를 조절하는 시술을 즐기고 있다.

홀리스틱 의사들이 사용하는 심상치료는 최면술의 일종이다. 여기서는 정신적 이미지가 중요하다. 정신적 이미지는 심상을 바꾸는 데 도움을 준다. 예를 들어, 심하게 스트레스를 받은 사람에게 평화스러운 농촌 장면을 상상하게 함으로써 편안한 심상으로 인도한다. 우리는 이를 "인도된 심상"(guided image)이라고 한다. 칼 사이먼튼(Carl Simonton) 박사와 그의 부인 스테파니 마테우스 사이먼튼(Stephanie Matthews Simonton)은 인도된 심상이 암 환자들의 면역 반응을 개선시켰다는 연구 결과를 발표했다. 이에 의하면 환자에게 인도된 심상은 인체의 면역체계 속으로 들어가 백혈구가 종양 세포를 공격하고 부수는 일을 상상하도록 지시한다. 그랬더니 백혈구의 수가 실제적으로 증가했으며 암세포의 증식이 억제된 것으로 나타났다. 또한 홀리스틱 의사들은 의기소침한 사람들에게 인도된 심상을 통하여 한순간에 분위기를 반전시킬 수 있다. 즉 행복한 환경이 담긴 사진을 클라이언트의 두뇌에 이식시킴으로써 행복감을 느낄 수 있도록 하는 것이다. 이렇게 하여 홀리스틱 의사들은 인도된 심상을 통하여 긴장완화 및 마인드컨트롤의 효과를 보고 있으며 심지어 암환자들을 치료하는 데까지 확장하고 있다. 인도된 심상은 인간에게 지적 능력을 자극하는 것이 아니라 무의식의 세계를 자극시켜서 상황을 직관하고 통찰하도록 하는 역할을 수행한다.

한편, 홀리스틱 의사들에게 명상은 가장 선호되는 긴장완화의 테크닉이다. 이 때문에 명상은 긴장완화와 동의어로 사용되는 경우가 많다. 그러나 명상은 긴장완화와는 다르며 최면술과도 다르다. 다시 말해서, 명상은 긴장완화나 최면과 달리 누군가가 외부에서 자극할 수 있는 영역이 아니다. 명상은 긴장과 긴장완화의 순환과정을 통해 진행된다. 명상을 통해 환자는 자신을 스스로 강력하게 컨트롤한다. 어쩌면 긴장완화, 바이오피드백, 최면술, 인도된 심상 등의 방법은 환자로 하여금 명상에 도달하기 위한 수단이 될 수 있다. 이렇게 본다면, 명상은 홀리스틱 의사들이 환자에게 궁극적으로 바라는 자기치료의 영역이라고 볼 수 있다. 결국 홀리스틱 의사들에게 중요한 것은 '자기치료'가 되는 셈이다. 바로 이러한 점에서 홀리스틱 메디슨은 현대서구의학과 완전히 차별화된다. 즉 현대의학에서는 의사가 환자의 병을 고쳐주는 외부 전문가인데 반하여, 홀리스틱 의사들은 환자 스스로가 병을 고칠 수 있도록 도와주는 소위 "의술전문 도우미"에 해당된다. 사실 명상은 치료의 방법이라기보다는 종교적 체험에 가깝다. 원시사회에서 주술과 마법으로 병을 다스렸다. 오늘날 성경을 펴들고 우리는 마음의 안식을 얻는다. 불경을 외우면서 평온한 극락세계를 꿈꿀 수 있으며, 선과 기예를 수행하면서 도인의 경지에 도달한다. 명상에는 말이 필요 없다. 도교에서 "설명될 수 있는 것은 이미 도가 아니다"는 말은 바로 명상의 세계가 무의식과 무언어의 세계임을 알려 준다.

(2) 다이어트(섭생) 테크닉

2천 수백여 년 전 히포크라테스는 그의 제자들에게 "음식이 너의 약이 되도록 하고, 약이 너의 음식이 되도록 하라"고 가르쳤다. 그러나 오늘날 현대서구의학은 이러한 히포크라테스의 가르침을 무시해 왔다. 현대서구의학에서 영양의 문제에 대해 언급되는 경우는 매우 드물다. 불행하게도 미국 의학협회나 영양학회는 영양 분야에서 진정한 눈을 뜨지 못한 것이 사실이다(데이비드 호킨스, 2000: 198). 노벨상 수상자인 라이너스 폴링(Linus Pauling) 박사와 데이비드 호킨스 박사는 1979년 『영양 요법에 의한 정신치료』(*Orthomolecular Psychiatry*)라는 책을 저술하여 세간의 폭넓은 호응을 얻었지만, 기존의 의학계로부터는 외면당했다. 이로부터 의학계에서 영양과 건강 간의 상관관계에 대한 논의가 이루어지고 있지만 아직도 초보 수준이다. 우리는 겨우 괴혈병(비타민 C 결핍)과 구루병(비타민 D 결핍) 같은 극단적 결핍성 질병에서 영양결핍의 문제를 들먹이고 있다. 이를 제외하고는 영양과 의학은 별개의 영역으로 분리되어 있다. 그러나 서구에서도 전통적인 의학의 지혜는 개인에게 충분한 칼로리를 섭취하여야 한다고 가르치고 있다. 특히 생명현상에 기본이 되는 네 가지 기초 음식인 고기, 우유, 과일/채소 그리고 곡물은 빼놓을 수 없는 영양분으로 간주된다. 왜냐하면 생존에 절대 필요한 자양분과 충분한 비타민 그리고 미네랄이 네 가지 기초 음식으로부터 산출되기 때문이다.

1970년대 홀리스틱 메디슨이 전개되기 시작하면서 홀리스틱 의사들을 중심으로 의학에서는 히포크라테스의 가르침으로 회귀하고 있다. 즉 영양과 섭생의 문제가 질병에 직결되어 있다는 의식이 퍼지기 시작하면서 영양학과 의학을 병행하는 의사들이 늘어나고 있다. 이미 동양의학에서는 음식물과 건강 그리고 질병은 상관관계가 있다고 가르쳐 왔다. 예를 들어, 『동의보감』에 보면 궁합이 맞는 음식과 궁합이 맞지 않는 음식에 대한 설명이 초과학적인 수준으로 나타난다.

오늘날 우리 주변에는 자양분과 건강과의 상관관계에 대한 정보가 홍수를 이루고 있다. 건강에 대한 일반인의 관심이 높아지면서, 인간이 매일 섭취하는 음식물과 건강에 대한 관심도 급증한다. 몸에 좋은 음식을 찾다 보니 뱀, 굼벵이, 웅담, 곰 발바닥, 원숭이 뇌 등을 얻기 위해 동물은 마구잡이로 죽이는 소위 "몬도가네 현상"이 세상을 어지럽게 하기도 한다. 물론 음식을 통한 영양과 섭생이 건강과 직결된다는 믿음이 도를 지나친 결과이다. 그러나 분명한 것은 자양분과 건강은 밀접한 관계를 가지고 있다는 사실의 발견이다.

한편, 어떠한 음식물과 자양분을 섭취하는가에 따라 인체의 속성도 변화한다. 한국에서 태어나 미국으로 이민을 가서 미국 사람들의 식생활대로 살아온 사람은 얼굴 모습도 약간 미국인을 닮아간다. 각종 암 그리고 당뇨병 등 소위 고질병들은 약 30~40% 정도가 유전 때문이라고 한다. 그러나 이들 치명적인 질환들은 음식물과도 관련이 있다는 연구 결과들이 쏟아져 나오면서 섭생문화와 질병과의 연관성에 대해 많은 사람들이 관심을 갖는다. 조상이 집안 대대로 암으로 사망한 집안에서 음식 식생활을 개혁한다면 암 발병률을 낮출 수 있다는 임상실험 결과도 나오고 있다.

일반적으로 동물지방이 함유된 음식물은 인체 내에서 콜레스테롤을 증가시켜서 각종 순환기 질환을 초래한다고 알려져 있다. 또한 각종 화학조미료와 방부제에는 발암물질이 함유되어 있는 것으로 알려져 있으며, 설탕과 소금도 지나치면 몸에 해롭다고 되어 있다. 우리는 오염된 흙에서 심지어 농약의 도움으로 자라난 곡물을 먹으려 하지 않고 유기농법에 의해 재배된 농산물을 선호한다. 슈퍼마켓에서는 외국에서 수입된 음식물이 인기가 없다. 심지어 환경호르몬과 유전자 조작에 의해 산출된 유전자 콩, 유전자 옥수수, 유전자 돼지 등에 대한 섭생은 공포의 대상으로 간주된다. 이러한 음식물들이 당장 우리의 목숨을 앗아가지는 않겠지만, 성인병 같은 만성질환의 원인으로 간주되면서 기피 대상 1호가 되고 있다. 각종 방부제와 화학조미료들은 고혈압, 관절염 그리고 대장과 소장의 염증을 야기하는 주범으로 간주되고 있으며, 신진대사를 조절하는 췌장과 신장의 부신피질을 혹사시킨다. 실제로 오늘날 특정한 음식물과 자양분의 잘못된 섭취로 인한 음식 알레르기 현상을 보이는 환자의 수는 날로 늘어만 간다. 별 특별한 증상 없이 수시로 찾아오는 우울감과 분노 또는 흥분 같은 감정 변화도 음식물과 관계가 있는 것으로 보고되고 있다. 이제 영양의 문제와 의학의 문제는 상호의존적으로 전개된다.

홀리스틱 의사들은 환자들에게 자양의 습성과 음식물 취득의 양과 정도를 바꿀 것을 지시한다. 장수마을로 알려진 일본의 홋카이도 지방은 100세 이상의 장수인들이 세계에서 가장 많이 살고 있는 곳으로 알려져 있다. 대개 장수마을에 사는 사람들의 섭생과 자양생활에는 공통점이 발견된다고 한다. 이들은 주로 날생선을 먹으며 갈색(검은) 콩과 채소를 즐겨 먹으며 소식(小食)을 한다. 현대인들은 탄 음식을 먹음으로써 암세포를 키우고 있으며 육류를 과소비함으로써 동맥경화를 부채질하고 있다. 유럽에서도 불가리아 사람들도 발효유 요구르트를 만들어 먹는 식습관 때문에 비교적 장수하는 것으로 알려져 있다.

오늘날 이렇게 음식물과 영양분을 조절함으로써 건강에 기여할 수 있다는 영양학적 의학의 관점이 매크로바이오틱 연구(macrobiotic study)라는 범주로 통합되고 있다. 그럼에도 불구하고 아직 현대서구의학에서는 이를 받아들이고 있지 않는 경향이다. 심지어 영양과 의학은 분명한 경계가 있음을 강변하기도 한다. 미국에서는 의사가 영양사로 활약하는 것은 홀리스틱 메디슨에서만 가능하다. 그러나 이미 1977년 미국의 상원의 식품선정소위원회(Sanate Select Committee on nutrition)는 홀리스틱 메디슨의 지원을 받아 국민건강을 위해 미국 국민들에게 과도한 지방 섭취, 콜레스테롤 강하, 설탕 및 소금 섭취 조절, 복합탄수화물(곡식과 콩류)의 섭취를 권고하는 권장안을 발표했다. 세부적으로 이 권장안은 7번 도정한 곡류와 밀가루 대신 2~3번 정도 도정한 완전식품을 권하고 있으며, 인공화학조미료가 다량 함유된 가공식품들의 위험성을 낱낱이 보고하고 있다. 이로부터 서서히 미국 의학계에서는 마지못해서나마 홀리스틱 메디슨을 대체의학이라는 개념으로 일부 수용하게 되었다. 그러나 이들은 아직 대체의학을 소위 정통의학의 대열에는 합류시키고 있지는 않다. 오히려 일상에서 특히 음식물과의 질병 그리고 건강과의 관계에서 소위 건강식품의 개념으로 일부 수용하고 있는 셈이다. 왜냐하면 홀리스틱 메디슨은 우리 일상의 식탁 위에서 인공음식물 대신 자연음식물을 섭취하고 음식을 태우지 않고 가능한 한 지방을 피하는 식단을 짜는 것을 질병치료의 근간으로 발전시키고 있다.

한편, 영양분과 자양분에 대한 섭취도 중요하지만 음식물을 제거하는 것도 중요하다. 특히 홀리스틱 의사들은 환자들에게 음식을 제한시키는 데에도 주력한다. 이를테면, 특정 환자들에게는 특별히 민감한 음식물과 영양소가 있다. 때로는 단식(斷食)도 필요하다. 반드시 정류된 물을 마셔야 하는 환자가 있으며, 포도주스에 알레르기 반응을 일으키는 환자도 많다. 물론 이러한 음식물 제거를 통한 치료는 현대의학도 무시하지 못하는 영역이기도 하다. 이러한 음식제거치료는 오랜 역사와 전통을 가지고 있다. 음식을 섭생하는 동안 신체의 장기는 과로할 수 있다. 따라서 음식물을 제거하고 섭생을 중단함으로써 소장과 대장을 쉬게 할 수 있다. 아직 현대서구의학에서 단식에 대한 효과를 다루는 연구 보고서는 나오고 있지 않다. 그러나 동유럽과 구(舊)소련에서는 단식의 효과에 대한 연구보고서가 무수히 나온 바 있으며 지금도 중요한 테마가 되고 있다. 그러나 단식은 극단적 처방일 수도 있기 때문에 반드시 전문가의 도움을 통해서만 시도되어야 한다. 이를테면, 단식은 일체의 음식을 먹지 않는 것이 아니라 최소한의 자양분 섭취와 물을 먹는 것은 병행되어야 하며, 1주일 이상의 단식 후에 다시 음식물을 받아들일 때는 아주 조금씩 그리고 서서히 음식물의 양을 늘려 섭취해야 한다. 오랜 단식 후에 바로 평상시의 양으로 음식을 섭취하면 갑작스런 위장 운동으로 목숨을 잃을 수도 있다.

오늘날 단식이나 절식은 전 세계에 광범위하게 퍼져 있는 중요한 질병치료의 수단이 되고 있다. 이는 일찌감치 단식과 절식을 치료 테크닉으로 채택해 온 홀리스틱 메디슨에 의한 기여일 것이다. 일상의 사례를 보면, 음식 알레르기를 가진 사람들은 그 음식물의 반입을 피해야 한다. 브로콜리를 먹고 설사하는 사람은 알레르기를 의심해 보아야 할 것이며, 바닷가재를 먹고 심한 위통을 경험한 사람은 물고기 역시 조심해야 한다. 오늘날 홀리스틱 의사들은 관절염, 천식, 각종 염증, 우울증 등 다양한 만성질환 속에 알레르기 현상이 숨어 있다는 사실을 밝혀내고 있다. 현대서구의학에서는 아직도 알레르기의 문제를 그리 심각하게 받아들이지 않는 반면, 홀리스틱 메디슨에서는 "숨겨진 알레르기 현상"을 발견해 내는 일을 미래 연구테마 중 가장 중요한 영역으로 꼽고 있다.

II

H 사고의 본질과 전략

5장

H 사고의 성격

아인슈타인(Albert Einstein, 1879-1955)은 "우리가 직면한 중대한 문제들은 우리가 그 문제들을 발생시킨 그 당시에 갖고 있던 사고방식으로는 해결할 수 없다"고 주장한 바 있다(스티븐 코비, 2000: 59). 지금까지 산업혁명과 산업사회에서 파생된 결과 이제 인간의 삶을 치명적으로 몰고 가는 국가 간, 민족 간의 치명적 전쟁들 그리고 환경 및 생태계 파괴와 인간성 상실을 비롯하여 각종 사회문제는 산업혁명과 산업사회를 일군 사고 영역에서 발생했으며, 이는 21세기 지식사회 내지 디지털정보사회에서 발생하는 문제를 해결할 수 없다. 그렇다면 산업혁명과 산업사회의 문제는 어떤 뿌리를 가지고 있을까? 이제 우리는 지난 산업혁명을 낳고 산업사회를 제도했던 인간의 사고 유형은 바로 사물을 모두 쪼개서 보는 소위 "분지(分枝)사고"(partial thinking)였음을 시인해야 한다. 분지사고로서는 '전체'(全體, Holon)를 볼 수 없다. 특히 오늘날과 같이 '전체'가 하나의 연결망 속에서 상호작용하는 지구촌 사회에서는 반드시 '전체'를 파악하면서 국지적 문제도 풀어낼 수 있는 새로운 사고능력이 요청된다.

1993년 분지사고 대신 '시스템 사고'(system thinking)로의 전환을 주장하면서 전 미국 대륙과 세계적 기업경영인들에게 학습조직(learning organization) 이론을 전파한 피터 센게(Peter Senge)는 자신의 저서 『제5경영』(*The Fifth Discipline*)을 다음과 같이 시작하고 있다.

> 우리는 어려서부터 문제를 분해하거나 세상을 조각으로 나누어 보도록 교육받았다. 이러한 방법은 물론 복잡한 과업이나 현안을 보다 쉽게 다룰 수 있도록 해 주지만, 이로 인해 보이지 않게 막대한 대가를 치르고 있다. 우리는 어떤 행동을 취했을 때, 그 결과가 어떠한 것이 될는지를 더 이상 짐작할 수 없으며, '전체적 관계'를 파악하는 본능적 감각을 잃어버리고 말았다(피터 센게, 1996: 13).

그는 오늘날 우리에게 절실한 것은 '전체 보기'를 할 수 있는 능력이라고 역설한다. 이는 단순히 조각을 모은다고 이루어지는 것이 아니며, 오히려 '조각 모으기'의 노력은 헛수고일 뿐이라고 주장한 물리학자 데이비드 봄(David Bohm)의 말을 인용하면서 자신의 저작을 시작하고 있다. 여기서 센게는 탈(脫) 분지사고로서 '시스템 사고'(system thinking)를 제시하고 있다.

> 시스템 사고는 우리 자신을 세상으로부터 분리된 것이 아니라 세상과 연관된 것을 인식하고, 문제를 볼 때 어딘지도 모른 곳에 있는 누구, 혹은 무엇인가에 의해서 생겨난 것으로 보기보다는, 스스로의 행위가 자신이 직면하고 있는 문제를 어떻게 야기시키는가? 라는 관점에서 파악하는 것을 말한다(피터 센게, 1996: 26).

즉 그에게서는 시스템이 전체적인 관계를 포괄하는 것이기 때문에 그가 주장하는 '시스템 사고'는 '전체성 사고'를 대변한다.

『학습조직만들기』의 저자 존 래딩(John C. Redding)과 랄프 카타라넬로(Ralph F. Catalanello) 역시 '시스템'에 대한 인식 없이 학습조직전략은 무모하다고 단언하고 있다. 또한 『성공하는 사람들의 7가지 습관』의 작가 스티븐 코비(Stephen R. Covey) 역시 "관계적 사고를 통하여 시스템의 전체적 관계와 맥락을 이해하는 습관을 들이는 것이 삶의 원칙임을 강조하고 있으며, 『트렌드 2005』를 발표한 멕시코계 미국 경제학자 마이클 마자르(Michael Mazart) 역시 21세기 세계 경제를 주도하는 글로벌 트렌드를 예견하면서 시스템 사고로의 회귀를 역설한 바 있다. 미국의 저명한 기업연구가들인 돈 탭스콧(Don Tapscot), 데이비드 티콜(David Ticoll), 알렉스 로위(Alex Lowy) 역시 자신들의 공저인 『디지털 캐피털: 비즈니스 웹(b-web) 파워』(2000)에서 콘텍스트 중심의 b-web을 통하여 성공하는 기업들은 전체시스템으로 가치를 창조한다는 사실을 강조하고 있다.

이미 과학과 학문의 영역에서도 분지사고 대신 전체적-통합적으로 사고해야 할 필요성에 대한 근거가 계속 확인되어 왔다. 20세기 초 현대이론물리학의 등장과 함께 시작된 '신과학운동'과 '시스템이론'의 탄생이 그것들이고, 20세기 중후반 생태학과 홀리스틱 메디슨(holistic medicine)의 등장과 함께 시작된 신사고 패러다임의 형성이 그것들이다. 특히 인간중심의 사회 즉 인간중심의 인간-기계 시스템의 사회를 구축해 온 소위 역사시대의 모순과 문제점을 낱낱이 비판하고 고발해 온 역사주의 및 역사학파들로부터 시작하여 정신과학의 기여가 있었다.

21세기 디지털정보사회가 만들고 있는 새로운 세상은 인터넷으로 온 세상이 연결되는 유비쿼터스(ubiquitous) 사회이다. 그러나 우리는 지금도 여전히 산업사회를 지배한 분업사고 내지 분지사고의 테두리에서 크게 벗어나지 못하고 있다. 따라서 본고는 근대의 시대정신을 탄생시킨 분지적 과학사고 대신 '시스템 사고'를 오늘날의 사고전략으로 가정하고 있다. 왜냐하면 세상이 달라졌기 때문이다. 즉 문제해결의 사고방식도 세상이 달라지는 정도에 따라서 달라질 수밖에 없다. 그럼에도 불구하고 우리는 여전히 전통적인 방식에 매달려서 시간을 허비하는 우를 범하고 있다. 물론 전통적인 과학사고는 지금까지의 역사발전에 있어서 적지 않은 기여를 해왔다. 무엇보다도 산업혁명을 성공적으로 수행하여 산업사회를 정착시킬 수 있었던 것은 최대의 공적이다. 또한 계몽주의 시대 과학의 세기를 열어 준 기폭제이기도 했다. 그러나 오늘날 네트워크사고, 연결망사고, 관계 사고 등 전체성 사고가 요청되는 디지털정보사회에서는 과거 산업사회와 과학사회가 남겨놓은 분석적 사고, 분업사고, 분지사고의 방식 그리고 이를 토대로 하는 진화론적 사고방식으로는 모든 것이 어렵다. 따라서 이제 우리는 새로운 시대가 요구하는 새로운 과학사고를 하기 위해서 '전통사고'에 대해서 철저히 반성할 필요가 있다. 대표적인 반성이 바로 시스템 사고이다.

뇌신경학자들인 Gluck, Mercado, Meyers는 자신들의 저서 『학습과 기억, 뇌에서 행동까지』(2011)에서 "뇌를 이해하기 위해서는 단편적인 구조나 국부적인 기능뿐 아니라 살아 움직이는 동물과 인간의 기능을 함께 고려해야 한다"고 주장했다. 결국 전체와의 관계 및 맥락(context)을 이해하지 못하고 우리는 어떠한 부분도 제대로 파악할 수 없는 것이다. 이러한 논리는 오늘날 생명시스템에 대한 이해를 "전체부터 시작하는" 생태학(生態學)의 논리와도 일치한다. 지금까지 생태학적 연구는 심층생태학, 사회생태학, 에코페미니즘, 생태학적 심리학 등의 학문 영역을 통하여 자연과학과 정신과학의 엇물림을 입증하고 있다. 간단히 말하면, 지금 생태학의 노력들은 이미 오래전에 역사주의-정신과학이 세운 가설을 자연과학적으로 입증하고 있는 것이다. 특히 시스템이론을 기반으로 하고 있는 생태학적 패러다임은 우리에게 현대적 의미에서의 "삶의 전체성"에 대한 연구에 불을 지피고 있다.

미국의 교육학자 마셜(Stephanie Pace Marshall)은 20세기에서 21세기로의 전환은 단선적이고 기계적인 세계관의 한계를 보여 주었으며, 생태학적인 우주 즉 모든 것이 서로에게 영향을 미치는 단단하게 연결된 전체론적이고 역동적인 시스템의 개념을 예고했다고 보았다(Marshall, 1997: 181).

오늘날 우리 인류의 사고는 분할주의, 대상주의 그리고 기계주의의 테두리를 벗어나기 어려우며, 이러한 사고의 테두리 내에서 사회시스템을 구축하고 사고를 제한해 왔음을 부인하기 어렵다. 이러한 이분법과 분지주의로 대표되는 이들의 사상과 자연학적 관점은 '빈틈없고 중단 없는' 역사적 계승이었으며, 역사적 확신으로서 인류의 전 역사시대를 지탱해 온 시대정신을 주도한 장본인들이기도 하다. 그러나 보다 심각한 문제는 바로 이들이 아직도 삶의 많은 영역에서 동서고금을 막론하고 어떤 분명한 비판이나 여과과정도 없이 일상에 그대로 수용되어 사회시스템의 형성 및 시스템 사고의 과정 그리고 심지어는 시대정신으로 일상의 사고과정에서 중대한 역할을 하고 있다는 사실이다. 이러한 구시대적 분지 사고가 오늘날 시대적으로 급격하게 요청되는 '전체성 사고' 즉 '시스템 사고'의 형성에 핵심적 장애물로 작용되고 있음이 철저하게 고발되어야 하는 것이다.

따라서 우리는 지금까지 20세기 산업사회가 남긴 잔재로서의 구시대적 사고패러다임을 형성해 온 '전통적 과학사고'를 자연과학과 인문학이 만나는 학제간-융합학문적으로 철저히 반성해 왔다. 이제 21세기 탈산업사회의 디지털지식정보사회는 전혀 새로운 융합(과학)사고로서의 H사고를 요구한다. 바로 시스템 사고가 전체성 사고 즉 H사고의 출발점이다.

1. 사회시스템과 전체성(Holon)의 관계

시스템(system)이란 용어는 그리스어의 "synhistanai"에서 유래한 말로서 원래 "함께 두다"라는 의미이다. 시스템은 구성성분과 이들의 관련으로 구성된다(Ninck etc, 2001: 36). 사전적 정의에 의하면, 시스템이란 "부분들 사이의 관계에서 본질적 특성이 발생하는 통합된 전체"를 말한다. 1946년 컴퓨터가 세상에 처음 나오면서 시스템이란 용어가 인구에 회자하기 시작했다. 그러나 시스템이라는 개념을 과학의 세계에 처음 도입한 사람은 미국의 생화학자 로렌스 헨더슨(Lawrence Henderson)으로서, 20세기 초 그는 생물체의 구조와 사회구조 모두를 "시스템"이라는 개념으로 체계화하였다(Lilienfeld, 1978: 14). 생물체 자체가 시스템으로 구성되어 있는 것처럼 생물체로 구성되는 사회도 똑같다는 뜻이다.

한편, "시스템 사고"에 대한 연구는 1920년대에 여러 분야에서 동시적으로 이루어지기 시작했는데, 특히 생물학, 게슈탈트(Gestalt) 심리학 그리고 심층생태학에서 보다 풍부해졌으며 양자물리학을 통해 가장 극적인 영향을 받았다(프리초프 카프라, 1996/ 김용정 · 김동광 역, 1998: 34). 소위 뉴턴의 해밀턴주의자(Hamiltonist)들에 의해 주창된 결정론적 고전물리학의 시스템 개념이 20세기 초 양자역학의 탄생과 함께 "양자시스템"(quantum systems, 전자-광자시스템)으로 대치되면서 "시스템 사고"의 중요성은 크게 부각되기 시작했다(Mainzer, 1997: 2).

우리가 알고 있는 가장 간단한 시스템은 생물체의 세포이다. 세포는 세포핵, 세포질, 핵소체, 골지체, 리조솜, 엽록체, 미토콘드리아, 리보솜, RNA, DNA, 세포막으로 구성되며, 이들 간의 상호관계 그리고 작용과 반작용의 과정 속에서 이루어지는 하나의 시스템이며 동시에 전체이다. 모든 생물체는 시스템과 시스템의 조합으로 이루어진다. 세포와 세포가 만나서 시스템을 만든다. 신경시스템, 순환시스템, 소화시스템, 호흡시스템, 자율시스템 등이 그것이다. 이러한 시스템들이 모여 또 다른 상위 시스템을 구성한다. 18세기 독일의 계몽주의 철학자 칸트(Immanuel Kant, 1724-1804)는 이러한 의미에서 인간의 삶 자체를 시스템으로 파악했다(Luhman, 1996: 15).

시스템의 본질은 오로지 생물체로만 국한되지 않는다. 스코틀랜드의 지질학자 허튼(James Hutton, 1726-1797)은 지구상의 모든 지질학적 과정들과 생물학적 과정들은 상호 연결되어 있다고 보았다(프리초프 카프라, 1996/ 김용정 · 김동광 역, 1998: 40). 그는 "물의 순환"을 그 증거로 들고 있다. 더 나아가 제임스 러브록(James E. Lovelock)이 변호하는 가이아(Gaia) 이론에서는 지구상의 모든 물체가 하나의 시스템으로 연결되어 있다고 주장한다(러브록, 1979/ 홍욱희 역, 1990). 지구상에 존재하는 모든 생물과 무생물이 하나의 시스템으로 존재한다는 이야기이다. 이렇게 본다면, 시스템 밖에 또 다른 시스템이 있으며 이들이 상호 연결되어 있다는 해석이 가능해진다. 결국 각 시스템은 규모와 정도의 차이가 있을지언정 또한 성격적으로도 좀 다르지만 서로 유기적인 관계로 연결되어 있다고 할 수 있다. 그러나 시스템 이론에서 중요한 점은 시스템이 부분 간의 관계와 부분들의 상호작용에 의해 형성되는 전체이지만, 전체는 전체를 구성하는 부분과는 전혀 다른 새로운 특성을 갖는다는 사실이다. 이를테면, 부분으로서 각 세포의 특징을 모두 모아 놓아도 전체로서의 인간성은 설명되지 않는다. 이는 마치 수소 분자 2개와 산소 분자 1개로 구성되는 물(H_2O)이 산소와 수소의 특성과는 전혀 다르다는 사실과 같은 이치이다.

사회라는 삶의 공동체도 하나의 시스템이다. 물론 물리적-기계시스템이나 생물-자연시스템과 달리 사회시스템은 이론적 시스템이다. 이론적 사회시스템은 다른 시스템과 달리 소멸하면 흔적이 남지 않는다. 하여간 인간은 사회공동체의 구성원으로서 스스로 사회시스템을 만들어 내고 그 속에 살고 있다. 사회시스템에서 살고 있는 인간은 누구를 막론하고 원하든 원치 않든 "시스템 사고"(systems thinking)를 하면서 살아갈 수밖에 없다. 만약 인간이 사회시스템 속에 살면서 시스템 사고를 하지 못한다면 살아남기 힘들다. 시스템 사고에 익숙한 자는 시스템에 잘 적응하는 사람이다. 반대로 그렇지 못한 사람은 부적응 또는 일탈된 자이다. 결국 시스템 사고는 인간이 시스템 속에서 살아남기 위한 필수 조건이 된다. 이렇게 본다면, 애초에 시스템으로 태어나고 사회시스템을 만들고 그 안에서 살아가는 인간이라는 생물(유기체)에게 시스템 사고는 삶의 본질이 된다.

그러나 '특정한' 사회시스템에 적응하거나 부적응하는 것은 또 다른 이야기이다. 왜냐하면 인간이 특정한 사회시스템에 적응하고 부적응하는 것은 개인의 능력 차에 따라 또는 상황에 따라 달라질 수 있기 때문이다. 예를 들어, 어떤 특정한 사회시스템은 어떤 사람들에게 의도적으로 거부될 수 있다. 왜냐하면 사회시스템은 자연발생적이고 자연스럽게 형성되기도 하지만, 때로는 특정한 세력이 — 즉 기득권 세력이나 지배권력 세력이 — 자신들이 이익 추구를 위해 특정한 사회시스템을 인위적이고 강제적으로 만들 수도 있기 때문이다. 후자의 경우 이해관계를 달리하는 세력이나 개인에 의해 사회시스템은 거부될 수 있다. 쉽게 말하면, 기득권층에 의해 구축된 사회시스템은 소위 재야 세력에 의해 거부될 경우가 많으며, 가부장제하에서 이루어진 전제군주의 독단적 사회시스템은 — 가부장적 가정시스템 포함하여 — 청소년들의 반항의 대상이 되기도 한다. 그 반대로 마찬가지이다. 기업체에서도 기존의 시스템이나 조직의 시스템에 대하여 못마땅하게 생각하여 이를 비판하고 저항하는 세력이 가능하다. 노사분쟁이나 분규는 사용자들이 구축한 기업 운영시스템에 대한 노동자들의 반발이라고 할 수 있으며 분쟁은 기존 시스템에 대한 저항의 표현이라고 할 수 있다. 이러한 일들은 우리 사회 전반에 얼마든지 다양한 형태로 존재할 수 있다. 결국 사회시스템은 시스템 구성원들의 요청에 의한 필요조건이기는 하지만 충분조건은 아니다.

그럼에도 불구하고 우리는 사회구성원의 일원으로서 어떻게든 모종의 사회시스템 속에 살고 있다. 비록 기존의 시스템을 — 개혁하고 개선하겠다고 — 거부하기도 하고 저항하기도 하고 때로는 기존의 시스템을 해체하여 다른 시스템으로 대체하려고 할지언정, 우리는 사회시스템을 떠나서는 단 한순간도 살아갈 수 없는 유한(有限) 존재인 것이다. 물고기가 물을 떠나면 살 수 없듯이, 우리 인간은 어느 누구도 시스템을 떠나서 살아남을 수 없다. 그 속에서 우리 인간은 시스템 사고를 하면서 살아가게 되는 것이다. 따라서 시스템 사고는 거역할 수 없는 인간의 운명이 된다.

이제 문제는 모두가 원하고 모두에게 거부되지 않는 소위 "객관적 사회시스템"을 구축하는 일이다. 보편타당하고 공감대 형성이 가능한 사회시스템은 객관적 사회시스템에 근접한다. 반대로 객관적이지 못한 시스템은 늘 도전을 받게 된다. 삶의 필요조건으로만 구성되는 사회시스템은 삶에 오히려 역작용이나 부작용을 낳을 수도 있다. 이를테면, 우리는 살면서 어떤 개인의 의식과 행동을 사회적 일탈이며 부적응이라고 낙인찍는 경우를 흔히 목도하게 된다. 기존의 시스템에 적응하지 못할 때 우리는 그를 시스템에서 벗어나 있는 자로 간주하며 시스템 사고도 하지 못하는 부적응아라고 반박한다. 그의 일거수일투족이 현재의 사회시스템이라는 기준에서 벗어나기 때문이다. 그러나 이에 대한 의문은 다분하다. 즉 무엇이 기준인가? 과연 그 기준은 타당한가? 또한 현재의 사회시스템을 주도하는 세력은 모두에게 객관적인가? 그러나 분명한 것은 현재의 사회시스템은 설령 그것이 나중에 개선되고 변경될지언정 그때까지는 삶의 기준이 된다는 점이다. 따라서 우리는 내키지 않더라도 현재의 시스템 속에서 그 시스템에 따른 시스템 사고를 하면서 살아남아야 한다. 한마디로 그것이 — 설령 부당할지라도 — 현실이며 삶의 기준인 것이다. 부당한 사회시스템일지라도 개선되거나 수정될 때까지는 "악법도 법"(소크라테스)인 셈이다.

그렇다면 무엇이 우리 인간사에서 이러한 시스템과 시스템 사고를 강요하는 것일까? 바로 경쟁(競爭)이 동인이다. 경쟁은 우리 인간이 피할 수 없는 삶의 속성이다. 이미 구축된 경쟁적 사회관계 속에서는 기존의 사회시스템은 삶의 기준이며, 시스템을 구성하는 요인들은 경쟁의 목표가 된다. 예를 들어, 문화시스템에서는 문화가 삶의 기준이며 동시에 경쟁의 목표가 된다. 즉 우리는 문화소유의 경쟁을 통해서 경쟁에서의 승리자가 되기도 하고 패배자가 되기도 한다. 반대로 시스템이 경쟁을 촉발시킬 수도 있다. 원시공동체사회에서 샤먼(shaman)과 족장을 중심으로 구축되는 지배시스템은 시스템에 의하여 경쟁을 촉발시켜 온 범례가 될 것이다. 지금도 중앙 브라질 인디언 종족의 하나인 타피라페(Tapirape) 족에게서는 샤먼이 중요한 역할을 하며 매우 높은 지위를 향유한다(Philip K. Bock, 1979/ 조병로 역, 2001: 49). 즉 샤먼이 지배족장이 되면서 샤먼이 되기 위한 구성원들 간의 경쟁관계는 점차 치열해진다. 이러한 경쟁관계가 제도화되면서 시스템이 구축되는 것이다. 따라서 경쟁과 시스템의 관계는 누가 먼저라고 할 수 없는 소위 '닭과 달걀의 관계'라고 볼 수 있다.

오늘날 우리는 고도로 성숙된 자본주의 시스템 속에 살고 있다. 자본주의 사회에서 개인 간, 국가 간, 민족 간, 지역 간의 경쟁은 당연하다. 재화를 소유하고자 하는 주체보다 재화가 한정될 때 경쟁은 어쩔 수 없는 것이며 재화가 보다 제한될수록 경쟁은 보다 치열해진다. 반대로 재화가 남아돈다면 경쟁은 없다. 그러나 사회에서 경쟁 없는 삶도 무기력하다. 또한 누군가와의 경쟁에서 승리하고자 하는 인간의 심리는 본능에 가깝다. 본능적으로 경쟁한다. 경쟁의 목표는 개인마다 다양하며 차별된다. 그러나 문제는 "공정한 경쟁"이라는 차원에 있다. 우리에게 어쩔 수 없는 경쟁이라면 그것은 반드시 공정하게 이루어져야 한다. 그러나 현실은 반드시 그런 것만도 아니다. 공정한 경쟁의 기준과 조건을 제시할 수 있는 공정한 경쟁의 시스템은 객관적 사회시스템으로 합리화될 수 있다. 이러한 가정하에서 우리는 경쟁의 최종 승리자를 위한 '피라미드형' 수직적 경쟁시스템을 발생시킨다[그림 2].

이제 우리 인간은 시스템 소유의 경쟁관계를 통해 새롭게 발생한 피라미드형 수직적 경쟁시스템의 구조 속에서 시스템 사고를 하면서 살아가야 한다. 원래 컴퓨터 등 기계시스템은 수직적 위계구조 즉 하이어라키(Hierarchy)를 갖고 있는 반면, 인체 등의 자연시스템은 구형(求型) 순환구조 즉 홀라키(Holarchy)를 가지고 있다(Ninck etc., 2001: 50). 그러나 경쟁관계로

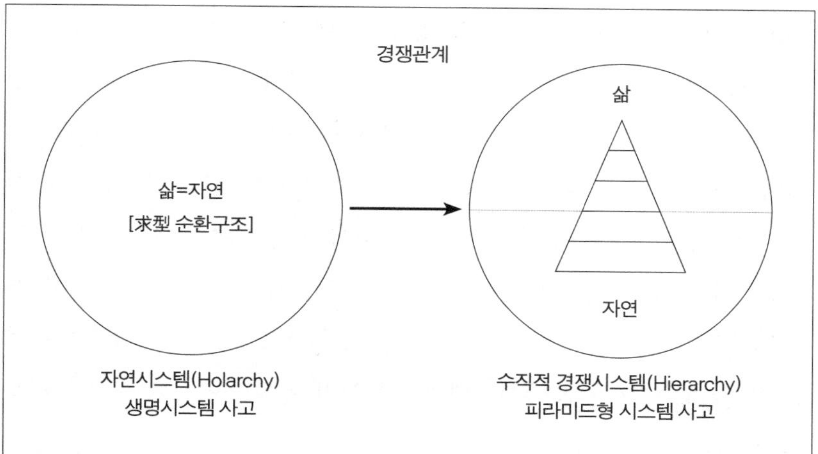

[그림 2] 피라미드형 수직적 경쟁시스템과 시스템 사고의 성립

형성되는 사회시스템 역시 수직적 위계구조를 갖게 된다. 이제 우리는 자연시스템(생명시스템)으로서의 홀라키(holarchy)와 수직적 경쟁시스템으로서의 하이어라키(hierarchy)를 구분해야 한다. 자연시스템 속에서 인간은 본능적 생명사고로서의 '구형(求型) 시스템 사고'(홀라키 사고)를 하면서 살아남았지만, 수직적 경쟁시스템으로서의 사회시스템 속에서는 '피라미드형 시스템 사고'(하이어라키 사고)를 하면서 살아남을 수밖에 없다. 다시 말하면, 경쟁관계를 토대로 수립되는 사회시스템은 구형 순환적이고 상관적이며 상호의존적인 동적 피드백의 인체시스템과는 달리 수직적-위계적 경쟁 및 지배시스템의 형태로 재구성된다.[1)] 수직적 지배시스템으로 구성되는 인간의 사회시스템은 본래의 자연시스템 또는 애초의 생명시스템과는 구조가 확연히 달라진다. 시스템의 형태 변화와 함께 삶의 형태도 변화한다. 시스템 속에서 시스템 사고를 하면서 살아남아야 하는 우리 인간들에게 시스템의 변화에 따른 삶의 형태 변화는 정당하다. 이제 인간은 '수직적 시스템 사고'(하이어라키 사고)로 살아남아야 하는 것이다.

인류에게 사회시스템의 형성은 역사적이다. 역사적으로 형성되는 사회시스템은 피라미드형 수직적 경쟁시스템으로 구축된다. 왜냐하면 경쟁은 인간의 운명으로서 이미 삶의 본질이 되었기 때문이다. 특정한 시점에 특정한 성격으로 형성되는 특정한 사회시스템은 그때그때마다 당대의 시대정신(時代精神)도 형성할 수 있을 정도로 객관적이며 보편타당하다. 사회시스템을 기준으로 우리는 삶을 설계해야 하며 사회시스템을 기준으로 사고해야 한다. 경쟁적 사회시스템에서 승리하기 위해 우리는 죽는 날까지 경쟁하여야 하며 시스템의 원리에 맞도록 사고해야 한다. 그렇지 못하면 일탈이고 낙오자이다. 시스템에 적응하지 못하고 시스템 사고가 허용

1) 실제로 우리 사회는 계층 간의 이동이 불가능한 인도의 카스트 제도처럼 사회계층이 고정적인 것으로 되어 가는 경향이 있다(Philip K. Bock, 1979/ 조병로 역, 2001: 170).

되지 않는 일탈과 낙오는 시스템으로부터의 탈락이다. 시스템으로부터의 탈락은 곧 살아 있어도 죽음이다.

결국 사회구성원으로서의 개인들은 그때그때 구축되는 역사적 사회시스템 속에서 시스템에 적합한 시스템 사고를 하면서 살게 된다. 역사적 사회시스템 속에서 인간들은 살아남는 방법을 터득했으며 시스템 사고를 통하여 자연스럽게 공동체를 유지할 수 있었다. 그러나 잘 뜯어보면 역사적 사회시스템들 자연스럽게 형성되기도 했지만 인위적으로 형성된 측면도 없지 않다. 한마디로 역사적 사회시스템의 형성과정에는 '이성의 양면성'(주관성과 객관성)이 개입한 흔적이 역력하다.

우리는 그때그때 시대정신을 토대로 형성되는 역사적 사회시스템 속에서 시스템 사고를 하면서 살아남을 수밖에 없었다. 그러나 이러한 사회시스템과 사회시스템 사고는 치열한 권력경쟁관계를 통해서 원래의 속성과는 달리 변형된 모습들로 나타난다. 모두가 이성이 무엇인가에 "도구화되고 수단화된 결과"이다. 20세기 초 플랑크푸르트 비판사회학의 대두격인 막스 호르크하이머(Max Horkheimer)[2)]는 이를 헝가리의 마르크스주의 미학자인 게오르그 루카치의 말을 인용하여 "도구적 이성"이라고 규명했다.

이제 중요한 사실은 (본질적) 이성이 도구화되고 수단화되면서 무엇인가를 목표로 재편되는 시스템의 형태 변화는 시스템 사고에도 영향을 미친다. 도구적 이성은 일반적으로 권력을 지향한다. 독일 철학자 니체(Friedrich Nietzsche, 1844-1900)는 인간에게 권력(Macht)은 심리적 본능이며 삶

2) 호르크하이머의 사상 형성시기를 3분해 본다면, 초기(1932-1941)는 비판이론의 철학적 체계를 형성한 이론의 시기였고, 중기(1942-1947)는 도구적 이성을 비판한 실천의 시기였다. 그리고 후기(1948-1972)는 인간의 자유에 대한 위기를 호소하는 회의적 경각심의 시기로서 이론과 실천 혹은 학문적 이상과 정치적 현실이 통합된 시기였다고 말할 수 있을 것이다(이정춘, 2000: 89-90).

그 자체라고 주장했다.[3] 이성은 얼마든지 힘(권력본능)에 도구화될 수 있다. 따라서 도구적 이성의 작용으로 인간의 (거대) 사회시스템들은 권력지향의 경쟁시스템으로 구축될 수 있는 것이다. 그런데 여기서 보다 중요한 사실은 "도구적 이성"은 객관성을 벗어난 "주관적 이성"이라는 사실이다(Horkheimer, 1947). 이렇게 하여 피라미드형 수직적 경쟁시스템으로서의 사회시스템은 시스템 사고에 결정적 영향을 주지만, 결코 시스템 사고의 객관적 기준으로 작용하지는 못한다.

결국 우리는 경쟁에 대한 객관적 기준도 없는 사회시스템 속에서 시스템 사고를 하면서 살아남아야 하는 혼란을 겪게 된다. 이로써 공정한 경쟁도 사라지게 된다. 객관적 경쟁의 기준도 없이 무조건 경쟁을 하면서 살아야 하는 우리에게 공정한 경쟁보다 불공정 경쟁과 혼탁한 과열경쟁이 판을 치게 되는 이유도 여기에 있다. 법치국가에서 법적-제도적 장치는 바로 인간의 도구적 이성에 의해 어쩔 수 없이 왜곡되는 경쟁시스템의 불공정성(주관성)과 혼탁경쟁을 보완하기 위한 장치가 된다.

그러나 난립하는 도구적(주관적) 이성의 방치와 조장으로 인하여 불법, 비법, 편법, 탈법, 무원칙, 불공정은 더욱 판을 치게 된다. 역사적으로 이성의 객관성 회복을 위해서 독일 계몽주의 철학자 칸트는 순수이성, 실천이성, 판단이성의 비판을 시작하였으며, 프리드리히 헤겔은 이성의 간지를 해부함으로써 인간의 이성이 이상적으로 객관화되는 장소로 절대정신의 영역을 변증법적으로 규명했다. 플랑크프르트 비판학파의 거두인 호르크하이머는 (순수) 이성의 지위를 복권하고자 하면서, 도구적 이성

3) 물론 니체에게 "권력' 그 자체는 정치적 권력이라든지 더욱이 군사적 권력으로서만, 애오라지 편협한 해석 가운데 고정시켜서는 안 된다. 니체는 명확히 권력이 무엇인지 말하지 않지만 초인, 디오니소스 또는 자유정신이라고 말해도 좋다. 오히려 그는 이를 근원적으로 솟아나는 활동적 생명의 힘이며 삶 그 자체로 본다(프리드리히 니체, 1901/ 강수남 옮김, 1991: 22-21 참고).

을극복하는 일이 오늘날 이성에게 주어진 최대의 과제라고 주장했다(윤평중, 1997: 44). 도구적 이성의 난립으로 어지럽혀지는 사회는 마치 심판은 있지만(형식적 사회시스템), 실질적으로는 심판과 짜고 하거나 아니면 심판의 주관성(또는 객관성 결여) 때문에 계속 왜곡되고 있는 스포츠 경기를 관전하는 꼴이다. 결국 피라미드형 수직적 경쟁시스템으로서의 사회시스템과 그 안에서 이루어지는 시스템 사고로 우리의 삶은 불안하고 불편부당하기 이를 데 없다. 이러한 역사적 사실 근거는 미래의 사회시스템 속에서 보편적 사고의 기준으로 작용해야 할 "순수한(객관적) 이성에 의해 구축되는 순수한 삶의 시스템 즉 홀라키시스템 속에서의 일상적 사고" 즉 "전체성 사고"가 요청되는 결정적 사유를 제공한다. 여기서 전체성 사고는 바로 우리가 추구하는 'H 사고'를 말한다.

2. H 사고의 근거

21세기 과학에서 '전체적 관점'(holistic perspective)은 시스템적 관점 그리고 시스템적 사고(systems thinking)를 함축하는 사고방식으로 알려졌다(프리초프 카프라, 1996/ 김용정 · 김동광 역, 1999: 33-34). 예를 들어, 사회학적 연구문제인 사회 혹은 문화는 특수한 전체 또는 시스템으로 간주된다(피오트르 츠톰카, 1979/ 조재순 · 김선미 역, 1995: 69). 또한 카프라(Frijof Capra) 같은 생태학자들은 시스템적 관점을 생태학적 관점과 동일시하고 있다. 이렇게 본다면, 우리의 연구에서 추구하는 '전체성 사고' 즉 'H 사고'는 이들의 이론들과 혼동될 여지가 크다. 그러나 분명한 것은 본 연구의 테마인 전체성 사고는 시스템 관점과 생태학적 관점을 토대로 하는 시스템 사고를 포괄하고 있지만, 이들이 지칭하는 시스템 사고와 꼭 일치하는 것은 아니다. 다시 말하면, 시스템 사고는 H 사고를 위한 필수조건이지만 충분조건은 아니다.

생태학 연구가 활성화되면서 우리 학계에는 '시스템' 그리고 '시스템 사고'라는 용어가 인구에 회자하게 되었다. 그러나 일반적으로 생태학자들이 공감하고 주장하듯이 생태학적 패러다임으로 사회 패러다임을 설명하는 데에는 결정적 한계가 존재한다. 생태학자들은 시스템을 생물 또는 생물시스템과 동일시한다. 또한 생태학자들은 이를 기반으로 인간의 구성체인 사회시스템의 원리까지 설명하려고 시도한다. 왜냐하면, 사회를 하나의 시스템으로 간주할 경우 자연스럽게 여러 가지 시스템들을 예로 기대해 볼 수 있지만 손쉽게 유추할 수 있는 예는 생물체 혹은 유기적 시스템이기 때문이다(피오트르 츠톰카, 조재순 · 김선미 역, 1995: 69). 비티(J. H. M. Beattie)는 "원시 사회를 체계적으로 이해할 수 있도록 문을 열어 준 열쇠는 유기체 유추"(Beattie, 1964: 50)였다고 하였다. 또한 기능주의 사회인류학의 대부이며 유기체 유추에 대하여 가장 정교한 연구를 한 것으로 평가되는 레드클리프 브라운(A. R. Radcliffe-Brown) 역시 "인간 사회에서 사용되는 기능의 개념은 사회생활과 유기체 생활 간의 유추를 기초로 한다"(Radcliffe-Brown, 1952: 178)고 하면서 인간유기체를 사회유기체로 확장시키고자 했다.

그러나 생물시스템을 기반으로 하는 시스템이론들이 사회시스템의 원리와 구조로 확장 해석될 수 있기 위해서는 '중요한 전제 조건'이 요청된다. 즉 우리 인간들이 오랜 역사과정을 통해 수립해 온 사회시스템들은 모두 자연스러운 생명의 원리에만 따르지 않고, '역사적이며 동시에 인위적'으로도 구축되어 왔다는 사실이다. 따라서 생물시스템을 곧바로 사회시스템으로 간주하기 위해서 시스템 개념을 생물시스템으로부터만 유추하고 확장한다면, 이는 몰(沒)역사적 관점에서만 허용된다(Dahrendorf,

1968). 간단히 말하면, 사회적 현상을 유기체 유추에 의해 설명하는 것은, 만약 한 어린이가 "새는 어떻게 날아가는 거야"라고 물을 때 하늘에 비행기를 보면서 저렇게 날아가는 것이라고 대답하는 것과 같다(Anderson & Moor, 1966: 88). 다시 말하면, 우리가 사회현상과 사회시스템을 이해하기 위해서 그냥 사회시스템을 생물시스템으로 대치시키고 대입시켜 해석한다면, 이는 마치 우리가 날아가는 새와 비행기를 같은 것으로 해석하는 꼴이다. 물론 비행기의 비상기능과 새의 비상기능은 같을 수 있다. 그러나 비행기가 날아가야 하는 사회적 메커니즘과 새가 날아가야 하는 생물적 메커니즘은 완전히 다른 것이다.

이미 언급해 온 대로 본질적으로 홀라키(Holarchy) 구조를 가진 생명시스템이 히어라키(Hierarchy)의 구조를 가진 '역사적 사회시스템'으로 형태변형이 이루어진 근거를 루카치, 호르크하이머, 아도르노, 미셸 푸코는 인간이 이성을 수단화시킨 "도구적 이성" 때문이라고 설명하고 있다. 이성이 특정한 목표를 위해 수단이 되고 도구가 되면서 인간이 만들어 놓은 원래의 홀라키 시스템들은 모두 인위적이고 의도적으로 변형될 수밖에 없었다는 사실이다. 그 속에서 시스템 사고를 하는 것도 강제적이며 도구적이었다고 할 수밖에 없다. 다시 말하면, 인간의 순수 이성(본질적, 포괄적, 객관적 이성)이 허용하는 수준에서 삶의 시스템이 자연스럽게 구축된 것이 아니라, 역사적 사회시스템들은 모종의 힘에 의해 인위적으로 조작된 작품이었다는 사실이다. 아울러 우리는 그 시스템 속에서의 시스템 사고를 강요당해 왔던 것이다.

인간은 선사시대를 탈피하면서 문화시스템을 생성 발전시켜 왔으며, 이어서 결과적으로는 이성이 지배하는 인간의 역사시대를 강화시킨 지식시스템, 과학시스템, 계몽시스템, 기계시스템 등을 차례로 발전시켜 왔다. 한마디로 이들은 모두 도구적 이성에 의하여 의도적이고 인위적으로 조작되어 온 결과들이었다. 급기야 이러한 사회시스템들은 산업혁명으로 결과하였으며 산업사회에서 완전한 영역을 구축하게 된다. 한마디로 산업혁명은 인간이 자신들의 이성을 도구화시키고 수단화시킴으로써 조작된 결과물이다. 물론 산업혁명과 산업사회는 우리들에게 엄청난 문명의 이기를 안겨 주었다. 그러나 산업사회로의 역사적 귀결은 인간을 기계화시키고 대중조작하면서 비인간화 사회를 만들어 놓더니 급기야는 수천만의 인명을 앗아간 1, 2차 세계대전과 한국전쟁, 베트남전쟁 그리고 지금도 끊이질 않는 중동사태와 게릴라성 국지전쟁, 그리고 1991년과 2003년 연이어 벌어진 미국-이라크 전쟁과 아프가니스탄 전들을 유발시키기에 충분했다. 심지어 오늘날은 첨단 테크놀로지로 무장한 산업사회 시스템의 발달 후유증으로 환경 및 생태계 파괴로 인한 환경재앙이라는 엄청난 죽음의 그림자를 남겨 놓고 말았다. 한마디로 인간이 자행해 온 시스템 조작의 결과는 '테크노피아'(Technopia)라는 장밋빛 환상과 함께 구체적으로 인간의 생명을 앗아가는 대학살 전쟁이었으며 환경 및 생태재앙 등 디스토피아(Distopia)로 결판나고 있다.

오늘날 인구에 회자되는 시스템이론들은 — 생태학적 패러다임 전환을 계기로 — 이제부터라도 우리 인간은 시스템 사고를 할 수밖에 없으며 그렇게 해야 한다는 당위성까지 제시하고 있다. 그러나 우리 인간들은 지구상에 태어난 태초부터 시스템을 구축해 왔으며 또한 그 속에서 처음부터 시스템 사고를 해왔다. 다시 말하면, 생태학자들이 말하는 것처럼 생태학적 패러다임으로 전환되면서 우리 인간이 처음으로 시스템 사고를 해온 것이 아니라, 이미 인간들은 애초부터 스스로 사회시스템을 구축하면서부터 시스템 사고를 해왔으며, 시스템 사고 덕분으로 살아남을 수 있었던 것이다. 다만 역사적으로 시스템이 변형되면서 시스템 사고도 변형될 수밖에 없었던 것이다. 한마디로 인간은 애초부터 시스템을 만들고 시스템 사고를 해왔지만 시스템의 변형에 따라 그때마다 아주 다른 시스템 사고를 해왔던 것이다.

오늘날 현대이론물리학에서 복잡계이론이 나오면서 인간의 역사과정에서 야기된 수많은 시스템들이 복잡하게 얽혀 있다는 사실이 밝혀지고 있다. 인간의 역사과정 역시 수많은 시스템들을 만들고 죽이고 하면서 복잡한 시스템을 만들어 놓고 말았다. 따라서 오늘날 많은 시스템들이 병존하고 병립하고 있으며 서로 오버랩(overlap)되어 있는 셈이다. 이러한 복잡계는 소립자 미시세계로부터 거대우주세계에서도 유효하다. 결국 복잡계의 개념은 본 연구의 의미를 새롭게 각인시켜 주게 된다. 즉 시스템은 역사의 흐름 속에서 단순한 모습으로 고정되는 것이 아니고 점차 복잡하게 전개된다. 따라서 생태학적 패러다임에 입각하여 제시되는 시스템이론의 한계가 바로 여기에 있다고 할 수 있다. 한마디로 생물시스템의 기본 원리와 구조에 따라 설계되는 생태학적 패러다임의 시스템이론으로 우리는 인간이 그동안 인위적이고 의도적으로 조작해 온 역사적 사회시스템들의 복잡성과 그 속에서 구축된 시스템 사고의 복잡성을 설명하기에 분명한 한계를 가지게 되는 것이다.

물론 본 연구의 테마인 전체성 사고(사고)는 생태학적 패러다임에서 설명하는 시스템이론을 배제하지는 않는다. 심지어 이러한 시스템이론들이 예고하는 시스템 사고는 본 연구에서도 중핵적 역할을 하고 있으며, 본 연구의 튼튼한 기반이기도 하다. 또한 심리학, 컴퓨터 공학, 사회과학 등에서 차용되고 연구되어 온 모든 시스템 개념 역시 배제하지 않는다. 그러나 생태학적 패러다임에서 설명되는 시스템이론을 사회시스템에 적용하기 위해서는 일단 "역사적 · 해석학적으로" 검토하고 새롭게 수정해야 할 것이다. 왜냐하면 인간의 사회시스템은 역사적으로 형성되기 때문이다. 다만 시스템이론이 본 글에 대해 시사하는 것은 모든 학문 분야에서 나타난 전체성(wholeness) 개념, 전체론적(holistic) 개념, 유기체(organism), 게슈탈트(Gestalt, 형태) 개념 등이 될 것이다(Bertalanffy, 1968: 45).

결국 인간은 본질적으로 전체성 사고를 할 수 있는 존재로 태어나지만, 역사과정을 통해서 늘 "제한된 사회시스템" 속에서 마치 그것이 전체인 양 "제한적인 시스템 사고"를 할 수밖에 없었던 것이다. 왜냐하면 인간은 역사적으로 시대적으로 늘 다른 시스템을 구축하고 그 안에서 다른 시스템 사고를 하도록 강요당해 왔기 때문이다. 즉 인간은 처음부터 전체적으로 사고할 수 있는 능력을 타고나지만, 역사상 단 한 번도 전체적으로 사고할 수 있는 기회를 가질 수 없었다고 할 수 있다. 사회시스템이론가인 버클리(W. Buckley)에 의하면, 시스템의 속성은 전체성의 정도에 따라 달라지며 이를 기준으로 시스템의 관계 유형도 구분된다고 했다(Buckley, 1967: 43). 결국 역사적 사회시스템들은 각각 전체성을 다른 정도로 내포하면서 발전해 온 셈이다. 심지어 이러한 시스템들은 도구적 이성의 작용으로 전체성을 왜곡시켜 전개되기도 했다고 할 수 있는 것이다.

물론 오늘날은 역사적으로 구축된 각 시스템들이 하나의 커다란 복잡계로 이루어져 혼재하고 있지만, 이렇게 조합된 복잡계 역시 우리에게 생태학적 차원에서의 시스템 사고만을 허락하지는 않았다. 이러한 근거에서 볼 때 본고의 테마인 전체성 사고는 생태학적 관점에서 시스템 사고와 동일시하는 전일론적 사고와 분명한 차이를 갖는다. 즉 생태학에서의 전일론적 사고는 발생학적-현상학적 관점에 국한되어 있지만, 본 연구의 테마인 전체성 사고는 역사적 · 해석학적으로 확장된다. 한마디로 사회 시스템에 대한 역사해석학적 발견은 도구적 이성에 의한 왜곡되고 변질된 "일그러진 시스템"의 출현이었으며, 이는 객관을 가장한 주관적 사회시스템들이었던 것이다. 주관적 사회시스템은 삶의 기준이 될 수 없다. 왜냐하면 기준이란 항상 객관적이며 보편적이고 일반적이어야 하기 때문이다. 객관적 사회시스템으로 위장한 주관적 시스템 속에서 우리는 편법, 불법, 비법, 불공정 경쟁, 반칙, 무원칙 등을 목격하게 된다. 왜냐하면 도구적(주관적) 이성의 작용으로 구축되는 사회시스템들은 겉으로 볼 때 삶의 (객관적) 기준인 것 같지만 — 객관적으로 보이기에 그러나 주관적이기에 — 실제로는 삶의 기준이 아니기 때문이다. 그래서 늘 사회는 혼란이고 불안하다. 여기서 발생하는 혼란의 현상은 시스템 자체의 생존과 발전을 위해 스스로 자연스럽게 발생할 수밖에 없는 카오스(Chaos)의 원리 즉 "질서화된 무질서"와도 사뭇 다르다. 질서화된 무질서 대신 영원한 혼란만을 야기하는 사회시스템 속에서는 경쟁의 기준도 공정하지 않고 지배의 기준도 합리적이지 못하다. 그럼에도 불구하고 우리는 이곳에서 시스템 사고를 하면서 살아가야 한다. 이는 처음부터 모순이다. 따라서 우리 인간들은 어쩔 수 없이 사회시스템에 살고 시스템 사고를 하지만, 사회에 대한 불신은 점점 더 커진다. 왜냐하면 지금의 시스템 속에는 삶의 기준이 부재하기 때문이다.

구체적으로 생태학적 시스템 사고와 본 글에서 추구하는 전체성 시스템과 전체성 사고의 근본적인 차이는 "시스템의 밖" 즉 "환경" 속에 내팽개쳐져 있는 "비(非)시스템"과 "비(非)시스템 사고"에 대한 관점의 차이로 나타난다. 또한 객관을 벗어난 주관의 영역도 포함된다. 즉 생물시스템에서는 시스템의 밖(外部)에는 오로지 환경이 존재할 뿐이다. 생태학적 시스템이론에서는 시스템 밖의 환경의 영역에 기존 시스템들로부터 이탈되고 낙오된 비시스템의 영역은 생략되어 있다. 설령 거기에 비시스템이 존재하더라도 열린 시스템이라는 개념으로 생물시스템은 환경 속에서 모든 시스템 요소들을 포괄할 뿐이다. 이를테면, 인간이라는 생물시스템은 인간의 밖 즉 환경과 열린 흐름으로 연결망을 형성하고 때문에 지구촌과 우주의 모든 것이 하나의 시스템으로 설명된다. 생태학자들은 자연에는 버릴 것이 없다고 선언한다. 또한 이들은 리사이클링이라는 개념을 가장 선호한다. 모든 것이 연결망으로 연결된다는 것이다. 따라서 생태학적 패러다임으로 이루어지는 생물시스템 속에서는 원칙적으로 "시스템 밖"에는 환경만 있는 것이지 비(非)시스템이 없는 것이다.

그러나 우리가 살아가는 실재의 사회시스템 속에서는 얼마든지 비시스템이 존재한다. 예를 들어, 엘리트 교육시스템에서 낙오된 자들은 이미 시스템 밖으로 쫓겨나 있는 셈이고, 이들의 삶은 엘리트 사회시스템과도 멀리 있으며 시스템 사고로 살지도 못한다. 비행, 일탈, 문제아, 낙오자 등의 개념은 바로 비시스템 또는 반시스템, 시스템 일탈, 시스템 낙오, 시스템 탈락의 영역에 살고 있는 인간들에 붙여진 라벨들이다. 그러나 이들 역시 분명히 살아 있는 생명체이며 사회의 구성원들이다. 비시스템, 반시스템 등의 시스템 외적 영역에 살고 있을지라도 이들은 분명히 우리와 함께 살아가고 있는 살아 있는 생명체임이 분명하다〔그림 3〕.

그러나 보다 심각한 사실은 이러한 기존 시스템으로부터 낙오된

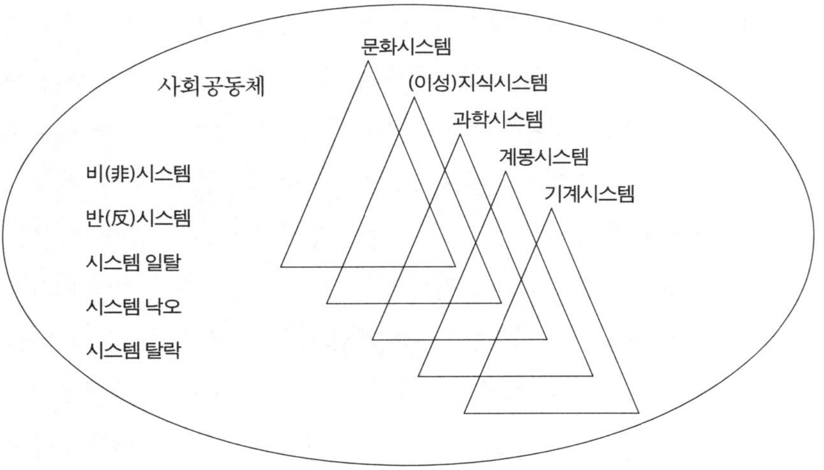

[그림 3] 사회공동체와 시스템 외(外) 삶의 영역

비시스템의 영역들은 바로 환경의 일부가 되어 다시 시스템에 영향을 미친다는 사실이다. 투입-전환-산출의 과정을 통하여 다시 피드백되는 과정에서 사회시스템으로부터 일탈된 자들, 문제아, 반항아 등 사회적 비시스템의 요소들이 계속해서 환경으로서 기존의 사회시스템에 유입될 수 있다는 사실이다. 즉 기존의 사회시스템과 무관하고 기존의 사회시스템에 반대하고, 기존의 사회시스템에서 일탈되고, 기존의 사회시스템에서 낙오되고 또한 기존의 사회시스템에서 탈락했을지라도 그는 생명이 붙어있는 한 사회공동체에서 시스템에 종속된 사람들과 함께 살아가고 있다는 말이다. 구체적으로 시스템 외에 살고 있는 사람들은 훌륭한 경우에는 기존의 사회시스템의 움직임에 반대하거나 비판하면서 녹색생태운동을 한다거나, 사회저항운동(시민운동, 노동운동 등)을 한다거나 할 것이다. 그러나 그 반대의 현상도 가능하다. 즉 기존의 사회시스템에 반항하면서 각종 사회적 비행을 저지른다거나 심지어 범죄를 저지른다거나 할 것이다. 그런데 이들은 기존의 사회시스템에 영합되어 살고 있는 보통사람들과 사회공동체라는 한 울타리에 살고 있다. 우리의 사회문제는 바로 여기에서 발생된다. 기존의 사회시스템에 붙어 있는 사람들과 시스템의 바깥 영역에 살고 있는 소위 "특이한 사람들"로 분류된 사람들과 함께 같은 공동체의 일원으로 살아간다는 사실은 참으로 어려운 일이다.

그러나 우리는 시스템에서 탈락하고 시스템에서 벗어난 소위 비시스템에 살고 있는 사람들을 무조건 죄악시할 수만은 없다. 왜냐하면 이들이 시스템에서 탈락한 이면에서 자신들의 잘못도 있겠지만 이들에게 시스템으로부터 격리시킨 사회적 의도도 다분할 수 있다. 하이어라키 경쟁시스템은 '경쟁'의 기준을 가지고 있다. 그러나 만약 우리 사회가 공정하지 못한 경쟁을 방치하고 공정한 경쟁을 위한 기준도 가지고 있지 못하다면, 경쟁에서 탈락한 자들은 과연 시스템에 적응하지 못한 무능력자로 간주되고 사회에서 강제적으로 격리되고 제거되어야 하는 것인가? 물론 공정한 경쟁이나 공정한 경쟁의 기준에서 생겨나는 비시스템의 영역은 합법적일 수 있다. 그러나 우리의 현실이 반드시 그런 것만은 아니다. 외관상으로는 합리적이고 합법적인 것처럼 보이지만 실제로는 불합리하고 비합법적인 경우도 많다. 따라서 불공정한 경쟁의 기준에서 떨어져 나간 자들은 불합리하게 기존의 시스템에서 떨어져 나간 자들이다. 이럴 경우 시스템과 시스템 사고는 생명 사고라고 할 수 없다. 따라서 우리는 완전히 공정한 경쟁의 기준을 마련할 때까지라도 기존의 사회시스템 속에서 자의건 타의건 탈락한 이들을 모두 포용해야 한다. 왜냐하면 이들은 너무나 억울할 수 있기 때문이다. 설령 공정한 경쟁이 가능하고 이러한 경쟁의 기준에서 떨어져 나간 비시스템의 생명일지라도 우리는 결코 이들을 무시할 수 없다. 왜냐하면 이들의 소외나 죽음으로 우리의 삶은 반드시 질적으로 영향을 받기 때문이다. 즉 살아 있는 시스템들은 모두 열린 시스템으로 반드시 자신의 환경과 상호교환한다. 이것이 공동체 삶의 속성이기도 하다. 손톱에 작은 가시가 하나 박혀도 다른 일을 할 수 없을 만큼 괴로운 것이 우리 인간의 몸이다. 인간이 모여 사는 사회공동체는 인간의 몸과 같다. 따라서 하나의 파괴는 전체의 파괴로 이어진다. 그러나 우리는 시스템에서 떨어져 나가는 생명을 애써 외면하려고 한다. 심지어 경쟁으로부터의 도태를 어쩔 수 없는 현실로 치부하기도 한다. 그러나 공동체 속에서 시스템에서 소외된 삶을 방치하고 외면하는 것이 습관화된 현대인들에게 삶은 외롭고 처절할 뿐이다. 우리 인간의 운명은 이렇게 복잡하며 심지어 비정하고 기구하다고 하지 않을 수 없다. 전체를 포용할 수 있는 삶이 정상이며 심지어 그것이 아름답기까지 하다. 그러나 우리의 삶은 이미 정상을 벗어나며 아름다움을 잃은 지 오래이다. 한마디로 공동체는 전체성이다. 공동체의 삶은 삶의 전체성으로 보장된다. 삶의 전체성에 대한 이해가 지속적으로 결여된다면, 다양성과 이질성이 확장되는 21세기 민주사회와 포스트모던의 사회에서 이들 모두를 포용할 수 없는 우리 인간의 운명은 보다 거칠어질 것이 분명하다. 코드(code)가 맞는 인사들끼리만 모여서 민족 통합과 대화합을 이루어낼 수 있는 개혁을 해낼 것이라는 착각을 하는 사람들에 의해 우리의 사회시스템은 점점 더 처절한 시간을 맞이하고 있는 것이다.

3. H 사고에의 요청들

이제 우리는 21세기 미래사회에서 전체성 사고로 살아남는 방법밖에 없다. 왜냐하면 인간은 사회적 존재로서 공동체의 삶으로 살아남기 때문이다. 시스템이든 비시스템이든 "사회"라는 운명공동체 속에 살아가고 있는 모든 삶을 포용하고 포괄할 수 있는 "전체성 사회시스템"을 구축하기 위해서 우리는 먼저 전체성 사고를 할 수 있어야 한다. 보어(Niels Bohr)가 상보성이론을 발표함으로써 상대성이론과 양자역학을 보충해 낸 사건은 전체성 사고의 근거에 대해서 많은 단서를 제공한다. 모든 것이 상보적(相補的)이라는 사실이다. 간단히 말하면 이 세상에는 쓸모없는 것은 없다. 사회에는 쓸모없는 사람은 하나도 없는 것이다. 이는 현대이론물리학과 생태학에서 기초하는 시스템 사고의 기본 원리이기도 하다. 한국의 생태연구가 김재일은 자신의 저서 『생태기행』(2000)에서 "자연에는 미물(微物)이라는 것이 없고, 우리가 흔히 혐오하는 거머리며, 뱀이며, 송충이며, 독버섯이며, 바퀴벌레며, 황소개구리까지…… 이 지구상에서 실수로 태어난 것은 없다"고 주장한다. 즉 지구촌 전체의 생태계는 모두 절대적인 가치와 의미를 가지고 있으며 살아 있는 모든 것들은 가장 온전한 가치로 태어난다는 것이다. 또한 원자 속에서 양자와 전자 그리고 이크, 쿼크 입자가 모두 상보적으로 존재하면서 원자궤도를 이루고 살아가듯이, 우리 인간의 세계에서도 상보적이지 않은 것은 하나도 없다. 이미 패러데이와 맥스웰에 의해 시작된 전자파의 실체 규명은 확률파이론을 완성하는 데 기초가 되어 왔다. 삶의 진리는 "색즉시공 공즉시색"(色卽是空 空卽是色)이다. 물체란 있다가 없어지고 없다가 다시 생겨나는 것이 우리의 삶이다. 주역의 태극도(太極圖)에서는 극과 극은 만나며, 불교에서는 대립을 극복하는 것이 성불하는 것이다. 이 밖에도 우리가 지금까지 살펴본 바와 같이 이분법적 분지사고를 기반으로 하는 서구사상의 몰락으로부터 홀리스틱 사고까지 모든 것이 본고가 추구하는 전체성 사고의 형성 조건들이었다.

이를 우리가 현실적으로 비유해 보자. 만약 내가 공장에서 신제품을 만들었다고 할 때, 우리는 그 물건이 시스템 속의 인간에게 팔리든, 비시스템 속에 사는 인간에게 팔리든 상관하지 않을 것이다. 내가 만든 물건이 소위 범죄인에게 팔린다고 이를 비관해서 자살하는 사람은 없을 것이다. 국회의원이 되고자 하는 사람이 소위 "바보"에게 표를 받았다고 할 때 그는 표를 반납하지 않는다. 좀 심하게 말하면, 바보, 멍청이가 있기 때문에 내가 돈도 벌고 출세할 수도 있는 것이다. 그럼에도 불구하고 우리는 시스템에서 낙오되는 자들을 가차없이 멸시하고 무시해 버리면서 살고 있다. 실제로는 자신들이 그들 때문에 살고 있다는 사실을 모르고 있는 것이다. 소위 바보라도 이 세상에서는 어느 누구도 예외 없이 모두가 다 필요한 것이다. 공부 잘하는 아이는 공부 못하는 아이 때문에 수재로 평가되는 것이고, 돈이 많은 사람들은 가난한 사람 때문에 부자로 칭송되는 것이다. 모두가 상대적이다. 만약 모두가 공부를 똑같이 잘하거나 똑같이 못한다면 — 물론 그럴 수는 없지만 — 어느 누구도 칭송될 이유가 없으며 어느 누구도 특별히 자랑할 것이 없다. 삶은 모두를 포괄할 때 비로소 삶이 된다. 심지어 우리는 모든 것을 포괄할 수 있을 때 바로 살아남기 유리한 조건을 창출하게 된다. 전체성 사고는 바로 우리가 살아남기 위한 최대의 전략이 되고 만다. 이로써 우리는 전체성 사고가 요청되는 또 다른 근거를 발견하게 된다.

우리의 삶에는 부정적 차원이 있으면 반드시 긍정적 차원도 있다. 전체성 사고는 어느 한쪽을 배제하지 않는다. 다만 우리는 사고를 긍정적 차원에서 시작할 뿐이다. 왜냐하면 긍정적 사고가 부정적 사고보다는 우리를 건강하게 하기 때문이다. 그러나 만약 언젠가 전체성 사고가 성숙하게 된다면, 우리는 긍정적 사고와 부정적 사고의 경계선도 인식하지 못하게끔 대립이 극복됨으로써 전체가 열린 시스템으로 통합되는 날을 기대해 볼 수도 있을지 모른다.

이러한 전체성 사고의 근거 위에서 전체성 사고의 본질은 다음에 전개되는 전체성 사고의 방법을 통해서 보다 뚜렷하게 밝혀질 것이다. 전체성 사고의 본질은 전체성에 대한 지속적인 "해석"을 통해서 처음의 뿌연 상(像)으로부터 점차 뚜렷해진다. 지금까지 기술한 전체성 사고의 근거와 요청들은 전체성 사고의 본질에 대한 뿌연 상을 그려 내고 있다. 이렇게 본다면 전체성 사고(H 사고)는 순환적 과정 사고(processing thinking)에 해당된다고 할 수 있다. 이제 우리는 전체성 사고의 방법을 통하여 전체성 사고를 습관화하고 체득함으로써 전체성 사고의 본질에 보다 익숙해질 수 있을 것이다. 물론 전체성 사고의 방법은 지금까지 우리가 시도해 온 역사적 · 해석적 연구결과를 근거로 제시될 때, 비로소 전체성 사고의 본질에 보다 객관적(또는 일반적)으로 접근할 수 있는 기회를 가지게 된다.

6장

H 사고의 방법

인간과 동물 간의 가장 커다란 차이는 살아남는 방법의 차이이다. 그러나 인간과 인간 간의 차이도 살아남는 방법의 차이에서 비롯된다. 우리는 가장 멋지게 살아남고 가장 잘 살아남는(살아가고) 사람들을 모방한다. 왜냐하면 그렇게 하면 우리도 그와 같아질 것이라는 환상 때문이다. 구체적으로 우리는 그가 살아가는 방법을 모방한다. 물론 따지고 보면 이는 모방일 뿐이며 결코 자신의 삶을 새롭게 창조하지는 못한다. 그럼에도 불구하고 방법적 차이는 분명히 존재한다. 한마디로 살아남은 방법의 차이가 바로 삶의 질을 결정한다.

만약 우리가 모든 차원에서 삶의 전체성을 추구하려는 방향으로 진행되는 미래사회에서도 기존의 과학사고로 대변되는 종래의 분지사고(分枝思考)를 답습한다면 더 이상 우리에게 삶의 비전은 없다. 이제 우리는 전체성 사고 즉 'H 사고'를 습관화하는 일을 통해서 미래를 살아남을 수 있는 전략을 세워야 한다. 개인적으로도 그렇지만 가정, 기업 그리고 사회, 국가도 마찬가지이다. H 사고를 얼마나 잘 습득해 낼 수 있는가 아닌가에 따라서 미래의 삶은 결정된다. 왜냐하면 홀로스를 향해 활짝 열린 21세기 지식정보사회는 H 사고로의 요청에 기대를 하고 있기 때문이다. 우리가 이러한 호기(好機)를 잘 살릴 수 있다면, 우리는 남들보다 한 발 앞서가는 셈이 된다. 왜냐하면 어쩔 수 없이 21세기 미래사회는 앞으로 어느 누구나 모두에게 H 사고를 강요하게 될 것이기 때문이다. 이왕 언젠가는 강요될 것이라면 미리 준비하면 득이 된다. 이제 남은 과제는 우리가 '과연 어떻게' H 사고를 할 수 있으며, '어떻게 보다 효율적으로' H 사고 방법에 익숙하게 될 것인가에 집중된다.

1. 제1단계: 열린 사고

H 사고로 나아가기 위해 우리는 우선 두뇌의 사고 구조를 확장시켜서 사고의 폭을 최대한 열어 놓아야 한다. 약 2천 5백 년 전 소크라테스의 제자이며 플라톤의 친구였던 세노폰(Xenophon)은 인간의 두뇌도 훈련을 해야 한다고 하였다. 그의 주장에 의하면, 인간이 운동으로 신체를 단련시키는 것과 두뇌를 훈련시킴으로써 두뇌의 활동력을 키우는 것은 같은 이치이다. 심지어 운동 전에 우리가 몸을 풀어야 하는 것처럼, 머리를 사용하기 전에도 우리는 머리도 가볍게 풀어 주어야 한다. 즉 두뇌를 잘 놀리고 전체적으로 사용하기 위해서는 운동 전의 과정처럼 적당한 워밍업(warming up)이 필요한 것이다. 실제로 우리의 두뇌 구조는 그동안 오랫동안 닫힌 시스템 속에서 닫힌 사고를 하는 데 급급해 왔다. 그러나 우리의 두뇌 구조는 여느 신체 구조와 마찬가지로 열린 시스템으로 존재한다. 삶의

본질을 어기면서까지 우리는 열린 시스템으로 사고하고 살아가는 방법을 습득하지 못했다. 이러한 현실에는 닫힌 시스템으로 작용하여 온 교육제도에 가장 커다란 책임이 있으며 그 밖에 과열경쟁 및 불법, 부정, 편법 경쟁을 용납해 온 각종 사회제도들도 공범이다. 물론 이에 대한 탓은 환경적, 문화적, 심리적 요인들도 복잡하게 얽혀 있다.

두뇌의 사고 구조를 서서히 풀고 확장하는 일은 바로 H 사고로 가는 첫걸음이다. 일단 열려야 확장되고 확장이 되어야 전체성에 접근할 수 있다. 따라서 우리는 H 사고를 위한 첫 단계로서 "열린 사고로의 방법"을 연습해야 한다. 우리가 목표하는 열린 사고는 발산적 사고, 카오스 사고 그리고 몰(沒)시간 사고로 이루어질 수 있다.

1) 발산적 사고

현대이론물리학에서 지향하는 복잡계이론은 모든 시스템들이 "자유의 정도"에 의해 좌우된다는 사실을 잘 알려 주고 있다(Mainzer, 1997: 65). 예를 들어, 온도가 올라가면 모든 물체의 분자운동은 자유로워진다. 무질서가 극대화되는 것은 분자의 밀도가 자유롭게 확장되어 열린 시스템으로 전환되기 때문인데, 이러한 자유로운 무질서에 의해 분자 배열은 새롭게 "창조"된다. 인간의 삶도 마찬가지이다. 즉 창조하지 않으면 죽는다. 따라서 창조는 삶의 본능이며 삶의 전략이기도 하다. 이러한 삶의 원리는 이미 시스템이론에서 시스템의 과정에서 자연발생하는 엔트로피 때문에 시스템이 스스로 자기조직하고 자기창조하지 않으면 소멸하고 만다는 사실을 밝혀 놓은 과학과 일치한다. 한편 만약 자유가 없다면 새롭게 창조되는 것은 아무 것도 없다. 생명시스템의 생명은 환경과의 교호작용을 통한 자유로운 에너지의 흐름 속에서 이루어진다. 따라서 자유가 허락되지 않는 닫힌 시스템 속에서 더 이상의 새로움은 없다. 우리 인간의 문화사가 영웅사(英雄史) 또는 귀족사(貴族史)라고 비판을 받고 있다. 그러나 알고 보면 결국 역사적으로 문화를 창조한 사람들은 "자유"를 상대적으로 많이 가지고 있었던 귀족이나 양반들이었다. 결코 자유가 허락되지 않았던 노예계층이나 노동계층에게서 창조된 문화는 없었다. 물론 비자유인들의 신분과 혈통을 비하하는 것은 아니다. 단지 어쩔 수 없이 주어진 생활조건이나 삶의 환경으로 인하여 이들은 문화 창조의 대열에서 낙오될 수밖에 없었던 것이다. 하여간 자유로움은 창조적 사고에서 결정적이다.

H 사고는 미지의 삶의 영역을 자유롭게 열어 놓는 "자유 사고"이며, 자유롭게 구석구석을 찾아다니면서 전체에 접근하여 전체를 발견해내고자 하는 "발견적 사고"(Guildford)이며 "창조적 사고"이다. 오늘날 지식정보사회에서 창의력을 강조하는 근거와 발견적 · 창조적 사고로서의 H 사고에 대한 요청은 일치한다.

H 사고는 전체를 여는 사고이다. 따라서 우리는 열린 사고로서 H 사고를 시작하게 된다. 열린 사고를 학습하기 위해서 우리는 우선 사고 영역을 자유 공간으로 마음껏 발산시켜야 한다. 이른바 발산적 사고(divergent thinking)를 연습해야 하는 것이다. 발산적 사고란 닫혀진 사고 공간에서 가능한 한 멀리 "자유롭게 탈출"하는 사고를 말한다. 문화철학자 카시러(Ernst Cassirer, 1874-1945)에 의하면, 인간은 원래 자유롭게 태어나기 때문에 인간의 본능과 본성은 자유이다(Cassirer, 1958: 356). 현대이론물리학에서도 전자기장은 진행하는 파동/광자 형태의 자유장(free field)으로서, 스스로도 소립자로 나타날 수도 있고 소립자들 사이의 역장(力場) 역할을 할 수도 있다. 또한 생태학에서는 생명시스템을 자유롭게 열린 시스템으로 간주한다. 왜냐하면 시스템 내에서 자유로운 정보교환과 자원교환이 허용되

기 때문이다. 이는 주변 환경으로부터 또는 주변 환경으로 자유로운 "에너지가 흐른다"는 사실을 인정하는 것으로, 삶 자체가 자유로운 것이다. 이렇게 본다면 인간에게 자유를 추구하는 발산적 사고는 삶의 본능이기도 하다.

발산적 사고의 반대는 수렴적 사고(convergent thinking)이다. 수렴적 사고란 말 그대로 정답과 해답을 목표로 수렴하는 사고를 말한다. 그러나 발산적 사고는 정답과 해답이 주어졌다고 해도 일단 이를 의심하면서 해도 이러한 일시적-잠정적 정답으로부터 탈출해 보려고 시도한다. 또 다른 세계에 새로운 세계가 있을 것이라는 호기심 때문이다.

발산적 사고에는 해답과 정답이 없다. 한마디로 정답은 환상이다(알렌 랭어, 김한 역, 2011). 설령 일시적으로 해답과 정답이 주어진다고 해도 또 다른 정답을 향해 사고는 자유롭게 날아간다. 새로운 세계를 향해 새로운 도전과 모험과 함께 훨훨 날아간다. 발산적 사고의 원리를 잘 알고 있는 교사는 학생들에게 인지적 자극을 주어 인지적 평형을 깸으로써 인지적 갈등을 유발하며 심지어 인지적 모험을 하게 함으로써 학습을 하도록 한다. 이러한 학습을 통하여 학생들은 무한한 또 다른 지식의 세계를 창조한다. 발산적 사고를 함으로써 우리에게는 창의적 학습이 가능한 것이다. 물론 결과를 예측할 수 없기 때문에 발산적 사고는 그만큼 위험하기도 하다. 즉 자칫하면 황당무계한 상상과 공상에 빠질 수 있는 것이다. 이에 비하면 수렴적 사고는 매우 안전하다. 왜냐하면 정답과 해답이 이미 정해져 있기 때문이다. 여기서는 결과가 분명히 예측된다. 따라서 우리들은 주어진 정답과 해답만을 달달 외우면 된다. 정답과 해답을 외우는 대가로 미래가 보장된다. 그러나 수렴적 사고로는 새로운 것이 창조되지 않는다. 왜냐하면 정답과 해답을 맞추는 사고를 제외하고 다른 영역은 절대로 허용되지 않기 때문이다.

새로운 창조와 발견은 발산적 사고에서만 가능하다. 물론 발산적 사고로는 결과를 예측할 수 없기 때문에 엉뚱한 결과가 나올 수 있다. 그러나 엉뚱한 것도 아이디어가 될 수 있다. 보다 분명한 것은 무한한 자유 공간으로 계속해서 도전과 모험을 펼칠 때 새로운 세계는 창조된다. 발산적 사고는 "발견적 학습"(Giovanni Battista Vico, 1668-1744)을 가능하게 함으로써 궁극적으로는 전체로의 접근 즉 전체의 발견을 가능하게 한다. 한마디로 발산적 사고는 전체성을 발견하게 하는 일종의 도화선이다. 전체성의 발견은 전체로의 확장이고 개방이다. 현대생태학에서는 생물의 진화는 창조성 즉 생물이 끊임없이 새로움에 도달하려는 자유로운 행동을 통해서 가능하다고 본다.

오늘날 우리는 너도나도 창의성에 대하여 언급하고 있다. 개인이나 기업이나 국가나 사회나 창의성 없이는 미래가 보장되지 않는다고 호들갑이다. 특히 세계화 시대를 맞아 자유경쟁이나 생존전략에서 결정적인 것은 창의력이라고 난리들이다. 창의성이 마치 아주 새롭고 특수한 영역인 양 매우 크게 떠들고 있는 셈이다. 심지어 창의성을 천재나 영재들만의 영역으로 착각하는 사람들도 많다. 그러나 인간이라면 누구든지 처음부터 문화를 창조해 낼 수 있는 창의성을 (잠재적) 본능으로 가지고 있다. 인간에게 창의성이 없다면 문화도 창조되지 않을 것이고, 문화 창조의 능력 없이 인간은 이미 살아남지 못했을 것이다. 즉 창조할 수 없는 인류는 이 지구상에 더 이상 존재할 수 없었을 것이다.(아래에서 삽입) 한마디로 인간(homo)이라는 종(種)에게 창의성은 생존 그 자체이고 창의성의 부재는 곧 죽음이다. 결국 인간에게 창의성은 본능이며, 문화창조는 인간의 본능적 생존전략의 결과일 뿐이다. 이러한 맥락에서 독일의 철학자 니체(Friedrich Nietzsche)는 인간을 "창조하는 동물"(homo creator)로 규정했다.

시스템이론에서도 창조는 시스템이 살아가는 근거이며 살아가는 전략이기 때문에 창의성은 시스템의 생명본능으로 간주된다. 생명시스템 역시 일종의 시스템으로 마찬가지이다. 이렇게 본다면, 인간이라는 존재는 세상에 나와서 단 한 번도 창의성 없이 살아 온 적이 없다. 창의성 없는 인간의 삶은 존재할 수 없는 것이다. 독일의 사회시스템이론가 루만(Niklas Luhmann)은 시스템이 소유하고 있는 "자기지시적 과정"의 능력 때문에 모든 시스템들은 "스스로를 창조하는 시스템들"(autopoietische Systems)이 된다고 주장하면서, 모든 생명은 창조의 시스템임을 강조한다(Luhmann, 1996: 24). 또한 생태현상에서 "흩어지는 구조"를 발견함으로써 노벨 물리학상을 수상한 일리야 프리고진은 창조 없는 생명은 없다고 하면서, 생명과 창조를 동일시했다(프리초프 카프라, 1996/ 김용정 · 김동광 역, 1999: 253).

프리고진은 물질의 운동이나 이동과정에서는 반드시 분기점 즉 임계점이 발생한다는 사실을 근거로 "흩어지는 구조"를 발견하였다. 예를 들어, 진동자는 운동에너지가 0이 되고 위치에너지가 100이 되는 곳이 임계점이고 여기서 꺾여서 다시 돌아 내려온다. 다시 운동에너지가 강해지면서 진자는 같은 방향으로 움직이다가 다시 운동에너지가 0이 되고 위치 에너지가 100이 되는 곳에서 방향을 바꾸어 내려온다. 이러한 되풀이 운동으로 진동자가 형성되는데, 바로 여기서 임계점의 역할은 분명하다. 그런데 여기서 중요한 사실은 임계점과 분기점에서 약간의 "오차"(誤差)가 발생한다는 사실이다. 바로 이러한 오차 때문에 진자의 이동 방향이 조금씩 틀어지게 된다. 이러한 오차로 인하여 마치 카오스처럼 보이는 운동의 흔적이 만들어지게 되는 것이다.

그러면 임계점과 분기점의 오차는 왜 일어나는 것일까? 이는 마치 소리의 경우에 잡음이나 간섭이 개입되고, 물결과 전류의 경우에 마찰이나 저항이 발생하는 이치와 같다. 즉 우주 생성과 만물의 현상에서는 피치 못할 간섭현상이 발생하는 것이다. 따라서 이러한 간섭현상으로 인하여 움직임은 점차 약간씩 불확실한 방향으로 움직이게 된다. 그런데 여기서 중요한 사실은 임계각의 오차로 인한 불확실성 속에 "창조력"이 숨어 있다는 사실이다. 프리고진은 불확실성의 카오스 현상이 바로 전체 구조를 새롭게 창조해 내는 장본인이라고 한다. 그의 흩어지는 구조는 이렇게 하여 모든 생명에 항상 불확정성이다. 또한 이러한 흩어지는 구조는 비선형(非線型)으로 존재한다.

결국 흩어지는 구조에 의해 생성되는 카오스는 "새로운 창조"를 위한 과정이며, 작은 간섭으로 발생하는 카오스 없이 창조는 불가능하게 되는 것이다. 물론 창조 없는 생명도 없다. 따라서 프리고진에게서 흩어지는 구조와 불확정성은 창조와 같은 의미를 가지는 개념으로 그의 이론의 핵심이다. 한마디로 창조를 위해서 생명체는 일단 흔들려야 한다. 즉 창조란 "요동을 통한 질서"이다(프리초프 카프라, 1996/ 김용정 · 김동광 역, 1999: 253). 구체적으로 오차로 인하여 발생하는 카오스 현상으로 "새로운 세계가 창조"된다. 이러한 것은 반전현상으로 이해되기도 한다. 올라갔다가 다시 내려와야 하는 진자에게서 발생하는 이러한 반전현상이 바로 항상 새로움을 창조하는 것이다.

더 정확히 말하면, 새로운 세계는 아예 처음부터 없었던 곳이 아니라, 전체 속에 이미 들어 있던 미지의 영역이 새로이 드러나는 것이다. 왜냐하면 임계점과 분기점을 기점으로 진자는 가려져 있던 전체 영역을 관철하는 것이기 때문이다. 일단 물체의 운동과정에서 물체의 움직임은 카오스로 되었다가 다시 안정된 전체로 돌아간다. 프리고진은 수돗물을 틀고 하수구에서 물이 빠져나갈 때 물줄기가 곧게 나가지 않고 주변에 튀는 현상을 카오스 현상으로 설명하는 과정에서 임계각의 오차범위를 계산해 내었다. 여기서 임계각의 오차범위가 바로 창조적으로 작용하게 되는 것이다. 한마디로 배수구로 빠져나가는 물의 흐름에서 나타나는 모습이 겉으로는 카오스로 나타나지만, 실제로는 고도로 조직화된 질서 구조로서의 전체인 것이다.

오늘날 특히 창의력에 대해 운운하는 이유는 그동안 우리의 교육이 창의력을 배제한 교육으로 일관되어 왔기 때문이다. 이는 우리의 사회시스템이 개인의 창의성에 대하여 오히려 거부반응을 하여 왔다는 사실에 대한 증거라고도 할 수 있다. 심지어 학교교육의 입장에서 본다면 그동안 창의력 있는 질문이나 놀이 등은 교육의 개념에서 완전히 배제되어 왔다. 오히려 창의적으로 새로운 모험을 시도하고 엉뚱한 발상을 하는 아이들은 학교에서 귀찮은 아이, 이상한 아이, 문제아로 취급받기 일쑤였으다. 심지어 일탈로 낙인찍히기까지 한다. 우리가 창의성 교육을 이야기하지만, 학교에서는 아직도 수렴적 사고만을 강요한다. 이는 논리적으로도 모순이다.

우리는 어렸을 때부터 수렴적 사고를 하도록 강요받으면서 살아왔다. 수렴적 사고를 강요하는 주범은 바로 "획일화된 교육제도"였다. 나라와 지역 그리고 문화수준에 따라서 정도 차는 존재하겠지만, 선진국이나 후진국이나 역사 이래로 우리 인류의 교육제도는 일반적으로 학생들에게 수렴적 사고만을 강요하는 방향으로 정립 운영되어 왔다. 이를테면, 우리의 교육은 붕어빵을 찍어 내는 획일적 사고만을 강화시킨다. 특히 학교에서의 암기 중심의 주입식 교육은 학생들로 하여금 정해진 해답과 정답만을 외우도록 강요한다. 아무리 답이 이상하고 이해가 되지 않더라도 우리는 정답과 해답만을 외워야 한다. 왜냐하면 시험에 나오기 때문이다. 정답이 이상하다고 질문을 하면 학교에서 큰일난다. 교사는 무조건 답을 주입하고 학생은 무조건 주입되면 된다. 이른바 교육은 모두 주입식 교육이다. 이러한 '주입식 교육'은 성적 평가와 입학시험제도로 구체화되고 확고하게 고정된다. 지금의 성적평가방식과 입학시험제도가 제거되지 않는 이상 우리 인간에게 주입식 교육을 통한 수렴적 사고로의 강요는 결코 중단될 수 없다.

이미 학교에서는 학생들이 수렴적 사고를 하지 않고는 결코 견디기 힘든 폐쇄적 환경이 구축되어 있다. 만약 발산적 사고를 하는 학생이 있다면, 그는 창의적 생각을 가능하게 하는 발산적 사고 때문에 학교시스템에서 탈락하게 된다. 이렇게 본다면 우리의 학교는 창의성이라는 인간의 본질적 성격(본성)조차도 외면해 온 비인간성-비본질성 교육의 온상이었다고 할 수 있다. 물론 모든 학교와 교사가 다 그런 것은 아니다. 그러나 이미 입시중심, 성적중심 경쟁 일변도로 치닫고 있는 학교교육의 현실 속에서 나타날 수 있는 각종 부작용들은 창의성 부재의 교육현장에서 나타날 수 있는 결과들과 일치한다. 학교 탈락은 곧 (학교)시스템으로부터의 탈락이다. 이제 이들은 비(非)시스템의 영역에서 살아가는 비(非)인간이 된다. 결국 역사의 발달과정에서 우리의 교육은 이성적 논리만을 가르치면서 전체성 경험(Ganzheitserfahrung)을 하고 전체성 사고(Ganzheitliches Denken)를 할 수 있도록 해주는 창의력, 상상력, 통찰력을 가르쳐 온 적이 없다(Volkamer, Streicher & Walton, 1996: 131).

그러나 드디어 올 것이 왔다. 언젠가부터 대학수학능력시험에서 정답이 두 개 이상인 문제들이 출제되어 언론에 계속 노출이 되고 있다. 가뜩이나 이런저런 이유로 공신력을 잃은 교육당국의 신뢰성이 무너지고 있다. 반드시 정답은 하나라는 우리의 교육현장에 일침이 가해진 순간이다. 앞으로도 정답시비는 계속 발생할 것이며 심지어 수능시험 보이코트라는 사상 초유의 일도 발생할지 모른다. 왜냐하면 이미 현대인들은 알게 모르게 수렴적 사고에서 벗어나 발산적 사고를 하고 있기 때문이다. 한마디로 정답이 하나였던 세상이 무너지고 있다. 이제 많은 사람들이 보는 각도와 관점에 따라 정답은 다수가 될 수 있다는 사실에 공감대가 형성되고 있다. 이제 정답 하나만을 놓고 이를 맞추고 채점하던 시대가 몰락하고 있다. 수렴적 사고 대신 발산적 사고의 역할 때문이다. 황인선은 자신의 저서 『문화상상력의 비상하라』(2015)에서 "상상하지 않고 그저 정답을 외우고 정답과 오답을 가리기만 한다. 그러면 변화에 취약해진다."고 하면서 학생들에게 "왜"라고 질문할 것을 권장한다.

따라서 이제 우리는 서둘러서 학교와 가정에서도 창의성을 위해서 아이들에게 발산적 사고를 할 수 있도록 가르쳐야 한다. 잠재되어 있는 창의성의 본능을 밖으로 끄집어내는 것이다. 물론 가정과 기업 그리고 국가 사회의 삶의 전 영역에서도 마찬가지이다. 창의성을 가능하게 하는 발산적 사고는 사고의 영역을 전체로 확장시켜 결국은 전체성 사고 즉 H 사고로 가는 길이 된다. H 사고를 통해서 새 역사와 새 세상이 창조된다. 이로써 우리가 21세기 미래사회에서 창의적 인재가 되기 위해서 H 사고를 할 수밖에 없는 근거가 명백해진다. H 사고는 미래 전략인 것이다.

세계적인 꿈 동산 디즈니랜드를 건설한 월터 디즈니(Walter Disney)는 매우 헐벗고 굶주린 생활을 할 때 어느 날 부엌에 나타난 생쥐 한 마리와 눈이 마주쳤다. 쥐도 굶어 있었다. 그는 처량한 쥐의 눈망울을 보고는 그 순수함에 끌려 미키 마우스(Mickey Mouse)라는 전혀 다른 쥐의 이미지를 그려 낼 수 있었다. 만약 그가 교과서의 해답과 정답대로 살아야 하는 수렴적 사고에만 익숙했다면, 그날 밤도 그는 쥐를 잡으려고 몽둥이를 들고 열심히 뛰어다녔을 것이다. 왜냐하면 학교에서는 "쥐는 반드시 잡아 없애야 하는 해로운 동물"이라는 것을 정답으로 가르쳤기 때문이다. 그러나 생쥐의 눈동자를 어린아이의 눈동자가 가지고 있는 순수함과 동일시할 수 있었던 월터 디즈니는 분명 발산적 사고를 가진 사람이었다고 할 수 있다. 발산적 사고에는 정해진 정답과 해답이 없으며 오로지 무궁무진한 미지의 세계가 창조될 뿐이다.

오늘날 우리는 인터넷 바다에서 정보 서핑을 한다. 인터넷에서 이리저리 돌아다니는 동안 우리는 발산적 사고를 하게 된다. 지식과 정보를 찾아 무한한 가상의 공간으로 쭉쭉 들어가다 보면 우리의 사고 영역은 개방되고 확장된다. 사방팔방으로 거미줄처럼 뚫어 놓은 인터넷이라는 정보의 고속도로 위에서 우리의 사고는 자유롭게 가상의 공간까지 쉽게 들어갈 수 있다. 이로써 우리의 사고 영역을 가상의 공간까지 개방시키고 확장시키는 일은 H 사고로 접근하는 지름길이 된다. 가상(假想)이란 안 보이는 세계지만 분명히 — 물론 심리적 · 정신적으로 — 존재하는 세계이다. 발달심리학의 대가인 스위스의 피아제(Jean Piajet, 1896-1980) 박사는 "추상할 수 있는 사고 능력"을 가장 고등한 사고 능력으로 보았다. 추상을 통해 우리는 추상적 지식을 얻게 되는데, 오늘날 컴퓨터 용어로 말하면 이는 가상적 세계에서 얻어지는 가상 지식이다. 인간의 사고 능력은 가상의 세계에서도 무한하다. 발산적 사고를 통해 무한한 가상의 세계 즉 추상의 세계로 자유롭게 날아갈 수 있다. 이를테면 철학자들은 끊임없이 추상의 세계로 날아가는 사람들이다. 뇌공학자들의 견해에 의하면, 인간의 두뇌능력은 뇌세포의 숫자에 비례하는 것이 아니라 뇌세포와 뇌세포를 연결해 주는 시냅스의 형성 정도에 따라 달라진다. 즉 사방팔방으로 발산되는 신경망의 고속도로가 생성되는 정도에 따라 뇌 발달이 결정된다. 실제로 컴퓨터의 발달은 우리들로 하여금 일상에서 가상의 세계까지 들어가게 하고 있다. 컴퓨터의 발명과 사용은 모두가 인간이 발산적 사고를 할 수 있는 존재로 태어난다는 사실을 입증하는 것이다. 발산적 사고는 가상의 세계를 창조하면서 인간에게 무한한 가능성의 세계 즉 홀로스로의 세계를 열어 놓기 시작한다.

발산적 사고는 일종의 역발상(逆發想) 사고라고 볼 수 있다. 왜냐하면 기존의 사고방식과는 정반대로 나타나기 때문이다. 사고의 방향도 정

반대이거나 아니면 엉뚱하다. 일반적으로 우리는 지금까지의 기준에 따라 발산적 사고를 가진 사람들을 엉뚱한 사람이라고 불러왔다. 그러나 사고의 기준이 바뀐다면 엉뚱한 사고를 하는 사람이 정상이 된다. 그는 수렴적 사고를 기준으로 하는 지금의 사회를 기준으로 보면 이상한 사람이지만, 발산적 사고가 기준이 되는 사회에는 전혀 엉뚱한 사람이 아니고 오히려 그가 정상이다. 그런데 그는 홀로스로 확장되는 새로운 세상을 창조해 내는 사람이기도 하다.

이러한 발산적 사고를 구체화시키기 위해서, 이제 우리는 "다음의 귀결 사실들"을 숙지하고 실천할 수 있어야 한다.

첫째, 낙서를 습관화하라. 낙서는 헤아릴 수 없을 만큼 귀중한 기록이 담겨 있는 내 인생의 속기록이다(마샤 시네타, 1995: 115-116). 이러한 것들은 나의 무의식과 의사소통을 하게 해주고, 보이지 않고 표현될 수 없는 개념들을 보이는 형태와 실체로 바꾸어 준다(마샤 시네타, 1995: 116). 또한 낙서는 많은 이야기를 구구절절 하지는 않지만 반드시 의미와 상징을 내포하고 있다. 이러한 의미와 상징은 전체와 관련된다. 왜냐하면 낙서 메모는 발산적 사고를 가능하게 하기 때문이다. 아무렇게나 특별한 형식에도 제한받지 않는 자유로운 낙서 앞에서 우리는 자유로운 발상과 무한한 상상은 사고의 영역을 확장하면서 아이디어를 구체화시킬 수 있을 것이다.

캐나다의 브리티시 컬럼비아 대학교에서 심리학을 전공하고 저널리스트이며 세계적인 기업 컨설턴트로 활동하고 있는 토니 부잔(Tony Buzan)은 그의 동생 베리 부잔(Barry Buzan, 컬럼비아 대학교 심리학 교수)과 함께 1970년대 초부터 '마인드맵'(Mind-Map)에 관한 저서를 십수 권을 출판하여 베스트셀러 작가가 되었다. 여기서 마인드맵은 창의성 사고의 테크닉으로 소개되는데 기본 원리는 발산적 사고에 두고 있다. 이들은 이러한 발산적 사고를 복사 사고(radiant thinking)라고 부르고 있다(토니 부잔, 1994: 59).

'중심체로부터 사방으로 뻗어 나간다'는 의미를 지니는 복사 사고는 중심점으로부터 진행되거나 중심점에 연결되든 결합적 사고 과정이다. (…) 마인드맵이란 복사 사고의 형식적 표현이다. 항상 하나의 중심 이미지에서 하나의 마인드맵이 만들어진다. 모든 단어와 이미지는 본질적으로 결합의 중심이 되고 공통의 중심으로부터 멀어지거나 공통의 중심에 접근하는 잠재적으로 무한한 고리로 연결되어 있는 수지상 패턴을 만들어 낸다.

여기서 부잔 형제는 인간이 "낙서의 원리"와 "단어의 원리"를 통해서 발산적 사고를 할 수 있다고 주장한다. 즉 낙서는 우리의 사고 영역을 자유 공간으로 자유롭게 확대하도록 한다. 특히 단어나 기호 또는 그림으로 표현되는 낙서는 발산적 사고에 보다 효율적이다. 그는 학교에서도 창의성 인재를 기르기 위해서 낙서하는 방식으로 가르치고 배워야 한다고 주장한다. 또한 그는 학교에서 단어 중심의 학습이 이루어져야 한다고 주장한다. 그동안 우리의 교육은 단어가 아닌 "문장" 중심으로 이루어졌으며 소위 "문장 사고"를 하도록 강요해 왔다. 그러나 문장 중심의 교육과 문장 사고는 문장 속에 인간의 사고를 가두어 버림으로써 두뇌의 사고구조를 폐쇄적으로 만들어 버린다. 이른바 문장은 우리들에게 사고를 가두는 소위 유폐 사고(closed thinking)를 촉진한다. 반면, 단어 중심의 교육은 인간에게 무한한 자유 공간으로 날아가는 발산적 사고를 가능하게 한다.

예를 들어, "제주도는 아름다운 섬이다"라는 문장을 가르치는 교과서는 인간을 폐쇄적으로 사고하도록 한다. 내가 실감하든 아니든 또 나와 관계가 있든 없든 그냥 교과서에 써 있는 대로 "제주도는 아름다운 섬"이라고 외우면 된다. 문장 속에서 인간의 사고는 완전히 고정된다. 실제로도 모순이다. 제주도의 도심지 골목길을 가면 쓰레기가 쌓여 지저분한 골목도 많다. 이러한 면을 본다면 제주도는 아름다운 섬이 아닐지도 모른다.

그럼에도 불구하고 상기 문장이 실려 있는 교과서는 우리에게 제주도는 아름다움 섬이라는 것을 기정사실화하여 결코 다른 생각을 하지 못하도록 한다. 오로지 그 문장만이 정답인 셈이다.

그러나 만약 우리가 "제주도"라는 단어만을 칠판에 써 놓는다면 상황은 매우 달라진다. 이 글을 읽는 순간 개인의 머릿속에서는 수많은 영상이 그림같이 지나갈 것이고 순간적으로 떠오르는 생각들이 무궁무진하고 다양하다. 즉 "제주도" 하면 어떤 사람에게는 유채꽃이 생각날 것이고, 어떤 사람에게는 해녀, 돌, 바람, 비바리, 돌하루방, 삼다도, 한라산, 감수광, 똥돼지, 만장굴, 함덕 해수욕장, 은갈치, 오돌또기, 삼방굴사, 우도, 정방폭포, 천제연, 식물원, 목장 등이 생각날 것이다. 또한 어떤 사람에게는 신혼여행, 호텔 그리고 허니문 베이비도 생각날 것이다. 또한 "제주도"라는 단어를 보면서 시시각각으로 우리는 수많은 다른 생각을 하게 될 것이다. 왜냐하면 단어는 본질적으로 "다양한 상징성"과 "의미"를 내포하고 있기 때문이다. 여기서는 단어 즉 개념 앞에서 떠오르는 무수한 상징성을 추적하는 인간의 본능이 작용하게 된다. 즉 단어는 우리들에게 무한한 상상력을 동원시킨다. 이렇게 발산적으로 사고하는 가운데에서 기발한 아이디어가 산출되는 것이다. 따라서 부잔 형제는 단어 중심의 교육이 발산적 사고를 촉진할 수 있는 길이며 창의적 인재는 이러한 사고방식을 터득함으로써 태어날 수 있다고 보았다. 아울러 이들은 상형문자인 한자를 열심히 쓰라고 권하기도 한다. 상형문자는 두뇌에 상상력을 자극하며 발산적 사고를 가능하게 한다. 예를 들어 두뇌는 '사과'(apple)라는 단어를 입력하는 동시에 사과 고유의 색깔, 맛, 조직, 냄새는 물론 사과와 관련된 경험, 친구, 사건 등을 연결하여 기억한다(토니 부잔/ 안기순 역, 2012).

마인드맵핑의 기법은 이러한 방식으로 전개되는 학습방법론이면서 동시에 의사결정론이기도 하다. 오늘날 기업이나 사회에서 창의성 인재 개발에 주력하고 있다. 단어 중심, 낙서 중심으로 전개되는 마인드맵핑은 발산적 사고를 강화시켜 창의적 인재 양성에 기여할 수 있을 것으로 전망된다. 수렴적 사고는 인간의 사고 영역을 중앙에 있는 한 점(정답과 해답)으로 수렴되게 하여 아이디어를 정답 속으로 유폐시키는 폐쇄적 사고를 강화시키는 반면, 발산적 사고는 중앙의 한 점(정답과 해답)으로부터 밖으로 퍼져 나가도록 하여 가능한 한 무수히 많은 새로운 아이디어를 창출시키는 사고법이다[그림 4].

과거 산업사회에서 발산적 사고는 중요하지 않았다. 오히려 산업사회에서는 발산적 사고는 대량생산을 목표하는 산업혁명에 커다란 방해꾼이고 걸림돌이었다. 또한 발산적 사고를 하는 사람들은 항상 조직활동에서 엉뚱한 생각을 하는 문제아였으며, 조직개발 및 조직운영에 있어서 능률과 효율성을 떨어뜨리는 장본인이었다. 왜냐하면 산업사회는 수

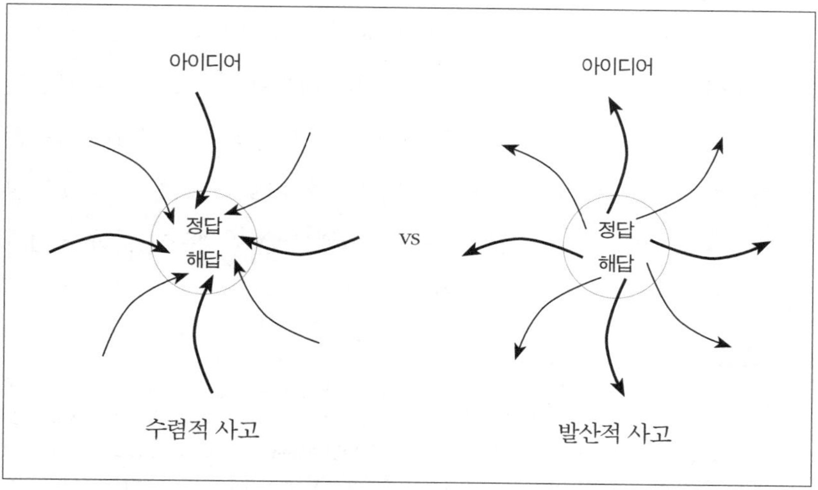

[그림 4] 수렴적 사고 vs 발산적 사고

직적 지배구조하에서 모든 구성원들이 일사분란하게 움직여야 하는 조직 사회로 구성되어 있기 때문이다. 여기서는 의견과 사고의 차이가 있을 수 없다. 심지어 의견과 사고의 다양성과 교환은 필요한 것이 아니며 오히려 의견대립과 갈등을 낳게 되어 조직이 어떠한 과업을 추진하는 데 항상 장애물이 된다.

그러나 오늘날 21세기 지식정보사회가 되면서 상황을 판이하게 달라지고 있다. 삶의 다양성과 다원성 그리고 개방성이 보장되는 지식정보사회의 수평적 구조 속에서는 의견의 다양성과 차이성이 대단히 중요해지고 있다. 다양한 의견과 사고의 교환 속에서 새롭고 창의적인 아이디어들이 산출된다. 이제 우리는 새로운 아이디어가 없으면 가정에서도 사회에서도 특히 직장에서 살아남기 힘들다. 이미 생태학자들은 생명은 원래부터 다양하게 태어난다는 사실을 밝혀내고 있다. 뉴턴에서 생명은 기계시계였다면, 프리고진에게서 생명은 화학시계이다. 프리고진에 의하면, 생명의 흐름에서 화학작용과 화학반응의 차이 때문에 과정과 생명체가 이질화되고 특성화된다. 이러한 사실은 생명현상과 생명방법이 애초부터 서로 다양하다는 것을 의미한다. 서로 다른 화학작용과 화학반응으로 인하여 생명이 서로 다르게 흐르고 매우 다양하게 현상한다는 사실은 인간에게 "다양성 사회의 원리"를 설명해 준다. 영국의 물리학자 다이슨은 생명이 지구상에 가져다 준 위대한 선물은 바로 '다양성'이라고 강변한다.[1)] 결국 〔생명=다양성〕이라는 생명의 도식을 이해하지 못하는 인간의 무지에서 생명의 위기는 가속화된다.

---

1) 오늘날 포스트모던의 대변인들은 시대적 흐름을 "다양성과 이질성"으로 요약한다. 다양성과 이질성은 생명의 본래적 특성이고 원리이기도 하다. 오늘날 세상은 이러한 생명의 원리에 보다 접근된 세계로 향하고 있는 셈이다. 새뮤얼 헌팅턴(Samuel Huntington, 1927-2008)이 예견한 "문명 간의 충돌"은 문화적 다양성과 이질성을 이해하지 못함으로 이루어지는 현상이다. 왜냐하면 인간사에서 문화와 문명은 시간과 공간에서 늘 서로 교류하고 접변하기 때문이다.

둘째, 자유롭게 상상하라. 자유는 인간에게 삶의 본능이다. 자유롭지 못하면 우리는 아무것도 할 수 없다. 또한 자유 없는 삶은 의미도 반감된다. 심지어 자유는 우리들에게 무한한 상상력을 허용한다. “상상은 자유”라는 말이 있다. 무한히 상상하며 상상의 자유를 맘껏 누려야 한다. 실제로 상상력은 우리들에게 무엇인가를 하도록 자극을 줌으로써 결국 새로움을 창조하도록 한다. 따라서 우리는 항상 우리에게 주어져 있는 본능으로서의 상상력을 총동원하여 자유롭게 사고하는 습관을 들여야 한다. 오늘날 기업들은 아이디어의 싸움으로 생사를 걸고 있다. 이미 기업에서 활용되는 브레인스토밍(brain storming)과 브레인라이팅(brain writing)의 기법들은 모두 발산적 사고를 활용하는 아이디어 산출기법이다. 새로운 아이디어로 사업을 구상하고 의사결정을 한다. 그러나 아이디어 기법에는 반드시 우리가 지켜야 할 중요한 원칙이 있다. 원칙을 지키지 못하면, 모든 기법이 시간 낭비이다. 따라서 원칙은 대단히 중요하다. 즉 조직의 구성원들은 무형식적이고 무규제적인 발언기회를 통해 자신의 의견을 무한적으로 표출시키고, 모든 선입견과 편견을 제거한 상태에서 상대방의 의견을 절대 비판하거나 비난하지 않고 일단 수용한다. 발산적 사고를 통하여 사고의 영역이 자유롭게 열린 공간으로 나아갈 수 있도록 함으로써 우리는 새로운 세계를 얻을 수 있다. 이러한 사고는 삶의 홀로스(Holos)를 향해서 갇혀 있는 사고의 영역을 밖으로 무한정 분출시키는 일이 된다. 이는 전체 세계로 접근하는 단계이다. 이제 우리는 발산적 사고를 함으로써 무한정으로 열려 있는 세계 즉 “전체”로까지 나아갈 수 있는 소위 H 사고로의 첫 단추를 채우기 시작하게 된 셈이다.

2) 카오스 사고

발산적 사고를 습관화시킨 다음에 우리는 카오스(무질서와 혼돈) 사고를 할 수 있어야 한다. 왜냐하면 우리 주변에서 발생하는 모든 물체의 움직임은 카오스로 현상하기 때문이다. 카오스는 거대한 우주에서뿐만 아니라 미세한 양자 세계에서도 끊임없이 발생하고 있다(Mainzer, 1997: 15). 물론 발산적 사고와 카오스 사고는 병행될 수 있다. 카오스 사고는 H 사고로의 전진을 위한 한 걸음을 더하게 해줄 것이다.

카오스(chaos)란 원래 '크게 벌린 입' 또는 '괴리'를 의미하는 그리스어에서 유래한다. 카오스이론에서 카오스적 진자는 거의 똑같은 모습으로 반복되지만 완전히 동일하지는 않으며, 얼핏 보기에는 임의적인 것 같지만 실제로는 복잡하고 고도로 조직된 패턴을 형성하는 진동이다(프리초프 카프라, 1996/ 김용정 · 김동광 역, 1999: 33).

이미 언급한 대로 미국의 기상학자 로렌츠(Edward Lorenz)는 "나비 효과"(butterfly effect)에 대한 논리를 대중에 설파한 바 있다. 실제로 우리는 지금까지 인류의 역사 이래로 자연의 만물이 모두 항상 규칙적이고 질서를 바탕으로 하여 어떤 정확한 규격하에서 움직이고 형성되어 왔다고 여겨왔다. 고대부터 근대까지 형성된 천체과학이 그랬으며 역학적 지식이 모두 그랬다. 특히 위에서 본 것처럼 계몽주의 시대에 뉴턴의 과학적 유산 즉 우주기계론이 이러한 믿음을 고정관념의 시대정신으로 정립하는 데 결정적 역할을 했다. 물론 아리스토텔레스의 경험적 과학론을 계승한 과학적 실증주의의 덕택으로 아직까지도 우리는 그렇게 믿고 있다. 그럼에도 불구하며 많은 과학자들은 실제 자연현상과 우리의 삶에는 무수히 많은 현상들이 과거 기계론적 도식이나 질서만으로 설명하기 어려운 점이 많다는 사실을 밝혀낸 바 있다. 로렌츠 경의 "나비 효과"는 바로 이러한 무질서 즉 카오스에 대한 과학이론의 출발점이 된다. 그러나 카오스란 질서의 완전한 붕괴나 질서의 부재를 의미하는 것은 아니다. 즉 카오스에도 "숨겨진 질서"(J. Holland, 1995)와 "숨겨진 합리성"(E. Spranger, 1951)이 존재한다는 사실에 대해서 많은 학자들이 동의하고 있다. 카오스이론은 과학의 세계에서 그동안 무시되어 왔던 불규칙한 현상들의 배후에 숨어 있는 규칙성을 찾아내는 이론을 말한다.

불교의 논리 중 모든 현상에는 본질이 없다는 제법무아(諸法無我) 사상과 모든 것은 끊임없이 변한다는 제행무상(諸行無常)의 철학은 서구의 카오스이론과 상통한다(김용운, 2001). 즉 우주 만물은 규제와 통제하에 질서와 안정으로만 존재하는 것으로 보이지만, 실제로는 소립자세계로부터 미세한 변화에 따라 복잡하게 요동하면서 무질서하게 전개되는 것이다. 다시 말하면, 작은 불안정과 요동은 비가역적 갈림길로 이어지며, 이는 가능한 행동이 증폭하는 복잡성으로 이어진다(Mainzer, 1997: 91). 이는 20세기 현대 이론물리학이 절대성, 완전성, 확정성, 명백성을 부정하면서 상대성, 변화, 무아(無我)의 개념으로 이어지는 것과 맥을 같이하고 있다.

독일의 철학자 노르베르트 볼츠(Norbert Bolz)는 자신의 저서 『컨트롤된 카오스』(1995)에서 카오스를 아직 발견되지 않는 가능성의 공간으로 간주하고 있다. 즉 카오스란 질서의 반대가 아니며 숨겨진 질서를 내포하고 있는 일시적 현상으로 질서의 이면이라고 한다. 따라서 그는 현대인들이 이제 코스모스의 반대 개념으로 인식되는 카오스의 단점을 비난하는 대신 카오스와 적극적으로 화해할 것을 제안한다. 왜냐하면 카오스는 모든 창조의 뿌리이기 때문이다. 일리야 프리고진은 카오스가 없는 창조는 불가능하며 창조 없는 생명은 없다고 하면서, 창조를 "요동을 통한 질서"로 보았다(프리초프 카프라, 1996/ 김용정 · 김동광 역, 1999: 253). 이미 2천 수백여 년 전에 "만물은 유전한다"고 가르친 헤라클레이토스 역시 유전하는 현상과 대립의 이면에 숨겨진 조화가 존재한다고 하면서 이를 우주의 법칙이라고 하였으며, 이를 태초의 진리인 로고스(Logos)로 불렀다(Mainzer, 1997: 17).

우리 인간들은 오랜 세월 동안 원인과 결과를 동일선상에 놓고 과학적으로 사고해 왔으며, 그 이외의 이해할 수 없는 결과들은 신의 섭리라고 간주했다(이인식, 2001). 근대과학의 거장인 뉴턴마저도 원인과 결과로 풀릴 수 없는 영역은 신의 영역으로 돌려 버렸다. 예를 들면, 뉴턴의 역사 최대의 발견인 만유인력의 추동자는 바로 신이었다(장파, 1994/ 유중하 외 역, 2000: 45). 그러나 오늘날 카오스의 세계도 과학의 힘으로 하나하나 그 비밀이 풀려나고 있다. 심지어 일상생활에서도 카오스이론이 적용되고 있다. 증권시장에서 이루어지는 주식변동이 카오스이론이나 복잡계이론에 의해 설명된다. 달리 말하면, 증권시장의 경제 메커니즘은 매우 복잡하여 비선형적인 흩어지는 모델을 요구한다(Mainzer, 1997: 11). 구체적으로 소위 개미군단이라고 하는 투자자들의 미세한 움직임이 주식 변동에 결정적이라는 사실이 밝혀지면서 증권시장에 대한 예측은 보다 난해해졌다. 그러나 우리가 살고 있는 현대사회에서는 작은 변화에 의해 큰 변화가 유발된다는 사실만을 밝혀낸 것만으로도 중요한 수확이 아닐 수 없다. 그런데 그 "작은 변화"가 무엇인지에 대해서 우리는 아직 어떠한 과학으로도 잘 파악해 낼 수가 없다. 그것이 우리 사회를 복잡계로 이해할 수밖에 없도록 한다.

예를 들어, 다른 기술보다 기술력이 뒤진 것으로 평가되는 VHS 방식의 비디오가 기술력에서 앞서 있는 것으로 평가되는 베타 방식의 비디오를 국제시장에서 몰아낸 사건이나, 일본의 좀 처진 기술력이 여전히 기술력의 우위를 보이고 있는 미국 시장을 석권한 점은 기존의 경제이론으로는 설명이 불가능하다. 그러나 분명한 것은 기업의 생존과 성장은 소비자의 선택에 의해 좌우된다는 사실이다. 기술력에서는 뒤졌다고 하더라도 디자인에서 앞서기 때문에 소비자가 선택하게 되면 그 제품은 경쟁력에서 우위를 점하게 되는 것이다. 이라크와 전쟁을 하면 얼어붙은 미국 경제가 쉽게 풀릴 것으로 예상하였지만, 결과는 그렇게 단순하지만은 않다. 예전 같으면 설득력이 전혀 없는 이야기도 아니지만, 지금은 보다 복잡하다. 앞으로 점점 더 그럴 것이다. 즉 미국 경제와 전 세계의 경제가 얼어붙은 이면에는 지금까지 예측할 수 있었던 변수 이외에 또 다른 이유들이 숨어 있으며 대안도 단순하지 않은 것이다. 하여간 원인이 무엇인지는 몰라도 어떤 알려지지 않은 작은 변화에 의해 큰 변화가 나타난다는 사실에 대한 인식은 대단히 중요하다. 이제 우리에게 남은 과제는 과연 그 작은 변화의 정체가 무엇인가를 알아내는 것이며, 카오스 현상에 대한 인식을 하는 것이다. 이 복잡한 세계에서 우리가 살아남기 위해서는 카오스 사고가 요구된다고 할 수 있다.

과거 산업사회에서 카오스 사고는 그리 중요하지 않았으며 별 의미도 없었다. 그러나 다양성과 개방성으로 요약되는 지식정보사회에서는 카오스 사고는 대단히 중요해지고 있다. 아주 미세한 요동으로 인하여 우리의 삶은 때때로 결정적으로 변화하게 된다(Mainzer, 1997: 2). 특히 21세기 지식정보사회에서는 만물이 지식과 정보의 망으로 모두 연결되어 있다. 이러한 상황에서 카오스에 의한 변화와 카오스 사고는 점점 결정적이 된다. 세계적 인터넷 검색사이트인 "야후"의 설립자 제리 양(J. Yang)은 한 TV 인터뷰에서, "우리가 재미 삼아 하던 일로 성공하게 될 줄은 정말 몰랐다"고 실토한 적이 있다. 과거 산업사회에서 같으면 어림도 없는 일이다. 과거에는 짜여진 틀 속에서 짜여진 각본대로 하지 않고 그냥 재미 삼아 하는 일은 결코 비즈니스로 연결될 수 없었다. 이러한 관점에서 볼 때, 제리 양의 사례는 도저히 이해할 수 없는 일이 된다. 그러나 현실이었다.

오늘날 우리는 미국의 월 스트리트 증권가를 "요동치는 카오스의 거리"라고 부른다. 이제 주식시장은 작은 변화에도 대단히 민감하다. 미국 경제의 심볼이었던 뉴욕의 쌍둥이 빌딩을 한 줌의 재로 날려 버렸던 9.11사태 이후 증시가 폭락한 것은 쉽게 이해할 수 있는 근거였지만, 전혀 이해할 수 없는 이유로 인하여 증권가가 요동하는 경우는 이보다 훨씬 더 많다. 앞으로 더욱 그렇게 될 것이다. 작은 변화에도 민감한 증권시장은 대표적인 카오스의 현장이다. 결국 증권가의 카오스 현상과 카오스로 인하여 변화하는 증권시장을 종래의 경제학적 지식으로는 도저히 예측조차 할 수 없는 시대가 된 것이다. 기존의 경제학적 관점에서 본다면, 카오스적 행위를 보여 주는 비형식적 모델 그리고 장기적으로 예측 불가능성으로 나타나는 지금의 시장 모델은 가장 나쁜 경제학적 도구로 간주될 수 있다(Mainzer, 1997: 266).

이제 21세기 지식정보사회에서 작은 변화가 큰 변화를 야기한다는 카오스 사고 없이 우리는 증권시장에서는 고사하고 아주 사소한 일상에서도 살아남기 힘들어졌다. 카오스 사고 없이 우리는 자녀교육에서 실패하고 흡연하는 청소년문제에 제대로 접근할 수 없다. 카오스 사고 없이 우리는 문제의 사회가 지속되고 강화되는 이유를 알아낼 방도가 없다. 이제 우리는 작은 변화 속에 더 큰 세상이 열리고 이미 작은 변화 속에 전체의 변화가 잉태되어 있다는 사실에 보다 심각하게 주목할 필요가 있다. 한마디로 작은 변화에 주목하는 것이 카오스 사고이다. 카오스 사고를 위해 우리는 작은 것들을 모두 주어 모으는 습관을 들여야 한다. 일상에서 벌어지는 사소한 일들을 예사로 지나치지 않는 습관은 카오스 사고를 가능하게 한다. 왜냐하면 미지의 세계는 우리를 비록 불안정하게는 하지만, 역동적 통찰력을 개발할 수 있는 새로운 장을 열어줌으로써 개방적 상황을 만들어 주기 때문이다(마샤 시네타, 1995: 163-164). 즉 카오스 사고는 열린 사고를 가능하게 한다. 따라서 카오스 사고는 발산적 사고와 깊은 연관을 가지고 있다. 심지어 카오스 사고는 발산적 사고와 함께 이루어질 때 보다 효과적이다.

이러한 카오스 사고를 구체화시키기 위해서, 이제 우리는 다음의 귀결 사실들을 숙지하고 실천할 수 있어야 한다.

첫째, 카오스를 즐겨라. 우리는 카오스와 적이 되어서는 안 되고 친구가 되어야 한다. 삶은 원래부터 카오스(무질서와 혼돈)이다. 세상의 모든 창조신화들도 카오스(무질서: 혼돈)로 부터 시작된다. 따라서 우리의 삶에서는 무질서가 본질이기 때문에 주변에 어지럽혀진 것들을 보면서 더럽다거나 잘못되었다는 생각을 하면 안 된다. 먼지 하나 없이 완벽한 질서로 정리된 책상 앞에서는 아이디어가 나올 수 없다. 또한 카오스의 세계는 우리에게 커다란 모험의 기회를 제공한다(마샤 시네타, 1995: 168). 카오스에 짜증을 내어서는 더욱 안 된다. 카오스를 즐기는 사람은 마음이 느긋해진다. 역으로 마음을 느긋하게 먹어야 카오스를 즐길 수 있다. 따라서 언젠가는 정리가 될 것으로 믿고 느긋한 마음으로 카오스의 순간을 최대한 즐겨야 한다. 조급증이 있는 사람은 절대 카오스를 즐길 수 없다. 카오스를 즐길 줄 아는 사람에게는 조급증도 사라진다. 심지어 카오스는 마음의 평화를 얻게도 한다(마샤 시네타, 1995: 158).

둘째, 끝없이 질문하라. 삶은 질문의 연속이다. 질문하지 않는 것은 살고 싶지 않은 것이다. 2천 수백 년 전 소크라테스는 "자신은 모른다는 사실만을 안다"고 하면서 왜 남들에게 집요하게 질문하느냐는 질문에 "모르기 때문에 묻는다"고 했다. 모르기 때문에 묻고 물어보아야 알게 된다. 안다는 것은 산다는 것이다. 또한 질문으로 문제도 해결되기 시작한다. 우리가 살아가는 삶을 잘 따져 보면 문제투성이가 아닌 것이 없으며, 문제는 또 다른 문제를 낳는다. 문제를 해결하기 위해서 우리는 누군가에게 물어보지 않을 수 없다. 묻지 않는 자에게는 가르치는 자도 없다. 앎이란 질문을 던짐으로써 무지에서부터 모습을 드러낸다(데이비드 호킨스, 2000: 215). 따라서 우리는 남들에게도 항상 질문할 수 있어야 하며, 심지어 자기 자신에게도 항상 질문을 해야 한다. 자기 스스로에게 질문함으로써 비로소 우리는 자기 성찰의 기회를 얻을 수 있다(마샤 시네타, 1995: 121). 아니면 우리는 질문하는 사람을 가까이 하는 습관을 들여야 한다. 이미 소크라테스는 가르치는 것이 중요한 것이 아니라 '질문'하는 것이 중요하다고 가르쳤다. 또한 답을 외우고 아는 것도 중요한 것이 아니라고 가르쳤다. 그는 진정한 교사는 잘 가르치는 사람이 아니고 질문을 잘할 수 있는 학생을 길러 내는 사람이라고 했다. 저잣거리에서 지나가는 사람들과 대화를 하면서 그가 대화자들과 진리탐구의 동반 여행을 했던 것은 잘 알려진 일이다. 그의 유명한 대화법이 이를 가능하게 했다.

그러나 그의 대화법은 사실 '질문법'이었다. 소크라테스는 스스로도 대화의 상대방에서 집요한 질문을 함으로써 상대방의 양심에 마치 소잔등에 붙은 등애(fry)처럼 "전기적 쇼크"(electric shock)를 주어 마음을 카오스 상태로 뒤흔들어 놓았다. 진리가 무엇인지에 대한 정답은 알려 주지 않고 항상 스스로 자신이 현재 알고 있는 지식 — 소피스트들이 가르쳐 준 지식 — 이 잘못되었음을 각성하고 결국 자신의 무지를 고백할 때까지 대화 상대방의 마음과 생각을 교란시키는 일을 자처했다. 또한 그것이 민중의 교사로서 그가 해야 했던 일과였다. 마음이 흔들리면서 다시 한 번 생각하고 성찰하는 과정 속에 삶의 진리는 제대로 터득될 수 있다. 현대의 과학 이론가이자 실증주의 사회비판철학자인 칼 포퍼(K. W. Popper)는 어렸을 때부터 "왜 학교에서는 기대되지 않는 질문은 금지되는지"에 대해 항시 의문을 품었으며, 이 다음에 커서는 질문만 하고 토론만 하는 학교를 만들 구상을 하였다고 한다(Volkamer, Streicher & Walton, 1996: 132). 동양에서 질문은 애초부터 매우 중요한 교육의 방법이었으며 삶의 양식이었다. 특히 서

당에서의 학습은 질문 중심으로 이루어졌다. 노자와 장자는 “도가 무엇이냐”고 묻는 제자들에게 결코 정답을 가르쳐 주지 않았다. 진리는 남에게 그리고 스스로에게 물으면서 결국 스스로 깨우쳐야 한다. 진리는 스스로 낳는 것이다.

실제로 질문은 아이디어를 창출하도록 한다. 소크라테스와 동양에서는 질문을 통한 각성을 목표한다. 각성을 통하여 우리는 “유레카, 유레카”를 외칠 수 있으며 이는 아이디어가 된다. 물론 각성되기 이전에 마음은 끊임없는 질문을 통해서 카오스의 상태가 된다. 누군가에게 끊임없이 질문을 받으면서 또는 자신에게 끊임없이 질문을 해 대면서 우리의 마음 상태는 일대 카오스로 변하게 되고 그 카오스를 지나면서 새로운 아이디어와 지식이 산출된다. 카오스의 흔들림 속에서 또 다른 세계를 발견하게 되는 것이다. 이러한 과정이 반복되면서 우리의 사고 반경과 폭은 점차 전체성을 향해 서서히 열린다. H 사고로의 열림이다. 이렇게 H 사고는 질문을 통한 카오스 사고를 반복하는 가운데에서 자연스럽게 그리고 한발 한발 접근되는 것이다.

3) 몰(沒)시간 사고

지금까지 우리 현대인들은 짜여진 시간표대로 살아왔다. 지금도 별로 다르지 않다. 어느 유행가 가사처럼 우리는 “차표 한 장 손에 들고, 예정된 시간표대”로 떠나야 한다. 현대인들의 삶은 시간표로 대치된다. 그러나 시간표대로 짜여진 시간 속에서 우리의 삶은 극히 제한된다. 영국 그리니치 천문대를 기준으로 물리적 시간이 규정되고 모든 일상이 물리적 시간을 척도로 같은 간격으로 토막 난 이후 우리 인간은 늘 시간에 매달려서 살고 있다. 소위 스케줄 맨(schedule man)으로 사는 것이 일상이다. 반면, 현대인들은 시간표를 탈출하고자 발버둥친다. 물론 쉽지 않다. 그래서 항상 일요일이면 고속도로에 차가 막히는 것을 뻔히 알면서도 어떻게든 일상(시간표)에서 탈출해 보려고 휴식에의 유혹도 뿌리치고 핸들을 잡는다. 물론 무모한 생각이다. 오히려 스트레스다. 그럼에도 불구하고 그러한 노력은 본능이다. 하여간 꽉 짜인 시간표를 탈출하면서 우리는 새로운 자유공간을 열 수 있다. 열린 사고의 시작이다. 우리는 주관이 시키는 대로 폐쇄된 시간을 탈출하면서 열린 자유공간으로 돌진한다. 주관적 시간은 자유공간으로의 탈출을 돕는다. 이미 현대이론물리학에서는 주관적 시간만이 있을 뿐이며, 그나마도 상대적 공간에서는 시간 개념은 사라진다. 공간이 시간을 내포하는 것이다.

우주를 홀로그램(hologram)으로 파악한 데이비드 봄(David Bohm)에게서 기존의 시간 개념은 다음과 같이 의미가 사라진다(데이비드 호킨스, 2000: 218-224).

> 시간이란 이미 완전하게 정립된 홀로그램을 인식하는 한 시점에 불과하다. 시간은 관점의 이동에 따라 나타나는 주관적이고 감각적인 결과에 불과하다. 홀로그램에는 시작과 끝이 존재하지 않는다. (…) 사실, 우리가 사는 우주는 홀로그램과 같다. 특정한 관점들은 그의 독특한 의식수준의 반영일 뿐이다. 홀로그램의 한쪽에 서 있는 사람이 보고 느끼는 것은 다른 쪽에 서 있는 사람과 전혀 다를 수밖에 없다. (…) 세상은 거울이 아닌 무한한 차원의 홀로그램과 같다. 거울은 시간과 공간에 의해 결정되고 단지 하나의 모양만을 반영해 줄 뿐이다. 청각의 경우도 과거부터 현재까지 존재하는 모든 소리의 끝개의 장이 계속되는 홀로그램의 부분에 불과하다. 우리는 물질세계를 만질 수 있

다. 이 세계는 짜임새, 색깔, 차원, 그리고 위치나 모양을 주는 공간적 관계를 가지고 있다. 모든 것은 저변에 깔려 있는 일정한 순서에 지나지 않고, 이것들은 다른 모든 것들과 같이 결국에는 모든 존재의 근원인 '시간의 끝'으로 돌아가며, 그 근원은 바로 '지금'이기도 하다. 홀로그램은 본질상, 하나의 과정에 불과하다. 3차원의 홀로그램에는 아무것도 고정되어 있지 않다. 그러면 4차원의 홀로그램에서는 어떨까? 거기에는 모든 가능한 상황이 동시에 존재한다고 볼 수 있다. 변화가 있기 위해서는 시간이 필요한 것처럼 보이지만, 시간이 초월된 상태에서 순서란 존재하지 않는다. 모든 것이 지금이라면, 거기에는 여기서 저기로 따라갈 아무것도 존재하지 않는다. 모든 홀로그램은 인과관계가 아닌 동시성의 끝없는 비선형적 사건들의 반영에 불과하다.

미국의 두뇌집단 "분산작업연구소"의 대표이자 최고경영자인 찰스 그랜섬은 1980년대를 개인주의 시대, 1990년대를 팀 단위의 업무 시대, 2000년대를 팀 속의 팀이 일하는 시대로 전망하고 이를 "할리우드 조직"으로 명명하고 있다. 즉 할리우드에서 영화 한 편을 제작하는데, 누가 어디서 어떤 일을 하는지 알 수가 없다. 거의 모든 것이 컴퓨터 그래픽 영상으로 처리되는 작업들은 수많은 전문가들에게 분산되었다가 나중에 총체적으로 꿰어 맞추어진다. 팀 속에 팀 즉 태스크포스(task force)가 일을 하고 있는 셈이다.

실제로 할리우드의 일과(日課)는 우리가 미래사회를 어떻게 살아가야 할 것인가에 대하여 힌트를 준다. 영화 제작이나 촬영은 정해진 시간표대로 이루어지지 않는다. 하나의 프로젝트(project) 속에서 이변도 속출하고 돌발상황도 발생한다. 또한 재능 있는 사람들과 능력이 다양한 사람들이 모이면서 스케줄은 달라진다. 그러나 영화 제작이 끝나면 조직은 바로 해체된다(찰스 그랜섬, 2000). 할리우드에서는 일을 중심으로 하는 이합집산이 너무나 쉽다. 이러한 할리우드의 일상이 우리 현대인들의 일상으로 전이되고 있다. 1995년에 미국에서 실시된 한 조사에서 조사에 응한 기업들 중 83%가 재택근무 같은 대안적인 사무실 운영전략을 이용하고 있으며, 직원들에게 임시 책상을 주어 작업 팀과 프로젝트가 바뀌면 자리를 옮기거나 다른 팀과 협력할 수 있도록 하고 있는 것으로 밝혀졌다(마이클 마자르, 2000: 179).

오늘날 노동자들은 자신의 주변에 널린 하드웨어와 소프트웨어를 활용하면서 일 중심으로 모이게 된다. 소규모 네트워크 업무처리 방식으로 이루어지는 일의 세계에서는 개인이 근로를 선택하는 이른바 프리랜서와 파트 타임 근로자로 구성된다. 일본에서는 자유와 아르바이트라는 용어가 합성된 "프리터"(Freeter)라는 개념의 노동현상이 만연되어 있다. 놀다가 일자리가 생기면 일하는 소위 일용직 노동자지만, 종래의 개념과는 달리 프리터는 노동자 자신들의 선택으로 이루어진다. 이들은 고정의 일자리가 있어도 자신들이 선택적으로 일을 하는 것이다. 물론 고정의 일자리가 절대적으로 모자라기 때문에, 이러한 사회현상도 가속화된다. 하여간 이렇게 신종의 고용형태로 일하는 사람들이 늘어나면서 재택근무와 가상기업도 가능해진다. 이러한 변화를 목도한 대니얼 핑크(Daniel Pink)는 "프리에이전트"(Fee agent)의 시대가 오고 있다고 설명한다. 프리에이전트란 지금까지 우리 사회를 지배해 온 "조직 인간"(William White)이 아니라, 오로지 스스로를 위해서 일하는 근로자를 말한다(Daniel Pink, 2001). 이들은 다수의 고객 및 소비자와 직접 계약하면서 일은 홀로 하는 이른바 "독립노동자"들이다. 1인 기업의 시대가 늘어나고 모두가 사장이며 독립 노동의 시대를 선언한다. 오늘날 큰 조직에서 탈출하여 한 사람 또는 소수가 창업하는 벤처나 SOHO의 물결 그리고 프리랜서(free lancer) 그룹이 대표적이다.

1970년대 『포천』 선정 500대 기업은 미국 노동력의 1/5을 고용했지만 오늘날은 1/10로 줄었으며, 가장 많은 노동력을 고용한 업체는 임시고용 에이전시인 "맨파워 사"(Mapower Incorporated)였다(돈 탭스콧 · 데이비드 티콜 · 알렉스 로위, 2000: 256).

어쨌건 이제 조직의 이름을 명함에 새기던 시대는 지나고 있다. 이른바 개인이 책임지는 실명제 직업만이 존재한다. 이미 오래전부터 우리 사회에는 실명(實名) 간판이 즐비해졌다. 프로스포츠 세계에서는 자유계약 선수가 등장한지 오래다. 이들에게는 "FA자격획득"이 꿈이다. 돈과 명예가 보장되는 자격증인 셈이다. 이제 이들은 안정을 미끼로 획일화되고 수직적 충성을 요구하던 테일러주의에서 완전히 해방된다. 이들은 "조직이여 안녕"을 외치면서 자유선언을 하고 소위 월급 노예로부터 탈출한다. 대신 이들은 자신이 자신의 일을 위해 만들어 놓은 수평적 네트워크 즉 소비자, 고객, 동료, 가족, 친구 그리고 동호회의 공동체에 적극적으로 참여한다.

물론 아직까지는 프리에이전트가 모든 사람들에게 꿈의 직업은 아니다. 왜냐하면 프리에이전트는 지금까지 조직 속의 인간으로서 근로하던 시절에 비해 많은 문제점을 노출시키고 있기 때문이다. 즉 이들은 프리랜서로서 자유롭게 자기 선택으로 일을 할 수 있는 자유가 보장된다. 물론 이들은 비정규적인 노동불안의 스트레스와 낮은 급료의 경제적 운명과 열악한 작업환경을 감수해야 하는 임시직 노동자로 전락할 위험이 있다. 특히 이들은 아직 국가라는 공적 기관에서 보장하는 건강보험, 산재보험, 연금보험 등 복지 혜택을 받기 힘들다. 자본주의 체제에서 국가의 대표적인 공적 역할은 노동시장의 창출과 복지 간의 조정일 것이다. 결국 이들은 스스로 노동시장을 창출하고 복지혜택마저 스스로 책임져야 한다. 개인이 국가나 사회의 간섭과 통제에서 탈출하는 대신에 국가와 사회의 보호막에서도 떨어져 나가고 있는 셈이다. 즉 조직의 굴레에서 벗어나면서 이들은 조직의 보호도 포기하는 셈이다. 그러나 세상은 이러한 추세로 급속하게 달려가고 있다. 이들은 살아남기 위해서 자기 분야에서 보다 완전한 전문가가 되어야 한다. 전문가 시대는 이들에 의해 가속화되기도 한다. 그러나 에이전트의 시대는 잠재되어 있는 개성과 창의성이 분출될 수 있는 새로운 세기를 창출할 수 있는 잠재력을 가지고 있다는 점에서 가치가 있다(Daniel Pink, 2001).

일을 위하여 특별히 요구되는 시간과 공간의 개념도 소멸한다. 평생직장과 평생고용의 시대가 끝나고 평생직업/평생근로의 시대가 열리는 이유도 바로 이 때문이다. 쉽게 모여들고 쉽게 해체되면서도 누구든지 자신이 하는 일은 평생동안 계속 지속된다. 일을 하는 데 시간과 공간이 정해져 있는 것이 아니다. 집에서 밥을 먹다가도 갑자기 생각나면 컴퓨터 앞에 앉아 일을 시작할 수 있으며, 일하다가도 갑자기 노트북을 들고 다른 공간으로 사라질 수 있다. 기차와 버스 안에서도 키보드를 두드릴 수 있으며 하던 일을 일단 멈추고 다른 일을 시작할 수 있다. 모바일(mobile) 사회가 도래한 것이다.

직장이나 조직에서는 시공간을 초월하는 상호관계가 매우 빈번히 발생한다. 하나가 끝나면 다음 일을 해야 했던 과거와는 달리 이것저것 닥치는 대로 일을 한다. 인터넷과 디지털로 무장된 첨단 테크놀로지 사회는 이러한 것을 가능하게 한다. 팀조직은 바로 이러한 요구 때문에 생겨난 것이기도 하다. 1970년대에 소비자들의 주문이 까다로워지면서 도요타 자동차 회사는 작업인력을 라인 조직에서 팀조직으로 바꾸어 놓았다. 팀을 구성해서 소비자들의 옵션에 맞추어 자동차를 생산해 내야 했던 것이다. 이른바 주문생산이 그것이다. 이러한 주문생산의 전략은 포드 일색의 미국 자동차 시장까지 석권하게 된다. 이는 유명한 도요타이즘

(Toyotaism)의 성공사례였다. 오늘날 다기능공(technician)이라는 개념도 바로 시대적 요청을 반영하고 있다. 즉 한 분야의 전문가로서가 아니라 많은 다양한 분야에서 전문적으로 개입할 수 있는 다기능의 역할을 수행해 주어야 한다.

과거에 공동체라고 하면 주로 학연, 지연, 혈연으로 이루어지는 공동사회 및 조직을 의미했다. 그러나 오늘날 공동체는 게시판, 대화방, 블로그 밴드 등 사용자 그룹으로 운영되는 익명의 가상공동체로 변하고 있다. 미국의 정보기술 전문가인 돈 탭스콧(Don Tapscott)은 자신의 저서 『N세대의 무서운 아이들』(2000)에서 오늘날 디지털 경제는 새로운 가상공간 공동체를 만들어내고 있으며 가상공간 공동체의 주인공은 바로 학연, 지연, 혈연과 무관한 N세대(Net Generation)라고 설명한다. 모두 컴퓨터 시대가 만들어 놓은 공동체 패러다임의 변화이다. 이러한 공동체는 쉽게 만들어지고 쉽게 해체된다. 따라서 가입과 탈퇴도 쉬워진다. 공동체가 시공간을 초월하고 있는 것인데, 즉 이들은 아무 때에 마음에 맞으면 어떤 공간에서 만들어졌다가 쉽게 없어진다.

영국의 경영 컨설턴트 레온 크라이츠먼(Leon Kreizman)은 자신의 저서 『The 24 Hour Society』(24시간 사회, 1999)에서 현대의 정보기술 혁명은 낮과 밤의 경계를 무너뜨림으로써 새로운 문화 및 소비생활 양식이 정착되는 사회를 만들었다고 보았다. 이제 시간은 자연적 시간 개념, 물리적 시간관념을 초월하면서 종래의 시간 개념을 멀리 쫓아내고 있다. 우리들에게는 이제 일을 하고 움직이는 공간만이 있는 것이며, 공간 속에 시간은 주관적 시간으로 용해되어 있다. 지금까지 낮과 밤 그리고 일과 휴식 간의 구분은 자연스런 이분법이었으며 규범적 사고의 결과였다. 24시간 사회가 이루어지면서 이러한 이분법은 와해되었다. 우리 사회에서도 이미 야간시간에 쇼핑을 하는 것이 일상이 되었으며, "야달려 클럽"(야간에 달리는 여성 클럽) 등 밤 12시에 모이는 운동동아리가 일상화되고 있다. 24시간 편의점이 등장한지 오래이며, 심야 극장, 24시간 해장국, 24시간 약국, 24시간 은행 등이 성행하고 있다. 물론 이는 서비스 산업의 융성 때문이지만, 낮에는 일하고 밤에는 휴식을 취한다는 고정관념을 깨는 몰(沒)시간 사고가 아니면 도저히 불가능한 일들이다.

이러한 몰시간 사고를 구체화시키기 위해서, 이제 우리는 다음의 귀결 사실들을 숙지하고 실천할 수 있어야 한다.

첫째, 프로젝트로 일을 하라. 삶은 프로젝트이다. 일정한 목적과 목표를 가진 프로젝트와 관련 없는 삶은 무의미하고 무가치하다. 따라서 우리는 프로젝트를 따라다녀야지 주어진 시간표를 따라다니면 안 된다. 다시 말하면, 시간표에 따라 일을 하지말고 프로젝트(일)에 따라 시간표를 짜는 습관을 가져야 한다. 지금까지 우리는 시간표에 적힌 순서대로 일을 해왔다. 이번 주까지는 무엇을 하고 다음 주까지는 무엇을 해야 된다는 식으로 시간표대로 움직여 왔다. 캘린더도 빼곡하다. 그러나 이제는 일 즉 프로젝트 단위를 중심으로 하여 열린 공간 속에서 열린 사고를 하면서 열린 시간표를 짤 수 있어야 한다.

둘째, 주관적 시간을 즐겨라. 모든 것은 생각하기 나름이다. 인간에게는 시간도 주관적이다. 우리가 하루 24시간을 기계적으로 정한 것은 인위적이고 강제적이다. 따라서 우리는 숫자로 나타난 물리적(객관적) 시간 개념을 버리고 주관적 시간 개념을 가지는 것을 습관화해야 한다. 아인슈타인과 보어의 상대성이론 및 양자역학은 주관적 시간 개념을 밝혀 준 과학적 결론이었다. 실제로 시간은 극히 주관적이다. 교회에서는 하나님에게 과거, 현재, 미래는 똑같은 것이라고 가르친다. 괴로운 장소에 5분간 머무르다 보면 마치 5년간의 긴 세월이 흘러간 것 같이 지겨울 것이다. 그러나 5년의 시간이 지났어도 즐거운 시간들의 연속이었다면 이 시간은 쏜

살같이 사라진 것처럼 느껴진다. 우리는 주관적 사고를 통해 사고 영역을 활짝 열어 놓을 수 있으며, 활짝 열린 공간에서 열린 사고는 가능하다. 이렇게 본다면 주관적 사고는 열린 사고이다.

셋째, 공간으로 사고하라. 현실적 삶은 "지금 이곳" 즉 현실적 공간에서 이루어진다. 과거가 현실에 중요하다고 하더라도 지금의 삶과 무관하다면 단순한 추억일 뿐이다. 미래가 지금의 삶과 동떨어지면 황당한 몽상이고 환상이다. 역사적 뿌리는 중요하지만 역사적 관련 속에서 이루어지는 "지금 이곳"에서의 삶은 보다 구체적이고 현실적이다. 따라서 우리는 시간 사고 대신 공간 사고에 보다 익숙해져야 한다. 두뇌학자들에 의하면, 공간 사고는 우뇌(右腦)의 기능인 반면에 시간 사고는 좌뇌(左腦)의 기능에 해당된다(Hugl, 1995: 173). 오늘날 우뇌 학습, 우뇌 사고가 창의성 인재를 키워준다고 이야기한다. 이렇게 본다면 지금까지 좌뇌 기능에 절대적으로 의존하면서 살아온 우리들에게는 우뇌 사고나 공간 사고는 별로 익숙하지 않은 영역이다. 지금까지 학교교육은 우리들에게 좌뇌 사고를 길러 준 장본인이고, 수직적 피라미드 구조를 가진 우리 사회 시스템은 좌뇌 사고로만 살아남을 수 있도록 강요해 왔다. 이제 의도적으로 우리는 좌뇌 사고를 거부하고 우뇌 사고에 비중을 더 두어야 한다. 물론 H 사고는 좌뇌 사고와 우뇌 사고가 공존할 때 가능하다. 다만 그동안 상대적으로 위축되어 온 우뇌의 기능을 보충하기 위해서 우뇌 사고에 비중을 두어야 한다는 뜻이다. 물론 우리 인간들은 좌뇌와 우뇌를 조화롭게 활용함으로써 삶을 균형 있고 온전하게 성취할 것이다.

우리가 공간으로 사고하는 것 즉 공간 사고를 잘 해내기 위해서는 과거, 현재, 미래에 무엇을 어떻게 할 것인가보다는, "지금 여기에서" 내가 무엇을 어떻게 할 것인가에 대해서 고민하고 결정하는 것에 익숙해져야 한다. 이러한 공간 사고를 통하여 우리는 직접 현실적 문제 해결에 집중할 수 있을 것이다. 또한 공간으로 사고함으로써 우리는 우뇌의 기능을 증진시킨다. 다시 말해서, 공간감각의 훈련과 공간적으로 사고함으로써 우리에게는 우뇌 사고가 강화된다. 반대로 우뇌 사고의 강화로 우리는 현실문제에 비교적 구체적으로 접근할 수 있다. 결국 공간 사고를 통해 가능해지는 현실문제로의 접근은 삶의 홀로스를 회복시키는 데에 결정적 역할을 해낼 것이다.

2. 제2단계: 해석학 사고

제1단계 H 사고의 방법이 열린 사고였다면, 이제 제2단계 H 사고의 방법은 해석학 사고라고 할 수 있다. 해석학 사고란 말 자체가 좀 어렵고 생소한데, 말 그대로 이는 삶을 있는 그대로 해석(interpret)하는 사고 능력을 말한다. 이는 외국어 교과서에 쓰인 외국어 문장을 해석하는 것과 원리가 같다. 국어 문자의 해석도 마찬가지이다. 마찬가지로 삶의 문맥을 해석하고 삶을 해석하는 사고가 바로 해석학 사고의 본질이다. 따라서 인간이라면 누구든지 해석학 사고를 할 수 있다. 이러한 해석학 사고의 궁극적 목표는 "이해"(understand)이다. 우리는 삶을 이해하기 위해서 우선 삶을 해석한다. 이 역시 우리가 해석을 통하여 문장을 이해하는 것과 마찬가지이다. 사실 해석학이나 해석학 사고는 학문적으로 발전된 개념이기도 하다. 해석학 사고의 과정은 이미 19세기 말 정신과학의 영역에서 시작되었으며, 자연과학의 영역에서도 19세기 말 현대이론물리학과 생태학이 탄생하면서 해석학적 패러다임에 대한 공감대와 신뢰감을 얻어 내고 있다. 해석학 사고를 알기 위해서는 좀 생소하고 어렵게 느껴지지만 해석학(Hermeneutik)이라는 학문에 대하여 개략적으로나마 알아야 한다. 이는 정신과학의 영역에서 사용되는 전문용어로서 삶의 "이해"를 목표한다. 즉 삶은 본질적으로 상징성과 의미성을 내포하고 있기 때문에, 삶은 그대로 이해될 수 없고 반드시 먼저 체험되고, 이것이 해석되어야만 비로소 이해될 수 있다는 논리이다. 예를 들어, 국기(國旗)는 헝겊 조각에 불과하다. 그러나 국기 앞에서 우리는 충성을 맹세하고 전쟁터에 나가 죽음을 마다하지 않는다. 그 힘은 상징과 의미에서 나온다(데이비드 호킨스, 2000: 175). 구체적으로 해석학에서는 삶의 의미를 무의식적으로나마 체험하는 것으로부터 시작하면서 점차 구체적 체험이 표현되고 이해되는 지속적 순환과정을 거치게 된다. 비코와 슐라이에르마허의 해석학적 전통을 이어받아 정신과학을 시작한 딜타이(Wilhelm Dilthey, 1833-1911)는 이러한 순환과정을 '해석학적 순환'이라고 하였다. 한마디로 해석학적 순환과정을 거치지 않고 삶은 자신에게뿐만 아니라 남들에게도 이해될 수 없다.

보어(Niels Bohr)의 상보성이론과 생태학의 핵심인 재생 개념, 동양사상의 도(道) 사상 그리고 프리드리히 니체의 "영원한 회귀"의 개념은 모두 사고의 순환성을 기반으로 하는 삶의 전체성을 의미한다. 여기서 중요한 것은 전체가 항상 먼저라는 점이다. 물론 "전체가 부분에 앞선다"는 사실은 이미 해석학을 기반으로 하는 정신과학의 발견이었다. 이렇게 본다면, 현대이론물리학과 생태학의 주장이 이를 입증하게 된 셈이다. 이러한 관점에 몰입한 하이젠베르크(Werner Heisenberg)는 부분에서 전체로의 개념적 전환을 개념적 혁명이라고 간주하고, 자신의 자서전을 『부분과 전체』라는 제목으로 출판해 냈다. 고전역학에서는 부분의 특성과 움직임이 전체를 결정하지만, 양자역학에서는 전체가 부분의 움직임을 결정한다는 사실을 밝혀냈다(프리초프 카프라, 1996/ 김용정 · 김동광 역, 1999: 51). 과거 뉴턴의 기계론적 자연관에서는 유기체의 부분들이 전체를 결정했다. 각각의 부분들이 제역할과 기능을 수행해 낸다면 전체 역시 제대로 기능하는 것이다. 그러나 실제로 전체의 기능은 부분의 역할과 기능으로만 모두 설명될 수 있는 것은 아니다. 전체는 부분들의 기능과 역할 이외에도 부분들 간의 역동적 상호작용 및 상호의존 관계를 잘 파악할 때 비로소 알려질 수 있다. 또한 부분들은 전체의 필요에 따라 역할을 하고 종합적이고 통일적으로 조종되고 움직이기도 한다. 한마디로 전체의 결정에 따라 부분들이 움직이는 것이다. 예를 들어, 코끼리를 반으로 쪼갠다고 두 마리의 작은 코끼리가 되진 않는다(피터 센게, 1996: 93). 왜냐하면 생명체에는 통합성이 있으며 특성은 전체에 의해 좌우되기 때문이다. 현대이론물리학은 바로 이러한 사실을 검증하고 있다. 베르트하이머(Max Wertheimer)와 쾰러(Wolfgang Köhler, 1887-1967)를 필두로 한 게슈탈트 심리학자들도 환원 불가능한 전체의 존재를 인식의 핵심적 특성으로 보았으며, 의미 있는 조직된 전체는 부분들에 존재하지 않는 특성을 드러낸다고 주장했다(프리초프 카프라, 1996/ 김용정 · 김동광 역, 1999: 52).

물론 전체는 구체적으로 인식될 수도 있지만 가상의 세계에서 가능하기도 하다. 아직 불확실하지만 분명한 것은 모든 것이 전체를 체험함으로부터 시작된다는 사실이다. 즉 아직은 불확실하고 무엇인지 윤곽이 정확하지는 않지만 알게 모르게 전체를 체험하면서 우리는 삶을 시작한다. 다시 말하면, 전체가 인식의 순환과정을 지나면서 점차 윤곽이 뚜렷하게 되는 것이다. 이러한 사고의 순환성을 해석하는 일이 H 사고의 개념을 구체화시킨다는 의미에서 본고는 H 사고의 조건으로서 해석학 사고의 개념을 차용한다.

궁극적으로 삶의 전체성 즉 홀로스를 해석해 내고 H 사고를 해야 하는 구체적 단계로서 해석학 사고를 하는 구체적 방법에는 게슈탈트 사고와 프랙털 사고가 해당될 수 있다. 일단 위에서 열린 사고로의 사고 반경을 활짝 열어 놓은 우리는 이제 해석학적 틀 속에 들어 있는 게슈탈트 사고와 프랙털 사고를 통하여 H 사고에 한 걸음 더 접근할 수 있게 된다.

1) 게슈탈트 사고

게슈탈트 사고는 게슈탈트 심리학자들의 발견에 기인한다. 게슈탈트(Gestalt)란 "형태"(Form)를 의미하는 독일어로 확장적 의미는 "전체적 형태"를 지칭한다(김경희, 2000: 34). 따라서 게슈탈트는 단순히 "전체"라고 번역되기도 한다. 우리는 형태 즉 전체 속에 살고 있다. 20세기 초 게슈탈트라는 말을 처음 사용한 사람은 크리스티안 폰 에렌펠스(Christian von Ehrenfels)라는 철학자였다. 그의 개념적 이해를 기반으로 베르트하이머(Max Wertheimer)와 쾰러(Wolfgang Köhler) 등에 의해 소위 게슈탈트 학파의 심리학적 연구가 시작되었다. 이들에 의하면, 형태(전체)라는 의미를 가진 게슈탈트라는 용어는 '전체'와 동일하다. 여기서 전체는 부분의 합을 넘어서며, 부분의 합으로 환원이 불가능한 존재를 의미한다. 즉 게슈탈트란 의미 있게 조직된 전체로서 부분들에게는 절대 존재하지 않는 전체만의 고유한 특징을 가지고 있다. 따라서 단순히 부분들을 모두 합해 놓는다고 해서 이는 전체가 아니며, 또한 이로써 전체가 설명되거나 이해되는 것은 아니다.

우리가 산업혁명 이래로 분업화된 영역에서 부분의 일과 씨름하면서 살고 있을지라도 알고 보면 그 부분을 포괄하고 있는 삶의 전체성 속에 살고 있는 것이다. 물론 전체가 처음에는 확실하게 나타나지 않을 수도 있다. 즉 삶의 전체성이라는 윤곽이 처음에는 분명하지 않을지도 모른다. 그냥 어렴풋이 잘 모르지만 전체를 느낄 뿐이다. "이게 아닌데"라고 하면서 하게 되는 일이나 무엇인가 잘 모르지만 석연치 않음을 느끼는 것 등은 전체성 즉 홀로스를 느끼는 것이다. 또한 무엇인가가 이루어질 것 같은 막연한 감 같은 것도 홀로스를 느끼는 증거이다. 즉 전체는 현실적으로 분명히 나타날 수도 있지만, 아직 가상의 세계로 남아 있을 수도 있다. 그러나 분명한 것은 우리가 인식하든 못 하든 반드시 전체로부터 삶이 시작된다는 사실이다. 따라서 우리의 사고도 이러한 전체로부터 시작되어야 한다. 즉 삶에서는 전체가 항상 먼저이다. 즉 전체는 부분보다 먼저인 것이다.

현대물리학의 대발견인 「에너지 보존의 법칙」에서도 에너지의 총량은 불변한다. 실제로 전체 에너지는 항상 보존된다는 에너지 보존의 법칙은 물리학에서 불변의 진리가 되고 있다(Weyl, 2000: 229). 이렇게 본다면, 우리의 삶에서는 에너지 총량이 전체로서 먼저 존재한다는 것을 인식할 수 있다. 따라서 우리의 사고도 홀로스 즉 전체로부터 시작해야 한다. 삶의 전체성 원리와 영역을 알려 주는 게슈탈트 심리학은 우리가 게슈탈트 사고를 함으로서 전체성의 윤곽을 밝혀내고 전체성으로부터 사고해야 한다는 사실에 대한 확신을 가져다 준다. "인간은 하나의 전체이며, 하나의 육체이고, 정서들이며, 생각들이고, 감각들이며, 지각들이다. 그리고 이 모든 것들은 서로 밀접하게 연관되어 있을 때 기능한다.…"(Pertruska clarkson/ 김정규 · 강차연 · 김한규 역, 2010: 45) 전체가 먼저이고 전체로부터 사고해야 삶을 온전하게 이해할 수 있음을 알려 주는 게슈탈트 사고로 인하여 우리는 전체성 사고 즉 H 사고에 한발 더 접근할 수 있는 기회를 얻게 된다.

(1) 반전 사고

우리 인간의 역사는 "반전"(反轉)의 역사이다. 지식도 반전되고 사상도 반전된다. 과학은 "객관성"을 추구하지만, 객관성은 계속해서 반전된다. 하나의 지식이 잠시 진리로까지 행세하다가도 다른 지식에 의해 소위 "코페르니쿠스의 전회"가 이루어지는 것이 지식세계의 일상이다. 이러한 상황을 두고 버크(James Burke)는 "지식의 상대성"이 곧 "지식의 역사"라고 피력한 바 있다. 객관을 표방하는 과학적 지식은 항상 역전되고 반전된다. 우리의 삶에는 완벽하고 영원한 진리가 존재하는 것이 아니라, "객관을 향한 항구성"만이 영원히 존재하는 것이다. 결국 과학에서의 불변성은 "객관성"일 뿐이며, 과학적 지식이나 발견은 항상 변할 수밖에 없다. 다시 말하면, 이 세상에 변하지 않는 지식은 없는 것이다. 과학적 지식은 객관성을 표방하지만 그 지식들은 계속 다른 지식으로 교체되며 반전되어 왔다. 따라서 우리의 삶에서는 반전하는 것이 바로 진리인 셈이다.

중국말로 위기(危機)는 기회(機會)를 의미한다. 인생은 새옹지마(塞翁之馬)라는 말도 있다. 쥐구멍에도 볕들 날이 있다고 한다. 이 모두는 반전사고의 중요성을 가르친다. 왜냐하면 반전 사고는 변화를 전제로 하기 때문이다. 물론 변화하지 않는 곳에는 위기가 없다. 그러나 거기에는 기회도 없다. 빛이 있으면 반드시 그림자가 있다. 불교에서는 음이 양이 되고 양이 음이 되며, 색즉시공이고 공즉시색이다. 비어야만 채워지고 버려야만 얻는다. 물건이 꽉 찬 공간에 더 이상 무엇인가 들어갈 수 없다. 마음을 비워야지 새로운 무엇인가가 들어설 수 있다.

수학에서도 아라비아 숫자 "0" 즉 무(빈 공간)가 있어야 다시 새로운 수가 생긴다. 0은 메소포타미아 지역에서 태어난 하나의 동양적 개념으로서, 원초적 무(無)에 대한 이미지를 일깨웠을 뿐 아니라 논리의 틀을 부수어 버리는 힘을 가지고 있다(찰스 사이프, 2000: 13). 만약 수학에서 "0"이라는 숫자가 발견되지 않았다면, 오늘날 신용사회는 이루어지지 않았을 것이다. 화폐경제를 필두로 수표, 어음부터 오늘날 신용카드까지 모두가

0(無)에서 유(有)로 치환할 수 있는 인간의 반전 사고 덕분이다. 과거 물물 교환 시대에는 유(有)와 유(有)가 교환될 뿐이었다. 그러나 오늘날은 별 가치도 없는(無) 종잇조각이나 플라스틱 조각을 재화(有)와 맞바꾸게 된다. 물론 이는 하나의 약속이고 신호이다. 그러나 결국 정하기에 따라 "유와 무는 하나"라는 전체성 사고 즉 H 사고가 인간의 본능이었다는 사실을 입증하고 있는 셈이다. 만약 우리가 논리적으로만 생각하거나 과학적으로 입증되는 것만을 지식으로 본다면 유와 무를 바꿀 수 없다. 이로써 우리 사회에서는 신용경제도 존재할 수 없다. 오늘날 주식시장에서 발생하는 증시의 요동 현상은 논리적으로나 과학적으로 설명될 수 없는 신용경제의 대표적 표상이라고 할 수 있다. 헨리 소로(Henry Thoreau)는 자신의 저서 『월든』(1995)에서 "우리가 아는 것은 알고 모르는 것은 모른다는 사실을 아는 것 자체가 진정한 지식"이라고 하였다. 이는 2천 5백여 년 전 소크라테스가 "너 자신을 알라"고 외치면서 "나는 내가 모른다는 사실만을 안다"고 진리를 설파한 것과 다름이 없다.

동양의 주역에서는 태극(太極)이 무극(無極)이다. 또한 도가(道家)에서는 도(道)가 무엇인지 말하는 순간 도가 아니다. 고대 그리스의 헤라클레이토스는 "만물은 유전한다"고 가르쳤으며, 현대생태학의 발견은 모든 생명이 '끊임없이 흐른다'는 사실이었다. 미국의 세계적인 경제 석학 피터 드러커(Peter Drucker)는 『경제인의 종말』, 『단절의 시대』, 『미래 기업』, 『미래의 조직』, 『자본주의 이후의 사회』, 『21세기 지식 경영』 등의 저서를 통해 이 시대를 "전환의 시대"라고 선언하고 있다. 이는 반전 사고에 대한 필요성을 역설하는 것이다. 현대물리학에서도 하이젠베르크의 양자역학에 의하면, 소립자는 독립 존재가 아니라 존재와 비존재의 사이를 왔다 갔다하는 에너지의 일시적 형태일 뿐이다. 고전물리학에서는 존재와 비존재는 확실히 구분된다. 그러나 양자역학에서는 존재와 비존재 사이의 구별이 확실하지 않다. 왜냐하면 에너지의 흐름이 존재하기 때문이다. 즉 존재에서 비존재가 되고 비존재에서 존재가 된다. 1915년 발표된 아인슈타인의 '일반상대성이론'에서는 물질과 진공이 분리되지 않는다. 왜냐하면 진공에서는 끝없이 생겨나고 사라지는 무수한 입자들이 존재하기 때문이다. 그의 장(場) 이론에서 말하는 '물리적 진공'은 단순히 아무 것도 없는 것이 상태가 아니라 소립자 세계의 모든 형태를 지닐 가능성을 가지고 있다(프리초프 카프라, 1975/ 이성범 · 김용정 역, 1989: 247).

한마디로 물질과 공간은 전체를 구성하며 상호의존으로 가능하며, 존재와 비존재 사이의 변화관계는 에너지 장의 변화과정이며 작용으로 가능하다. 따라서 모든 것이 일시적 상태에서 다른 상태로 전환되는 것처럼, 우리에게 진리와 지식도 잠시 진리와 지식으로 머물다가 새로운 진리와 지식이 탄생하면 새로운 그것으로 대치된다. 물론 새로운 그것으로 대체되기 전까지는 현재의 지식이 진리이다. 소크라테스가 "악법도 법"이라고 했을 때, 그 법이 새로운 것으로 대체될 때까지는 분명히 준수되어야 하는 법이다. 법은 바뀌기 전까지 그것이 객관이고 약속이다. 그러나 분명한 사실은 법이라는 객관도 언젠가는 새로운 법에 의해 대체된다. 지식도 마찬가지이다. 지식은 항상 잠정적이며 지금까지는 진리일지언정 새로운 지식으로 한순간에 헛된 지식이 되고 만다. 이러한 현상은 법과 지식의 세계에서만 그런 것이 아니다. 실제로 삶의 역사는 반전의 역사이다. 모든 것이 객관성을 잃으면 소멸되고 객관성을 얻으면 생성된다. 지식도 마찬가지이다. 객관성을 잃은 지식은 더 이상 지식이 아니며, 객관성의 획득으로 새로운 지식은 과거의 지식을 몰락시킨다. 모든 것이 반전이며 지식의 세계도 반전의 역사이다. 이러한 현상은 삶의 전반에서 일어난다. 따라서 삶의 본질 역시 반전의 성격을 내포하고 있다고 할 수 있다.

게슈탈트 심리학의 창시자인 베르트하이머는 유명한 "전경(全景)과

[그림 5] 전경과 배경

배경(背景)의 원리"를 가지고 삶에 있어서 반전 사고의 중요성을 강조했다. 이는 H 사고의 원리를 밝혀내는 중요한 초석이기도 하다. 다음 그림에서는 어떻게 보면 컵으로 보이다가 어떻게 보면 두 사람의 얼굴이 마주보고 있는 것으로 보인다[그림 5].

과연 위 그림은 정말 무엇을 그린 것일까? 컵을 전경이라고 한다면 마주보는 사람의 얼굴은 배경이 된다. 반대로 마주보는 사람의 얼굴이 전경이라면 컵은 배경이 된다. 전경과 배경은 보는 각도에 따라 달리 변한다.

우리가 사물을 관찰하거나 경험할 때는 우선 눈에 들어오거나 마음이 끌리는 곳부터 시작하게 된다. 다시 말해서 카메라로 사진을 찍을 때 인물에 포커스를 맞추면 배경은 흐릿하게 나온다. 물론 해상도가 떨어지는 자동카메라나 디지털카메라 또는 30화소 정도의 휴대폰카메라로는 전경과 배경의 차이가 별로 심하지 않겠지만, 수동으로 렌즈를 조절하는 구닥다리 사진기에서는 전경과 배경 간에 명백한 차이가 난다. 물론 조리개를 잘못 조절하면 모두가 뿌옇게 나온다.

이렇게 우리가 어떤 부분을 어떻게 주시하는가에 따라 보이는 세계는 달라진다. 과학 연구는 연구자들의 연구관점(point of view, perspective)에 따라 수행된다. 그래서 연구에는 반드시 제한점(한계)이 있는 것이다. 관점 밖의 영역은 모두 연구의 제한점에 속한다. 우리의 일상에서 문제시되고 있는 고정관념이라는 것도 마찬가지이다. 미국 국무성 컨설턴트였던 클레이 카(Clay Carr)는 자신의 저서 『창의력 경영』(1998)에서 고정관념을 프레임(frame)으로 비유한 바 있다(클레이 카, 1998: 79-80).

> 인간은 생존을 위해서 엄청난 양의 정보를 처리해야 하는데, 이를 위해 우리는 어떤 인지(認知) 대상과 과제를 선별하여 초점을 맞춘다. 이것은 마치 얼굴에 초점을 맞춘 카메라에는 스튜디오 창 밖의 경치나 방 한구석 테이블 위의 아름다운 꽃이 들어오지 않는 것과 같다. 카메라의 뷰파인더에 원하는 그림을 넣고 다른 장면은 잘라 내듯이, 인간도 어떤 특정한 문제에 초점을 맞출 때에는 어떤 상황의 일부 측면을 강조하고 다른 부분은 무시하는 방식으로 프레임을 정한다.

이러한 고정관념 즉 프레임은 오히려 전체를 보지 못하게 한다. 따라서 전체를 향한 사고를 위해 우리는 이러한 고정관념의 프레임부터 제거할 수 있는 습관을 길들여야 한다.

한마디로 현재의 전경은 언젠가 다시 배경이 될 수 있고 배경은 다시 전경이 될 수 있다. 그런데 일반적으로 우리의 머릿속에서 전경과 배경이 교차되는 것은 순간적이고 찰나적이다. 전경이 나의 머릿속에 머무는 동안은 일단 전경이 참된 진리이고 참된 지식이다. 반대로 배경이 나의 머리에 남아 있는 동안은 배경이 참된 진리이고 지식이다. 결국 전경과 배경이 반복적으로 교차되면서 화면의 전체가 순식간에 인지되고 통찰되는 것인데, 중요한 것은 우리가 전경과 배경으로 나누어 보기 이전에 — 부분적으로 보기 이전에 — 이미 화면은 전체로 존재하고 있다는 사실이다. 이를테면, 부분보다 전체가 먼저인 셈이다. 삶도 마찬가지이다. 삶에서 전체는 항상 부분에 앞선다. 우리가 아직 잘 몰라서 그렇지 삶은 항상 전체적으로 존재하고 있는 것이다. 그러나 우리는 부분만을 고집하는 경우가 많다. 이는 오로지 전경만이 진리라고 우기는 경우와 마찬가지이다. 심지어 우리는 오로지 전경에 빠져서 전경으로 삶 전체를 설명하려고 하기도 하고, 어느 순간 배경의 아름다움에 매혹되어 마치 전경에 빠졌던 자신의 과거가 잘못되었다고 한탄하기도 한다. 사랑에 빠져 눈이 멀었던 자들에게 이 사이에 낀 고춧가루도 보이지 않던 것이 사랑이 식으면서 별 잡스러운 것이 다 보이게 된다. 고집과 편견에 사로잡힌 외골수들에게 결코 사물의 다른 측면은 보이지 않는다.

갓난아기는 세상에 태어나서 엄마를 완전히 알아보고 엄마와 완전히 친해진 다음에 비로소 아빠를 알게 되는 것이 아니다. 아니면 자신을 가장 밀착시켜 주는 엄마의 손가락부터 발가락까지 모든 것을 완전히 익힌 다음에 아빠와 가족들을 차례로 익히는 것이 아니다. 처음부터 아가는 자신의 주변에 왔다 갔다 하는 가족 전체를 아주 뿌옇게 익히다가 차츰 차츰 전보다 더 명확하게 익히게 되는 것이다. 전체로부터 차츰 부분으로 접근한다. 이 과정에서 시간이 많이 걸린다. 아마 아가는 죽는 날까지 엄마에 대한 완벽한 상도 익히지 못할지도 모른다. 그러나 분명한 것은 처음에 뿌옇던 전체의 윤곽이 시간이 지나면서 점점 뚜렷해진다는 사실이다. 인간의 인지 능력(cognitive competition)도 이와 똑같은 원리로 구성된다. 즉 사고하는 인간의 두뇌는 하나를 알고 그 다음에 또 하나를 알도록 구조되어 있지 않다. 그러나 우리가 그렇게 사고하게 된 동기는 학교에서 그렇게 가르쳐 왔기 때문이다. 단원학습, 단계학습, 단위학습, 완전학습 등이 바로 이러한 사고의 귀결이다. 실제로 우리 인간은 항상 동시다발적으로 생각하면서 살아간다. 그래서 우리는 종종 "아하!" 하면서 "유레카 유레카"를 외칠 수 있는 것이다. 이를 게슈탈트 심리학자들은 "아하! 경험"(aha experience)이라고 하고 이를 인지능력이라고 정리한다. 소크라테스와 동양사상에서 인간이 "각성"할 수 있는 원리를 삶의 본질이며 진수로 보는 이유도 여기에 있다.

정리하자면, 삶은 맨 처음에 뿌옇게 나타나는 전체 속에서 특별히 부각되는 곳으로부터 시작할 뿐이다. 그러나 분명한 것은 전체 속에서 순간적(불교 용어로 보면, 찰나적)으로 특정한 부분이 돌출적으로 현상할 뿐이다. 우리가 본능적으로 급한 일부터 하는 것도 마찬가지 이유이다. 급한 일이 해결된다고 해서 또 다른 일이 벌어지지 않는 것은 아니다. 사건은 또 다른 사건을 만들고 문제는 또 다른 문제를 낳는다. 또한 우리는 인지 구조에 전경으로 나타나는 횟수가 많은 것부터 인식하게 된다. 그러나 전경 뒤에는 반드시 배경이 존재하고 있다는 사실을 인정하는 것은 매우 중요하다. 이렇게 본다면, 우리가 인위적으로 학생들에게 전경과 배경을 빨리 바꾸어 줄 때 우리는 전체에 빨리 접근할 수 있을 것이며, 전경과 배경의 관계를 이해할 때 우리의 사고는 보다 전체적으로 형성될 수 있을 것이라는 가설을 세울 수 있다. 하여간 전체의 개념은 모호하지만 관개 개념은 분명하다(피오트르 츠롬카, 1979/ 조재순 · 김선미 역, 1995: 82).

전경과 배경은 가시적이고 구체적인 모습이지만, 실제로 우리의 사고는 현실과 가상(또는 추상)을 경계 없이 자연스럽게 넘나든다. 생태학자들은 이러한 현상을 생명은 흐르기 때문이라고 풀이하고 있다. 즉 생명은 외부 환경과의 에너지 교환으로 생명현상을 유지한다. 따라서 생명의 흐름은 자연스러우며 주변 환경과의 경계를 자연스럽게 넘나든다. 양자장 이론에 의하면, 모든 상호작용들은 소립자들의 교환을 통하여 발생한다(프리초프 카프라, 1975: 242). 즉 원자의 세계를 바치고 있는 아원자적 입자들은 독립된 실체로 존재하는 것이 아니라 항상 상호작용 속에서 존재한다. 또한 이러한 상호작용은 연결망의 관계 속에서 분리될 수 없는 불가분의 성질로 존재한다. 이는 상호작용을 하는 입자들의 부단한 상호교환으로 가능하다. 이렇게 하여 에너지의 유동이 그치지 않는 것이다. 즉 에너지란 입자들이 끊임없이 생겨나고 소멸되는 역동적인 상호작용으로 생성된다. 우주라는 거대 세계도 마찬가지이다. 빅뱅이 시작된 이래로 우주가 계속 팽창하는 것은 — 비록 팽창의 속도는 초기 빅뱅 시대보다 점점 늦어지고 있다고는 하지만(Mainzer, 1997: 71) — 행성 간의 상호작용에 의해 에너지가 지속적으로 흐르고 있기 때문이다. 물론 행성 간의 상호작용은 소위 광자라는 미립자 간의 상호교환으로 가능하다. 서로 교환하면서 서로 보충한다.

현실과 가상이 합해진 전체 속에서 전경과 배경을 구별하는 것은 쉽지 않다. 다만 우리가 전체에 접근하기 위해서는 우리의 사고 영역이 전경과 배경이 교차하는 전체과정에 존재한다는 사실을 인정하는 것이다. 우리가 실제로 홀로스라는 사고 영역에 살고 있으면서도 항상 전경만을 고집하고 배경을 무시하고 있다. 이는 온전한 삶이 될 수 없다. 그러나 배경이 전경이 되면 우리 인간은 배경을 전면적으로 수용하고 따를 만큼 간사하다. 반대로 오히려 전경은 무시하고 배경만을 고집한다고 해도 사고는 왜곡될 것이다. 이는 극단적 사고로 이어지며 고집증이나 편집증으로 이어질 수도 있다. 현실로부터 가상과 추상을 넘나드는 삶이란 전체에서는 매 순간 전경과 배경이 교차된다. 특히 인터넷 세상이 되면서 우리는 가상과 현실 간의 경계를 자유롭게 넘나들 수 있게 되었다. 불교에서 성불은 찰나적(刹那的)이라고 한다. 찰나의 진리가 삶의 진리이다. 현대 이론물리학에서도 소립자들은 충돌과정을 통해서 탄생과 파괴를 반복한다. 즉 원자 속의 소립자들은 대부분 충돌과정에서 생겨나 백만분의 1초보다 짧은 시간 동안만 존재한다. 한마디로 충돌하는 소립자들은 얼마든지 파괴될 수 있으며 에너지의 총량은 보존된다는 사실이다. 물론 원자들은 입자들로 구성된다. 그러나 이러한 입자들은 역동적으로 생성되는 에너지의 뭉치이며, 이들은 찰나적으로 존재하는 소립자들로서 일시적으로 나타난다(Weyl, 2000: 229-230).

인생사에서도 성공은 다시 실패로 돌아갈 수 있다. 반대로 실패가 성공으로 반전될 수도 있다. 새옹지마의 인생이 그것이다. 이렇게 본다면 성공과 실패는 동전의 양면이다. 실패는 성공의 어머니라는 말이 있고 인생의 80%는 실패의 연속이라는 말이 있듯이 무수히 많은 사람들이 수많은 실패와 성공을 반복하면서 살아간다. 오히려 미국의 대기업인 3M 사는 성공보다는 실패가 더 많은 기업으로 알려져 있다. 물건을 만들어 내서 회사가 도산 직전까지 간 적이 수도 없다. 세계적인 기업인 일본의 소니 사도 실패가 많은 기업 중의 하나이다(畑村洋太郎, 2000/ 정택상 역, 2001). 세계적인 기업인 미국의 GE는 그동안 기업의 실패만을 모아 놓은 실패 데이터베이스를 보관하고 있다고 한다. 실패를 타산지석이나 반면교사의 일로 삼고자 하는 강력한 의도인 셈이다. 1,237번의 실패 끝에 전기를 발명할 수 있었던 에디슨, 그리고 아인슈타인, 마릴린 몬로, 찰리 채플린 등 수많은 유명인들도 실패와 실수를 밥먹듯이 반복하다가 성공한 케이스에 해당한다. 이 밖에도 인생 대역전의 주인공들은 우리 주위에 무수히 많다. 오늘날 우리가 지나친 사행성으로 비판을 받고 있음에도 로또(Lotto) 복권에 흠취하는 이유도 6개의 숫자로 인생을 대역전할 수 있다는 기대감을 흠뻑 즐기기 위한 인간의 본능 때문이다. 삶에서 성공과 실패는 하나의 전체를 이룬다. 얼마든지 성공이 실패로 역전될 수 있으며 실패가 성공으로 반전될 수 있다. 이러한 맥락에서 IBM의 창립자인 토머스 왓슨(Thomas Watson)은 "성공은 실패의 다른 편에 있다"고 한 바 있다(스티븐 코비, 2000: 123).

도쿄 대학의 공대 교수인 하타무라 요타로(畑村洋太郞)는 『失敗學のすすめ』(실패학 권유, 2000)라는 자신의 저서에서 "실패는 곧 죽음"이라는 일본의 사무라이 문화를 두고 "일본 사회가 실패를 인정하는 문화, 실패를 살려 주는 시스템을 가지고 있지 못한 것이 문제"라고 지적하면서 "실패에 대한 태도가 그 사회의 성숙도, 문화 수준 그리고 민주화 정도를 결정한다"고 주장했다. 실패는 성공의 대립이나 대항이 아니다. 우리는 살면서 실패할 수도 있고 성공할 수도 있다. 한마디로 삶은 반전의 역사이다. 따라서 인간의 삶에서 반전은 본질이다. 결국 반전 사고 역시 인간에게는 본질적 사고라는 사실로 이해될 수 있다.

그렇다면 우리들에게 이러한 반전 사고는 왜 일어나는 것일까? 1977년 노벨상 수상자인 일리야 프리고진은 "흩어지는 구조" 현상으로 이를 설명하고 있다. 즉 물질의 운동이나 이동과정에서는 반드시 분기점이 발생한다. 이를 우리는 임계점이라고도 하는데, 바로 이러한 임계점에서 모든 물체현상이 반전되는 것이다. 진동자는 운동에너지가 0이 되고 위치에너지가 100이 되는 곳이 임계점이고 여기서 꺾여서 다시 돌아내려온다. 임계점에서 반전(反轉)이 되는 것이다. 다시 운동에너지가 강해지면서 진자는 같은 방향으로 움직이다가 다시 운동에너지가 0이 되고 위치에너지가 100이 되는 곳에서 또다시 반전된다. 이러한 되풀이 운동으로 진동자가 형성된다. 진동자의 움직임은 삶의 이치를 설명해 줄 수 있다. 왜냐하면 우리의 삶은 반드시 굴곡이 있으며, 생체리듬에 따라 삶의 희로애락이 항상 교차한다. 따라서 우리는 어쩔 수 없이 반전 사고를 하게 될 수밖에 없다. 반전 사고로 인하여 우리는 지금까지 인지하지 못하던 양쪽 측면을 모두 바라볼 수 있도록 하여 인간에게 삶을 전체적으로 사고할 수 있는 H 사고의 능력을 가능하게 해준다.

이러한 반전 사고를 구체화시키기 위해서, 이제 우리는 다음의 귀결 사실들을 숙지하고 실천할 수 있어야 한다.

첫째, 역지사지(易地思之)로 사고하라. 우리 인간의 운명은 아무도 모른다. 부자가 삼대(三代)를 못 간다는 이야기는 현실에서 얼마든지 볼 수 있다. 재벌 2세들이 줄줄이 소환되고 기업 임직원에서 퇴출된다. 오늘날 우리 세상에서는 각종 재난과 인재 등으로 수많은 사고가 발생하기 때문에 선천적으로는 정상적인 사람들도 언제든지 장애인으로 바뀔 수 있다. 또한 하루아침에 거지가 되는 멀쩡한 사람들도 부지기수로 나타난다. 예상치 못했던 IMF 사태는 이를 입증했다. 이제 우리가 사는 세상에서는 누가 언제 어떻게 될지 아무도 모른다. 오늘날 백발도사 점쟁이 철학자들과 당집이 다시 득세하는 이유도 여기에 있다. 앞날이 불투명한 사회에서 우리 인간들은 지푸라기라도 잡으려고 할 정도로 나약하다. 앞으로의 운세는 아무도 장담하지 못한다.

따라서 우리는 이제 상대방의 입장이 되어서 생각하는 습관을 들여야 한다. 빛이 있으면 그림자가 있고 밝음이 있으면 어둠이 있음을 알아야 우리가 삶을 전체로 이해하게 되는 것이다. 지속적인 역지사지의 사고는 "전경-배경"의 반전 관계를 계속 인지시켜 주기 때문에, 우리가 반전 사고를 습관화할 수 있는 계기를 얻게 된다. 호흐베르크(Hochberg, 1962)와 카플란(Kaplan, 1969)의 연구에 의하면, 전경-배경 속성은 학습된다(김경희, 2000: 102). 따라서 우리는 반전 사고를 특별히 학습하고 습관화할 필요가 생긴다. 심지어 의도적인 반전 사고는 세상을 새롭게 창조할 수 있는 창의력으로 이어진다. 물론 창의력을 전제하는 반전 사고는 모험적이고 실험적인 요소도 가지고 있다. 우리가 모험심과 실험정신을 창의력과 동일시하는 이유도 여기에 있다. 즉 반전 사고를 되풀이하는 가운데에서 우리는 "임계각의 오차"(프리고진) 덕분에 새로움을 계속해서 창조할 수 있다. 물론 여기서의 새로움은 전체 속의 미지의 영역을 말한다.

둘째, 양면사고를 실천하라. 동전은 앞면도 동전이고 뒷면도 동전이다. 삶에서도 앞면뿐만 아니라 뒷면도 삶이다. 우리는 항상 자신의 생각을 거꾸로 뒤집어 보는 습관을 갖아야 한다. 현재 자기가 생각하고 있는 것과 정반대로 생각해 볼 수도 있어야 한다. 내가 지금 하고 있는 것이 옳지 않을 수도 있다는 의심을 하여야 한다. 또한 현재 자신의 입장과 정반대의 경우도 수용할 수 있어야 한다. 특히 자신이 해온 과거의 경험 대신 기회가 된다면 새로운 경험을 기꺼이 할 수 있어야 한다. 탈경험주의 과학을 주장하며 과학 무정부주의를 지지한 파이어아벤트나 토머스 쿤 같은 포스트모더니스트들은 일상의 경험이란 항상 우리에게 폐쇄적 지식만을 강요하기 때문에 개방적 지식이 요구되는 미래사회에서는 탈경험주의 지식관을 가져야 한다고 주장한다. 폐쇄적 지식으로부터의 해방은 새로운 지식으로의 가능성을 개방한다. 탈경험은 지금까지 자신의 생각을 완전히 달리 생각함으로써 시작될 수 있다. 생각을 완전히 뒤집어 보는 일은 그것이 현실적으로는 황당무계할지언정 궁극적으로는 반전 사고를 습관화시키는 데 도움을 줄 것이다. 이는 고정관념을 깨는 방법이기도 하다.

셋째, 단점을 장점으로 바꿔라. 동양에서는 양과 음이 하나를 이룬다. 그러나 양이 좋은 것인지 음이 좋은 것인지에 대해서는 언급이 없다. 사실 양이 장점인지 음이 장점인지의 구별도 무의미하다. 양이 충만하면 음이 되고 음이 충만하면 양이 된다. 현대이론물리학에서도 에너지가 뭉치면 입자가 되고 입자가 흩어지면 에너지가 되면서 양자를 형성한다. 여기서 에너지가 장점이고 입자가 단점이 될 수 없다. 장점과 단점에 대한 분류는 인위적 분류이며 강제적 기준의 적용일 뿐이다. 본질적으로 장점과 단점이란 것은 없으며 양자 간의 구별도 무의미하다. 자신의 단점을 장점으로 승화시켜서 성공적 삶을 살아가는 사람들은 우리 주변에 많다. 가인(佳人)은 박명(薄命)하고, 롱다리인 사람들은 오래 앉아 있기 힘들다. 주부 우울증을 극복하기 위해 갖은 노력을 하다가 결국 행복학 강사로 남들에게 즐겁고 유익한 지식을 주는 사람이 있는가 하면, 몸이 허약해서 운동으로 건강하게 하려다가 운동선수가 되어서 올림픽 스타가 된 사람들도 많다. 쉿소리가 나는 목소리 때문에 항상 핸디캡을 가지고 살던 사람이 오히려 개성 있는 연예인으로 발탁되어 대중의 인기를 한몸에 받는 경우도 있으며, "못생겨서 죄송합니다"고 할 정도로 정말 못생긴 얼굴 때문에 세상에서 가장 출세했던 코미디언도 있다. 특히 인성과 성격에는 장점과 단점이 없는 것이다. 장점과 단점은 단지 하나의 특성일 뿐이다. 심지어 여기서의 장점이 저기서는 단점으로 작용할 수도 있다. 오늘의 장점이 내일 단점이 될 수 있으며, 오늘의 단점이 내일의 장점으로 변전될 수도 있다. 이러한 것은 나의 경우나 남의 경우 모두에 해당한다. 나의 단점은 장점이 될 수 있으며, 남의 단점도 장점이 될 수 있다. 하여간 단점도 장점이 될 수 있고 장점도 단점이 될 수 있다고 생각하는 것은 반전 사고를 실질적으로 체득시켜 주는 계기를 제공한다. 우리 속담에 걸림돌을 디딤돌로 이용하라는 말이 있다.

반전 사고는 홀로스를 해석해 주는 구체적 사고 모형이기도 하다. 따라서 우리는 반전 사고를 통해서 우리는 삶의 홀로스를 해석하고 삶의 홀로스를 이해함으로써 전체로서의 삶의 형태에 접근할 수 있는 또 하나의 기회를 얻게 될 것이다.

(2) 장(場) 사고

캐런 킹스턴(Karen Kingston)은 자신의 저서 『Creating Sacred Space With Feng Shui: Learn the Art of Space Clearing and Bring New Energy into Your Life』(1997)에서 "공간 정리"(Space Clearing)라는 개념을 가지고 일명 "청소이론"을 수립했다. 그의 청소이론은 인간의 삶에서 잡동사니를 제거하는 것이 매우 중요하다는 주장이다. 예를 들어 우리는 장(腸) 청소를 통하여 몸을 씻어 내어 각종 질병을 예방할 수 있다. 집안에서도 쓰지 않는 잡동사니는 모두 제거하는 것이 바람직하며 직장에서도 마찬가지이다. 모든 공간에서 잡동사니는 그때그때 제거되어야 한다. 킹스턴에 의하면, 잡동사니를 쌓아 놓고 사는 사람들의 인생은 꼬일 수밖에 없다. 왜냐하면 삶의 공간에서는 항상 에너지가 흐르는데, 잡동사니들에 의해 에너지의 흐름이 차단되기 때문이다. 동양화에는 빈 공간이 많다. 텅 비어 있으니 영기가 왕래할 수 있다(虛則靈氣往來)(장파, 1994/ 유중하 외 역, 2000: 148).

뉴턴의 근대과학에서도 물질과 물질 사이에는 인력과 척력이 발생한다. 이러한 인력과 척력의 발생이 현대이론물리학으로 넘어가면서 역장(力場)의 개념으로 전환된다. 물질이 처해 있는 공간 자체가 힘을 형성한다는 뜻이다. 물질 이전에 에너지가 장을 형성하며 이미 흐르고 있는 것이다. 아인슈타인은 공간에서의 질량을 에너지로 환산해 냈다. 우리가 살고 있는 공간은 에너지로 이루어 있으며 물질의 질량도 에너지로 치환된다. 생태학적으로 본다면, 생명은 에너지의 흐름이다. 인지심리학자 레빈(Kurt Lewin)의 장(場) 이론에 의하면, 자석 주변으로 자기장이 형성되는 것과 마찬가지로 모든 사물과 사물 사이에는 일련의 장(場) 에너지가 형성된다. 즉 일련의 장 속에서 애초부터 서로를 연결하는 에너지가 통하고 있는 것이다.

결국 자연과학부터 인지심리학 그리고 생태학으로 대표되는 과학성으로도 우리의 공간은 모두 에너지의 흐름으로 연결되어 있다는 사실을 알려 주고 있다. 동양사상에서도 비슷한 원리로 삶을 설명하고 있다. 동양에서는 기(氣)가 막히면 죽는 것으로 파악한다. 기가 잘 돌아야 잘 살 수 있다. 한의학에서는 기가 통하는 곳을 경혈(經穴)이라고 하여 그곳에 침을 놓는다. 막힌 기를 뚫어 기를 흐르게 함으로써 혈액순환이 원활해지고 몸도 회복된다. 여기서 기는 에너지이다. 불교에서 득도하는 것은 직관력에 의지한다. 우리가 직관적으로 득도할 수 있는 근거는 이미 공간에 역장이 형성되어 있기 때문에 가능하다. 우리는 종종 뒤에서 누군가가 자신의 뒤통수를 한참 쳐다보고 있는 것을 직감할 경우가 있다. 뒤통수에 눈이 없는데도 말이다. 이는 공간에 역장이 형성되어 있기 때문이다. 즉 에너지가 흐르며 서로를 연결하고 있는 것이다.

홀리스틱 메디슨에서는 환자 치료를 위해 가족치료의 방법을 선호한다. 환자와 가족 간의 "관계"를 중심으로 환자를 치료하는 것이다. 즉 환자의 주변에 형성된 장의 역학적 관계 속에서 치료함으로써, 환자의 질병에 전체적으로 접근할 수 있다고 본다. 또한 홀리스틱 의사가 환자의 질병 치료에 있어서 의사와 환자 간에 형성되는 관계를 중요시하는 것도 장에 형성되는 역장의 해석을 통해서 환자의 질병에 전체적으로 접근하는 것이다. 오스트리아 태생의 경제석학이며 사회생태학자인 피터 드러커(P. Drucker)는 자신의 저서 『이노베이터의 조건』(2001)에서 미래의 새로운 공동체는 "관심과 애정"을 바탕으로 하는 역학 사회이어야 한다고 전망한다. 여기서 관심과 애정은 삶의 공간에 형성되는 역장이며 에너지의 흐름이며 아울러 이러한 삶의 원리를 이해하는 것이다.

이러한 장(場) 사고를 구체화시키기 위해서, 이제 우리는 다음의 귀결 사실들을 숙지하고 실천할 수 있어야 한다.

첫째, 삶은 자석(magnetic)이다. 나의 움직임은 자석의 움직임과 같다. 자석의 위치가 변할 때마다 쇳가루나 도체들의 위치가 바뀌는 것은 자장이 변하기 때문이다. 즉 역장(力場)이 바뀐 것이다. 내가 움직일 때마다 주변의 분위기가 움직인다. "사랑은 움직이는 것"이라는 카피가 있다. 결코 완전히 틀린 말이라고 볼 수 없다. 쉴 사이 없는 나의 움직임은 쉴 사이 없이 주변의 분위기를 흔들어 놓는다. 나의 사고가 바뀔 때마다 주변의 분위기도 바뀐다. 만약 내가 기분이 좋으면 주변의 분위기도 좋아진다. 내가 화를 내면 주변의 분위기도 화로 휩싸인다. 나의 일거수일투족이 주변의 분위기를 결정한다. 내가 어떻게 사고하는가에 따라 주변의 분위기가 결정된다. 움직이는 사랑을 잡기 위해서 우리는 서로 부단히 노력해야 한다. 행복도 순간이다. 행복한 순간을 맞기 위해서 우리는 계속해서 행복하기 위해 노력해야 한다. 미국의 교류분석 심리학자인 에릭 번(Erick Berne)은 "주변이 변해야 내가 변하는 것이 아니고, 내가 변해야 주변이 변한다"고 했다. 내가 변함으로써 주변의 역장이 변한다. 역장의 변화 속에서 우리는 공동의 목표를 성취할 수 있다.

둘째, 삶은 관계이다. 우리는 살아가는 과정에서 순간적으로 "아하!" 하면서 무엇인가에 크게 충격을 받게 되는 경우를 경험한다. 소위 "아하! 경험"(Köhler)의 순간이다. 바로 이 순간에 우리는 삶의 새로운 경험을 하기도 하고 삶의 아이디어를 얻기도 한다. 아르키메데스가 부력을 발견하는 순간 "유레카 유레카"를 외친 것도 같은 현상이며, 불교에서도 성불하는 것은 찰나적 통찰에 의해 가능하다.

게슈탈트 인지심리학자 쾰러(Wolfgang Köhler)는 우리 안에 갇힌 침팬지가 사과상자를 밟고 올라가 천장에 매달린 바나나를 따먹는 것을 관찰한다(김경희, 2000: 125). 훈련을 받은 것도 아닌데 침팬지가 그렇게 할 수 있는 것은 인지능력을 통해서 통찰적으로 이러한 행동을 할 수 있다는 것이다. 지능지수가 좀 되는 침팬지 이상의 고등동물에게는 이러한 주변을 인지할 수 있는 능력이 본능으로 주어진다. 인간에게 이러한 인지능력은 여느 동물에게서 보다 훨씬 고도화되어 있다. 우리가 주변을 인지한다는 사실은 주변을 "관계"로 파악할 수 있다는 것이다. 관계는 장(場)을 형성한다. 관계에 대한 인식은 에너지의 흐름을 이해하는 것이다.

현대이론물리학에서는 소립자 세계에서는 장의 움직임에 따라 물체가 움직이고 장 속에서 발생하는 장 에너지의 흐름 속에서 물질이 생성소멸됨을 밝히고 있다. 시스템이론에서는 "환경 속의 나"라는 개념을 줄곧 일반화시켜 왔다. 나는 환경과 공존한다. 우리는 사람과 사람을 통하여 자아정체감(self-identity)을 형성하게 된다(설기문, 2000: 31). 즉 자아정체감이라는 것도 혼자 고민하고 고독하게 철학하면서 얻어지는 것이 아니다. 한마디로 나는 남을 통해서 나가 되는 것이며, 나는 너로 인한 나다. 삶은 너와 나라는 하나의 장(場) 속에서 이루어진다. 삶이라는 장 속에는 삶의 에너지로서 장 에너지가 흐르는데, 장 에너지의 흐름은 삶을 결정한다. 장을 인식하는 것은 관계에 대한 인식이며 이는 전체에 대한 인식이기도 하다. 이미 본능적으로 장(場) 사고를 할 수 있는 인간은 삶을 전체적으로 인지할 수 있는 본능을 가지고 있는 것을 의미한다. 따라서 우리는 장 사고에 보다 충실해져야 한다. 이는 삶을 전체적으로 해석할 수 있는 기반이며 동시에 H 사고로 접근하는 중요한 길목이 된다.

2) 프랙털 사고

프랙털(fractal)이라는 개념은 전체구조가 세부구조 속에서 반복되는 현상을 의미하는 것으로 만델브로가 프랙털 기하학을 시작한 데서 비

롯된다. 그는 생명의 창조적 무질서를 프랙털 기하학으로 풀어내고 있다. 한마디로 그는 모든 사물의 세부구조 속에는 이미 전체의 모습이 들어 있다는 사실에 주목한다. 이를 우리는 "자기유사성"의 발견이라고 하고, 이를 통해서 전체를 해석해 낼 수 있다. 이를테면, 산기슭의 돌멩이는 산의 모습을 지니고 있다. 나무의 나이테는 산의 등고선을 닮았다. 이렇게 모든 사물들은 자신이 속해 있는 커다란 상위시스템을 그대로 내포하고 있다. 유클리드 기하학에서 계산해 내기 어려운 것이 비유클리드 기하학에서 계산되더니, 프랙털 기하학에서는 보다 복잡하고 카오스에 가까운 도형도 그려진다. 야마구치 마사야는 자신의 저서 『카오스와 프랙털』(カオストフラクタル/ 한명수 역, 1993)에서 카오스와 프랙턱을 서로 다른 것이 아니라 카오스의 과정에서 프랙털이 나온다고 설명한다. 우리 인간의 삶과 우주의 모양이 보다 복잡한 것으로 밝혀지면서 프랙털 수학의 가치는 보다 커진다. 이런 맥락에서 라파엘 로젠은 자신의 저서 『세상을 움직이는 수학개념 100』(*Math Geek*/ 김성훈 역, 2016)에서 프랙털이란 작은 규모와 큰 규모 모두에서 반복되는 기하학적 패턴으로 우리 일상에서 구름이 대표적인 프랙털 구조라고 설명한다.

육안으로는 잘 관찰되지 않는 프랙털 세상을 들여다보면 비슷한 모양이 끊임없이 반복되고 있다. 우주도 마찬가지이다. 소립자 원자의 세계는 우주의 거대세계와 유사하다. 따라서 우리의 가시세계를 벗어난 소립자 미시세계와 거대세계의 연구가 현대이론물리학에서 만나는 것이다. 빅뱅으로 태어난 우주가 전개되는 양상과 세포 분열로 성장하는 인간의 모습도 유사하다.

이러한 프랙털 사고를 구체화시키기 위해서, 이제 우리는 다음의 귀결 사실들을 숙지하고 실천할 수 있어야 한다.

첫째, 삶은 패턴(Pattern)이다. 우리는 복잡한 세상에 살고 있다. 모든 것이 얽혀 있기 때문에 이를 풀어내어 해석하는 일도 쉽지 않다. 우리가 사회개혁을 외치지만 오랜 시간 동안 쌓여 온 기득권 세력들의 이합집산과 이들 간의 얽히고설킨 관계를 따져 보면 모든 것이 어렵다. 모든 기득권 세력을 해체하여야 사회개혁은 가능하다고 할 수 이는데, 이는 쉽지 않다. 마찬가지로 우리의 삶을 구성하는 모든 사실과 현상들을 제대로 이해하는 것은 영원한 과제이다. 몇몇 가닥을 푼다고 해서 사회문제가 해결되는 것은 아니다. 현대이론물리학에서 복잡계이론은 이러한 현실을 잘 반영해 주고 있다. 그럼에도 불구하고 우리는 인간의 삶을 전체적으로 해석해 내고 이러한 해석 속에서 사고할 수 있기를 기대한다. 왜냐하면 전체를 이해하지 못하는 삶은 일그러진 삶이며, 전체를 파악할 수 없는 사고로는 항상 실수와 시행착오를 연발할 수밖에 없기 때문이다. H 사고를 추구하는 것은 항구적 과제라고는 하지만 조금씩 접근해 볼 필요는 있다. 그렇지 않으면 우리의 삶은 점점 피폐해질 수밖에 없으며 의미를 잃게 된다. 이는 개인이나 사회나 다 마찬가지이다. 프랙털 기하학을 시작한 만델브로는 영국의 해안선이 비슷한 패턴(pattern)으로 이어지고 있다는 사실을 알게 되면서, 해안선도 계산하는 것이 가능하다고 확신했다. 프랙털은 패턴의 계산이다. 따라서 프랙털 사고는 패턴 사고라고 할 수 있다.

인간과 생태계의 모든 생명은 자기 스스로를 자기가 조직하면서 살아가기 때문에 주어진 환경과의 관계와 연관 속에서 하나의 패턴을 형성하면서 생명을 영위한다. 위너는 우리에게 지속되는 것은 물질이 아니라 패턴이라고 하였다(Wiener, 1950: 96). 다시 말해서, 모든 생명은 주변과 적절하게 대응하면서 적절하게 판단하고 결정하면서 스스로 패턴으로 살아남는 것이지 기계적이고 합리적인 일차원적 세계에만 존재하는 물질이 아니다.

분자생물학자들은 소수 유전자의 정확한 구조에 대해서는 알고 있었지만, 유전자들이 그 생물의 발생과정에서 어떻게 서로 의사소통하고 협동하는지에 대해서는 거의 아무 것도 알지 못했다(프리초프 카프라, 1996/ 김용정 · 김동광 역, 1999: 111). 그러나 유전자 간의 의사소통과 협동은 하나의 관계형성으로 이루어지는데, 바로 이러한 관계형성의 근거는 자기조직을 주도하는 패턴에 의해 결정된다는 사실이 밝혀지게 되었다. 이를테면, 생물은 세포와 세포, 분자와 분자 즉 요소들 간의 관계형성으로 생명유지가 가능하며, 생명을 해부할 때 패턴이 파괴됨으로써 생명은 죽음을 맞게 된다. 다시 말하면, 세포 하나하나가 완전히 죽을 때 생명은 끊기는 것이 아니라 생명은 관계형성 즉 패턴이 와해됨으로써 죽는 것이다. 물론 이상적으로 완전한 자연사는 모든 세포의 완전한 죽음 이후에 가능하다. 그러나 실제로 이렇게 된다면 세포의 죽음 즉 모든 세포가 썩은 다음에 생명이 끝나야 하는데, 이는 현실적으로 불가능한 이야기이다. 한마디로 생명은 죽은 다음에 세포가 썩는 것이지 세포가 모두 다 썩은 다음에 죽는 경우는 없다. 결국 생명의 죽음이란 세포와 세포간의 관계형성 즉 패턴의 단절로 이루어지며 패턴의 연속성을 통해 생명은 생명을 유지한다. 따라서 모든 생물은 원자와 분자로 구성되는 것이 사실이지만, 이는 생명이 없는 물질적 원자와 분자의 합일 뿐 아니라 비물질적이고 환원 불가능한 패턴을 가지고 있다고 할 수 있다(프리초프 카프라, 1996/ 김용정 · 김동광 역, 1999: 116).

우리는 증권시장에서 증시의 오름과 내림을 예측하기 힘들다고 한다. 그러나 증권투자에 성공하는 사람들은 패턴으로 증시를 이해한다. 오를 때가 있으면 떨어질 때가 있다는 리듬의 패턴을 이해하면서 투자를 결정하고 매각을 추진한다. 10년 주기로 같은 유형의 독감 바이러스가 찾아오는 것을 예측한 의학계에서는 정확한 독감예방주사를 놓을 수 있다. 만약 이러한 발견이 없었다면, 우리는 수십 년 전 2천 수백만 명이 몰사한 스페인형 독감 바이러스의 침입에 항상 떨고 있어야 한다. 최근 발생한 살인적 독감인 사스(SAS)나 메르스(Mers)의 패턴을 알지 못하기 때문에 질병대책본부는 여전히 골치가 아프다. 반면 우리 인류는 봄, 여름, 가을, 겨울에 따라 기후의 패턴을 알게 된 이래로 경작(culture)할 수 있었고 이로써 우리 인류는 문명을 크게 발달시킬 수 있었다.

이제 모든 것이 복잡계로 구성되는 개인과 사회시스템 속에서 우리가 살아남을 수 있는 길은 패턴으로 사고하는 길뿐이다. 윌리엄 보스트(William M. Boast)와 벤자민 마틴(Benjamin Martin)은 자신들의 저서 『변화의 대가들』(1997)에서 오늘날 성공하는 데 중요한 요건은 하우투(how-to)가 아니라 후투(who-to)라고 하고 오로지 패턴을 아는 자만이 승리할 것이라고 주장한다. 패턴 사고를 통하여 우리는 전체를 해석해 낼 수 있고 전체를 해석하는 해석학 사고를 통해 우리는 H 사고로 접근할 수 있다.

둘째, 진정한 패션(fashion) 감각을 익혀라. 세계 도처에서 유수한 역사와 전통을 가지고 항상 성황으로 실시되고 있는 패션쇼 장에 가면 봄에는 여름 컬렉션을 하고, 여름에는 겨울 컬렉션을 한다. 미래를 전망하고 예측하는 것이다. 물론 올 가을 유행을 예견하지만 그렇게 안 되는 경우도 있다. 그러나 그렇게 되는 경향이 더 많다. 왜냐하면 상업적으로 미래를 조작하기도 하기 때문이다. 지금까지 일반적으로 의류 업계에서는 상업적으로 그런 물건들을 중심으로 만들어 대중조작을 하기도 한다. 대중사회의 진면목이기도 하다.

그러나 오늘날 패션은 소비자의 취향에 따라 양상이 크게 달라지고 있다. 소비자들의 알 권리와 선택의 폭이 넓어지고 탈(脫)대중화의 개성이 강해지면서 의류업계가 패션을 선도하고 패션을 조작할 수 있는 여지는 점차 줄어들고 있다. 패션은 이제 가상의 세계를 창조하는 방향으로 진전되고 있다. 숨겨진 가상과 숨겨진 추상의 세계가 구체적인 패션으로 나타나면서 우리의 사고 영역도 무한정으로 뻗어 나간다. 그런데 재미있는 것은 반드시 패션은 순환된다는 사실이다. 복고풍(retro-menia)이라는 말이 바로 그것이다. 물론 약간의 변형이나 강조가 이루어지면서 복고풍은 반드시 찾아온다. 패턴이 순환되는 것이다. 이는 일종의 프랙털로 파악될 수 있다. 물리학자 패러데이가 에너지 총량의 법칙을 발견함으로써 우리가 살고 있는 공간에서 모든 것은 형태 변화만 되는 것이지 본질의 변화는 이루어지고 있는 것이 아니라는 사실이 확인되었다. 노장사상에서 "도는 순환의 도"이다. 주역에서는 극이 없으며, 태극은 무극(無極)이다. 모든 것이 돌고 돈다. 다만 "언제" 그것이 다시 돌아오는가의 문제는 남아 있다.

그럼에도 불구하고 우리가 이렇게 복잡하게 얽히고설킨 복잡사회시스템 속에서 전체를 이해하고 전체를 해석하고 궁극적으로 H 사고로 살면서 삶의 홀로스를 창의적으로 향유하기 위해서는 패션 사고를 할 수밖에 없다. 지금 여기서는 어떠한 패션이 중요한 것인가? 이러한 의미에서 패션 사고는 패러다임 사고라고 할 수 있다. 사회 패러다임이 변화했음에도 불구하고 패러다임 사고를 하지 못하는 것은 삶을 포기하는 것과 마찬가지이다. 다만 우리는 다음 패러다임이 어떻게 전개될 것인가에 대해서 발빠르게 대처할 수 있어야 한다. 왜냐하면 삶의 패러다임은 항상 삶의 홀로스를 창조하기 위해서 나선(螺線) 순환형으로 전진하기 때문이다. 따라서 우리는 다음에 찾아올 패션을 통해서 미래의 삶을 예측하고 전망할 수 있게 해주는 진정한 — 조작된 패션쇼가 아닌 — 패션 사고를 요구한다.

3. 제3단계: 피드백 사고

이미 우리는 열린 사고를 하면서 사고의 영역을 최대한 확장시키는 연습을 하면서 H 사고를 향해 일보를 내디뎠다. 아울러 우리는 가상적-추상적 세계까지를 포괄하는 H 사고가 어디까지인가를 "구체적 사례" 즉 전경-배경과 프랙털의 논리적 관계 해석을 통한 해석학 사고를 확인하면서 한 걸음 더 접근하여 왔다. 아직은 뚜렷하지 않지만 점점 구체적인 사고법을 익히게 되면서 전체의 윤곽이 보다 선명하게 밝혀질 것이다. 이로써 우리는 H 사고의 영역에 진입한 것으로 가정한다. 이제 우리는 이 영역에서 이루어질 수 있는 구체적 사고과정에 대해 이해하여야 한다. 생태학적 결론에 의하면, 우리가 사는 우주와 삶의 홀로스 속에서는 항상 피드백(feedback)이 이루어지고 있다. 또한 시스템의 관점에서 보면 인간 행위자는 피드백 과정의 한 부분이지 그것과 유리된 존재가 아니다(피터 센게, 1996: 109). 따라서 우리의 사고 영역에서도 피드백 되는 과정이 인지 될 수 있다. 만약 우리가 H 사고를 하면서 살고 있다면 사고의 피드백은 보다 빈번하게 일어날 것이다. 아울러 가정된 H 사고의 영역 안에서는 이루어지고 있는 피드백 사고는 H 사고의 윤곽을 보다 선명하게 밝혀 줄 것이다.

최초의 생명인 박테리아는 상호의존과 상호연결이라는 공생(共生)의 방법을 통하여 지금까지 살아남았다. 미국의 생물학자 린 마굴리스는 다세포 속에 살아가는 박테리아와 미생물들이 장기간의 공생을 통하여 새롭고 커다란 생물로 진화되었다고 주장한다. 예를 들어, 동물과 식물의 생명 유지에서 가장 중요한 역할을 하는 박테리아 중에 미토콘드리아가 있다. 이는 원래 산소호흡을 할 줄 알고 독자적인 유전물질을 가진 떠돌이 박테리아였다고 한다. 그런데 어느 순간에 다른 미생물 속으로 침입하여 진핵세포 내에서 생명 발전소로서의 역할을 하게 된 것이다. 지금 동물과 식물이 원시생물과 달리 호흡을 할 수 있는 것은 미토콘드리아의 생성 덕분이다. 마굴리스에 의하면, 산호호흡을 할 줄 아는 미토콘드리아의 침입과 이로써 성립된 세포 간의 협동관계는 "서로 합쳐진 생물들이 산소를 호흡하는 좀 더 복잡한 생물로 진화하게 된 것"이다. 즉 진화론적 관점에서 보면, 어느 정도의 협동을 향한 본능은 그 종(種)이 살아남아 번성하는 데 도움이 된다(마이클 마자르, 2000: 131). 생명은 공생(共生)이다. 이렇게 공생으로 시작한 박테리아들은 30억 년 전에 그랬듯이 오늘날도 지구생태계의 삶의 조건을 공생으로 조절하고 있다(프리초프 카프라, 1996/ 김용정 · 김동광 역, 1999: 314). 지금도 흙, 암석, 해양에 살고 있는 무수한 박테리아와 더불어 식물, 동물 그리고 인간에게 살고 있는 박테리아들은 끊임없이 서로 공생하면서 지구상의 생태계를 조절하고 있다.

공생으로 생명을 유지하는 기본단위는 세포이다. 세포는 외부에서 에너지를 받고 에너지를 방출하기 위해 신진대사의 과정을 거친다. 태초에 박테리아는 질소 박테리아, 효모 박테리아, 광합성 박테리아로서 서로 이중나선구조를 교환하는 공생의 방식으로 뜨거운 햇빛, 운석의 충돌, 화산 분출, 가뭄, 홍수 등 환경의 위협으로부터 살아남을 수 있었다. 초기 생명에서부터 공생은 생명현상을 강화하는 삶의 방식이었던 것이다. 한마디로 애초에 박테리아의 공생으로 생명이 태어났으며, 지금도 모든 생명은 공생으로 살아간다. 개미와 진딧물, 악어와 악어새, 꽃과 벌 등 지구상에는 수많은 생명들이 공생으로 살아간다. 하등생물인 중남미의 말파리는 자신의 알을 암모기의 배에 붙여 놓음으로써 알이 사람의 피부로 이전되어 여기서 부화할 수 있도록 한다. 이 밖에도 동물과 식물의 협동 및 공생과정은 무성생식까지 가능하게 했다. 이렇게 공생은 하등이든 고등이든 모든 생물체가 살아가는 가장 기본적인 삶의 원리가 되었다. 대부분의 물고기들이 주변의 산호초와 공생관계로 살아가고 있다. 우리가 먹고 배설하면 그 배설물을 먹고 미생물이 살아남는다. 바로 그 미생물은 먹이사슬의 최하층에서 먹힘으로써 생태계에 생명의 에너지를 다시 공급하게 된다. 공생의 관계가 재생의 관계를 야기하면서 우리의 생명시스템은 '연결망' 속에서 유지 발전된다는 사실이 밝혀지게 된다. 이러한 의미에서 김용학(2010)은 자신의 저서 『사회 연결망 이론』에서 오늘날 우리 사회는 '위계에서 연결망'으로 전환되었다고 설명한다. 따라서 현대인들은 연결망 사회에 살고 있다는 사실을 인정할 수밖에 없으며 모든 삶을 연결망의 개념으로 풀어나가야 한다고 주장한다. 한 예로, 김우식(2012)은 자신의 저서 『시장과 연결망 생산시장의 경제사회학적 분석』에서 시장을 연결망 개념을 분석하면서 생산과 소비의 복잡한 메커니즘을 설명하고 있다.

버틀란피의 열린 시스템을 칭송하는 생태학자들은 일찌감치 '재생'(recycling, reproduction)을 생태학의 핵심원리로 수립시켰다. 사이버네틱스 과학자 위너는 기계시스템에서조차도 입력은 출력에 영향을 받는다고 하면서 하물며 생명은 분명 "피드백시스템"이라고 주장한다. 여기서 피드백이 가능하다는 사실은 무엇인가가 모두 하나로 연결되어 있다는 것을 의미한다. 이런 의미에서 버나드 패튼(Bermard Patten)은 "생태학은 연결망이다"라고 선언하면서, "생명이 살고 있는 우리 생태계를 올바르게 이해하는 길은 연결 망을 이해하는 것"이라고 주장했다. 뉴멕시코 산타페연구소의 진화생물학자인 카우프만은 인간을 구성하는 약 100조 개에 달하는 모든 세포에서 유전자 연결망의 구조는 동일하다는 사실을 밝혀냈다. 따라서 지구생태계는 식물, 동물 그리고 미생물로 이루어진 지속 가능한 연결망의 생명공동체인 셈이다.

이제 생명은 공생(共生) 즉 상호관련 및 상호의존의 연결망 관계로 성립될 때 생태공동체를 가능하게 한다. 즉 공생을 통해서 개체의 생명현상이 가능해지는 것이다. 제주도 앞바다에 살고 있는 등푸른청소놀래기라는 작은 물고기는 제주 바닷속 먹이사슬로 보면 가장 하층에 속한다. 따라서 이들은 항상 큰 물고기들의 먹이가 된다. 그러나 도미, 곰치, 바닷장어 등 많은 물고기의 몸을 청소해 주면서 이들은 생명을 유지한다. 공생으로 이들은 살아남을 수 있는 여지를 넓히고 있다. 모든 생명은 상호의존이라는 연결망에 얽혀 있는 생태 공동체의 구성원이다. 인간이 생태계의 중심이 아니고 생명 자체가 우주의 중심이라는 사고체계를 바탕으로 할 때, 즉 인간 역시 다른 생명과 함께 생태계의 일부로 연결망 속에서 공생의 관계를 가질 때 비로소 삶의 환경 및 생태계(자연)는 유지될 것이다. 따라서 연결망은 공생과 상보적 관계가 되며, 이러한 관계는 네트워킹과 리사이클링의 속성을 가능하게 한다.

다음에 제시되는 네 가지 사고법 즉 공생 사고, 연결망 사고, 네트워킹 사고, 리사이클링 사고는 피드백 사고의 구성원들로서 H 사고에 한 걸음 더 접근할 수 있도록 해줄 것이다. 아울러 현실과 가상(추상)의 세계를 포괄하는 H 사고의 윤곽을 보다 선명하게 만들어 줄 것이다.

1) 공생 사고

독일의 사회학자 울리히 벡(Ulrich Beck)은 자신의 저서 『적이 사라진 민주주의』(2000)에서 구 세계에서 통용되던 자본주의 대(對) 공산주의, 우파 대 좌파, 노동 대 자본, 자연 대 사회라는 대립 변수는 이제 의미를 잃어버렸으며 두 개의 근대 사이의 대립도 사라졌다고 단언한다. 그에 의하면 적이 없어진 민주주의 사회에서는 사회 모든 분야에서 여러 사람이 동등한 주제로 참여하는 "원탁형 사회"가 될 것으로 전망한다. 더 이상 서로가 원탁에 둘러앉아 서로 협력하고 공생하지 않으면 살아갈 수 없다.

데이비드 브룩스(David Brooks)는 자신의 저서 『보보스: 디지털시대의 엘리트』(2001)에서 국가와 국경이 무너지고 편협한 민족주의도 자리를 감추면서 이제 지구촌에 이른바 "보보 카운티"(Bo-Bo County)가 형성된다고 전망한 바 있다. 그가 말하는 "보보"(Bo-Bo)는 지금까지 대립 개념이었던 "부르주아와 보헤미안"(Bourgeois & Bohemian)을 합친 말로서, 21세기 정보화 시대의 지배 엘리트를 의미한다. 지난 20세기는 우리 사회에서 80년대 여피(Yuppy)로 대변되는 부르주아와 60년대를 대변하고 80년대 반(反)부르주아의 대명사로 군림하는 히피(Hippy) 문화의 계승자인 보헤미안 간에 계층적 경계선이 명확했다. 부르주아가 전통과 도덕을 중시하는 현실적인 사람들이었다면, 보헤미안은 이를 비웃는 히피족 같은 사람들이었다. 그러나 21세기 지식정보사회를 맞이하면서 이제 부르주아와 보헤미안이 한데 뒤섞이고 있다. 오늘날 우리는 성, 도덕, 레저, 일의 모든 영역에서 누가 부르주아이고 누가 보헤미안인지 구분하기 쉽지 않다. 왜냐하면 많은 사람들이 양쪽에 발을 걸치고 있기 때문이다. 80년대 부르주아 문화는 보헤미안 문화를 만나면서 문화적 일탈을 경험하였다. 이들은 보헤미안 문화와의 접목을 통하여 성공의 야망을 새롭게 하면서 오늘날 새로운 문화 창조의 기수로 떠오르고 있다. 21세기 새로운 엘리트로 등장하는 '보보족'은 야망과 세속적 성공을 추구한다는 점에서 20세기의 부르주아와 공통된다. 그러나 자유와 진보, 야성과 자연, 창조성 등을 적극 추구한다는 점에서 이들은 히피와도 닮았다. 과거에 적대적 관계에 있던 계층들이 이제는 서로를 인정하고 서로의 장점을 살려 상호보완적으로 사고함으로써 새로운 시대의 뉴 리더가 될 수 있는 것이다. 이제 21세기 현대인들은 스스로를 보보족으로 자처하면서, 그 속에서 부르주아와 보헤미안이 서로 계층적 상대자나 비판자 또는 문화와 반문화의 대립으로서가 아닌 서로

서로 공생하고 상생하는 삶의 원리를 배우고 있다.

중국의 도가사상에서도 "유무상생의 원리"를 삶의 근본 원리로 가르치고 있다. 즉 실체와 허공은 서로 기(氣)로 연결되어 있고 기가 통하는 곳에 생명이 유지된다. 불교에서의 "색즉시공, 공즉시색"의 원리도 무가 유가 되고 유가 무가 되면서 생명이 발생한다고 가르친다. 서구에서도 현대이론물리학의 성립을 기점으로 에너지의 흐름으로 인하여 실체와 허공이 연결되어 있으며 입자가 파동이 되고 파동이 입자로 전환된다는 논리를 밝혀 놓고 있다. 보어(Niels Bohr)의 상보성이론에 의하면 실체와 허공 간의 상생의 원리는 보다 분명해진다. 이로써 고대 이래로 현대이론물리학이 태동하기 전까지 우리 인간의 역사를 지배해 온 서구사상의 근본인 실체와 허공 간의 대립관계가 무너진다. 즉 실체와 허공은 하나로 연결되어 있으며, 실체와 허공 간의 연결을 통해서 만물의 생명현상은 지속된다.

1986년 토인비상 수상자이며 미국의 역사학자인 브루스 매즐리시는 생각하는 기계인 컴퓨터로봇(컴봇)의 등장으로 인간과 기계간의 불연속은 급격히 메워지고 있다고 주장한다. 그는 드디어 프로그래밍과 인공지능이 인간의 은유 능력마저 흉내 내기 시작했다고 보고 있다. 이제 인간과 기계가 별개라는 생각을 유지하기 어렵다. 인류는 미래 대체 인간으로서 호모 컴보티쿠스의 출현을 기정사실화해야 할 것이다. 이런 맥락에서 사이버 심리학자 셰리 터클은 디지털 시대에 우리는 기계와 어떤 관계를 맺는 것이 타당하고 또 어떤 관계는 부적절한지 파악할 수 있어야 한다고 주장한다(사이언 그리피스, 2000).

이제 인간은 인간끼리 그리고 동물과 심지어 기계와도 함께 살아가는 공생의 진리를 배워야 한다. 지구공동체 속에서 공생으로 살아남아야 하는 사회에서 공생 사고를 하지 못한다면 살아남기 힘들 것이다. 모든 것은 서로 연결되어 있고 공생으로 살아남는다. 이러한 공생 사고를 구체화시키기 위해서, 이제 우리는 다음의 귀결 사실들을 숙지하고 실천할 수 있어야 한다.

첫째, 삶은 공생이다. 우리는 혼자만 살려고 하면 결국은 죽게 된다. 왜냐하면 애초부터 우주의 만물은 모두 서로 공생할 수밖에 없는 운명으로 태어났기 때문이다. 우리는 개미와 진딧물, 물고기와 해삼, 물고기와 산호초, 벌과 꽃, 악어와 악어새들은 공생으로 살아간다고 교과서에서 배웠다. 그러나 알고 보면 모든 생명이 다 공생으로 살아간다. 즉 지구상의 모든 생명체는 공생하지 않고 살아남을 수 있는 운명이 아니다. 특히 인간은 주변과 공생하지 않고는 단 한순간도 할 수 있는 것이 없다. 공생으로만 삶은 가능하다. 그래서 인간은 "사회적 존재"가 되는 것이다. 사회적 존재가 아닌 인간은 더 이상 인간이 아니다. 살아 있어도 그는 혼자로서는 품위를 잃는 것이다. 독신자, 독신녀라는 말은 공생하지 못하는 외로운 인간에 대한 대명사이다. 공자 말씀인 『논어』에 보면, "세 사람이 함께 걸어가다 보면 그중에 한 사람의 스승이 있다"는 말이 있다. 반드시 내가 누군가의 스승일 수 있으며 누군가가 나의 스승일 수 있다. 서로 의지하면서 살아남는 것이 인간이다. 의지함은 공생의 첫걸음이다. 물론 "천상천하 유아독존"이라는 말이 있다. 그러나 이는 부처의 경지에 오른 사람에게만 해당되는 말이다.

현대생태학적 결론에서도 지구상의 생물체는 생존을 위한 경쟁적인 투쟁보다는 협동과 창조성을 통해 더 많은 승리를 거둔다는 사실을 밝혀내고 있다(프리초프 카프라, 1996/ 김용정 · 김동광 역, 1999: 320). 이들이 밝혀낸 생태학적 패러다임은 인간중심 사고 대신 생명중심 사고로의 필연성이었다. 즉 인간이 우주의 중심이 아니고 생명 그 자체가 중심이며, 인간도 하나의 생명으로 다른 생명과 함께할 뿐이다. 또한 인간은 모든 동물과 자연의 주인이 아니고 동물, 자연, 인간은 모두 생명을 가능하게 하는 자연의 일부이다. 그러나 우리 인간들은 그동안 오만과 만용으로 독자적으로 살아남을 궁리를 해왔다. 모든 것이 독립 사고 때문이었다. 그러나 이러한 독립 사고의 결과는 인간에게 인간을 죽음으로 내모는 전쟁과 환경재앙만을 던져 주었다. 우리는 자연을 정복하고 남들을 지배함으로써 내가 더 강력한 생명력을 얻는 것으로 착각하여 왔지만, 실제로 우리는 이로써 생명을 잃어 가고 있고 있었다. 살아남기 위해 인간은 저마다 독립사고를 해 왔지만, 결국은 모두 죽어야 하는 공멸의 순간을 기다려야 한다. 이제 진정으로 살아남기 위해서 우리 인간은 인간의 본질로 돌아가야 한다. 인간의 본질적 사고는 독립 사고가 아닌 공생 사고였다.

둘째, 삶은 영원한 보충이다. 우리 인간은 서로 보완하는 가운데에서 살아남는다. 삶의 상보적 특성(相補性) 때문이다. 1998년 노벨 경제학상 수상자이며 인도 출신으로 경제학의 테레사 수녀로 알려진 아마티아 센(Amartya Sen)은 자신의 저서 『자유로서의 발전』(2000)에서 인간이 누려야 할 자유를 정치적 자유, 경제적 편의, 사회적 기회, 투명성 보장, 보호적 안전 등 다섯 가지로 분류하면서 이들 자유는 상호작용을 통해 상호보완되고 강화되는 상보적 성격을 갖고 있다고 설명한 바 있다. 내가 돈을 많이 벌어도 이웃이 헐벗고 굶주리고 있으면 우리의 삶은 풍족한 것이 아니다. 내가 정치적으로 자유를 누리고 있어도 이웃이 억압과 압제 속에서 신음하고 있다면, 인류는 아직 자유로운 것이 아니다. 모든 것이 상호인정되지 않고 상호보완되지 않는다면, 우리에게는 아무것도 이루어지는 것은 없다. 프랑스의 민속학자인 장 피에르 바르니에는 세계화란 상품 · 자본 · 인력 · 기술 · 풍습 등이 국경을 넘어 자유로이 이동함으로써 국가 간 상호의존성이 증가하는 현상으로 규정한다(바르니에, 2000).

이 세상에서는 어떤 것도 쓸모없이 태어나는 것이 없다. 다만 우리가 의도적으로 무엇인가를 배척하면서 쓸모없는 것으로 만들고 있을 뿐이다. 예를 들어, 학교에서 공부 못하는 아이들을 학교시스템으로부터 낙오시킨다고 해보자. 이로써 학교는 한 인간을 인위적으로 가치 없는 것으로 만들어 놓는 것이다. 그러나 그 아이가 세상에서 아주 없어지는 것이 아니라는 사실이 중요하다. 즉 시스템에서 낙오시키고 제외한다고 해도 그는 엄연히 목숨이 끝나는 날까지는 계속해서 존재한다. 이들은 비록 시스템에서 낙오되었지만 시스템 속에서 살아가는 자들과 같은 공간에서 공존하게 된다. 심지어 시스템에서 이탈된 이들은 비행과 탈선 그리고 일탈에 빠지고 심지어 범죄에 가담하게 되면서 — 물론 다 그런 것은 아니지만, 과거 지존파 사건에서 보면 — 사회 전체에 막대한 피해를 주게 된다. 왜냐하면 시스템 기본 원리에서는 환경으로 산출된 결과물이 다시 투입되기 때문이다. 결국 공생의 원리가 깨지는 순간은 모두가 공멸로 가는 것이다. 따라서 공생을 위해 우리 인간들은 서로서로를 보완하면서 살아갈 궁리를 해야 한다.

인간에게는 누구에게나 반드시 모자라는 곳이 있다. 때로는 완벽한 것 같아도 죽는 날까지 완벽하지 못한 게 인간이다. 우리 인간들은 모두 애초에 "결핍존재"(A. Gehlen)로 태어난다. 따라서 서로서로 보충해 주고 보완해 주면서 공생할 수밖에 없다. 삶은 전체 속에서만 삶이 된다. 바로 이러한 근거에서 H 사고가 요청된다. 공생을 위해 우리는 전체성 사고에 익숙해져야 한다.

하이젠베르크에 의하면 원자의 질량이나 운동량은 결코 정확히 측정될 수 없다. 왜냐하면 과학자는 초연한 관찰자가 아니며 대상에 미치는 주관의 영향에 따라 대상 세계는 관찰될 수 있기 때문이다. 바로 이것이 원자 실재론의 한계이다. 이러한 현상을 보어(Niels Bohr)는 "상보성"(相補性, complementarity)의 개념으로 설명하고 있다. 물론 상보성 개념은 입자와 파동은 상호보완적이라는 의미에서 비롯된다. 보어는 상보성 개념으로 아직 결정되지 않는 물리학주의(phytsicalism)와 생명주의(vitalism) 사이를 중재하려고 했으며, 이러한 상보성 개념을 입자와 파동의 이원론같이 양자역학에서 제외된 개념들을 정당화하기 위해 사용했다(Mainzer, 1997: 90). 보어의 상보성이론은 "둘 중에 하나만 참"이라는 인식론적 전통으로 보면 모순이다.[2] 그러나 복잡계이론에 대한 이해가 시작되면서 보어의 상보성이론에 대해서 학자들은 이를 잘못된 이론으로 여기는 대신, 오히려 두 관점 즉 입자설과 파동설을 보다 포괄적인 홀로스 속으로 용해시키는 이론으로 해석하면서 상보성 이론은 커다란 새로운 이론적 울타리로 등장하게 된다(Volker, Schreicher & Walton, 1996: 102). 상보성이론의 등장으로 우리는 우주만물의 생성과 멸망 그리고 운동을 서로 보충적인 관계로 이해할 수 있는 계기를 마련하게 되었다. 상보성원리는 나중에 "모든 생명 중에 쓸모없는 것은 하나도 없다"는 생태학적 패러다임과도 일치된다. 특히 상보성이론은 고전물리학과 달리 주관과 객관 간의 상보적 관계를 잘 설명해 준다. 즉 주관과 객관은 서로 무관하게 존재하거나 대립적으로 고독하게 존재하는 것이 아니라, 서로 영향을 주고받을 수밖에 없는 관계 속에 들어 있다.

2) 연결망 사고

공생을 통해 생명이 연결되어 있다는 사실을 알게 된 이상, 이제 우리는 연결망 사고를 할 수 있어야 한다. 연결망 사고 속에서 우리는 생명의 피드백 과정을 인지할 수 있게 된다. 생명이 피드백되는 과정 속에서 습득되는 피드백 사고를 통해서 우리는 보다 윤곽이 명확해지는 H 사

2) 보어의 상보성 개념은 물리학적 법칙이 아니고 양자역학에 대한 철학적 해석이었다고 할 수 있는데 특히 에어빈 슈뢰딩거에 의해서 거절되었다(Mainzer, 1997: 90).

고로 한 걸음 더 나아갈 수 있다.

우리는 이미 생명을 이해하는 데 있어서 패턴의 의미와 중요성을 보았다. 생명의 핵심을 패턴으로 본다면 이는 "연결망 패턴"으로 간주될 수 있다. 예를 들어, 사이버네티스트들은 뇌를 신경의 연결망 즉 신경망으로 이해하기 시작하였으며, 이러한 연결망 속에서 인간들이 서로 의사소통을 한다는 사실을 알아냈다. 또한 연결망 간의 의사소통은 생물에게 자기조직화를 가능하게 한다. 이로써 생물시스템은 생명력을 얻게 된다. 자기조직화하지 못하는 생물은 더 이상 살아 있는 생명체가 아니며 단순히 프로그램화된 기계일 뿐이다. 생물은 자기조직화의 능력 때문에 소멸하려는 경향의 엔트로피를 상쇄할 수 있으며, 서로서로 차별화되어 특성화될 수 있다. 차별화와 특성화는 바로 생물들이 생명을 유지할 수 있는 또 하나의 비법이기도 하다. 이러한 연유에서 마투라나와 바렐라는 살아있는 연결망의 핵심적 특성은 그것이 끊임없이 스스로를 생산한다고 주장한다(프리초프 카프라, 1996/ 김용정 · 김동광 역, 1999: 215).

우리는 부존자원이 풍부한 선진국을 부러워하면서 석유 한 방울도 안 나오는 조국 현실을 불행으로 토로하곤 한다. 그때마다 외국인들은 우리에게 "당신 조국은 석유보다도 훨씬 훌륭한 천혜자원을 가지고 있으면서도 엄살을 부린다"고 반박한다. 과연 그들이 꼽고 있는 우리 한국의 천혜의 자원은 무엇일까? 그것은 바로 "갯벌"이다. 이 지구상에서 한반도 주변에 펼쳐져 있는 갯벌만큼 훌륭한 보고를 가지고 있는 나라는 없다고 한다. 그런데 우리는 이미 서해안 간척사업을 통해서 엄청난 갯벌을 다 없애고 새로운 국토를 얻었다고 잔치를 벌리고 있다.

갯벌을 옥토로 만들면서 오히려 모든 것을 잃고 있다. 혹자는 반문할지 모른다. 겨우 갯벌 하나 메운다고 우리의 삶이 어찌 될 것인가? 그러나 이제 갯벌 정복으로 우리는 지구 생태계 파괴의 주범으로까지 내몰리고 있다. 갯벌이 사라진 바닷가에 콘크리트 방벽이 쌓이면서 갯벌 속의 생물체는 고사하고 갯벌 생물체와의 먹이사슬로 연결되어 있던 바다 생태계 전체의 생명체는 사라졌다. 생물체의 죽음은 생물계에서 멈추지 않는다. 우주 공간에서 이로 인한 기상이변의 악조건이 창출되고 있다. 생태계 파괴의 주범으로 국제재판소의 형장에 끌려나가기 이전에, 생태계는 이미 알게 모르게 죽음을 맞이해야 할 지경이다. 갯벌을 막아 옥토로 만들었다는 환희와 축제는 결국 우리 모두가 빨리 죽어 없어지고 싶다는 절규였다. 중앙아시아의 내륙지방에 존재하는 아랄 해의 경우는 주민들이 면화 재배를 위해 강줄기를 돌려놓는 바람에 현재 바다의 면적이 원래의 반으로 줄어들었다. 앞으로 20년 뒤에는 아랄 해가 지구상에서 사라질 전망이다. 또한 강물이 유입되지 않는 바닷가에서는 세찬 바람과 소금 폭풍 때문에 면화 농사도 폐농(廢農)의 위기에 몰리게 되었다. 아랄 해의 사례는 인위적이고 강제적인 생태계의 조작으로 인하여 인간이 얻을 수 있는 것은 없다는 명백한 교훈을 주고 있다.

현대이론물리학과 생태학에서는 이미 우리의 생태계가 모두 하나로 연결되어 있음을 밝혀 주었다. 또한 우주와 생태계에서는 하나가 죽으면 다른 것도 죽을 수밖에 없는 공동운명체임을 확인시켜 주고 있다. 동양사상에서도 모든 연(緣)은 연결고리 속에 있다. 그래서 인연(因緣)이라고 한다(김용운, 2001). 불교의 윤회사상에서는 생(生)과 사(死)도 연결되어 있다. 우리 인간의 삶은 연결망 시스템에서 벗어나지 못한다. 결국 우리는 연결망 사고를 해야 하는 것이다. 연결망 사고는 본능이다. 따라서 연결망 사고를 하지 못하는 자에게는 죽음만이 기다리고 있을 뿐이다.

실제로 인간의 삶은 모든 구석이 하나로 연결되어 있다. 나의 몸속에 연결되어 있는 세포, 조직, 기관 그리고 순환기계, 호흡기계, 호르몬계 등이 하나의 연결망으로 존재할 때 생명은 보장된다. 피가 안 돌면 아픈 것이고, 숨을 쉴 수 없으면 이미 시체이다. 세포 및 조직 하나의 고장은 신체 전반에 어떻게든 영향을 미친다. 우리의 몸밖으로도 지구상의 모든 생명이 단 하나의 예외도 없이 연결되어 있다. 심지어 무생물도 생물과 연결되어 있다. 먹으면 배설해야 하고 배설은 다시 취득한다. 외부로부터 산소를 공급받고 동식물을 먹음으로써 아니면 직접 피부로 햇빛에너지를 취득하여 삶을 유지할 수밖에 없는 인간은 결국 외부 환경과의 연결망 속에서 삶을 부지하고 있는 셈이다. 연결망을 벗어나는 순간 삶은 죽는다.

반세기 전 미국의 환경운동에 불을 지핀 장본인인 레이첼 카슨(Rachel Carson)은 자신의 저서 『조용한 봄』(*Silent Spring*, 1962)에서 우리 인간의 운명은 다른 동물들의 운명과 긴밀히 연결되어 있다고 하면서 이미 수많은 동물들에게 발생하는 이상한 재앙들이 앞으로 우리 인간들에게도 똑같이 발생할 것이라고 경고하고 있다. 페이스 팝콘(Faith Popcorn)과 리스 마리골드(Lys Marigold)는 자신들의 저서 『클릭! 미래 속으로』(1999)에서 미래 소비 트렌드를 17가지로 분류하고 있다. 그중에 "유유상종 트렌드"라는 것이 있다. 즉 같은 성향과 취향을 가진 사람들 끼리끼리 뭉치고 모여 다니면서 소비한다는 말이다. 한마디로 시장에서의 소비 경향도 이제는 연결망 시스템 속에 들어 있다. 인터넷 속에서는 공동구매 사이트가 범람하고 있으며 다단계 판매조직이 성행하고 있다. 심지어 인터넷의 자살 사이트나 스와핑 사이트에도 동호인들이 몰려들고 있다. 물론 가치 차원에서 본다면 이러한 것은 바람직한 상황이 아닐 수 있다. 그러나 이는 우리의 현실이 모두 연결망 시스템이라는 사실을 단적으로 보여 주는 극명한 사례가 아닐 수 없다. 특히 인터넷을 통해 날로 확산되는 각종 동호회의 조직들은 우리가 연결망 시스템 사회에 살고 있음을 알려 주는 대표적 대목들이다. 물론 오래전부터 클럽이라는 연결망 조직이 있었다. 오늘날 우리 사회에서 연결망 시스템이 더욱 복잡화되고 활성화된다. 또한 인터넷의 연결망을 잘 뒤지다 보면 초등학교 동창생 찾기가 수월해졌다. 조기축구회가 활성화되더니 이제는 모든 사회체육이 동호회원의 연결망으로 구성되어 있으며, 시민운동이나 환경운동 그리고 노조운동 등 각종 사회운동들도 모두 연결망 조직으로 구성된다. 최근에는 로또 및 복권 동호회가 등장하여 소위 대박을 함께 나누고 있으며, 키 작은 사람들의 모임, 뚱뚱한 사람들의 모임을 비롯하여 노사모(노래를 사랑하는 모임), 야달려(야간에 달리는 여자들의 모임) 등의 작은 모임들이 활성화되고 있다. 모두 연결망 시스템을 구성한다. 이제 연결망 시스템 사고는 시대적 요청이며 현실적 사고임에 분명하다.

샘 힐(Sam Hill)과 글렌 리프킨(Glenn Rifkin)은 자신들의 저서 『래디컬 마케팅』(1999)에서도 소비자 연결망 공동체를 조직하는 일이 강력한 마케팅에서 성공하는 10대 원칙 중의 하나임을 강조하고 있다. 미국 예일대학교의 경영학 교수인 제프리 E. 가튼은 자신의 편저 『글로벌 경쟁력』(2001)에서 제3세계 신흥시장에서 성공하기 위해서는 정보수집 시스템을 강화하고 평소 현지 기업인 및 정부관료들과의 긴밀한 연결망 시스템을 유지해야 한다고 주장한다. 그 이유는 바로 그곳에는 항상 국경 분쟁과 내란의 가능성이 상존하고 있기 때문에 이러한 위험성을 피하기 위해서는 어쩔 수 없다는 설명이다. 좀 얄팍하고 궁색하고 경제적 차원에서만 국한된 이야기 같지만, 이곳 경제시장의 현실은 바로 연결망 시스템으로만 살아남을 수 있다는 결론이다. 신기한 것은 우리 인류가 세운 발명의 역사도 거의 모두 연결망으로 이어져 있다는 것이다. 예를 들어, 토머스 뉴커먼이 펌프 기관을 발명하고 프랑스인 드니 파팽이 피스톤 구동 증기기관을 발명하자 제임스 와트가 증기기관을 발명했다(G. I. 브라운, 2000).

전 세계적으로 다단계 판매는 불법으로 간주되고 있다. 왜냐하면 정치적으로 심각한 사회문제를 초래하기 때문이다. 그러나 따지고 보면 다단계 판매는 엄청난 수익을 가져다 주는 최고의 마케팅 방법이다. 이는 인간의 삶의 본성이 연결망으로 회귀한다는 사실을 최대한 적용한 경제 원리이다. 이는 생명윤리와 생명공학이 대결하는 논리와 같이 분명히 21세기 최적의 마케팅 원리이지만, 정치도덕의 문제와 맞서고 있다. 하여간 연결망 사고는 인간의 본성이며 삶의 진수일 것이다. 특히 21세기 정보화 사회는 이러한 연결망 사고를 보다 유용한 사고로 허용한다.

시스템이론가들에 의하면, 생명시스템은 자기조직적이고 자기갱신적인 오토포이에시스(autopoiesis)의 조직이다. 생명은 항상 열린 시스템으로서 주변과 상호교환할 때 자기갱신이 이루어진다. 자기갱신으로 현상하는 생명들은 서로서로 자기갱신을 도와준다. 마투라나와 바렐라는 자기창조의 현상에 내재하는 보편적 패턴을 오토포이에시스 즉 자기갱신이라는 개념으로 설명하고 있다. 인간생태학자 아모스 홀리(Amos H. Hawley)는 이러한 자기창조로 생태학적 확산이 이루어진다고 설명한다(홀리, 1950/ 홍동식 외 역, 1995: 27). 결국 자기갱신적인 생명들은 다른 생명들의 자기갱신에도 자극을 주게 된다. 왜냐하면 생명시스템은 연결망으로 존재하기 때문이다. 상호갱신을 통해서 생명은 열린 시스템으로 가능하며 열린 시스템의 연결망 속에서 생명시스템의 항존성은 보장된다.

이러한 연결망 사고를 구체화시키기 위해서, 이제 우리는 다음의 귀결 사실들을 숙지하고 실천할 수 있어야 한다.

첫째, 삶은 "관계"이다. 일반적으로 우리는 대상적으로 생각한다. 나는 생각하고 상대는 생각의 대상이다. 그러나 실제로 우리는 하나의 대상만을 사고하는 것이 아니라 대상과 대상 간의 관계를 사고하고 있는 것이다. 즉 전체적 맥락으로 사고하는 것이다. 그러나 우리가 습관적으로 대상만을 생각한다고 여긴다. 그러니 이는 매우 의도적이며 조작적이다.

즉 대상을 대상으로만 생각하고 싶은 것이다. 왜냐하면 대상 하나만을 생각하면 단순하게 끝나지만, 관계를 생각하면 복잡해서 골치가 아프기 때문이다. 당장의 편리함을 추구하기 위해 우리는 관계적 사고를 회피하고 대상적으로만 생각하고자 한다. 복잡한 세상에서 단순하게 사는 것은 건강에는 좋다고 한다. 그러나 문제는 단순한 사고를 가진 사람들은 세상에서 왕따를 당하고 무시당하게 된다는 사실이다. 우리는 그를 "단순한 사람"이라고 비하한다. 심지어 단순한 사람들이 치매에 걸릴 확률도 높다는 임상 결과도 발표되고 있다. 관계 사고는 H 사고로 가는 중요한 길목이다. 왜냐하면 부분에서 전체로의 전환은 대상에서 관계로의 전환이라고 볼 수 있기 때문이다(프리초프 카프라, 1996/ 김용정 · 김동광 역, 1999: 60). 이러한 맥락에서 레이먼드 조는 자신의 저서 『관계의 힘』(2013)에서 "우리는 보이지 않은 끈으로 연결되어 있다. 그것이 바로 관계이다"라고 말한다. 한마디로 우리는 "관계적 자아"(권진숙, 2013)를 가지고 태어난다.

아리스토텔레스는, "인간은 본성적으로 정치적 동물이다. (…)그리고 인간은 유일하게 이성을 지닌 동물이다"라는 말과 함께 그의 『정치학』을 시작하고 있다(아리스토텔레스, 1996). 즉 인간은 정치적이면서 동시에 이성적이다. 따라서 그에게서 정치적-이성적 동물로 표현되는 인간은 원래부터 이성과 언어를 바탕으로 타인들과 정치적(사회적-사교적)으로 살아간다는 의미는, 이들이 서로 합리적 "관계의 시스템"을 구성하고 그 속에서 "상호의사소통"을 하면서 관계적으로 살아가는 특이한 종이라는 뜻이다. 미국의 사회학자 마이클 부라보이는 자신의 저서 『생산의 정치』(2000)에서 노동자들이 기계에 매달리면서 비인간화되고 소외되지만, 공장 안에서의 협력과 지배의 관계들까지도 (재)생산된다는 점에 주목하고 있다. 이런 근거에서 그는 노동자들이 보다 적극적이고 능동적으로 관계 사고를 할 것을 권한다. 미국의 세계적인 경영 컨설턴트 회사인 버슨 마스텔러의 최고

경영자(CEO)인 크리스 코미자에프스키와 전업주부로서 9명의 아이를 기르는 그의 부인 레이나 코미자에프스키 부부는 자신들의 저서 『땅콩 버터와 젤리 경영』(2001)에서 개성이 강한 전문가 집단이 늘어나는 디지털 시대의 리더십은 다르다고 주장한다. 종전처럼 리더십이란 다스리는 사람으로 군림하는 것이 아니고, 식탁에 짝꿍처럼 나란히 오르는 땅콩 버터와 젤리처럼 자연스럽게 연결되어 있기 때문에 아이들의 개성과 개성을 조율하고 관계를 잘 조정하고 연결시키는 조율사 내지 도우미 역할의 부모와 같은 것이어야 한다. 폴 그린버그(Paul Greenberg)는 자신의 저서 『디지털 시대의 CRM』(2001)에서 현대의 소비자들은 오늘날 마우스의 속도로 의사결정을 내린다고 진단한다. 이들은 자신들의 요구를 반영하지 못하고 이해할 수 없는 기업과 상품에 대해서는 단 1분도 인내하지 못한다. 따라서 마케팅이 추구해야 하는 최선의 고객유치방법은 "고객과의 관계를 관리"(CRM)할 수 있는 능력이 있어야 한다고 조언한다. 피에르 레비(Pierre Levy)는 자유로운 정보교환과 개방적 의사소통은 새로운 지식과 아이디어를 자극하는 지식공동체의 필수조건이며 사이버 문화공동체의 경쟁력을 제고하는 관건이라고 주장한다. 일본의 미래학자이며 사회학자인 미즈코시 신은 100년 후에도 디지털 미디어사회에서 인간과 미디어와의 관계는 미래에도 계속될 것이라고 하면서, 지금까지의 미시적 관계에서 거시적 관계로 바뀌어야 미래의 삶에 비전과 전망이 주어질 것이라고 주장한다.

우리가 축구나 농구 경기를 관람하면서 즐거워하는 이유는 바로 '관계 사고' 덕분이다. 축구 경기에서 우리는 골 넣은 한 선수만을 쳐다보지 않는다. 우리는 골이 터지는 순간 알게 모르게 어떻게 골이 연출되었는가에 보다 관심을 갖는다. 과거에는 골을 넣은 사람만 스타가 되었지만, 오늘날은 누가 어시스트를 하고 도움을 주었는가 하는 것도 관심의 대상이다. 골만 잘 넣어서는 안 되고 어시스트도 잘 해야 MVP가 된다.

관계 사고는 사고의 본질이며 재미까지 더해 준다. 관계 사고에 능한 사람 일수록 여러 선수들의 콤비네이션으로 이루어지는 구기종목을 선호하고, 관계 사고가 약한 사람일수록 개인경기를 선호한다. 조지 니덤과 프리고진은 중국인들이 유기적 자연관을 가진 관계의 민족이고 관계 사고에 능숙하다고 한 적이 있다(장파, 1994/ 유중하 외 역, 2000: 59). 중국과 같은 문화권에 살고 있는 우리들에게 관계 사고는 그리 불편한 사고가 아니다. 따라서 관계 사고는 우리들에게 보다 유리하고 친숙한 사고의 유형이 될 수 있을 것이다. 관계 사고는 모두가 연결되어 관계가 있다는 사실을 고려함으로써 시작된다. 관계 사고는 연결망 사고로 가는 지름길인 셈이다. 연결망 사고를 통해서 우리는 피드백 사고를 하게 된다. 이는 분명히 전체를 어우르는 H 사고로 넘어가는 중요한 단계가 된다.

둘째, 삶은 "그물망"이다. 1970년 물리학자 제프리 츄(G. F. Chew)는 자신의 "구두끈 이론"(Bootstrip theory)에서 물리적 우주를 상호연관된 사건들의 역동적 그물망으로 보았다(프리초프 카프라, 1996/ 김용정 · 김동광 역, 1999: 62). 자연은 서로 연결된 관계들의 그물망으로 간주된다(프리초프 카프라, 1996/ 김용정 · 김동광 역, 1999: 64). 생태학적 패러다임으로 살게 되면서 우리는 살아 있는 세계가 그물망으로 연결되어 있다는 사실을 이해하게 된다. 삶은 그물로 짜여진 망 속에 들어 있다. 이러한 현상은 우리 인간들이 그물에 걸린물고기처럼 살아갈 수밖에 없는 운명임을 알려준다. 그물망 속에서 우리는 그물망 사고(web-thinking)를 할 수밖에 없다. 이는 연결망 사고라고도 한다. 20세기 월드와이드웹(www)의 출현은 완전한 지구촌 사회에서의 생존 방식은 그물망 사고에서 연유될 수 있을 뿐이라는 사실의 신호탄이었다. 이미 그물망 사고는 우리의 자연관뿐 아니라 과학지식에 대한 표현방식에까지 영향을 미쳤다.

돈 탭스콧(Don Tapscott)은 자신의 저서 『N세대의 무서운 아이들』

(1999)에서 N(Network)세대의 특성은 빛의 속도로 상호작용이 가능한 인터넷의 매체 특성에서 비롯되며, 상대방과의 자유분방한 대화를 통해 정서적 안정과 지적 성숙을 도모한다고 주장한다. N세대에게서는 지적 창의력을 가치 있게 생각하며 사회와 가정의 일방적 통제와 명령 대신 집단과 그물망 속에서의 개방적인 의사소통과 신뢰를 바탕으로 자신의 영역을 구축한다. 포스트모던의 사회학자인 미셸 푸코는 이들 넷(Net)세대들은 "힘의 그물망"(web of power)을 형성하면서, 또 다른 권력에의 의지를 확장시킬 것이라는 건전한 전망을 하기도 한다.

우리는 그물망으로 사고함으로써 구체적으로 연결망 사고에 보다 접근하게 된다. 그물로 연결된 망 속에서 전체를 파악하게 되면서 피드백 관계를 이해하게 되고 피드백 관계 속에서 보다 윤곽이 뚜렷해지는 삶의 홀로스에 접근하게 된다. 이제 우리는 H 사고만이 생명의 유일한 선택임을 서서히 인정하게 된다.

3) 네트워킹 사고

적극적인 그물망 사고를 하다 보면 우리는 자연스럽게 네트워킹 사고를 하게 될 것이다. 인간과 인간 간의 그물망은 육체적-생리적 또는 사유(思惟)의 차원으로도 이루어지지만, 언어적 대화를 통하여 보다 확고히 구축되는 경우가 더 많다. 특히 인간과 인간 간의 의사소통으로 이루어는 그물망은 네트워킹 그 자체이다. 오늘날 21세기 의사소통은 네트워크 시스템을 통하여 이루어진다. 이런 맥락에서 도나 피셔는 자신의 저서 『파워 네트워킹』(*Power networking*/ 김군식 역, 2003)에서 네트워킹이란 사람과 사람이 연결됨으로써 정보를 교환하고 조언과 도움을 주고받는 일종의 커뮤니케이션이라고 설명한다. 또한 비즈니스도 네트워크로 이루어진다. 분산 네트워크 시스템은 오늘날 전체 경제의 기반이다. 예를 들어, 은행의 예금자와 대출자가 모두 분산 네트워크 비즈니스 웹망의 고객이 된다(돈 탭스콧 · 데이비드 티콜 · 알렉스 로위, 2000: 222).

그런데 네트워킹은 인간이 살아가는 본능이며 본질이다. 신경세포인 뉴런으로부터 또 다른 뉴런으로 신호를 전달하는 뉴런의 의사소통 구조에 대해서는 19세기 말~20세기 초 뇌신경세포의 상호작용으로부터 밝혀졌다(Mainzer, 1997: 121). 물론 시냅스 연결을 사람들이 눈으로 직접 관찰할 수 있었던 것은 1950년경 전자현미경이 발견된 후의 일이다. 인간의 뇌에는 100억 개의 신경세포(뉴런)가 들어 있으며 뉴런들은 무려 1조 개의 접합점(synapse)을 통해 거대한 망으로 연결되어 있다(프리초프 카프라, 1996/ 김용정 · 김동광 역, 1999: 117). 각 뉴런은 다른 세포로부터 투입을 수용하고 투입을 통합하며 산출물을 만들어 내고 다른 뉴런으로 그것을 보낸다(Mainzer, 1997: 123). 뇌는 바로 이러한 뉴런의 그물 같은 연결망 속에서 서로 의사소통을 할 수 있게 된다.

이러한 근거에 대해서 미국의 실용주의 철학자이자 심리학자인 윌리엄 제임스(William James)는 자신의 저서 『심리학』(1890)에서 다윈의 진화론적 입장을 옹호하면서, 인간의 두뇌도 살아남기 위해 구조화되는 것이지 추상적으로 생각하기 위해 구조화되어 있는 것이 아니라고 설명했다(Mainzer, 1997: 121). 즉 뇌와 환경, 마음과 세계는 함께 적합한 상호 조건을 창출하면서 진화한다. 바로 이러한 근거에서 뇌의 신경세포는 서로 의사소통하게 되는 것이다. 한마디로 인간은 두뇌조차 살아남기 위한 본능적 수단으로 의사소통의 네트워킹을 수행한다. 이반 미스너과 돈 모건은 자신들의 저서 『휴먼 네트워킹』(*Masters of networking*/ 윤형섭 역, 2011)에서 인간은 태어나면서부터 언제나 네트워킹하며 서로 돕고 성장해나가는데, 이

때 휴먼 네트워킹은 수많은 아이디어와 정보를 제공하고 기회와 정서뿐만 아니라 상호 신뢰와 협력을 강화하면서 살면서 가장 강력한 자본이 된다고 주장한다. 따라서 오늘날 많은 기업들은 인간의 신경계와 같은 네트워크 구조를 이용하여, 지역적으로 광범위하게 퍼져 있는 기업 전체에 복잡한 정보를 배분하거나 통합할 수 있도록 하고 있다(존 레딩 · 랄프 카타라넬로, 1994: 281).

이런 맥락에서 그레고리 베이트슨은 자신의 저서 『마음의 생태학』(원제: Steps to an ecology of mind/박대식 옮김, 2006)에서 인간과 사회, 종과 우주는 나와 타자가 아닌 전체적으로 관련된 상호작용의 연결망으로 이루어져 있다고 하면서 마음이 이의 인식을 가능하게 한다고 설명한다. 모든 살아 있는 시스템들은 그보다 작은 구성요소들로 이루어진 연결망이며 전체로서의 생물의 그물망은 다른 살아 있는 시스템들과 포개 있는 살아 있는 시스템들의 다층적인 구조이다(프리초프 카프라, 1996/ 김용정 · 김동광 역, 1999: 276). 그러나 이러한 다층적 구조와 시스템들이 서로 연결될 수 있는 촉매의 역할은 각 시스템에 따라 달라진다. 예를 들어, 인간 사회는 "언어"로 연결되어 있다. 생태학자 마투라나와 바렐라에 의하면 사회성 곤충들의 결합이 개체들 사이의 화학물질 교환을 그 기반으로 삼는 데 반해, 인간 사회의 사회적 단위들은 언어의 교환을 기초로 한다(Humberto Maturana and Francisco Varela, The Tree of Knowledge, Boston: Shambuhala, 1987: 89). 특히 독일의 사회학자 니클라스 루만은 이러한 근거에서 자신의 사회시스템이론을 발전시켰는데, 그의 주장의 핵심은 자기제작하는 연결망의 사회적 과정들을 의사소통의 과정과 동일시했다(프리초프 카프라, 1996/ 김용정 · 김동광 역, 1999: 280).

오늘날 첨단 테크놀로지의 발전에 따라 구축되는 인터넷 네트워크를 활용하여 의사소통시스템을 가속화시키는 사고유형을 우리는 네트워킹(networking) 사고라고 한다. 우리는 인터넷 네트워크 시스템을 기반으로 하는 지구공동체의 지구촌사회에 살고 있다. 이미 오래전에 새뮤얼 모스(1791-1872) 등에 의해 텔레그래프가 발명되고, 1858년 유럽과 미국을 연결하는 텔레그래프 케이블이 깔리면서 세계는 하나의 세계로 묶이고 있었다(톰 스텐디지, 2001: 18). 마누엘 카스텔은 『네트워크 사회의 도래 정보시대: 경제, 사회, 문화』(원제: *The Network Society A Cross-Cultural Perspective*, 2005/ 김묵한, 박행웅, 오은주 역, 2014)에서 컴퓨터를 매개로 하는 커뮤니케이션은 사람들이 쌍방향으로 다국적인 채팅을 통해서 흥미와 관심에 따라서 모일 수 있게 해주는 실시간 통신을 네트워크 사회를 가능하게 하였다고 주장한다. 21세기 정보고속도로 인프라의 확충으로 네트워크 사회는 보다 촉진될 전망이다. 미래 네트워크 사회에서 우리는 네트워킹에 익숙하지 않고는 단 한 순간도 살아남기 힘들게 되었다. 정치, 경제, 사회가 모두 네트워크에 의해 구성되기 때문에, 네트워크에 의존하지 않는 사회현상은 조만간에 사라질 것이다.

이러한 현상은 우선 경제시스템에서 두드러지게 나타난다. 오늘날 소비자들은 자기 입에 딱 맞는 맞춤 제품을 구매한다. 이러한 점에 착안해서 데이비드 보벳과 조지프 마샤는 앞으로 기업들이 이러한 고객의 까다롭고 개별화된 구미에 맞는 제품을 비즈니스하기 위해서는 전혀 새로운 비즈니스의 네트워크 즉 벨류 넷(value net)을 활용해야 될 것으로 전망하고 있다(보벳 · 마샤, 2001). 과거에 생산자들은 일단 대량으로 물건을 만들어 놓으면 누군가가 구매할 것이라는 가정하에 재화를 분배할 수 있는 마케팅 라인을 구축하였다. 그러나 오늘날 생산자들은 소비자의 가치 즉 개인의 벨류(value)를 쫓아다니면서 고객 스스로가 가치 있게 생각하는 제품과 서비스를 선택할 수 있도록 주문생산의 마케팅을 해야 상품을 판매할 수 있다. 다시 말해서, 신속하고 신뢰성 있는 상품을 제공하는 가치망을 통해 고객서비스와 정보 네트워크를 효과적으로 활용할 수 있는 기업만이 성공할 수 있다는 이야기이다. 이는 중간 유통과정이 생략된 기업과 고객 간의 전자상거래망인 B2C(business-to-consumer)의 직접 네트워크하에서 가능해진다. 전자상거래, 인터넷 뱅킹, 홈쇼핑 그리고 온라인 슈퍼마켓 역시 네트워크 사회의 대표적 추세이다.

우리 부모들은 어린 자녀가 분수도 모르고 비싼 유명 메이커나 유명 브랜드의 상품만을 선호한다고 질책한다. 실제로 브랜드만으로 상품의 우수성을 알아내는 것은 어렵다. 안드레아스 부흐홀츠, 볼프람 뵈르데만은 자신들의 저서 『다섯 가지 성장 코드』(2001)에서 독일 맥주회사의 톱 매니저들에게 눈을 가리고 어느 것이 맛있으며 자기 회사의 맥주를 골라내라고 한다면 대답하지 못할 것이라고 강변한다. 심지어 객관적으로 소비자들에 의해 맛이 훨씬 나은 것으로 평가되는 펩시콜라보다 코카콜라의 브랜드 지명도는 5배의 가치를 호가한다고 한다. 그만큼 맥주나 콜라 같은 제품들의 수요를 결정하는 것은 맛 자체가 아니라는 해석이다. 한마디로 소비자들에게는 브랜드의 선호도가 결정적이다. 유명 브랜드와 메이커를 찾아다니며 소비하는 아이들은 과소비를 하고 있다고 할 수 있다. 그러나 이러한 자녀들의 과소비 현상에 대해서 부모들은 무조건 나무랄 것만도 아니다. 왜냐하면 오늘날 소비자들은 과거 대량생산시대의 소비자와는 특성이 다른 점이 있기 때문이다. 데이비드 루이스에 의해 신(新)소비자라고 명명되는 이들은 분에 좀 벅차더라도 가짜가 아닌 "진품"(眞品)을 소비하면서 자신들의 정체감을 찾으려고 한다(데이비스 루이스, 2001). 좀 더 정확히 말하면, 이들은 우리 사회에서 이제는 더 이상 믿을 수 있는 것이 거의 없다는 감정 즉 사회에 대한 불신감을 표현하고 있는 것이다. 하도 가짜가 많고 제품의 사기성이 흔하기 때문에 이왕이면 제품의 메이커가 잘 알려져 있고 기업의 네임 벨류가 붙어 있는 진품을 구매하면서 최소한 남들에게 농락을 당하지 않으려고 하는 것이다. 진품은 명품(名

品)이 아니다. 그러나 진품을 찾는 사람들 중에는 명품으로 부를 과시하는 사치성 구매도 하게 된다. 일부 부유층이나 정신이 나간 사람들에게 나타나는 작용이며 부작용일 것이다. 하여간 돈도 벌지 못하는 주제에 소비가 과하다고 부모에게 손가락질 받더라도 이들은 신뢰감과 신용으로 자신들의 삶을 주도하고 싶은 강한 신념을 가지고 사는 것이라고 할 수 있다.

오늘날 우리는 인터넷 웹의 온라인상에서 홈쇼핑을 한다. 기업도 웹 마케팅이 더욱 편리하며 모든 거래가 e-비즈니스로 이루어진다. 그러니까 일대일 마케팅 시스템이 완비된 셈이다. 이제 개인 한 사람이 웹상에서 직접 만날 수 있을 정도로 우리 모두는 예외 없이 네트워크에 걸려 있다. 일대일 마케팅으로 성공한 기업 중에 델 컴퓨터(Del computer) 사가 있다. 1984년 텍사스 의대 1학년이던 마이클 델(Michael Del)은 자본금 1000달러로 회사를 시작하였다. 창업 당시 이 회사는 하루에 1,800만 달러어치를 팔아 치우는 신화적 컴퓨터 회사가 되었다(마이클 델, 2001). 소위 말해서 "직접 팔아라"는 다이렉트 경영이 성공한 케이스이다. 과거에는 유통라인을 거치지 않고 직접 판다는 것은 시간적으로도 문제였지만 경제적으로도 손해였다. 그러나 오늘날은 유통과정을 삭제하는 것이 유리하다. 왜냐하면 인터넷상의 웹 시스템이 일대일 마케팅을 가능하게 하는 오늘날 모두가 네트워크로 연결되어 있기 때문이다. 에이드리언 슬라이워츠키(Adrian Slywotzky)와 데이비드 모리슨(David J. Morrison)은 자신들의 저서 『디지털 비즈니스 디자』인(2000)에서 회사가 하이테크놀로지를 기반으로 완벽한 웹사이트를 구축하고 e-비즈니스를 전담할 별도 법인을 설립하고 또한 차세대 최첨단 소프트웨어를 보유하고 전 직원을 네트워크로 연결한다고 해서 "디지털 비즈니스"를 달성하는 것은 아니라고 지적한다. 이들은 진정한 디지털 비즈니스를 위한 네트워크를 구축하기 위해서는 고객과 디지털 기술이 어떻게 만날 수 있는가를 디자인하는 일이 가장 중요하다고 생각한다. 한마디로 고객의 니즈(needs)를 파악하고 이들의 니즈 별로 즉각적으로 반응하고 전혀 새로운 가치를 제공함으로써 차별화될 수 있도록 기업과 고객 간의 직접적인 디지털 네트워크가 구축되어야 한다.

오늘날 신문, TV, 라디오 등의 매스미디어를 통한 대형 광고는 별로 영향력이 없다. 거대한 매스컴을 무기로 자행되는 과대광고에 대한 불신 때문이다. 물론 이미지 광고로서의 역할을 하는 경우는 있다. 그러나 오늘날 소비자들은 가까운 사람끼리 전해지는 '입소문'을 통해 물품을 구입한다(데이비스 루이스, 2001). 불법이지만 피라미드 다단계 판매 조직은 이러한 성향을 최대한 활용하면서 성행한다. 특히 디지털 시대로 접어들면서 문자 메시지로 전해지는 광고 효과는 매스미디어에 의한 대중 광고보다 크다. 현대의 신(新)소비자들은 대중매체를 통한 대중 광고에서 정보와 지식을 얻지 않는다. 대중 광고는 다만 특별한 경우에 감동과 신뢰를 얻을 수는 있다. 현대인들에게 가장 강력한 소비력을 주도하는 입소문의 상품 광고야말로 현대인들이 하나의 네트워크로 연결되어 있다는 증거가 된다. 중국산 도라지가 한국산으로 둔갑하고 LA 갈비가 한우로 팔린다. 현대의 소비자들은 시간적으로 너무 바쁘다. 이들에게는 손수 시장을 돌아다니면서 직접 확인하고 상품을 구입할 시간이 부족하다. 결국 아직 신뢰로 구성된 가족, 친구, 동료들에게서 입소문으로 알려진 진품을 주문할 수밖에 없다. 왜냐하면 구매 실패를 경험하지 않기 위해서이다(데이비스 루이스, 2001). 특히 여성들의 입소문은 남성들의 세계에 비해 매우 신속하게 퍼진다. 세계적인 마케팅 컨설턴드인 페이스 팝콘과 그의 동료 리스 매리골드은 21세기 소비의 주류로 등장할 여성들을 잡는 방법으로 서로서로 커뮤니티를 만들어 주는 것을 꼽고 있다. 이러한 커뮤니티 속에서 이루어지는 입소문은 미래의 가장 중요한 광고매체이다(페이스 팝콘 · 리스 매리골드, 2000/ 김영신 역, 2001). 하여간 현대인들은 이제 거대한 힘의 대형 광고에 대해서는 불신하고 주변의 입소문에 대해서는 신뢰한다. 결국 신뢰가 소비를 결정한다. 오늘날 신뢰의 네트워크를 구축하고 신뢰의 네트워크에서 살아가는 것은 삶을 주체적으로 살아갈 수 있는 유리한 방법이다.

전쟁도 마찬가지이다. 『사이버 세계대전』(2000)의 저자인 언론인 제임스 애덤스는 미래의 세계대전은 사이버 전쟁으로서 궁극적인 무기는 정보가 될 것으로 예고한다. 통신 네트워크, 항공 교통관제 등 적의 사회기반시설을 공격하기 위해서 필요한 것은 숙련된 몇 명의 해커일 것이며, 재래식 군대나 하드웨어, 핵무기의 수는 별로 중요치 않게 된다. 인터넷 네트워크로 형성된 사이버 공간 상에서 컴퓨터화된 전쟁 즉 "정보전"(information warfare)에서의 승리만이 미래 전쟁에서 요구될 것이다. 따라서 전쟁에서도 승리하기 위해서 우리는 네트워킹 사고를 배워야 할 것이다. 밥 사임즈는 공저 『유레카, 세상을 움직인 10가지 발명 규칙』(1999)에서 역사적으로 발명가의 특성을 분석하면서 발명을 위한 10대 기본 조건을 정리하고 있다. 그는 이 중 네트워크에 가입하는 것을 가장 중요시하고 있다. 발명왕 에디슨은 발명이란 1%의 천재성과 99%의 노력의 결과라고 했다. 그 노력 중에서 네트워크에 가입하여 사람들과 정보를 교환하고 어울리는 것도 포함된다. 이러한 과정에서 아이디어가 산출될 수 있다는 것이다. 오늘날 동아리 활동이건 전문가 포럼(학회, 협회 등)이건 네트워크 활동은 아이디어의 산출에 중요하다. 네트워킹 사고는 바로 이러한 차원에서 요구되는 것이다.

그러나 네트워크 사회의 문제점도 심각하다. 캐나다의 정치학자 렉 휘태커(Reg Whitaker)는 그의 저서 『개인의 죽음』(2001)에서 우리 현대인들은 개인의 실종 또는 종말을 맞고 있다고 선언한다. 정보화시대에 컴퓨터 네트워크를 통한 개인의 정보유출을 통하여 개인이 죽어가고 있는 것이다. 이제 개인은 없다. 자신의 의도와는 무관하게 쉴 새 없이 엄청난 속도로 인터넷 네트워크 상에 떠도는 개인신상의 공개로 인하여 개인의 프라이버시는 온데간데없다. 심지어 우리는 몰래카메라의 영상 속에 노출된 자신을 보면서 놀란다. 그러나 개인은 이러한 네트워크 사회에서 실종되는 자신의 프라이버시를 강력하게 고발하지 않는다. 미셸 푸코는 이러한 현상을 "판옵티콘"(Panopticon: 원형감옥) 현상으로 설명하고 있다. 오늘날 우리 현대인들은 네트워크 시대가 자신들에게 보상해 줄지도 모르는 요행을 위해 자발적으로 "판옵티콘"에 스스로 수감된다. 길거리에 너절하게 손님을 기다리는 신용카드 판매자들에게 일련의 보상과 행운을 기대하면서 자신의 신상명세서를 기꺼이 넘겨주는 현대인들은 스스로를 감옥에 가두고 통제와 감시를 받게 되는 알 수 없는 존재로 전락한다. 심슨 가핀켈(Simson Garfinkel)과 데보라 러셀(Deborah Russell)은 자신들의 저서 『데이터 베이스 제국』(2001)에서 현대인들은 날마다 이메일을 열 때마다 각종 스팸메일이나 가입한 적도 없는 카드회사에서 날아온 광고물을 발견하고 있으며, 휴대전화 콘텐츠 업체에서 난데없이 날아온 메시지에 짜증을 느끼며 살고 있다고 보고하고 있다. 이 밖에도 21세기의 엄청난 기술 진보로인하여 몰래카메라, 도청장치, 데이터 그림자, 노출되는 신용정보 등 우리의 사생활은 위험에 빠지고 있으며 개인의 자유가 침해되면서 개인의 운명은 점점 종말을 고하고 있다.

오늘날 우리는 글로벌 네트워크 경제시대를 맞고 있으며 글로벌 경영 즉 세계화를 외치고 있다. 글로벌 경영이란 경제활동의 무대를 특정한 국가나 지역으로 제한하지 않고 세계시장 전역을 대상으로 하여 펼치는 경영체제를 말한다. 그러나 세계화를 외치기 이전에 국가와 국가 간의 교류를 통해 국제화가 이루어지고 있었으며 지구촌사회로 치닫고 있었다. 교통이 발달하면서 세계가 1일 생활권에 들어간 지 오래이며, 서울–파리 동시패션의 시대를 넘어 모바일(Mobile)의 시대를 접하면서 우리 인류는 이미 "한 지붕 다(多)가족"으로 살게 되었다. 다니엘 벨이 "지구촌사회"를 외치지 않더라고, 이미 현대인들은 스스로 교류하면서 스스로 개방하면서 국제화되고 지구촌화되고 있는 것이다.

그러나 오늘날 세계화라는 개념에 대한 시선은 그리 곱지 않다. 왜냐하면 세계화란 자연스럽고 합리적인 국제화나 지구촌화의 의미라기보다는 매우 인위적이고 조작적이라는 인상이다. 한마디로 세계화란 힘과 권력 있는 세력이 자연적이고 자발적이며 비교적 합리적으로 이루어지던 국제화와 지구촌화의 경향을 인위적으로 조작해 내는 결과로 나타난다. 간단히 말하면, 미국 뉴욕 시장의 힘과 권력으로 모든 세계가 집중되는 것을 의미한다. 뉴욕 증시의 움직임은 각국의 시장을 결정한다. 또한 신자유주의가 생산 부문을 금융 부문에 예속시킴으로써 금융통제를 통한 정치를 가능하게 하는 반면, 세계화는 모든 국가의 정치 및 경제체제를 개방시켜서 가장 힘있는 미국의 경제질서와 정치체제에 복속시키는 일이다(Gowan, 2001). 결국 세계화의 가속화로 인하여 가난하고 힘없는 제3세계의 약소국들만 더욱 어려워지게 되었다.

국제화, 지구촌화, 세계화는 모두 다 네트워크 사회를 의미한다. 이미 네트워크로 연결된 사회에서 살아남기 위해서 우리는 네트워킹 사고에 익숙해져야 한다. 그러나 네트워킹의 옥석을 구분하지 못한다면, 앞으로 우리 인류는 지금보다 훨씬 커다란 낭패를 보게 될 것이다. 피터 고완(P. Gowan)은 자신의 저서 『세계 없는 세계화』(2001)에서 세계화를 주도하는 미국의 의도를 '야수적인 도박'이라고 공격하고 있다. 즉 그는 세계화란 제3세계의 약소국들이 스스로 경제적 자치권을 회복할 수 있을 때 이것이 참다운 세계화라고 주장한다. 현재 진행 중인 미국의 세계화는 이미 전 세계의 지탄을 받고 있다. 이러한 의미에서 미국의 운명을 비관하는 사람들도 늘고 있다. 그들이 진정한 네트워킹 사고를 잘못 이해하고 있기 때문이다. 한 개인에게도 마찬가지이다. 우리 현대인들이 이미 네트워크 사회에 살고 있기 때문에 진정한 네트워킹 사고를 가져야 하는 것이 분명하다. 그러나 지금처럼 잘못된 네트워킹 사고로는 앞으로 이 사회에서 살아남기조차 힘들게 될 것이다. 왜냐하면 인위적으로 조작된 네트워킹 이면에는 이보다 훨씬 커다란 세력으로 자라나는 자연스럽고 본능적인 그림자(shadow) 네트워크가 구축되고 있기 때문이다. 결국 네트워킹 사고에 능숙한 사람들은 네트워킹의 오류도 판단할 수 있는 능력을 가지고 있다.

이러한 네트워킹 사고를 구체화시키기 위해서, 이제 우리는 다음의 귀결 사실들을 숙지하고 실천할 수 있어야 한다.

첫째, 삶은 하이퍼링크(hyper-link)이다. 우리의 삶은 인터넷 시스템에서 하이퍼링크처럼 꼬리에 꼬리를 물고 이어져 있을 정도로 복잡하게 구성되어 있다. 인체는 부분들이 서로 연결되어서 한순간도 쉬지 않고 서로 네트워킹하고 있다. 삶도 마찬가지이다. 모든 삶은 서로 링크되어 있고 네트워킹의 관계로 이루어진다. 21세기 인터넷 세상에서는 삶이 링크되고 네트워킹으로 가능하다는 사실을 보다 구체화한다. 이제 네트워킹을 통한 의사소통을 하지 않고 인간은 이 사회에서 단 한순간도 살아남기 힘들다. 사회적 인간이 아닌 사람은 더 이상 삶이 아니다. 오늘날 사회적 인간이란 네트워킹 인간이다. 실제로 지식과 정보가 인터넷 네트워크 상에 떠다니는 한 우리는 이러한 네트워킹 세상에서 네트워킹 사고에 익숙해져야 한다. 그렇지 않으면 삶은 종식된다. 네트워킹을 통한 의사소통은 삶과 삶이라는 연결고리를 이어주는 대화의 채널로서 삶을 가능하게 한다.

독일의 미래사회학자 베른하르트 폰 무티우스(Bernhart von Mutius)는 자신의 저서 『미래와의 대화』(2001)에서, 미래사회에서 인간에게는 어떤 가치와 다른 가치들 사이의 상호작용을 의식하는 '네트(net)화된 지능'이 필요하다고 역설했다. 왜냐하면 미래사회는 사방팔방으로 뚫린 정보의 고속도로 속에서 진행될 것이기 때문이다. 1960년대 새로운 데이터 저장방식으로 등장한 "하이퍼텍스트"(hypertext, 테드 넬슨), "하이퍼링크"란 개념들은 현대사회가 네트워크 사회로 발전하는 데 커다란 기여를 하였다. 네트워크 사회에는 분명 명암이 존재한다. 즉 컴퓨터가 창조한 무한대의 사이버 공간이 수평적 동등관계와 자유 그리고 해방과 탈출, 탈계급을 보장하고 심지어 전자 민주주의를 실현하는 가상 공동체의 장(場)이 되기도 하고 각종 유용한 정보와 지식 공유의 연결 네트워크를 통하여 많은 부와 편리가 얻어진다. 그러나 컴퓨터 상에서 각종 익명성을 전제로 벌어지는 보다 잔악한 사이버 범죄가 일상이 된다. 그럼에도 불구하고 네트워크 사회는 우리가 거부할 수 없는 현실이다. 네트워크로 열리는 21세기 정보통신사회는 긍정적 측면과 부정적 측면을 공유한다. 그러나 네트워크 세상은 부정적 측면들도 모두 개방하므 궁극적으로는 사회를 열린 사회로 존재하도록 한다. 닫힌 사회보다 열린 사회에서 우리는 보다 많은 가능성과 잠재성을 찾아낼 수 있다.

둘째, 삶은 쌍방향이다. 삶은 반드시 쌍방향으로 이루어진다. 삶은 일방(一方)이 아니다. 천상천하유아독존(天上天下唯我獨尊)은 성불을 해서 스스로 부처가 되었을 때 가능한 말이다. 인간은 본래부터 혼자 살아남을 수 없는 "사회적 존재"로 태어난다. 혼자 산다는 것은 살아 있어도 고독이며 외로움이다. 로빈슨 크루소도 육지에서 가지고 간 남들이 만들어 놓은 냄비 뚜껑에 물고기를 구워 먹었다. 단 한순간도 남의 신세 없이 살 수 있는 인간은 아무도 없다. 따라서 우리의 삶도 일방적으로 진행될 수 없다. 삶은 항상 쌍방형으로 이뤄질 때 삶이다. 우리가 일방적인 독재나 전제를 거부하고 민주주의에 대하여 목숨 걸고 열망하는 것도 인간의 본능으로서 이는 쌍방형 삶에 대한 염원이다.

인간의 삶을 연결시켜 주는 고리는 언어를 매개로 하는 의사소통이다. 항상 우리는 자신이 상대방과 쌍방형으로 대화를 하고 있는지를 확인해야 한다. 우리는 일반적으로 대화할 때 상대방의 말을 듣는 것보다 자신이 이야기를 더 많이 하려 한다. 또한 자신의 삶이 불안한 사람일수록 말이 많다. 또 아니면 상대방의 이야기는 잘 듣지 않고 자신의 생각만을 피력한다. 왜냐하면 우리는 대화에서 항상 상대방에게 잘 보이려고 하고, 때로는 상대방을 설득하려고 하고 심지어는 상대방과의 대화에서 승리하려고 하기 때문이다. 마르틴 부버(Martin Buber)는 자신의 저서 『대화의 철학』(1920)에서 대화에는 승자도 패자도 없다고 강조한다. 대화란 상대방의 생각과 나의 생각을 비교해 보는 것이며, 더 나아가 상대방의 입장을 이해하기 위한 것 이외에는 어떤 의미도 없다는 것이다. 나의 생각과 상대방의 생각이 다르다는 사실을 확인하는 것도 대화의 목적이다. 이러한 의미에서 물리학자 데이비드 봄(David Bohm)은 대화의 목적은 우리 사고 속에 있는 불일치를 드러내는 것이라고 했다(피터 센게, 1996: 324).

물론 대화를 통해서 일말의 공감대가 형성된다면 바람직하다. 그렇지만 결론이 없다고 대화가 실패한 것은 아니다. 대부분의 대화는 결론 없이 끝나는 것이 보다 자연스럽다. 데이비드 봄은 "대화(Dialog)란 원래 통과해 지나간다는 의미이며, 사람들 간의 자유로운 흐름으로 흘러가는 물줄기를 의미한다"고 하면서, 우리가 제대로 대화를 한다면 모두가 이기는 것이라고 한다(피터 센게, 1996: 323-324). 따라서 억지로 결론을 내기 위한 대화는 항상 위험하다. 부부싸움의 원인 중 많은 경우가 부부간의 대화에서 비롯된다는 통계조사도 있다. 잘못된 대화의 방법은 오히려 화를 자초한다. 얼마 전 어떤 코미디언이 자신에게 가정불화의 씨앗은 대화라고 해서 폭소를 자아낸 적이 있다. 남들은 열심히 대화가 중요하다고 하는데, 자다가 봉창 두드리는 격이다. 그러나 실제로 대화를 하자고 하다가 더 큰 싸움으로 번지는 것은 일상에서 허다하다. 잘못된 대화방법 때문이다. 대화가 중요하다고는 하지만 방법을 모른다면 아예 시도하지 않는 것이 나을지도 모른다. 그러나 그럴 수는 없다. 대화가 없는 가정이나 부부는 살아 있어도 죽음이다. 이럴 경우에는 경청(敬聽)이 더 중요할 수 있다. 우리가 상담에서 클라이언트의 말을 잘 경청만 해도 상담의 50%는 끝난다는 말이 있다. 남의 말을 듣는 것이 중요하다. 귀가 두 개이고 입이 하나인 이유는 두 배로 잘 들으라는 조물주의 메시지이다. 아니 입이 밥을 먹는 기능까지 가지고 있다면 말하는 것보다 최소한 3배는 더 많이 들어야 한다. 경청은 쌍방형 대화도 가능하게 해 준다. 물론 서로 주거니 받거니 하면서 이루어지는 쌍방형 대화는 가장 이상적이다. 딕 모리스(Dick Morris)는 자신의 저서 『보트 닷컴』(2000)에서 "인터넷과 직접민주주의, 그리고 쌍방향 대화"로 인하여 우리 사회에서 정치형태도 분명히 변할 것으로 예고하고 있다. 쌍방형 사고만이 미래사회를 살아갈 수 있는 전략이 된다. 또한 대화 속에서 사람들은 자기 자신의 생각을 관찰하게 된다(피터 센게, 1996: 325).

셋째, 삶은 정보 공유로 가능하다. 오늘날 우리는 정보사회에 살고 있다. 과거에는 정보를 혼자 갖는 사람들이 유리한 삶을 살았으며, 정보 독점으로 얻은 이익은 대단했다. 그러나 오늘날에는 정보를 독점하는 것이 유리할 것 같지만 그렇지 않다. 실제로 정보를 공유함으로써 얻는 이득은 훨씬 크다. 돈 탭스콧(Don Tapscott)과 아트 캐스턴(Art Caston)은 자신들의 저서 『패러다임 시프트』(1996)에서 오늘날 컴퓨터 환경도 주종관계를 이루던 종래의 호스트컴퓨팅 환경에서 네트워크컴퓨팅 환경으로 바뀌고 있다고 설명하고 있다(돈 탭스콧 · 아트 캐스턴, 1996: 193-195). 네트워크컴퓨팅 환경은 사용자가 광범위하게 퍼져 있는 정보, 응용프로그램, 컴퓨터 자원 등이 어디에 위치하고 있고, 어떻게 해야 연결할 수 있을지를 걱정하지 않고 쉽게 사용할 수 있도록 되어 있는 것을 말한다(돈 탭스콧 · 아트 캐스턴,

1996: 195). 이는 정보를 다양하게 공유하기 위해 설계된 것이다(돈 탭스콧 · 아트 캐스턴, 1996: 196). 오늘날 우리 사회는 이미 정보를 공유하지 않으면 살아남기 힘들게 진행되고 있다. 인터넷 상에서 정보를 공유하는 게시판의 역할이 그렇게 중요시되는 이유도 바로 여기에 있다. 물론 게시판에 올라오는 수많은 육두(肉頭) 문자들은 심각한 문제이며 부작용이다. 그러나 자유롭게 열린 창을 통해 활짝 열린 공간에서 이루어지는 정보 공유의 현장을 선호하게 되는 근거는 바로 인간의 본성과 관계된다. 인간의 삶은 정보를 독점하지 않고 정보를 공유함으로써 유지 발전된다. 외부에서 세균이 침입하면 인체의 전 기관에 비상이 걸린다. 적혈구의 도움으로 외부 세균은 격퇴된다. 모든 혈관과 기관들은 일제히 적혈구의 활동을 지원하기 위해 집중된다. 그래서 세균 침입으로 전체의 인체는 긴장하게 되는 것이다.

결국 정보의 공유는 삶의 본능이다. 21세기 정보화 사회에서의 삶은 정보 공유로 결판난다. 우리는 일상에서 정보를 공유함으로써 삶을 피드백할 수 있게 되고, 계속된 피드백을 통해서 전체에 조금씩 접근할 수 있다. 효과적인 피드백은 판정하는 것이 아니라 정보를 제공하는 것이다(클레이 카, 1998: 231). 인터넷 게시판에 자신의 정보를 올려놓고 이에 대한 의견을 청취(피드백)함으로써 우리는 정보의 가치를 배가시킬 수 있다. 또한 나의 정보와 유사한 정보들을 공유함으로써 새로운 아이디어를 얻어낼 수 있다. 혼자 움켜잡고 있는 정보는 결국 하나의 정보로 끝나지만, 게시판에서 공유되는 정보는 새로운 정보를 계속 창출해 낸다.

과거 정보를 독점했던 히틀러 시대의 비밀경찰인 게슈타포(Gestapo)를 위시해서, 일본의 오움 진리교 사건 그리고 비록 소설이지만 조지 오웰의 『1984년』은 모두 정보 공유를 외면하고 정보를 독점함으로써 잠시 행세하다 생명을 마감한 사건들이다. 심지어 1990년 동유럽의 멸망과 함께 사라진 철의 장막 크렘린의 KGB, 닉슨의 워터게이트 사건, 한국 중앙

정보부로부터 시작된 국가정보원의 도청사건 등은 정보의 독점이 삶의 본능에서 벗어나지 못한다는 사실에 무지하기 때문에 발생하는 인위적 조작 사건들이다. 이들은 반드시 여론의 철퇴를 맞게 된다. 정보의 독점으로 결국 자신들의 생명을 단축하게 되는 것이다. 정보 공유만이 생명의 본질인 셈이다. 특히 21세기 열린 정보화 사회는 정보 공유라는 인간의 본질에 적합한 정보화 마인드를 시대정신으로 만들어 놓고 있다. 이제 정보 공유에 대한 인식을 외면할수록 우리는 삶의 전체를 잘못 인식함과 동시에, 미래 정보화 사회를 살아갈 수 있는 유리한 조건을 잃게 되는 것이다.

4) 리사이클링 사고

피드백 사고를 가능하게 하는 마무리 사고는 리사이클링 사고이다. 리사이클링 사고는 "삶이 순환"된다는 사실에 대한 인식에서 비롯된다. 실제로 모든 생명은 순환한다. 배설물과 시체가 플랑크톤에게 흡수되고 분해되는 일은 생명 순환의 시작이다. 먹이사슬 역시 마찬가지이다. 이미 생태학적 패러다임을 통해 알려진 사실이지만, 우리의 삶에서는 낭비되는 것은 없다. 모든 것이 재생(리사이클링)되기 때문이다. 또한 이 세상에서 쓸모없는 것은 하나도 없다.

심층생태학은 모든 현상들의 근본적인 상호의존성을 인식하며, 개인과 사회로 구성되는 우리들이 모두 자연의 순환적 과정들 속에 깊숙이 묻혀 있으며 궁극적으로는 거기에 의존하고 있다는 사실을 인식하고 있다(프리초프 카프라, 1996/ 김용정 · 김동광 역, 1999: 22). 스코틀랜드의 지질학자 제임스 허튼(James Hutten)은 생물학적 과정이 모두 상호연관되어 있고 순환한다고 하면서 지구상에서 물의 순환과 동물과 인체 내의 순환계를 같은 원리로 보았다.

신경과 전문의 김종성 박사는 자신의 저서 『뇌에 관해 풀리지 않는 의문들』(2000)에서 여성의 폐경과 남성의 발기부전 현상은 이미 낳은 자식에 전념하도록 하는 조물주의 계시라고 보았다. 즉 이는 생태계의 순환구조를 질서 있게 보존하고자 하는 자연의 섭리이기도 하다. 또한 그는 생명이 다해 죽어야 하는 세포가 죽지 않고 살아 움직일 때 암 세포가 된다고 하면서, 사회에서도 암적 존재란 물러날 때를 모르는 인간을 비유할 수 있다고 한다. 결국 인체에서 모든 세포의 생성과 소멸도 자연의 법칙인 순환의 원리에서 영위되고 있는 셈이다. 『뉴욕타임스』 2000년 1월호에서는 "재활용 세대"(The Recycled Generation)라는 제목하에서 게놈프로젝트로 추진되고 있는 "배아줄기세포의 연구"에 대한 기사를 다루고 있다. 제목으로 보면 인간에게 획기적인 사건인 복제인간의 뿌리인 배아줄기세포가 재활용 또는 재생의 의미로 은유되고 있다. 연구결과의 유용성이나 윤리성에 대한 논쟁은 일단 고사하더라도 "재생"의 개념은 틀림없는 듯하다. 따라서 우리가 여기서 인식해야 하는 삶의 기본 원리는 재생이다.

만약 우리가 이러한 생명의 원리를 거역한다면, 우리 앞에 남는 것은 죽음뿐이다. 한마디로 생명의 원리는 리사이클링의 원리이다. 따라서 생명으로서의 우리는 리사이클링 사고를 할 수밖에 없다. 오늘날 우리들의 삶은 위기에 놓여 있다. 쓰레기 종량제 실시로 이미 우리 인류는 제한된 지구 땅덩어리에서 살아남을 수 있는 대안을 찾고 있다. 심지어 핵 폐기물의 소각을 위해 지구 바깥에 우주소각장을 마련해야 한다는 연구가 진행되고 있다.

얼마 전 미국의 저명한 시사 주간지 『타임』은 세계에서 환경적으로 가장 잘 사는 도시로 브라질 남부지방 소도시인 쿠리티바(인구 230만명)를 선정한 바 있다(박용남, 2000). 미국의 최대 시사주간지 『유에스 뉴스엔 월드 리포트』(*U.S. News and World Report*)는 이 도시를 세계에서 가장 현명한 도시라고 칭찬했으며, 「로마클럽 보고서」에서는 이곳을 희망의 도시로 극찬한 바 있다. 오늘날 캐나다의 토론토, 서울, 동경 등 많은 도시들이 이 조그만 생태도시를 벤치마킹하고 있다. 이명박 전 서울시장도 서울 한복판의 청계천 복원사업을 위해 당시의 쿠리티바 시의 시장을 자문위원으로 위촉했다. 쿠리티바 시의 특징은 모든 것이 리사이클링 시스템으로 꾸며져 있다는 것이다. 지하철이 없는 교통체제는 언제 어디서라도 연계될 수 있는 버스 환승시스템을 통하여 사방팔방에 거미줄처럼 연결되며, 음식물 분리수거 등 자원 재활용 체제는 "쓰레기 구매" 같은 보상체제로 이루어진다. 또한 모든 건물들은 재건축 대신에 내부를 고쳐 재활용하도록 하고 있다. 이 밖에도 이미 30여 년 전에 버스전용차선제를 도입 실시해 왔으며, 고속버스와 저속버스의 차선 마련 등으로 단 한 군데에서도 버스와 오토바이, 택시, 자전거가 뒤엉켜 있는 도로가 없다. 도시의 모토는 다른 생태도시들과 반대로 무조건 저비용(低費用)이다. 저비용의 도시는 경제적으로 자립할 수 있는 여건도 갖추게 되는 동시에 시민들로 하여금 적극적이고 자발적인 재활용을 유도한다. 이로써 환경보호도 가속화된다. 결국 시민들은 보다 나은 자연환경 속에서 살아갈 수 있게 되었으며, 편리하고 복지 충만한 생활을 할 수 있게 되었다. 이러한 차원에서 쿠리티바는 세계에서 가장 살기 좋은 환경을 가진 도시로 태어난 것이다. 그러나 1960년대까지 이 도시도 여느 제3세계의 도시처럼 도시 난개발 등으로 인하여 환경 파괴로 몸살을 앓았던 대표적인 도시였다고 한다. 이제 오랜 시행착오 끝에 만들어진 이 도시의 리사이클링 시스템은 삶의 편리뿐만 아니라 진정한 삶의 질을 보장할 수 있다는 모델 도시로 부각되고 있다. 생명의 기본 원리인 "재생"이라는 원칙을 지키는 도시가 저비용의 경제적 복지 도시로 그리고 환경 도시로 거듭나면서 결국은 사람이 살아가기에 가장 쾌적하고 충만한 삶의 공간으로 굳건한 자리매김을 하게 되는 것이다. 한마디로 리사이클링 사고의 결과는 우리의 삶에 가장 밀접한 현장을 만들어 낸다.

이러한 리사이클링 사고를 구체화하기 위해서, 이제 우리는 다음의 귀결 사실들을 숙지하고 실천할 수 있어야 한다.

첫째, 삶은 부메랑이다. 삶은 반드시 되돌아온다. '우리가 버린 생활 하수, 우리 자녀가 마신다. 물은 반드시 돌아온다.' 우리의 삶은 부메랑이다. 환경운동가인 김소희는 자신의 저서 『지구생태 이야기 생명시대』(1999)에서 자연에 대한 끝없는 정복으로 인류의 삶은 풍요로워졌지만 정복당한 지구는 극도로 황폐해졌다고 개탄한다. 또한 그는 여기서 황폐해진 지구는 부메랑이 되어서 곧 인간의 삶을 위협할 것이라고 강변하고 있다. 이런 의미에서 우리는 리사이클링 사고를 부메랑 사고라고 할 수 있다. 우리는 생명의 원리를 거역하지 않고 생명의 위기로부터 탈출하기 위해서 부메랑 사고를 습득해야 한다.

모든 것은 남김 없이 다시 돌아온다. 다만 "언제" 돌아오는가 하는 문제만 남는다. 분명한 것은 언젠가는 돌아온다는 사실이다. 사랑으로 키운 자녀는 부모에게 사랑으로 보답한다. 미움으로 키운 자녀에게는 복수심만 남는다. 상대방에게 욕을 하면 욕으로 돌아오며, 부하 직원을 깔본 사람은 부하직원에 의해 구조 조정의 대상이 된다. 다면적 인사고과를 채택하는 기업이 늘면서 부하직원에게 배척받는 상사들은 몰래 직위 해제된다. 대학에서 실시되는 강의 평가에 학생들의 목소리가 반영되기 시작하면서 교수들이 긴장하고 있다. 지금까지 주로 수직적 위계관계로 존재하던 교사와 학생 그리고 교수와 학생들 간의 관계도 달라지고 있다. 이웃과 동료들에게 잘해 주면 고마움으로 돌아오지만, 해를 끼치면 언젠가는 반드시 해를 받는다. 민주주의가 무르익으면서 "국민이 대통령"이라고 외치는 사람이 당선된다. 우리말에 "웃는 낯에 침 뱉으랴"는 말이 있다. 삶은 모두 부메랑인 것이다. 이제 부메랑 사고는 우리가 삶의 위기 앞에서 살아남기 위한 전략이기도 하다. 삶이 부메랑이라는 사실을 인식하는 순간 우리는 삶은 모두 피드백된다. 삶이란 항상 순환될 때 생명이 유지된다. 이러한 삶의 원리에 적극적으로 개입하도록 하는 피드백 사고는 우리가 삶을 전체적으로 사고할 수 있는 역량을 보다 강화시켜 줄 것이다.

둘째, 상대방도 나와 마음이 같다. 내가 상대방에게 원하는 것은 그도 내게 원한다. 한마디로 우리는 상대에게 한 만큼 되받게 된다. 왜냐하면 삶은 거울이기 때문이다. 우리는 거울 앞에서 인사 안 한다고 핀잔을 주지만 핀잔을 받는 것은 남이 아닌 나이다. 부하에게 인사를 받고 싶으면 내가 먼저 인사를 하면 된다. 대우를 받고 싶으면 먼저 대우해 주면 된다. 과거 같으면 어림도 없는 일이다. 왜냐하면 체면과 권위의 사회였기 때문이다. 그러나 지금은 상황이 달라지고 있다. 부하에게 존경받고 싶으면 부하를 먼저 존경하라. 부하는 내게 인사를 할 것이고 나를 존경할 것이다. 내가 웃으면 상대방도 웃는다. 물론 반응이 되돌아오는 시간은 상황에 따라 달라진다. 그러나 반드시 행동은 되돌아온다. 내가 먼저 사랑하라. 그러면 그도 나를 사랑할 것이다. 영어에 "give and take"라는 말이 있다. take(받는 것)보다 give(주는 것)가 먼저다. 내가 먹고 싶으면 그에게 먼저 먹게 하면 된다. 내가 먼저 마음을 비우면 누군가가 나에게 마음을 채워줄 것이다. 얻고자 하면 버려라. 보상받고 싶으면 먼저 보상하라. 모든 것이 거울처럼 되돌아온다. 이러한 의미에서 우리는 이를 '거울 사고'라고 한다. 이러한 거울 사고를 통해 우리는 피드백 사고를 구현할 수 있게 되며, 거울 속에서 우리는 전체의 모습을 인식하게 된다. 따라서 거울 사고는 H 사고로 가는 중요한 길목이 된다.

4. 제4단계: 복잡계 사고

피드백 사고에 익숙해지면 이제 네 번째 단계로서 복잡계 사고에 돌입해야 한다. 왜냐하면 우리의 삶은 단순한 순환이나 리사이클링이 아니고 복잡한 시스템의 순환이기 때문이다. 현대이론물리학과 시스템이론 그리고 생태학에서 밝혀 주는 것처럼 삶은 복잡성이다. 복잡성으로 이루어지는 삶은 복잡시스템으로 현상한다. 다시 말하면, 우리는 복잡시스템으로 태어나고 복잡시스템 속에서 살아간다. 따라서 우리가 복잡계 사고를 하지 못한다면, 우리는 삶의 홀로스에 접근할 수 있는 기회를 놓치게 된다.

복잡계이론은 매우 복잡하게 형성된 사물 속에 일정한 규칙이 들어 있음을 밝혀내는 이론을 말한다. 따라서 복잡계 사고란 꼬인 것은 조심스럽게 풀어내는 사고를 의미한다(김용운, 1999). 복잡계 사고는 우선 비선형 사고로부터 시작된다. 비선형 사고란 말 그대로 일차원적 선형 사고가 아니고 다차원적이면서 다면적 차원에서 이루어지는 복잡순환형 사고를 의미한다. 왜냐하면 인간의 삶이 다차원적이고 다면적 차원에서 이루어지기 때문이다. 비선형 사고에 익숙해지면 우리는 이제 확률사고를 해야 한다. 확률사고란 인간의 삶이 확률로 이루어진다는 사실에 대한 인식에서 비롯된다. 모든 일에 완전한 것은 없다. 애초부터 결핍존재 즉 미완성 존재로 태어나는 인간은 완성을 향해 걸어가는 과정의 존재일 뿐이다. 완전한 것은 신(神)뿐이다. 인간은 신이 될 수 없다. 결국 인간의 삶은 미완성에서 완성으로 가는 중간 단계에 존재한다. 따라서 인간의 삶은 확률로서만 존재한다.

현대이론물리학은 수많은 실험을 통하여 아원자 단계에서 물질은 확실히 존재하는 것이 아니고 다만 "존재하려는 경향"일 뿐이라는 사실을 밝혀내고 있다. 원자가 발생하는 현상 역시 특정 시간과 장소에서 발생하는 것이라기보다는 단지 "발생하려는 경향"으로 존재한다. 양자역학에서 이러한 경향성은 확률로 계산된다. 즉 입자는 언제든지 파동이 될 수 있다. 그러나 파동은 음향이나 물결처럼 자연에 실제로 존재하는 3차원의 파동이 아니다. 이는 오로지 추상적이고 수학적 양을 가진 확률파(確率波)일 뿐이다. 확률파 이론이 주장되면서 원자물리학의 모든 법칙들도 확률로 표현되기 시작했다(프리초프 카프라, 1975/ 이성범 · 김용정 역, 1989: 83). 우리는 원자의 발생을 확실하게 예언할 수는 없으며 단지 그것이 어떻게 일어날 것 같은가에 대하여 확률적으로만 추측할 수 있을 뿐이다. 결국 양자역학은 우리가 미래를 예측할 때 오로지 확률로만 할 수 있다는 사실을 가르친다(Mainzer, 1997: 305). 한마디로 삶의 복잡성은 완전히 풀어낼 수 있는 것이 아니고, 확률적으로 풀리고 이해되는 영역이다. 따라서 복잡계 사고로 우리는 삶의 홀로스를 완전히 해독하는 것이 아니고 삶의 홀로스에 가능한 한 높은 확률로 접근하는 것이다.

1) 비선형 사고

훌륭한 교사는 학생들에게 답을 알려 주지 않는다. 그는 답을 스스로 찾을 수 있도록 학생들을 도와줄 뿐이다. 왜냐하면 이 세상은 하나의 답으로 설명이 가능할 정도로 단순하지 않기 때문이다. 이 세상에서 하나의 답이 가능한 사회는 오로지 학교 교실뿐이다. 우리들은 학교를 졸업하면 학교에서 배운 것과 사회 현실은 매우 다른 것이 많다는 사실을 알게 된다. 사회에는 더 이상 하나의 답을 알려 줄 선생님도 존재하지 않으며 사회는 학교에서 배운 것보다 훨씬 복잡하다. 이 사회가 복잡시스템으로 되어 있다는 사실을 알게 되는 순간 우리는 당황하고 방황한다. 분명한 것은 이미 우리의 삶과 사회는 그리 단순하지 않고 복잡성 그 자체라는 사실이다. 그러한 복잡성을 야기하는 세력은 무엇일까? 바로 원인의 다수성과 다양성 그리고 복합성 때문이다. 만약 사회에서 하나의 원인으로 하나의 결과가 야기된다면, 그 사회는 아주 단순한 것이다. 그러나 우리 사회에서 발생하는 현실은 수많은 원인들이 얽히고설키고 해서 쉽게 풀어낼 수 없을 정도로 복잡하게 구성되어 있다. 심지어 심층심리학자 칼 구스타프 융(K. G. Jung)은 원인과 결과는 순서에 따라 일어나기보다는 동시에 일어난다고 하면서 "동시성"(synchronicity)이라는 용어를 사용했다(데이비드 호킨스, 2000: 215). 한마디로 사회에서 발생하는 하나의 사건은 하나의 원인으로 선형적(線型的)으로 생겨나는 것이 아니다. 우리의 삶도 마찬가지이다. 하나의 사건을 단 하나의 원인규명으로 해결하려고 할 경우에 문제는 더욱 복잡해질 수 있다. 단순히 하나의 원인을 제거함으로써 문제가 해결될 수 있는 사건은 이 세상에 없다. 원인과 결과가 선형적이거나 순서적인 것이 아니며, 비선형적-순환적이며 심지어 동시적이다. 이러한 근거는 상대성이론과 양자역학에서 보다 명확하게 밝혀진다. 한마디로 원인과 결과는 시간적 개념으로서, 우리가 시간관념에서 비켜서기만 하면 거기에는 어떠한 원인도 존재하지 않는다(데이비드 호킨스, 2000: 217).

이에 대하여 미국의 정신의학자 데이비드 호킨스는 자신의 저서 『의식혁명』(1997)에서 비선형 사고는 직감에도 적용된다고 쓰고 있다(데이비드 호킨스, 1997: 20):

> 모든 사건은 A → B → C의 순서대로 일어난다는 식으로 세상을 바라보는 것은 구태의연한 사고방식에 불과하다. 깊이 있고 폭넓은 새

로운 전망은 첨단물리학, 수학, 비선형이론에만 적용되는 것이 아니라 누구에게나 존재하는 직감에도 적용된다.

오늘날 현대인들은 인터넷의 사용으로 "과거-현재-미래"라는 선형적 시간 개념을 비선형적 시간 개념으로 바꾸어 놓고 있다. 어제 하던 일과 오늘 하는 일이 구분되지 않는다. 또한 오늘 해야 하는 일과 내일 해야 하는 일이 별도로 존재하는 것이 아니다. 오늘은 이 사이트에서 미래를 보고 있으며 내일은 다른 사이트에서 과거를 보고 있다. 가상공간 속에는 타임머신이 존재한다. 또한 비선형적 순환 속에서 시간이 역회전하기도 한다. 찰스 그랜섬은 자신의 저서 『직업의 미래』(2000)에서 21세기 지식정보시대의 현대인들은 어떤 일이 끝나야 다른 일을 시작할 수 있는 것이 아니라 이것도 하면서 동시에 저것도 할 수 있는 동시다발적인 업무처리를 하게 된다고 설명하고 있다.

에이드리언 베리(Adrian Berry)는 자신의 저서 『갈릴레오와 킬러나무』(1997)에서 1789년 프랑스 대혁명은 당시 유럽 대륙에서 추운 날씨가 몇년간 지속되어 농사를 망치는 등 전 지구적인 기상이변이 연출되었기 때문에 발생했다고 적고 있다. 우리가 알고 있는 일반적 지식과는 거리가 멀다. 그는 기상변화의 고통에 가장 민감하게 시달리던 프랑스 농민들의 불만이 혁명의 기폭제가 되었다는 것이다. 정치성이 농후한 사회적 대혁명이 전혀 정치적-사회적 사건과는 무관할 것 같은 기상 변화에서 유래되었다는 주장은 우리가 선형적 사고로만 사실을 인식하고자 해서는 안 된다는 것을 가르치고 있다. 즉 비선형 사고의 중요성을 가르치고 있는 셈이다. 실제로 그의 주장이 역사적으로 사실이었건 아니건 우리의 복잡한 인간사에서는 실제로 그럴 수 있다는 발상을 하는 데 의미가 있다. 오늘날 우리 사회는 복잡성 그 자체이며 원인도 다원인과 복합원인으로 구성될 수 있기 때문에 선형 사고로는 풀 수 없는 사실 정황이 너무 많아졌다고 할 수 있다.

생명은 패턴으로 생명을 유지할 수 있다고 했다. 생태학적 패러다임으로 보면, 그러한 패턴 중에서 가장 특이한 패턴은 연결망 패턴이다. 그런데 여기서 패턴들이 선형 구조가 아닌 비선형 구조로 되어 있는 환원불가능의 복잡성 구조라는 사실을 밝혀낸 것은 심층생태학의 결론이었다. 생명체 패턴이 비선형 구조로 되어 있다는 사실은 생명체가 실수를 바로잡고 스스로 조절해서 자신을 새롭게 조직할 수 있도록 하는 피드백의 가능성도 제공한다. 만약 패턴이 선형 구조라면 생명체에게 자기조절능력이나 항상성으로의 회귀 또는 피드백은 불가능할 것이다. 다시 말해서, 선형 구조 속에서 패턴은 한번 진행되면 끝장이다. 그러나 만약 패턴이 한번 진행으로 끝장난다면 생명의 영속성은 보장될 수 없다. 따라서 생명체를 구성하는 연결망 패턴 속의 관계들은 반드시 자기조절과 피드백이 가능한 비선형 관계로 존재한다고 할 수 있다(프리초프 카프라, 1996/ 김용정 · 김동광 역, 1999: 117).

오늘날 주상복합건물이 인기이며 인텔리전트 빌딩이 선호된다. 왜냐하면 한 건물 안에서 모든 것이 이루어지고 편리함이 보장되기 때문이다. 과거에 집과 직장과 시장이 별도로 존재했던 시대가 지나면서 복잡하지만 한곳에서 모든 것이 동시다발적으로 해결되기를 원한다. 복잡계 사고의 출현이다. 우리 현대인들은 복잡하지만 편리하다는 생각을 하게 된 것이다. 인간의 삶은 본래부터 복잡하다. 세계적인 도서유통회사로 부상한 '아마존 닷컴'은 인터넷이 아마존 밀림을 닮았다는 사실에 착안해서 상호가 만들어졌다고 한다. 아마존은 지구상에서 가장 복잡한 숲 중의 하나이다. 복잡한 유통관계를 하나 하나 풀어내면서 가장 빠른 시간에 가장 빠른 경로를 통해서 그것도 가장 투명하고 신뢰감 있는 사업 수행으로 유통서비스 세계의 혁명을 불러일으키면서 아마존은 대성공을 이룰 수 있게 되었다. 아마존이라는 거대한 숲에서 살아남기 위해서 우리는 아마존에서 자라나는 나무 하나하나에 익숙해지기 이전에 숲 전체를 볼 수 있는 안목이 있어야 한다.

이러한 비선형 사고를 구체화하기 위해서, 이제 우리는 다음의 귀결 사실들을 숙지하고 실천할 수 있어야 한다.

첫째, "아마 다른 데도 원인이 있을 것"이라고 사고하라. 이를 우리는 다원사고(多元思考)라고 부를 수 있다. 일반적으로 우리는 한 가지 사건이 발생하면 한 가지 원인만을 찾아서 이를 제거하려고 한다. 아니면 원인을 자기 멋대로 상식 선에서 생각한다. 왜냐하면 그것이 편하기 때문이다. 그러나 우리의 삶에서 하나의 결과는 수많은 원인이 복잡하게 얽혀 발생한다는 사실을 인식해야 한다. 또한 원인과 결과는 동시 발생적이며 심지어 순환적이기도 하다. 즉 원인이 결과가 되지만, 결과가 원인이기 되기도 하는 것이다.

다음은 수비르 차우드허리(Subir Chowdhury)가 쓴 『식스 시그마의 힘』(2001)이라는 책에 나오는 내용이다. 대충 정리하면 다음과 같다.

A 자동차 회사의 사장이 자동차 매출의 부진 이유를 알아내기 위해 매일 고심하다가 하루는 자기가 자동차를 직접 몰아 보았다. 아무래도 엔진의 힘이 약한 듯했다. 그래서 힘 있는 엔진을 개발하는 데 엄청난 투자를 하기로 결정하고 실천에 들어갔다. 새 차가 나왔다. 그러나 매출은 여전히 부진했다. 나중에 소비자들에게 물어보았다. 이 차의 문제가 무엇입니까? 대답은 엉뚱했다. "글쎄 다른 회사의 차는 잔 받침대가 있는데, 이건 없어서 불편해요."

1990년 초의 일이다. 전기 모터를 생산하는 독일의 세계적 기업인 B 그룹에서 청소기를 개발하여 시판에 나섰다. 청소기는 모터가 생명이고 빨아들이는 진공력이 판매를 좌우한다. 이 회사는 역사와 전통을 가진 모터 전문회사로서 강력한 모터를 생산할 수 있는 노하우를 충분히 가지고 있었기 때문에 누구든지 이 회사의 제품이 청소기 시장을 석권할 것으로 예상했다. 그러나 뚜껑을 열었을 때는 전혀 그렇지 않았다. 한동안 고민하던 회사는 소비자들에게 앙케트를 돌려 물어보았다. 제품의 문제점이 무엇인가? 문제는 "손잡이"였던 것이다. 기술력이 탁월한 모터 기술로 승부하려고 했지만, 손잡이가 불편하게 만들어지는 바람에 우수한 회사의 청소기는 팔리지 않았다. 결국 소비자들의 욕구와 무관하게 만들어낸 청소기는 모두 회사 임직원 가족들이 소화해야 했으며, 10여 년이 지난 지금도 이 회사는 그 빛으로 청소기 시장을 아직 제대로 공략하지 못해 고전하고 있다는 후문이다.

중 · 고등학교에 다니는 학생들이 금지된 규정에도 불구하고 여전히 담배를 피우는 원인은 부모들이나 선생님들의 생각처럼 그리 단순하지가 않다. 이들은 수많은 원인들이 복합적으로 작용하여 담배를 피우는 것이다. 물론 멋있어서 피운다고 단순히 대답하는 학생들도 있을 것이다. 그러나 설령 누군가 그렇게 간단하게 대답해도 듣는 사람은 많은 가능성을 함께 생각할 수 있어야 한다. 만약 인간이 그렇게 단순한 원인으로 행동한다면 그는 아직 아메바 같은 존재일 것이다. 아메바 같이 단순세포로 살아갈 수 있는 인간이 있다면, 더 이상 인간이라는 복잡계로 진화하지 않아도 되었을 것이다. 물론 인간은 단세포 동물처럼 행동할 수도 있다. 그러나 고도로 복잡한 것도 인간이다. 따라서 원인은 사람에 따라서 또는 때에 따라서 보다 복잡하고 다원적일 수 있다는 생각을 할 수 있어야 한다. 우리가 비행청소년들을 다룰 때 그의 행동을 두고 바로 꾸중을 하거나 원인을 제거하려는 수단을 강구하기 이전에 가능한 한 또 다른 원인들이 있는 것인지에 대해서 보다 신중한 시간을 보내야 한다. 이를테면, 상담이 필요한 것이다. 상담은 완전한 원인 제거를 목표로 하는 것도 아니며 그렇다고 완전한 원인치료를 목표하는 것도 아니다. 다만 상담을 통하여 카운슬러와 클라이언트 서로 간에 사태와 일의 원인을 하나하나 확인해 가는 과정에서 인간적인 접촉을 이룰 수 있게 되며, 이로써 많은 원인들이 스스로 상쇄될 수 있는 기회를 얻을 수 있기 때문이다.

홀리스틱 메디슨에서는 인간의 질병을 치료할 때 다원사고(多元思考)로 치료한다. 왜냐하면 여기서는 수많은 원인들이 복합적으로 작용해서 하나의 결과를 낳을 것으로 가정하기 때문이다. 기침을 한다고 모두가 폐병 환자는 아니다. 심지어 같은 원인과 같은 결과를 가진 질병이라도 보다 더 정밀하게 조사해 볼 필요가 있다. 오늘날 원인불명의 병들이 무수히 생겨나고 있다. 그러나 많은 의사들은 바쁘다. 따라서 의사들의 진료와 처방에서는 일반적으로 다원사고의 과정이 생략된다. 이럴 경우 부작용이 나거나 오진으로 인한 의료사고가 발생할 수 있다. 20세기 초 프랑스 실존주의 작가인 카뮈(Alvert Camus, 1913-1960)가 『이방인』이라는 소설을 발표하면서 노벨평화상을 수상했다. 이로써 당시 미국 등 여러 나라에서는 사형제도가 폐지되었다. 만의 하나 단 한 사람이라도 억울한 누명을 쓰고 억울한 옥살이를 하는 것을 방지하고 심지어 억울하게 사형을 당하는 일을 최대한 막아 보자는 의도이다. 물론 "이에는 이, 눈에는 눈"이라는 인과응보로 본다면, 사람을 죽인 사람들에게 사형선고는 마땅하다. 그러나 만(萬) 개의 사건 중 잘못된 재판으로 인하여 억울한 생명이 단 하나라도 발생한다면 과연 이는 누구의 죄인가? 또한 유태인의 격언 중 "한 사람을 죽이면 모두를 죽이는 것이요, 한 사람을 살리면 모두를 살리는 것"이라는 말이 있다. 한 사람의 목숨은 전체에서 볼 때 아무 것도 아닐 정도로 빈약하지만, 그 사람 자신에게는 100% 전체이다.

가정이나 직장에서 그리고 모든 일상에서 발생하는 사건들에게도 수많은 원인들이 얽혀 있다. 따라서 우리는 원인을 단일하게 규정지으려 해서는 안 된다. 사태를 더욱 나쁘게 진전시키지 않기 위해서 우리는 모든 결과를 보고 아마 다른 원인도 있을지도 모른다고 사고할 수 있어야 한다. 현대이론물리학에서도 전류의 흐름에는 반드시 저항이 발생하게 되어 있으며 공기의 저항으로 낙하의 법칙은 파기될 수밖에 없음을 알려주었다. 또한 하이젠베르크는 간섭현상 때문에 모든 물질의 생성과 전개는 항상 불확실하다는 불확정성의 원리를 선언했으며, 생태학에서도 에드워드 로렌츠의 "나비효과 이론"과 "기묘한 끌개 이론" 그리고 일리야 프리고진의 "흩어지는 구조" 이론을 통해서 우리는 한 사건의 원인 규명이 단순하지 않음을 인식해 왔다. 결국 모든 원인과 결과는 비선형적 복합성으로 생성과 소멸을 반복하기 때문에 반드시 원인을 하나로 규정지을 수는 없다. 물론 단 하나의 원인으로 발생하는 사건도 있을 수 있다. 그러나 이는 극히 이상적이고 비현실적이다. 아니면 정말 우연일지도 모른다. 한마디로 인간사에서 사건은 항상 복잡하며 결코 선형적이지 않다. 이제 우리는 비선형 복합 사고를 통해서 인간의 삶이 고도로 복잡한 시스템으로 현상한다는 생명의 원리를 인식할 수 있어야 한다. 궁극적으로 이러한 인식은 삶의 홀로스에 접근할 수 있는 계기를 마련해 줄 것이다.

둘째, 모든 원인은 불분명하다. 삶에서 원인은 실제로 모호하다. 우리는 하나의 사건이 발생하면 마치 족집게 수사관들처럼 원인규명에 모든 신경을 집중한다. 사건의 원인은 얽힌 정도에 따라 다를 뿐 복합적인 것은 매한가지이다. 따라서 사건의 원인은 적절한 시간이 경과하면서 서서히 밝혀지는 것이지 단번에 밝혀지는 것이 아니다. 따라서 이러한 근거에서 볼 때, 우리는 당장 원인을 규명하려고 노력하는 우를 범해서는 안 된다. 우리 옛말에 사필귀정(事必歸正)이라는 말이 있다. 일이란 반드시 올바로 풀린다는 이야기이다. 따라서 우리는 좀 느긋해질 필요가 있다. 언젠가는 분명히 밝혀질 일이기에 좀 답답하더라도 시간을 기다리면 된다. 시간이 약인 셈이다. 물론 사건이 보다 복잡하게 얽혔을 때에는 원인규명의 시간이 늦어질 것이며, 덜 복잡하게 얽혔을 경우에는 시간이 덜 걸릴 것이다. 그러나 이러한 것도 물리적 도식일 뿐이다. 하여간 일상에서는 돌발사태나 우발사건 이외에 단순사건은 없다. 물론 그 이면에는 복합적으로 얽힌 사연들이 난무한다. 모든 것은 복잡하고 다차원적인 원인들로 얽혀 있다.

따라서 가정에서 자녀를 꾸중할 때에도 처음부터 원인을 다그쳐서 따지려고 하면 안 된다. 특히 아직 어린 자녀들도 자신들의 행위에 대한 원인을 한꺼번에 변명하거나 말로 설명할 수 있는 능력이 없다. 시간을 두고 알아보아도 늦지 않다. 직장과 사회에서도 마찬가지이다. 매사의 원인규명이 그렇게 단순하지만은 않다. 물론 때를 놓치면 안 되는 사건들도 많다. 또한 원인을 규명하지 않고 넘어간다면 더 큰 화를 자초할지도 모를 일도 있다. 그러나 원인규명은 때가 있는 것이고 반드시 적당한 시간이 경과해야 가능하다. 심지어 우리는 고도로 단련된 직업 수사관이 아니다. 또한 프로파일러 수사관들도 얼마든지 오심과 오판을 할 수 있다. 물론 원인규명을 위해서 서로 노력하는 것은 대단히 중요하다. 그러나 원인이 처음부터 선명하지 않으며 서서히 밝혀진다는 사실에 대한 인식은 우리로 하여금 원인규명에 보다 느긋해질 수 있도록 할 것이며, 아울러 보다 완전한 원인규명으로의 기회를 제공할 것이다. 이로써 삶의 윤곽은 전체적으로 접근될 수 있다. 따라서 이는 H 사고로의 길목임이 분명하다.

2) 확률 사고

우리 가요에 「99.9」라는 제목을 가진 유행가 노래가 있다. 거의 완벽한 인간이라는 뜻이다. 금(gold)도 순도가 다르다. 100%의 금은 금방 무뎌져서 오히려 보석으로서의 품위를 유지하지 못한다. 어떤 경우에는 합금이 보다 나은 경우도 있다. 금의 인장강도를 높이면서 금처럼 변하지 않고 오래 가도록 장점만을 채택한 특수합금의 경우가 그런 경우이다. 따라서 우리는 실제 무엇이 무엇보다 낫다고 가치를 평가하기는 곤란하다. 배금사상이 높아지면서 돈으로 환산되는 가치가 우리의 삶을 지배하는 바람에 금, 은, 동으로 순위를 매긴다. 그러나 삶에서는 모두 다 중요한 것이고 모두 다 경우에 따라 요긴한 것들이다. 수학에서 확률 방정식이 탄생하고 현대이론물리학에서 미립자 세계가 확률로 존재한다는 것이 밝혀지면서 우리의 삶도 확률로 존재한다는 사실이 인지되기 시작했다. 모든 것이 확률로 존재한다. 우리는 일기예보에서도 비가 내릴 확률이 50%, 해가 뜰 확률이 30% 등으로 발표되는 것을 종종 목격한다. 매사가 확률로서만 가능한 것이다. 이런 의미에서 다부치 나오야는 자신의 저서 『확률론적 사고로 살아라. 불확실한 인생과 비즈니스에서 승률을 최고로 높이는 방법』(원제: 確率論的思考: 金融市場のプロが教える 最後に勝つための哲/황선종 역, 2010)에서 세계는 우연으로 가득차 있다고 설명하면서 복잡하고 불확실한 세계에서 선택해야 할 승자들의 철학은 바로 '확률론적 사고'라고 주장한다.

이러한 확률 사고를 구체화시키기 위해서, 이제 우리는 다음의 귀결 사실들을 숙지하고 실천할 수 있어야 한다.

첫째, 삶은 불완전함 그 자체이다. 이 세상에 완벽은 없다. 완벽한 사람도 없다. 다만 완벽하게 보일 뿐이다. 그러나 완벽하게 보이는 사람은 인기가 없다. 왜냐하면 접근이 어렵기 때문이다. 기계와 같이 냉정하게 보이는 인간도 인기가 없다. 내가 완벽하지 않기 때문에 완벽에 대해서 거부감이 오는 것이다. 물론 그렇다고 인기에 영합하기 위해 일부러 완벽함을 허물어 버릴 필요까지는 없다. 그러나 생각만이라도 이 세상에 완벽함이 존재한다고 생각하면 안 된다. 완벽한 이성을 생각했던 사람들로부터 오히려 도구적 이성이 첨예화된 경우도 많다. 최고의 지성들이라고 인정되는 사람들에게서 가장 교묘한 속임수가 나오는 경우도 적지 않다. 완벽한 이성을 가지고 있다고 자부하는 사람들에게서 도구적 이성이 최고로 발휘될 수 있기 때문이다. 물론 그렇지 않을 수도 있다. 우연의 일치인지도 모른다. 하여간 인간은 IQ, EQ를 최고도로 발휘하다 보면, JQ가 높아진다. 여기서 JQ는 "잔(Jan)머리"를 말한다.

따라서 우리는 완벽에의 믿음을 허물어야 한다. 모든 것은 완벽하지 않기 때문에 수학적으로도 완전한 계산을 해내기 힘들다. 이미 "괴델의 정리"는 수학이라는 학문도 완벽한 학문이 아니라는 사실을 잘 입증해내고 있다. 완벽의 정도는 비율이고 확률일 뿐이다. 따라서 우리는 모든 것을 확률로만 생각해야 한다. 확률로 존재하는 우리의 삶은 늘 완벽으로만 이해되는 것이 아니다. 플랑크푸르트 비판학파의 거두인 아도르노(Theodor Adorno)는 "이 세상에 자명한 것은 아무 것도 없다"고 선언한 바있다. 다양한 확률과 다변화되는 확률만이 우리의 삶을 이해하게 하는 기준이다. 이러한 삶의 기준을 벗어나는 사고는 항상 위험하다. 우리는 살아남기 위해서 확률 사고를 해야 하는 이유가 바로 여기에 있다. 확률 사고를 통해서 우리는 삶의 복잡성을 이해하게 되며, 삶의 복잡성을 이해하면서 우리는 비로소 삶의 홀로스에 접근할 수 있게 된다.

둘째, 삶은 계속 채워진다. 삶은 완전한 것 같아도 늘 무엇인가 비어 있다. 인간의 욕망이 끝이 없다는 이야기이다. 배고픈 호랑이는 허기를 해결하면 더 이상 사냥하지 않지만, 인간은 배고픔을 해결하고 나서도 계속 사냥을 한다. 나중에 못 먹고 버리는 한이 있어도 일단 냉장고에 채운다. 이러한 인간의 무한한 욕망은 비난거리임에 분명하다. 그러나 비난 이면에는 허전함의 욕구가 우리 인간의 삶을 따라다닌다는 사실이 인식되어야 한다. 따라서 우리 인간의 삶은 반드시 계속 채워져야 하는 것이다. 언젠가 우리의 삶에서 "나머지는 반드시 보충된다"는 생각이 중요하다. 확률상으로 볼 때 100%에서 모자라는 부분은 언젠가 채워질 것이라는 낙관적 사고가 중요하다. 만약 반대로 생각한다면 한도 끝도 없다. 확률로 현상하는 우리 인간의 삶은 어쩔 수 없이 완전하지 않으며, 삶의 불완전함은 언젠가 보충된다. 확률사고는 불포화에 대한 보충을 기약해 준다. 당신은 이 직업에 몇 % 만족하는가 하고 물어야지, 당신은 이 직업에 만족하는가 불만족하는가 하면서 흑백논리로 질문해서는 안 된다. 누구든지 100% 단언할 수는 없는 일이기 때문이다. 그리고 이러한 질문은 설문조사에 하나도 도움이 안 된다. 만약 51% 만족한다고 대답한 사람은 자신에게 더 채워져야 할 나머지 49%를 생각하면서 일에 임하게 될 것이다. 이럴 경우 우리는 확률 사고를 통하여 삶의 홀로스(100%)에 접근하는데 도움을 주게 된다.

한편, 우리가 확률 사고에 익숙해지면 상대방의 모자라는 부분을 채워 주는 일에도 관심을 가지게 될 것이다. 그러나 만약 그렇지 못하다면 우리는 상대방의 모자람을 그냥 외면하거나 냉혹하게 학대하게 될 것이다. 따라서 우리가 보다 적극적으로 확률 사고에 익숙해져야 하는 근거가 바로 여기에 있다. 구시대적 패러다임 즉 경쟁과 투쟁의 패러다임 속에서는 상대방의 모자람은 나와 무관하며 심지어 나에게 오히려 득이었다. 그러나 오늘날 이러한 상대방의 모자람에 대한 방치는 바로 나에게 화(禍)로 돌아올 수 있다는 사실이다. 과거에는 부자들에게 가난한 자들은 직접 대들지 않았다. 지금은 가난한 자들이 많은 곳에서는 부자들도 살기 힘들다. 이것저것 따지면서 비리를 캐내려고 아우성들이다. 부자들이 가난한 자들의 모자람을 메워 줄 수 없는 사회는 불행하다. 마찬가지로 상대방의 모자람을 방치하는 일은 나에게도 득이 될 수 없다. 그 모자람은 반드시 언젠가는 나에게 돌아오기 때문이다. 오늘날 우리가 윈-윈(win-win) 전략을 짜야 하는 이유도 바로 여기에 있다. 과거에는 혼자 살아남으면 되지만 오늘날은 공생으로 살아남아야 한다. 원래 모든 생명이 공생으로 살아남았듯이 이제 우리는 삶이라는 공생의 원리에 따라 함께 살아남아야 한다. 삶의 원리를 거역하는 순간 우리에게 생명은 보장되지 않는다. 살아남기 위해 공생해야 하는 것이다. 따라서 상대방의 모자람은 함께 채워 주어야 한다. 확률이 높아질 때까지 말이다. 아니면 그러한 노력이라도 할 수 있어야 한다. 그래야 최소한 감동이라도 한다. 감동은 감동으로 돌아온다.

미국의 역사학자 하워드 진(Howard Zinn)은 자신의 저서 『A People's History of the United States: 1492 to Present』(1986)에서 "가난한 이들의 울부짖음이 항상 옳은 것은 아니다. 그러나 만약 그들의 울부짖음에 귀를 기울이지 않는다면 당신은 정의가 무엇인지를 결코 알지 못할 것이다."라는 글귀로 시작하고 있다. 인간이 한쪽 편에서 살고 한쪽으로 사고하면서 사는 것은 자유이지만, 다른 쪽을 못 보고 산다는 것은 반쪽의 삶을 사는 것이다. 결국 전체를 모르고 사는 것이다. 전체를 모르고 산다는 사실은 결국 나와 사회의 파국으로 이어진다. 오늘날 지식과 정보가 사방팔방으로 열리고 자유롭게 유통되는 투명한 지식정보사회에서 자신만의 욕심을 채우려는 행동들은 쉽게 노출된다. 이러한 에고이즘의 노출은 당장 사회적 비난의 대상이 됨으로써 한순간에 운명이 뒤바뀐다. 재벌 총수들의 비리가 밝혀지면서 이들이 하루아침에 거리로 내몰리는 상황들이 계속 신문지상을 오르내리는 이유가 바로 여기에 있다. 개인을 위해서도 사회를 위해서도 우리는 이제 확률적으로 살아남고 확률적으로 남의 삶도 고려할 수 있는 아량을 배워야 한다. 삶을 전체적으로 통찰한다는 일이 정말로 중요한 시대가 온 것이다.

5. 제5단계: H 사고

비선형사고와 확률 사고로 구현되는 복잡계 사고에 익숙해지고 나면 이제 마지막 단계로서 홀로스(holos) 사고 즉 H 사고를 해야 한다. 홀로스(holos, ὅλος)는 "모두", "완전", "전체"라는 의미를 가진 그리스말이다(오인탁, 2001: 2). 그러나 홀로스라는 명사보다는 홀리스틱(holistic)이라는 형용사의 사용 빈도가 높다. 이제 우리의 학문세계에서도 홀리스틱과 연결된 복합 개념이 등장하고 있다. 홀리스틱 메디슨과 홀리스틱 페다고지(holistic pedagogy)가 대표적이다. 이들은 각각 대체의학과 대안교육으로 번역된다. 즉 홀리스틱이라는 형용사는 "대체나 대안"의 의미로 사용된다. 그러나 잘 따지고 보면 대체나 대안이라기보다는 "전체적"이라고 번역하는 것이 타당하다. 물론 대체나 대안으로 번역되는 데에도 이유가 있다. 이미 사회가 한쪽으로 치우쳐서 발전해 온 관계로 이제는 다른 쪽으로 대체되어야 한다는 뜻일 것이다. 즉 "홀리스틱"은 기존의 것들에 문제가 생겨나서 소위 개혁이 대상이 되기 때문에, 완전히 새로운 것으로 대체해야 한다는 의미를 갖는다.

이미 오래전부터 심리학 분야에서는 형태(Gestalt)를 "전체"로 해석하는 게슈탈트 심리학이 발달했으며, 의학과 생리학 분야에서 홀리스틱 메디슨(holistic medicine)이 대체의학이라는 명목으로 새로운 대안의학으로 자리매김을 하고 있다. 또한 교육의 현장에서는 학교교육의 몰락과 함께 대안교육(alternative education)과 홀리스틱 교육(holistic education)이 세력을 얻고 있다. 또한 과학연구의 방법에서도 계량적 방법 대신 질적 방법이 새롭게 해석되면서 해석적 방법과 홀리스틱 접근방법(holistic approach)이 특히 정신과학 및 사회과학의 영역에서 주가를 올린 지 오래이다. 또한 20세기 초 시스템 유기체 사회학이 탄생하고 1950년대부터 시스템 공학, 시스템 생태학(ecosystem ecology) 그리고 사이버네틱스(cybernetics) 등의 통합시스템과학 영역으로 전개되면서 홀리스틱 관점(holistic perspective)이 자연스럽게 만나게 되면서 전체성 즉 홀로스의 문제가 재해석되기 시작하였다. 오늘날 융·복합의 개념도 이러한 차원이다.

근대과학의 세기, 계몽의 세기 그리고 산업혁명을 거치면서 소위 도구적 이성의 장난하에서 엉뚱하게 왜곡된 역사적 사회시스템들이 현재 우리 사회에서 역량 있는 시스템으로 행세를 하고 있다. 이미 서두에서 살펴본 대로 우리의 역사적 사회시스템들은 생명시스템의 원형으로 H 사고를 가능하게 하는 홀라키(Holarchie: 구형 순환시스템)의 구조로부터 하이어라키(Hierarchie: 피라미드형 수직적 위계시스템)의 구조로 변환되어 왔다. 따라서 H 사고를 통해 우리는 홀라키의 시스템 구조를 회복해야 한다. 이를 위해서 피터 센게는 우리가 삶을 구형의 순환구조 즉 홀라키로 보아야 한다는 사실을 강조한다(피터 센게, 1996: 103-105). 현실은 피드백 프로세스를 가진 순환형 원(求)으로 구성되어 있지만, 우리의 감각은 직선적으로 보는 것에 습관화되어 있다. 바로 여기에 시스템 사고자로서의 우리가 가진 한계가 존재한다.

H 사고는 지금까지 "도구적 이성"의 작용으로 엉뚱하게 왜곡되어

온 삶의 영역에 대한 비판과 반성을 강구하도록 하는 강력한 촉매제가 될 것이다. 이러한 H 사고를 통해서 우리는 삶의 전체성으로 회귀할 수 있는 마지막 기회를 얻게 될 것이다.

1) 대안 사고

미국의 세계적인 마케팅 컨설턴트인 페이스 팝콘과 그의 동료 리스 매리골드는 자신들의 저서 『클릭 이브 속으로』(2001)에서 21세기를 여성의 세기로 간주한다. 왜냐하면 여성은 남성보다 '전체적으로'(holistic) 사고하기 때문이라고 한다. 이들의 주장에 의하면, 전체적으로 사고해야 살아남는 미래에 가장 적합한 성(性)은 남성이 아니고 여성이다. 예를 들어, 남자들은 뉴스만 보지만 여성들은 뉴스를 들으면서 신체의 모든 신경을 동원한다. 앵커의 헤어스타일부터 넥타이와 브라우스까지 모두를 보면서 전체적으로 파악한다는 것이다. 앞으로 마케팅을 제대로 하려고 한다면, 과거 남성의 관점 대신 여성의 관점에서 시작해야 한다고 권하고 있다. 즉 여성 고객을 잡지 못하면 앞으로 마케팅은 실패한다고 경고하고 있는 것이다. 소비자로서의 여성이 중요한 마케팅의 대안이 되는 것이다.

이제 세상은 모든 것이 새로움으로 대체되고 있다. 이미 세대 간의 갈등을 거치면서 컴 세대와 컴맹 세대가 확연히 구별되게 되었으며, 신세대와 쉰세대 간의 괴리감도 어쩔 수 없는 시대상황으로 인식되고 있다. 직장에서는 명퇴(名退)와 용퇴(勇退)가 일반화되는 분위기이고, 서열파괴 인사에도 별 토를 달지 않는 분위기이다. 예전 같으면 어림도 없는 이야기이다. 물론 지금도 저항이 만만치 않다. 그러나 시대의 흐름과 새로움으로 대체되는 것을 대체로 묵인하는 분위기이다. 2천 수백 년 전 만물유전론을 주창한 헤라클레이토스의 지론이 현대이론물리학과 생태학 등 자연과학의 영역에서 근거 있는 주장으로 지지되더니 급기야 일상에서도 모든 것은 새롭게 변해야 한다는 논리가 인정되고 있는 느낌이다. 중국 고사에 "한번 흐른 물에는 다시 발을 담글 수 없다"는 말이 있다. 모든 것은 변하고 변할 수밖에 없는 것이다. 따라서 변화를 지향하는 대안(代案)만이 살길이다. 그만큼 현대사회가 문제투성이로 이루어져 있으며 이러한 문제투성이가 낱낱이 백일 천하에 드러나고 있다는 이야기이다. 환부를 도려내지 않고는 더 이상 나도 너도 살아갈 수 없는 현실이 된 것이며 이러한 사실에 대한 인정과 공감대가 바로 대안과 대체를 요구하게 되는 것이다. 이제 우리가 이러한 상황에서 살아남을 수 있는 길은 대안을 찾아내는 일에 보다 적극적이어야 한다는 사실이다.

이러한 대안 사고를 구체화시키기 위해서, 이제 우리는 다음의 귀결 사실들을 숙지하고 실천할 수 있어야 한다.

첫째, 계속 변신을 궁리하라. 일반적으로 우리는 문제가 생기면 다른 사람이나 주변 탓으로 돌린다. 이러한 사고는 결국 자신의 문제를 보다 심각하게 몰고 간다. TA(transaction analysis: 교류분석)의 창시자인 미국의 인본주의 심리학자 에릭 번(Eric Burne)은 "내가 변해야 주변이 변한다"는 주장을 한다. 아무리 내가 주변을 보고 변하라고 외쳐 보았자 결국 바위에 계란 던지는 것과 같다. 많은 사람들은 변화 그 자체를 기피한다. 왜냐하면 변화를 일으키는 것도 어려운 일이지만 일단 변화가 시작되면 굉장히 고통스럽고 복잡하며 엄청난 에너지가 소모되기 때문이다(지니 대니얼 덕, 2001). 특히 수구세력이나 보수세력들에게 변화에 대한 공포감은 보다 심하다. 그러나 변화는 생각보다 그리 어렵지도 않다. 즉 눈 한번 딱 감고 내가 변하면 된다. 중요한 것은 내가 변하면 반드시 주변도 변한다는 사실이다. 그래서 나부터 변해야 하는 것이다. 물론 시간과 정도의 차이가 있을지언정 남을 변화시키는 것보다 차라리 내가 변하는 것이 훨씬 빠르고 쉽다. 또한 내가 변하지 않고 주변이 변하기를 바라는 것은 요행수에 불과하다. 기적이 일어나지 않는다면 그런 일은 결코 일어나지 않을 것이라는 것이 에릭 번의 생각이다. 나부터 변함으로써 우리는 주변의 변화를 촉발시킬 수 있다. 이로써 우리는 전체가 함께 변하고 있음을 알게 된다. 전체가 함께 움직이고 있다는 사실에 대한 인식은 우리의 삶이 전체적으로 이루어지고 있음을 알게 해 준다. 내가 변하는 것은 하나의 대안이다. 대안 사고를 통해서 우리는 H 사고로의 접근을 용이하게 한다.

둘째, 생명은 혁신으로만 유지된다. 생태학은 생명시스템을 투입-전환-산출의 열린 시스템으로 풀어 놓고 있다. 생명시스템은 기계처럼 투입과 산출로 이루어지는 단순 시스템이 아니다. 예를 들어, 우리 인간은 누군가가 주입한 지식을 앵무새처럼 그대로 모방하고 흉내만 내는 것은 아니다. 우리의 두뇌로 투입된 지식과 정보는 우리의 삶의 목적과 목표에 따라 각색되어서 실생활에 적용되기도 한다. 일단 주변 환경으로부터의 투입이 이루어지면 시스템은 에너지를 자신의 과업과 유지의 목적을 위해 형태를 변경시키게 되는 것이다. 고대 이래로 살아 있는 생명시스템은 어떤 목적과 과업에 봉사하는 것으로 가정되었다(Mainzer, 1997: 103). 우리는 목적과 과업에 따른 형태변경의 과정을 전환(through-put)이라고 부른다. 시스템이 에너지를 재조직화하는 전환과정을 시작하게 되면 외부의 주변 환경과의 반응은 보다 가속화된다. 전환은 과업과 관련되고 아울러 유지와 관련되어 발생하며 재구조화 과정에서 외부 환경과 부단히 상호작용한다(Chess & Norlin, 1988: 99).

여기서 우리가 주의할 것은, 과연 무슨 목적을 위해서 생명시스템 속에서 '전환'이 이루어져야 하는가 하는 문제이다. 전환은 생명시스템의 운명을 좌우한다. 만약 그 목적이 '권력'이라면, 위에서 우리가 줄곧 지적

했듯이 이성이 도구적 이성으로 타락한 것처럼 권력을 목적으로 하는 전환으로 우리의 생명은 타락하게 된다. 생명의 타락은 곧 죽음을 의미한다. 삶에서 투입-전환-산출이 생명시스템으로 '항상성'을 유지하기 위해서는 전환의 목적은 오로지 "생명" 그 자체가 되어야 한다. 우리 인류가 태초부터 살아남기 위해 발버둥을 치면서 문화를 창조하며 살아남았 듯이, 우리 인간의 본래 목적은 "살아남겠다"는 것뿐이다. 우리는 도구적이성의 작용으로 사회시스템들을 공멸의 시스템으로 전락시켜 온 사실을 알고 있다. 살아남기 위해 창조한 역사적 사회시스템들이 이제 우리를 죽이고 있는 것이다. '권력을 향한 이성의 타락' 때문이었다.

우리의 생명시스템은 본래 권력을 추구하지 않는다. 왜냐하면 생명은 권력을 추구하다가 죽음시스템으로 바뀐다는 사실을 이미 알고 있기 때문이다. 예를 들어, 세포는 절대 권력을 가지지 않는다. 위장은 허파보다 권력적이지 않다. 만약 위(胃)가 장(腸)보다 권력을 많이 가지고 있다면 우리는 위산과다로 사망하게 된다. 만약 간이 뇌보다 권력이 많다면, 간은 뇌의 명령에 따라 해독하지 않을 것이다. 만약 식도가 위보다 권력이 많다면 때에 따라서 음식물을 내려보내지 않을 것이다. 그러면 생명은 끝난다. 권력투쟁으로 우리 인류에게 역사적 사회시스템이 엉망이 된 것처럼 인체 내에서도 권력투쟁이 벌어진다면 우리의 생명은 끝나고 만다.

결국 권력투쟁으로 일그러져 온 우리 인간의 역사적 사회시스템은 잘못된 것이다. 인위적이고 조작된 것이다. 심지어 불공정한 경쟁을 통하여 불법, 비법, 무원칙, 비합리, 불합리 등으로 진행되는 경쟁-지배의 시스템은 보다 혼란스럽다. 하여간 생명은 본질적으로 다른 권력을 목적으로 생명에너지를 전환시키지 않는다. 오로지 살려는 의지만 있을 뿐이다. 생명은 죽을 때까지 죽지 않으려고 한다. 이제 우리 인간들은 일그러진 사회시스템들이 낳은 공멸에의 위기 앞에서 진정한 생명에의 원리를 성찰해야 한다. 인류의 공멸 앞에서 살아남을 사람은 아무도 없다.

한마디로 전환은 "생명에너지로의 전환"을 말한다. 우리가 음식물을 투입하면 그것이 생명의 에너지로 전환되고 생명의 원동력이 산출됨으로써 생명에의 희망이 재투입된다. 결국 투입-전환-산출이라는 생명시스템의 본래적 도식에서 투입된 것이 생명에너지로 전환됨으로써 생명은 열린 시스템으로 계속 현상할 수 있다. 열린 시스템이란 피드백의 순환과정을 가진 리사이클링 시스템으로서 단순한 투입-산출로는 시스템의 항상성을 보장할 수 없다. 생명은 고갈된 에너지가 아니고 생명으로 산출되어야지 다시 생명으로 투입될 수 있다. 어떤 문제나 과제가 우리의 사고영역에 투입되면 그것이 입력된 그대로 산출되는 것이 아니고 반드시 목적 달성을 지향하는 "생명에너지"로 전환되어 산출되어야 한다. 왜냐하면 생명시스템의 목적은 바로 "살아남겠다"는 목적뿐이기 때문이다. 살아남기 위해서 인간들은 투입된 지식과 정보를 최대한 활용해야 할 것이다. 전환을 통해 산출된 결과들이 생명에너지로 재투입되면서 생명은 되살아난다. 한마디로 생명은 리사이클링의 열린 시스템이 되는 것이다. 살아남기 위한 인간의 투입-전환-산출의 도식은 공동체로 살아남을 때 가장 분명한 대의명분을 가지게 되며 가장 잘 살아남는 결과가 된다. 왜냐하면 우리 인간은 선사시대부터 가장 위급하고 위태로울 때 "뭉치면 산다"는 의미로 공동체(共同體)를 구성해 왔으며, 그 공동체와의 상호작용과 상호연관을 맺는 열린 시스템으로 생존해 왔기 때문이다.

결국 생명시스템을 유지 발전시키는 투입-전환-산출의 도식에서 중요한 역할을 해내는 전환의 과정은 "대안과정"이라고 할 수 있다. 간단히 말하면, 우리는 외부에서 투입된 지식과 정보를 가지고 "살아남을 대안을 궁리"하면서 그 결과물을 산출하게 되는 것이다. 산출이 고갈되면 생명시스템은 중단된다. 즉 살아남을 궁리에 부적합한 대안이 산출되면 생명은 끝난다. 또한 살아남을 궁리가 권력투쟁이나 권력쟁취의 목적으로 과장되어도 생명은 끝이 난다. 오로지 살아남겠다는 목적으로 스스로 자기제작(autopoiesis)하고 자율성을 근간으로 하는 생명에너지가 고갈되는 산출은 결국 재투입으로 이어지지 않는다. 이때 생명은 더 이상 순환되지 않는다. 물론 여기서는 피드백도 없으며 리사이클링도 없다. 시스템은 대안을 찾으면서 살아남는다. 왜냐하면 시스템이란 원래부터 소멸하려는 엔트로피 경향을 상쇄시킬 수 있는 에너지의 전환이 요청되기 때문이다. 사회시스템은 대안을 마련함으르써 시스템의 소멸 속성인 엔트로피를 최대한 방지할 수 있다.

대안은 시스템이 살아남을 수 있는 자극이며 생명에너지이다. 대안이라는 생명에너지가 고갈되면 시스템은 소멸된다. 시스템이론에 의하면, 시스템의 생존원리는 항상성을 기반으로 하는 안정으로의 피드백 과정과 변화(성장)를 통하여 '부적 엔트로피'(negative entropy)를 생성해야만 살아남을 수 있다. 시스템 내에서의 변화 즉 성장은 내적-외적 자극을 통해 이루어진다. 기계시스템이 중단되지 않도록 우리는 기름칠을 하거나 청소를 해주거나 아니면 부품을 바꾸어 끼워 준다. 생명시스템이 중단되지 않도록 우리는 각종 영양을 보급하거나 영양주사를 맞거나 비타민, 호르몬 등 약물 복용한다. 아니면 수술을 통하여 각종 조직과 장기를 새것으로 바꾸어 주거나 수혈을 한다. 이러한 모든 의료활동들은 모두 생명시스템이 '부적 엔트로피'로서 작용할 수 있도록 하여 변화 및 성장을 촉진하는 내외적 자극에 해당된다. 물론 우리의 몸 내부에서도 가능한 한 엔트로피의 발생을 억제하거나 지체시키는 자체방어 및 자체치료의 생리기제들이 작용한다. 마지막으로 우리의 관심인 사회시스템에서 가능한 '부적 엔트로피'의 자극제는 바로 의사소통(communication)이다. 이는 대표적인 사회시스템이론가인 루만(Niclas Luhman)의 지론이다. 인간은 의사소통을 통하여 사회적 인간이 되며, 사회시스템은 인간과 인간 간의 의사소통을 통해 그 생명을 유지한다. 일반적으로 대안을 찾아내기 위해서 우리는 의사소통을 하게 된다. 물론 의사소통은 또 다른 목표도 가질 수 있다. 그러나 "대안 찾기의 의사소통"은 우리의 삶에서 특히 중요하다. 따라서 우리는 의사소통의 기술을 별도로 터득하고 훈련할 필요가 있다. 결국 우리 인간은 우리가 만들어 놓은 사회시스템 속에서 하나의 생명시스템으로 살아남기 위한 대안을 창조해 낼 수 있어야 한다. 의사소통을 통해 창조된 대안으로 우리의 사회시스템은 생명을 유지하게 된다. 이렇게 전환과정에서 생성된 대안은 환경으로 산출되어 다시 피드백됨으로써 또 다른 투입-전환-산출의 과정을 되풀이하게 될 것이다. 따라서 우리는 투입-전환-산출의 도식을 생명이 순환원리로 사고하는 데 익숙해져야 하며, 이로써 우리는 H 사고에 한 걸음 더 밀착할 수 있음을 알아야 한다.

2) 공진화 사고

생태학적 발견에 의하면, 인간은 주변과 공생하면서 살기도 하지만 주변 환경과 공진화(共進化)한다. 최초의 진화론을 언급했으며 최초로 생물학이라는 용어를 만든 독일의 박물학자 라마르크(Jean Baptiste Lamarck, 1744-1829)는 동물이 환경의 압력 아래 변화한다는 것을 관찰했다. 또한 그는 동물이 새끼에게 그 변화를 유전시킨다고 믿었다. 그는 이러한 획득형질의 유전을 가장 중요한 진화의 메커니즘으로 보았다. 그러나 생태학자들은 이러한 점에서 라마르크가 틀렸다고 지적한다. 생태학자들은 우선 생명이 상호작용하면서 공진화한다는 사실을 주장했다. 즉 이들은 다위니즘의 진화론에서 주장하는 경쟁(자연도태)과 돌연변이보다 공생적 진화

이를테면 공진화를 더 분명한 진화 메커니즘이었다고 주장한다. 물론 공진화는 공생을 통한 진화 즉 공생기원설에 근거를 두고 있다. 이러한 의미에서 이정모는 자신의 저서 『공생 멸종 진화 생명 탄생의 24가지 결정적 장면』(2015)에서 자연사는 멸종의 역사이다. 따라서 자연은 공생하지 않으면 멸종한다. 즉 공생한 생명만이 진화로 이러졌다고 하면서 자연사를 정리한 바 있다. 공생은 22억년 전에 처음 발생했으며 진핵세포(핵을 가진 세포)의 진화로 이어졌다(프리초프 카프라, 1996/ 김용정 · 김동광 역, 1999: 318). 이것이 최초의 공생을 통한 진화였으며, 이러한 진화는 협동과 공진화의 훨씬 더 복잡한 배열을 통해 진행되었다.

> 생물계 전체에 걸쳐 진화는 생물이 환경에 대한 적응으로만 국한될 수 없다. 그 이유는 환경 자체가 적응과 창조성이 가능한 살아 있는 시스템들의 연결망에 의해 형성된 것이기 때문이다. 그렇다면 무엇이 무엇에 적응한 것인가? 서로가 서로에 대해 적응한 것이다(프리초프 카프라, 1996/ 김용정 · 김동광 역, 1999: 299).

이러한 공진화를 통해서 우주의 시스템도 복잡시스템으로 전개된다. 이미 인간학에서도 인간은 문화 및 자연환경과 서로 구속적 관계로 변증법적으로 발전한다고 사실을 밝혀냈다. 하이젠베르크에 의하면, 모든 물질은 주변 공간의 구조를 결정할 뿐만 아니라 주변 환경에 의해 영향을 받는다(프리초프 카프라, 1975/ 이성범 · 김용정 역, 1989: 249). 따라서 모든 물질의 존재는 불확정적이지만 어쨌건 모든 생명은 환경과 공진화하게 되는 것이다. 왜냐하면 물질과 환경 간에는 끊임없는 상호교환이 이루어지기 때문이다. 이러한 관점에서 우리는 "환경 속의 인간"이라고 말한다. 주변 환경과 나는 서로 영향권에 있다. 축구 천재 메시가 한국에서 자랐다면 축구 천재가 되지 못했을 수도 있다. 반대로 히틀러가 한국에서 자랐다면 그렇게 포악한 살인자가 되지 않았을 것이다. 이렇게 환경과 인간은 서로서로 영향을 주면서 서로서로를 만들어 가는 것이다. 예를 들어, 지능은 50% 정도가 유전되고 20% 정도는 가정 환경의 영향 그리고 나머지 30% 정도는 자궁 속, 학교, 친구 등의 외부 환경과 밀접한 관계가 있다고 알려져 있다(메트 리들리, 2001). 이런 맥락에서 로버트 M. 헤이즌은 자신의 저서 『지구 이야기 광물과 생물의 공진화로 푸는 지구의 역사』(원제: / 김미선 역, 2014)에서 지구의 역사는 원소, 광물, 암석, 생물이 함께 엮어내는 수십억 년 공진화의 역사라고 하면서 인류의 역사도 공진화를 통하여 이루어졌음을 주장한다. 공진화(Co-evolution)의 개념은 1964년 생물학자 에리히(Ehrich)와 라벤(Raven)에 의해 처음 도입되었다. 이들은 나비와 식물 간의 상호진화를 연구하는 과정에서 '상호작용하는 종들의 상호호혜적 진화적 변화'라는 뜻에서 공진화의 개념을 사용했다. 이후 사회학, 경제학, 복잡계 연구 분야로 퍼지면서 사회 전반에서 사용되고 있다.

심지어 미국의 역사학자 브루스 매즐리시는 자신의 저서 『네 번째 불연속』(1993)에서 미래 인간으로 명명되는 책의 부제인 "인간과 기계의 공진화"가 암시하는 대로 앞으로 우리 인간들은 기계 또는 기계 문명과 화해하고 상호 공존할 수 있는 지혜를 터득하는 것만이 앞으로의 삶의 과제라고 지목했다. 한마디로 생명체와 환경은 공진화 과정(co-evolutionary process)을 겪으며 서로가 서로의 원인과 결과가 된다(리처드 르원틴, 1998/ 김병수 역, 2001: 169). 따라서 우리는 공진화가 생명의 진리임을 인식해야 한다. 이홍재는 자신의 저서 『현대사회와 문화예술 그 아름다운 공진화』(2012)에서 문화의 소비와 생산 역시 상호 공진화의 과정을 통하여 이루어져 왔음을 추적하고 있다. 또한 손동원은 자신의 저서 『벤처 진화의 법칙 벤처기업과 벤처생태계의 공진화』(2004)에서 벤처생태계가 어떻게 지역공간으로서 생존하게 되는지에 대해서 공진화의 개념으로 설명하고 있다.

결국 나는 나의 환경에 대한 공범이다. 주변 여건이 좋지 않기 때문에 내가 이 모양이라고 한탄하면 안 된다. 주변 여건과 나는 서로 공진화한 것의 결과이다. 내가 환경을 만들고 환경이 나를 만든다. 집모기가 살충제로 박멸되는 것이 아니라 내성이 강한 슈퍼 모기로 다시 태어난다. 우리는 직장 분위기가 좋지 않다고 투정하는 것보다 직장 분위기를 좋게 해보겠다고 스스로 나서는 편이 빠를 것이다. 가정에서도 모든 구성원이 노력하지 않는다면 가정 분위기는 좋아질 수 없다. 나와 환경은 서로서로 변증법으로 공진화하는 것이다. 애플의 창조신화도 공진화의 개념으로 설명될 수 있다.

> 애플의 공진화 전략은 이후 아이폰, 아이패드로 이어지면서 애플을 IT산업을 선도하는 기업으로 발전시켰다. 전자책 콘텐츠 산업의 가치사슬에서 기존의 선도기업인 아마존은 킨들로 제공되는 콘텐츠 매출의 30%만 콘텐츠 제공자에게 배분했다. 그러나 애플은 아이패드에서 구매하는 콘텐츠 매출의 70%를 콘텐츠 제공자에게 배분하는 방식으로 수많은 콘텐츠제공자의 호응을 얻으며 산업 생태계를 발전시켰고, 이는 다시 애플 아이패드의 지속적인 매출로 이어지는 선순환 과정을 성공시켰다(김준호 · 홍진환, 2011: 84).

오늘날 소셜 네트워크 플랫폼의 구축 역시 공진화의 결과로 나타난다.

> 소셜 네트워크 플랫폼은 참여, 공유, 개방의 웹 2.0이 보편화된 세계를 구현한다. 이 세계에서는 생태계에서 이타적 공진화를 추구하는

대화하고 협력하면서 터득한 지식으로 상호 공진화하는 가운데 우리는 생명에 보다 활력을 주는 생명에너지를 계속 창출해 나갈 수 있을 것이다. 이로써 우리는 생명의 홀로스에 접근할 수 있게 된다.

생태학적 관점에서 볼 때 생명력의 원천은 자연성이다. 생명의 원천인 자연에는 위아래가 없다. 그러나 지금까지 우리의 역사시스템들은 상하관계가 명확하고 위아래를 중심으로 하는 수직적 하이어라키로 지탱되어 왔다. 자연성의 원리에 크게 위반해 온 셈이다. 바로 여기서 우리 인간의 역사시대가 구축해 온 역사적 사회시스템들은 위기로 판명되는 것이다. 이제 우리는 위아래의 구분이 없는 자연의 원리가 생명의 원리임을 알아야 한다. 특히 21세기 정보사회에서 살아남는 방법은 이러한 자연성의 생명원리에 접근해야 한다. 왜냐하면 미래사회는 — 우연인지 필연인지 하여간 — 수평조직이라는 생명시스템의 기본 원리에 보다 충실하게 접근하고 있으며, 구시대적 상하 구분의 위계조직은 생명공동체를 파괴할 수밖에 없기 때문이다.

3) 포괄 사고

기원전 2세기경에 쓰여진 중국의 고전 『회남자』(淮南子) 「설림훈편」(說林訓篇)에 보면, "사슴을 쫓는 자는 산을 보지 못하고 돈을 쫓는 자는 사람을 보지 못한다"는 유명한 말이 있다. "부분에 탐하다 보면 전체를 잃게 된다"는 경귀이다. 물론 우리의 삶에서 전체보다 부분이 중요하다고 생각하면 나무는 보고 숲을 보지 못하는 것이 무슨 문제가 될 것인가? 그러나 부분 때문에 전체를 간과할 수밖에 없는 인간은 불행한 존재이다. 모든 부분은 전체에 포괄된다. 예들 들어, 산의 전체 지형도 모르고 앞만 보고 달려가는 사슴은 낭떠러지에 떨어져 죽는 과오를 범할 수 있다. 부분으로부터 전체에 접근하다가 치명적인 결과가 초래되는 경우이다. 우리 인간의 역사시대를 지배해 온 분지 사고가 바로 그러한 것이다. 지금까지 우리 인류의 역사에서는 전체를 가장 작은 부분까지 쪼개 놓고 나서 부분으로부터 시작하여 전체로 접근해 가는 방식이 바로 대표적인 과학의 방법론으로 둔갑해 왔다. 그러나 이러한 과학방법을 통하여 형성된 분지 사고 덕분으로 전쟁의 참혹함과 자연파괴, 자연정복 그리고 환경재앙 앞에서 우리는 함께 죽어야 하는 운명 앞에 서게 되었다. 이제 중요한 것은 "전체가 부분보다 먼저"라는 사실을 재인식하는 일이다. 우리가 부분만을 탐닉하다 보면 전체가 무엇인지를 알 수 없는 경우가 많다. 그러나 우리가 전체를 알고 부분에 접근하게 되면 모든 부분들 속에 전체가 내포되어 있다는 사실을 알게 된다. 부분을 포괄하는 것은 전체이다. 또한 전체가 항상 부분보다 먼저이다. 삶이라는 전체가 있을 때 눈으로 앞을 볼 수 있는 것이지, 눈만 있고 얼굴이라는 전체가 없다면 우리에게 보이는 것은 아무 것도 없다. 따라서 전체가 부분을 포괄하고 있다는 사실을 사유하는 것은 우리에게 대단히 중요하다. 특히 21세기 지식정보사회에서 중요한 지식과 정보는 결국 전체로서의 네트워크 상에 떠다니는 정보의 바다에서 취득될 수 있을 뿐이다. 아니면 이러한 전체는 데이터베이스에 연결된 컴퓨터 터미널이라고 할 수 있다(데이비스 호킨스, 1997: 22). 데이터베이스의 터미널인 정보의 바다가 지식과 정보를 포괄하는 정보사회에서 우리는 이제 전체로서 정보의 바다를 인식해야 한다. 이런 근거에서 우리는 포괄적 사고를 요청한다.

이러한 포괄 사고를 구체화시키기 위해서, 이제 우리는 다음의 귀결 사실들을 숙지하고 실천할 수 있어야 한다.

첫째, '의미'를 찾아라. 우리가 자료를 검증해 나갈 때 그것이 무엇을 의미하는지 모른다면 자료는 아무 소용이 없다(데이비드 호킨스, 1997: 28). 의미를 이해할 때 우리에게 자료는 요긴한 정보가 된다. 즉 의미부여가 되지 않는 자료는 쓰레기 정보로 변할 수 있다. 1970년대 말 응용운동역학을 행동운동역학(Behavioral Kinesiology)으로 발전시킨 존 다이아몬드 (John Diamond) 박사는 물질적 자극뿐 아니라 감정적이고 지적 자극에도 근육이 강화되거나 약화된다는 사실을 실험을 통해 발견했다(데이비드 호킨스, 1997: 10). 즉 그의 실험 결과에서 미소는 근육을 강화시켰으며, "나는 너를 미워한다"는 말은 근육을 약화시켰다. 한마디로 인체는 모든 자극에 전체로 반응한다. 전체적 의미에 따라 인체는 달리 반응한다.

신경과 전문의 김종성은 자신의 저서 『뇌에 관해 풀리지 않는 의문들』(2000)에서 만병의 적으로 치부되는 스트레스도 인간의 생존에 필수적인 인체의 반응이라고 주장한다. 실제로 삶에서 스트레스가 없다면 인간은 나태해질 것이며 이로 인하여 삶의 무기력증에 빠질지도 모른다. 또한 그는 뇌의 측두엽 이상으로 발생하는 것으로 추측되는 건망증도 삶에서 극히 필요한 것으로 본다. 나쁜 일을 빨리 잊도록 해줌으로써 삶의 활력소가 될 수 있는 것이다. 이럴 경우 삶에서 전체는 스트레스를 제거하는 것이 아니라 활력소를 되살리는 것이 된다. 우리가 살아남기 위해서는 스트레스를 제거하는 것도 중요하지만, 삶의 활력소를 불어넣어 삶을 활기차게 하는 것이 먼저인 것이다. 전체적으로 볼 때 스트레스도 의미가 있는 것이다. 콜레스테롤이 높으면 위험하다고 하지만 콜레스테롤이 낮아도 문제이며, 고혈압도 문제지만 저혈압도 문제이다. 모두가 전체적으로 의미를 내포하고 있는 것이다.

따라서 우리는 이러한 대립의 관계조차도 전체적 의미로 본다면 새롭게 고려할 필요가 있는 것이다. 일단 모든 부분들은 전체적인 의미를 내포하고 있기 때문에 우리는 모든 것을 포괄적으로 사고해야 한다. 그래야 홀로스의 의미를 찾을 수 있을 것이다. 이는 H 사고를 위해서 우리가 포괄 사고를 해야 하는 근본적인 이유이기도 하다.

둘째, 모든 것을 집합관계로 사고하라. 독일의 의사인 막스 피카르트(Max Picard)는 자신의 저서 『침묵의 세계』(*Die Weld des Schweigens*, 1948/ 최승자 역, 2003)에서 "인간들아, 아무 말이나 내뱉지 마라. 침묵이 듣고 있다"라고 경고하고 있다. 물론 여기서 침묵은 하나님이다. 하나님이 듣고 있으니 인간들은 함부로 아무것이나 말하지 말라는 뜻이다. 침묵은 삶의 원현상인 것이다(피카르트/ 최승자 역, 2003: 21). 여기서 우리는 중요한 의미를 도출해 낼 수 있다. 인간의 언어는 신이 내린 하사품(logos)이지만, 이미 도구적 이성의 활동 때문에 변질된 신의 로고스로서 문제가 많다. 따라서 인간이 발전시켜 온 "이성"은 이제 신 앞에서 다시 심판을 받아야 하는 셈이 되었다.

여기서 우리는 감성과 이성의 관계에 대하여 한 번 생각할 여지를 가질 수 있다. 즉 인간의 감성은 바다로 비유될 수 있으며, 이성은 바다에 떠 있는 돛단배로 비유될 수 있다. 인간의 삶은 감성의 바다 위를 항해하는 이성의 돛단배와 다름없다. 여기서 감성은 이성을 포괄한다. 애초에 우리의 삶은 감각과 경험으로 출발했으며, 이것들이 시행착오를 거치면서 이성적 능력을 통하여 보다 정교해졌다. 즉 정교한 이성적 능력의 도움으로 감각과 경험으로 얻어지는 삶은 시행착오로부터 벗어날 수 있었으며 객관성까지 확보할 수 있었다. 하여간 중요한 것은 인간의 삶이 처음부터 이성으로부터만 출발하지 않았다는 사실이다. 이성의 전개는 감성(또는 비이성 · 비합리)을 수반해 왔으며, 오히려 감각, 의지, 용기, 정서 등 감성적 능력에 의해 이성의 영역도 능력을 발휘할 수 있다. 오감으로 받아들이지도 못할 경우 어떻게 이성적 능력이 작동할 수 있겠는가? 이성적 능력의 확장을 기반으로 하고 또한 이를 가속화시킨 서구과학의 이분법적 분할주의는 감성의 영역을 완전히 무시하고 이성만을 우대하고 이성만을 신뢰했다. 이성을 보다 순수하게 갈고 닦고 이를 잘 규명하면서 과학사고를 발전시켜 왔으며 과학을 기반으로 산업사회의 기반을 구축했다. 그러나 산업 사회는 오늘날 위험한 실험으로 끝장나고 있다.

이제 잃어버린 감성의 세계를 되찾는 일이 시급하다. 이는 이미 19세기에 프리드리히 니체가 이성의 아폴론 신과 감성의 디오니소스 신을 동격화한 이후로 우리 인간의 삶에 문제가 무엇인가에 대한 암시가 시작되었다. 포스트모더니스트들은 이러한 니체의 선언을 대변하고 있다. 특히 21세기 문화의 세기에는 이성의 능력 대신 문화적 감수성이 더욱 절실하게 요청된다고 하고, "감성지능"(EQ)(데이얼 골먼)의 영역이 대폭 확장되고 있다. 19세기 말 해석학을 시작한 신학자 프리드리히 슐라이에르마허는 이성의 신학을 거부하고 '감성의 신학'을 시작했다. 감각적으로(마음으로) 받아들이는 신의 세계에 진정한 신이 살아 있다는 것이다. 물론 이는 이미 도구적 이성으로 변형되어 버린 이성의 도구화에 대한 거부였을 것이다.

그러나 우리는 이성 대신 이제 감성으로만 살아남아야 한다는 강변하는 것은 아니다. 포스트모더니스트들의 한계가 바로 여기에 있다. 이성의 영역을 해체시켜 놓기는 했지만 이들에게는 특별한 대안도 없다. 그럼에도 불구하고 이들은 지속적인 해체를 요구하고 있다. 아마 죽어라고 외쳐도 기존 이성의 옹벽이 해체되기 어렵다는 판단 때문일 것이다. 카오스는 코스모스로 전개된다. 그러나 대안 없는 해체는 영원한 카오스일 뿐이다. 하여간 이제 우리에게 중요한 것은 포괄적으로 대립과 양극 모두를 집합 관계로 수용해야 한다는 사실이다. 우리가 피카르트에게서 얻은 암시는 대단히 중요하다. 이성(부분)에 대한 하나님(전체)의 재심이다. 그러나 여기서 중요한 사실은 어떤 것이 전체이고 어떤 것이 부분인가에 대한 이해의 "일반성"이다.

그에 논리에 의하면, 감성이 전체이고 이성이 부분이다. 그러나 문제도 또 있다. 감성의 바다에 떠 있는 돛단배라는 이성이 바다의 원리로 부터 벗어날 때 돛단배는 도구적 이성이 된다. 바다의 원리를 알지 못하고 무작정 떠나는 돛단배는 난파할 확률이 높다. 파고가 높은지 아니면 조류가 어디로 흐르는지에 대하여 알려고도 하지 않고 오로지 목표만 정하고 바다와 기후 간의 역학관계도 무시하고 무작정 항해를 떠나는 돛단배의 운명은 전적으로 바다의 움직임에 달려 있다는 사실이다. 예를 들어, 살인적인 폭풍우를 동반하는 감성의 바다가 노하는 순간 배는 곧장 뒤집어질 것이다. 분명한 목적지는 있었지만 항해는 끝난다. 전체로서의 감성을 이해하지 못하는 한 이성이 아무리 정교하고 아무리 우리가 이성을 도구적으로 활용하고자 해도 결국 감성이라는 홀로스의 움직임 앞에서는 어림도 없는 일이 된다. 일리야 프리고진의 흩어지는 구조 역시 무질서의 바다에 떠 있는 질서의 섬이다(프리초프 카프라, 1996/ 김용정 · 김동광 역, 1999: 250). 이제 우리는 살아남기 위해서 '전체로서의 감성'의 영역에 접근해야 한다. 우리가 H 사고를 해야 하는 근거가 바로 여기에 있다. 왜냐하면 H 사고는 우리 인간을 계속해서 살아남게 하기 때문이다.

이성과 감성(비이성 · 비합리) 이외에도 우리의 삶에는 수많은 대립쌍들을 가진 삶의 현상들이 존재한다. 모든 것은 집합관계로 사고되어야 한다. 이를테면 공부와 놀이, 사랑과 미움, 관심과 무관심, 의식과 무의식, 무지와 지, 유와 무, 미(美)와 추(醜), 보수와 진보 등이 그렇다. 우리는 태어나면서 놀다가 공부하기 시작한다. 이를 그동안 우리는 "공부가 끝나면 논다" 아니면 "놀다가 공부한다"고 생각해 왔다. 이는 마치 언어가 끝나면 침묵이 오고 침묵이 끝나면 언어가 오는 것으로 여겼던 것과 마찬가지이다. 모두가 이분법적 분지사고의 결과이다. 언어가 끝나면 침묵이 오는 것이 아니라, 침묵의 바다가 먼저 있고 그 위에 언어가 불쑥 불쑥 튀어나오는 것이다. 감성의 바다에 이성의 돛단배가 불쑥불쑥 나타났다 사라지는 것이다. 장파는 이러한 논리는 동양사상의 논리와 통하는 것으로 설명한다(장파, 1994/ 유중하 외 역, 2000: 87).

> 언어는 단지 객관 사물이나 주체의 심리를 인식할 수 있도록 도와주는 매개물일 뿐이므로, 언어를 사물이나 사상 자체로 여겨서는 안 된다. (…) 서구인의 인식과정은 감정에서 이성에 이르는 것, 언어 기호에 의한 최고의 이성에 도달하는 것이라고 한다면, 중국인의 그것은 감정에서 언어 기호를 거쳐 깨달음에 이르는 것으로, 언어는 결코 최고층자가 아니다. 언어는 사물에 완전히 상응하지 못할 뿐만 아니라, 사물의 가장 미묘한 부분을 반영하지 못하기 때문이다. 사물의 가장 미묘한 부분에 대한 파악은 기호를 넘어선 마음을 통한 깨달음으로만 가능하다.

놀이와 공부의 관계도 마찬가지이다. 피카르트의 논리로 보면, 놀이라는 바다 위에 공부라는 돛단배가 떠다니는 것이다. 왜냐하면 유아 아동의 세계는 놀이의 세계이고 어른 성인의 세계는 일의 세계인데, 학교에 들어가면서 우리는 장래의 일터에 가서 직업과 사회활동을 영위하기 위한 전문지식과 기술지식을 공부하는 것이기 때문이다. 그러나 알고 보면 성인의 세계인 일의 세계도 역시 배경은 놀이로 깔려 있다. 즉 놀이처럼 재미있게 일하는 것이 우리 인간에게는 최고의 희망이기 때문이다. 결국 놀이 세계가 우리 인간의 삶에서 전체가 된다. 그런데 우리 사회에서는 공부라는 돛단배도 이미 도구적 이성의 역할 때문에 목적지는 있을지라도 놀이(즐긴다)라는 전체를 잃어버렸다. 심지어 학교에서 놀이는 터부

(taboo)시 되어 있는 것이 우리네 실정이다. 학교에서 많은 선생님들은 말썽 피우는 아이를 보고, "야 임마 너 학교에 놀러 왔어"라고 꾸짖는다. 이는 분지 사고의 소치이다. 중국의 『주역』(周易)에서는 극과 극이 통한다. 사랑과 미움이라는 극은 같은 개념이다. 한자말에 애증(愛憎)이라는 말이 있다. 사랑은 미움으로 되기도 하고 미움이 사랑으로 된다. 사랑이 전체인지 미움이 전체인지는 따져 볼 일이지만 하여간 상황에 따라 사랑이 전체가 될 수도 있을 것이고 그 반대가 될 수도 있다.

그러나 일반적으로 우리는 사랑을 전체로 간주하고 싶어한다. 어떤 것이 전체이고 어떤 것이 부분인가 하는 것은 또 다른 과학을 통해서 아니면 대화를 통해 밝혀지게 될 것이다. 일반적으로 그리고 객관적으로 홀로스가 인정되는 것이 전체가 된다. 미와 추의 관계도 마찬가지이고 보수와 진보의 관계도 마찬가지다. 즉 누가 전체이고 누가 부분인가에 대해서는 과학적 객관성과 일반성이 확인되고 시대적-사회적 공감대가 형성될 때까지 계속적인 대화와 논쟁 그리고 토론을 통해 알려질 것이다. 그러나 분명한 것은 이러한 합의의 도출이 도구적 이성의 힘에 의해 지배되어서는 안 된다는 점이다. 또한 중요한 것은 H 사고에서는 어떤 대립 쌍도 배제하지 않고 포괄된다는 사실이다. 다만 진정한 전체는 자연 그 자체이며, 자연의 섭리와 원리를 거역하는 홀로스는 허구이다.

동양사상에서는 양과 음이 항상 교차되지만, 음이 양을 포괄하는 전체로 알려져 있다. 음에서 양이 나온다는 말이다. 이는 여성(음)의 자궁에서 아기가 탄생하는 자연의 이치와 일치된다. 동서양에서 전체로 묘사되는 대지(大地)가 여성(음)을 상징하는 것도 마찬가지이다. 자연의 섭리에 일치하는 것은 진리로 통한다. 또한 불교에서는 "색즉시공, 공즉시색"이라고 하지만 무(無)가 먼저이고 무가 전체라고 알려진다. 무에서 유가 나오기 때문이다. 기독교에서도 밤과 낮이 교차되지만, 밤이 전체이고 어둠

(전체) 속에 빛(부분)이 있는 것이다. 또한 성경에서는 겨울이 먼저이고 봄이 나중이다. 우리는 서구과학으로 인하여 봄, 여름, 가을, 겨울을 순서대로 언급하지만, 사실 성경적 진리에 의하면 겨울이 먼저이고 겨울이 전체인 셈이다. 아무 것도 없는 겨울로부터 만물이 소생하고 살아가다가 다시 겨울로 돌아간다. 우리 인간은 무(無)에서 태어났다고 무(無)로 돌아간다. 여기서 우리는 자연의 섭리대로 무(無)가 먼저이고 전체라는 사실을 진리로 여기게 된다. 물론 무(無)에는 완전히 아무 것도 없는 것이 아니고 유(有)의 가능성과 잠재성이 숨어 있다. 우리가 무엇이 먼저이고 전체라고 말할 수는 없지만, 일단 무(유의 가능성을 잉태한)로부터 유가 나오는 것이 진리하고 본다면 이는 자연의 이치이며 섭리이기도 하다. 따라서 자연이 전체이다. 자연이라는 분모 위에 인간의 삶도 존재한다. 현대이론물리학에서도 존재는 비존재 속에 찰나적으로 현상하며, 중력장은 허공에 이미 존재한다. 입자가 생성되고 장이 생기는 것이 아니고, 장(場)이라는 전체 속에서 에너지가 뭉치고 흩어지고 형태변화하한다. 그리고 입자가 나타났다가 소멸하고 또 파동으로 멀리까지 이동할 수 있게 되는 것이다.

우리는 위에서 홀라키라는 본래의 생명(자연)시스템 속에서 인간의 도구적 이성에 의해 인위적으로 형성된 하이어라키 시스템들이 발생했다는 사실을 보아 왔다. 18세기 이탈리아의 인문주의자이며 역사철학자였던 지오바니 바티스타 비코(Giovanni Battista Vico, 1668-1744)는 인간의 역사와 자연의 역사는 다르다고 하였다(한국철학사상연구회 편, 1989: 591). 그는 우리 인간이 인간의 역사만 만들어 냈을 뿐이지 자연의 역사는 만들지 않았다고 설명한다. 결국 인간의 역사는 자연과 무관한 인위적 역사였으며 시스템역시 자연(생명)의 원리와 무관하다. 이렇게 인위적으로 형성된 인간의 하이어라키 시스템들은 마치 바다 위에 떠다니는 돛단배와 같으며 침묵의 바다 위에 만들어진 언어와 같다. 또한 인간에 의해 의도적으로 만들어진 돛단배는 의도적 목적을 향해서 항해한다. 그러나 돛단배의 운명은 바다가 쥐고 있다. 시스템이 있기 전에 비시스템이 이미 있었다. 비시스템은 시스템의 흥망을 결정할 수 있다. 예를 들어, 문화시스템은 비문화의 영역 속에서 도구적 이성의 도움으로 현상한 것으로 언젠가 비문화의 움직임에 따라 쉽게 소멸될 수도 있다.

물론 반대로 계속 발전할 수도 있다. 역사적 사회시스템으로서의 지식, 과학, 계몽, 기계시스템 역시 비시스템의 움직임 위에 구축된 찰나적 시스템들일 뿐이다. 우리가 객관적인 틀로 간주하는 역사적 사회시스템들은 실제로 알고 보면 찰나적으로 생겼다가 없어질 수도 있는 아주 허약한 기초를 가지고 있다. 또한 도구적 이성의 힘에 의해 생겨난 역사적 사회시스템들은 도구적 이성의 배반으로 내용을 바꾸기 쉽다. 예를 들면, 개혁이나 혁명으로 기존의 시스템들은 하루아침에 사라질 수 있다. 그러나 보다 분명한 사실은 이러한 역사적 사회시스템들의 운명은 궁극적으로 시스템을 만들어 내고 제거할 수 있는 비시스템의 손아귀에 있는 것이다. 니체는 이를 민초(民草)의 힘으로 보았으며, 디오니소스의 영역으로 보았다. 그가 우리가 제대로 살아남기 위해서는 디오니소스로 영원히 회귀(ewige Wiederkehr)해야 한다고 외친 근거도 바로 여기에 있다.

이제 인간은 다른 미물과 함께 자연의 부분이 된다. 전체와 부분의 관계는 집합의 관계이다. 우리가 이렇게 집합 사고를 하다 보면 전체가 무엇인지에 대하여 따져 보게 된다. 아니면 무엇이 전체이고 무엇이 부분인가에 대해서 토론하고 논쟁하게 된다. 정신과학의 해석학적 방법에 따르면 전체와 부분의 관계는 지속적인 해석학적 순환에 의해 이해된다. 과연 "지금 여기서 전체가 무엇인가?" 이렇게 점점 전체로 접근하는 집합 사고를 통해서 우리는 H 사고에 가장 가까이 접근할 수 있게 된다. 계속 전체를 찾아 나서는 일 — 그것이 바로 H 사고의 몫이다. 반대로 H 사고를 통해 우리는 전체에 보다 가깝게 접근할 수 있다.

셋째, 삶의 에너지 총량도 불변이다. 현대이론물리학과 생태학에서 발견한 최대의 진리는 "생명의 원천은 에너지"라는 사실이다. 또한 고전역학부터 지금까지 불변의 진리로 밝혀진 사실은 "에너지 총량은 불변한다"는 사실이다.[3] 비록 에너지의 존재 양식과 형태는 불변할지라도 총 에너지는 반드시 같다. 고전역학에서 위치에너지와 운동에너지의 합은 항상 일정하다. 물론 열에너지를 다루는 엔트로피 이론에서는 에너지의 유실을 우려하고 있지만 엔트로피의 재활용 여부는 아직 미지수이다. 이제 우리는 우리에게 주어진 현재의 에너지를 어떻게 전용하고 활용할 것인지에 대해서 고민해야 한다. 예를 들어, 대형 슈퍼마켓이 들어서면서 재래시장이 텅 빈다. 이제 우리는 꽉 찬 공간의 에너지를 텅 빈 공간으로 어떻게 전이시킬 것인가에 대해서 고민해야 한다. 우리가 만약 대형 슈퍼에만 매달리고 — 장사꾼이나 소비자나 모두 다 — 그곳에서만 삶을 해결하고자 한다면 결국은 모두 손해를 보고 만다는 사실이 심각하게 인식되어야 한다. 왜냐하면 에너지의 집중은 에너지의 정체를 불러일으키며, 이로써 생명에너지의 흐름에 지장이 초래되기 때문이다. 에너지의 흐름이 약하고 에너지의 흐름이 멈추는 곳에서 우리의 생명도 생명력을 상실하게 된다. 교통대란을 겪고 있는 서울 도심과 고속도로 상에서 우리는 치명적인 물류손실을 고민하여야 한다. 또한 한국의 서울에는 모든 에너지가 집결되어 있다. 오늘날 수도권 지방 이전의 목소리가 나온 것은 누군가의 똑똑한 사람의 아이디어라기보다는 극히 자연스러운 궁여지책이다.

양정훈 · 김준식은 자신들의 저서 『도시, 통섭의 공간: 도시계획과 복잡계』(2013)에서 이미 세계는 복잡한 도시가 되었다는 사실을 과학이

3) 전체 에너지는 항상 보존된다는 에너지 보존의 법칙은 물리학에서 불변의 진리가 되고 있다 (Weyl, 2000: 229).

론을 통하여 추적하면서, 미래의 도시설계는 복잡계 과학에 물어야 하는 근거를 제시한다. 한마디로 에너지의 집중과 정체는 삶 전체를 파괴한다. 열린 시스템 속에서 에너지의 흐름이 원활할 때, 우리는 에너지 이동은 자유로우며 에너지의 자유이 동과 흐름이 정확히 보장되는 곳에서 우리의 삶도 보장된다. 어차피 에너지 총량은 불변이라고 한다면 에너지의 흐름을 관리함으로써 우리는 삶의 홀로스를 개괄할 수 있다.

> 우리 인간이 기호나 생각, 신념, 행동의 측면에서는 복잡한 게 사실이지만, 우리 각각이 복잡한 행동방식이 집단으로 뭉쳐졌을 경우에는 그렇게 중요하지 않을 수도 있다. 우리의 모든 성격 유형들 사이에 많은 차이가 있기는 해도, 집단이 충분히 크다면 이들 차이는 어느 정도까지는 상쇄될 수 있다. 그래서 진단 전체적으로는 이들 개별적인 차이가 그다지 상관 없는 방식으로 행동하게 된다(닐 존슨, 한국복잡계학회 역, 2015: 111).

한마디로 오늘날 우리 사회는 엔트로피의 증가로 인하여 무질서의 혼란상태가 증폭되고 있기 때문에 복잡하게 보이지만, 거대 우주론적 차원에서 본다면 전체는 질서의 상태로 유지되고 있다. 이렇게 본다면 우리가 오늘날의 복잡계 사회에서 지혜롭게 살아남을 수 있는 방법은 전체적으로 사고할 수 있는 능력을 키우는 것이다. 전체론적 사고가 필요한 중요한 이유이다.

넷째, 균형적 사고만이 살길이다. 생명시스템은 "구조유지적 속성"과 "구조변화적 속성"을 동시에 가지고 있다. 즉 생명은 이러한 시스템의 이중적 속성 때문에 가능하다. 만약 생명이 이중적 속성을 무시한다면, 생명시스템은 균형을 찾기 힘들다. 균형을 잃은 생명은 죽음이다. 나와 우리 모두가 살아가는 것은 생명시스템의 원리인 균형의 원리를 거역할 수 없다. 이미 우리 사회에서는 냉전의 시대를 마감하면서 이제 극좌(極左)도 무의미하고 극우(極右)도 무의미하다는 사실을 직접 체험하고 있다. 이는 생명의 원리인 균형의 원리를 되찾는 과정이기도 하다. 예로부터 동양사상의 핵심은 중도(中道)사상이었으며 중용의 원리가 최고의 삶의 원리였다. 많음도 해로우며 적음도 해롭다. 플랑크푸르트 비판사상가들도 인간의 기본 욕망을 벗어난 잘못된 욕구 즉 "허위 욕구"를 가장 경계해야 할적으로 여겼으며, 인간의 이성이 본질(또는 객관성)을 벗어나 과도한 이성 즉 도구적 이성(합리)으로 변화할 때 역사적으로 인류 최대의 문제가 발생했음을 지적한 바 있다. 모든 것은 과하면 탈이 난다.

간단히 말해서 많이 먹으면 배탈이 나는 법이며 꼬리가 길면 잡히는 법이다. 오늘날 우리 사회에서 벌어지고 있는 노사관계의 극렬한 대립은 무모한 삶의 연속이다. 양자 간의 무모한 대립으로 삶은 불안하다. 물론 사회적 불안과 동요가 창조적 카오스로 거듭난다면, 삶의 시스템은 유지되고 한 단계 비약 성장할 것이다. 왜냐하면 우리는 창조적 카오스로서 시스템을 소멸시키는 성질인 엔트로피를 상쇄시켜 구조변화적인 자극으로 작용할 수 있기 때문이다. 그러나 시스템 속에서 카오스가 너무 오래 지속되고 안정성에의 피드백 없이 강화만 된다면 시스템은 정지되고 만다. 왜냐하면 구조유지적 속성인 항상성의 문제가 해결되지 않기 때문이다. 물론 노사 상호 간에 분명한 논리는 명약관화하게 존재할지는 몰라도, 그 속에는 분명 균형 사고가 없다. 균형 사고가 없는 21세기 지식정보사회에서는 그 논리가 아무리 해박하고 명쾌하다고 해도 결국은 그로 인하여 모두가 함께 죽어야 하는 공멸의 사고로 전환될 뿐이다. 아파트의 층간소음 때문에 다투는 일도, 주차 문제로 시비하다가 목숨을 잃는 것도 균형적 사고의 부재 때문이다. 이렇게도 볼 수 있으며, 저렇게도 볼 수 있다는 사실을 이해한다면, 관용마저도 생겨날 수 있을 것이다. 인격자가 되는 셈이다. 21세기 개방사회는 분명히 균형 사고만을 요구하고 있으며, 균형 사고에 익숙한 사람들에게 보다 유리하게 살아남을 수 있는 기회를 제공한다. 따라서 이제 모든 것이 개방되는 21세기 미래사회에서는 최적의 삶의 원리를 발견할 수 있는 균형 사고의 능력이 요청된다.

다섯째, 유연성(柔軟性)으로 승부하라. 이 세상에서 가장 유연한 것은 물(水)이다. 고대의 탈레스는 만물의 근원이 물이라고 했으며, 노자는 물처럼 살라고 가르쳤다. 지구상에서 초기 생물들은 물에서 나왔으며 — 왜냐하면 자외선을 차단할 수 있는 오존층이 아직 형성되지 않았기 때문에 — 인체의 70% 이상은 물로 구성되어 있다. 물은 원통에 넣으면 원통 모양이 되고 주발에 부으면 주발 모양이 된다. 물은 삼각형, 사각형, 원형, 다각형 등 모든 형태 변화가 가능하다. 물은 안 가는 곳이 없다. 바위틈에 부으면 틈새 구석구석에 꽉 찬다. 모난 곳, 구석진 곳, 빈 곳 어디라도 물이 흐름으로써 전체가 형성된다. 전체가 유연한 물에 의해 이루어지는 것처럼, 우리는 물과 같은 유연한 사고를 통해서 H 사고에 접근할 수 있다.

오늘날 우리가 틈새 공략이라는 말을 한다. 틈새 공략은 물과 같은 유연성 사고를 할 때 가능해진다. 왜냐하면 물은 모든 틈새를 파고들어서 온전하게 메워 준다. 한자말에 암중모색(暗中摸索)이라는 말이 있다. 물은 아픈 곳에도 흐르고 그늘진 곳으로도 흐른다. 물은 깨끗한 곳으로도 흐르지만 더러운 곳으로도 흐른다. 또한 고요하고 평화로운 곳에도 물은 고이지만 시끄럽고 아우성이 있는 곳에도 물은 흐른다. 그리고 물은 반드시 되돌아온다. 결국 물은 우리의 삶에서 모든 것을 순환적으로 "온전하게" 포괄하고 있다. 물과 같은 유연성 사고로 인하여 전체로 뻗어 나간 관심은 반드시 다시 돌아온다. 사랑으로 키운 아이는 반드시 사랑으로 보답하고, 미움으로 키운 아이는 미움으로 복수한다.

극도로 첨예화된 고도의 경쟁사회에서의 시스템 사회에서는 과열 경쟁 대열에서 떨어져 버린 시스템 밖의 또 다른 시스템들이 존재한다. 시스템은 시스템 밖의 시스템과 교류해야 하며 이들을 포용하고 함께 살아갈 수 있는 기회를 만들어야 한다. 버림받은 곳, 후미진 곳, 낙오된 곳, 약한 곳, 푹 꺼진 곳, 안 보이는 곳까지 모든 것을 절대적으로 인정하고 포용하고 포괄하는 유연성 사고를 하는 가운데에서 우리는 H 사고를 시작할 수 있다. 이로써 H 사고는 우리 모두가 상생(相生, Win-Win)의 조건을 찾기 위한 생명의 사고가 된다.

> 개방과 공유, 참여에서 기반한 소셜 네트워크 시대의 도래는 승자독식의 패러다임을 곳곳에서 허물고 있다. 정치적으로는 시민들의 소통을 통해 독재정권을 무너뜨리고 있고, 경제적으로는 개방형 혁신을 통해 독과점 기업이 만들어낸 진입장벽을 허물고 있으며, 사회적으로는 정보의 빠른 소통을 통해 투명한 사회를 이룩하는 데 큰 기여를 하고 있다. 소셜 네트워크 시대의 이러한 특성은 경쟁의 양상을 변화시키고 있다. 승자독식 시대의 경쟁이 상대를 꺾어야 내가 이기는 제로섬게임이었다면, 이제는 모두 함께 승자가 될 수 있는 포지티브섬게임이 펼쳐지기 시작한 것이다. 경쟁의 승자로서 진입장벽을 쌓고 승자독식을 누리기보다는 생태계의 다른 참여자들과 협력하고 교류하면서 함께 진화하는 것이 더 나은 공진화의 시대가 도래하고 있는 것이다(김준호 · 홍진환, 2011: 306-307).

이제 무한경쟁과 승자독식을 정당화해 온 제로섬 사회(Zero-Sum Society)는 종식되었다. 과학적 탐구의 결과인 공생 내지 공진화의 논리는 우리가 개인이건 기업이건 사회건 국가건 지구촌이건 예외없이 상생(相生,

Win-Win)을 통해서만 살아남을 수 있다는 것을 규명해 주고 있다. 사이버 시대의 소셜 네트워크는 공진화의 결과이며 미래 공진화사회에 결정적으로 기여한다. 특히 공진화의 개념은 협력과 상호작용을 통해서 모두가 승자가 될 수 있다는 사실을 인식할 수 있는 과학적 근거가 된다.

에필로그

오늘날 우리 사회는 급격하게 해체되고 있다. 이런 저런 이유로 먼저 가정이 해체되고 있으며, 학교도 해체되고 기업조직도 해체되고 있다. 이러다가 자칫 국가 사회도 해체될 위기에 봉착해 있는 것은 아닌지 불안하기도 하다. 포스트모던의 해체론자들은 이구동성으로 이성(理性)이 해체되고 있다고 말한다. 그리고 이들은 또 말한다. 해체는 재구성과 재구조화의 조건이기도 하다. 심지어 탈(脫)이성과 탈(脫)합리를 대변하는 포스트모더니스트들은 사회 해체의 근원과 과정에 대해서 비교적 객관적이며 정당하다. 이로써 인간의 이성과 합리성에 기반을 두고 성장 발전해 온 인간의 역사가 심판을 받고 있다는 것이다.

19세기 중반까지 근대사회는 인간 "이성"(理性)에 의해서 모든 것을 남김없이 설명하려고 했다. 그러나 19세기 말/20세기 초 수학의 세계에서 비(非)유클리드 기하학이 탄생하고, 현대이론물리학의 포문을 열기 시작한 상대성 원리, 양자역학, 불확정성 원리가 발견되고 심리학의 영역에서는 게슈탈트 형태심리학이 나타나면서 지금까지 유사 이래 우리의 사고를 지배해 온 이성의 능력에 한계가 드러나기 시작한 것이다. 또한 다윈의 진화론으로 인간도 다른 동물과 같이 아메바 같은 단세포에서 출발한다는 주장으로, 인간의 위상은 한순간에 추락했다. 인간은 그동안 알려진 것처럼 더 이상 이성을 가진 유일한 신(神)의 대리인도 아니며 더 이상 이성적 능력 때문에 고귀한 존재도 아니다. 지금까지 인간의 이성에 부여된 가치와 위상은 비판의 도마 위에 오르기 시작했고, 마침내 포스트모던의 조류 속에서 "해체"의 조짐 속으로 빠져들기 시작한 것이다. 오늘날 해체는 그 양상에 대한 분분한 해석에도 불구하고 하여간 우리 사회의 현 주소임에 분명한 듯하다. 21세기를 스마트 세상으로 둔갑시킨 스마트폰 역시 해체 후 재구성과 재구조화의 과정 속에서 탄생했다. 전화기가 해체되고, 스피커가 해체되고 화면이 해체되고 키보드가 해체되면서 새로운 화면 속에서 재구성되고 재구조화되었다. 이제 우리의 관심은 "포스트-포스트모던"(post-postmodern) 즉 "포스트모던 그 다음"이다. 사회가 해체된다면 이제 다음에 올 사회는 무엇인가? 영원한 해체인가? 아니면 새로운 재구조화인가?

현대이론물리학과 생태학에서는 무질서(카오스)의 이면에는 반드시 "숨겨진 질서"(J. H. Holland)를 동반하고 있으며, 새로운 재구조화로의 자연성을 애써 인식시키고 있다. 이러한 논리에 의하면 해체 이후 우리의 삶은 그냥 내버려두어도 새로운 창조를 통한 새로운 질서로 재편될 수 있다. 정신과학은 그보다 훨씬 이전부터 "숨겨진 합리성"(E. Spranger)을 인간의 본질로 파악해 왔다. 이쯤 되면 이들 모든 과학의 결론들도 포스트모던의 입장과 배치되는 것도 아니며 오히려 이들 모두는 동맹자이며 지지자가 될 수 있다. 그러나 이제 우리는 마지막으로 의심한다. 정말 해체의 과정에서 재구성과 재구조화의 과정이 자연스럽게 수반되는 것일까? 우리는 그냥 가만히 앉아 있기만 하면 되는 것인가? 제인 플랙스(Jane Flax)는 "포스트모더니즘은 어떤 결론도 허용하지 않는다"(Flax, 1990)고 불만이다. 또한 포스트모더니즘은 새로운 아무 것도 제시하지 않는다(폴린 M. 로제나우, 1998: 341). 예를 들면, 포스트모더니스트들은 민주적 과정에 대해서는 많은 주장을 하지만, 그러나 그것이 가능한 조건에 대해서는 말하지 않는다(사회문화연구소 편, 1999: 390). 포스트모던은 우리에게 지금의 현상을 "해체"의 과정으로 나름대로 설명하고 있지만, 그 이후 즉 포스트-포스트모던에 대해서는 아무 말이 없다.

분명한 것은 해체가 재구조화의 필요조건일 수 있다. 또한 해체를 통한 카오스 속에 한편으로는 새로운 창조와 새로운 종합을 위한 재구조화의 능력이 분명히 잠재할 수 있을 것이다.[1] 그러나 해체가 삶의 재구조화를 위한 충분조건일 수는 없다. 1977년 노벨상 수상자 일리야 프리고진이 "흩어지는 구조"를 설명하면서 해체는 새로운 창조임을 예고했다. 그러나 다른 한편으로 카오스는 영원한 죽음 즉 자멸(自滅)과 공멸(共滅)로 가는 길임도 암시했다. 한마디로 포스트모던은 지긋지긋한 이성의 과거와 역사에 대하여 "일단 무조건적인 해체"를 욕망하지만, 그러나 더 이상 이들에게 해체 이후의 재구조화나 재구성에 대한 역할과 책임은 없다. 이들이 포스트-포스트모던에 대해서 침묵하는 근거는 명확하다. 즉 해체는 "이성 자체"의 해체가 아니라, 엄밀히 말하면 "도구적 이성"의 해체였기 때문이다. 그러나 이들에게는 아직 도구적 이성에 대한 파악이 어설프다. 이미 플랑크푸르트 학파를 시작한 호르크하이머와 아도르노는 인간의 이성이 본질을 잃고 도구적 이성으로 변질되면서부터 역사가 왜곡되기 시작하였다는 사실을 간파했다. 따라서 이들의 이성 비판은 엄밀히 말해서 도구적 이성에 대한 비판이지, 이성 자체에 대한 비판이 아니다. 그러나 "도구적 이성으로 변질된 본질적 이성의 모습"[2]에 대한 강한 거부감과 해

---

1) 포스트모던, 현대이론물리학, 생태학은 바로 이러한 차원에 주목한 소위 "급진이론"에 해당한다고 할 수 있다.

2) 장파는 "이성은 처음부터 도구적 이성"이었다고 보고 있다. 즉 이성은 인간에게 이성 능력이 부여되면서부터 바로 권력의 수단이 되고 말았다.

체의 과정이 급기야 포스트모더니스트들에게서 "이성 자체"가 해체되는 것으로 오인되고 말았던 것이다. 물론 중국 미학자 장파(長波)의 주장대로 이성 자체가 도구적 이성이라고 본다면 그럴 만도 하다. 그러나 지금도 포스트모더니스트들이 새로운 시대의 대안(代案)에 대해서 머뭇거리는 이유는 과연 무엇일까?[3)]

21세기 우리는 — 지역과 문화에 따른 정도 차는 있지만 — "권력의 분산"(empowerment) 시대에 살고 있다. 정보통신의 혁명을 기반으로 하는 정보사회는 이러한 임파워먼트(empowerment)를 보다 강화시킨다. 네트워크 상에서 모든 네티즌들에게 권력이 급속하게 분산되고 있다. 마이클 마자르(Micheal J. Mazarr)는 권력 분산을 21세기 미래 지식사회의 가장 중요한

---

3) 포스트모더니즘은 객관성의 환상을 깨려는 전략을 가지고 있었다(폴린 M. 로제나우, 1998: 340). 그러나 객관성의 문제는 삶의 필수이다. 예를 들어, 우리는 살아남기 위해서 그리고 목숨 을 담보로 하는 시행착오를 줄이기 위해서 우리는 반드시 객관적이어야 한다. 왜냐하면 객관성은 삶의 기준을 제시하기 때문이다. 삶의 기준이 없는 사회는 신호등 없는 건널목과 마찬가지이다. 빨간 불에 멈추어야 한다는 객관적 기준이 없이 우리의 목숨은 보장되지 않는다. 살아남기위해 요구되는 삶의 기준을 위해 우리는 "좀 어렵더라도" 계속해서 객관성을 확보해야 한다. 물론 객관성은 새로운 발견으로 계속 "또 다른 새로운 객관성"으로 대치된다. 역사는 이를 증명한다. 그러나 객관성이 또 다른 객관에 의해 전복된다는 사실 때문에 삶에 객관성은 없는 것이며 또한 필요하지도 않다고 주장하는 논리는 매우 어설프다. 우리가 반드시 빨간 불에 서지 않고 파란 불에 서면 안 되느냐고 반문하는 것은 극단적 자유이고 무모한 주관이다. 실제로 빨간 불에 서지 않고 살아남을 수 있는 확률은 줄어든다. 물론 규칙과 법이 바뀌면 가능하다. 법치국가에서 법과 규칙은 최소한의 객관성이다. 악법도 법이다. 법이 바뀔 때까지는 준수되어야 한다. 왜냐하면 살아남기 유리하기 때문이다. 삶의 객관성은 살아남는 최적의 기준이며, 아울러 객관성의 반전과 번복은 보다 나은 삶을 추구하는 과정일 뿐이다. 그래서 우리의 삶은 항상 개혁되고 개선되어야 하는 것이다. 왜냐하면 우리의 삶은 아직 완벽한 객관성을 확보하지 못했기 때문이다. 심지어 자연과학의 세계에서조차도 과학적 결론(객관성)은 계속 번복된다. 새로운 객관성의 탄생과 새로운 과학지식의 생성은 개혁이고 개선이다. 언젠가는 지금의 지식도 모두 바뀔 것이라고 해서, 삶은 오로지 주관적이고 객관적 진리는 없으며 모두가 상대적일 뿐이라고 주장하는 사람들이 있을지 모른다. 그러나 이들에게는 삶의 개혁이나 개선도 관심의 대상은 아닐 것이다. 오로지 객관에 대한 불신과 해체만이 중요할 뿐이다. 문제가 생긴 부분을 수술하기 위해 의사는 환자의 몸을 해부하지만, 그를 살려내기 위해서 해체된 몸을 다시 봉합해야 한다. 문제가 계속 발생한다고 해서 계속 해부(해체)한다면 결국 그의 생명도 그로 인하여 끊기고 말 것이다.

특징으로 파악하고 있다(마이클 마자르, 2000: 40).

> 지식시대는 정부나 기업 같은 대규모 조직들에 맞서 개인과 시민단체에게 힘을 부여해 주며, 작은 마을과 가난한 개발도상국가, 여성과 전 세계의 소구 그룹에게도 힘을 부여해 준다. 이것이 가능한 것은 지식시대가 평등한 조건을 만들어 주기 때문이다. 아이디어와 정보를 기반으로 운영되는 경제와 사회에서, 그리고 누구나 아이디어를 가질 수 있고 그 아이디어가 효과를 발휘하는 데 필요한 대부분의 정보에 접근할 수 있는 상황에서 힘과 권위는 급격하게 분산된다.

이제 누구든지 열린 게시판을 통해서 자신의 의견을 개진할 수 있으며, 이름도 없고 아이디만 있는 네티즌의 힘으로 대통령도 만들어 낼 수 있다. 지금까지 산업시스템 사회를 정점으로 권력의 집중이 일상화되었던 피라미드형 수직적 위계구조(hierarchy)를 가진 사회시스템은 권력 분산의 움직임을 통하여 서서히 와해되고 있다. 앞으로 수평적 권력 분산의 과정은 계속해서 본능적 생명에너지의 힘(power)의 조화와 협력에 의존하는 홀라키(holarchy)의 생명(자연)시스템으로 회귀하게 될 것이다.

이렇게 볼 때, 포스트모던에서 주장하는 "해체"는 바로 "권력의 해체"가 된다. 지식권력을 강적(强敵)으로 상정한 푸코(Michel Foucault)가 대표적이다. 권력이 해체되고 권력의 분산이 이루어지는 현상은 현실에서

분명히 나타나고 있다. 물론 이러한 과정은 항상 시끄럽고 불안하다. 노사분쟁을 통한 민주경영의 외침을 비롯하여 사회 전반에서 이루어지는 수많은 민주화 과정들, 이제 세계적 현상이 되어 버린 독재정권의 퇴진, 노동조합의 합법화, 진보세력 중심의 정치 개혁 움직임, 중앙집권제 대신 지방분권제의 선호, 행정수도의 지방 이전, 재벌 해체, 유교적 가

부장제의 위기와 여권 신장, 학생들의 인권 신장, 공부성적문화(이성적 문화) 대신 놀이문화(감성적 문화)를 기반으로 성장한 소위 비(非)엘리트 세력의 급격한 부상, 소비자들의 권한 확대, 마이너리티 그룹(minorities)의 부상, 독점세력에 대한 견제와 반(反)독점법의 제정, 소외된 자들의 목소리를 담고 있는 시민단체의 위상 격상 등은 우리 사회에 임파워먼트의 움직임이 일반화되고 있다는 사실을 입증하고 있다. 권력의 분산을 통해서 사회체제도 수직구조에서 수평구조로 이동되고 있다. 이러한 와중에서 사회 패러다임의 전환도 가능해지고 있다. 물론 지식의 반감기가 빨라지는 것만큼 패러다임의 반감기도 단축되고 있다(폴린 M. 로제나우, 1998: 345). 미국의 세계적인 석학인 피터 드러커(Peter Drucker) 교수는 자신의 저서 『후기자본주의 사회』(Post-Capitalist Society, 1993)에서 "적어도 50년 후에는 완전히 새로운 세계가 만들어질 것"으로 전망한 바 있다.

본 연구는 "새로운 과학사고의 신(新)패러다임"을 추구하고 있다. 한마디로 H 사고는 과학 사고의 연장이며 동시에 새로운 갱신이다. 이를 위해 우리는 처음부터 — 약간은 의도적으로 — "이성지식을 토대로 하는 과학적 발견"들을 중심으로 글을 전개해 왔다.[4] 왜냐하면 과학 사고가 아무리 문제를 가지고 있다 하더라도, 우리 인간에게 이성적 능력(본질적, 포괄적, 객관적 이성)이 존재하는 한 우리는 어쩔 수 없이 과학을 할 수밖에 없기 때문이다. 이미 우리가 밝혀 온 것처럼 만약 기존의 과학에 문제가 있다면, 과학이 "순수(포괄적, 본질적 또는 객관적) 이성"을 기반으로 하지 않고 "도

4) 예를 들면, 도구적 이성의 맹활약으로 과학의 객관성의 문제가 정치권력의 시녀가 되어 버릴 정도로 가장 왜곡되었던 계몽주의 시대는 낭만주의 인문학에 의해 가장 강하게 거부되었으며 비판되었다. 그러나 우리는 탈이성과 탈역사의 시대에 가장 중요한 기반을 놓았던 낭만주의 인문학을 본 글에서 거의 제외시켰다. 왜냐하면 이는 과학의 영역을 벗어나기 때문이다. 물론 낭만주의 역사비판과 문화비판은 20세기 플랑크푸르트 학파에 의해서 사회과학으로 계승된다. 또한 그 이전에 자연과학의 세계에서 형이상학(초과학 사고 또는 비과학 사고)의 영역으로 훨씬 넘어간 칸트나 헤겔의 사변적 이성철학의 영역도 집중적으로 다루지 않았다.

구적 이성"의 도움으로 이루어졌기 때문이다. 한마디로 지금까지의 기존 과학과 과학 사고는 도구적 이성의 하수인이었으며, 도구적 이성의 결과물이었을 뿐이다. 이로써 (거대) 사회시스템들이 구축되어 온 역사를 우리는 긴 시간 동안 추적해 왔다. 간단히 말하면, 도구적 이성의 노예로 성장해 온 기존의 과학현실이 문제이지, 과학 자체가 문제일 수는 없다. 왜냐하면 우리 인간이 살아남기 가장 유리한 조건은 예나 지금이나 객관적(본질적, 포괄적) 이성의 능력을 기반으로 하는 과학임이 분명하기 때문이다. 즉 과학은 역사적으로 수많은 시행착오(試行錯誤)들로부터 우리 인간을 구출해 줄 수 있는 객관 지식을 제공해 주었다. 그나마 그러한 객관적 과학지식의 도움이 없었다면, 우리 인류는 시행착오를 반복하는 지난한 과정에서 이미 지구상에서 공멸하고 말았을지도 모른다. 반대로 우리 사회에 존재하는 수많은 위험요소들은 울리히 벡의 의미로 본다면, "과학적 합리성과 사회적 합리성간의 균열과 격차"(울리히 벡, 1997: 68)에서 발생한다고 할 수도 있다. 권력투쟁을 정점으로 형성되는 경쟁시스템의 비합리성과 불합리성에 의해서 과학과 이성도 권력의 수단이 된다.

한마디로 우리 인간에게 이성이나 과학은 그 자체가 문제는 아니다. 우리는 결코 이성을 외면하면서 살아갈 수 없다. 왜냐하면 인간은 애초부터 "호모 사피엔스"(이성적 동물)로 태어났으며, 호모 사피엔스로 살아남을 수밖에 없기 때문이다. 과학도 마찬가지이다. 심지어 이성의 해체는 지나치게 의도적이고 몽상적(夢想的)이기까지 하다. 우리의 사고능력이 이성의 능력으로 거듭나는 것은 우리가 거부할 수 없는 "살아남기 위한" 인간의 본능이자 본질이며 피할 수 없는 숙명이다. 또한 이성을 기반으로 하는 우리의 삶은 어쩔 수 없이 과학적일 수밖에 없다.

우리가 지금까지 추구해 온 H 사고는 비(非)이성적 사고도 아니며 비(非)과학 사고도 아니다. 또한 반(反)과학 사고도 아니며 탈(脫)과학 사고도 아니다. 반대로 H 사고는 "또 다른 차원의 이성 사고이며 융합학문적 신과학사고"이다. 좀 더 환상적으로 말한다면, 우리가 본 연구에서 추구해 온 H 사고는 "순수 이성적 과학 사고로의 회귀"라고 해야 할 것이다. 물론 왜곡된 인류 역사의 해체는 대단히 중요하다. 왜냐하면 우리 인류의 역사는 "보이지 않는 손"에 의해 얼마든지 왜곡되었을지도 모르기 때문이다. 이러한 점에서 포스트모더니스트들의 공로는 충분하다. 그러나 우리에게 보다 더 중요한 것은 해체가 반드시 "도구적 이성의 해체"에 한정되어야 한다는 사실이다.

이매뉴얼 월러스틴(Immanuel Wallerstein)은 자신의 저서 『우리가 아는 세계의 종말』(2001)에서 최근 일어난 일련의 굵직굵직한 일련의 사건들 즉 소련과 사회주의의 붕괴, 국가주권에 대한 도전, 생태위기 등을 통해 근대국가체계가 무너지고 있으며, 이와 더불어 세계 인식의 틀인 근대 사회과학도 무너지고 있다고 경고한 바 있다. 다시 말해서, 이성과 합리성에 대한 오랜 신뢰의 소멸, "분과학문의 문제"[5] 그리고 과학과 인문학의 분할 등을 통해 야기되는 근대세계의 해체로 인하여 우리의 사고체계도 커다란 혼란에 빠지고 있다. 이성의 몰락, 감성과 비합리의 부각 등으로 인한 가치기준과 윤리 개념의 실종은 우리의 삶을 보다 혼란스럽게 하고 있다. 그러나 본 연구는 이러한 현상을 도구적 이성에 기반을 한 구(舊) 과학에 의문이 생긴 것으로 파악하였을 뿐이다.

이미 고대부터 철학세계에서는 초(超)과학 또는 초(超)물리학 즉 형이상학(metaphysic)을 기반으로 하는 정신과학을 대안으로 발전시켜 왔으며, 현대이론물리학에서는 복잡계이론과 엇물리는 통일장이론을 노리고 있다. 이들은 기존의 과학을 포기하면서 아예 과학 자체를 포기하자는 의견

5) 학문이 분과과학으로 나뉜 것은 서구문화의 산물이다(장파, 1994/ 유중하 외 역, 2000: 22).

보다는 "새로운 과학"[6] 또는 기존 과학을 넘어서는 보다 큰 과학을 염원하는지도 모른다. 미국의 경영 컨설턴트 마거릿 휘틀리(Margaret Wheatley)는 자신의 저서 『지도력과 새로운 과학』(*Leadership and the New Science*, 1994)에서 "자연과학이 시계처럼 단조로운 모델로부터 멀어짐에 따라 사회조직, 경영, 인간의 의식도 그 뒤를 따를 것"이라고 하면서 새로운 과학의 탄생을 기정사실화하고 있다(Wheatley, 1994: 9).

> 새로운 과학의 저변에 흐르는 것은 전체론(holism)을 향한 움직임이다. 현재의 사회시스템을 수많은 가능한 시스템들 중의 하나일 뿐이다. 새로운 과학은 겉으로 보기에는 단절되어 있는 부분 사이에 "관계"에 우선적인 가치를 부여하는 움직임으로 전개될 것이다.

중국의 미학자 장파 역시 과학세계에서 기존의 패러다임을 넘어서면서 공통의 법칙을 찾아내는 형이상학적 초과학(meta-science)을 염원하고 있다(장파, 1994/ 유중하 외 역, 2000: 37).

> 고대 그리스인은 구체적인 책상의 이면에는 추상적 책상이 있고, 개별적인 인간의 이면에는 보편적 인간이 있다고 생각했다. 책상과 인간은 모두 구체적 항목에 속하는 것으로 각 분과의 과학이론이 구체적인 영역을 연구하는 것과 같다. 그러나 각 부문별로 나누어진 학과의 상위에는 반드시 각 사물을 하나로 통일시키는 것, 즉 모든 이념에 대한 이념, "모든 과학에 대한 과학"이 있어야 한다.

---

6) 학자들의 "새로운 과학"에 대한 염원은 18세기 이탈리아의 인문주의자 지오바니 바티스타 비코 (1688-1744)가 데카르트를 비판하면서 쓴 『새로운 과학』(1730)에서부터 시작되었다.

다시 말하면, 오랜 시간 동안 도구적 이성의 노예로 전락한 과학과 과학세계에 대한 성찰과 비판은 도구적 이성 그 자체에 대한 반항이었지, (순수) 이성이나 과학 자체에 대한 도전도 아니며 이성이나 과학을 대체할 수 있는 새로운 세력의 발견도 아니다. 다만 도구적 이성 대신 본질적 순수(객관) 이성으로의 회귀가 바로 이 시대가 요구하는 새로운 과학 패러다임으로의 전환일 것이다. 이에 대하여 장파는 다음과 같이 피력하고 있다(장파, 1994/ 유중하 외 역, 2000: 24).

> (기존) 과학이론은 결코 현실 세계의 유일한 진리가 아니다. 인간은 역사적으로 주객의 상호작용을 통해 세계를 해석하는 패러다임을 창조해 낸다. 동일한 현실이라도 상이한 패러다임으로 설명될 수 있다. 패러다임으로서의 이론은 현실에 대한 유일한 해석이 아니며, 그것의 정의 역시 보편 타당한 것이 아니다. 그것은 일정한 범위를 지니며, 그 범위를 넘어서면 타당성을 잃게 된다. 패러다임은 영원할 수 없으며, 변화와 전화의 가능성을 내포한다.

오늘날 산업화 사회가 종말을 고하고 있다. 반면 지식정보사회가 가속화되고 있다. 분명한 사회 패러다임의 전환이 이루어지고 있는 것이다. 농업혁명, 산업혁명의 역사를 지나 정보통신혁명과 디지털 혁명이 일어나면서 우리에게 삶의 패러다임은 완전히 전환되고 있다. 이제 "신사고"(新思考)로의 사고 패러다임 전환도 시급히 요청된다.

본 연구는 21세기 디지털정보사회에서 학습혁명(學習革命)을 주도할 사고 패러다임은 "H 사고"(holistic/holos thinking)이어야 한다는 가설을 가지고 시작했다. 또한 이러한 가설을 "과학적 엇물림"으로 가능할지도 모르는 "또 다른 새로운 포괄과학"으로 — 아니면 역사 · 해석학적 정신과학의 방법과 기존의 자연과학적 방법과의 만남으로 — 입증해 보고자 하는 하나의 모험적 시도를 해왔다. 그동안 전문화와 분업화라는 핑계로 세분화되고 분지화되었던 삶의 영역과 사고방식은 21세기 디지털정보화 시대에 웹망과 네트워크를 중심으로 하여 하나의 전체로 융합되고 있다. 이제 우리 개인이 아무리 자기 분야에서 전문가라고 하더라도 옆의 누군가가 정보를 제공하고 그들과 정보를 공유하지 않는다면 결코 어떤 일도 성취해 낼 수 있는 시대가 아니다. 모든 것이 거미줄 망으로 연결되는 네트워크 세상에서 경쟁과 투쟁은 금지된다. 산업사회에서 경쟁과 투쟁은 살아남기에 유일하고 우수한 방법이었지만, 21세기 미래 지식정보사회에서 (지나친) 경쟁과 투쟁은 오히려 살아남기에 불리하고 심지어는 해로운 조건들이 되고 말았다. 이미 오래전에 공자(孔子)는 "군자란 경쟁을 하지 않는다고 하면서 학습도 즐기면서 하라"고 조언한 바 있다(손기원, 2012).

이제 미래사회의 네트워크 상에서 상호 협동과 협조 없이 이루어질 수 있는 일은 아무 것도 없다. 지구촌에서 모든 것이 하나도 유실될 수 없으며 모든 것이 고립되지 않는다. 이제 이 세상에서 쓸모없는 것은 하나도 없는 것이다. 또한 모든 것은 순환이고 피드백이다. 하나도 유실되지 않고 모든 것이 반드시 순환되고 피드백이 되는 전체성 속에서 삶은 생명을 유지할 수 있다. 쓸모없고 하찮은 존재라고 외면하다가는 국회의원에 당선되기 힘들며, 장사꾼들이 이들을 무시하다가는 물건 하나도 제대로 팔아먹지 못한다. 살아남기 위해서 우리는 이제 누구와도 대립하고 적대시할 수 없다. 불교에서도 대립을 극복함으로써 득도하고 성불한다. 오로지 화합과 협동 그리고 조화만이 살아남기 위한 전략이다. 삶은 전체로 소유될 때에만 생명현상으로 가능한 것이다. 이성이 삶인 것처럼 포스트모던이 강조하는 감성도 삶이고 비합리, 비이성, 비논리도 모두 삶인 것이다. 살아서 움직이는 모두가 삶이다. 또한 도구적 이성의 작용으로 생성된 역사적 사회시스템의 외부에 존재하는 비(非)시스템, 반(反)시스템, 시스템 일탈, 시스템 낙오, 시스템 탈락의 영역들도 마찬가지 삶이다. 물론 이들은 도구적 이성의 계략이 없었다면 처음부터 생겨나지도 않았을 영역들이다. 삶은 전체를 포괄할 때 삶이며, 전체를 포괄하지 못하는 삶은 결국 지속되지 못한다. 특히 21세기 지식정보사회에서 이러한 생명현상은 생명에의 원리에 보다 충실하다.

이제 싫던 좋던 우리는 삶을 "전체적으로 사고하는 방법"을 새로이 배워야 한다. 왜냐하면 우리가 계속 살아남기 위해서이다. 반쪽으로만 아니면 편집적 취향으로만 생각하는 일은 결국 자신의 무덤을 파는 일이다. 시스템 공학자이며 기술 미래학자인 제임스 캔턴(James Canton)은 자신의 저서 『테크노퓨처』(2001)에서 21세기는 "적자생존"(Survival of the Fittest)[7]의 시대가 아니고 "현자생존"(賢者生存, Survival of Smartest)의 시대가 될 것으로 예측한다. 즉 시대에 단순히 적응하는 것으로만 살아남는 시대가 아니라 현명하게 적응하는 자만 살아남는다는 이야기이다. 물론 이는 우리가 미래를 예측하고 사회 변화의 패러다임을 읽어 내지 못하면 살아남지 못한다는 의미이기도 하다.

스티븐 코비(Stephen R. Covey)는 자신의 저서 『성공하는 사람들의 7가지 습관』(2000)에서, 우리의 삶에서 사회적 패러다임의 선택은 결정적이라고 선언한다(스티븐 코비, 1989/ 김경섭, 김원석 역, 2000: 30-40).

> 패러다임이란 말은 처음에 그리스어로부터 유래한 단어이다. 또 패러다임이란 원래는 과학용어였으나, 오늘날 와서는 모델, 관념, 지각, 시각, 준거 틀 등을 의미하는 것으로 보통 사용되고 있다. 보다 일

---

7) 이 언표는 원래 동시대 생물학자인 허버트 스펜서(Hebert Spencer)의 발견이었는데, 후에 정치적 태도로서의 "사회적 다위니즘"을 대변하는 슬로건이 되었다(Mainzer, 1997: 84).

반적인 의미에서 본다면 패러다임이란 우리가 세상을 '보는' 방식을 말한다. 다시 말하면 우리가 세상을 볼 때 시각적인 감각에서가 아니라, 지각하고 이해하고, 해석하는 관점에서 이 세상을 '보는' 것을 말한다. 패러다임을 이해하는 간단한 방법은 이것을 일종의 지도(地圖)로 보는 것이다. 그러나 우리 모두는 "지도는 지역(땅)이 아니다"라는 사실을 알고 있다. 지도란 단순히 영토에 관한 사항들을 설명해 줄 뿐이다. 이것이 바로 패러다임이 무엇인지에 대한 좋은 예이다. 패러다임이란 어떤 것 자체가 아니고, 그것에 관한 의견이나 해석이며, 그것의 모양을 나타내는 모델에 해당한다. (…) 엉뚱한 지도를 가지고 헤맬 때의 좌절감과 목적지를 찾기 위한 노력이 얼마나 비효과적일 것인가를 한번 상상해 보라. (…) 그러나 문제는 당신이 아직도 헤매고 있다는 것이다. 당신이 가진 근본적인 문제는 행동이나 태도와는 아무 관계가 없고 잘못된 지도가 문제인 것이다. (…) 결국 가장 중요한 것은 지도의 정확성이다. 우리들 각자는 자신의 머릿속에 수도 없이 많은 사고(思考)의 지도를 가지고 있다. (…) 그런데 우리는 이 사고의 지도가 갖는 정확성에 대해 좀처럼 의심하지 않는다. 심지어 우리 자신이 이같은 지도를 가지고 있다는 사실조차도 의식하지 않는다. 왜냐하면 우리는 사물을 이해하는 데 실제 있는 그대로 정확히 본다고 가정하거나, 또는 사물의 진가를 정화하게 파악하고 있다고 생각하기 때문이다. (…) 패러다임의 전환이 모두 긍정적인 방향으로만 가는 것은 아니다. (…) 그러나 패러다임 전환이 (…) 어디로 이끌리든지 관계없이, 또 그것이 일시적인 것이든 지속적인 것이든 관계없이, 이것이 우리가 세상을 보는 시각을 다른 방식으로 바꿔 놓는 것이다. 그러므로 이 전환은 커다란 변화를 가져온다.

지식사회학자 데이비스 허친스(D. Hutschens)는 자신의 저서 『네안데르탈인의 그림자』(2001)에서 원시인 "우기"의 입을 빌어 "세상을 바라보는 방식이 우리의 삶을 결정한다"고 가르치고 있다. 우리가 부분적으로만 본다면 우리의 삶은 부분적일 것이며, 우리가 전체적으로 — 이성, 합리, 감성, 감각 등의 삶의 전 영역을 모두 포괄하면서 — 세상을 바라본다면, 우리의 삶은 온전한 삶이 될 것이다. 물론 도구적 이성의 작용을 완전히 제거한다는 전제하에서 말이다. 그러나 안타깝게도 현대인이라면 누구도 전체적으로 삶을 볼 수 있는 능력을 모두 잃고 말았다. 물론 도구적 이성이 결정적 주범이다. 특히 도구적 이성의 결정판인 산업혁명과 함께 찾아온 분업화와 전문화의 추세 속에서 삶이라는 전체는 분지화되고 영역화되었다. 따라서 인간의 사고 역시 분지화되고 영역화될 수밖에 없었으며, 이 때문에 우리는 항상 세상을 부분적이고 파편적으로만 보면서 사고하고 판단할 수밖에 없었다. 도구적 이성의 작용으로 우리의 삶은 완전히 분할되고 파편화되면서 결국 삶의 전체성(홀로스)을 잃게 된 것이다.

원래 "네안데르탈인의 그림자"는 고대 그리스의 철학자 플라톤의 "동굴의 우화"를 동화로 만든 내용이며, 동굴로부터 밖의 커다란 세상으로 나오기 위한 교육 및 학습조직의 필요성을 은유하고 있다. 동굴 속에 갇혀 사는 사람은 동굴 속이 자신의 전 세계이며 외부의 빛에 의해 비치는 그림자를 사물의 본질로 여긴다. 오늘날 산업사회에 길들여져서 산업사회의 사고 유형에 익숙해진 우리 현대인들은 모두 분업과 전문가라는 명분을 유지하기 위해 동굴에 갇혀 살아온 죄수와 다름없다. 보다 더 큰 문제는 이들이 부기라는 원시인처럼 언젠가 동굴에서 빠져나와 서로 만난다고 하더라도 의사소통에서부터 의견수렴까지 매사가 문제투성일 것이다. 왜냐하면 그동안 각각의 동굴들은 학연, 지연, 혈연 등으로 뭉쳐 있는 패거리들이었으며, 여기서 살다 나온 사람들은 모두들 부분적 사고 이외에는 단 한 번도 전체적으로 세상을 본 적이 없기 때문이다. 그러나 오늘날 지식정보사회는 이들로 하여금 그동안 갇혀 있던 동굴 세계에서 빠져나와서 보다 커다란 세계를 전체적으로 접근할 수 있는 환경을 만드는 일에 속도를 더하고 있다. 인터넷으로 열리는 새로운 세상이 그것이며, 거미줄보다 복잡한 정보 네트워크를 통해 사회 전반이 전체적으로 엇물린다. 이제 빠른 시간 내에 우리들은 스스로 전체적으로 사고할 수 있는 능력을 배양하지 않으면 이 시대를 살아갈 수 없게 되었다. 물론 우리의 교육도 전체성 사고 즉 H 사고를 배양하는 일에 주력해야 할 것이다. 시대와 사회는 전체성으로 아우러지고 있는데, 아직도 편견이나 선입견 등 부분적 사고로만 세상을 바라보고 살아가고자 한다면 우리의 삶은 더 이상 가망이 없다.

아마 합리적이고 논리적인 이성 사고에 극히 능하면서도 결코 경험(감성, 감각의 영역)의 세계 역시 놓칠 수 없었던 아리스토텔레스[8)]의 "균형적 과학 사고"는 "H 사고"에 대한 시작이었을 것이다. 이미 2천 수백여 년 전 홀리스틱 철학(holistic philosophy)을 기반으로 "과학론"(홀리스틱 과학철학)을 정초하고자 평생을 노력했던 — 그러나 자신의 핵심사상인 "형식"과 "논리"를 기반으로 고대 철학과 자연학의 과학적 기초를 정립했지만, 또한 이 때문에 무(無)와 비존재(非存在)의 세계를 인정할 수 없는 결정적 한계에 부딪힐 수밖에 없었던 — 아리스토텔레스는 자신이 열망했던 "전체성 사고"(holos/holistic thinking)를 저 세상에서도 아직 포기하지 않았을지 모른다. 온전한 삶의 이해를 위해서 자연철학과 자연과학의 몫을 하나로 아우르기 시작한 아리스토텔레스는 오로지 "자연성"이라는 삶의 원리를 정립하기 위하여 그 전제조건으로 "삶의 객관성과 보편타당성"을 밝혀내고자

---

8) 이미 아리스토텔레스는 홀로스 철학(holistic philosophy)을 기반으로 자신의 과학론을 시작했다(Mainzer, 1997: 117).

하였다. 오늘날 21세기 미래사회는 한편으로는 과거의 삶을 지속적으로 해체하고 있지만, 다른 한편으로는 삶의 자연성을 찾아 삶의 본능으로 회귀하고 있다. 이러한 근거에서 시스템 사고의 새로운 전략으로서 21세기 의식혁명의 구조를 설계하는 H 사고는 인류의 왜곡된 역사를 철저히 해체하는 동시에 삶의 전체성 즉 자연성으로의 회귀를 추구하는 일종의 융합 과학적 대안 사고로서 미래 우리 사회에서 분명한 자리매김을 하게 되는 것이다.

참고문헌

국내문헌

강현석 외. 『사회언어학: 언어와 사회, 그리고 문화』(사회언어학총서 1). 글로벌콘텐츠, 2014.

구학서. 『사랑방에서 듣는 서양 문화: 익숙한 서양 문화 뜯어보기』. 청아출판사, 2014.

권진숙. 『관계 문화 이론: 인간관계 개선을 위한 상담 입문서 및 목회상담 사례집』. 신앙과 지성사, 2013.

권이종 · 이상오. 『평생교육: 이론편』. 교육과학사, 2001.

김경희. 『게슈탈트 심리학』. 학지사, 2000.

김동배 · 권중돈. 『인간행동이해와 사회복지실천』. 학지사, 1999.

김명진. 『대중과 과학기술』. 잉걸, 2001.

김문환. 『문화교육론』. 서울대학교 출판부, 1999.

김상환. 『니체, 프로이트, 맑스 이후』. 창작과 비평사, 2002.

김승일 · 이은우. 『한반도와 동아시아 세계』. 지식마당, 2002.

김영순 외. 『패러디와 문화』. 한양대학교 출판부, 2005.

김영식 · 임경순. 『과학사 신론』. 다산출판사, 2002.

김용운. 『카오스의 날갯짓』. 김영사, 1999.

———. 『카오스와 불교』. 사이언스북스, 2001.

김용학. 『사회 연결망 이론』. 박영사, 2010.

김우식. 『시장과 연결망 생산시장의 경제사회학적 분석』. 이화여자대학교출판부, 2012.

김재일. 『생태기행 1』. 당대, 2000.

김재희 편, 『깨어나는 여신: 에코페미니즘과 생태문명의 비전』. 정신세계사, 2000.

김종성. 『뇌에 관해 풀리지 않는 의문들』. 지호, 2000.

김준호 · 홍진환. 『코에볼루션 이타적 공진화 소셜 네트워크 시대의 트렌드와 미래전략. 한스컨텐츠, 2011.

김훈기. 『유전자가 세상을 바꾼다』. 궁리, 2000.

박용남. 『꿈의 도시 꾸리찌바』. 이후, 2000.

박일호. 『문화와 미술: 문명의 탄생부터 포스트모더니즘까지 서양 미술사를 읽다』. 미진사, 2013.

박주희 · 임문규 · 하정수. 『학습하는 조직이 살아남는다』. 아담 북스, 2013.

삼성. 『삼성신경영: 나부터 변해야 한다』. 삼성, 1993.

설기문. 『인간관계와 정신건강』. 학지사, 2000.

손기원. 『공자처럼 학습하라』. 새로운 제안, 2012.

손동원. 『벤처 진화의 법칙 벤처기업과 벤처생태계의 공진화』. 삼성경제연구소, 2004.

손인수. 『교육사 교육철학의 이론과 실재』. 문음사, 2000.

손형국. 『디지털 라이프』. 황금가지, 2001.

성광수 외. 『몸과 몸짓 문화의 리얼리티』. 소명출판, 2003.

송명자. 『발달심리학』. 학지사, 2000.

송상호 · 김영형 · 허문구. 『우리 회사 어떻게 조직 변화에 성공할 것인가』. 명진출판, 1996.

송재소 · 조창록 · 이규필. 『한국의 차 문화 천년. 7: 승려의 차 문화』. 돌베개, 2014.

신응철. 『철학으로 보는 문화』(살림지식총서 96). 살림, 2004.

양승훈. 『창조와 진화 진화론 비판과 창조 모델로 살펴본 생물의 기원』. SFC 출판부, 2004.

양정훈 · 김준식. 『도시, 통섭의 공간: 도시계획과 복잡계』. 퍼플, 2013.

오인탁. 『교육인간학의 형성조건』. 연세대학교 석사학위 (미간행) 청구논문, 1969.

______. 기조강연: Holistic 교육과 행복한 교육 -홀리스틱 교육의 본질과 과제-. 2001년도 한국 홀리스틱 교육실천학회 춘계학술세미나 "행복한 교실을 위한 홀리스틱 교육사상 탐색". 2001. 4. 21. 『홀리스틱교육연구』 5-2(2001), 1-10.

윤윤수 외. 『생각의 속도가 빨라야 산다』. 여백, 2001.

윤평중. 『푸코와 하버마스를 넘어서: 합리성과 사회비판』. 교보문고, 1997.

이상오. 『슈프랑거, 위대한 교육사상가들 VI』. 연세대학교 교육철학연구회 편, 77-150, 교육과학사, 2002.

이영욱. 『우주 그리고 인간』. 동아일보사, 2001.

이용필. 『사회과학연구와 새로운 패러다임』. 서울대학교 출판부, 1999.

이인식. 『21세기를 지배하는 키워드』. 김영사, 2000.

______. 『아주 특별한 과학 에세이』. 푸른나무, 2001.

이인정 · 최해경. 『인간행동과 사회환경』. 서울: 나남출판, 2008.

이재현. 『인터넷과 사이버사회』. 커뮤니케이션북스, 2000.

이정춘. 『미디어 사회학』. 이진출판사, 2000.

이정모. 『공생 멸정 진화 생명 탄생의 24가지 결정적 장면』. 나무 나무, 2015.

이진경. 『수학의 몽상』. 푸른숲, 2000.

이흥재. 『현대사회와 문화예술 그 아름다운 공진화』. 푸른길, 2012.

정영근. 『인간이해와 교육학: 인간학』. 도서출판 문음사, 2000.

조명래. 『포스트포디즘과 현대사회 위기』. 다락방, 1999.

조영호. 『청개구리 기업문화』. 크리에티즌, 2001.

조한욱. 『문화로 보면 역사가 달라진다』. 책세상, 2000.

차윤정. 『식물은 왜 바흐를 좋아할까』. 중앙M&B, 2000.

최창현. 『신과학 복잡계 이야기 카오스를 넘어 신과학 복잡계로』. 종이거울, 2010.

한국사회언어학회(2002). 『문화와 의사소통의 사회언어학』. 한국문화사, 2002.

한국철학연구회 편. 『철학대사전』. 동녘, 1989.

황인선. 『문화 상상력으로 비상하라: 미래 사회를 이끄는 컬처 파워 전략』. 대림북스, 2015.

번역서

가바리노. 『문화인류학의 역사』(원제: *Sociocultural Theory in Anthropology: A Short History*, 1977/ 한경구. 임봉길 역, 2001). 일조각.

그래고리 베이트슨. 『마음의 생태학』(원제: *Steps to an ecology of mind*/ 박대식 역, 2006). 책세상.

그레고리 베이트슨, 메리 캐서린 베이트슨. 『마음과 물질의 대화』(원제: *Angels Fear*, 1986/ 홍동선 역, 1993). 고려원미디어.

나가사와 카즈토시. 『돈황의 역사와 문화: 문명의 십자로 실크로드의 요충』(민병훈 역). 사계절, 2010.

나이젤 브라쉬. 『과학적 진리의 한계. 1 과학은 왜 삶의 궁극적인 의문들에 답할 수 없는가』(원제: *The limitations of Scientific Truth*/ 하계상 역, 2014). 소피아랜드.

니클라스 루만. 『사회체계이론 1 한길그레이트북스 86』(원제: *Soziale Systeme*/ 박여성 역, 2007). 한길사.

닐 존슨. 『복잡한 세계 숨겨진 패턴』(원제: Simply Complexity/ 한국복잡계학회 역, 2015). 바다출판사.

노르베르트 볼츠. 『컨트롤된 카오스』(원제: *Das kontrollierte Chaos*, 1995/ 윤종석 역, 2000). 문예출

판사.

노암 촘스키. 『실패한 교육과 거짓말』(원제: *Chomsky on Mis-Education*, 2000/ 강주헌 역, 2001). 아침이슬.

닐 포스트먼. 『테크노폴리』(원제: *Technopoly*, 1993/ 김균 역, 2001). 민음사.

다부치 나오야. 『확률론적 사고로 살아리. 불확실한 신생과 비즈니스에서 승률을 최고로 높이는 방법』(원제: 確率論的思考: 金融市場のプロが教える 最後に勝つための哲/ 황선종 역, 2010). 더숲.

대니얼 핑크, 『프리에이전트의 시대가 오고 있다』(원제: *Free Agent Nation*, 2000/ 석기용 역, 2001). 에코리브르.

데이비드 루이스 외. 『디지털 시대의 신소비자 혁명』(원제: *The Soul of The New Consumer*, 2000/ 삼성전자 글로벌마케팅연구소 역, 2001). 위즈덤하우스.

데이비드 보더니스. 『$E=mc^2$』(원제: $E=mc^2$, 2000/ 김민희 역, 2001). 생각의 나무.

데이비드 브룩스. 『보보스: 디지털시대의 엘리트』(원제: *Bobos in Paradise: The New Upper Class and How They Got There*, 2001/ 형선호 역, 2001), 동방미디어.

데이비드 카플란, 로버트 매너스. 『인류학의 문화이론』(원제: *Culture Theory*, 1972/ 최협 역, 1994). 나남출판.

데이비드 크로토, 윌리엄 호인스. 『미디어 소사이어티』(원제: *Media/Society: Industries, Images and Audiences*, 2000/ 전석호 역, 2001). 사계절.

데이비드 허친스. 『네안데르탈인의 그림자』(원제: *Shadows of the Neanderthal: Illuminating the Beliefs That Limit Our Organizations*, 2000/ 신동희 역, 2001). 바다출판사.

데이비드 호킨스. 『의식 혁명』(원제: *Power vs Force*, 1997/ 이종수 역, 2000). 한문화.

도나 피셔. 『파워 네트워킹』(원제: *Power networking*/ 김군식 역, 2003). 예영커뮤니케이션.

돈 탭스콧, 아트 카스톤. 『패러다임 시프트』(원제: *Paradigm Shift: The New Promise of Information Technology*, 1995/ 이석주 역, 1996). 창현출판사.

돈 탭스콧, 데이비드 티콜, 알렉스 로위. 『디지털 캐피털: 비즈니스 웹(b-web) 파워』(원제: *Digital Capital*, 2000/ 유한수 역, 2000). 도서출판 물푸레.

돈 슬레이터. 『소비문화와 현대성』(원제: *Consumer Culture and Modernity*, 1997/ 정숙경 역, 2000). 문예출판사.

딕 모리스. 『보트닷컴』(원제: *Vote.com: How Big-Money Lobbyists and the Media are Losing Their Influence, and the Internet is Giving Power Back to the People*, 2000/ 이형진외 역, 2000). 아르케.

라파엘 로젠. 『세상을 움직이는 수학개념 100』(원제: *Math Geek*/ 김성훈 역, 2016). 반니.

래리 A. 사모바, 리처드 E. 포터. 『문화 간 커뮤니케이션』(커뮤니케이션 이해 총서)(정현숙.김숙현.최윤희 역, 2014). 커뮤니케이션북스.

랭던 위너. 『자율적 테크놀로지와 정치철학』(원제: *Autonomous Technology: Technics-out-of-*

Control as a Theme in Political Thought, 2000/ 강정인 역, 2000). 아카넷.

레스리 A. 화이트. 『문화의 개념』(원제: *The Concept of Culture*, 1973/ 이문웅 역, 1977). 일지사.

레이몬드 조. 『상처받지 않고 행복해지는 관계의 힘』(한국경제신문사 역, 2013). 한국경제신문사.

렉 휘태커. 『개인의 죽음』(원제: *The End of Privacy: How Total Surveillance Is Becoming a Reality*, 2000/ 이명균 외 역, 2001). 생각의 나무.

로버트 카니겔. 『수학이 나를 불렀다』(원제: *The Man Who Knew Infinity: A Life of the Genius Ramanujan*, 2001/ 김인수 역, 2002). 사이언스북스.

로버트 D. 카플린. 『무정부시대가 오는가』(원제: *The Coming Anarchy: Shattering the Dreams of the Post Cold War*, 1994/ 장병걸 역, 2001), 들녘.

로버트 M. 헤이즌. 『지구 이야기 광물과 생물의 공진화로 푸는 지구의 역사』(원제: / 김미선 옮김, 2014). 뿌리와이파리.

로버트 M. 헤이즌, 맥신 싱어. 『풀리지 않는 과학의 의문들 14』(원제: *Why Aren't Black Holes Black?: The Unanswered Questions at the Frontiers of Science*, 1997/ 황현숙 역, 2000). 까치.

루디 러글러스 외. 『지식사회의 미래』(원제: *The Knowledge Advantage*, 1999/ 매일경제신문사 편, 2001). 매일경제신문사.

루스 베네딕트. 『문화의 패턴』(이종인 역, 2008). 연암서가.

루트비히 비트겐슈타인. 『문화와 가치』(비트겐슈타인 선집 7)(이영철 역, 2006). 책세상.

루퍼트 셸드레이크. 『원제: 과학의 망상 현대 과학이 착각하는 믿음에 대하여』(*The Science Delusion*/ 하창수 옮김, 2016). 김영사

리처드 도킨스. 『이기적 유전자』(원제: *The Selfish Gene*/ 홍영남 역, 2002). 을유문화사.

———. 『세계문제와 자본주의 문화: 생산 소비 노동 국가의 인류학』(김병순 역, 2014). 돌베개.

리처드 르원틴. 『DNA 독트린』(원제: *Biology as Ideology: The Doctrine of DNA*, 1991/ 김동광 역, 2001). 궁리.

리처드 르원틴, 『3중 나선, 유전자, 생명체 그리고 환경』(원제: *Gene, organizmo e ambiente*, 1998/ 김병수 역, 2001). 잉걸.

리처드 브랜슨. 『나는 늘 새로운 것에 도전한다』(원제: *Losing My Virginity: How I'Ve Survived, Had Fun, and Made a Fortune Doing Business My Way*, 1999/ 이남규 역, 2000). 하서출판사.

리처드 올리버. 『바이오테크 혁명』(원제: *The Coming Biotech Age: The Business of Bio-Materials*, 2000/ 류현건 역, 2000). 청림출판.

리처드 파인만. 『발견하는 즐거움(원제: *The Pleasure of Finding Things Out*, 2000/ 승영조 외 역, 2001). 승산.

릴리 애덤스 벡. 『동양의 생각지도 어느 서양 인문학자가 읽은 동양 사유의 고갱이』(원제: *The story of oriental philosophy*/ 윤태준 역, 2013). 유유.

마누엘 카스텔(편집). 『네트워크 사회의 도래 정보시대: 경제, 사회, 문화』(원제: *The Network Society*

A Cross-Cultural Perspective, 2005/ 김묵한 · 박행웅 · 오은주 역, 2014). 한울아카데미.

마가렛 체니. 『니콜라 테슬라』(원제: *Nicola Teslar*/ 이경복 역, 1999). 양문.

마빈 해리스. 『문화의 수수께끼』(박종렬 역, 2006). 한길사.

마셜 W. 피쉬윅. 『대중의 문화사』(황보종우 역, 2005). 청아출판사.

마이클 마자르. 『트렌드 2005』(원제: *Global Trends 2005*, 1999/ 김승욱 역, 2000). 경영정신.

마이클 폴라니. 『개인적 지식』(원제: *Personal Knowledge: Towards a Post-Critical Philosophy*, 2000/ 표재명외 역, 2001). 아카넷.

마샤 시네타. 『21세기 마인드』(원제: *Developing. A 21st-Century Mind*, 1991/ 김창동 역, 1995). 21세기북스.

마쿠우치 히데오. 『초라한 밥상』(1995/ 김욱송 역, 2003). 참솔.

마크 포스터. 『포스트모던시대의 새로운 문화사』. 이화여자대학교 출판부, 2006.

막스 피카르트. 『침묵의 세계』(원제: *Dei Weld des Schweigens*, 1948/ 최승자 역, 2003). 까치.

매리 하이듀즈. 『남아의 역사와 문화』(동남아시아 지역연구총서 9)(박장식.김동엽 역). 솔과학, 2012.

매트 리들리. 『게놈』(원제: *Genome*, 2000/ 하영미 역, 2001). 김영사.

반다나 시바. 『자연과 지식의 약탈자들』(원제: *Biopiracy*/ 한재각 외 역, 2000). 당대.

버지니아 포스트렐. 『미래와 그 적들』(원제: *The Future and Its Enemies: The Growing Conflict over Creativity, Enterprise and Progress*, 1999/ 이희재 역, 2000). 모색.

베른하르트 폰 무티우스. 『미래와의 대화』(원제: *Die Verwandlung der Welt*/ 염정용 역, 2001). 태동문화사.

브라이언 그린. 엘레건트 유니버스. 『초끈이론과 숨겨진 차원, 그리고 궁극의 이론을 향한 탐구 여행』(원제: *The elegant universe, superstrings, hidden dimension, and the quest for the ultimate theory*, 1999/ 박병철 역, 2002). 승산.

브루스 매즐리시. 『네 번째 불연속: 인간과 기계의 공진화』(원제: *The fourth discontinuity: the coevolution of humanes and machine*, 1993/ 김희봉 역, 2001). 사이언스북스.

사이언 그리피스. 『미래는 어떻게 오는가』(원제: *30 Great Minds on the Future*/ 이종인 역, 2000). 가야넷.

사이언티픽 아메리칸 편(필립 얀). 『타고난 지능 만들어지는 지능』(원제: *Exploring Intelligence: A Search in the Human, Animal, Machine and Extr.*/ 이한음 외 역, 2001). 궁리.

새뮤얼 헌팅턴. 『문명의 충돌』(원제: *The Civilizations and the Remaking*, 1996/ 이희재 역, 1997). 김영사.

샘 힐, 글렌 리프킨. 『래디컬 마케팅』(원제: *Radical Marketing: From Harvard to Harley, Lessons from Ten That Broke the Rules and Made It Big*, 1999/ 강명주 역, 2001). 한국경제신문사.

숀 캐럴. 『현대물리학 시간과 우주의 비밀에 답하다』(원제: *From eternity to here: The quest for the ultimate theory of time*/ 김영태 역, 2012). 다른세상.

슈트어트 크레이너. 『75가지 위대한 결정』(원제: *The 75 Greatest Management Decisions Ever Made ...and 21 of the Worst*/ 송일 역, 2001). 더난출판사.

스티븐 코비. 『성공하는 사람들의 7가지 습관』(원제: *The 7 Habits of Highly effective People*, 1989/ 김경섭 · 김원석 역, 1994). 김영사.

심슨 가핀켈, 데보라 러셀. 『데이터베이스 제국』(원제: *Database Nation: The Death of Privacy in the 21st Century*, 2000/ 한국데이터베이스진흥센터 역, 2001). 한빛미디어.

아르망 에르스코비치. 『수학 먹는 달팽이』(원제: *La Spirale de l'Escargot*/ 2000). 까치.

아마티아 센. 『자유로서의 발전』(원제: *Development as Freedom*, 2000/ 박우희 역, 2001), 세종연구원.

아모스 H. 홀리. 『인간생태학: 지역공동체이론』(원제: *Human Ecology: A Theory of Community Structure*, 1950/ 홍동식 · 강대기 · 민경희 역, 1995). 일지사.

안나 브람웰. 『생태학의 역사 에콜로지의 기원과 전개』(원제: *Ecology in the 20th century: a history*/ 김지영 역, 2012). 살림.

알렌 랭어. 『마음챙김 학습의 힘』(원제: *(The) power Of mindful learning*, 1997/ 김한 역, 2011). 동인.

알프레드 J. 허트, 제랄드 L. 매팅리, 에드윈 M. 야마우치. 『고대 근동 문화: B.C. 3000년경~B.C. 323년』(신득일 · 김백석 역). CLC 2012.

야마구치 마사토. 『카오스와 프랙털』(원제: カオストフラクタル/ 한명수 역, 1993). 전파과학사.

야마모토 마사유키. 『도시와 농촌이 공생하는 마을마들기』(원제: 農ある暮らしで地域再生/ 충남발전연구원 역, 2006). 한울아카데미.

앙리 데이비드 소로. 『월든』(원제: *Wilden*, 1854/ 양병석 역, 1995). 범우사.

앙리 A. 지루. 『디즈니 순수함과 거짓말』(원제: *The Mouse That Roared: Disney and the End of Innocence*, 2001/ 성기완 역, 2001). 아침이슬.

야코프 부르크하르트. 『이탈리아 르네상스의 문화』(한길그레이트북스 058)(이기숙 역, 2003). 한길사.

어니스트 네이글. 『과학의 구조 I, II』(원제: *The Structure of Science: Problems in the Logic of Scientific Explanation*, 1961/ 전영삼 역, 2001). 아카넷.

애나 비어즈비스카. 『다문화 의사소통론: 비교 문화 화용론과 인간 상호작용의 의미론』(이정애 · 안재란 · 이중진 역, 2013). 역락.

에른스트 카시러. 『상징 신화 문화: 에른스트 카시러의 1935-45년 에세이 및 강의』(한국연구재단총서 학술명저번역 서양편 508)(심철민 역, 2012). 아카넷.

앤드루 애드거, 피터 세즈윅 (편). 『문화 이론 사전』(패러다임 총서)(박명진 · 이영욱 · 김창남 역, 2012). 한나래.

에드워드 W. 사이드. 『문화와 제국주의』. 문예출판사, 2005.

에듀아르트 슈프랑어. 『삶의 형식들』(이상오 역, 2009). 지식을 만드는 지식.

에드워드 윌슨. 『인간본성에 대하여』(원제: *On Human Nature*/ 이한음 역, 2000). 사이언스북스.

에른스트 울리히 폰 바이제커. 『환경의 세기: 인간다운 삶과 노동을 위한 생태효율적 비전』(원제: *Das*

Jahrhundert der Umwelt, Öko-effizient leben und arbeiten, 1999/ 권정임외 역, 1999). 생각의나무.

에릭 뉴트. 『미래 속으로』(원제: *The Future by Erik Newth*/ 박정미 역, 2001). 이끌리오.

에릭 슐로서. 『패스트푸드의 제국』(원제: *Fast Food Nation: The Dark Side of the All-American Meal*/ 김은령 역, 2001). 에코리브르.

에리히 얀치. 『자기 조직하는 우주: 새로운 진화 패러다임의 과학적 근거와 인간적 함축』(원제: *The Self-Organizing Universe*, 1980/ 홍동선 역, 1989). (주)범양사 출판부.

에머리 로빈스 외. 『미래의 에너지』(원제: *Voller Energie*/ 임성진 역, 2001). 생각의 나무.

에이드리언 베리. 『갈릴레오와 킬러나무』(원제: *Galileo and the Dolphins: Amazing but True Stories from Science*, 1977/ 유진 역, 2000), 하늘연못.

에이드리언 J. 슬라이워츠키, 데이비드 J. 모리슨. 『디지털 비즈니스 디자인』(원제: *How Digital Is Your Business: Creating the Company of the Future*, 2000/ 신동욱 역, 2001). 세종서적.

H. 마르쿠제. 『일차원적 인간』(원제: *One-Demensional Man*, 1964/ 박병진 역, 1996). 한마음사.

H. J. 스퇴릭히. 『세계철학사 하권』(원제: *Kleine Weltgeschichte der Philosophie, Vierter Teil-Sechster Teil, Verlag W. Kohlhammer Stuttgart Berlin Köln Mainz*, 1970/ 임석진 역, 1978). 분도출판사.

오토 F. 볼노(O. F. Bollow). 『현대철학의 전망』(이규호 역, 1967). 법문사.

요한 갈퉁. 『평화적 수단에 의한 평화』(원제: *Peace By Peaceful Means*, 1996/ 강종일 외 역, 2000). 들녘.

울리히 벡. 『위험사회: 새로운 근대성을 향하여』(원제: *Risikogesellschaft. Auf dem Weg in eine andere Moderne*, 1986/ 홍성태 역, 1997/2014). 새물결.

______. 『적이 사라진 민주주의』(원제: *Democracy without Enemies*, 1998/ 정일준 역, 2000). 새물결.

유네스코. 『문화산업론』(원제: *Cultural Industries, A Challenge for the Future of Culture*, 1981/ 도정일 역, 1987). 도서출판 나남(유네스코 한국위원회 기획).

윌리엄 보스트, 벤자민 마틴. 『변화의 대가들』(원제: *Masters of Change: How Great Leaders in Every Age Thrived in Turbulent Times*, 1997/ 형선호 역, 2001). 뜨인돌출판사.

이매뉴얼 월러스틴. 『우리가 아는 세계의 종언』(원제: *The End of the World As We Know It*, 2001/ 백승욱 역, 2001). 창작과 비평사.

이반 미스너, 돈 모건. 『휴먼 네트워킹』(원제: *Masters of networking*/ 윤형섭 역, 2011). 오래.

이언 앵겔. 『지식노동자 선언』(원제: *The New Barbarian Manifesto: How to Survive the Information Age*, 2000/ 장은수 역, 2001). 롱셀러.

E. P. 톰슨. 『영국 노동계급의 형성』(원제: *The Making of the English Working Class*, 1963/ 나종일 외 역, 2000). 창작과 비평사.

장파. 『동양과 서양, 그리고 미학: 아름다움을 비추는 두 거울을 찾아서』(원제: 『中西美學與文化情神』, 1994/ 유중하 외 역, 2000). 푸른숲.

제3세계 네트워크 외. 『위기의 현대과학』(원제: *Modern Science in Crisis: A Third World Response*, 1987/ 김명진외 역, 2001). 잉걸.

제니퍼 애커먼. 『유전, 운명과 우연의 자연사』(원제: *Chance in the house of fate*, 2003/ 진우기 역, 2003). 양문.

제레미 리프킨, 『엔트로피 II: 알게니시대』(원제: *Algeny*/ 김용정 역, 1984). 도서출판 원음사.

———. 『노동의 종말』(원제: *The End of Work*, 1996/ 이영호 역, 1996). 민음사.

———. 『소유의 종말』(원제: *The age of Accesss*, 2000/ 이희재 역, 2001). 민음사.

제리 비숍, 마이클 월드홀츠. 『유전자 사냥꾼』(원제: *Genome*, 1990/ 김동광 역, 1995). 동아출판사.

J. E. 러브록. 『가이아: 생명체로서의 지구』(원제: *GAIA: A new look at life on Earth*, 1987/ 홍욱희 역, 1990). (주)범양사 출판부.

제이슨 제닝스, 로렌스 호프톤. 『큰 것이 작은 것을 잡아먹는 것이 아니라 빠른 것이 느린 것을 잡아먹는다』(원제: *It's Not the Big That Eat the Small...It's the Fast That Eat the Slow*, 2001/ 신동욱 역, 2001). 해냄출판사.

제임스 글리크. 『카오스: 현대과학의 대혁명』(원제: *Chaos: Making a new science*, 1987/ 박배식 · 성하원 역, 1993). 동문사.

제임스 버크. 『우주가 바뀌던 날 그들은 무엇을 했나』(원제: *The Day the Universe Changed*, 1995/ 장석봉 역, 2000). 지호.

제임스 애덤스. 『사이버 세계대전 상』(원제: *The Next World War: Computers Are the Weapons & the Front Line Is Everywhere*, 1999/ 부지영 역, 2000). 한국경제신문사.

제임스 캔턴. 『테크노퓨처』(원제: *Technofutures: How Leading-Edge Technology Will Transform Business in the 21st Century*, 2001/ 허두형 역, 2001). 거름.

조애너 메이시. 『불교와 일반 시스템이론』(원제: *Mutual causality in Buddhism and general systems theory*/ 이중표 역, 2004). 불교시대사.

존 나이스비트. 『하이테크 하이터치』(원제: *High Tech/High Touch: Technology and Our Accelerated Search for Meaning*, 2000/ 안진환 역, 2000). 한국경제신문사.

존 브록만. 『지난 2천년 동안의 위대한 발명』(원제: *The Greatest Inventions of the Past 2,000 Years*, 2000/ 이창희 역, 2000). 해냄출판사.

존 래딩, 랄프 카타라넬로. 『학습조직 만들기』(원제: *Strategic Readiness. The Making of the Learning Organization*, 1994/ 김종철 · 이영진 역, 1995). 21세기북스.

존 홀런드. 『숨겨진 질서』(원제: *Hidden Order*, 1995/ 김희봉 역, 2001). 사이언스북스.

G. I. 브라운. 『발명의 역사』(원제: *The Genuinness of Inventions*/ 이충호 역, 2000), 세종서적.

주잉, 웨이원샹. 『중국 역사와 문화』(김승일 역, 2014). 경혜.

찰스 그랜섬. 『직업의 미래』(원제: *The Future of Work*/ 장호연 역, 2000). 미래의 창.

찰스 사이프. 『0을 알면 수학이 보인다』(원제: *Zero*, 2000/ 홍종도 역, 2000). 나노미디어.

칼 구스타프 융. 『인간과 상징』(원제: *Man and his Symbols*, 1959/ 조승국 역, 1981). 범조사.

캐롤린 머천트. 『라디컬 에콜로지』(원제: *Radical Ecology: The Search for a Livable World (Revolutionary Thought/Radical Movements*, 2000/ 허남혁 역, 2001). 이후.

켄 블랜차드, 셸든 보울즈. 『열광하는 팬』(원제: *Raving Fans: A Revolutionary Approach to Customer Service*, 1993/ 조천제 외 역, 2001). 21세기북스.

______. 『경호』(원제: *Gung Ho*, 1998/ 조천제 · 최치영 역, 2001). 21세기북스.

크리스토퍼 M. 베이치. 『윤회의 본질 환생의 증거와 의미 카르마와 생명망에 대한 통합적 접근』(원제: *Lifecycles: Reincarnation and the web of life*/ 김우종 역, 2014). 정신세계사.

콜린 A. 로넌. 『세계과학문명사 I-II』(원제: *Science: Its History and Development Among the World's Culture*, 1982/ 김동광 · 권복규 역, 1999). 한길사.

클레이 카. 『창의력 경영』(원제: *The Competitive Power of Constant Creativity*, 1998/ 나상억 역, 1998). 21세기북스.

토니 부잔. 『마인드 맵북』(원제: *The Mind Map Book*, 1993/ 라명화 역, 1994). 평범사.

______. 『토니 부잔의 마인드 맵 실천 학습법』(원제: *Master your memory : more inspiring ways to increase the power of your memory, focus and creativity*/ 안기순 역, 2011). 비즈니스 맵.

토마스 쿤. 『과학혁명의 구조』(원제: *The Structure of Scientific Revolutions*, 1962/김명자 역, 1980), 이화여자대학교 출판부.

톰 하트만. 『문명의 마지막 시간들』(원제: *The Last Hours of Ancient Sunlight: Waking Up to Personal and Global Transformation*, 1998/ 김옥수 역, 1999). 아름드리미디어.

페이스 팝콘, 리스 마리골드. 『클릭 미래 속으로』(원제: *EVEolution: The Eight Truths of Marketing to Women*, 2000/ 김영신 역, 2001). 이십일세기북스새날.

PERTRUSKA CLARKSON. 『게슈탈트 상담의 이론과 실제』(원제: *Gestalt counselling in action*/ 김정규 · 강차연 · 김한규 역, 2010). 학지사.

폴린 M. 로제나우. 『현대 사회과학의 이해』(원제: *Post-Modernism and the social science: insights, inroads, and instruction*, 1992/ 안승국 역, 1998). 인간사랑.

프란츠 알트. 『생태적 경제기적』(원제: *Das ökologische Wirtschaftswunder. Arbeit und Wohlstand für alle*/ 박진희 역, 2004). 양문.

프랜시스 후쿠야마. 『역사의 종말』(원제: *The End of History and the Last Man*, 1993/ 이상훈 역, 2000). 한마음.

프리드리히 니체. 『권력에의 의지』(원제: *Wille zur Macht*/ 1901, 강수남 역, 1991). 청하.

프리초프 카프라. 『현대물리학과 동양사상』(원제: *The Tao of Physics*, 1975/ 이성범 · 김용정 역, 1989). 범양사출판부.

———. 『생명의 그물』(원제: *The Web of Life*, 1996/ 김용정 · 김동광 역, 1999). 범양사출판부.

피에르 레비. 『사이버 문화』(원제: *Cyberculture*, 1999/ 김동윤 외 역, 2000). 문예출판사.

피오트르 츠톰카. 『체계와 기능』(원제: *System and Function*, 1979/ 조재순 · 김선미 역, 1995). 한울아카데미.

피터 홀. 『내일의 도시』(원제: *Cities of Tomorrow: An Intellectual History of Urban Planning and Design in the Twentieth Century*, 2000/ 임창호 역, 2000). 한울.

피터 드럭커. 『이노베이터의 조건』(원제: *The Essential Drucker*(Vols. 1-3)/이재규 역, 2001). 청림출판.

피터 J. 보울러. 『찰스 다윈』(원제: *Charles Darwin*, 1999). 전파과학사.

피터 센게. 『학습조직의 바이블 피터 센게의 제5경영』(원제: *The Fifth Discipline*, 1993/ 안중호 역, 1996). 세종서적.

필립 복. 『현대문화인류학 입문』(원제: *Modern Cultural Anthropology: An Instruction, Third Edition*, 1979/ 조병로 역, 2001). 국학자료원.

필리스 체슬러. 『여성과 광기』(원제: *Woman and Madness*/ 임옥희 역, 2000), 여성신문사.

하이젠베르크. 『부분과 전체』(원제: *(Der) Teil und das Ganze; Gespräche im Umkreis der Atomphysik*, 1975/ 김용준 역, 2013). 지식산업사.

하타무라 요타로(畑村洋太郎). 『실패를 감추는 사람 실패를 살리는 사람』(원제: 『失敗學のすすめ』, 2000/ 정택상 역, 2001). 세종서적.

하워드 오덤. 『시스템 생태학 I-II』(원제: *Ecological and General Systems: An Introduction to Systems Ecology*/ 박석순 · 강대석 역, 2000). 아르케.

한스 요나스. 『생명의 원리』(원제: *The Phenomenon of Life,* 2001/ 한정선 역, 2001). 아카넷.

핼 헬먼. 『과학사 속의 대논쟁 10』(원제: *Great Feuds in Science,* 1999/ 이충호 역, 2000), 가람기획.

헬레나 노르베리 호지. 『오래된 미래: 라다크로부터 배운다』(원제: *Acient Futures: Learning from Ladakh*, 1992/ 김종철 역, 1996). 녹색평론사.

馮友蘭. 『中國哲學의 精神』(원제: 『新原道』, 1944/ 郭信煥 편역, 1985). 숭실대학교 출판부.

다부치 나오야. 『확률론적 사고로 살아라. 불확실한 인생과 비즈니스에서 승률을 최고로 높이는 방법』 (원제: 確率論的思考: 金融市場のプロが?える最後に勝つための哲/ 황선종 옮김, 2010). 더숲.

야마구치 마사야. 카오스와 프랙털(원제: カオスとフラクタル/ 한명수 옮김, 1993). 전파과학사.

야마모토 마사유키. 『도시와 농촌이 공생하는 마을만들기』 (원제: 農ある暮らしで地域再生/ 충남발전연구원 옮김, 2006). 한울아카데미.

국외문헌

Adorno, T. *Negative Dialectics*. New York: Seabury Press, 1973.

______. *The Cultural Industry*. London: Routledge, 1991.

Althusser, L. *Contradiction and overdetermination for Mars*. London: New Left Books, 1977.

Alter, R. A. *Partial Magic: The Novel As Self-Conscious Genre*. University of California Press, 1978.

Anderson, A. R. and Moor, O. K. "Model and explanations in the behavioral sciences," in Concepts, *Theoriy and Explanation in the Behavioral Sciences*, eds. by G. J. DiRenzo. New York: Random House, 1966.

Anderson, R. E. and Carter, I. Human Behavior in the Social Environment. New York: Dldine, 1984.

Backer, Robert and Selden, Gary. *The Body Electric: Electromagnetism and the Foundation of Life*. Morrow, 1985.

Bateson, Gregory. *Mind and Nature: A Necessary Unity*. New York: Dutton, 1979.

Barron's Educational Series. *AP Chinese Language and Culture*. Barron, 2014.

Baudrillard, J. *The Mirror of Production*. St. Louis: Telos Press, 1975.

______. *Simulations*. New York: Semitext, 1983.

Beattie, J. H. M. *Other Cultures: Aims, Methods and Achievements in Social Anthropology*. New York: Free Press, 1964.

Bednarz, Jr. "Autopoiesis: the organizational closure of social systems," *Systems Research*, Vol. 5, No. 1, 1988.

Bell, Daniel. *The end of Ideology*. Glencoe, Ill: Free Press, 1960.

______. *The Coming of Post-Industrial Society*. New York: Basic Books, 1973.

Belsey, Catherine. *Culture and the Real: Theorizing Cultural Criticism*. Routledge, 2005.

Benjamin, Walter. "The work of art in the age of mechanical reprocuktion," In *Illuminations*, London: Fontana, 1973.

Bertalanffy, Ludwig von. *General System Theory*. New York: Braziller, 1968.

Bishop, Jerry E. and Waldholz, Michael. Genome. New York: Simon & Schuster, 1990.

Bolz, Norbert. *Das Kontrollierte Chaos*. Econ Verlag, 1995.

Bolzmann, L. "Der zweite Hauptsatz der mechanischen Wärmetheorie." In Bolzmann, L. (ed.), *Populäre Schriften* (1905). 24-46, 1886.

Brier, S. Konstruktion und Information. Ein semiotisches re-entry in Heinz von Foersters metaphysische Konstruktion der Kybernetik zweiter Ordnung. In Oliver jahraus und

Nina Ort (Hrsg.). Beobachtungen des Unbeobachtbaren, Verbrück Wissenschaft 2000, 254-295.

Brown, R. *Explanation in Social Science*. London: Routledge-Kegan, 1963.

Buckley, W. "Systems and entities." In W. Buckley (ed.), *Sociology and Modern Systems Theory*. NJ: Prentice-Hall, 42-46, 1967.

Buckley, W. "Society as a complex adaptive system." In W. Buckley (ed.), *Sociology and Modern Systems Research for the Behavioral Scientist*. NY: Aldine, 490-511, 1968.

———. (ed). *Modern Systems Research for the Behavioral Scientist*. Chicago: Aldine, 1968.

Bühler, Ch. *Psychologie im Leben unserer Zeit*. Sondergabe, Darmstadt: Droemer Knaur, 1962.

Caldwell, John Thornton. *Production Culture: Industrial Reflecxivity and Critical Practice in Film and Television*. Duke University Press, 2008.

Cannon, Walter B. *The Wisdom of the Body*. New York: WWW.Norton, 1939.

Capra, Fritjof. The Turning Point. New York: Simon & Shuster, 1982.

———. *The Web of Life. A New Scientific Understanding of Living Systems*. New York: Brockman, 1996.

Carson, Rachel. *Silent Spring*. New York: Houghton Mifflin Co., 1962.

Castells, Manuel. *The Rise of the Network Society*. Cambridge, MA: Blackwell Publisher, 1996.

Chesler, Phyllis. *Women and Madness*. New York: Four Walls Eight Windeows, 1997.

Chess, W. A. and Norlin, J. M. *Human Behavior and The Social Environment*. Boston: Allyn and Bacon, 1988.

Chetkow-Yanoov, B. *Social Work Practice: A Systems Approach*. Binghamton, New York: The Haworth Press, Inc., 1992.

Chin, R. "The utility of systems models for practitioners." In W. G. Bennes, K. D. Berne and R. Chin (Eds), *The Planning of Change: Readings in the Applied Behavioral Schiences*. NY: Holt, Rinehart and Winston, 90-113, 1961.

Cleve, I. "Moderne Konsumkultur als pädagogisches Problem im Entstehungsprozeß der Industriegesellschaft." (Zeitschrift) Lehren und Lernen 1994/Heft 3.

Cobb, John B. "Two Types of Postmodernism: Deconstruction and Process." *Theology Today* (July, 1990).

Cranston, M. *John Stuart Mill*. London, 1958.

Dahrendorf, R. *Essays in the Theory of Society*. Stanford: Stanford Univ. Press, 1968.

Dave, R. H. (ed.). *Foundation of Lifelong Education*. New York: Pegamon Press Inc., 1976.

Davis, Aeron. *Promotional Cultures.* Cambridge: Polity Press, 2013.

De Bono, E. *Lateral thinking: Creativity Step-By-Step.* NT: Harper Collins Publisher, 1990.

Descard, R. *Descours de la methode* (Au. u. Tann., Euvres de Descartes Bd.I). 1980.

Derrida, J. *Writing and Difference.* Chicago: University of Chicago Press, 1978.

Dilthey, W. *Schriften zur Padägogik. Besorg von Hans-Hermann Groothhoff und Ulrich Hermann.* Ferdinand SchöninhĐParderborn, 1971.

Drucker, P. F. *Post-Capitalist Society.* New York: HarperBusiness, 1993.

Duncan, Otis. "Social Organization and Ecosystem." In *Handbook of Modern Sociology*, ed. R. E. L. Faris. Chicago: Rand-McNally, 1964.

Dyson, Freemann. *Infinite in all directions.* New York: Happer & Row Publishers, 1988.

Eigen, Manfred. "Molecular Self-Organization and the Early Stages of Evolution." *Quarterly Revolutions of Biophysics*, 4, 2&3, 1971.

Eisler, Riane. *The Chalice and the Blade.* Harper & Row, San Francisco, 1987

Enzensberger, H. M. *The Consciousness Industry.* New York: Seabury, 1974.

Feyerabend, P. *Against Method.* London, 1975.

Fink, Eugen. *Philosophie des Geistes.* Konigshausen & Neuman, 1994.

Flax, Jane. *Thinking Fragments: Psychoanalysis, Feminism, and Postmodernism in the Contemporary West.* Berkeley: University of California Press, 1990.

Foucault, M. *Madness and Civilization.* Translated by Richard Howard (1965). New York: Vontage Books, 1961.

______. *Discipline and Punish.* New York: Pantheon, 1977.

______. *Power/Knowledge: Selected Interview and Other Writings*, edited by C. Gordon. New York: Phantheon, 1980.

Gehlen, A. *Der Mensch. Seine Natur und seine Stellung in der Welt.* Frankfurt/a.M. und Bonn: Aula-Verlag, 1930.

Gleick, James. Chaos, *Making a New Science.* New York: Harper and Row, 1987.

Glock, Hans-Johann. "Imposters, Bunglers and Relativists." In Susanne Peters, Michael Biddiss and Ian F. Roe (eds.). *The Humanities in the New Millennium*, 267-287, A Francke Verlag Tübingen und Basel, 2000.

Gluck, Mark A., Mercado, Educardo and Myers, Catherine. 『학습과 기억, 뇌에서 행동까지』(원제: *Learning and memory: from brain to behavior* (최준식 · 김현택 · 신맹식 역). 시그마 프레스, 2011.

Gordon, James S. *Holistic Medicine: 21st Century Health and Wellness.* Philadelphia: Chelsea Hause Publisher, 2001.

Gould, Stephan Jay. "Lucy on the Earth in Stasis." *Natural History*, No.9, 1994.

Gouldner, A. W. "Reciprocity and autonomy in functional theory." In *Symposium on Sociological Theory*, edited by L. Gross. New York: Haper & Row. 1959.

Graham, R. "Contributions of Hermann Haken to Our Understanding of Coherence and Selforganization in Nature." In R, Graham and A. Wunderlin (eds.), *Lasers and Synergetics, Springer, BerlinHarding, Stephan, 1994: Gaia Theory*. Schumacher College, Dartington, Devon, England, 1987.

Habermas, Jurgen. *Erkenntnis und Interesse*. Frankfurt a. Main, 1973.

———. *Theorie der kommunikativen Handels Bd.2: Zur Kritik der funktionalistischen Vernunft*. Augsburg, 1978.

———. *The Philosophical Discourse of Modernity. Translated by Frederik Lawrence*. Cambridge: MIT Press, 1987.

Hawken, Paul. *The Ecology of Commerce: A Declaration of Sustainability*. New York: Harper Bussiness, 1993.

Hawley, Amos. *Human Ecology: A Theory of Community Structure*. New York: Ronald, 1950.

Hearn, G. (ed). *The General Systems Approach: Contributions Toward an Holistic Conception of Social Work: Council on Social Work Education*. New York: Random House, 1969.

Heisenberg, Werner. *Physics and Beyond*. New York: Harper and Row, 1971.

———. *Physik und Philosophie*. Berlin: Ullstein Verlag, 1973.

Horkheimer, M. *Eclipse of Reason*. New York: Oxford University Press, 1947.

Horkheimer, M. and Adorno, T. W. *Dialektik der Aufklärung*. Amsterdam, 1947.

Hugl, Ulrike. *Qualitative Inhaltsanalyse und Mind-Mapping: Eine neuer Ansatz für Datenauswertung und Organisationsdiagnose*. Wiesbaden: Gabler, 1995.

Huizinga, Johan. *Homo Ludens: Vom Ursprung der Kultur im Spiel*. Hamburg: Rowohlt Taschenbuch Verlag, 1938/1956.

Ignatow, G. "Culture and Embodied Cognition: Moral Discourses in Internet Support Groups for Overeaters." In *Social Forces. An International Journal of Social Research Associated with the Southern Sociological Society*, December 2009, Vol. 88, No. 2, p. 643-669. The University of Northern Carolina Press, 2009.

Jamshid Gharajedaghi. 『*Systems Thinking: Managing Chaos and Complexity*』, 3/E0003/E Revised. MK Publishing Ltd. 2011.

Janchill, M. P. "Systems concepts in case work theory and practice." *Social Casework*, 15(2), 74-82, 1969.

Jantsch, E. *The Self-Organizing Universe*. Oxford: Pergamon Press, 1984.

Jay, M. *The Dialectical Imagination*. London: Heinemann, 1973.

Jonas, H. *The Phenomenon of Life: Toward a Philosophical Biology*. Publisher: Harper & Row, Publishers, 1966.

Kambartel, Friedrich. "System und Begruendung als wissenschaftliche und philosophische Ordnungsbegriffe bei und vor Kant." In Juergen Bluedorn and Joachin Ritter (Hrsg.), *Philosophie und Rechtswissenschaft: Zum Problem ihrer Beziehung im 19.* Jahrhundert, Frankfurt, S.99-113, 1969.

Kant, I. *Kritik der Urteilskraft*, ed. G. Lehmann. Reclam: Stuttgart, 1971.

Karen Kingston, Karen. *Creating Sacred Space With Feng Shui: Learn the Art of Space Clearing and Bring New Energy into Your Life*. Forward by Denise Linn, 1997.

Kauffman, Stuart. *The Origins of Oder*. New York: Oxford University Press, 1993.

Koestler, Arthur. *Insight and Outlook: An Inquiry into the Common Foundations of Science*, Art and Social Ethics. New York: Macmillan, 1949/1979.

Kottak, C. and Gezon Lisa. Culture. McGraw-Hill Humanities/Social Sciences/Languages, 2013.

Krech, D., Crutschfield, R. S. and Ballachey, E. L. I*ndividual in Society*. New York: McGraw-Hill, 1962.

Kreitzman, Leon. *The 24 Hour Society*. Profile Books Limited, 1999.

Kuhn, Thomas S. *The Structure of Scientific Revolutions*. Chicago: University of Chicago Press, 1962.

______. *The Structure of Scientific Revolution, 2nd ed.* Chicago: University of Chicago Press, 1970.

Kutschman, Werner. *Naturwissenscchaft und Bildung*. Stuttgart: Klett-Cotta, 1999.

Laszlo, Ervin. *The Systems View of the World*. NY: Braziller, 1972.

______. *Evolution*. Boston: Shambhala, 1987.

Lawlence, S. *Science is a way of thinking*. San Francisco: KQED, 1967.

Leakey, Richard and Lewin, Roger. *The Sixth Extinction*. New York: Sherma B. V., 1995.

Leiss, W. *The Limits to Satisfaction: An Essay on the Problem of Needs and Commodities*. Toronto: University of Toronto Press, 1976.

Lilienfeld, Robert. *The Rise of Systems Theory*. New York: John Wiley, 1978.

Lovelock, James. *Gaia*. New York: Oxford University Press, 1979.

Luhmann, Niklaus. *Soziale Systeme, Grundress einer allgemeine Theorie*. Frankfurt/a.M: Suhrkamp Taschenbuch Wissenschaft (6th), 1996.

Luke, G. *Screens of Power: Ideology, Domination and Resistance in the Informational*

Society. Urbana, Ill: University of Illinois Press, 1989.

Lyotard, J-F. *The Postmodern Condition: A Report on Knowledge.* Mineapolis: University of Minnesota Press, 1984.

Machlup, F. *The Production and Distribution of Knowledge in the United States.* Princeton University Press, 1966.

Mainzer, Klaus. *Thinking in Complexity: The Complex Dynamics of Matter, Mind and Mankind, Third Revised and Enlarged Edition.* Berlin, Heidelberg, New York, etc.: Springer, 1997.

Mandelbrot, Benoit. *The Fractal Geometry of Nature.* New York, 1977.

Manheim, Karl. *Ideology and Utopia: A introduction to the sociology of knowledge.* Bonn: RKP, 1929.

Marcuse, Herbart. *One-Dimensional Man.* Boston: Beacon Press, 1964.

Margulis, Lynn and Sagan, Dorion. *Microcosmism.* New York: Summit 1986.

———. *What is Life?* New York: Simon & Schuster, 1995.

Margulis, Lynn. "Gaia Is a Tough Bitch." In John Brockman, *The Third Culture.* New York: Simon & Schuster, 1995.

Marshall, Stephany Pace. "Creating Sustainable Learning Communities for the 21st Century." Hesselbein el (ed.), *The Organization for the Future.* New York: The Drucker Foundation and Jossey-Bass Publishers, 1997.

Maturana, Humberto and Varela, Francisco. *Autopoiesis and Cognition.* Holland: D. Riedel, Dortdrecht, 1980.

Matzumoto, D. and Juang, L. *Culture and Psychology.* Cengage Learning, 2012.

McCracken, G. *Culture and Consumption.* Indiana University Press, 1988.

McKendrick, N., Brewer, J. and Plump, J. H. *The Birth of a Consumer Society: The Commercialization of Eighteenth-Centry England.* Bloomington: Indiana University Press, 1982.

McLuhan, Marshall. *The global Village.* New York: Oxford University Press, 1989.

Meyer, C. H. (ed). *Clinical Social Work in the Ecosystems Perspective.* NY: Columbia Universe Press, 1983.

Moravec, Hans P. *Mind Children: The Future of Robot and Human Intelligence, 1988.* Cambridge, Massachusetts, London, England: Harvard University Press, 1988.

Mukerji, Ch. *From Graven Images: Patterns of Modern Materialism.* New York: Columbia University Press, 1983.

Nagel, E. "Wholes, sums and organic unities." In *Parts and Wholes*, edited by D. Lerner. New

York: Free Press, 1963.

Ninck, Andreas et al. *Systemik. Integrales Denken, Konzipieren und Realisieren*. Zürich: Verlag Indusrielle Organization, 2001.

Odum, Eugene. *Fundamentals of Ecology*. Philadelphia: Saunders, 1953.

O'Neil, John. "The Productive Body: An Essay on the Work of Consumption." *Queen's Quarterly*, 85(2 Summer), 221-230, 1978.

Pagels, Heinz R. *The Cosmic Code*. Chicago: University of Chicago Press, 1982.

Parsons, T. *The Social System*. New York: Free Press, 1950.

Parsons, Talcott. "An Outline of a Social System." In T. Parsons et al. (Eds), *Theories of Society*. New York: The Free Press, 30-79, 1961.

Peitgen, Heinz-Otto. *The Beauty of Fractals*. Berlin: Springer-Verlag, 1986.

Peitgen, Heinz-Otto and Hartmut Jurgens. *Dietmar Saupe and C. Zahlten: Fractals: An Animated Discussion*. VHS/color/63 minutes. New York: Freedman, 1990.

Prigogine, ILya. *Instruction to Thermodynamics of irreversible Processes*. New York: Wiley, 1961.

Prigogine, ILya and Stengers, Isabelle. *Order out of Chaos*. New York: Bantam, 1984.

Portmann, A. *Zoologie und das neue Nild vom Menschen*. Reinbek, 1962.

Platon. Das Gespräche Laches im Platon. "Werke in acht Bänden Griechisch und Deutsch." Erster Band. Hrsg. von Gunther Eiger. Bearbeitet von Heinz Hofmann. Deutsche Übersetzung von Friedrich Schleiermacher. Darmstadt, 1977.

Radcliff-Brown, A. R. *Structure and Function in primitive Society*. New York: Free Press, 1952.

Rapille, C. *The Culture Code*. Crown Business, 2007.

Richardson, George P. *Feedback Thought in Social Science and Systems Theory*. Philadelphia: University of Pennsylvania Press, 1992.

Ritschl, Otto. *System und systematische Methode in der Geschichte des wissenschaftlichen Sprachgebrauchs und der philosophischen Methodologie*. Bonn, 1996.

Ryan, Michael. *Cultural Studies: A Practical Intruduction*. Wiley-Blackwell, 2010.

Scholtz, Gunter. *Ethik und Hermeneutik: Schleiermachers Grundlegung der Geisteswissenschaften*. Frankfurt am Mein: Suhkamp taschenbuch wissenschaft, 1995.

Schramm, K. *Mass Communication*. University of Illinois, 1960.

Schwidetsky, Ilse. *Das Menschenbild der Biologie*. Stuttgart, 1958.

Simmel, G. "Fashion." *International Quarterly*, 10, 130-155, 1904.

Sperry, R. W. "The Great Cerebral Commisure." *Scientific American 210*, Nr. 1. 42-52, 1964.

Spranger, Eduard. *Lebensformen.* Tubingen: Geisteswissenschaftliche Psychologie und Ethik der Personlichkeit, 1924.

Stein, Alois von. "Der Systembegriff in seiner geschichtlichen Entwicklung." In Alwin Diemer (Hrsg.), *System und Klassifikation in Wissenschaft und Dokumentation.* Meisenheim am Glan, S.1-13, 1968.

Strauss, S. and Goetze, R. *Wave Culture: Faszination Surfen. Das Handbuch der Wellenreiter.* Wave Culture Media, 2008.

Strinati, Domimic. *Introduction Theories of Popular Cultur.* London and New York: Routledge, 1988.

Stuart, Ian. *Does Got Play Dice?* Cambridge, Mass.: Blackwell, 1989.

Tylor, E. B. *The Origin of Culture.* New York: Harper & Row Pub., 1958.

Uxküll, Jakob von. *Umwelt umd Innenwelt der Tiere*, Berlin: Springer, 1909.

Vaisey, S. and Lizardo, O. "Can Cultural Worldviews Influence Network Composition?" In *Social Forces: An International Journal of Social Research Associated with the Southern Sociological Society*, June 2010, Vol. 88: No. 4, pp. 1595-1617. The University of North Carolina Press, 2010.

Veblen, Th. *The Theory of Leisure Class.* New York: Macmillan, 1912.

Vierhaus, R. Art. Bildung. In Brunner, Otto, Conze, Werner and Koselleck Reinhart (Hrsg.), *Geschichte Grundbegriffe: Historisches Lexikon zur politisch-sozialen Sprache in Deutschland.* Bd.I. Stuttgart, S.508-551, 1972.

Volkamer, Klaus, Streicher, Christoph and Walton, Ken G. *Intuition, Kreativität und ganzheitliches Denken.* Heidelberg: Shurkamp, 1996.

Weizenbaum, Joseph. *Computer Power and Human Reason.* New York: Freeman 1976.

Welch, R., Finneran, K. and Talasex, J. D. *Visual Culture and Evolution.* Center for Art and Visual Culture, University, 2012.

Weyl, Hermann. *Philosophie der Mathematik und Naturwissenschaft.* Hrsg. von Reiner Henselmann, Gebhard Kirchgässner, Hans Lenk, Siegwart Lindenberg, Julian Noda-Rümelin, Werber Raub, Thomas Boss. Oldenburg: Scientia Nova, 2000.

Wheatly, Margaret. *Leadership and New Science.* San Francisco: Berrett-Koehler Publisher, 1994.

Whiten, A. *Culture Evolves.* Oxford, 2011.

Wiener, N. *The Human Use of Human Beings.* New York: Houghton Mifflin, 1950.

Williams, R. H. *Dream World: Mass Consumption in Late Nineteenth Century France.* Berkeley: University of California Press, 1982.

Winograd, Terry/ Flotes, Fernando. *Understanding Computers and Cognition*. New York: Addison-Wesley 1991.

Youmans, E. L. (ed.). *Modern Culture: Its True Aims and Requirements*. Addresses and Arguments on the Claims of Scientific Education. General Books, 2012.

Zinn, H. *A People's History of the United States: 1492 to Present*. NJ: Perenial, 1986.

Zuidervaart, Lambert. *Social Philosophy after Adorno*. Cambridge University Press, 2007.

찾아보기

ㄴ

ㅂ

ㅅ

ㅇ

ㅈ

ㅊ

ㅋ

ㅌ

ㅍ

ㅎ